Westliche Gesellschaft im Wandel

Volker Bornschier lehrt als Professor für Soziologie an der Universität Zürich und ist Präsident der World Society Foundation (Zürich) zur Förderung sozialwissenschaftlicher Forschung über die Weltgesellschaft. Neben zahlreichen Veröffentlichungen in führenden sozialwissenschaftlichen Zeitschriften sind bisher mehrere Bücher von ihm erschienen, zuletzt in New York 1985: *Transnational Corporations and Underdevelopment*.

Volker Bornschier

Westliche Gesellschaft im Wandel

Campus Verlag
Frankfurt/New York

CIP-Titelaufnahme der Deutschen Bibliothek

Bornschier, Volker:
Westliche Gesellschaft im Wandel / Volker Bornschier.–
Frankfurt/Main ; New York : Campus Verlag, 1988
    ISBN 3-593-33955-2

Das Werk einschließlich aller seiner Teile ist urheberrechtlich geschützt.
Jede Verwertung ist ohne Zustimmung des Verlags unzulässig. Das gilt insbesondere
für Vervielfältigungen, Übersetzungen, Mikroverfilmungen und die Einspeicherung
und Verarbeitung in elektronischen Systemen.
Copyright © 1988 Campus Verlag GmbH, Frankfurt/Main
Umschlaggestaltung: Atelier Warminski, Büdingen
Druck und Bindung: Weihert-Druck, Darmstadt
Printed in Germany

Inhalt

Vorwort   8

I ÜBERBLICK UND EINLEITUNG

1 Westliche Gesellschaft nach der Weltwirtschaftskrise   18
Vorbemerkungen 18, Der Aufbau von Sozialstruktur im keynesianischen Gesellschaftsmodell: Gleichgewichtsanalyse 23, Spannungen im Kompromiß und Abschwung: Ungleichgewichtsanalyse 30

2 Prinzipien der Sozialstruktur und ihre Ausformungen   37
Effizienzstreben 39, Gleichheitsstreben 42, Machtstreben 47

3 Die Quanten im sozialen Wandel und die Langen Wellen   62
Die Quanten im sozialen Wandel 63, Lange Wellen 69, Die Syntax der langen Wellen 73, Theorien 76

II DISKONTINUITÄTEN

4 Technologische Stile   89
Wiederkehrende Wachstumsgrenzen für Unternehmen 90, Die Kristallisationsthese 96, Grundstoffe und Mechanisierung 99, Taylorismus und Prozeßproduktion 110

5 Politökonomische Regimes   121
Politökonomische und moralische Regimes 122, Regimes im Gesellschaftsmodell 126, Empirische Evidenzen für Diskontinuitäten 128, Zusammenfassung 133

6 • *Westliche Gesellschaft im Wandel*

6 **Die Karriere von Gesellschaftsmodellen** 140
Die formale Behandlung 141, Die historisch-komparative
Sicht 151, Der Neuanfang in den USA 157, Die wirtschaftliche
Wachstumskurve im Zentrum, 1932-1982, 160

7 **Konflikt über die Karriere des Gesellschaftsmodells** 168
Vorbemerkungen und die W-Kurven-Hypothese 168,
Empirische Konfliktmuster 174, Die Vereinigten
Staaten 188

III INSTITUTIONELLE ORDNUNGEN

8 **Vom Siegeszug der künstlichen Person** 202
Zur Entwicklung der führenden Unternehmen 204, Zur
Segmentierung in der Wirtschaft 211, Zur Trennung von
Eigentum und Verfügungsmacht 217

9 **Zum Wandel der Arbeitsteilung** 227
Dynamik und Gleichgewicht 229, Hierarchisierung und ihre
Ausgestaltung 237, Das Problem der Akzeptanz 243

10 **Über die Stunde Null und die Stütze der Gleichheit** 249
Die strukturelle Perspektive: Funktionen der formalen
Bildung 250, Formale Bildung in der sozialen Schichtung 258,
Die historische Perspektive: Ursprünge der Massenbildung und
Wellen der Bildungsexpansion 264

11 **Die verschlungenen Wege der Staatsentwicklung
und der Entfaltung des Kapitalismus** 277
Funktionen in der Sozialstruktur 277, Ursprünge und Konflikte
der modernen Staatsbildung in Europa 287, Die Rivalin Albions
und die Ausweitung des Projektes 303

IV PROZESSE DER KONVERGENZ

12 **Konvergenz im Westen?** 318
Argumente für Konvergenz 318, Ähnlichkeiten und
Unterschiede: Institutionelle Ausgestaltungen 322, Ähnlichkeiten
und Unterschiede: Schichtung und Mobilität 328,
Schlußfolgerung 343

Inhalt • 7

13 Japan: Im »Westen« was Neues?   348
Ist Japan ein Sonderfall? 348, Die Zäsur durch die Besetzung und das neue Japan 350, Zur Struktur der realen Ungleichheiten 357, Schlußfolgerung 362

14 Das Geschäft mit der Gewalt und der Legitimität   367
Protektion und ihre Herstellung 370, Das Problem in historischer Sicht 381, Folgerungen 385

15 Komparative Vorteile in der Nachkriegsära   390
Ein Ansatz zur Messung: Gewalt und Legitimität 393, Ergebnisse 397, Schlußfolgerung 413

Nachwort   421

Anhang   430
Verzeichnis der Schaubilder, Tabellen und Übersichten 430, Autorenregister 433, Stichwortregister 438

Vorwort

Wir sind sicherlich immer auch brennend an der Deutung der Gegenwart interessiert. Dieser Deutungsbedarf steigt in dem Maße, wie die Zukunft als unsicher erlebt wird. Damit gewinnt die nicht bloß rhetorische Frage an Aktualität: Was wird kommen? Die Zeitdiagnose in diesem Buch wird aus den Grundprozessen und historischen Ausprägungen der westlichen Gesellschaft als Gesellschaftstyp gewonnen; sie knüpft mithin nicht vordergründig eng an die zahlreichen Probleme, Wandlungen und Bewegungen der Gegenwart an. Eine Zeitdiagnose, die zu eng in der Tagesaktualität befangen bleibt, verfehlt leicht eine angemessene Deutung. Ebenso kann dies durch »ahistorische« Theorien geschehen, die in bestimmten historischen Phasen entworfen, diese transitorischen Rahmenbedingungen unreflektiert transportieren können.

Im Buch lautet eine Diagnose der Zeit, daß wir uns an der Schnittstelle eines sich formierenden neuen technologischen Stils und eines sich vorderhand weiter zersetzenden politökonomischen Regimes befinden. Diese Schnittstelle ist u.a. von einer wirtschaftlichen *Zwischenerholung* begleitet. Die These, daß die wirtschaftliche Erholung nach 1982 bloß eine Zwischenerholung für ein paar Jahre darstellt, war noch vor vier Jahren, als ich mit der Ausarbeitung der Gedankengänge begann, riskant. Heute erhebt sich wohl weniger Widerspruch gegen eine solche Sichtweise.[1] Wenn auch die ungelösten Probleme der näheren Zukunft mit dem Ausdruck Zwischenerholung angesprochen sind, so ist dieses Buch dennoch in seiner Grundtendenz optimistisch, was die Zukunftsmöglichkeiten dieses Gesellschaftstyps betrifft.

Das angeführte Beispiel einer riskanten These zeigt, wie im Buch Theorie und Wirklichkeit verknüpft werden. Es werden insofern riskante Thesen entwickelt, als sie sich am empirischen Material leicht als unhaltbar erweisen können. Ich will damit nun nicht sagen, daß in diesem Buch die empirische Absicherung schon genügend geleistet sei. Eine dafür nötige Auseinandersetzung kann ein Autor initiieren, nicht aber allein leisten.

In diesem Buch geht es um den *Aufbau* und *Wandel* der westlichen Gesellschaft. »Wandel« ist selbst ein schillernder Begriff. Er kann nämlich zwei unterschiedliche Dinge benennen. Einmal die Entfaltung von etwas, das angelegt war; dann weiter den Wandel dessen, was zur Entwicklung angelegt war. Letzteres, nämlich Evolution, ist mit der Sukzession von

Gesellschaftsmodellen angesprochen. Es wird im Buch vorgeschlagen, sozialen Wandel nicht bloß als kontinuierliche Veränderung, sondern auch als »schubweise« Abfolge von Gesellschaftsmodellen zu begreifen, die - obwohl sie auseinander hervorgehen - doch hinreichend abgesondert sind, um auch von Diskontinuitäten im sozialen Wandel sprechen zu können.

Gesellschaftsmodelle werden im Anschluß an langdauernde und profunde Krisen formuliert, setzen sich durch, führen im Verlauf ihrer Entfaltung zu steigenden Spannungen und zersetzen sich, um der Suche nach einem neuen Modell Platz zu machen. Auch wenn in der Krisenphase anfangs der Blick rückwärts gerichtet ist, so gibt es doch aus den inneren Widersprüchen der westlichen Gesellschaft heraus keinen anderen Ausweg als die Rückkehr in die Zukunft. Hierin liegt das reformerische und gleichzeitig utopische Moment.

Der für die Prozesse bedeutsame soziale Rahmen ist das Weltsystem und nicht die einzelne »nationale Gesellschaft«. Wenn wir von westlicher Gesellschaft in diesem Rahmen sprechen, so behaupten wir, daß es einen solchen *Typ von Gesellschaft* in der Weltsozialstruktur gibt, innerhalb dessen die einzelnen Gesellschaften hinreichend ähnlich sind. Dieses Typische wie auch die Frage nach der Art und des Umfangs der Variationen ist Gegenstand des Buches. Die Leser werden bemerken, wie mich die Frage beschäftigt hat, warum es zu dieser Einheit in der sozialen Ausgestaltung trotz der Vielzahl der Gesellschaften kommt. Der Grund wird im Weltmarkt für Protektion gesehen (vgl. das Kapitel 14: *Das Geschäft mit der Gewalt und der Legitimität*).

Die Begriffe »westlich« oder »modern« sind unzulängliche, wenngleich praktische Metaphern für diesen Typ, den es zu isolieren gilt. Dabei habe ich den Ausdruck »westlich« normalerweise vorgezogen, weil er trotz Unklarheiten - insbesondere in neuester Zeit, wenn man an Japan denkt -, dennoch weniger mißverständlich ist. Den in Rede stehenden Typ kann man in der *Nachkriegszeit* - im keynesianischen Gesellschaftsmodell - ohne größere Schwierigkeiten abgrenzen. Es handelt sich um einen Gesellschaftstyp, der durch folgende Rahmenbedingungen gekennzeichnet ist: (1) eine hohe und durchgängige Entfaltung der wirtschaftlichen Effizienz; (2) die Fähigkeit, eine Mehrheit der Gesellschaftsmitglieder kulturell und strukturell in ein Modell zu integrieren - was von den vorangegangenen Gesellschaftsmodellen nicht gesagt werden kann; (3) eine besondere politische Form, die durch drei Merkmale umschrieben ist: - Es gibt kein umfassendes Monopol der territorialen Gewalt; - verschiedene politische Machtzentren und Parteien existieren innerhalb der Gesellschaften und können faktisch um die politische Macht konkurrieren; - die politische Herrschaft ist gegenüber den Nichteliten einem Rechtfertigungszwang unterworfen, d.h. es liegt mindestens eine Kontrolle der Herrschaft durch Nichteliten vor, die über freie Wahlen ausgeübt werden kann. Diese politische Form läßt sich mit »Polyarchie«[2] umschreiben, »formale Demokratie« wäre eine andere, mehr der Alltagssprache entlehnte Bezeichnung.

Übersicht 1
Typen von Gesellschaften in der Weltsozialstruktur

Effizienz ↘
    Ressourcen ↘

Wettbewerbsfähigkeit im Weltsystem		Möglichkeit, die Bevölkerung in das Modell der modernen Gesellschaft einzuschließen				
politisch-militärisch	wirtschaftlich	Einschluß minim.: fast alle draußen	Diskrimination hoch: Mehrheit draußen	Diskrimination tiefer: Mehrheit ök. drinnen, pol. draußen	Einschluß hoch: Mehrheit drinnen*)	
nicht vorhanden	nicht vorhanden†)	GESELLSCHAFTEN DER PERIPHERIE				
tief	nicht oder nur selektiv vorhanden ‡)		TEILMODERNISIERTE GESELLSCHAFT DER SEMIPERIPHERIE			
mittel bis hoch	teilweise oder ganze Abschottung			STAATSKAPITALISTISCHE GESELLSCHAFT DES GEGENZENTRUMS		
hoch	breit gefächert vorhanden				WESTLICHE GESELLSCHAFT DES ZENTRUMS	

*) Im keynesianischen Gesellschaftsmodell, nicht in den vorangegangenen.
†) Allenfalls sehr selektiv und dann nur mit Hilfe von Zentrumskapital.
‡) Selektiv vorhanden, dann mit einer bedeutenden Rolle von Zentrumskapital.

Wenn man die sehr kleinen Gesellschaften Luxemburg und Island nicht einrechnet, so gehörten über die gesamte Nachkriegszeit 18 Länder dazu, die im Buch die Grundgesamtheit verschiedener vergleichender Untersuchungen sind, nämlich Australien, Belgien, die Bundesrepublik Deutschland, Dänemark, Finnland, Frankreich, Großbritannien, Irland,

Italien, Japan, Kanada, Neuseeland, die Niederlande, Norwegen, Österreich, Schweden, die Schweiz und die Vereinigten Staaten.[3]

Im Rahmen der Weltsozialstruktur nimmt die westliche Gesellschaft einen Platz ein, den ich mit Zentrum bezeichne (vgl. Übersicht 1). Sie ist aber nur *ein* Teil des Ganzen, das nicht aus dem Blick geraten darf, obgleich es nicht Gegenstand dieses Buches geworden ist. Die Weltsozialstruktur sehe ich daneben bestehend aus der Gesellschaft des rivalisierenden Gegenzentrums, der Gesellschaft der teilverwestlichten Semiperipherie, die in unterschiedlichem Grad vom Zentrum oder Gegenzentrum abhängig ist, und der marginalisiert-abhängigen Gesellschaft der Peripherie im engeren Sinne.

Diese Gesamtkomposition und ihren Zusammenhang zu entwickeln und historisch wie komparativ zu untersuchen, wäre aus Gründen der Systematik sicherlich der naheliegende Anfang. Da ich aber über das Weltsystem bereits einige Arbeiten verfaßt habe, schien mir die Aufgabe verlockender, zunächst eine ausgiebige Darstellung über die zentrale Subformation zu liefern. Die ursprünglich geplanten Kapitel zur Herleitung und Abgrenzung der verschiedenen Subformationen sowie zu ihrer Stellung zueinander in historischer und komparativer Sicht mußte ich zunächst einmal weglassen, um nicht den Umfang dieses Buches zu sprengen. Weitere Arbeiten im Rahmen der Weltsozialstruktur sind als gesonderte Bände geplant.

Ich entwickle im Buch die Vorstellung, daß Sozialstruktur aus dem Zusammenspiel von sich widerstreitenden Prinzipien entsteht, dem *Streben nach Macht*, dem *Streben nach Effizienz* und dem *Gleichheitsanspruch*. Ein Gesellschaftsmodell repräsentiert einen historischen Kompromiß zwischen diesen Prinzipien, der - wenn er Wettbewerbsvorteile im kompetitiven Weltmilieu zu schaffen vermag - als Vorbild diffundiert. Es wird betont und begründet, daß die Legitimität einer Ordnung eine wichtige Quelle von Wettbewerbsvorteilen darstellt.

In dem angesprochenen Kompromiß werden die auf besondere Weise ausgestalteten Institutionen der Neuzeit aufeinander bezogen und vor dem Hintergrund der erwähnten Prinzipien neu ausgestaltet und zu einem »Paket« geschnürt. Diese Institutionen sind: die *formale Organisation*, die *Schule*, der *Nationalstaat* und der *Weltmarkt*. Ein Modell kann als ein erneuerter Gesellschaftsvertrag gedeutet werden, und es sieht bestimmt ausgeprägte und zusammengefügte institutionelle Stile vor. Letztere untergliedere ich selbst wieder in die zwei Bereiche des technologischen Stils und politökonomischen Regimes. Solche Gesellschaftsmodelle durchschreiten eine Karriere, die Regelmäßigkeiten aufweist. Prozesse auf ein versuchtes Gleichgewicht hin und solche auf zunehmende Ungleichgewichte hin, Basiskonsens und Dissens sind die Hauptrhythmen dieser Karriere. Es sei schließlich betont, daß die langfristigen wirtschaftlichen

Wechsellagen die Verfassung des Gesellschaftsmodells reflektieren. Sie gehen nicht dem sozialen Gesamtprozeß voran, sondern sind bloß ein Teil davon, wenngleich ein wichtiger.

Die Lösungen des Sozialen, die durch Gesellschaftsmodelle umschrieben sind, können als »funktional« bezeichnet werden, insofern als der dadurch erreichte Grad der sozialen Kohäsion und Legitimität über die Statuserhaltung und -verbesserung im kompetitiven Weltmilieu entscheiden. Aber dies darf nicht vergessen machen, daß der dem Konsens zugrundeliegende Kompromiß zwischen den drei widersprüchlichen Prinzipien nur auf Zeit möglich ist, selbst dann bleiben diese Prinzipien latent konfliktiv.[4] Meine Sichtweise kombiniert Elemente aus der Schule der Funktionalisten und der Konflikttheoretiker. Beide Grundparadigmen bei der Thematisierung werden also gleichsam »versöhnt«. Konflikt und Konsens sind bloß zwei Seiten des gleichen sozialen Prozesses,[5] und es ist sicher stilisiert, die Unterschiede zwischen funktionalistischer Theorie und Konflikttheorie überzubetonen.

In der *funktionalistischen Theorie* (z.B. bei Emile Durkheim und später z.B. bei Talcot Parsons) steht das Problem der Ordnung ganzer gesellschaftlicher Systeme, mit eigenen Bedürfnissen (Überleben), im Vordergrund. Die Gesellschaft wird als durch Konsensus zusammengehalten begriffen. Demgegenüber rückt die *Konflikttheorie* (z.B. bei Karl Marx und Max Weber, später z.B. bei Ralf Dahrendorf) Machtunterschiede und Interessengegensätze in den Vordergrund. Die Gesellschaft wird als durch Machtverhältnisse zusammengehalten begriffen. Zwei Varianten tauchen schon bei den Klassikern auf, nämlich die Theorie der herrschenden Klasse (Marx) und die pluralistische Machtkonflikttheorie (Weber).

Quer zu Konsensus und Konflikt läßt sich eine weitere Klassifikation vornehmen, die die Wertannahmen betrifft: Kritisch/radikal - konservativ, utopisch - realistisch/reformistisch, emanzipativ - wertfrei sind die Gegensatzpaare, die die funktionalistischen und konflikttheoretischen Sichtweisen abermals unterteilen. Eine solche Kreuztabellierung von Ansätzen und Wertannahmen wird in Übersicht 2 vorgenommen und kann helfen, die eigene Sichtweise klarer zu verorten.[6]

Meinen Ansatz einer *dialektischen Evolutionstheorie* sehe ich auf der Diagonalen zwischen dem reformistischen Paradigma der Machtkonflikte und dem kritischen Paradigma der Ordnung (vgl. Übersicht 2). Er geht davon aus, daß *beides,* Basiskonsens auf der einen und Konflikt auf der anderen Seite, Realitäten des Sozialen sind. Die Gesellschaftsmodelle können im Rahmen einer funktionalistischen Theorie der Evolution verortet werden. Aber die Karriere von Modellen ist wechselnd gekennzeichnet einerseits durch Phasen, die eher mit Basiskonsens und einem geregelten Machtkonflikt beschrieben werden können, und anderseits solchen, die eher durch ungeregelten Macht- und Wertekonflikt charakterisiert sind oder in denen das soziale Band gänzlich zerreißt, was bei Bürgerkrieg der Fall ist. Weiter ist mein Ansatz reformistisch-utopisch. Gesellschaftsmodelle sind »sterblich«, aber neue Modelle können mehr Realisierungschancen für Menschen in der Gesellschaft erlauben als jene, die ihnen vorangingen.[7]

Übersicht 2
Schema für die Einordnung verschiedener Theorien *)

Ansätze	Wertannahmen	
	Kritisch/radikal Ungleichheit der Macht ist nicht nötig bzw. abbaubar *Utopisch* Optimistische Sicht der menschlichen Natur u. der Möglichkeit v. Gesellschaft *Emanzipativ* Wissenschaft kann Handlungsspielräume elaborieren, die mehr Humanität ermöglichen	*Konservativ* Ungleichheit der Macht - so wie gegeben - ist unvermeidbar *Skeptisch/reformistisch* Skeptische Sichtweise der menschlichen Natur u. der Möglichkeit v. Gesellschaft *Wertfrei* Wissenschaft ist wertfrei und soll sich an die Beschreibung von Tatsachen halten
Gesellschaft wird durch *Basiskonsens* zusammengehalten (holistisches Modell der Gesellschaft)	KRITISCHES PARADIGMA DER ORDNUNG Theorie der Evolution von Gesellschaftsmodellen	KONSERVATIVES PARADIGMA DER ORDNUNG Strukturfunktionalistische Theorie
Gesellschaft wird zusammengehalten durch *Machtverhältnisse* (Konfliktmodell mit Betonung der Teile)	RADIKALES PARADIGMA DER REVOLUTION Theorie der herrschenden Klasse	REFORMISTISCHES PARADIGMA DER MACHTKONFLIKTE Pluralistische Machtkonflikttheorie

Quelle: Zusammengestellt unter Verwendung von Typologien bei Harold R. Kerbo, Hermann Strasser und Gerhard E. Lenski (vgl. Anm. 6).

Das Buch gliedert sich in vier Teile, denen jeweils ein kurzer Überblick vorangestellt ist. Drei Gesellschaftsmodelle seit der Verbreitung des industriellen Projektes auf den Kontinent nach 1830/48 werden untersucht, wobei dem letzten vom Material her sehr viel breiteren Raum gegeben wird. Um ihnen einprägsame Namen zu geben, die Verwechselungen verhindern sollen, nenne ich sie manchmal kurz: das (liberale) Gesellschaftsmodell der Gründerzeit (seit den 1830er Jahren), das (klassenpolarisierte) Gesellschaftsmodell der Nachgründerzeit (seit den 1880er Jahren) und das (neokorporatistische) keynesianische Gesellschaftsmodell (seit den dreißiger Jahren), das seit einiger Zeit zerfällt.

Im *ersten Teil* wird in drei Kapiteln ein Überblick und eine Einleitung zum keynesianischen Gesellschaftsmodell, seinen Gleichgewichts- und Ungleichgewichtsprozessen, zu den drei widersprüchlichen, strukturbildenden Prinzipien: Machtstreben, Effizienzstreben und Gleichheitsanspruch und zu den *Quanten* im sozialen Wandel, den *Gesellschaftsmodellen,* gegeben. Der Überblick in Kapitel 1 liefert eine Art Klammer und hat zusammen mit den nachfolgenden Ausführungen auch Belegwert für die Entfaltung der Argumentation über vier Jahre. Dieses Kapitel ist ursprünglich eine Ideenskizze für ein Forschungsprogramm gewesen und wurde für einen Vortrag verfaßt.[8]

Im *zweiten Teil* wird eine historische Linie durch die diskontinuierliche Entwicklung der westlichen Gesellschaft verfolgt, die auch die Frage der »langen Wellen« aufnimmt, aber über ökonomische Zyklentheorien in mehreren Hinsichten hinausgeht. Die langfristigen Wirtschaftsschwankungen werden selbst als Ergebnis von technologischer Stilentwicklung und politökonomischer Regimeveränderung gesehen. Im Anschluß daran wird die Karriere von Gesellschaftsmodellen betrachtet und den sie begleitenden Konfliktverläufen nachgegangen.

Der *dritte Teil* beschäftigt sich eingehender mit den institutionellen Ordnungen, die bereits angesprochen sind, der formalen Organisation, der Schule und dem Staat - der Weltmarkt wird erst in Teil Vier eingehender Thema. In diesem Teil sind weniger die Zäsuren zwischen den Gesellschaftsmodellen, sondern die sich aus Konflikten ergebenden Entwicklungslinien, die zur Gegenwart und ihrer Deutung führen, Gegenstand. Daran anschließend wäre die soziale Schichtung und das Mobilitätsregime der westlichen Gesellschaft eingehender zu behandeln gewesen. Aus Platzgründen haben wir aber auf den Einschluß dieser Materialien in einem gesonderten Kapitel in diesem Buch verzichtet.

Im *vierten Teil* wird eine systematische komparative Analyse zur Ähnlichkeit und zu den Unterschieden bei der institutionellen Ausgestaltung sowie bei der sozialen Schichtung und Mobilität in der Nachkriegsära durchgeführt. Daran schließen sich unsere Untersuchungen zu den Gründen für den geringen Spielraum der sozialen Ausgestaltungen an, die wir in der Rolle der Legitimität als Wettbewerbsressource im kompetitiven Weltmilieu sehen. Hier wird der *Weltmarkt für Protektion* als Kontrollinstanz im Weltsystem eingeführt, die bewirkt, daß historische Ausgestaltungen der Sozialstruktur, die die konfliktiven Prinzipien mit größerem Legitimierungserfolg verbinden, obenauf schwingen. Dabei wird einerseits auch wieder die längere historische Perspektive aufgenommen, andererseits aber auch die komparativen Vorteile einer legitimeren Sozialstruktur in der Nachkriegsära eingehend untersucht. Gab es »Standortvorteile« ? lautet die Frage, und: Worin bestanden sie?

Im Buch habe ich, soweit möglich, eine Trennung versucht zwischen einem Text, der auch für Nichtfachleute lesbar sein soll, und einem Anmerkungsapparat am Ende eines jeden Kapitels, der technische Details, Quellenbelege und weiterführende Literatur enthält. Verschiedene Lesergruppen, die am Thema interessiert sind, können somit das Buch benutzen, und gleichzeitig ist es für weiterführende Forschungen, wie auch für Studentinnen und Studenten im Rahmen von Kursen zur Makrosoziologie gedacht.

Zum Schluß, und damit hervorgehoben, ein Wort des Dankes an Studenten und Mitarbeiter, die dieses Buch durch ihren Widerspruch, ihre Ideen und kritischen Fragen, die mich ermunterten oder auch zwangen, die Argumente weiter zu entwickeln, ermöglicht haben. Einige meiner Mitarbeiter haben darüber hinaus durch ihre Hilfe bei der Zusammenstellung von Materialien und bei der Bearbeitung von Teilen der Vorentwürfe, die über die letzten vier Jahre entstanden, wesentlich zum Endergebnis beigetragen. An dieser Stelle möchte ich ihnen ganz herzlich danken und gleichzeitig die Verantwortung für das Resultat der Auseinandersetzungen übernehmen. In alphabetischer Reihenfolge sind dies: *Manuel Eisner, Kurt Imhof, Michael Nollert, Gaetano Romano, Hanspeter Stamm* und *Christian Suter*.

Die Liste der Kollegen, von deren Kommentaren und Ideen ich anläßlich von Konferenzen und Vorträgen gelernt habe, kann ich hier wegen der Länge nicht wiedergeben. Allen statte ich meinen Dank ab. Wenn ich auch nicht in Richtung ihrer Arbeiten gegangen bin, so sind ihre Ideen und Kommentare für mein Buch sehr anregend und fruchtbar gewesen. Gesprächen mit *Thomas Allmendinger, Christopher Chase-Dunn, Shmuel N. Eisenstadt, Patrick McGowan, Giorgio Gagliani, Georg Kohler, Jens Krumme* und *Hansjörg Siegenthaler* verdanke ich Denkanstöße, die ich hier würdigen möchte, ohne meine Gesprächspartner in irgend einer Weise mit meinem Arbeitsergebnis belasten zu wollen.

Nicht zuletzt schulde ich Dank den großzügigen Arbeitsbedingungen und Hilfen der Universität Zürich und des Soziologischen Institutes, an dem ich tätig bin, wie auch *Hildegard Köhler* und *Arno Schlumpf*, mit deren Hilfe ich dieses Manuskript in der vorliegenden Form erstellte. Diesen Dank statte ich gerne ab.

Anmerkungen

1 Das Buchmanuskript wurde im Juli 1987 abgeschlossen. Bei Abschluß der editorischen Bearbeitungen im Dezember 1987 ging die Zwischenerholung bereits erkenn-

bar ihrem Ende entgegen. Am Text wurden aber keine entsprechenden Änderungen vorgenommen.
2 Robert A. Dahl, *Polyarchy. Participation and Opposition*, New Haven: Yale University Press, 1971.
3 Griechenland, Portugal und Spanien gehören nicht dazu, weil für sie die Merkmale nicht über die gesamte Nachkriegszeit vorhanden sind. Israel wäre in Betracht zu ziehen, bleibt aber hier als Spezialfall ausgeklammert, weil sich diese Gesellschaft nach der forcierten Gründung seit 1948 praktisch dauernd im Kriegszustand befand. Weiter ist Israel insofern ein Sonderfall, als über längere Zeit ein Großteil der Bevölkerung nicht im Lande geboren war.
4 Eine Stelle bei Peter Heintz, den ich hier auch als akademischen Lehrer würdigen möchte, zeigt die Ähnlichkeit zu ihm auf der metatheoretischen Ebene: »Die der Struktur irgendeines Systems innewohnenden Widersprüche können als Folge einer fundamentalen Gegensätzlichkeit erklärt werden. Es ist dies die Gegensätzlichkeit zwischen den Bedingungen, unter denen Macht legitimiert, und den Bedingungen, unter denen die Machtstruktur erhalten werden kann. Die Konfiguration der in einem System vorhandenen Parameter stellt einen institutionalisierten Kompromiß zwischen den beiden konfliktiven Bedingungen der Macht und der Legitimität dar.« Aus Peter Heintz (in Zusammenarbeit mit Suzanne Heintz), *Die Zukunft der Entwicklung*, Bern, Stuttgart, Wien: Hans Huber, 1974, S. 51 f. (Zuerst englisch im gleichen Verlag, 1973.)
5 Vgl. Seymour Martin Lipset, *Consensus and Conflict. Essays in Political Sociology*, New Brunswick (USA) und Oxford: Transaction Books, 1985. Dort insbesondere die Einleitung und Kap. 1.
6 Ich adaptiere hier die Typologien von: Harold R. Kerbo, *Social Stratification and Inequality*, New York: McGraw-Hill, 1983, S. 86 ff. Hermann Strasser, *The Normative Structure of Sociology: Conservative and Emancipatory Themes in Social Thought*, London: Routledge and Kegan Paul, 1976. Gerhard E. Lenski, *Power and Privilege*, New York: McGraw-Hill, 1966, bes. S. 14-23.
7 Die Annäherung der Institutionen an die »Idee einer voluntaristischen Ordnung«, die Richard Münch als Entwicklungslinie bei seiner Untersuchung über den institutionellen Aufbau der Moderne sieht, ist ein anderes Beispiel für ein kritisches Paradigma der Ordnung. Vgl. Richard Münch, *Die Struktur der Moderne*, Frankfurt: Suhrkamp, 1984. Seine voluntaristische Handlungstheorie thematisiert im Gegensatz zu meinem Buch weder den stark diskontinuierlichen Charakter des Wandels (Gesellschaftsmodelle und ihre Karriere), ausgelöst durch widersprüchliche Prinzipien und das Problem, das die Macht für jede Ordnung darstellt, noch die Rahmenbedingungen des Weltsystems (Weltmarkt für Protektion) für den Wandel und seine Richtung.
8 Vortrag am 7. Kongreß der Schweizerischen Gesellschaft für Soziologie, Zürich, 17.-19. Oktober 1985. Kapitel 1 ist der einzige Teil des Buches, der bereits publiziert wurde, nämlich als: »Moderne Sozialstruktur und ihr Wandel«, *Schweizerische Zeitschrift für Soziologie*, 12 (1), 1986, S. 173-190.

I
ÜBERBLICK UND EINLEITUNG

Der erste Teil des Buches gliedert sich in drei einführende Kapitel. Zunächst werden in *Kapitel 1* Ausgestaltungen der westlichen Gesellschaft nach der Weltwirtschaftskrise zur Sprache gebracht. Dieses Gesellschaftsmodell entsteht in den dreißiger Jahren und entfaltet sich erst voll in der Nachkriegsära. Dieser Überblick über die historischen Manifestationen von Gleichgewicht und Ungleichgewicht spricht zahlreiche Wirklichkeitsbereiche an, auf die an anderen Stellen im Buch näher eingegangen wird, und verweist auf jene Epoche, für die im Buch am meisten Materialien zusammengetragen worden sind - wenngleich der zeitliche Betrachtungshorizont an etlichen anderen Stellen beträchtlich weiter gesteckt ist.

Das *Kapitel 2* geht allgemeiner auf die andauernden, konfliktiven Prinzipien der westlichen Gesellschaft ein - auf das *Effizienzstreben,* das *Gleichheitsstreben* und das *Machtstreben.* Mit den verschiedenen Formen der Macht (soziale, kulturelle und wirtschaftliche) wird ein Ableitungszusammenhang geschaffen zu den zentralen Institutionen: Staat, Schule, formale Organisation und Markt, die eingebettet sind in die besondere soziale Form eines kompetitiven Milieus im Weltsystem, bewirkt durch die Existenz von verschiedenen - unterschiedlich mächtigen - Staatsapparaten.

Das *Kapitel 3* führt eine neue Sichtweise des sozialen Wandels ein, die wir der Untersuchung zugrundelegen. Wir unterscheiden zwischen den zahlreichen Veränderungen im Sozialen und einem Wandel im engeren (grundlegenden) Sinne. Letzterer beinhaltet die durch Krisenphasen hervorgerufenen Neuanfänge, die sich in erneuerten Gesellschaftsverträgen manifestieren. Die historischen Kompromisse zwischen den konfliktiven Prinzipien, bei denen die angesprochenen institutionellen Bereiche auf besondere Weise ausgestaltet und gebündelt werden, sind die Quanten im sozialen Wandel, durch die »lange Wellen« der Wirtschaftsentwicklung eine Erklärung finden können. Gesellschaftsmodelle als Quanten im Strom der Veränderung verzahnen ein politökonomisches Regime mit einem technologischen Stil und durchlaufen wiederkehrende Karriere-Etappen.

1 Westliche Gesellschaft nach der Weltwirtschaftskrise

Vorbemerkungen

Die gesellschaftlichen Prozesse, die es hier zu entwickeln gilt, sind eingebettet in das kapitalistische System, das weltumspannend, als Arena von Wettbewerb auf Märkten und zwischen Staaten begriffen wird. In diesem Prozeß gibt es *Evolution,* die freilich nicht kontinuierlich ist, sondern als lange Wellen von wiederkehrendem Auf- und Abbau von Struktur begriffen wird. In jeder dieser Wellen kristallisiert sich ein anderes *Gesellschaftsmodell* aus. Das Gesellschaftsmodell verzahnt, ausgehend von interpretierten Leitwerten - den abstraktesten Komponenten der Kultur -, einen *technologischen Stil* mit einem *politökonomischen Regime.* Letzteres benennt eine bestimmte Ausgestaltung des Nationalstaates und des Weltmarktes. Solche Modelle stellen historische Kompromisse zwischen den *Prinzipien* dar, die in ihren Ausgestaltungen moderne Sozialstruktur generieren.

Der Begriff der Sozialstruktur meint, wenn er auf die kapitalistische Weltwirtschaft bezogen wird, *Weltsozialstruktur;* innerhalb dieser können *Subformationen* ausgegrenzt werden. Die Ausgestaltung der Sozialstruktur unterscheidet sich zwischen diesen Subformationen, und zwar in Abhängigkeit von der Ressourcenverfügbarkeit und von politischen Ordnungen. Es werden folgende Subformationen vorgeschlagen: die westliche Gesellschaft des *Zentrums,* die staatskapitalistische Gesellschaft des *Gegenzentrums,* die teilverwestlichte Gesellschaft der *Semiperipherie* und die marginalen Gesellschaften - die *Peripherie* im strengen Wortsinne.

Im Aufschwung einer langen Welle bildet sich ein Gesellschaftsmodell voll aus, um schließlich im Höhepunkt potentiell die gesamte Vergesellschaftung gestaltend zu umfassen. Das Modell kann dann als gesättigt bezeichnet werden. Die Sättigung stellt eine Gleichgewichtsphase dar, die jedoch höchst flüchtig ist, denn sie trägt in sich den Keim für einen von Krisen begleiteten Abschwung. So ist nicht das Gleichgewicht selbst, vielmehr der Weg dahin eine Phase, in der ein auf hoher Legitimität der sozialen Ordnung gründender Optimismus die Grundstimmung ist: Die Welt wird mehr und mehr nach einem Modell organisiert, das in weiten Kreisen auf prinzipielle Zustimmung stößt und reale Besserstellung für viele Menschen erlaubt. Mit der Sättigung des Modells wird die auf Zustimmung beruhende *Legitimität* mehr und mehr von *Duldung* (Gleichgültigkeit mit teilweisem Rückzug) einerseits und von *Konflikt und Opposition* andererseits abgelöst. Im Abschwung herrschen Gleichgültigkeit, Orientierungslosigkeit und Dissens als Grundstimmung vor.

Der Grund dafür, daß die Gleichgewichtsphase auch gleichzeitig den Ausgangspunkt für den Abschwung einer langen Welle darstellt, liegt in den widersprüchlichen Kräften, die die moderne Sozialstruktur generieren und auf die wir weiter unten einleitend zu sprechen kommen. Die Sättigung des Modells bringt es mit sich, daß der Kompromiß zwischen nicht voll zu vereinbarenden Prinzipien, der innerhalb eines bestimmten Modells möglich war, seiner Grundlage beraubt dahinschwindet. *Basiskonsens* und *Dissens* sind die sich abwechselnden Phasen, mithin die Hauptrhythmen im sozialen Geschehen der langen Wellen, die zwischen Gleichgewicht und Ungleichgewicht wechseln. Über die Evolution von Gesellschaftsmodellen stellen die aufeinander folgenden Wellen selbst wiederum einen gewissen, wenngleich gebrochenen Gleichgewichtspfad dar. In jeder Welle haben die einzelnen Gesellschaften der Subformation der westlichen Gesellschaft die größte Gemeinsamkeit bei der Ausgestaltung der Sozialstruktur, die sich von früheren zu späteren Modellen verstärkt haben dürfte.

Die von mir gesichteten Materialien legen nahe, daß die gesamte westliche Gesellschaft des Zentrums seit dem Übergreifen des industriellen Projektes auf den Kontinent im ersten Drittel des vorigen Jahrhunderts drei solcher Modelle durchschritten hat, die - stichwortartig bezeichnet - folgende waren: das liberale Gesellschaftsmodell der Gründerära, das klassenpolarisierte Gesellschaftsmodell der Nachgründerära und das neokorporatistische, keynesianische Gesellschaftsmodell. Am Ende der Saturationsphasen gab es dreimal einen deutlichen Einbruch im sozialen Konsens und im wirtschaftlichen Geschehen (gemessen am Wachstum der Weltindustrieproduktion). Dem wirtschaftlichen Einbruch folgte eine Zwischenerholung, die nicht dauerhaft war und in eine erneute Depression mündete, weil ein neues Modell fehlte. Unsere Gegenwart hat einige Gemeinsamkeiten mit früheren Zwischenerholungen (1866-72, 1920-29). Vor langen Aufschwüngen standen dreimal wesentliche Elemente eines erneuerten Gesellschaftsmodells, die für einige Zeit einen Basiskonsens sicherten - die wirtschaftliche Liberalisierung vor der ersten (ca. 1835/40 bis 1882), die Erweiterung der politischen Partizipation vor der zweiten (1883-1932) und der umverteilende Wohlfahrtsstaat vor der dritten langen

Wirtschaftswelle, die nach 1933 beginnt und sich dann nach dem zweiten Weltkrieg kraftvoll und allgemein entfaltete.

Gesellschaftsmodelle und Kultur

Die verschiedenen Gesellschaftsmodelle bezeichne ich als die *Quanten im sozialen Wandel*. Die Vorstellung eines diskontinuierlichen, von Zyklen überlagerten Entwicklungspfades in solchen Quanten will kein ehernes Gesetz im Sinne einer Theorie der Geschichte sein. Bei den folgenden Ausführungen wird es im einzelnen um jene sozialen Kräfte gehen, die diese Bewegung in einem konkreten historischen System, mit Anfang und Ende, bewirken. Die Anfänge moderner Sozialstruktur liegen freilich weiter zurück als die drei vorher erwähnten Modelle, und das Ende nicht so nah, wie uns die für Abschwünge charakteristischen Endzeitstimmungen glauben machen wollen.

Die erwähnten, aufeinanderfolgenden Gesellschaftsmodelle des Westens seit der Ausbreitung des industriellen Projektes auf dem Kontinent - und in Etappen weiter in Übersee: Vereinigte Staaten und Japan - bauen aufeinander auf. Weil sie aber dennoch in ihrer Abfolge klar sichtbare Zäsuren und Neuanfänge brachten, spreche ich auch von *erneuerten* Gesellschaftsverträgen. Der Konflikt um den Einschluß in den Gesellschaftsvertrag durchzieht die Geschichte des modernen Westens. Entsprechend hat sich der Umfang der Integration der Gesellschaftsmitglieder über die Zeit erheblich erweitert. Erst im keynesianischen Gesellschaftsmodell ist eine Mehrheit eingeschlossen.

Kultur und *menschliche* Gesellschaft sind in einer Hinsicht überhaupt nicht, in einer anderen sehr wohl zu trennen. Von der ersten Hinsicht soll zunächst, von der zweiten danach die Rede sein. Unser Begriff von Kultur umfaßt nicht bloß ideelle Momente, Symbole und Sinnzusammenhänge, sondern auch sich materialisierende Artefakte, Gegenstände wie auch die kulturell geschaffenen sozialen Fakten. So betrachtet ist eine Gegenüberstellung von Kultur und Sozialstruktur nur als Modell und Realisierung sinnvoll. Der Begriff des Gesellschaftsmodells vereinigt diese beiden Komponenten. Das Modell als Kulturwerk steht dabei in einem Spannungsverhältnis zur Gesellschaft, der Realisierung, allerdings - wie erwähnt - im Verlauf der *Karriere* eines Gesellschaftsmodells mit unterschiedlicher Intensität. In einer ersten Phase der Karriereetappen befinden sich Modell und seine Realisierung eher im Gleichgewicht, in der zweiten driften sie zunehmend auseinander. Das Modell löst sich in seinem Legitimität stiftenden Gehalt auf und zersetzt sich dann.

Das angesprochene Auseinanderlaufen von Modell und Wirklichkeit ist die *eine* Quelle von Spannung im Rahmen einer doppelten Widersprüchlichkeit, die ich sehe. Die *andere* liegt darin, daß ein Modell nur ein

Kompromiß sein kann. Die widersprüchlichen Prinzipien, auf die sogleich zu kommen sein wird, bleiben selbst in einem Modell latent konfliktiv. Für die Anerkennung einer sozialen Ordnung in den Augen der Gesellschaftsmitglieder ist das in folgender Hinsicht bedeutsam. Der Umfang der *Legitimität* wird einmal gespeist aus einer geringen Diskrepanz zwischen Modell und Realisierung. Unabhängig davon ist weiter die Legitimität in dem Maße größer, als es einem Modell gelingt, die widerstreitenden Prinzipien auf der institutionellen Ebene zu versöhnen und potentiell alle Gesellschaftsmitglieder einzuschließen. Je geringer diese Integration, desto geringer ist auch die Legitimität.

Unter Kultur im engeren Sinne verstehen wir also die in einem Modell aktualisierte, in spezifisch gestalteten und verknüpften Institutionen verankerte Kultur, daneben natürlich auch das, was als gesellschaftliche Sinnunterlage beim Modellwechsel gleich bleibt. Zu den institutionellen Ausformungen im keynesianischen Gesellschaftsmodell nach der Zäsur der Weltwirtschaftskrise werden weiter unten erste Ausführungen folgen.

In einer anderen Hinsicht liegen Kultur und Gesellschaft aber auseinander. Bedeutsam ist dies für die strukturbildenden Prinzipien, auf die weiter unten kurz und dann ausführlicher in Kapitel 2 eingegangen wird. Weil der Ursprung von Kultur im Denken, seiner Mitteilung und den dadurch geleiteten Taten liegt, ist menschliche Kultur in diesem weiteren Sinne die Summe aller Erinnerungen an das Gedachte, Mitgeteilte und Verwirklichte. Eine momentan existierende Gesellschaft mit ihrer spezifischen Kultur ist in diesem kulturellen System nur ein kleiner Ausschnitt menschlicher Möglichkeit in Gesellschaft. In diesem weiten, jeder Gesellschaft vorgelagerten kulturellen System sehe ich die drei Prinzipien, die Gesellschaften bewegen, verankert. Sie sind abstrakte und - wie noch auszuführen sein wird - widersprüchliche Komponenten dieses den Gesellschaften vorgelagerten Systems, ein Reservoir von Ansprüchen und Möglichkeiten. Auf die sozialen Rahmenbedingungen, die sie unterschiedlich aktivieren können und die umfassender sind als jede Gesellschaft, wird noch zu sprechen zu kommen sein.

Prinzipien, Legitimität und sozialer Rahmen

Die moderne Sozialstruktur sehe ich als das Ergebnis eines konfliktiven Zusammenspiels dreier Prinzipien: Dem Streben nach *Macht* bzw. Machterhaltung, dem Streben nach *Effizienz* (individueller Effizienz: Freiheit und Selbstentfaltung, sowie wirtschaftlicher Effizienz) und dem *Gleichheitsstreben.*

Die Verteilung von Macht ist in der Gesellschaft in der Abschließung von Gruppen, Verbänden und Staaten institutionalisiert, in der Wirtschaft durch die Verfügung über ökonomisch wertvolle Ressourcen und in der

Politik durch die Fähigkeit, die öffentlichen Belange und Entscheidungen zu gestalten und dabei Zwangsmittel einsetzen zu können, im Grenzfall auch Gewalt. Einmal erlangte Macht wird einerseits herausgefordert durch den Anspruch auf Gleichheit und andererseits durch das Streben nach wirtschaftlicher sowie nach individueller Effizienz (Selbstrealisierung und Freiheit).

Das Streben nach Effizienz und Gleichheit gründen beide in den kulturellen Fundamenten der westlichen Gesellschaft, die sich seit dem 12. Jahrhundert allmählich formiert haben. Effizienz und Gleicheit sind gleichsam der Doppelstamm eines Baumes mit Wurzeln in Individualismus, Universalismus, Rationalismus und Pragmatismus. Effizienz bedeutet im Kern die volle Entwicklung der im Individuum angelegten Potentiale. Mit dem Wert der Gleichheit ist das nur widerspruchsfrei zu vereinbaren, wenn Gleichheit als gleiche Chance zur individuellen Entfaltung gedeutet wird, nicht aber, wenn das Ergebnis der je verschiedenen Effizienzen gleich sein oder gleichen Wert haben soll. Im Rahmen der kapitalistischen Logik sind in der Marktsphäre nur jene Effizienzen überlebensfähig, die im Marktaustausch mindestens den monetär bezifferbaren Kraftverbrauch für ihre Realisierung wieder zurückerhalten können. Effizienz wird dadurch in der Marktsphäre *wirtschaftliche* Effizienz.

Die drei genannten Prinzipien sind mithin teilweise unvereinbar, und die institutionellen Ausformungen ihres Zusammenspiels in einem Gesellschaftsmodell können nur Kompromisse darstellen. Ein Kompromiß kann, wie bereits erwähnt, mehr oder weniger Legitimität beinhalten. Je mehr die Machtausübung mit den Prinzipien der individuellen und wirtschaftlichen Effizienz und des Gleichheitsstrebens vereinbar ist, desto höher ist die Legitimität einer Ordnung. Machtausübung muß sich entweder auf Zustimmung, d.h. *Legitimität*, oder zumindest auf *Duldung* abstützen, ansonsten sind *Konflikte* und der Einsatz von *Zwang* die Folge. Auch bloße Duldung - und nicht nur Zwang als illegitime Gewalt - verursacht höhere Kosten bei der Aufrechterhaltung von Ordnung: um die Konsequenzen der Gleichgültigkeit und des teilweisen Rückzugs aus der institutionalisierten Ordnung aufzufangen. Deshalb ist die Legitimität eine wichtige Effizienzressource der Gesellschaft im umfassenden Weltwettbewerb.

Es existieren zwar viele Möglichkeiten von sozialen Arrangements, um die konfligierenden Prinzipien zu verbinden. Die hier darzulegende Theorie behauptet aber, daß sich im Weltmaßstab nur jenes Modell durchsetzen kann, das Legitimität jeweils historisch optimiert und damit den Bereich definiert, in dem die Prinzipien zu einem Kompromiß zusammengefügt werden können. Dies liegt begründet in der Funktionsweise des Weltsystems und an vier Institutionen, die darin eine Schlüsselrolle spielen: dem *Weltmarkt,* der *formalen Organisation*, dem *Nationalstaat* und der *Schule*. Besondere Merkmale dieser aufeinander bezogenen

Ausgestaltung im keynesianischen Gesellschaftsmodell werden weiter unten behandelt.

Der *Weltmarkt* ist durch die wichtige Tatsache gestaltet, daß kein einzelner Staatsapparat die gesamte Arena des wirtschaftlichen und wirtschaftlich motivierten Wettbewerbs überspannt. Verschiedene und unterschiedlich mächtige Staatsapparate finden wir eingebettet in die Weltwirtschaft, und ihre wirtschaftlich motivierten Handlungen gestalten die Struktur des Weltmarktes zusammen mit den privaten Wirtschaftsunternehmen. Dies geschieht in einem auch durch kulturelle Ansprüche gesteckten Rahmen (Effizienz- und Gleichheitsanspruch), von dem Legitimationsanforderungen ausgehen.

Durch diese Rahmenbedingungen des modernen Weltsystems ensteht nicht nur wirtschaftliche Konkurrenz im Alltagsverständnis. Wenn interne Legitimität einer Gesellschaft eine Effizienzressource für die Erlangung und Erhaltung von Zentrumsstatus im Weltsystem ist, dann konkurrieren Staaten als »Anbieter« von sozialen Arrangements, die Legitimität erzeugen können, untereinander. In dem kompetitiven Weltmilieu mit vielen Souveränen existiert mithin ein Weltmarkt für die Erzeugung von »Ordnung« - einem Gut, das *Protektion* für jedes soziale Handeln darstellt und auch ein Produktionsfaktor ist. Im Weltsystem sind keine Positionen auf Dauer oder selbstverständlich festgelegt. Im Evolutionsgeschehen der westlichen Gesellschaft mußte auf die Legitimitätsanforderung Rücksicht genommen werden, um die Position im Zentrum zu erhalten oder zu erringen. Daß Legitimität einer Gesellschaft - auf Dauer und verbunden mit Erfolg im Weltsystem - nur begrenzt durch Zwang und illegitime Gewalt ersetzt werden konnte, gehört zu den zentralen Thesen des Buches. Der *Weltmarkt für Protektion*, den wir weiter hinten in den Kapitel 14 und 15 ausführen, erzwang dies.

Der Aufbau von Sozialstruktur im keynesianischen Gesellschaftsmodell: Gleichgewichtsanalyse

Der Wettbewerb auf dem Weltmarkt erzwingt nachhaltig eine Setzung der Prioritäten bei der wirtschaftlichen Effizienz. Dabei ist, wie bereits betont, die Legitimität einer gesellschaftlichen Ordnung ebenfalls eine wichtige Effizienzressource, die Wettbewerbsvorteile verschafft. Nicht nur den Wirtschaftsunternehmen, sondern auch den Staaten als Teilnehmer am Weltgeschehen wird dadurch eine Verhaltenslogik aufgezwungen, die den möglichen Verhaltensspielraum einschränkt. Längerfristig können nur jene sozialen Arrangements ihre Wettbewerbsposition ausbauen oder halten, die *Effizienz* und *Legitimität* optimieren.

Der *Nationalstaat* und die *formale Organisation* werden durch diesen umfassenden Wettbewerb einerseits zu einer ähnlichen, andererseits zu einer sich ergänzenden Verhaltenslogik zusammengebracht. Der Nationalstaat sorgt über die Definition von Mitgliedschaft und Rechten für eine Legitimationszufuhr, die der Marktprozeß und die arbeitsteilige Ungleichheit in formalen Organisationen allein nicht hervorbringen könnten. Durch partizipatorische Rechte und wohlfahrtsstaatliche Maßnahmen hebt staatliches Handeln den Sockel der Gleichheit in der Bevölkerung an. Im Rahmen der gesamten Weltsozialstruktur bedeutet dies Privilegien, die durch Mitgliedschaft entstehen. Solche Legitimitätsquellen ergänzen jene, die in der institutionellen Gewährleistung des Anspruchs auf Gleichheit im Sinne von Chancengleichheit im Leistungswettbewerb der Leistungsfähigen in der Marktsphäre liegen.

Die Institution der *formalen Organisation* stellt ein hierarchisches Geflecht von Beziehungen dar, objektive Stellungen (Georg Simmel), die eine Eigenständigkeit gegenüber den Menschen mit ihren persönlichen Eigenschaften besitzen. Im Rahmen von profitorientierten Unternehmen und auch von budgetmäßig finanzierten öffentlichen Verwaltungen transformiert die formale Organisation einen nennenswerten Teil von Macht in hierarchisch fein abgestufte *formale Autorität*. Die Grundlage von Herrschaft in formalen Organisationen ist einerseits Eigentum im engeren Sinne, dann »ökonomische Verfügungsmacht«, weiter das Amt und die von Rechtsinstituten geschaffenen Positionen in Rechtspersonen wie der Aktiengesellschaft, schließlich die durch die Existenz der formalen Organisation selbst abgeleitete Herrschaft auf mittleren und unteren Ebenen der Hierarchie.

Mit der formalen Organisation löste das Gesellschaftsmodell anfangs zum Teil das Problem der Macht, indem die Machtausübung dem Prinzip der wirtschaftlichen Effizienz unterstellt wurde. Die Ausgestaltung der Arbeitsteilung in der formalen Organisation führte beim technologischen Stil des keynesianischen Gesellschaftsmodell zu einer wachsenden *dreifachen* Gabelung von Positionen, die hierarchisch aufeinander bezogen sind. Die Klasse der dispositiven oder Kontrollarbeit (nämlich die hierarchisch freilich stark gegliederte Herrschaftsklasse), die Klasse der spezialisierten Arbeit (differenzierte und hierarchisch höchst unterschiedlich verankerte Spezialistenklasse) und die Klasse der routinisierten Arbeit bilden die Komponenten der Organisationsstruktur. Die wirtschaftlichen Vorteile dieser Arbeitsteilung liegen in den größeren Ersparnissen, die die Aufsplitterung und Routinisierung von Arbeitsabläufen ermöglichen. Im Verlauf der organisatorischen Ausgestaltung mußten freilich immer größere Teile dieser Ersparnisse dazu verwendet werden, um die Umgestaltung der Organisation beim Größenwachstum zu finanzieren, nämlich die vermehrte Zahl der Positionen in der Koordination,

Kommunikation und Hierarchie sowie die Zunahme der Spezialisten mit höheren formalen Qualifikationen, die der Herrschaftsklasse in der abgestuften Hierarchie als Hilfen zur Verfügung stehen.

Die erwähnte dreifache Gabelung von Arbeit hat beim letzten technologischen Stil zu einer nennenswerten Umverteilung von Positionen zugunsten der expandierenden Herrschafts- und Spezialistenklasse geführt. Damit hat sich die Schichtungsstruktur verändert, insbesondere hat die neue Mittelklasse - die zwar positional erheblich abgestuft ist - stark an Umfang gewonnen, und in ihr ist eine lange »Leiter« möglicher Mobilität verankert worden. Trotz der enormen vertikalen Differenzierung ist die formale Organisation beim letzten technologischen Stil nicht völlig *un*vereinbar mit dem Wert der Gleichheit, nämlich interpretiert im Sinne von Chancen der vertikalen Mobilität für die umfangmäßig größer gewordene Mittelklasse.

Dennoch blieb die differenzierte Positionsstruktur in der sozialen Schichtung legitimationsbedürftig. Der Anspruch auf Teilhabe an Positionen und Einkommen aufgrund des Wertes der Gleichheit war problematisch. Viel weniger jedoch, wenn der Gleichheitsanspruch als Chancengleichheit im Wettbewerb um Positionen institutionalisiert werden kann. In der sozialen Schichtung ist eine solche Lösung entwickelt worden, bei der dieser Wettbewerb gleichzeitig ermöglicht *und* reguliert wurde. Dieser Kompromiß lag darin, den Zugang zu Positionen weitgehend an formale Qualifikation zu binden. *Formale Qualifikationen* werden im Rahmen von sozial kontrollierten Bildungsgängen erworben (formale Bildung und berufliche Bildung). Sie werden zertifiziert durch verschiedene Institutionen, durch die Schulen, die Berufsverbände und den Staat. Die beiden wichtigsten Symbole formaler Qualifikation sind die erreichte Schulstufe und der Beruf, für den sich jemand qualifiziert hat.

Der *Schule* kommt dadurch im keynesianischen Gesellschaftsmodell eine stark gewachsene Bedeutung zu. Sie eignet sich als Legitimität stiftende Institution deshalb so gut, weil sie den Wert der Gleichheit einerseits und die Chancengleichheit aufgrund von Leistungen andererseits, mithin ursprüngliche und radikale Gleichheit - symbolisiert durch die Stunde Null der Einschulung - mit nachträglicher Differenzierung - symbolisiert durch die verschiedenen Schulabschlüsse - kombiniert.

Die Verteilung von formaler Qualifikation in der Gesellschaft muß unterschieden werden von den Fähigkeiten und Fertigkeiten, die für die verschiedenen Arbeitsaufgaben tatsächlich benötigt werden. Formale Qualifikation ist ein gesellschaftlich konstruierter und institutionalisierter Anspruchsschlüssel auf Positionen im Arbeitsgefüge und nicht notwendig ein Indikator für Produktivität am Arbeitsplatz. Diese hängt eher von der Art der Organisation der Arbeit einschließlich der dabei zur Anwendung gelangenden Technologie, vom Lernen und von der Ausbildung am Arbeitsplatz ab. Bedenkt man die komplexe arbeitsteilige Wertschöpfung in der Gesellschaft, so erkennt man leicht die großen Schwierigkeiten, den individuellen Anteil an der gesamten Produktivität auch nur mit annähernder Sicherheit zu bestimmen. Dies ist auch der wesentliche Grund dafür, daß Schulabschlüsse ein so wichtiges gesellschaftliches Hilfsmittel wurden, die Ergebnisse der gesellschaftlichen Arbeit möglichst konfliktfrei zu verteilen.

Allerdings konnte die Verknüpfung von formaler Qualifikation mit der Positionsstruktur auch im Idealfall nicht ganz aufgehen. Das liegt an folgendem: Damit der Zugang zu formaler Qualifikation auch tatsächlich Legitimität erzeugen kann, müssen höhere Schulstufen und erstrebte berufliche Qualifikationen auch faktisch zugänglich sein. Im Gegensatz zur Verteilung der formalen Qualifikation gestaltet sich die Positionsverteilung in formalen Organisationen weitgehend unabhängig von den individuellen Merkmalen der möglichen Positionsträger in der Gesellschaft. Sie bestimmt sich nämlich durch die Logik der Arbeitsteilung und der Effizienzanforderung, die über Wettbewerb letztlich im Weltrahmen durchgesetzt wird. Die Zahl und die Gliederung von höheren Positionen sind strukturell vorgegeben, und selbst wenn viele sich dafür qualifizierten, kämen doch lange nicht alle in die Lage, solche Positionen zu erringen.

Diese Nichtentsprechung hat eine wichtige Konsequenz: Formale Autorität oder bevorteilte Klassenposition kann aus der Sache heraus nicht voll über das Prinzip der Chancengleichheit, das teilweise im Zugang zu formaler Qualifikation institutionalisiert ist, legitimiert werden. Der Anspruch auf Legitimität solcher Positionen mußte sich deshalb auch auf den Beitrag zur wirtschaftlichen Effizienz einer Organisation und der Gesamtgesellschaft stützen, an der viele teilnehmen können.

Zusätzliche Legitimationszufuhr erhielt die Struktur auf der Grundlage von Gleichheit im folgenden Sinne. Der Zuwachs an Einkommen wird weitgehend *proportional* gleich verteilt. Diese Formel findet sich in der Regel bei Lohnverhandlungen. Am Wachstum nehmen dann alle gleich teil im Verhältnis zu ihrem Ausgangsbesitz. Schließlich stellte der Staat im keynesianischen Gesellschaftsmodell erstmals in einem großen Umfang öffentliche Güter bereit, die für alle gleich zugänglich sind und hob mit wohlfahrtsstaatlichen Maßnahmen und Sicherungsnetzen auch kompensatorisch den Sockel an minimalen Chancen, die für alle gleich sind.

Wir haben hier kurz den Kompromiß zwischen den drei Prinzipien der modernen Sozialstruktur *im Gleichgewicht* des keynesianischen Gesellschaftsmodells skizziert: Weltmarktkonkurrenz erzwingt die hohe Priorität der wirtschaftlichen Effizienz und der internen Legitimität, die in formalen Organisationen und durch Staaten erzeugt werden, wodurch sich wirtschaftliche und staatliche Macht den Imperativen des Effizienz- und Gleichheitsanspruchs zum Teil unterordnen. Gleichheit wird über die

Rechtsgleichheit hinaus einerseits über sozialstaatliche Sicherungsnetze und andererseits im Sinne von Chancengleichheit über die Verteilung von formaler Qualifikation institutionalisiert. Die formalen Qualifikationen werden normativ mit den durch die formale Organisation vertikal stark gegliederten Positionsmustern verknüpft, ohne daß dadurch allerdings eine weitreichende Entsprechung, selbst im Gleichgewicht, erreicht werden kann. Schließlich kommt dem Wachstum eine große Bedeutung zu, das eine Interpretation von Gleichheit in einem temporalen Sinne in der sozialen Schichtung ermöglicht: Morgen das haben, über das die obere Schicht schon heute verfügt.

Technologischer Stil und Politökonomisches Regime

Die vier für den erwähnten Kompromiß wichtigen Institutionen *Weltmarkt, formale Organisationen, Nationalstaat* und *Schule,* werden im Gesellschaftsmodell jeder langen Wirtschaftswelle in spezifischer Weise aufeinander bezogen ausgestaltet. Und diese Ausgestaltung *wandelt* sich zwischen aufeinanderfolgenden Wellen nicht unbeträchtlich, so daß man trotz Kontinuitäten Brüche und Zäsuren erkennt, die es erlauben, von Quanten im sozialen Wandel zu sprechen. Die Zäsur und damit der Ausgangspunkt des neokorporatistischen, keynesianischen Gesellschaftsmodells ist die große Weltwirtschaftskrise 1929-32.

Jene Faktoren, die die formale Organisation in einem Gesellschaftsmodell der kapitalistischen Entwicklung formen, nennen wir mit dem Begriff von Carlota Perez »technologischen Stil« (vgl. Kap. 4). Ein technologischer Stil bezeichnet einen Typus der produktiven und verwaltungsmäßigen Organisation. Die Einführung eines solchen Stils besteht in einer Kristallisation von aufeinander bezogenen Innovationen, nicht nur technischer, sondern auch organisatorischer Art. Die Einzelkomponenten, die ich hier hervorheben möchte, sind: Schlüsselfaktoren (Rohstoffe im weiteren, nicht engeren Sinne), Art der Mechanisierung und der Automation, Art der organisierten Arbeitsteilung, Art der Konzernorganisation und die typische Güterpalette. Eine technologische Umwälzung bahnt sich bereits in der Saturationsphase einer langen Welle an. Durch die Umwälzung wird ein Sprung in der Produktivität ermöglicht, der die Probleme des vorangehenden Stils zu lösen versucht. Allerdings erst mit einiger Zeitverzögerung, nämlich ergänzt durch gewandelte gesellschaftliche Orientierungen und durch soziale Innovationen, kann sich die Umwälzung als ein neuer technologischer Stil im Rahmen eines geänderten Gesellschaftsmodells entfalten.

Schlüsselelemente des technologischen Stils unserer zuendegehenden Welle sind anfänglich bahnbrechende Verfahrenswechsel in der chemischen Industrie gewesen. Mit der neuen Prozeßproduktion konnte der

Schlüsselfaktor Energie (Petroleum) über lange Zeit zu relativ sinkenden Kosten bereitgestellt werden. Das war ein Effizienzsprung im Vergleich zur Herstellung von Kohle und Stahl, den Grundstoffen der vorangegangenen Welle. Daneben, und nicht weniger wichtig, fanden bedeutende Innovationen bei der Ausgestaltung der formalen Organisation statt: Das durch Frederick Taylor bekannt gewordene »scientific management« und die von Alfred Chandler thematisierte Konzernreorganisation (vgl. Kap. 4). Die Vergrößerung der Unternehmen bedingte auch eine weitgehende Trennung von Eigentum und Verfügungsmacht, ein Wandel in der Komposition der wirtschaftlichen Elite, der zuerst von Adolf Berle und Gardiner Means beschrieben worden ist (vgl. Kap. 8). Diese Veränderungen, die einen neuen Typ der Organisation auf der wirtschaftlichen Bühne auftreten ließen, haben schon im langen Abschwung (1903-1932) des klassenpolarisierten Gesellschaftsmodells der Nachgründerzeit nicht nur begonnen, sondern auch schon beträchtliche Fortschritte gemacht, freilich mit deutlichen Vorsprüngen in den Vereinigten Staaten.

Obwohl die ersten Elemente des neuen technologischen Stils bereits in der zweiten Dekade unseres Jahrhunderts auftraten, hat sich das neue Gesellschaftsmodell erst nach dem Ende des »dreißigjährigen Krieges« (1914-1945) im Westen *allgemein* und *kraftvoll* entfaltet, wenngleich - wie wir später darlegen werden - der Aufschwung bereits nach 1933 begann. Der neue Stil mit seinem Organisationstypus ersetzte die viel weniger produktive Technologie der vorangegangenen Wirtschaftswelle. Die neue Organisation schuf - über eine Umverteilung von Positionen und Einkommen zugunsten einer erweiterten neuen Mittelklasse - die den Prozeß der Massenproduktion und die Verbreitung des Stils verstärkende Massennachfrage. Diese Verstärkerwirkung bei der Verbreitung des neuen Stils konnte sich nach der Depression (1929-32) infolge der enormen Massenarbeitslosigkeit allerdings nicht sozial unflankiert entfalten. Erst die sozialen Neuregelungen im erneuerten Gesellschaftsvertrag ermöglichten die Entfaltung dieses Potentials, bei einigen Innovatoren bereits ab 1933, dann generell im Westen nach dem Krieg.

Ein technologischer Stil verbindet nach Carlota Perez drei Typen von Branchen: die Grundstoffbranchen, die die Schlüsselfaktoren bereitstellen, die Trägerbranchen, die diese Schlüsselfaktoren ausgiebig verwenden und am meisten der neuen Organisation angepaßt sind, und schließlich die induzierten Branchen, die als Konsequenz von und komplementär zu den Trägerbranchen ausgebaut werden. Ein typisches Beispiel aus dem letzten Gesellschaftsmodell sei gegeben: Der Schlüsselfaktor der Grundstoffbranchen ist Petroleum gewesen, die Trägerbranchen jene, die mit viel Energie langlebige Konsumgüter produzierten, die selbst wiederum mit viel Energie betrieben werden müssen. Das Auto war *das* typische

1 Westliche Gesellschaft nach der Weltwirtschaftskrise • 29

Schlüsselprodukt. Mit ihm waren direkt und indirekt die meisten Arbeitsplätze verbunden. Von ihm ging ein beträchtliches Charisma aus. Und das Auto war auch die Grundlage für neue Lebensstile. Und denken wir an das Auto, dann sind die dadurch induzierten Wachstumseffekte zu finden: im Heer der Mechaniker und des Tankstellenpersonals, im neuen Touristikwesen und in den Investitionen in Straßen, Brücken und Tunnels.

Getrieben durch das Profitmotiv ergreift der neue technologische Stil, verstärkt durch Rückkoppelungen (technologischer Stil —> Arbeitsplatzstrukturen —> Einkommensverteilung —> Konsummuster —> Ausbreitung des Stils), immer weitere Bereiche der Weltwirtschaft, bis das Modell saturiert ist, durch effektive Sättigung der Nachfrage in den reichen Ländern und durch Erschöpfung der kaufkräftigen Nachfrage in der Semiperipherie.

Das *politökonomische Regime* gehört neben dem technologischen Stil zum Gesellschaftsmodell. Obwohl wir uns weiter hinten im Buch (Kapitel 5 und 6) eingehend damit beschäftigen, seien schon hier einige Punkte eingeführt. Der *Nationalstaat* hat als Reaktion auf die Depression 1929-1932, allerdings mit erheblichen Lernkosten, seine Rolle als komplementäre Instanz zur Beschaffung von Legitimität und Kaufkraftschöpfung ausgebaut. Die Stichworte sind hier: Auf- und Ausbau des umverteilenden Wohlfahrtsstaates und keynesianische Wirtschaftspolitik. Die ursprünglichen politischen Antworten auf die Weltwirtschaftskrise lagen bei den Nationalstaaten des Westens nicht auf der gleichen Linie. Auf der einen Seite sind die faschistischen, zwangskorporatistischen Lösungen mit der Betonung auf das »Völkische«, aber mit stark antiindustriellen Komponenten (»Lebensraum«) in Erinnerung zu bringen (Machtergreifung Hitlers mit der NSDAP 1933), auf der anderen Seite die demokratisch erneuerten, neokorporatistischen Gesellschaftsverträge, die erstmals auch die Arbeiterklasse in das System integrierten, kombiniert mit einem neuen Generationenvertrag (Altersrente), ausgehend vom *New Deal* in den Vereinigten Staaten (ab 1932/33), zeitgleich einem ähnlichen, erneuerten Sozialpakt, dem *Folkhem* in Schweden (ab 1932), dem *Friedensabkommen* in der Schweiz (1937) und dem Ausbau des *Welfare State* in England der Kriegszeit. Diese letztgenannten Regimes waren mit der kapitalistisch-industriellen Logik vereinbar und haben sich im Wettbewerb mit wirtschaftlichen *und* militärischen Mitteln am Ende der Ausscheidungskämpfe im »dreißigjährigen Krieg« unseres Jahrhunderts (1914-1945) als neues Modell im Westen durchgesetzt.

Der *Weltmarkt* versank mit der Depression 1929-32 gleichsam in Agonie, die von krassem Protektionismus, umsichgreifendem Bilateralismus der Handelsbeziehungen, Verlust einer funktionstüchtigen Weltwährung (Goldstandard) und Schrumpfung des Welthandels begleitet war.

Gegen Kriegsende wurde der Weltmarkt neu konzipiert, und zwar unter der aus dem Weltkrieg hervorgegangenen politischen und wirtschaftlichen Hegemonie der Vereinigten Staaten. Die institutionellen Bausteine waren die Bretton Woods Vereinbarungen, die Vereinten Nationen und die finanzielle Unterstützung des Wiederaufbaus im westlichen Europa. Weltmarkt und Nationalstaat wurden unter dem Ideal von Freihandel - Gleichbehandlung/Nichtdiskrimination (GATT) - und dem Selbstbestimmungsrecht der Völker (Entkolonisierung) neu konzipiert.

Die *Verzahnung* des neuen technologischen Stils mit dem politökonomischen Regime bildete das Modell der Weltsozialstruktur im Aufschwung der Nachkriegszeit, auf dessen Ost-West- und Nord-Süd-Dynamiken hier nur hingewiesen werden kann. Innerhalb dieser Weltsozialstruktur haben wir nur das Gleichgewicht in der Subformation der westlichen Gesellschaft des Zentrums einführend beschrieben.

Spannungen im Kompromiß und Abschwung: Ungleichgewichtsanalyse

Es sprechen gute Gründe dafür, daß der Scheitelpunkt der Wirtschaftswelle, *ausgelöst durch die Sättigung des Modells,* in der westlichen Gesellschaft des Zentrums um die Mitte der sechziger Jahre anzusiedeln ist, mithin früher als gemeinhin angenommen wird. Die schon in den sechziger Jahren auftretenden Zeichen der Sättigung des Modells wurden zunächst kaum als Abschwung in der »Hochkonjunktur« wahrgenommen, und die Krise des Modells trat erst nach 1974 voll ins Bewußtsein, was die populäre, aber nicht stimmige Meinung vieler stützt, die Ölkrise habe als »exogener Schock« die gleichsam auf »ewig« angelegte Expansion beendet.

Der gesellschaftliche Prozeß, der mit dem erneuerten Gesellschaftsvertrag beginnt und den wirtschaftlichen Aufschwung ermöglicht, zielt - wie erwähnt - in einer ersten langen Phase auf ein Gleichgewicht der unterschiedlichen Prinzipien der Sozialstruktur hin, führt dann aber im weiteren Verlauf zunehmend zu Spannungen, die den wirtschaftlichen Abschwung bewirken. Die Zahl der Spannungsquellen ist nicht gering. Die wichtigsten seien hier angeführt.

Monopolisierung. Am Anfang des Gesellschaftsmodells setzt eine Gruppe von neuen Firmen mit Basisinnovationen die neuen Standards für die wirtschaftliche Effizienz und den Konsum. Die Firmen, die überleben, wachsen, und die Effizienz verschiebt sich allmählich von Basisinnovationen zu Verbesserungsinnovationen im Rahmen der standardisierten Massenproduktion. Die oligopolistischen Firmen versuchen - über längere Zeit erfolgreich -, den Wettbewerb zu beschränken, was zu einer Abnahme an Basisinnovationen führt. Die führenden Firmen wachsen vermehrt über Aufkauf und Zusammenschluß, und die ursprünglich durch »industrielle« Führerschaft hervorstechenden Konzerne werden zunehmend »finanzielle« Zentren. Gegen Ende der langen Welle nimmt die Verfügbarkeit von finanzieller Liquidität zu, während die Möglichkeiten, Kapital in industrielle Aktivitäten zu schleusen, abnehmen. In diesem Prozeß baut sich die ursprüngliche Legitimität der führenden Unternehmen, die auf der Herstellung von neuen Produkten beruhte, bereits mit der Sättigungsphase des Modells ab, und die wirtschaftliche Machtverteilung wird illegitimer, was ihren Niederschlag z.B. in antimonopolistischen Stimmungen findet.

Mit der Sättigungsphase nimmt auch die internationale monopolistische Konkurrenz um Märkte zu. Auf der einen Seite stehen die etablierten industriellen Komplexe, die untereinander zunehmend rivalisieren, und auf der anderen die industriellen Nachzügler, unterstützt durch nationale Wirtschaftspolitik. Diese Konstellation löst in der westlichen Subformation zunehmend Wirtschaftsprotektionismus aus. Bei Reaktionen auf die Monopolisierung ist mithin insbesondere auch der Weltrahmen zu berücksichtigen: nationalistischer Protektionismus, aktive Unterstützung der eigenen Industrie bis hin zu Dumping, internationale Kartelle (darunter das prominenteste: OPEC) und wachsender Bilateralismus bei den Handelsbeziehungen. Diese Prozesse bewirkten im Abschwung den Niedergang des Freihandels.

Marktsättigung. Die Standardisierung der Produktion und die Abnahme von Produktinnovationen bedingen beim technologischen Stil mit seiner ihm typischen Einkommens- und Konsumstruktur, daß sich die Märkte der kaufkräftigen Nachfrage sättigen. Aus zwei Gründen bleibt die Sättigung zeitweilig verdeckt. Zum einen können die vorher erwähnten induzierten Branchen vorerst noch weiter expandieren. Zum anderen bewirkt die Ausbreitung der wirtschaftlichen Welle in die Semiperipherie noch günstige Rückwirkungen für die Zentrumsländer: Einnahmen aus Exporten, Direktinvestitionen, Patenten und Finanzanlagen. Das Hinausschieben der Sättigung durch den teilweisen Einbezug der Semiperipherie ist aber zeitlich begrenzt, weil dort die ungleiche Einkommensverteilung dem Wachstum nach einem anfänglichen Spurt ein frühes Ende bereitet.

Änderung der politischen Ökonomie beim Grundstoff Petroleum. Auf die Bedeutung des Grundstoffes Petroleum für die letzte lange Welle ist weiter vorne hingewiesen worden. Petroleum war über Jahrzehnte bis kurz nach dem Höhepunkt der letzten langen Welle zu sinkenden relativen Kosten verfügbar. Die Weltpetroleumindustrie wurde vertikal integriert (von den Ölfeldern bis zu den Tanksäulen) und durch die U.S.-beherrschten berühmten »Sieben Schwestern« kontrolliert. Der wachsende Verbrauch -

zusammen mit dem Verlust der U.S.-Hegemonie - hat vor dem Hintergrund zunehmender Opposition der Semiperipherie gegen die Weltwirtschaftsstruktur (Bewegung der Blockfreien und der Gruppe der 77) eine Konstellation geschaffen, in der sich die Hauptexportländer 1960 zu einem Kartell zusammenschließen konnten, das die vertikale Integration der Weltpetroleumindustrie durchbrach und nach 1973 für ein Dutzend Jahre den Preis bestimmen konnte. Die drastischen Preiserhöhungen werden von manchen als Grund für den Weltwirtschaftsabschwung gesehen, wir betonen hier, daß es sich dabei nur um ein Element allgemein wachsender Spannungen seit Mitte der sechziger Jahre handelt.

Ende des Strukturwandels. Der neue technologische Stil erfaßt mit der Zeit alle wirtschaftlichen Bereiche, die sich entsprechend organisieren lassen. Damit sind große strukturelle Aufstiegschancen im Schichtungssystem der Gesellschaft verbunden, in der letzten Welle insbesondere über die Linie: manuelle und nicht manuelle Arbeitsplätze. Diese strukturellen Mobilitätschancen nehmen ab und versiegen schließlich vollends, wenn der Wandel abgeschlossen ist. Damit geht eine wichtige ergänzende Legitimitätsquelle der Sozialstruktur verloren, und die Konkurrenz um Berufspositionen wird härter.

Veralltäglichung des Charismas der neuen Produkte. Die neue Güterpalette, die im Aufschwung im wesentlichen schon eingeführt ist, verliert über die Verbreitung und den alltäglichen Gebrauch an Faszination. Dadurch wird nicht zuletzt auch die Arbeitsmotivation geschwächt. Ein Wandel von »intrinsischer« (in der Arbeit selbst liegender) zu »extrinsischer« (im Gelderwerb durch Arbeit liegender) Motivation findet statt, womit eine Gleichgültigkeit der Ordnung gegenüber einhergeht, solange die Realisierung von individuellen Lebensentwürfen außerhalb der Arbeitssphäre möglich ist. Diese Abkehr von der Arbeitswelt als sinnstiftendem Moment ist durch die Besonderheit gekennzeichnet, daß die materiellen Erwartungen nicht gleichermaßen abnehmen, vielmehr notwendiges Moment einer Sinnsuche außerhalb der Arbeitswelt werden.

Überfülle an legitimen Ansprüchen. Die Öffnung des Bildungssystems als Quelle der Legitimierung der Gesellschaft führt über die Zeit zu einer wachsenden Zahl an legitimen Ansprüchen auf Positionen und Einkommen, die nach der Sättigung des Modells immer weniger eingelöst werden können, was zu Systemkritik, Frustration und dann langfristig zu einer Neudefinition von Zugangsregeln führt.

Wertewandel. Die lange Welle wird bewußtseinsmäßig getragen von einem Wandel der Werteprioritäten, den man als Abweichung vom Basiskonsens über die Institutionalisierung der beiden Wertedimensionen wirtschaftliche Effizienz und Gleichheit beschreiben kann. Einem Pendel gleich verschieben sich über die lange Welle die Prioritäten: von der wirtschaftlichen Effizienz in der Anfangsphase des Aufschwungs zu höherer Priorität der Gleichheit um den Höhepunkt der Welle. Beim Abschwung ist zunächst ein verbreiteter Wertezerfall (Anomie mit Gleichgültigkeit) und im späteren Verlauf eine Restauration von Werten mit erneut stärkerer Priorität bei der wirtschaftlichen Effizienz zu erwarten.

Die hohe Zentralität der wirtschaftlichen Effizienz zu Beginn der Karriere des Gesellschaftsmodells und die Restauration von Werten mit der Priorität auf Effizienz nach der Krise liegen zwar auf einer Dimension, dennoch bestehen bedeutsame Unterschiede: Der Wertekonservativismus mit Priorität auf wirtschaftlicher Effizienz in der Zwischenerholung nach der Krise ist nicht vorwärts gerichtet: »Sparen«, Restauration, gleichsam »Buße« sind Trumpf, während derjenige zu Beginn der Karriere des Modells optimistisch auf neue gesellschaftliche Projekte, auf Verausgabung und Zukunft gerichtet ist.

Der Wert der Gleichheit wird mit der Sättigung des Modells, das die Krise auslöst, aus folgenden Gründen prioritär. Zu Beginn der Karriere des Modells, während des wirtschaftlichen Aufschwungs, bleibt die Artikulation gleichsam gebremst durch die erheblichen strukturellen Aufstiegschancen (Ausbreitung des technologischen Stils), und Effizienz als Legitimationsressource ist durch die neuen Unternehmungen sowie den charismatischen Charakter der neuen Produktpalette und Lebensstile nicht knapp. Mit der Sättigung des Modells ändert sich das. Gleichheit kann zunehmend weniger im zeitlichen Sinne gedeutet und in die Zukunft verlagert werden (morgen das haben, was heute noch nur einem Teil vorbehalten ist). Damit erhält die unmittelbare Forderung nach mehr Gleichheit eine höhere Priorität, und gleichzeitig wird auch die Effizienz als Legitimationsressource knapper, nicht zuletzt wegen der Monopolisierung. Die Sozialstruktur erscheint dadurch illegitimer, was mit einer Phase von steigendem Konflikt in allen Bereichen des sozialen Lebens in der Sättigungsphase des Modells einhergeht.

Die Möglichkeiten, den Wert der Gleichheit mehr in das Modell einzubauen, sind jedoch beschränkt, wenngleich diese Phase (sechziger und frühe siebziger Jahre) durch eine Vielzahl von Reformen und Reformversuchen gekennzeichnet ist. Zu einem nicht unerheblichen Teil sind damit uneinlösbare Versprechen verbunden (vgl. die behandelte Überfülle von legitimen Ansprüchen). Daher folgt nach einer Phase der hohen Priorität des Wertes der Gleichheit und Chancengleichheit ein Wertezerfall, mit dem eine breite Orientierungslosigkeit mit Rückzugstendenzen (Gleichgültigkeit und individualisierte Lebensentwürfe) verbunden ist. Dies entlastet die Systemlogik der Sozialstruktur nur vordergründig und auf Zeit, da die

Gleichgültigkeit rückwärts gebunden bleibt an die Einkommenssicherung durch die Wirtschaft, die kompensatorisch zum verlorengegangenen Sinn nicht weniger, sondern *mehr* in Anspruch genommen wird.

Mit dem Wertezerfall sind längerfristig wachsende, erlebbare individuelle (Sinnverlust) und gesellschaftliche Kosten (materielle Kooptierung infolge von verlorengegangener Kohäsion) verbunden, die schließlich eine Restauration der Werte mit Priorität auf Effizienz im Sinne von Sparen in der Zwischenerholung begünstigen. Eine solche Restauration geht sicherlich auch von interessierten Eliten aus, stößt aber in meiner Sichtweise auf ein Bedürfnis nach neuer Orientierung in der breiten Bevölkerung, und ist deshalb nicht allein durch Kontrolle von »oben« deutbar.

Politisierung. Die beschriebenen Spannungen und der Wertewandel führen zu einer erhöhten Politisierung, nicht nur innerhalb von etablierten Kanälen der politischen Artikulation, sondern auch in Form von neuen sozialen Bewegungen. Die Ursache für die Politisierung ist, daß der dem Aufschwung zugrundeliegende Kompromiß der Prinzipien zunehmend nicht mehr tragfähig ist und deshalb infragegestellt wird. Die Individualisierung von Lebensentwürfen in Freiräumen und in der Freizeit mildert diese Politisierung aber nicht unerheblich, so daß die politischen Konflikte nicht in jedem Gesellschaftsmodell ein gleiches Ausmaß zu haben brauchen, im keynesianischen Gesellschaftsmodell tiefer lagen als im Zerfall des vorangegangenen im ersten Drittel unseres Jahrhunderts, was schon deshalb nicht erstaunt, weil die Arbeiterklasse im neuen Modell integriert und durch den technologischen Stil stark differenziert wurde und zugunsten der neuen Mittelklasse schrumpfte.

Die erhöhte Politisierung äußert sich bei der Sättigung des Modells zunächst - wie bereits angesprochen - in einer Menge von Gerechtigkeitsreformen, mit denen eine stärkere institutionelle Verankerung des Wertes der Gleichheit erstrebt wird. Der Ausbau der daran anknüpfenden wohlfahrtsstaatlichen Leistungen läßt die Staatsquote hochschnellen, was in der Krise zu Problemen der Steuermoral und zu schwer lösbaren Problemen der Finanzierbarkeit staatlicher Ausgaben führt. Während sich um und nach der Sättigungsphase des Modells die Politisierung in Richtung auf mehr Realisierung von Gleichheit bewegt, wird bei der Zersetzung des Modells im Abschwung eine Wende, nämlich die Begrenzung des Anspruchs auf Gleichheit zugunsten von mehr wirtschaftlicher Effizienz und Sparen das wichtige Thema.

Krise, Zwischenerholung und noch kein Neuanfang

Alle erwähnten Spannungen haben eine gemeinsame Wirkung: Sie erhöhen die Kosten der gesellschaftlichen Produktion, ohne daß die ökonomischen

1 Westliche Gesellschaft nach der Weltwirtschaftskrise • 35

Kreisläufe im etablierten Modell noch wesentlich ausgeweitet werden können. Die Konkurrenz um einen nicht mehr wachsenden Kuchen intensiviert sich, und im Abschwung wird Dissens Begleitmusik von Strukturzerfall innerhalb wie auch zwischen Ländern. In der westlichen Gesellschaft des Zentrums waren die Verteilungskonflikte im letzten Abschwung nicht unerheblich verdeckt durch Gleichgültigkeit, eingebettet in individualisierten Lebensentwürfen. Dieses Muster verursacht auch Kosten: einmal in Form von vermehrten wohlfahrtsstaatlichen Sicherungsnetzen, dann in Form von Lohnzugeständnissen, um den Legitimationsverlust durch das Auseinanderdriften von Modell und Realisierung aufzufangen und wenigstens Duldung zu erzielen.

Früh reagiert zumindest ein erster Teil der Unternehmen auf die neue Situation der Sättigung mit Kostensenkungen, die in Form von Rationalisierungsinvestitionen einen erheblichen, Arbeitskräfte freisetzenden Effekt haben. Innovationssprünge bei der Entwicklung der Mikroelektronik (Chips), die seit den siebziger Jahren die Computerisierung von Produktion und Verwaltung ermöglichen, gehen auf die sechziger Jahre zurück. Allerdings ist der Freisetzungseffekt durch neue Technologien einige Zeit durch die noch andauernde Expansion staatlicher Ausgaben und die dadurch mögliche Vermehrung von Arbeitsplätzen abgefedert worden. Die Veränderungen im technologischen Stil bahnen sich mithin zu Beginn des Abschwungs an, ausgelöst durch die abnehmende Profitabilität. Hier formierten sich notwendige, aber nicht hinreichende Elemente eines neuen technologischen Stils, die später gebündelt und um institutionelle Neuerungen ergänzt (auf der Ebene von Staaten und der Weltwirtschaft) einen Aufschwung hervorbringen können, zuerst aber die Krise verschärfen.

Die Veränderungen im technologischen Stil betreffen zunächst Prozeßinnovationen (technisch im Sinne des Umgangs mit Stoffen und in bezug auf die Organisationsweisen) und nicht schwergewichtig Produktinnovationen. Solche Basisinnovationen bei den Produkten folgen erst gehäuft mit einem nicht unerheblichen zeitlichen Abstand, ausgelöst durch kostensenkende Prozeßinnovationen, die neue marktgängige Produkte möglich machen und alte erheblich verbilligen.

Der wirtschaftliche Abschwung in der Krise löst in der Politik - wie bereits angesprochen - eine Wende in Richtung auf eine konservative und unternehmensfreundliche Politik aus. Konservativ wird sie auch deshalb genannt, weil ihr Augenmerk einseitig der Kosten- und Gewinnsituation gilt und Arbeitslosigkeit in Kauf nimmt und weil eine Globalsteuerung mit dem Medium des Geldes das Problem der Legitimität ausklammert und den Anschein erweckt, als gäbe es keine Auflösung des Gesellschaftsmodells und nur die monetäre Versorgung der Wirtschaft sei ins Gleichgewicht zu bringen. Eine versuchte Krisenbewältigung mit solchen Mitteln bringt nicht den Aufschwung, hat vielleicht aber in der Abfolge gesellschaftlicher

Westliche Gesellschaft im Wandel

Lernprozesse eine Funktion, als nämlich am Ende der Zwischenerholung allen klar wird, daß fundamentalere Probleme zu lösen sind.

Die *Zwischenerholung* ist einerseits durch die angesprochene Politikphase geprägt, andererseits beginnen sich Elemente eines künftigen technologischen Stils kraftvoll zu entfalten. Aber erst wenn sich ein zukunftsgerichteter Pragmatismus in Gesellschaft und Politik durchsetzt, sind die Voraussetzungen für Sozialinnovationen geschaffen, die einen konsensfähigen erneuerten Gesellschaftsvertrag ermöglichen, ohne den ein Aufschwung entlang eines neuen technologischen Stils nicht tragfähig ist. Basiskonsens, gesellschaftliche Bindung und Zukunftsoptimismus sind in der langen Phase des Abschwungs die knappen Ressourcen, nicht die Investitionsmittel. Wirtschaftliche Zwischenerholungen freilich scheinen früher (z.B. 1866-72, 1920-29) wie heute (ab 1983) regelmäßig falsche Hoffnungen geweckt zu haben. Aber das Wachstum der Zwischenerholung ist ungleich, ungeregelt und spekulativ, kurzum: ungesund, und endet meist abrupt.

In diesem Zwischenzyklus der Unvernunft verstreicht ungenutzte Zeit. Offensichtlich brauchte es bisher und auch diesmal die Erfahrung einer erneuten Krise nach der Zwischenerholung, die ich Depression aus folgendem Grunde nenne. Sie unterscheidet sich von der Krise nicht etwa dadurch, daß mit ihr unbedingt eine noch geringeres Wachstum als in der Krisenphase oder sogar ein wirtschaftlicher Absturz wie nach 1929 einherginge, sondern dadurch, daß sie zunächst eine viel tiefere Ratlosigkeit und Niedergeschlagenheit bringt. Dies kann allerdings gleichzeitig eine konstruktive Ernüchterung sein: Die verschiedenen »Wenden«, die im Westen seit den späten siebziger Jahren versucht wurden, waren kein neuer Ausgangspunkt.

Ein neuer technologischer Stil und ein neues politökonomisches Regime setzen sich nicht automatisch durch. Die unerläßlichen institutionellen Vorkehrungen brauchen mutige, weit in die Zukunft weisende Schritte. Nach heutiger Lage der Dinge müssen diese vor allem auch in ein überzeugendes Weltmodell münden. Eine Erneuerung des Gesellschaftsvertrages muß im Weltmaßstab angelegt sein und die Spannungen entlang der Linien Mensch/Natur, Ost/West und Nord/Süd, abbauen.

2 Prinzipien der Sozialstruktur und ihre Ausformungen

Die drei strukturbildenden Prinzipien: Effizienzstreben und Gleichheitsstreben sowie Machtstreben sind nicht voll vereinbar und bleiben im Kern widersprüchlich. Macht ist beharrend. Wer sie hat, teilt sie kaum freiwillig, baut sie vielmehr angesichts möglichen Widerstandes aus. Daß Macht in aller Regel mit dem Gleichheitsanspruch in Konflikt gerät, ist schnell einsichtig. Macht steht aber auch in einem ambivalenten Verhältnis zu Effizienz. Macht bleibt in der Regel abwehrend gegenüber effizienteren Alternativen, solange solche Situationen nicht von den Machthabern kontrolliert werden können.

Man kann nun das Effizienzstreben und das Gleichheitsstreben, die beiden streitenden Zwillinge der Moderne, kulturgeschichtlich und ideengeschichtlich verfolgen.[1] In diesem Zusammenhang wäre noch auf ihre gemeinsame Wiege, die vier Zentralelemente des kulturellen Musters der Neuzeit, zu verweisen: Universalismus, Individualismus, Rationalismus und Pragmatismus. Diese Bausteine des gesellschaftlich wirksam gewordenen kulturellen Musters entstammen den Trümmern der Antike und wurden in der frühen Renaissance im 12. Jahrhundert wiederentdeckt und seitdem gestaltet.[2] Die christlich-jüdische Tradition ist eine der kulturgeschichtlichen Wurzeln. Die christliche Botschaft erweitert den jüdischen Gedanken der Stammesbruderschaft zu einer universellen Bruderschaft aller Menschen.[3] Universalismus und ein radikaler Gleichheitsanspruch sind hier kulturell verankert. Wurzeln sind ebenfalls die griechische Logik und Philosophie (Rationalismus) sowie das römische Recht (mit der Vorstellung des Individuums als Rechts- und Vertragsperson). Ein weiteres römisches Erbe, die Bürokratie, spielt eine Rolle, und zwar auch direkt vermittelt über die Kontinuität der katholischen Kirche seit der Antike. Die Säkularisierung dieser Traditionen in der frühen Renaissance und in den späteren Reformationsbewegungen mit ihren diesseitigen und pragmatischen Bezügen legte die Fundamente für die formale Organisation, die zuerst im absolutistischen Staat, dann in der modernen Wirtschaftskorporation sichtbar wird.

Mit dem Aufbruch in die Neuzeit beginnt auf diesen kulturellen Fundamenten eine völlig neue Konstruktion von Gesellschaft, die sich grundlegend von der des Mittelalters abhebt.[4] Zwei politische Bewegungen und Theorien ersetzten die Vorstellung von Gesellschaft als Organismus. Einmal die Theorie der absoluten Macht des Staates, dann die Theorie der Naturrechte des Individuums.[5] Beide Bewegungen standen in direkter Opposition zueinander, aber beide auch in Opposition zur mittelalterlichen Konzeption eines festen Platzes eines jeden gesellschaftlichen Organs im Ganzen. Zwei neue Einheiten des Sozialen waren damit geschaffen: Staat und Individuum. Das Individuum, das als rationaler, zweckgerichteter und autonomer Akteur gedeutet wurde, sieht sich nun mit seinem Autonomieanspruch in Opposition gegenüber jeglichen diesseitig und jenseitig verankerten Herrschaftsansprüchen, weil es beansprucht, alleinige, letzte und unveräußerliche Quelle von Macht zu sein. Die Staatsbildung und gesellschaftliche Umgestaltung in Europa fanden in einem besonderen strukturellen Kontext statt: ein soziales System mit einer gemeinsamen Kultur und einer sich ausweitenden wirtschaftlichen Arbeitsteilung, aber ohne eine umgreifende, zentralisierte politische Ordnung. Auf diese Besonderheit und die damit verbundenen Dynamiken hat zuerst Max Weber in weniger beachteten Passagen seines Werkes hingewiesen. Wir werden darauf ausführlich zurückkommen (Kapitel 11 und 14).

Die angesprochene, besondere historische Situation der Neuzeit soll zwar gewürdigt werden, aber dennoch will ich die drei strukturbildenden Prinzipien nicht historisch ableiten und ideengeschichtliche Anmerkungen nur am Rande behandeln. Als mögliche Begründung der Prinzipien, die für die spätere Anwendung der Theorie in diesem Buch allerdings nicht von Belang ist, stelle ich mir folgendes vor: Das Besondere der drei Prinzipien und ihre Kraft sehe ich in ihrer »außer-historischen Existenz«. Sie sind in meiner Sicht nicht reduzierbar auf eine besondere soziale Grundform (Typen: zentralisiertes Weltreich, dezentralisierte Weltwirtschaft, um die beiden wichtigen im Rahmen von Hochkulturen zu nennen), wiewohl diese Form entscheidend bestimmt, *wie* die Prinzipien in der Sozialstruktur verankert und ausgestaltet sind. Um dies zu verdeutlichen, verweise ich darauf, daß z.B. Freiheit Voraussetzungen in der *sozialen Form* (und bestimmten politischen Institutionen, die diese hervorbringen kann) hat, die aber keineswegs mit dem *Inhalt* von Freiheit verwechselt werden dürfen.

Vielmehr kann man die Prinzipien anthropologisch verankern, was naturrechtliche Gesichtspunkte einschließen soll. Die Akzenterweiterung auf »naturrechtlich« ist nicht nebensächlich. Eine bloße anthropologische Verankerung würde der bewegenden Kraft möglicherweise zu wenig gerecht, die in diesen Prinzipien steckt. So unterschiedlich der Begriff des

Naturrechts auch ausgedeutet worden ist, so schwingt doch nach Georg Kohler stets der Gedanke mit, daß Recht nicht einfach identisch ist mit der Setzung durch eine bestehende Macht.[6] »Natur« im Begriff des Naturrechtlichen wollen wir hier nur als Chiffre für das verstehen, was unabhängig von der spezifischen sozialen Form als Möglichkeit immer schon da war; und »Recht« geht insofern über eine bloß anthropologischen Verankerung - nämlich eine Beschreibung der menschlichen Natur - entscheidend hinaus, als damit etwas formuliert ist, worauf Menschen *Anspruch* haben, selbst wenn es in einer bestimmten historischen Situation gar nicht existiert. In solchen Ansprüchen liegt im Kern ein utopisches Element, ohne das die Entwicklung der westlichen Gesellschaft schwer verständlich erscheinen muß. Damit angesprochen ist aber auch ein Antagonismus zwischen solchen Ansprüchen und der Macht,[7] wobei wir »Recht« wohlgemerkt in einem überpositiven Sinne, nämlich als *Gerechtigkeit* verstehen.

Die erste Erklärung der Menschenrechte, die naturrechtlich begründet wird, taucht in Florenz im Jahre 1289 in einer Gesetzespräambel auf: »Da die Freiheit, aus der der Wille entstammt, nicht von fremdem Ermessen abhängen kann, sondern auf Selbstbestimmung beruhen muß; da die persönliche Freiheit aus dem Naturrecht stammt, demselben, das auch die Völker vor Bedrückungen schützt, ihre Rechte hütet und erhöht, so sind wir willens, sie zu erhalten und zu mehren.«[8]

Wenn wir die Menschen als bewußt handelnde, vernünftige und gleichzeitig als gefährdete wie vergängliche Naturwesen begreifen, so können wir daraus einen *Freiheitsanspruch*, einen *Gleichheitsanspruch* und einen *Sicherheitsanspruch* ableiten. Im folgenden wird es darum gehen, diese *Ansprüche* mit unseren *Prinzipien* (Effizienz, Gleichheit, Macht) in Beziehung zu setzen, um daraus soziale Kräfte herzuleiten.[9]

Effizienzstreben

Effizienz bezeichnet schon im ursprünglichen Wortsinne (Verbalstamm: efficere) das Wichtige: etwas hervorbringen. Bezogen auf die Menschen, heißt das, etwas zustande bringen, das die je individuelle Verschiedenheit bewirkt. Diese Verschiedenheit ist nicht etwa allein in den unterschiedlichen Anlagen begründet, sondern folgt aus der Autonomie des Willens. Die prinzipielle Handlungsfreiheit des Menschen als sinnhaftes Wesen ermöglicht mithin unterschiedliche Handlungen und Resultate - auch jenseits von unterschiedlichen Anlagen und selbst dann, wenn die äußeren Rahmenbedingungen des Handelns (Normen einerseits und Chancen andererseits) gleich wären; so bewirkt sie prinzipiell Ungleichartigkeit im Ergebnis infolge von Handlungen. Soziale, kulturelle und wirtschaftliche

Macht können natürlich beim Objekt wie Subjekt der Macht diese prinzipielle Handlungsfreiheit einschränken oder ganz unterdrücken, aber sie können den Freiheitsanspruch nur verdecken.

Geht man von einem Effizienzbegriff aus, der Freiheit einschließt, begriffen als autonome menschliche Tätigkeit, so verläßt man den Effizienzbegriff der Physik. Leistung, früher auch Effekt in der Physik genannt, ist die von einer Kraft in einer Zeiteinheit geleistete Arbeit. Menschliche Tätigkeit ist mehr, die Möglichkeit und der Anspruch auf Freiheit. In dem Prozeß menschlichen Handelns liegt der Kern menschlicher Tätigkeit oder Arbeit[10] wie auch menschliche Freiheit als Anspruch. Im Prinzip des Effizienzstrebens verbirgt sich mithin ein absoluter Anspruch, der im besonderen historischen System der westlichen Gesellschaft die Sozialstruktur gestaltet.

Ralf Dahrendorf hat in einem Aufsatz argumentiert, daß Freiheit autonome menschliche Tätigkeit bedeute und daß sich als solche verschiedene Tätigkeiten an Würde und Bedeutung nicht unterscheiden.[11] Wie schon Aristoteles unterscheidet er zwei Komponenten menschlicher Betätigung: Arbeit und Tätigkeit. Bei einem solchen Begriffspaar bedeutet Tätigkeit die selbstgesetzte Komponente und Arbeit die fremdbestimmte, was schon im mittelhochdeutschen Ursprung von »arebeit« gleich: Mühe und Not zum Ausdruck kommt. Aristoteles unterschied zwischen *vita activa*, dem praktischen Leben, und *vita contemplativa*, dem theoretischen Leben.[12] Die Rangordnung war für ihn auch eine soziale Klassenordnung. Nach ihm waren die vielen der Natur nach zum praktischen Leben gezwungen, damit die wenigen das theoretische Leben führen konnten.[13] Man kann Ralf Dahrendorf zustimmen, wenn er fortfährt: »Die Unterscheidung hat die Jahrhunderte begleitet. Keine Trennung hat soziale Klassenbildung stärker bestimmt als die zwischen ›denen, die arbeiten müssen‹ und ›denen, die nicht arbeiten müssen‹.«[14] Dennoch gilt: »Die Forderung nach Freiheit ist immer absolut. Einschränkungen der Freiheit finden statt, aber das macht sie nicht erträglich.«[15]

Die zahlreichen Einschränkungen der Freiheit sollen an dieser Stelle nicht aufgelistet werden, vielmehr nur eine allerdings gewichtige Rahmenbedingung der westlichen Gesellschaft angeführt werden, die das Streben nach Freiheit zu einem erheblichen Teil in wirtschaftliches Effizienzstreben überführt. Der Freiheitsanspruch und die Quelle der Befriedigung, die im autonomen Schaffensakt - nämlich in der Selbstrealisierung - liegen, werden durch die arbeitsteilige, kapitalistische Wirtschaftsweise der Neuzeit auf besondere Weise geformt. Die Verausgabung an Kraft durch Arbeit, Tätigkeit oder durch den Schöpfungsakt muß mindestens aufgewogen werden durch den Tauschwert des Resultates. Nur so ist die Verausgabung von Kraft in einem kapitalistischen Rahmen gerechtfertigt.

In diesem besonderen sozialen Rahmen muß das individuelle Effizienzstreben einen *Kompromiß* mit der wirtschaftlichen Effizienz eingehen. Das Erfolgreiche der menschlichen Schaffensprozesse wird durch die Wirtschaftlichkeit bestimmt. Schaffensakte, die ihre Schöpfer nicht ernähren, weil sie keinen Markt oder keine kaufkräftige Nachfrage haben, können nicht realisiert oder müssen subventioniert werden, wie dies z.B. sehr häufig in der Kunst der Fall ist. Dieser Widerspruch ist nicht auflösbar. Nichtkapitalistische Sozialsysteme, wie z.b. die traditionale Gesellschaft, sind starr normativ geregelt. Sie unterwerfen zwar das Handeln keiner wirtschaftlichen Effizienzanforderung, aber sie erlauben auch nicht den individuellen Freiheitsanspruch.

Das Wirtschaftliche an dem kapitalistischen Tandem: wirtschaftliche Effizienz, nämlich die Sparsamkeit im Umgang mit Mitteln und die Vermarktungsfähigkeit, d.h. für eine bestimmte Auslage an Mitteln ein möglichst hohes Ergebnis in Form eines universellen Tauschvorrates (Geld) zu erzielen, kann als die »extrinsische« Komponente der Effizienz verstanden werden, die primär am Tauschwert der Resultate von Schöpfungsakten interessiert ist, während die Selbstrealisierung die »intrinsische« Komponente der Effizienz darstellt.

Historische Etappen. Historisch wurde das Effizienzstreben durch das Ausgreifen des liberalen Projektes auf den Kontinent im Anschluß an die Französische Revolution in der Sozialstruktur der westlichen Gesellschaft breiter verankert. Die bürgerliche Freiheit der wirtschaftlichen Betätigung und der politischen Wahl sind die wichtigen Etappen. Christof Dipper hat die Aufwertung des Freiheitsbegriffs in der ersten Hälfte des 19. Jahrhunderts betont: »›Freiheit‹ wurde in einem solchen Maße zum Legitimationsbegriff jeder Herrschaft, daß fortan kein Regime mehr darauf verzichten mochte und konnte, sich als freiheitlich zu bezeichnen.«[16] Freilich blieb »bürgerliche Freiheit« seitdem - selbst nach der Verbreiterung der sozialen Voraussetzungen, um daran teilzunehmen - gebunden an die vorherrschende Komponente der Effizienzausformung, nämlich als wirtschaftliche Effizienz, die - wie wir hervorgehoben haben - den radikalen Kern der Freiheitsinterpretation als Entfaltungsanspruch einschnürt. Gleichwohl ist dieser radikale Kern des Effizienzstrebens nur verdeckt. Periodisch über die Karriere von Gesellschaftsmodellen können wir eine stärkere Verkoppelung und Entkoppelung der beiden Effizienzkomponenten: Selbstentfaltung und wirtschaftliche Effizienz beobachten. Andere untersuchen dies als »Wertewandel« in der Nachkriegszeit.[17]

Periodische Schwankungen. In der Formierungsphase des letzten Gesellschaftsmodells war eine starke Identifikation mit den neuen Schöpfungsmöglichkeiten im Rahmen des sich kraftvoll entfaltenden technologischen Stils zu erkennen, sowohl auf der Ebene der Unternehmer wie der Lohnarbeiter. Wenngleich ein breiter kultureller Konsens darüber bestand, daß Effizienz eine wirtschaftliche ist, wurde doch die Komponente des Entfaltungsstrebens nicht aus der dominanten Kultur vergedrängt. Das Schöpferische, das »Sich-Einbringen« bei der Arbeit bewirkte - natürlich mit Niveauunterschieden je nach Arbeitsplatz - ein hohes Maß an Arbeitsbefriedigung. In der Sättigungsphase des Modells, in den sechziger Jahren, war eine Verfestigung und Institutionalisierung des Schaffensprozesses erreicht. Er war zunehmend formalisiert worden in immer größeren Organisationen. Die Diffusion der ursprünglich neuen Identifikationsobjekte (neue Güter) führte zu ihrer Veralltäglichung und bedingte Absatzstockungen.

In dieser Phase begann eine Spaltung der Effizienzinterpretation. In der dominanten Kultur der formalen Struktur konnte die Interpretation - gerade durch den breiten gesellschaftlichen Konsens - auf wirtschaftliche Effizienz vereinseitigt werden, während die Betonung des Entfaltungsanspruches mehr in die Freizeitkultur und Subkulturen abgedrängt wurde. Als Rückwirkung davon sank die Arbeitsbefriedigung, und dieser Verlust mußte vermehrt durch materielle Entgelte aufgewogen werden. In der Gesamtgesellschaft koexistierten dadurch gespaltene Effizienzinterpretationen. Auf einem hohen Niveau der materiellen Versorgung entfaltete sich eine Selbstrealisierungswelle mit wachsender kultureller Vielfalt, die allerdings zunehmend in Opposition zur durch Marktfähigkeit begrenzten, »eindimensionalen« menschlichen Effizienzinterpretation trat und so mithalf, das Gesellschaftsmodell von innen heraus zu schwächen.[18] Im Verlauf der Auflösung des Gesellschaftsmodells und des sie begleitenden wirtschaftlichen Abschwungs hingegen herrschten Identifikationsverlust und Ritualismus vor, wobei die Konfliktverarbeitung vermehrt individuell und eher über extreme, oppositionelle Randgruppen (vgl. Kap. 7) sowie über neue soziale Bewegungen stattfand. Belege für die Äußerung dieser kulturellen Bewegung auf der Ebene der Arbeitsmotivation im Zeitraum 1950-1979 finden wir für die Bundesrepublik Deutschland bei Heiner Meulemann.[19]

Gleichheitsstreben

Der Gleichheitsanspruch ist in seiner Begründung eng verzahnt mit dem Freiheitsanspruch und steht doch eigentümlich in Widerspruch dazu. Er leitet sich aus der grundsätzlichen Gleichheit her, die den Menschen als denkende, sprechende, vernünftige und sinnhafte Wesen zukommt.[20] Der urteilende Verstand ist einerseits Voraussetzung für die Willensfreiheit, andererseits auch für Gleichheitsurteile. Den Freiheitsanspruch vorausgesetzt, ist Gleichheit im Sinne »völliger« Gleichheit logisch eine sich widersprechende Aussage, da sie in dieser Form den Freiheitsanspruch nicht zulassen würde. Es ist daran zu erinnern, daß das Resultat der Willensfreiheit zu Ungleichheit im Ergebnis führt. Weder im biologischen (genetischen) Sinne noch im sozialen Sinne und auch nicht infolge der Willensfreiheit können Menschen als gleich betrachtet werden. In diesem Paradoxon zwischen Gleichheitsanspruch und vielfältiger Verschiedenheit der Menschen liegt eine produktive Kraft, eine Widersprüchlichkeit, die in der westlichen Gesellschaft historisch betrachtet *mehr* Gleichheit ermöglicht hat. Gerade die letztliche Uneinlösbarkeit des Gleichheitsanspruches hält das Thema der Gleichheit wach.[21]

Das Paradoxon kann aufgelöst werden, freilich zu Lasten eines neuen Problems, des Gerechtigkeitsanspruchs. Wenn Menschen *im Prinzip* gleich sind, dann ist ihre Ungleichartigkeit als solche eben keine Begründung für eine ungleiche Behandlung oder ein Werturteil, das Ungleichartigkeit in Ungleichwertigkeit überführt. Vielmehr gebietet die Gerechtigkeit einen Rechtfertigungszwang von ungleicher Behandlung oder der Behauptung von Ungleichwertigkeit. Aus anthropologisch-naturrechtlicher Sicht ist diese Rechtfertigung nicht beliebig, sondern an den urteilenden Verstand und damit an die prinzipielle Gleichheit trotz Verschiedenheit gebunden.

Der Gleichheitsanspruch löst mithin ein Gerechtigkeitsstreben aus, das aber an die gleiche Wurzel gebunden bleibt. Gerechtigkeit wird immer dann verlangt, wenn es um Aufteilungsfragen geht, die für Lebenschancen von Menschen bedeutsam sind; die Maxime dabei lautet: »Kein Mensch darf gegenüber anderen bevorzugt werden - *außer es sei gerechtfertigt.*«[22] Also selbst da, wo man ungleich teilt, so Georg Kohler, wird auf der prinzipiellen Gleichheit der Betroffenen beharrt.[23] Damit weist er auf die aristotelische Verbindung von Gerechtigkeit und Gleichheit hin, die bei John Rawls unter dem Begriff der Fairness eine Aktualisierung erfährt. Nun ist Gerechtigkeit nicht gleich Recht, sondern stützt sich auf ein solches im über-positiven Sinne, nur so kann das Gerechtigkeitsstreben einen hervorragenden Platz haben bei der Kritik rechtlicher Verhältnisse[24] und zu einer Kraft werden, die historisch verschiedene Formen der Gleichheitsbestrebungen verankert hat.

Im folgenden geht es um die drei Dimensionen der Interpretation des Gleichheitsanspruchs: *gleiche Behandlung, gleiche Handlungschancen* und *Gleichwertigkeit* sowie um die damit verbundenen Probleme. Damit sind wir bei einer Betrachtung angelangt, die die Umsetzung des Gleichheitsanspruches in Gerechtigkeitsstreben und Formen des Gleichheitsstrebens betrifft, also nicht unabhängig von der Ausgestaltung der westlichen Gesellschaft vorgenommen werden kann.

Historische Etappen. Gleiche Behandlung finden wir verankert im Prinzip der Rechtsgleichheit im Rechtsstaat. Historisch gehen hier die Wurzeln zurück auf die Homogenisierung der Bürger im Staatsbildungsprozeß der Neuzeit. Gleiche Handlungschancen finden wir im Prinzip der Markt- und Gewerbefreiheit, bei dem die Vororte der kapitalistischen Entwicklung in Europa (insbesondere Nord-Holland und England) schon gewisse Vorsprünge hatten, bevor die Gleichheit vor dem Gesetz formell verankert wurde und bevor in der ersten Hälfte des vorigen Jahrhunderts das liberale Projekt sich auf den Kontinent ausweitete. Schritte der Vervollkommnung der Chancengleichheit finden wir im Prinzip der Öffnung der Schule wie auch in der erweiterten politischen Partizipation, die in der zweiten Hälfte des 19. Jahrhunderts begannen. Die Gleichwertigkeit begann mit dem Aufbau des Wohlfahrtsstaates in der ersten Hälfte unseres Jahrhunderts.

Die verschiedenen Gesellschaftsmodelle sind durch eine spezifische Interpretation des Gleichheitsanspruches und durch den Umfang der Gewährleistung von Gleichheit gekennzeichnet. Das letzte Gesellschaftsmodell hat zum erstenmal die Interpretation der Gleichheit als Gleichwertigkeit in nennenswertem Umfang institutionalisiert, und zwar durch den umverteilenden Wohlfahrtsstaat. Der Wohlfahrtsstaat schafft einen (minimalen) Sockel an gleichen Handlungschancen, die *qua* Mitgliedschaft garantiert werden und in bezug auf individuelle wirtschaftliche Effizienz voraussetzungslos sind. Die Gleichwertigkeit oder Gleichheit im Ergebnis ist im Prinzip des Grundeinkommens zu erkennen, das bei der Altersrente in Maßen bereits verwirklicht ist. Diese Gleichheit im Sinne von Wert oder im Ergebnis hat eine lange Tradition, nämlich in der Solidarität. Nicht nur die im Markt bewiesene Leistungsfähigkeit gilt hierbei als Maßstab für den Wert eines Menschen, sondern seine Bedürfnisse. Und der einem Menschen zugestandene Wert wäre dann so zu bemessen, daß dieser in die Lage kommt, einen ihm gemäßen Lebensentwurf zu realisieren.

Probleme der Gleichheitsinterpretationen. Das mit der formalen Rechtsgleichheit verbundene Problem ist bekannt. Im sozialen Sinne Ungleiche gleich zu behandeln, ist nicht unbedingt gerecht. Auch sind die Probleme bei der formalen Chancengleichheit bekannt: Die im sozialen Sinne Ungleichen haben nicht die gleichen Start- und Handlungschancen. Aber selbst wenn alle ungleichen Start- und Handlungschancen eingeebnet wären, bleibt ein Problem bestehen, das weniger offensichtlich ist.

Um maximale Freiheit, d.h. ein vollumfängliches Hervorbringen der individuellen Effizienzen zu gestatten, müßten die verschiedenen Resultate des Handelns *gleich gültig* sein. Diese gleiche Gültigkeit würde zwar maximale Freiheit garantieren, aber keine Gesellschaft ermöglichen, da kein gemeinsamer Wertmaßstab existierte. Gibt es aber einen solchen gemeinsamen Wertmaßstab, der für die Beurteilung von individuellen Handlungsresultaten herangezogen wird, dann ist die Verschiedenheit der Handlungsvollzüge nicht gleich gültig, sondern das eine Handlungsresultat ist mehr wert als das andere. Die Umsetzung von Verschiedenheit in Ungleichwertigkeit, trotz gleicher Start- und Handlungschancen, setzt ein Werturteil voraus. Ohne einen solchen Bewertungsprozeß sind Gesellschaften nicht denkbar.[25]

Die Unvermeidbarkeit eines Bewertungsprozesses in der Gesellschaft kann aber gemildert werden. Er kann gleichsam delegiert werden an eine anonyme, wertneutrale Instanz, nämlich an den Markt. Je abstrakter der zentrale Wertmaßstab der Gesellschaft ist, desto mehr Freiheit der Handlung, die sich einem solchen Wertmaßstab unterordnet. Das ist beim Wert des geldmäßig bezifferbaren Markterfolges der Fall. Die Zentralität des finanziellen Erfolges hat mithin eine integrative Funktion, die die Widersprüche des Gleichheitsanspruches teilweise behebt, die auch dann bestehen bleiben, wenn - wie erwähnt - alle ungleichen Start- und Handlungschancen eingeebnet wären. Aber die Freiheit bleibt dann gefesselt an die Erfordernisse der wirtschaftlichen Effizienz.

Das Problem der Gleichwertigkeit ist leicht erkennbar. Gibt es einen zentralen Wertmaßstab und Marktaustausch zwischen ungleichartigen Menschen, so ist Gleichwertigkeit nicht einfach herstellbar, selbst wenn alle rechtlichen und wirtschaftlichen Gründe für ungleiche Chancen beseitigt wären. Gleichwertigkeit trotz Ungleichartigkeit mehr zu realisieren, setzt mithin Eingriffe in das Spiel von Angebot und Nachfrage voraus, also eine *Umverteilung* von in Geld ausdrückbaren Handlungschancen. Solche politischen Eingriffe sind mithin konfliktiv, weil es Gewinner und Verlierer gibt bezogen auf die Alternativsituation ohne Eingriffe. Es handelt sich hier um einen *Verteilungskonflikt*. Das Problem der Gleichheit und der Verteilungskonflikt können folgendermaßen entschärft werden. Chancengleichheit kann auch im zeitlichen Sinne als Versprechen auf Zukunft interpretiert werden. Dies setzt Wachstum und Aufstiegsmobilität infolge von strukturellem Wandel voraus und ist somit an den wirtschaftlichen Aufschwung gebunden. In der modernen Gesellschaft erhält Wachstum dadurch eine spezifische, integrative Funktion.[26]

Wir stoßen hier auf eine letzte Unvereinbarkeit. Maximale Chancengleichheit kann unter einem abstrakten Wertmaßstab maximale wirtschaftliche Effizienz hervorbringen, nicht aber auch gleichzeitig maximale Freiheit, und sie kann den Gleichheitsanspruch als Gleichwertigkeit nur über eine Umverteilung einlösen. Obwohl im Kern unvereinbar, sind Lösungen denkbar, die ein Mehr an Chancengleichheit, Freiheit und Gleichwertigkeit gleichermaßen bringen können. Nämlich z.B. durch folgende Koppelung: einerseits die Gewährung eines Grundeinkommens für jede Person und andererseits eine weitergehende Gewährleistung von vollkommener Chancengleichheit, die die gesamte wirtschaftliche Effizienz erhöht und damit auch mehr Umverteilung von Handlungschancen erlaubt, einmal zwischen Individuen (Grundeinkommen) und dann aber auch zwischen der Arbeits- und der Tätigkeitssphäre.

Der Wandel der Gleichheitsinterpretation über die Karriere des Modells. Wie bei der Effizienz können wir auch bei der Gleichheit Wandlungen über die Karriere des letzten Gesellschaftsmodells ausmachen. Zu Beginn der Karriere des Modells der Nachkriegszeit, in der charismatischen Phase der neuen Produkte, erwarten wir eine starke Betonung bei der Interpretation des Gleichheitsanspruches im zeitlichen Sinne: Morgen das haben, was heute schon für einen Teil der Gesellschaftsmitglieder möglich ist. Dadurch wurde eine Kohäsion der Gesellschaft um gemeinsame Werte möglich.

In dem Maße nun, wie die kulturellen Identifikationsobjekte infolge von Massenproduktion diffundierten (z.B. das Auto), bilden die ehemals neuen, charismatischen Güter zunehmend einen Sockel der Normalversorgung, gleichsam einen »gemeinsamen Fußboden« (Ralf Dahrendorf). Die Güter dieses gemeinsamen Fußbodens sind das, was jedermann hat und dem keinerlei positionale Bedeutung mehr zukommt (Fred Hirsch).[27] Damit stieß die Interpretation der Chancengleichheit im zeitlichen Sinne an ihre Grenze. Der Gleichheitsanspruch verlagert sich auf die Positionen, die mehr oder weniger Versorgung mit Gütern gestatten. Es ging um die Chancengleichheit bei der Besetzung solcher Positionen und um gleiche Startchancen, vermittelt über das Bildungssystem. Das ist eine typische Reaktion der Mittelklasse. Weiter wurde gleichzeitig die Forderung nach Gleichwertigkeit akzentuierter, insbesondere von seiten der Unterklasse, um positionale Vorrechte bei der materiellen Belohnung einzuebnen. Die Akzentsetzung auf Gleichwertigkeit in der Unterklasse - im Gegensatz zur Chancengleichheit in der Mittelklasse - ergab sich aus dem Umstand, daß die sozial definierten Voraussetzungen für die Teilnahme am Wettbewerb um Positionen, nämlich die schulischen und beruflichen Qualifikationen, fehlten. Dies war dann die Phase von zahlreichen Gerechtigkeitsreformen. Mit der Reform des Bildungswesens wurde versucht, mehr Chancengleichheit zu institutionalisieren, und mit dem Ausbau des umverteilenden Wohlfahrtsstaates die Gleichwertigkeit.

Die Positionsstruktur der Gesellschaft wurde in dieser Phase einerseits legitimationsbedürftiger und andererseits war die Konkurrenz um die bevorteilten Positionen in der gesellschaftlichen Arbeitsteilung - mit Fred Hirsch gesprochen - »frustrierend«.[28] Der Unterklasse fehlten die sozialen Voraussetzungen (formale Bildung über die Pflichtschule hinaus), um an dieser Konkurrenz teilnehmen zu können, und in der Mittelklasse hatten die Versprechungen der Chancengleichheit zu einem Überangebot an sozial definierten Voraussetzungen für die bevorteilten Positionen geführt. Auch verlor hier der zentrale Wertmaßstab des Geldes früher und in dem Maße seine integrierende Kraft, wie die ehemals charismatischen Güter infolge von Sättigung zur Normalversorgung wurden.

Dadurch radikalisierten sich die Gleichheitsforderungen und sprengten den Rahmen dessen, was das Gesellschaftsmodell zu leisten imstande war. Konfliktverarbeitung und -artikulation erfolgten aber schichtspezifisch, wobei die Verfügung über formale Bildung die steuernde Variable ist. Ein radikaler Autonomieanspruch artikuliert sich eher in der Mittelklasse und ein radikaler Umverteilungsanspruch in der Unterschicht. Besitzer von höheren Bildungsabschlüssen haben leichteren Zugang zu alternativen Wertmaßstäben, weswegen sich der Konflikt als *Wertmaßstäbe-Konflikt* äußert. Der Autonomieanspruch als Folge eines radikalen Anspruches auf Chancengleichheit fordert, daß die je individuellen Handlungsresultate gleich gültig sein sollen. Dies würde zwar maximale Freiheit bedeuten, aber auch eine Auflösung von Gesellschaft, denn gleiche Gültigkeit ohne gemeinsamen Wertemaßstab bedeutet Gleichgültigkeit. Ein Ausdruck dieser Gleichgültigkeit ist der umsichgreifende privatisierende Individualismus von Gruppen oder Personen im Abschwung, wodurch die ursprüngliche Kohäsion des Modells aufgezehrt wurde. Nichtbesitzer von höheren Bildungszertifikaten artikulierten dagegen mehr den Gleichwertigkeitsanspruch, was zu einem intensiveren *Verteilungskonflikt* führte.

Im Abschwung der langen Welle gab es dadurch ein auf den ersten Blick paradox anmutendes Zusammentreffen: Die Verbreitung von postmaterialistischen Werteprioritäten mit Akzentsetzung auf Selbstrealisierung einerseits und ein sich intensivierender Verteilungskonflikt, der die Wertdimension des Geldes betrifft andererseits. Infolge der Verbreitung von postmaterialistischen Werteprioritäten würde man logischerweise aber vermuten, daß die materielle Dimension weniger wichtig wird.[29]

Machtstreben

Was ist Macht? Diese Frage, die an eine zentrale Kategorie der Soziologie anschließt, ist eigentümlich unbeantwortet geblieben. Sicherlich, Max Webers klassisch gewordene Definition von Macht ist weitherum bekannt: »Macht soll die Chance bezeichnen, seinen Willen auch gegen Widerstand durchzusetzen, gleich worauf diese Chance beruht.«[30] Eine solche Definition von Macht erklärt nicht, was Macht ist, sondern betrifft nur eine Vorhersage auf der Ebene des Handelns. Sie besagt: Wenn zwei soziale Akteure unterschiedliche Macht haben, dann setzt sich im Falle einer

Konfrontation der Stärkere durch. Die Definition setzt mithin das voraus, was eigentlich zur Erklärung ansteht: Macht und Stärke sowie ihre Unterscheidung. Die Voraussage, daß der Stärkere in einer Konfrontation gewinnt, ist sicherlich nicht frei von Banalität.

Das Problem der Stärke und der Durchsetzung kennen wir auch aus der Natur. Das Machtproblem ist deshalb etwas, das die Menschen - allerdings nur in einem formalen Sinne - mit allen Lebewesen, die in irgendeiner Weise in Austausch miteinander stehen, teilen. Wenn wir Gesellschaft als das regelmäßige Verkehren von Menschen verstehen, dann ist einsichtig, daß es ohne Machtstruktur vielfältige Wechsellagen gleichsam durch die Gunst des Zufalls hervorgebracht gäbe. Bei Konfrontationen könnte jemand einmal der Stärkere, ein andermal der Schwächere sein. Wir begründen dann das allgegenwärtige Machtstreben mit dem Bemühen, einen Vorrat an potentiellen Handlungsressourcen zu schaffen, damit man möglichst immer und unabhängig von der Gunst der Stunde und der jeweiligen Kondition der Stärkere ist. Einen solchen Vorrat zu schaffen und zu sammeln, Handlungsressourcen also zu akkumulieren und zu erhalten, braucht Aufwand, mithin Verausgabung von Kraft: Bei der Macht handelt es sich um eine Struktur, die reproduziert werden muß, damit sie diese Funktion als Handlungsvorrat erfüllen kann.[31]

Das Machtstreben ist ein Prinzip genau wie das Effizienz- und Gleichheitsstreben. Daß dieses Prinzip oder die Grundlage, die etwas bewirken kann, im Sozialen mithin zu einer Kraft wird, liegt im Sicherheitsanspruch. Das Typische des menschlichen Sicherheitsanspruches liegt in dem Umstand, daß der daraus entstehenden Macht - als soziale Erscheinungsform des Sicherheitsstrebens - eine grundsätzliche Opposition erwächst durch das Effizienz- und Gleichheitsstreben. Vor dem Hintergrund des ersten Anspruches bedeutet Macht Unfreiheit und vor dem des des zweiten Ungleichheit, zumindest *zwischen* Gruppen. Weiter liegt das Typische darin, daß ein vielfältiges und kulturell geformtes Repertoire zur Verfügung steht, um Sicherheitsstreben in Macht zu überführen.

Das Machtstreben kann sich unterschiedlich äußern, was unterschiedliche Machtverteilungen bewirkt. Drei idealtypische Wege zur Erlangung von Sicherheit und Kontinuität sind folgende:
1. Typ »Reziprozität« heißt: Aktuelle Handlungsmöglichkeiten nicht ausschließlich für sich zu verwenden, sondern Teile davon im Rahmen einer Gruppe abzugeben, um im Bedarfsfalle Gegenrecht zu fordern (Prinzip: Versicherung).
2. Typ »Umverteilung« heißt: Handlungschancen für sich verwenden, die eigentlich anderen zukämen (Prinzip: Abschöpfung).
3. Typ »Akkumulation« heißt: Vorsorge treffen durch Nichtverbrauch von aktuellen Handlungschancen, sie für später aufzusparen, zu akkumulieren (Prinzip: Wirtschaften).

Die verschiedenen Wege des Machtstrebens sind nicht deckungsgleich mit den verschiedenen Quellen von Macht, vielmehr können verschiedene Quellen von Macht für das Machtstreben kombiniert werden. Im folgenden untersuche ich drei Formen von Macht: *soziale Macht, kulturelle Macht und wirtschaftliche Macht*. Pierre Bourdieu hat zu dieser Dreiteilung Ausführungen gemacht, und wir verdanken ihm Anregungen.[32]

Soziale Macht

Eine wichtige und regelmäßig verkannte Grundlage von Macht ist der Verband oder die Gruppe. Soziale Macht ist zunächst einmal *in Gruppen* institutionalisierte Macht. Damit ist der Solidarität erzeugende Charakter reziproker Beziehungsgeflechte gemeint, wodurch ein Versicherungssystem entsteht. Die Aufrechterhaltung der Beziehungsgeflechte auf Gegenseitigkeit bedingt einen erheblichen Aufwand, sei es in der Privatsphäre oder in der formalen Organisation.[33]

Durch die Solidarität der Gruppe entsteht eine gesellschaftliche Macht, an der die Mitglieder teilhaben und die sie nötigenfalls für sich mobilisieren können, die ihnen aber nicht individuell »gehört«. Jemand aus der Gruppe kann diese Macht symbolisieren und nach innen wie gegen außen vertreten, dann haben wir einen Prototyp der Ausdifferenzierung von *politischer Macht* aus der ursprünglich sozialen.

Die Teilhabe an der Macht der Gruppe hat für das Individuum einen Preis, der nicht nur mit der Aufrechterhaltung der auf Gegenseitigkeit beruhenden Austauschbeziehungen abgegolten ist. Solche Gruppen als Gemeinschaften sind durch eine gemeinsame Kultur gekennzeichnet. Sich diesen Normen zu fügen ist der zusätzliche Preis, der normalerweise billig erscheint, weil das Indiviuum fest verankert ist in den Normen und dem Weltbild der Gruppe. Die Gruppe hat auch die Macht, d.h. die Sanktionsgewalt, Konformität zu erzwingen.

Gruppen halten eine wichtige Grenze als Diskrimination zwischen innen und außen aufrecht. Die Grenze ist gezogen durch Mitgliedschaft. Die Androhung oder aktuelle Verstoßung eines Mitglieds aus der Gruppe bedeutet für den Verstoßenen Machtverlust. Deshalb erzeugt die Androhung einen Konformitätsdruck. Und dieser ist umso größer, je schlechter die Alternative.

Gibt es außer Menschen keine Ressourcen, die durch die Gruppe zusammengefaßt und monopolisiert werden können, so kann es nur beschränkte Machtunterschiede zwischen Gruppen geben, wie das für die längste Zeit der Menschheitsgeschichte typisch war. Solche Gruppen müssen klein bleiben, um ihre Machtakkumulation beständig reproduzieren zu können: Das Ausmaß an Soziabilität ist beschränkt, weswegen Menschen nur ein begrenztes Netz an sozialen Beziehungen auf Gegenseitigkeit aufrechterhalten können. In komplexeren Gesellschaften sind solche Begrenzungen der Machtunterschiede zwischen Gruppen nicht mehr gegeben. Sie weisen Arbeitsteilung, mithin berufliche Spezialisierung, Techniken in Form von Werkzeugen und Waffen sowie komplexere Systeme der Welterfahrung und -deutung auf. Damit kann es zu einer Spezialisierung der Gruppen entlang solcher Ressourcen kommen.

Berufe sind regelmäßig der Anknüpfungspunkt von solchen spezialisierten Gruppen, auch im sozialen Verkehrskreis von Mitgliedern, die sich als gleich empfinden. Diese Kreise haben das Bestreben, sich exklusiv zu halten in bezug auf die Ressourcen, die ihre gemeinsame Grundlage von Macht darstellen. Strenge Zutrittsbedingungen und -regeln, also Abschließung kennzeichnet solche Gruppen, was auch verbunden sein kann mit Heiratsregeln, die beabsichtigen, die Gruppe auch über die Generationenfolge geschlossen zu halten.

Dieser Typ des Strebens nach sozialer Macht, der auf bewußte Kleinhaltung der Gruppe abzielt, um die Solidarität zu maximieren, ist allgegenwärtig in Vergangenheit und Gegenwart. Die Machtunterschiede, die dadurch zwischen Gruppen entstehen können, hängen von der funktionalen Wichtigkeit der Ressourcen ab, die die Mitglieder versammeln können. Beispiele neben klassischen Berufsgruppen sind auch vergleichsweise neue Berufsgruppen wie die Spitzenmanager der großen Konzerne. In ihrem Bestreben, das eigene Schicksal und das ihrer Organisation, worauf ihre Position beruht, zu sichern, gehen sie vielfältige Gruppenbindungen über die einzelnen Konzerne hinaus ein, d.h. sie akkumulieren gesellschaftliche Macht. Die vielfältigen Aufsichtsrats- bzw. Verwaltungsratsverflechtungen sind Ausdruck hiervon.

Soziale Macht ist allgemein deshalb diejenige, die Gruppen durch Solidarität und/oder Abschluß erzeugen können und an der die Mitglieder *qua* Mitgliedschaft teilnehmen. Insbesondere die Neuzeit kennt aber nicht nur eine Aggregierung sozialer Macht durch die Beschränkung der Gruppe, nämlich durch ihre Exklusivität, sondern auch durch die Ausdehnung der Gruppe als Quelle der Steigerung von kollektiver sozialer Macht.

Der *moderne Staat*, der sich in Europa in der Neuzeit zu bilden beginnt (vgl. Kapitel 11), ist der mächtigste Typ dieser sozialen Macht durch eine *Expansion* der Gruppe. Die Vergrößerung der Gruppe, letztlich zum Staatsvolk,[34] setzt aber einen Verwaltungsapparat voraus, eine Delegation des Gemeinschaftshandelns an den Apparat.[35] Dadurch entsteht politische Macht und eine Teilformalisierung der Gruppe. Soziale Macht als Typ wird zu einem Aggregat von Apparat (formale Organisation) und Staatsvolk. Nicht nur der moderne Staat, sondern auch viele andere und von der sozialen Basis her sehr verschiedene Machtgebilde unserer Zeit gehören zu diesem Typ - z.B. die Gewerkschaften wie auch die Automobilverbände, die gerade durch das Bestreben, die Basis zu verbreitern, sich von den typischen Berufsverbänden unterscheiden. Immer zeigt sich ein sehr ähnliches Muster: Eine Basis als Quelle von sozialer Macht und eine Spitze als die Verwaltung dieser Macht, nicht immer übrigens im Sinne der Basis, womit sich das Problem der Kontrolle der Spitze durch die Basis stellt.

Die dauerhafte stabile Ausweitung der sozialen Macht durch die Expansion der Gruppe setzt einen Verwaltungsapparat voraus, der die Macht der Gruppe verwaltet. Dieser Apparat, nämlich die *formale Organisation,* ist in der Soziogenese also nicht nur durch die Konzentration wirtschaftlicher Macht bedingt, sondern gleichermaßen durch die Ausdehnung gesellschaftlicher Macht, die im Kern freilich immer auch wirtschaftlich motiviert ist.

Soziale Macht ist durch die Gruppe gegeben. Sie verbindet Gleichheit mit Macht auf folgende Weise. Die soziale Macht erzwingt intern, nämlich in der Gruppe, Konformität mit den Normen, die dadurch zu mehr oder weniger innigen Gemeinschaften, häufiger auch nur zu Interessengemeinschaften werden. Die Bausteine der sozialen Machtverteilung setzen mithin intern Gleichheit voraus, was auch eine gewisse Umverteilung von Ressourcen erzwingen kann, damit die Homogenität und damit die Solidarität als Quelle von Macht erhalten bleibt. Der Binnenmoral der Gleichheit steht im externen Verkehr der Gruppen die Außenmoral der Ungleichheit gegenüber. Diese Moral findet es normal, daß die gleichen gegenüber anderen Vorrechte im Ansehen, in den wirtschaftlichen Chancen und im politischen Zugang genießen.

Gesellschaftliche Macht institutionalisiert in Nationalstaaten ist somit eine wichtige Dimension der Machtverteilung im Weltsystem. Bei einer im Kern universalistischen Weltkultur kann eine solche Diskrepanz nur durch einen betonten Nationalismus und Rassismus ideologisch übertüncht werden, der die Herrschaft der eigenen Großgruppe über die anderen rechtfertigen soll. Das 19. Jahrhundert und die erste Hälfte unseres Jahrhunderts war die Blütezeit dieses Nationalismus und Rassismus. Die Zersetzung des Gesellschaftsmodells der Nachkriegszeit hat zwar dem partikularistischen staatlichen Handeln wieder stärkeren Auftrieb gegeben (Beispiele sind die verschiedenen Wirtschaftskriege seit 1970, z.B. der »Stahl-« und »Spaghetti-Krieg« zwischen den USA und der EG, im letzteren Fall besonders Italien). Aber diesem Nationalismus-Schub, der sich als Wirtschaftsprotektionismus manifestiert, fehlt doch das Pathos der früheren Zeiten. Vielmehr ist diese staatliche Interessenpolitik im Weltrahmen mehr kühl berechnend, der institutionalisierten gewerkschaftlichen Interessenpolitik ähnlicher geworden.

Wandlung in der sozialen Machtverteilung. Die Machtverteilung innerhalb von Großgruppen kann durch Gegenmacht verändert werden. Ein klassischer Fall von Gegenmacht ist der Zusammenschluß der vielen gegen die Macht, die in vergleichsweise kleinen Gruppen durch die faktische Monopolisierung von Ressourcen entstanden ist. Die Koalition der Nur-Arbeitskraftbesitzer gegen die Arbeitgeber ist ein wichtiges Fallbeispiel der Neuzeit. Die Koalitionsfreiheit der Lohnarbeiter war allerdings eine späte, dann allerdings entscheidende Etappe in der Veränderung der gesellschaftlichen Machtverteilung (vgl. hierzu auch Kapitel 5). Ein weiteres Fallbeispiel ist in der Nachkriegszeit der Zusammenschluß der Entwicklungsländer in der Gruppe der 77.

Kulturelle Macht

Kultur beginnt mit dem Denken - und damit der Vorstellung *alternativer* Welten - und seiner intersubjektiven Vermittlung, der Kommunikation. Kultur ist der Bestand an Wissen und Gewißheit. Sie betrifft Werte, Normen, Sitten, Techniken und Verfahrensweisen. Einerseits tritt sie ideell, d.h. im Bewußtsein der Menschen auf, dann aber auch objektiviert in Form von kulturellen Artefakten, Gegenständen wie Bücher, Maschinen etc.

Innerhalb von Kultur herrscht eine Spannung zwischen den identitäts- und sinnstiftenden Gewißheiten alltäglicher Praxis und dem Faktum, daß Alternativen dazu denkbar sind. Die Kultur einer Gruppe steht unter dem Zwang, die tatsächlich gelebte Welt als die *einzig* richtige, schöne und vernünftige Welt zu begründen, *obwohl* Alternativen denkbar sind. Dadurch gibt die Kultur der Gruppe als Gemeinschaft die Selbstverständlichkeit ihres Tuns und ihrer Normen. Gruppen leben gewöhnlich in einer Art »Demokratie« in bezug auf die Partizipation an der gemeinsamen Kultur, die aber eine »Diktatur« der Gewißheit darstellt. Die kulturelle Macht, die so entsteht, ist die der Gruppe über das Individuum.

Im einfachen Fall ist die kulturelle Macht nicht ausgesondert, sondern eingebunden in die soziale Macht. In einfachen Gesellschaften mag sie allerdings schon ausgesondert sein, z.B. in den Gestalten des Magiers und des Richters. Von der sozialen Macht abgesondert kann kulturelle Macht selbst Machtgrundlage einer Gruppe werden. Dann reserviert sich eine Gruppe mit exklusivem Charakter das Monopol der Weltdeutung (Religion, Kunst, Wissenschaft) und der Praxis (Berufswissen). Beispiele dafür sind Priesterkasten, Berufsgruppen, wissenschaftliche Expertengruppen oder meinungsbildende wissenschaftliche Institute. Solche Gruppen sind intern häufig als Gemeinschaften organisiert.

Wird die Deutung der gelebten und die Exploration alternativer Welten zum Privileg bestimmter Gruppen, so wird dadurch einerseits

Herrschaft erzeugt, andererseits unterstützte das evolutionsgeschichtlich aber auch einen langen Prozeß der Infragestellung kultureller Macht. Als ausdifferenziertes System mußte die Kultur notwendigerweise abstrakter werden, um die verschiedenen Realitäten von Gruppen, zu deren Weltdeutung sie herangezogen wurde, gleichsam unter einen Hut zu bringen. Schriftlichkeit und Systematisierung legten weiter die Grundsteine dafür, daß die kulturellen Symbole im Prinzip erlernbar wurden.

Religion, Kunst und Wissenschaft (Jurisprudenz, Philosophie und Naturwissenschaft) sind die Abteilungen, die sich zu Beginn der Neuzeit neu formierten. Infolge der dezentralen Sozialstruktur Europas (Typ: Weltwirtschaft) verliert die zentralisierte katholische Kirche (Typ: Weltreich) die oberste Autorität darüber, was gut, schön und richtig ist und was gedacht werden darf. Das Wahre, das Gute und das Schöne emanzipieren sich und beziehen sich auf das Diesseits (Renaissance der Wissenschaften im 12. Jh. und der Kunst im 15. Jh.). Die Medien des kulturellen Austausches, nämlich die Schriftlichkeit und die Drucktechnik, erlauben eine Verbreiterung von Kultur in unversalistischer Form, nämlich jenseits der Gewißheiten von Gruppen; und dadurch konnten die Universitäten, die Intellektuellen und die Professionellen der Neuzeit entstehen.

Die Aneignung von kultureller Macht findet in der Neuzeit auf zwei segregierten Ebenen statt; auf der Ebene der Inkulturation: Sozialisation in bezug auf die kulturellen Gewißheiten, und auf der Ebene der Exploration von alternativen Welten: Ausdehnung kultureller Macht als Relativierung von partikulärer Welterfahrung. Die Schule ist die neuzeitliche Institution, die diesen Prozeß regelt.

Die Schule. Das moderne Schulsystem ist der wichtige, wenngleich nicht der alleinige Ort, an dem eine geregelte Aneignung von Wissen stattfindet (sekundäre Sozialisation), die teilweise unabhängig von Primärgruppen ist. Die Schule homogenisiert die Akkumulation von Wissen und eignet sich mithin zur gruppenübergreifenden kulturellen Integration, was auch auf ihre Bedeutung im Rahmen der Nationenbildung weist, worauf zurückzukommen sein wird. Gleichzeitig differenziert die Schule aber kulturelle Wissensbestände nach Stufen, schafft mithin als Institution kulturelle Machtunterschiede.

Die Grundspannung innerhalb der Kultur zwischen der identitätsstiftenden gemeinsamen Gewißheit und der vernunftgeleiteten Auslotung von alternativen Welten ist im modernen Schulsystem auf besondere Weise institutionell geregelt. Die Besonderheit liegt nämlich darin, daß diese beiden Elemente in der modernen Schule in einem Schulsystem vom Kindergarten bis zur Universität integriert sind. Die Betonung der Elemente ist zwar nach Schulstufen geschichtet, aber nicht völlig segregiert. Mithin trägt die Schule dazu bei, daß kulturelle Machtunterschiede kleiner sind, als sie ohne ihre Existenz wären. Sie ist eine Institution, in der sich das Prinzip der Chancengleichheit, wenngleich in historisch unterschiedlichem Ausmaß, entfaltet.

Die Schule erzeugt mit ihrer Umwandlung von Bildung in abgestufte formale Bildung also auch kulturelle Macht. Dies geschieht durch eine Objektivierung von an Personen gebundenem Wissen, und zwar in Form von Abschlußzertifikaten und Titeln. Diese Titel und Zertifikate werden handelbar, und es können Wechselkurse zwischen anderen Formen der Macht in der Struktur der Gesellschaft entstehen. Die durch die Schule erzeugte Abstufung der formalen Bildung scheint, wenn sie vom Begabungsreservoir in der Bevölkerung unabhängig ist, auf den ersten Blick dem Prinzip der Chancengleichheit vollkommen zu widersprechen. Dies gilt aber weniger, wenn man bedenkt, daß nur so Wechselkurse zwischen verschiedenen Formen der Macht ermöglicht werden, die mithin eine gewisse *Gleichwertigkeit* in der horizontalen Dimension der gesellschaftlichen Schichtung schaffen. Eine Gleichheit beim Zutritt zur höheren Schule hätte wenig instrumentellen Wert, wenn nicht auch Gleichheitsnormen zwischen schulischen Zertifikaten und Titeln einerseits und Positionen in der Gesellschaft andererseits existierten. Dadurch bleibt aber das Ausmaß der Gewährung schulischer Chancengleichheit an die übrige *Berufspositionsstruktur* in Staat und Wirtschaft gebunden, die ihrerseits durch den *technologischen Stil* festgelegt ist.

Wandlung in der kulturellen Machtverteilung. Die modernen *Massenmedien* (Massenpresse, Radio, Fernsehen) haben dazu beigetragen, daß die kulturelle Macht in der Gegenwartsgesellschaft mehr homogenisiert worden ist, als wenn nur die Schule die Verteilung von kultureller Macht bestimmen würde. Die Massenmedien stellen Gegenmächte dar gegenüber den etablierten kulturellen Mächten, worunter insbesondere auch die Wissenschaft fällt. Die Veränderung der Machtverteilung erfolgt durch eine Verbreiterung der Partizipation an dem kulturellen Diskurs. Eine solche Verbreiterung bleibt keineswegs nur passiv, wofür viele Fernsehsendungen, bei denen Normalbürger aktiv teilnehmen oder sich telefonisch einschalten können, ein Beleg sind.

Funktionell sind die Massenmedien im Bereich der Kultur den Gewerkschaften im Bereich sozialer Macht ähnlich. Beides sind Gegenmächte, die von den etablierten Eliten gesellschaftlicher und kultureller Macht beargwöhnt werden. Die Ablehnung von großen Teilen der Bildungselite z.B. dem Fernsehen gegenüber kann man vielerorts deutlich spüren. Es gilt etwa als chic, darauf zu verweisen, daß man keinen Fernsehapparat besitzt. Ein weiterer Beleg für eine solche Sichtweise ist die Rekrutierung der Eliten bei beiden Gegenmächten. Aus einer Untersuchung von 3500 Elitepositionen in der Bundesrepublik Deutschland im

Jahre 1972 wissen wir, daß bei der Elite in Gewerkschaften und Massenmedien nur zwei bis drei von zehn Positionsinhabern einen Hochschulabschluß haben, während im Durchschnitt aller Inhaber von Elitepositionen dies bei sieben von zehn der Fall ist.[36]

Wirtschaftliche Macht

Wer über wirtschaftliche Mittel, sogenannte Produktionsfaktoren, verfügt, hat Macht. Daran schließen sich zwei Fragen an: Was sind Produktionsfaktoren und wer verfügt über Produktionsfaktoren? Zwei Produktionsfaktoren haben bisher hauptsächlich Aufmerksamkeit erfahren, nämlich die finanzielle Macht und die Arbeitskraft. In ihrer reinen Form haben beide eine Gemeinsamkeit: Sie sind *Potentialitäten*. In ihrer abstrakten Form können diese Potentialitäten alles und doch nichts, weder die finanzielle Macht, die in ihrer reinen Form bloß ein in Geld ausdrückbarer Handlungsvorrat ist, noch die Arbeitskraft, die in der reinen Form Jedermanns-Arbeitskraft ist.

Es ist ausschließlich die *gestaltete Kombination*, die wirtschaftliche Macht aktualisiert. Bei dieser gestalteten Kombination wirken aber nicht nur Geld und reine Arbeitskraft zusammen, sondern auch objektivierte Formen von kultureller Macht (Energienutzung, Werkzeuge und Maschinen), personengebundene kulturelle Macht (Wissen darüber, wie man verfährt) und das durch soziale Macht strukturierte Umfeld: institutionelle Regelungen und Infrastruktur, kurzum die soziale Ordnung, die eine unterschiedliche Legitimität besitzen kann. Diese Kombination von verschiedenen Einzelmachtquellen läßt eine Struktur entstehen, die eigentlich erst jetzt mit Kapital bezeichnet werden kann - Kapital, weil es *der* wirtschaftliche Faktor und *die* wirtschaftliche Macht ist. Kapital bezeichnet dann nicht nur Dinge, an denen man Eigentum erwerben kann, wie z.B. an objektivierten Formen von kultureller Macht und Boden, sondern die Kombination von vielen Einzelkomponenten. An etlichen von diesen kann man kein Eigentum erwerben bzw. ist eine Eigentumsübertragung nicht möglich. Sie können nur »gemietet« oder als kollektives Gut bezogen werden. Privateigentum im Sinne persönlichen Eigentums ist deshalb konzeptuell von Kapital zu trennen. Auch faktisch sind Eigentum und Verfügungsmacht im Gegenwartskapitalismus beträchtlich getrennt. Darauf wird zurückzukommen sein.

Formale Organisation. Kapital ist auch auf der Ebene einzelner Wirtschaftsunternehmen eine Struktur, während die Strukturkomponenten nur Potentialitäten, an sich noch nichts sind. Diese Struktur stellt *Organisationsarbeit* dar, bei der sich die einzelnen Elemente nicht einfach aufaddieren. Vielmehr entsteht durch Organisationsarbeit ein Effekt aus dem Zusammenwirken, ein sogenannter *Synergieeffekt*. Diejenigen, die es unternehmen, die Brache der Felder von Produktionsfaktoren zu bearbeiten, werden Unternehmer genannt. Es gibt allerdings nicht nur die wirtschaftlichen Unternehmer, sondern auch solche im sozialen, politischen und kulturellen Bereich.[37] Organisation wird freilich nicht jeden Tag gleichsam neu geschaffen. Es gibt Standardlösungen der formalen Organisation der Wirtschaftsunternehmung - kulturelle Muster, die sich aber über längere Zeit wandeln und dadurch auch ein Element des technologischen Stilwandels sind.

Die Ausgestaltung der formalen Organisation als Standardlösung einer Epoche ist das Ergebnis der Diffusion von unternehmerischer Innovation und im Maße ihrer Verfestigung auch Fessel für innovative Tätigkeit. Technologische Stile sind Kulturprodukte und an ihnen erweist sich ebenfalls das janusköpfige Gesicht der Kultur: die Spannung zwischen Gewißheit und Praxis einerseits und dem in der Vernunft verankerten Widerspruch zur Gewißheit, den Alternativen, die denkbar sind. Innovatoren finden wir deshalb nicht immer gleich häufig. Sie beginnen dann gehäuft aufzutreten, wenn ein technologischer Stil infolge von Formalisierung, Standardisierung und Routinisierung an die Sättigungsgrenze gestoßen ist. Die sich dann gegen etablierte Machkonstellationen im kulturellen, sozialen und wirtschaftlichen Bereich langsam durchsetzende Wandlung des technologischen Stils ist die Blütezeit der Unternehmer, während in der Standardisierungsphase die etablierten gesellschaftlichen Gruppen, wie Finanzkapital, Gewerkschaften und Staat, die neu geschaffenen Machtquellen der Organisationen für sich ausbeuten.

Die wirtschaftliche Logik der formalen Organisation ergibt sich aus der Tatsache, daß die gesamte Macht größer, also *mehr wert* ist als die Summe ihrer Komponenten (der erwähnte Synergieeffekt). Ein solcher Mehrwert kann durch die Unterbewertung des Beitrags von einzelnen Machtquellen am Gesamtprodukt entstehen. Aber das ist nicht notwendig und auch nicht die alleinige Quelle von Mehrwert.[38] Mehr Wert kann sich auch allein durch eine Kombination von Produktionsfaktoren ergeben, die mehr leistet als eine alternative. Mit der modernen Korporation entsteht eine neue Einheit im Sozialen, eine Kunstperson, die diesen Wert nicht nur schafft, sondern auch zu Eigentum hat. Damit werden natürliche Personen zu bloßen Anspruchsberechtigten auf Nutzleistungen. Eigentum im klassischen Sinne auf der einen und Verfügungsmacht und Nutzungsrechte auf der anderen Seite sind dadurch auf komplizierte Weise auseinandergefallen.

Wirtschaften. Die verschiedenen eingeführten Machtquellen können kombiniert werden, wodurch sie sich verstärken. Und sie können transformiert werden, so daß die eine Quelle zur Erlangung der anderen

2 Prinzipien der Sozialstruktur und ihre Ausformungen • 57

eingesetzt wird. Dadurch wird Kraft verausgabt. Wenn ein solcher Transformationsprozeß einem *Nutzenkalkül* unterworfen ist, wobei es zu einer in Geld vorgenommenen Bewertung von Machtausgaben und -gewinnen kommt, sprechen wir von Wirtschaften, bei dem - vermittelt über den universalistischen Wertmaßstab des Geldes - der finanziellen Macht eine zentrale Rolle zukommt.

Das »ökonomische System« ist aber nur scheinbar geschlossen und deshalb nicht von anderen Bereichen der Gesellschaft abgesondert. Die erwähnte Transformation von Machtarten bringt dies schon zum Ausdruck. Wirtschaft ist der Bereich wirtschaftlichen Handelns, in den das wirtschaftlich motivierte Handeln hineinreicht. Dies ist der Fall, wenn soziale Macht eingesetzt wird, um wirtschaftliche Vorteile zu erringen. Nehmen wir Gewerkschaften und Kartelle als Beispiele. Die gewerkschaftliche Macht kann eingesetzt werden, um die Teilnahme an der finanziellen oder organisatorischen Macht zu erweitern: Lohnerhöhungen bzw. Mitsprache und Mitbestimmung in der Firma. Soziale Macht kann auch eingesetzt werden in der Einflußnahme auf die Gesetzgebung, welche die Rahmenbedingungen des wirtschaftlichen Handelns betrifft, z.B. Arbeitszeit- oder Arbeitssicherheitsregelungen. Auf ähnliche Weise können Verbände von Unternehmen, sogenannte Kartelle, eingesetzt werden. Ihre Aktivitäten beschränken sich also nicht bloß auf Markt-, Qualitäts- und Preisabsprachen.

Wirtschaftlich motiviert ist in wichtigen Hinsichten ebenfalls die kulturelle Macht. Im Zusammenhang mit der Schule haben wir kurz darauf hingewiesen, daß durch die abgestufte formale Bildung gleichsam Wechselkurse zwischen kultureller Macht und den übrigen Positionen in der Gesellschaft geschaffen werden können. Auch die staatliche Macht als politische Form sozialer Macht ist letztlich wirtschaftlich motiviert. Staaten besteuern wirtschaftliche Tätigkeit und stellen kollektive Güter her, nämlich Voraussetzungen des Handelns. Diese Voraussetzung wird als der Produktionsfaktor »Protektion«, der in unterschiedlicher Qualität und zu unterschiedlichen Kosten in den Wirtschaftsprozess eingehen kann, später auszuführen sein. Das moderne Weltsystem mit den *vielen politischen Souveränen* bringt in ihrem Zusammenwirken mit der ökonomischen Logik einen *Weltmarkt für Protektion* hervor. Dazu mehr in den Schlußkapiteln.

Die neue Wirtschaftseinheit. Kapital wird durch die Organisation von Produktionsfaktoren entfaltet. Dadurch wird Organisationsmacht geschaffen. Mit der *formalen Organisation* wird aber auch eine *neue* Einheit im Sozialen geschaffen. Begonnen hat die moderne Gesellschaft mit zwei neuen Einheiten des Sozialen, dem Individuum und dem absolutistischen Staat als eine Vorform des modernen Staates. Im Lauf ihrer Entfaltung ist

58 • Westliche Gesellschaft im Wandel

noch eine dritte neue Einheit geschaffen worden, eine neue, künstliche Person, die vorerst noch viele Namen hat: Kapitalgesellschaft, Wirtschaftskorporation, Konzern, Aktiengesellschaft. Die natürliche Person als Träger von Souveränitäts- und Eigentumsrechten - eine der leitenden Vorstellungen der westlichen Gesellschaft - steht einem neuen Gebilde gegenüber, einer künstlichen Person.[39]

In unserem Jahrhundert setzt diese Kunst-Person zu einem Siegeszug um die Welt an, der nur im Aufkommen der modernen Staaten eine Parallele findet. Aber dieser Siegeszug ist kein nationaler, sondern er verklammert wirtschaftliche Aktivitäten quer zu den Staaten. Was wir heute als *Transnationale Konzerne* kennenlernen,[40] wird man viel später einmal rückblickend als Vorform einer neuen Weltrealität sehen, wie der absolutistische Staat eine Vorform des modernen Staates darstellte. Wir können täglich in der Wirtschaftspresse verfolgen, wie sich dieses neue System von Einheiten weiterbildet: durch Aufkauf und Riesenfusionen.

Dieses Kapitel hat die drei, teilweise widersprüchlichen Gestaltungsprinzipien der Sozialstruktur dargestellt und ihre Ausformungen angesprochen. Bei der Behandlung der Dimensionen von Macht haben wir bereits drei zentrale Institutionen eingeführt, die der Erzeugung, der Differenzierung und der Verwaltung von Macht dienen: *Wirtschaftsunternehmung* (formale Organisation), *Schule* (formale Bildung) und *Staat*. Diese werden in den Kapiteln 8 bis 11 weiter untersucht.

Anmerkungen

1 Vgl. Otto Brunner, Werner Conze, Reinhard Koselleck (Hg.), *Geschichtliche Grundbegriffe*, Band 2, Stuttgart: Klett, 1975. Darin: Werner Conze, Christian Meier, Jochen Bleicken, Gerhard May, Christof Dipper, Horst Günther, Diethelm Klippel, »Freiheit«, S. 425-542, und Otto Dann, »Gleichheit«, S. 997-1046.
2 Zur *frühen* Renaissance vgl. auch Hans Mühlestein, *Die verhüllten Götter. Neue Genesis der italienischen Renaissance*, Wien, München, Basel: Verlag Kurt Desch, 1957. Sowie auch in bezug auf den technologischen Wandel: Jean Gimpel, *La révolution industrielle du Moyen Age*, Paris: Edition du Seuil, 1975. (Dt.: *Die industrielle Revolution des Mittelalters*. Zürich: Artemis, 1980.)
3 Benjamin Nelson, *Der Ursprung der Moderne,* Frankfurt: Suhrkamp, 2. Aufl. 1984, S. 50.
4 Die Gesellschaft des Mittelalters sah sich selbst als hierarchisch gegliedertes Ganzes von jeweils untergeordneten Einheiten, eine jede mit einem bestimmten Platz und mit einer bestimmten Funktion (bellatores, oratores, laboratores). Zur Ordnungsvorstellung des Mittelalters (mit den drei genannten Ständen) vgl. die Darstellung von Georges Duby, *Die drei Ordnungen. Das Weltbild des Feudalismus*, (aus dem Franz.), Frankfurt: Suhrkamp, 1981. Sowie derselbe: *Krieger und Bauern*, (aus dem Franz.), Frankfurt: Syndikat Verlagsgesellschaft, 1984, bes. S. 211 ff. Vgl. auch die

Darstellung von Marc Bloch, *Die Feudalgesellschaft*, (aus dem Franz.), Frankfurt: Propyläen, 1982. Ebenso: François L. Ganshof, *Was ist das Lehnswesen?*, (aus dem Franz.), Darmstadt: Wissenschaftliche Buchgesellschaft, 1977. Auf die Darstellung von Norbert Elias wird im elften Kapitel eingegangen.
Nach James Coleman zerbrach dieses organische Ganze gleichsam unter einer Kneifzangenbewegung, die an den beiden Enden der Hierarchie ansetzte. Die Spitze der Hierarchie, der Monarch, gewann an Macht und Funktion, am anderen Extrem geschah mit dem Individuum gleiches. Vgl. James S. Coleman, *Power and the Structure of Society*, New York: Norton, 1974, S. 25 f.
Zum institutionellen Aufbau der Moderne vgl. auch die umfangreiche Studie von Richard Münch, *Die Struktur der Moderne. Grundmuster und differentielle Gestaltung des institutionellen Aufbaus der modernen Gesellschaften*, Frankfurt: Suhrkamp, 1984.
5 Vgl. Dazu James S. Coleman, a.a.O.
6 Georg Kohler:»Naturrecht, Gerechtigkeit, Gleichheit«, *Studia Philosophica*, 38, 1979, S. 135-151. Dort S. 138 f, wobei er sich auf Hans Welzel, einen Kenner der Naturrechtsgeschichte, stützt.
7 Georg Kohler, a.a.O., S. 139, verweist mit Rückgriff auf Hans Welzel auf den Antagonismus zwischen Recht und Macht.
8 Aus der Präambel zum Gesetz vom 6. Aug. 1289, das die Veräußerung von Abhängigen, Kolonen und Hörigen unter Strafe stellt. Zitiert nach Werner Raith, *Florenz vor der Renaissance. Der Weg einer Stadt aus dem Mittelater*, Frankfurt und New York: Campus, 1979, S. 29 (und S. 229 für Angaben zur Originalquelle: Staatsarchiv von Florenz, Provvisiono II, foglio 24 ff, und zur Übersetzung nach R. Davidsohn).
9 Bei der Überarbeitung dieser Argumentation habe ich aus den ergiebigen Hinweisen, Kommentaren und Kritiken von *Giosua Thöny, Manuel Eisner, Kurt Imhof* und *Gaetano Romano* zu Entwürfen dieses Kapitels großen Nutzen ziehen können.
10 Vgl. Volker Bornschier,»Technik und Gesellschaft«, S. 225-238 in: Hardy Fischer (Hg.), *Technik wozu und wohin?*, Zürich: Artemis-Verlag, 1981. Zürcher Hochschulforum, Band 3.
11 Ralf Dahrendorf, *Lebenschancen*, Frankfurt: Suhrkamp, 1979, S. 202. Er zitiert dort einen Aufsatz von ihm aus dem Jahre 1953.
12 Eine Analyse, verbunden mit einer »aristotelischen« Interpretation der Moderne, hat Hannah Arendt geleistet. Vgl. ihre Schrift: *Vita activa oder vom tätigen Leben*, München: Piper, zuerst 1960.
13 Ralf Dahrendorf, *Die Chancen der Krise*. Stuttgart: Dt. Verlagsanstalt, 1983, S. 89.
14 Ebenda. Ralf Dahrendorf verweist auf einen ähnlichen Unterschied im Werk von Karl Marx, nämlich zwischen dem Reich der Notwendigkeit und dem Reich der Freiheit. Dabei kombiniert Marx Elemente von Aristoteles und Kant.
15 Ebenda, S. 91.
16 Christof Dipper,»Der Freiheitsbegriff im 19. Jahrhundert«, in Otto Brunner, Werner Conze und Reinhard Koselleck, a.a.O., S. 489.
17 Vgl. etwa Ronald Inglehart, *The Silent Revolution. Changing Values and Political Styles Among Western Publics*, Princeton: Princeton University Press, 1977. Eine neuere Darstellung gibt Helmut Klages, *Wertorientierungen im Wandel. Rückblick, Gegenwartsanalyse, Prognosen*, Frankfurt u. New York: Campus, 1984.
18 Daniel Bell sieht diesen zyklischen Prozeß als Trend, der zu guter Letzt die kapitalistische Gesellschaftsformation selber auflöst: Ein »neuer Hedonismus«, in der kapitalitischen Kultur von Anbeginn angelegt, untergräbt die protestantische Ethik. Vgl. Daniel Bell, *The Cultural Contradiction of Capitalism*, London: Heinemann, 1976.
19 Heiner Meulemann,»Value Changes in West Germany, 1950-1980: Integrating the Empirical Evidence«, *Social Science Information*, 22 (4/5), 1983, S. 777-800, dort S. 790. Von 1950 bis 1962 nahm die intrinsische Arbeitsmotivation (Befriedigung, die in der Tätigkeit unmittelbar selbst liegt) zu und von 1962 bis 1979 ab.

20 Schon im antik-stoischen Begriff von Gleichheit aller Menschen als vernunftbegabte Naturwesen findet sich dieser Gedanke, wie auch später in der modernen Naturrechtstheorie, vgl. dazu Otto Dann, »Gleichheit«, a.a.O., S. 1009, der auch die berühmte Stelle bei Thomas Hobbes (aus dem Leviathan) zitiert: "Nature has made men (...) equall, in the faculties of body, and mind." Historisch betrachtet ist zu betonen, daß der Gleichheitsanspruch nicht erst in der Neuzeit auftaucht. Wir finden ihn auch in der Antike, wo er z.b. in der attischen Demokratie eine dokumentierte frühe Blüte erlebt. 507 v. Chr. weitet Kleisthenes die Reformen des Solon (595 v. Chr.) aus und verwirklicht ein Ideal - freilich nur für die frei Geborenen -, das die Athener »Isonomia« nannten: eine Ordnung aus dem Grundsatz der Gleichheit heraus.
21 Vgl. dazu auch Ralf Dahrendorf, »Grenzen der Gleichheit: Bemerkungen zu Fred Hirsch«, *Zeitschrift für Soziologie*, 12 (1), 1983, S. 65-73. Sowie Karl Otto Hondrich, »Der Wert der Gleichheit und der Bedeutungswandel der Ungleichheit«, *Soziale Welt*, 1984 (3), S. 267-293.
22 Georg Kohler, a.a.O., S. 143.
23 Georg Kohler, a.a.O., S. 149.
24 Georg Kohler, a.a.O., S. 136.
25 Vgl. hierzu Ralf Dahrendorf, »Über den Ursprung der Ungleichheit unter den Menschen«, Antrittsvorlesung an der Universität Tübingen, 1961. Wieder abgedruckt in: *Pfade aus Utopia. Arbeiten zur Theorie und Methode der Soziologie*, München Piper, 1967.
26 Über die Entwicklung des modernen, auf *Zukunft* ausgerichteten Fortschrittsbegriffs vgl. Reinhard Koselleck, *Vergangene Zukunft*, Frankfurt: Suhrkamp, 1984. Die gleiche Wandlung des Zeithorizontes läßt sich am Begriff der Revolution rekonstruieren, dessen moderner Bedeutungsinhalt nun »Fortschritt«, nicht mehr »die Wiederkehr des Ewiggleichen« (re-volvere) ist. Vgl. Hannah Arendt, *Über die Revolution*, München: Piper, 1963.
27 Fred Hirsch, *Social Limits to Growth*, Cambridge (Mass.): Harvard University Press, 1976. (Dt. 1980: *Die sozialen Grenzen des Wachstums. Eine ökonomische Analyse der Wachstumskrise*, Reinbek b. Hamburg: Rowohlt.)
28 Zur frustrierenden Konkurrenz um positionale Güter vgl. Fred Hirsch, a.a.O.
29 Zu den postmaterialistischen Werten vgl. Ronald Inglehart, *The Silent Revolution ...*, a.a.O. Inglehart postuliert allerdings einen säkularen Trend von materialistischen zu postmaterialistischen Werten. Wir betonen hier die unterschiedliche Akzentsetzung (Werteprioritäten) über die Karriere von Gesellschaftsmodellen.
30 Max Weber, *Wirtschaft und Gesellschaft*. Tübingen: Mohr (Siebeck), 5.Aufl., 1972, S. 28.
31 Pierre Bourdieu spricht in diesem Zusammenhang von »Kapital« und unterscheidet: soziales, kulturelles und ökonomisches Kapital. Vgl. Pierre Bourdieu, »Ökonomisches Kapital, kulturelles Kapital, soziales Kapital«, in Reinhard Kreckel (Hg.), *Soziale Ungleichheiten*, Sonderband 2 von Soziale Welt. Göttingen: Schwartz, 1983.
32 Pierre Bourdieu, a.a.O. John K. Galbraith hat ebenfalls drei Instrumente oder Methoden, Macht auszuüben oder durchzusetzen, formuliert, nämlich repressive Macht (condign power), kompensatorische Macht (compensatory power) und konditionierende Macht (conditional power), sowie auf drei Quellen von Macht verwiesen: Persönlichkeit, Besitz und Eigentum sowie die Organisationen. Sein Schema weist zwar Berührungspunkte mit meinem Ansatz auf, ist aber nicht deckungsgleich. Vgl. John Kenneth Galbraith, *The Anatomy of Power*, Boston: Houghton Mifflin, 1984. (Dt. 1987: *Anatomie der Macht*, München: C. Bertelsmann.)
33 Pierre Bourdieu, a.a.O., hat dazu anregende Ausführungen gemacht.
34 Der moderne Staat als Generator von sozialer Macht durch den Nationalstaat hat m.E. auch deshalb eine so rasante Karriere gemacht, weil er die Bindungslücke für seinen

2 Prinzipien der Sozialstruktur und ihre Ausformungen • 61

Machtaufbau verwendet hat, die die Differenzierung der modernen Gesellschaft notwendigerweise hinterläßt. Die Individuen nehmen an vielen Gruppen teil. Dadurch verdünnt sich das Gemeinschaftsgefühl (Wir-Gefühl). Die Differenzierung der Gesellschaft bewirkt mithin eine Verdünnung der Solidarität, weil die Partizipation der Menschen notwendigerweise auf viele Bereiche verteilt ist und damit beschränkt bleibt.

35 Mit einem Apparat tritt grundsätzlich Politik als Parteienkonkurrenz ins Leben, vgl. dazu auch Max Weber, a.a.O., S. 539, 837 ff. Parteien sind selbst wieder soziale Gruppen, die sich im Wettstreit um die Besetzung des Apparates befinden. Die Homogenisierung des Staatsvolkes zwecks Erzeugung eines Wir-Gefühls und die eingeschränkte Konkurrenz bei der Besetzung des Apparates gingen der massendemokratischen Partizipation und der Kontrolle des Apparates durch das Staatsvolk historisch voraus, vgl. auch Kap. 11.

36 Karl Martin Bolte und Stefan Hradil, *Soziale Ungleichheit in der Bundesrepublik Deutschland*, Opladen: Leske & Budrich, 1984, S. 187. Selbst die politischen Eliten (Bundesregierung, Bundestag und Parteien) liegen klar darüber: 52-56% haben Hochschulabschluß. Alle anderen Bereiche liegen *erheblich* darüber. Die Spitzengewerkschaftsfunktionäre unterscheiden sich allerdings auch nach der sozialen Herkunft von den übrigen Elitenmitgliedern, was bei den Spitzen der Massenmedien nicht der Fall ist.

37 Führer von Bewegungen im sozialen Bereich, Staatsbildner oder Verfassungsschöpfer im politischen Bereich, Theoriebildner, Religionsschöpfer sowie Mode- und Stilschöpfer im kulturellen Bereich.

38 Vgl. hierzu auch Kapitel 8, in dem auf den Unterschied zum Mehrwertbegriff bei Karl Marx hingewiesen wird.

39 Vgl. hierzu James S. Coleman, a.a.O.

40 Zu den Transnationalen Konzernen sind von mir verschiedene Arbeiten verfaßt worden, die hier nicht aufgelistet werden sollen. Einen Überblick über die Literatur geben: Volker Bornschier und Hanspeter Stamm, »Transnational Corporations«, Chap. 15 in: Neil J. Smelser und Alberto Martinelli (Hg.), *Economy and Society. The State of the Art*, in Vorbereitung.

3 *Die Quanten im sozialen Wandel und die Langen Wellen*

»Kommen Sie nach Wien«, sagte mir kürzlich ein väterlicher Freund, »Sie werden es nicht wiedererkennen: Alles hat sich in den letzten fünf Jahren verändert!« Diese Episode spricht die Wahrnehmung von Veränderung an. Vieles ändert sich. Mehr noch: Das soziale Geschehen ist in ständigem Fluß. Aber *wandelt* es sich dadurch auch mit einer ähnlichen Geschwindigkeit, oder überhaupt? In Wahrheit dürfte Wien trotz der mit den Sinnen wahrnehmbaren Veränderungen der letzten fünf Jahre auch durch beharrendes Sein gekennzeichnet sein. Was oder wieviel muß sich ändern, damit wir von Wandel im engeren Sinne sprechen können? Unser Begriff des Wandels ist unscharf. Vielleicht hängt das mit den gegensätzlichen Auffassungen über den Wandel zusammen, die schon in der Naturphilosophie der Vorsokratiker erkennbar sind.

Parmenides, um 540 vor Chr. in der griechischen Kolonie Elea (beim heutigen Salerno) geboren, lehrte: *Es gibt nichts Neues unter der Sonne.* In Wahrheit, so sein kühner Schluß, gebe es weder Werden noch Bewegung, sondern nur unveränderlich beharrendes Sein. Die Sinne, die uns eine Welt steter Bewegung vorführen, täuschen. Sie sind Quelle allen Irrtums.[1] *Heraklit,* ebenfalls um 540 vor Chr., aber in Ephesos im griechischen Ionien geboren, lehrte dagegen: *Alles fließt, nichts besteht.*[2] Diese allgegenwärtige Veränderung ergibt sich aus der dialektischen Entwicklungstheorie Heraklits. Seine Entwicklungslehre sieht das Gesetz des Fortschreitens im Fluß des Werdens in dem ständig auf *anderen Ebenen* erneuerten Widerspiel gegensätzlicher Kräfte.[3]

Die Positionen von Heraklit und Parmenides sind weniger diametral entgegengesetzt, als es auf den ersten Blick erscheinen mag. Versteht man Heraklit so, daß das erneuerte Widerspiel gegensätzlicher Kräfte auf einer *anderen* Ebene sozialer Wandel im engeren Sinne ist, während das auf der *gleichen* Ebene nur Veränderungen bewirkt, dann gibt es Wandel gleichsam nur zwischen den Ebenen, sonst zwar Veränderungen, aber nichts Neues unter der Sonne, wie Parmenides lehrte, nämlich nur die Entfaltung von Widersprüchen auf einer Ebene, die zwar mit zahlreichen Veränderungen, nicht aber mit *Programmwechseln* einhergehen.

3 Die Quanten im sozialen Wandel und die Langen Wellen

Wir können hier auf den bereits eingeführten Begriff des Gesellschaftsmodells zurückgreifen (Kap. 1). Dabei handelt es sich, wie noch im einzelnen zu zeigen sein wird, um ein komplexes Programm, das die Widersprüche im Sozialen zu lösen versucht, dazu aber nur auf Zeit in der Lage ist. Das Programm entfaltet sich und bringt so etliche Veränderungen mit sich. Aber diese sind im Programm eigentlich schon angelegt und werden nur bei der Entfaltung manifest. Das Gesellschaftsmodell als Programm ist ein merkwürdiges Gebilde. Es ist Zukunft und Gegenwart zugleich. Anfänglich mehr das eine, dann im Verlauf der Entfaltung wird es immer mehr Gegenwart, deren Probleme es mit der Zeit immer weniger zu lösen imstande ist. Ein Programmwechsel ist angesagt.

Sozialer Wandel im engeren Sinne ist dann der Programmwechsel. Ein Programm durchschreitet bei seiner Entfaltung regelmäßig Etappen, die unter dem Begriff der *Karriere von Gesellschaftsmodellen* zusammengefaßt werden. Nennen wir diese abfolgenden Etappen A, B, C und D, so ist mit dieser Folge zwar Veränderung, nicht aber sozialer Wandel im engeren Sinne verbunden. Es sei schon hier darauf verwiesen, daß die Etappen A, B, C und D nur als *strukturbildende* Prozesse, nicht aber *inhaltlich* über verschiedene Programme gleich sind.

Die Quanten im sozialen Wandel

Die abgesonderten Einheiten, d.h. die Quanten im sozialen Wandel sind mithin die Programme oder Gesellschaftsmodelle. Wir unterscheiden daher zyklische Prozesse der Veränderung innerhalb von Perioden einerseits und Programmwechsel andererseits. Solche Wechsel im Sozialen sind »historische« Phasen, in denen verschiedenes möglich ist. Es bestehen also periodisch auftretende Kontingenzspielräume, in denen situationsbedingte unterschiedliche Lösungen für einen gleichen Widerspruch denkbar sind. Auf solche funktional äquivalente Lösungen von Widersprüchen wird in Kapitel 6 einzugehen sein. Auch in unseren individualistischen Gesellschaften sind dies kollektive Momente, in denen ein neuer Basiskonsens und eine Mobilisierung auf ein neues Programm hin erkennbar werden.

Was in historischen Phasen voluntaristisch aufgrund einer bestimmten Machtkonstellation möglich zu sein scheint, ist aber langfristig nicht unbedingt tragfähig und damit überlebensfähig. Es gibt trotz voluntaristischer Spielräume in historischen Phasen längerfristig eine Selektion von Programmen, und es gibt auch viel Kontinuität trotz der Programmwechsel, weshalb man sich diese nicht *immer* zu drastisch vorstellen sollte. Dies hat folgenden Grund. Das soziale Geschehen und damit auch die Generation von Programmen ist eingebettet in einen Prozeß des Weltwettbewerbs mit wirtschaftlichen und militärischen Mitteln. Diese Rahmenbedingung für das soziale Geschehen, die im Kern über die Jahrhunderte der Neuzeit unverändert bestand, entscheidet über die Überlebensfähigkeit von Programmen (vgl. Kap. 14).

Von Programmwechsel in unseren Gesellschaften zu sprechen, scheint problematisch: Veränderungen finden nicht zeitgleich in verschiedenen Bereichen der Gesellschaft statt. Nehmen wir zwei soziale Bereiche mit jeweils phasenverschobenen Etappen der Veränderung (A,B,C und D) an. Wann findet dann der Wandel im engeren Sinne, nämlich der Programmwechsel statt? Wenn der eine oder der andere Bereich am Beginn des Zyklus (Zustand A) angelangt ist?

Daß Veränderungen oder sozialer Wandel nicht zeitgleich in verschiedenen Bereichen der Gesellschaft stattfindet, gehört seit William F. Ogburn zum Gesetz des sozialen Wandels. Ogburn hat dafür den Begriff und die Theorie des »cultural lag« geprägt.[4] In der Rezeption ist Ogburns Begriff des Cultural lag, vielleicht nicht ohne sein Zutun, im wesentlichen als asynchrone Veränderung der materiellen und immateriellen Komponenten von Kultur gedeutet worden. Aber die kulturelle Verzögerung sollte allgemeiner, nämlich auf die asynchrone Veränderung aller Teilbereiche der Kultur bezogen werden und nicht bloß auf die Ungleichzeitigkeiten bei Veränderungen der materiellen und immateriellen Aspekte von Kultur. Technologie und ihre Praxis, die Technik, sind natürlich auch Teilbereiche der Kultur, denn selbst die »Hardware« ist eingebaut in mental konstruierte Prozesse. Technologie, aber auch Technik mit materieller Kultur gleichzusetzen, ist mithin sehr fragwürdig. Selbst in unseren Technikmuseen begegnen wir nicht nur den materiellen Artefakten, sondern immer auch den Erklärungen dazu, etwa auf den Schrifttafeln, oder wir machen uns unsere Überlegungen, wie solche Werkzeuge und Apparate verwendet wurden und ›wie das für die Menschen wohl gewesen sein muß‹.

William Ogburn hat in seinen Arbeiten alle möglichen Bereiche untersucht und daraus Beispiele für Ungleichzeitigkeiten bei der sozialen Veränderung bezogen. Seine These kann deshalb nicht allein auf die Popularisierung: ›Unsere modernen Gesellschaften zeichnen sich durch eine schnellere Entwicklung der Technologie und durch einen kulturellen Lag aus‹ vereinseitigt werden. Aber Ogburns Theorie hat eher den Charakter eines empirisch abgeleiteten Gesetzes und stellt keine kausale Erklärung dar. Wenn kulturelle Systeme von Wandel ergriffen werden, dann ist die Veränderung in verschiedenen Bereichen zeitlich ungleichförmig. *Warum* diese Asynchronien entstehen, erklärt das Gesetz nicht.

Finden soziale Veränderungen in verschiedenen Bereichen ungleichzeitig statt, so stellen sich *drei Fragen:*
1. Wie kann man solche gesellschaftlichen Bereiche sinnvoll abgrenzen?
2. Wie kann man die Ungleichzeitigkeit in den Bereichen erklären?

3. Kann man von *einem* Wandel im engeren Sinne sprechen, wenn Veränderungen in aufeinander bezogenen Teilbereichen der Gesellschaft einen unterschiedlichen Rhythmus haben?
Im folgenden werden wir uns mit diesen Fragen kurz beschäftigen und die Antworten in den nächsten Kapiteln ausbauen.

Zuvor aber soll gefragt werden, ob Asynchronien im sozialen Wandel zeitlich befristet sind oder unter welchen Bedingungen sie zu einer dauernden Begleiterscheinung des erneuerten Widerspiels gegensätzlicher Kräfte auf anderen Ebenen werden (vgl. Heraklit). Ogburn selbst betrachtete den Cultural lag nicht als fundamentalen Teil seiner Theorie der sozialen Evolution,[5] was seine Sichtweise von der Heraklits deutlich unterscheidet. Dies kommt zum Ausdruck, wenn er schreibt: »In the long perspective of history (...) lags are not visible because they have been caught up«.[6]

Dazu ist zweierlei zu sagen. John Maynard Keynes hat einmal trocken bemerkt: ›In the long run we are all dead‹.[7] Für die Menschen *sind* also mittelfristige epochegestaltende Asynchronien höchst bedeutsam. Sie entscheiden mit über ihr Schicksal, ihr Glück und ihre Leiden. Zweitens ist der Wandel der Neuzeit selbst wieder kontinuierlich diskontinuierlich. Der Wandel über die gesamte Spanne der modernen Gesellschaft kann nämlich *nicht* dargestellt werden als ein ursprünglicher Gleichgewichtszustand, der aus seinem Gleichgewicht gebracht wieder dahin zurückstrebt, um dort gleichsam wieder zu verharren. Im Gegenteil. Gleichgewichte werden aus Gründen, die bereits im Eingangskapitel angesprochen wurden und im Kapitel 6 über *Die Karriere von Gesellschaftsmodellen* noch ausgeführt werden, nie vollständig erreicht. Kaum ist eine Phase eines annähernden Gleichgewichtes erreicht, beginnen schon Zerfallsprozesse der Sozialstruktur und neue Ungleichgewichte.

Die Vorstellung einer kontinuierlichen Diskontinuität der sozialen Entwicklung läßt Wellenbewegungen bei der Transformation von Sozialstruktur erwarten. *Lange Wellen* sind seit Anfang unseres Jahrhunderts ein Forschungsgegenstand, der sich selbst wieder periodischer, wenngleich im Trend doch wachsender Aufmerksamkeit erfreut. Aber die Vorstellung von langen Wellen beinhaltet nicht notwendigerweise auch Diskontinuitäten im sozialen Wandel. Wellen - modelliert als harmonische Schwingungen - können auch die periodische Wiederkehr des Alten meinen, nach dem Motto: Es gibt nichts Neues unter der Sonne (Parmenides).

Meine Vorstellung von Diskontinuitäten im sozialen Wandel bedient sich zwar auch der Wellenvorstellung. Sie zielt aber auf mehr als zyklische *Erscheinungen*, nämlich auf *Programmwechsel* an den Nahtstellen von Perioden. Gerhard Mensch, auf den zurückzukommen sein wird, hat diese Art von Wandel, die über die reine Wellenvorstellung (z.B. bei Joseph Schumpeter und Simon Kuznets) hinausgeht, mit dem Begriff der »Metamorphose« einzufangen versucht. Das ist ein begrifflicher Fortschritt: Wellen, zusammengesetzt aus diskreten Quanten des sozialen Wandels. Um von Programmwechsel sprechen zu können, braucht es einen klaren Neuanfang, eine deutlich erkennbare Neudefinition von Problemen im gesellschaftlichen Leben und neue Lösungsvorstellungen, die ihren Niederschlag finden in neuen Ausgestaltungen von Regelungsweisen oder Institutionen. Schon im Eingangskapitel haben wir zwei soziale Bereiche eingeführt, die zwar aufeinander bezogen sind, in denen aber asynchrone Programmwechsel stattfinden. Dies sind die Bereiche, die mit den Begriffen des *technologischen Stils* und des *politökonomischen Regimes* umschrieben werden. Wie kann man aber von *einem* Programmwechsel pro Periode (Welle) sprechen, wenn solche Wechsel in den beiden genannten Bereichen nicht zeitgleich erfolgen?

Ein Programmwechsel ist dann gegeben, wenn beide Bereiche - technologischer Stil und politökonomisches Regime - willentlich aufeinander bezogen werden, im Sinne bewußt gewollter und zur Praxis gelangter Anpassung, die kollektiv in einem erneuerten Gesellschaftsvertrag vereinbart wird. Damit bezeichnet unser Begriff des sozialen Wandels im engeren Sinne einen Prozeß mit einem eindeutigen Anfang. Und das Quantum des sozialen Wandels reicht vom Neuanfang bis zur Zersetzung des Gesellschaftsmodells. Zwischen der Auflösung des Alten und dem Neubeginn liegt die erwähnte »historische« Phase, die in der Vergangenheit ungefähr zwei Jahrzehnte dauerte.

An dieser Stelle kann schon kurz vorweggenommen werden, warum die Programmwechsel beim technologischen Stil und beim politökonomischen Regime nicht zeitgleich stattfinden. Erste Elemente und Komponenten des Stilwandels bei der Technologie tauchen bereits im späten Höhepunkt der langen wirtschaftlichen Konjunktur auf. Trotz aller Monopolisierungsbestrebungen, die in dieser Phase typisch sind, wird da auf das Marktgesetz reagiert, nachdem der alte technologische Stil saturiert ist und die hohen Wachstumsraten und die bedeutenden Effizienzgewinne, die in der *Einführung* des technologischen Stils lagen, schon der Vergangenheit angehören.

Aber diese beginnenden Veränderungen im Stil sind graduell und diffundieren anfänglich nur langsam. Damit ist vor allem kein *kollektiver* Programmwechsel gegeben, weil die Veränderungen dezentral vonstatten gehen. Die Handlungen sind dabei an individuellen Nutzenkalkülen im anonymen Markt orientiert und können deshalb *wertneutral* getroffen werden. Diese individuell getroffenen, am Markt orientierten und wertneutralen Entscheidungen bei der Gestaltung des technologischen Stils kontrastieren mit der Entscheidungslogik von Kollektiven, die ein politökonomisches Regime formulieren, es durchsetzen und ausgestalten. Diese Prozesse in der politischen Arena sind nicht wertneutral, denn sie schließen verschiedene, interessengebundene Akteure ein, die sich erst einmal auf einen Basiskonsens für einen Neuanfang einigen müssen. Unter demokratischen Bedingungen ist damit ein längerer Prozeß des sich Verständigens und des Aushandelns verbunden.

Es wird dadurch offensichtlich, daß dieser kollektive Prozeß einmal längere Zeit beansprucht und auch eine klare Zäsur aufweist, nämlich einen Neuanfang, der ein neues Gesellschaftsmodell bringt, das den technologischen Stil einbindet und kristallisiert. Zu dieser Begründung für die Verzögerung beim politökonomischen Regime kommt folgender Umstand hinzu.

Die ersten Zeichen eines neuen technologischen Stils fallen in den Spätsommer der langen wirtschaftlichen Konjunktur. Was soll man da neu vorkehren? Die Menschen sind gefangen im Zauber einer späten Blüte, die erst einmal jene Früchte voll hervorbringen soll, von denen man beim vorangegangenen Programmwechsel träumte. Die Verdüsterung des wirtschaftlichen Konjunkturhimmels erfolgt aber erfahrungsgemäß abrupt nach diesem Spätsommer. Die dann auftretende Verhärtung der interessengebundenen Standpunkte läßt abermals Zeit ungenutzt verstreichen. Eine konservative Phase mit der Betonung von Interessengegensätzen herrscht, die einem Neuanfang mit allseitiger Verständigung nicht förderlich ist.

Soweit die wesentlichen Gründe für die Ungleichzeitigkeit der sozialen Prozesse im Rahmen des technologischen Stilwechsels und des politökonomischen Regimewandels, die eine Verzögerung von ein bis zwei Jahrzehnten mit sich bringen. Der erwähnte willentliche Neuanfang, nämlich die Verzahnung von Stil und Regime, schafft ein *Gesellschaftsmodell*. Solche Gesellschaftsmodelle sind die abgesonderten Einheiten, die *Quanten im sozialen Wandel*. Innerhalb eines Gesellschaftsmodells finden zwar, wie erwähnt, ebenfalls soziale Veränderungen statt, nämlich im Sinne von Ausformulierung, Entfaltung und Wachstum, aber sie sind gleichsam schon im Ausgangsprogramm angelegt und erfüllen sich nur. Solche Veränderungen weisen ebenfalls Regelmäßigkeiten auf, die wir mit dem Begriff der *Karriere von Gesellschaftsmodellen* zusammenfassen.

Schließlich kann hier schon kurz auf die Schwankungen im wirtschaftlichen Geschehen, auf den Wirtschaftszyklus eingegangen werden. Der Ansatz in diesem Buch macht die wirtschaftlichen Schwankungen zu einem *Teil* des komplexen sozialen Prozesses. Der Wirtschaftszyklus wird mithin *endogenisiert,* was ein sehr wichtiger Unterschied zu den üblichen Sichtweisen ist.

Die Schwankungen in der wirtschaftlichen Konjunktur - ausgedrückt in Wachstumsraten, Ausstoßmengen, Preisen, Beschäftigung usw. - werden gewöhnlich als *Ursache* für soziale und politische Phänomene gesehen. Klassische Beispiele einer solchen Sichtweise ist die Arbeit von Emile Durkheim *Le suicide* (1897) über den Zusammenhang zwischen wirtschaftlicher Konjunkturlage und Selbstmordhäufigkeit sowie von William F. Ogburn *The Influence of the Business Cycle on Certain Social Conditions* (1922).[8] Vilfredo Pareto hatte 1913 ebenfalls schon die sozialen und politischen Konsequenzen von langen Wellen diskutiert.[9] Diese Linie von Untersuchungsanordnungen, bei der die Konjunktur als kausaler Faktor für soziale und politische Phänomene gesehen wird, findet eine Fortsetzung bis in die Gegenwart, z.B. in der Arbeit von Harvey Brenner *Wirtschaftskrise, Arbeitslosigkeit und psychische Erkrankung* (1979).

Aber die wirtschaftliche Aktivität ist selbst Teil des Sozialen. Sie ist eingebettet in jene Prozesse, die mit dem Begriff der Karriere von Gesellschaftsmodellen benannt sind. Mit anderen Worten ist die kausale Richtung von sozialen und politischen Prozessen auf die wirtschaftliche Konjunktur ebenso plausibel wie andersherum. Die Vorstellung, daß der Wirtschaftszyklus - seine Prozesse und Wachstumsraten - sich aus dem Zustand des gesamten gesellschaftlichen Geschehens *ergibt*, ist in diesem Buch zentral. In den nächsten Kapiteln werden die Elemente im einzelnen entwickelt, die dann am Anfang von Kapitel 6 in Zusammenhang gebracht werden. Die Grundidee ist einfach und soll hier schon kurz erwähnt werden.

Die Wahrscheinlichkeit für eine bestimmte Höhe der wirtschaftlichen Wachstumsrate ist das *Produkt* von verschiedenen Voraussetzungen, von denen zwei hervorgehoben werden: *Erstens* vom Fortschritt bei der Ausbreitung des technologischen Stils und *zweitens* von der Ausgestaltung des politökonomischen Regimes. Damit ist die wirtschaftliche Wachstumsrate im Rahmen der Prozesse, die hier zur Behandlung anstehen, *endogen* bestimmt. Seit John M. Keynes gilt die Verfügbarkeit von finanziellen Mitteln nicht mehr als der alleinige Faktor für die Investitionsneigung. Daran knüpfen auch wir mit dem oben skizzierten Modell an. Finanzverfügbarkeit und damit ein tiefer Realzins sowie tiefe Lohnkosten sind nicht die zentralen und in gewissen Perioden vielleicht noch nicht einmal wesentliche Faktoren für das Wachstum der wirtschaftlichen Produktion. Vielmehr liegen diese in der Verfassung der Gesellschaft.

Die Werteprioritäten wandeln sich über die Karriere eines Gesellschaftsmodells, und sozialer Konflikt ist in verschiedenen Etappen des Modells unterschiedlich anzutreffen (Kap. 7). Solche Unterschiede bei der Art und Häufigkeit von Konflikten sind nicht etwa bloß ein Reflex der Wechsellagen der Konjunktur. Vielmehr hängen sie ab von der Legitimität der Gesellschaft in den Augen ihrer Mitglieder, was seinerseits vom Zustand des Gesellschaftsmodells in bezug auf die Entfaltung des technologischen Stils und des politökonomischen Regimes abhängt.

Lange Wellen

Die Geschichte der Wissenschaft ist reich an wilden Ideen, die sich später bewahrheitet haben. Vielleicht gehört die Vorstellung von langen Wellen zu solchen wilden Ideen. Jedenfalls hat die Behauptung von Wiederholungen im Zwei-Generationen-Turnus für manche etwas Faszinierendes und löst doch gleichzeitig viel Ungläubigkeit aus. Letzteres ist für die Wissenschaft ungemein produktiv. *Warum* sollten sich soziale Phänomene wiederholen?

Soziale Ereignisse sind einmalig und wiederholen sich nicht. Die vornehmliche Beschäftigung mit vergleichsweise inhaltsleeren Kategorien wie Wachstum und Preisveränderungen läßt die Frage offen, worauf diese *im einzelnen* beruhen. Auch wenn sich Ereignisse im strengen Sinne nicht wiederholen, so kann es doch vergleichsweise konstante Bedingungs- und Ursachenkomplexe geben, die periodisch zwar nicht dieselben, aber *strukturähnliche* Ereignisse hervorbringen.[10] Wenn das der Fall ist, dann sprechen wir von einem *Strukturzyklus*. Bestimmte, hinreichend besonderte Ereignisse A,B,C,D folgen regelmäßig aufeinander und wiederholen sich *ohne Unterbrechung:* A_1-B_1-C_1-D_1, A_2-B_2-C_2-D_2, ..., A_n-B_n-C_n-D_n. Hierbei gehören A_1,..., A_n zur Klasse der strukturähnlichen Ereignisse A; B_1,...., B_n zur Klasse der strukturähnlichen Ereignisse B, usw.

Beim Strukturzyklus spielt der Zeitabstand keine Rolle. Die verschiedenen Ereignisse können zeitlich beliebig gestreckt sein, ohne daß der Charakter eines Zyklus verlorengeht. Nur das Nacheinander ohne Unterbrechung und Zwischenglieder ist Bedingung, nicht aber eine irgendwie regelmäßige Zeitperiode. Anders verhält es sich beim reinen *Zeitzyklus*. Ein Ereignis, z.B. A, wiederholt sich in regelmäßigen Zeitabständen. ›Alle 50 Jahre ist Krieg‹ wäre ein Beispiel für einen solchen reinen Zeitzyklus.[11]

Bei der Behauptung der Existenz von reinen Zeitzyklen kann es sich entweder um Magie oder um *zyklische Erscheinungen* handeln, auf die man im empirischen Material gestoßen ist, die man in ihrer Verursachung aber noch nicht begriffen hat. Das soll nicht gegen die Erforschung von zyklischen Erscheinungen sprechen. Häufig beginnt der Forschungsprozeß damit. Die Theoriebildung kann dadurch aber auch behindert werden, wenn man zu sehr von einer festen Zykluslänge her denkt. Spricht man von zyklischen Erscheinungen, so steht man unter empirischem Beweisdruck. Beim Strukturzyklus steht man unter einer doppelten Anforderung: unter theoretischem Beweiszwang und unter empirischem Beweisdruck.

Die Behauptung der Existenz von langen Wellen im wirtschaftlichen Geschehen reicht in einem Einzelfall bis in das 19. Jh. zurück.[12] Kurz nach der Jahrhundertwende entstand eine ansehnliche Literatur dazu.[13] Aber erst in den dreißiger Jahren als sich die später weltberühmten Ökonomen Joseph A. Schumpeter und Simon Kuznets mit langen Wellen zu beschäftigen begannen, gelangte der Gegenstand zu mehr Anerkennung in den Sozialwissenschaften.

Joseph Schumpeter unterscheidet in seiner Theorie der wirschaftlichen Entwicklung und der Konjunkturzyklen drei Arten von Zyklen mit unterschiedlicher Länge: den *Kitchin-Zyklus* mit einer Länge von dreieinhalb Jahren (nach dem amerikanischen Ökonomen Joseph Kitchin benannt und auch in der Literatur als Lagerhaltungszyklus bezeichnet), den *Juglar-Zyklus* mit einer Länge von 8-10 Jahren, nach dem französischen Wirtschaftsstatistiker Clément Juglar benannt, und den *Kondratieff-Zyklus* mit einer Länge von 45-60 Jahren, nach dem russischen Ökonomen Nikolai D. Kondratieff benannt.[14] Simon Kuznets wies auf Zyklen von einer Länge zwischen 18-25 Jahren hin, für die sich später die Bezeichnung Kuznets-Zyklen einbürgerte.[15]

Die Kitchin- und Juglar-Zyklen sind vornehmlicher Gegenstand der ökonomischen Konjunkturtheorie. Die Kuznets- und Kondratieff-Zyklen, die »lange Wellen« genannt werden, sind hauptsächlich Gegenstand der Wirtschaftsgeschichte gewesen. Seit den siebziger Jahren hat die Beschäftigung mit Kondratieff-Zyklen eine Renaissance erfahren, und die Kondratieffs stoßen auf wachsendes Interesse in verschiedenen Bereichen der Sozialwissenschaften. Ein Überblick über die Literatur ist bei Kenneth Barr[16] zu finden, neuere Arbeiten bei Jacob van Duijn[17] und Alfred Kleinknecht.[18] Im folgenden beschäftigen wir uns mit langen Wellen vom Kondratieff-Typ, d.h. zyklischen Erscheinungen im Turnus von zwei Generationen, weil wir diese in enger Beziehung zu unseren Quanten im sozialen Wandel sehen.

Gibt es Kondratieff-Wellen?

Maßgebliche Zweifel an der Existenz von *Kondratieffs* gehen auf Simon Kuznets im Jahre 1940 zurück,[19] der sich zwar auch mit langen Wellen beschäftigte, aber eben mit den kürzeren Kuznets-Zyklen. Was an dieser Stelle an seiner Kritik interessiert, ist folgendes. Kuznets bemängelte, Schumpeter - der sich mit Kondratieffs beschäftigte - habe keinen Beweis dafür geliefert, daß die langen Wellen auch bei Indikatoren für die reale wirtschaftliche Tätigkeit beobachtet werden können und deshalb mehr als ein bloßes Preisphänomen seien (Inflation-Deflation).[20] 40 Jahre später wiederholt Klas Eklund in einem Überblicksartikel[21] diesen alten Einwand von Kuznets. Eklund bleibt sehr skeptisch. Lange Wellen seien bisher nur anhand von Preisdaten beobachtet worden.[22]

Seither sind zwei wichtige Arbeiten erschienen, in denen untersucht wird, ob lange Wellen vom Kondratieff-Typ auch an Daten für die *reale* wirtschaftliche Tätigkeit, nämlich gemessen an der Wachstumsrate der gesamten Industrieproduktion, nachweisbar sind. Dies ist einmal die erwähnte Arbeit von Jacob van Duijn[23] sowie die von Hans Bieshaar und Alfred Kleinknecht, die sich beide ökonometrischer Tests bedienen.[24] Bieshaar und Kleinknecht finden ab 1880 in allen Zeitreihen (außer den britischen) eine statistisch signifikante Variation der Wachstumsraten der *Industrieproduktion,* die mit der Hypothese von langen Wellen des Kondratieff-Typs vereinbar ist. Vor 1880 ist die empirische Evidenz nicht zweifelsfrei. In einigen Ländern (Frankreich, Deutschland, Großbritannien) sind die Muster nicht signifikant, in anderen schon (Belgien, Italien, Schweden). In der Studie von Jacob van Duijn werden längere Zeitreihen untersucht, nämlich seit dem zweiten Drittel des vorigen Jahrhunderts, für England sogar seit 1782. Mit der Ausnahme Frankreichs läßt sich für die Länder (England, USA, Deutschland, Frankreich) kein signifikantes Kondratieff-Muster über diesen langen Zeitraum nachweisen.

Jacob van Duijn untersucht auch die Variation der Wachstumsrate der gesamten Weltindustrieproduktion und findet seit 1850 ein deutliches und statistisch gesichertes zyklisches Muster, Phasen von starker Expansion der Weltindustrieproduktion, die von solchen mit geringer gefolgt werden. Die Abfolge entspricht den Kondratieffs. In seinen eigenen Worten: »(...) die statistischen Tests bestätigen, daß die Weltindustrieproduktion dem Muster der langen Welle folgt - ein Muster, das allerdings mit der Ausnahme von Frankreich nicht überzeugend in den je einzelnen Zeitreihen für die industrielle Produktion in unseren vier Zentrumsländern gefunden werden kann.«[25]

Kritik und Schlußfolgerung. Keiner der zahlreichen Forscher, die lange Wellen untersuchen, sei es mit Preisdaten oder mit Raten des Wachstums für die Industrieproduktion, begründet, warum er *einzelne Länder* untersucht. Wenn der Kapitalismus als ein sozialer und wirtschaftlicher Prozeß betrachtet wird mit der gesamten Welt als Bühne (Joseph Schumpeter), dann sind zyklische Schwankungen zunächst auf der Ebene der Welt und eben nicht auf der von einzelnen Ländern zu untersuchen. Bei einzelnen Ländern spielen verschiedene Umstände eine Rolle, die ein zyklisches Muster verzerren können: z.B. auf- oder absteigende Hegemonien, Nachzügler bei der Industrialisierung oder Frühstarter usw. Weiter ist nach der hier vertretenen Theorie die wirtschaftliche Wachstumsrate eine Funktion der Diffusion des technologischen Stils *und* der Entfaltung des politökonomischen Regimes. Beides kann Besonderheiten in einzelnen Ländern aufweisen, nämlich Vorsprünge oder Rückstände, was wir im Zusammenhang mit der frühen Formierung, dann aber verzögerten Entfaltung des Regimes in den USA nach 1932 noch behandeln werden. Kurzum, die Existenz von langen Wellen muß zunächst auf der Ebene der Weltwirtschaft geprüft werden.

Tabelle 3.1
Schätzungen für die relativen Anteile von Ländern und Ländergruppen an der gesamten verarbeitenden Weltindustrieproduktion. Dreijährige Durchschnitte für die Prozentanteile (außer 1913)

	1750	1800	1830	1860	1880	1900	1913	1928	1938	1953	1963	1973	1980
Die Hegemonien													
Großbritannien	1,9	4,3	9,5	19,9	22,9	18,5	13,6	9,9	10,7	8,4	6,4	4,9	4,0
Vereinigte Staaten	0,1	0,8	2,4	7,2	14,7	23,6	32,0	39,3	31,4	44,7	35,1	33,0	31,5
Die Herausforderer													
Frankreich	4,0	4,2	5,2	7,9	7,8	6,8	6,1	6,0	4,4	3,2	3,8	3,5	3,3
Deutschland	2,9	3,5	3,5	4,9	8,5	13,2	14,8	11,6	12,7	5,9	6,4	5,9	5,3
Rußland/UdSSR	5,0	5,6	5,6	7,0	7,6	8,8	8,2	5,3	9,0	10,7	14,2	14,4	14,8
Japan	3,8	3,5	2,8	2,6	2,4	2,4	2,7	3,3	5,2	2,9	5,1	8,8	9,1
Zentrum*)	27,0	32,3	39,5	63,4	79,1	89,0	92,5	80,3	76,5	77,5	70,5	70,0	66,9
Gegenzentrum**)							(15,8)†)	12,5	16,3	16,0	20,9	20,1	21,1
Semiperipherie und Peripherie zusammen	73,0	67,7	60,5	36,6	20,9	11,0	7,5	7,2	7,2	6,5	8,5	9,9	12,9
Absolutes Volumen als Index (Großbritannien 1900=100)	127,3	146,9	184,4	225,9	320,1	540,8	932,5	1356	1684	3070	5138	9359	11041

*) »Developed countries«, d.h. die *heute* entwickelten Länder mit Marktwirtschaft. **) Planwirtschaften Osteuropas. China und die übrigen unterentwickelten Planwirtschaften sind unter Semiperipherie eingeschlossen. †) Die späteren Planwirtschaften, damals noch im Zentrum eingeschlossen.

Quelle: Zusammengestellt nach Daten von Paul Bairoch, a.a.O. (Anm. 26), S. 296, 304.

Auf der Ebene der Weltwirtschaft ist der Befund bisher eindeutig. Seit ungefähr Mitte des vorigen Jahrhunderts können lange Wellen statistisch gesichert beobachtet werden. Weltindustrieproduktion bedeutet nicht, daß wir den Rahmen der westlichen Gesellschaft des Zentrums nennenswert sprengen. Auf das Zentrum entfällt über die lange Zeitperiode rund 80 % der gesamten Industrieproduktion[26], vgl. die Tabelle 3.1.

Die teils nicht schlüssige Evidenz auf der Ebene von einzelnen Ländern spricht nicht gegen die Existenz des Phänomens. Immerhin wird aufgrund der Befunde seit Ende des vorigen Jahrhunderts eine Synchronisierung von Zyklen auf der Ebene einzelner Länder erkennbar, d.h. die Abweichungen vom Zyklus der gesamten Weltwirtschaft wird im Zeitverlauf geringer. Weiter sind lange wirtschaftliche Wellen nicht nur anhand von Preisdaten nachweisbar, sondern auch beim »realen« wirtschaftlichen Geschehen klar erkennbar. Die industrielle Produktion als Rückgrat des zyklischen Geschehens folgt also einem zyklischen Muster, weswegen wir von zyklischen Erscheinungen in der Wirtschaft ausgehen müssen. Im weiteren wird zunächst gefragt, wie die *Syntax* der langen Welle genau aussieht, um dann zu Erklärungen überzugehen.

Die Syntax der langen Wellen

Die Beschreibung der langen Welle erinnert auch an die vier Jahreszeiten. Prosperität, Rezession, Depression und Erholung sind die vier Phasen, die meistens zur Beschreibung der langen Welle verwendet werden. Ich nehme nun Vorhersagen meines theoretischen Modells vorweg und schlage eine etwas kompliziertere Syntax der langen Welle vor. Danach hat jede Welle *zwei* Wachstumshöhepunkte: eine eigentliche *Prosperitätsphase* und eine *Zwischenerholung*. Wir werden in Kapitel 6 auf die theoretische Ableitung näher eingehen, ebenso auf die Aussage, daß sich die *zwei* Wachstumshochs in der Tiefenstruktur der ablaufenden sozialen Prozesse unterscheiden, selbst wenn in beiden Fällen die Wachstumsraten gleich sein sollten. Die Syntax sieht als Strukturformel wie folgt aus:

A - P - PR - K - Z - D   Dabei bezeichnet:

A: Aufschwung mit hohen Wachstumsraten aus einem Tief heraus, aber mit erratisch oszillierenden Raten.
P: Prosperität mit den höchsten Wachstumsraten, die wenig oszillieren.
PR: Prosperität-Rezession mit leicht abnehmenden Wachstumsraten, von Rezessionen unterbrochen, Wachstum oszilliert wieder stärker
K: Krise mit abruptem Rückgang der Wachstumsraten
Z: Zwischenerholung wieder mit hohen Wachstumsraten
D: Erneute Krise und Depression

Schaubild 3.1
Mittlere jährliche Wachstumsrate der aggregierten Industrieproduktion in verschiedenen Perioden, 1850 bis 1986

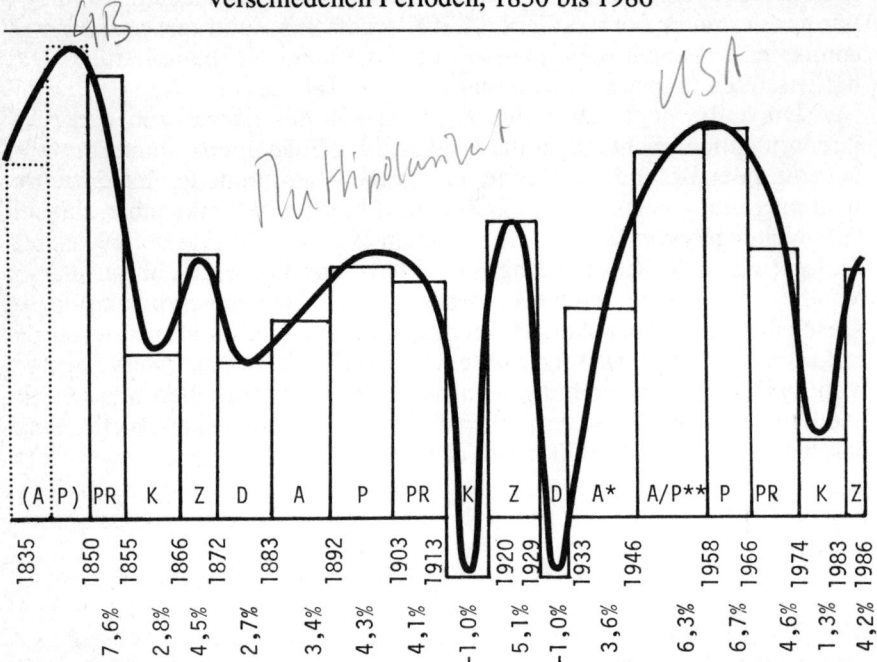

(A P)	PR	K	Z	D	A	P	PR	K	Z	D	A*	A/P**	P	PR	K	Z
1835	1850	1855	1866	1872	1883	1892	1903	1913	1920	1929	1933	1946	1958	1966	1974	1983 1986
	7,6%	2,8%	4,5%	2,7%	3,4%	4,3%	4,1%	-1,0%	5,1%	-1,0%	3,6%	6,3%	6,7%	4,6%	1,3%	4,2%

*) 1933-38: 6,7 % p.a., 1938-46: 1,6 % p.a.
**) Wiederholter Aufschwung in den kriegsgeschädigten Ländern, ansonsten Prosperität.
Legende:
Quellen vgl. Text und Anmerkungen. Industrieproduktion nach der Definition der Statistiken der Vereinten Nationen (erzeugende und verarbeitende Industrie, ohne Landwirtschaft).
Nur der marktwirtschaftliche Teil der Welt, ab 1946 nur entwickelte Marktwirtschaften.
1835-1850 Grobschätzung, vgl. Anmerkung 27 zum Text.
1850-1929 Jeweils von Juglar-Hoch zu Juglar-Hoch.
1929-1986 Inhaltliche Periodisierung:
1929 Das Jahr, in dessen Herbst der »Absturz« in die Depression beginnt.
1933 Tiefpunkt der Depression ist gemessen an der Industrieproduktion überwunden.
1946 Das erste volle Friedensjahr.
1958 Der Übergang zur freien Konvertibilität der Währungen im Westen.
1966 Das Jahr vor der Rezession von 1967.
1974 Das letzte Jahr vor dem großen Nachkriegseinbruch.
1983 Das Jahr, in dem die Erholung einsetzt.
1986 Letztes verfügbares Jahr.
Bermerkung:
Die harmonische Linie stellt keine gemessenen Werte dar, sie soll nur den Wellencharakter sichtbar machen.

3 Die Quanten im sozialen Wandel und die Langen Wellen • 75

Die komplizierte Syntax der Abfolge von verschiedenen Etappen ist in Schaubild 3.1 seit 1835/50 dreimal ohne Unterbrechung zu erkennen. Die obigen Bemerkungen zur Oszillation nehmen Detailbeobachtungen für die letzte lange Welle vorweg (Kap. 6), die wir im Schaubild nicht beobachten können, hier aber dennoch als generelle Hypothese vorschlagen.

In Schaubild 3.1 habe ich die Wachstumsraten der Weltindustrieproduktion seit der Ausbreitung des liberalen Projektes der industriellen Revolution im zweiten Drittel des vorigen Jahrhunderts zusammengestellt. Die Wachstumraten 1835-1850 sind meine begründeten Ergänzungsschätzungen.[27] Die Daten für die Zeit von 1850 bis 1929 entstammen Jacob van Duijn.[28] Es handelt sich dabei um jährliche Wachstumsraten zwischen den Höhepunkten von Juglar-Zyklen.[29] Die Angabe für 1850-56 ist nach der Quelle mit gewissen Vorbehalten zu betrachten, sie könnte etwas zu hoch sein. Von 1929 bis 1986 entstammen die Daten meiner Zusammenstellung aus verschiedenen Jahrgängen des United Nations Statistical Yearbook und des Monthly Bulletin of Statistics der UNO. Meine Daten seit 1929 betreffen die Wachstumsraten der Weltindustrieproduktion im marktwirtschaftlichen Teil der Weltwirtschaft. Bei Einschluß der staatskapitalistischen Länder des Gegenzentrums ergäbe sich ein ganz ähnliches Bild, denn deren Anteil an der Weltindustrieproduktion ist vergleichsweise bescheiden (vgl. Tabelle 3.1).

Die Syntax der langen Wellen ist an den Daten in Schaubild 3.1 nahezu dreimal in gleicher Reihenfolge erkennbar. Sie sieht folgendermaßen aus:
1. Welle (1835)-1882   2. Welle 1883-1932   3. Welle 1933-(1990)
(A - P) - PR - K - Z - D   A - P - PR - K - Z - D   A - P - PR - K - (Z - D)

Der Anfang der Sequenz ist an den vorhandenen Zeitreihen nicht direkt beobachtbar, wird aber begründet vermutet (vgl. Anm. 27), und das Ende ist noch nicht beobachtet. Eine Erholung ist nach 1982 erkennbar. Eine Kodierung als »Z« setzt aber eine nochmalige Abnahme des Wachstums voraus. Wie vorher erwähnt, spielt bei einem Strukturzyklus der Zeitabstand der einzelnen Phasen und damit die gesamte Länge der Welle keine entscheidende Rolle. Wichtig ist nur das ununterbrochene Nacheinander der Phasen. Dieses ist gegeben.

Die beiden großen Kriege haben auf die Syntax der zweiten und dritten Welle keinen entscheidenden Einfluß gehabt. Der erste Weltkrieg hat wohl den Einbruch nach 1913 verschärft. Er ist aber nicht der Grund für den Abschwung der industriellen Produktion gewesen, der im Aggregat seit 1903 erkennbar ist. Die Vereinigten Staaten sind nur kurz am Krieg beteiligt gewesen (1917-18) und haben keine Zerstörungen erleiden müssen. Die Wachstumsrate der Industrieproduktion in den USA nimmt nach 1900 ziemlich kontinuierlich bis 1921 ab, ungefähr von plus 8 % p.a. auf minus 6 %.[30] Die Kriegsjahre 1915-17 brachten für die USA keinen

Einbruch, sondern eine leichte Erholung des Wachstums inmitten einer gut zwanzigjährigen Phase abnehmender Wachstumsraten.[31]

Der zweite Weltkrieg lag im Gegensatz zum ersten in einer Aufschwungphase, die er für die vom Krieg stärker betroffenen Länder verzögerte, daher die Kodierung »A, A/P« in Schaubild 3.1. Der Tiefpunkt der Depression in der Weltwirtschaftskrise liegt im Jahre 1932 (vgl. Tabelle 6.1 auf S. 161). Bis 1937 erfolgte in rasantem Tempo eine Wiedererholung, die die industrielle Produktion generell auf ein höheres Niveau brachte als 1929, in dessen Herbst der »Absturz« in die Depression begann. Für 10 von 14 Zentrumsländern liegt der Index der Industrieproduktion 1937 über dem für 1929, z.T. sogar sehr viel höher, so z.B. in Neuseeland, Schweden, Finnland, Irland, Norwegen, Dänemark. Diese Beispiele zeigen, daß der allgemeine Aufschwung nicht bloß durch Kriegsvorbereitungen bedingt gewesen sein konnte. Zwischen 1937 und 1948 hatten die USA und die Länder, die nicht stark am Kriegsgeschehen teilnahmen, ein beträchtliches Wachstum der Industrieproduktion zu verzeichnen, während die vom Krieg stark beeinträchtigten Länder stagnierten und die Kriegsverlierer drastische Einbußen verzeichneten. Diese historische Phase der dreißiger Jahre wird in Kapitel 6 zu untersuchen sein. Dort werden wir auch die Syntax, die die lange wirtschaftliche Welle beschreibt, erklären, nämlich aus dem Zusammenspiel von technologischem Stil und politökonomischem Regime im Rahmen des Gesellschaftsmodells, das, wie wir vermuten, eine einigermaßen regelmäßige Karriere durchläuft.

Theorien

Wichtige theoretische Entwürfe, die den kapitalistischen Prozeß als keinen kontinuierlichen, auf Gleichgewicht hinzielenden Prozeß sehen, verdanken wir Karl Marx und Joseph A. Schumpeter. Beide haben allerdings keine überzeugende Wellentheorie geliefert. Dennoch sind sie sehr wichtig für die Konzeptualisierung des diskontinuierlichen Prozesses.[32]

Bei Karl Marx liegt im Klassengegensatz die Hauptdynamik der diskontinuierlichen Entwicklung. Die Abschöpfung des Mehrwertes und seine Aneignung durch die Kapitalistenklasse führt zu Überinvestition oder, was die Kehrseite ist: zu Unterkonsumtion. Der Güterausstoß trifft nicht auf eine entsprechende kaufkräftige Nachfrage. Damit ist die Krise da. Darüber hinaus ist der langfristige Entwicklungspfad nach unten gerichtet, weil die organische Zusammensetzung des Kapitals steigt (K/A). Da nur Arbeit wertschaffend ist (Arbeitswertlehre der Klassik) sinkt dadurch die Profitrate. Eine erhöhte Ausbeutung der Arbeitsleistung kann diesen Prozeß zwar periodisch bremsen, aber nicht langfristig umkehren, die Profitrate sinkt und damit die Motivation und der Antrieb des kapitalistischen Prozesses. Das Modell von Marx kennt keine prominentere Bedeutung der Organisationsleistung. Führt man aber diesen Faktor und den technischen Fortschritt in die Betrachtung ein, so sinkt die Profitrate langfristig nicht mehr notwendigerweise, und wir kommen zu einer ganz anderen Prognose über das Schicksal des Kapitalismus.

Profitratenzyklus. Ein neuerer Beitrag zur Debatte über die langen Wellen, der aus der marxistischen Theorieschmiede kommt, aber auch andere Elemente assimiliert hat, stammt von Ernest Mandel.[33] Nach Mandel sinken die Profite infolge steigender organischer Zusammensetzung des Kapitals, und das führt zur Krise. Die niedrigen Profitraten bewirken, daß Profite nur teilweise zu neuem Kapital werden. Vielmehr werden hohe Finanzreserven gebildet (vgl. auch Keynes' Präferenz der Kassahaltung), was einen Finanzüberhang zur Folge hat. Situationsbedingte Schocks in der Depression, d.h. exogene Faktoren, wie neue Märkte, sinkende Lohnquote, plötzlicher Zerfall der Rohwarenpreise, Kriege, bewirken eine sinkende organische Zusammensetzung des Kapitals und damit wieder steigende Profitraten, was die Finanzreserven mobilisiert. Diese werden bevorzugt in Industrien mit Basisinnovationen geschleust, weil dort höhere Profite winken. Damit ist der Zyklus geschlossen. In der Depression ist die Entwicklung kontingent, d.h. situationsbedingt.

Innovationszyklus. Die zweite Theorielinie betont ganz andere Faktoren bei der Erklärung der kapitalistischen Dynamik. In seiner Theorie der kapitalistischen Entwicklung hebt Joseph Schumpeter die dauernde Veränderung hervor, die einmal graduell, dann wieder spektakulär ist. »Der Kapitalismus ist also von Natur aus eine Form und Methode der ökonomischen Veränderung und ist nicht nur nie stationär, sondern kann es auch nie sein.«[34] Nun wäre es möglich, den evolutionären Charakter dieses Prozesses der Tatsache zuzurechnen, daß das Wirtschaftsleben in einem gesellschaftlichen Milieu vonstatten geht, das sich verändert und dadurch die Rahmenbedingungen des Wirtschaftens beeinflußt.[35] Diese Tatsache ist nach Schumpeter zwar wichtig, aber nicht die primäre Triebkraft wirtschaftlicher Veränderung. »Der fundamentale Antrieb, der die kapitalistische Maschine in Bewegung setzt und hält, kommt von den neuen Konsumgütern, den neuen Produktions- und Transportmethoden, den neuen Märkten, den neuen Formen der industriellen Organisation, welche die kapitalistische Unternehmung schafft.«[36] Nach dieser Sichtweise gibt es zwar ein Wechselspiel in der Beeinflussung von Wirtschaft und Gesellschaft, die Dynamik wird aber von der Wirtschaft getragen.

Schumpeters Einsicht »Innovationen tragen die Konjunktur« ist neuerdings wieder intensiv aufgenommen worden. Nach diesem Theoriestrang stellt die lange Welle im Zwei-Generationen-Turnus ein evolutionäres Wechselspiel von Stagnation und Innovation dar. Im langen Aufschwung entstehen die sich etablierenden wirtschaftlichen und gesellschaftlichen Mächte, die wirtschaftliche Chancen und gesellschaftliche Phantasie zu monopolisieren trachten. Diese Kräfte verknöchern und werden zunehmend unfähig, die Sättigung zu überwinden. Im langen Abschwung erfolgt eine Entthronung dieser Mächte durch den kapitalistischen Wandel. Neue Unternehmen und Industrien versuchen einen neuen Aufschwung, in dessen Verlauf etliche der verknöcherten Fossilien des vorangegangenen Zyklus ebenfalls wiederbelebt werden. Gerhard Mensch[37] verdient, im Zusammenhang dieser Schumpeter-Renaissance hervorgehoben zu werden.

Die Literatur zu den langen Wellen, die in den letzten Jahren im Rahmen der Schumpeter-Renaissance entstand, ist umfangreich. Sie beginnt, wie gesagt, mit Gerhard Mensch, auf den zurückzukommen sein wird. Weiter sind Christopher Freeman[38] und der sogenannte Kreis der University of Sussex zu erwähnen. Jacob van Duijn[39], der die Innovationsschübe mit verzögerten und überschießenden Reaktionen beim Zusammenspiel von Infrastruktur/Kapitalgüterinvestitionen und Konsumgüterindustrien verbindet,[40] ist mit Einschränkungen dazuzuzählen. Hierzu gehört auch die Arbeit von Carlota Perez[41], die allerdings den Innovationsprozeß viel weiter eingebettet sieht in einen soziokulturellen und institutionellen Rahmen und die den »technologischen Stil« und damit den Zyklus originell neu datiert, nämlich von Höhepunkt zu Höhepunkt der Wirtschaftswelle. Schließlich gehören die Arbeiten von Alfred Kleinknecht[42] zu diesem Theoriestrang.

Die beiden Theoriestränge des Neo-Marxismus und des Neo-Schumpeterismus sind nicht unvereinbar. Die eine Richtung betont einen Profitratenzyklus und die andere einen Innovationszyklus. Erstere kann eine Erklärung dafür vorschlagen, warum Innovationsschübe auftauchen, nämlich wenn die Profitraten gefährdet sind, letztere, warum der kapitalistische Prozeß nicht notwendigerweise nach unten gerichtet ist, weil sich nämlich die Strukturen, worauf Profitchancen beruhen, erneuern. Ernest Mandel hat als Vertreter des Profitratenzyklus, wie erwähnt, die Bedeutung von Basisinnovationen bereits in sein Modell einbezogen. Ebenfalls auf der Schnittstelle beider Theoriestränge liegt die Arbeit von Rod Coombs[43], der besonders den Zusammenhang zwischen der langen Welle und Innovationen im Arbeitsprozeß theoretisch bearbeitet. Er bezieht sich auf die Modelle von Mandel und Freeman[44] und schlägt Stufen der Mechanisierung vor: primäre Mechanisierung (starre Kraft- und Werkzeugmaschinen), sekundäre Mechanisierung (Fließtechnologien zwischen Bearbeitungsstätten) und tertiäre Mechanisierung (flexible Kontrolltechnologien). Neben diesen beiden Theoriesträngen sind noch die Sektortheorien kurz zu würdigen[45], bevor wir auf umfassendere Ansätze eingehen.

Sektortheorien. Jay Forrester[46] arbeitet mit einem Sektorenmodell: Konsumgüter und Infrastruktur/Kapitalgüter. Die erst verzögerte, dann überschießende Reaktion zwischen den Sektoren führt zu langen Wellen der wirtschaftlichen Aktivität. Forrester findet bei seinen Simulationen Zyklen mit einer Länge von 50 Jahren.[47] Van Duijn, der erwähnt wurde, kombiniert die Asynchronien zwischen den beiden Sektoren mit Basisinnovationen und gelangt so zur theoretischen Erklärung der langen Welle. Die verzögerte Überexpansion des Infrastruktur/Kapitalgütersektors verwendet das Multiplikator-Akzelerator-Prinzip, das in der Wirtschaftswissenschaft eine prominente Rolle bei der Erklärung von kürzeren wirtschaftlichen Zyklen des Juglar-Typs spielt (zuerst bei Paul Samuelson[48]).

Die Erklärung von Walt Rostow[49] ist ebenfalls den sektoralen Ansätzen zuzurechnen. Er erklärt den zyklischen Wandel durch die Verschiebungen der relativen Preise der landwirtschaftlichen und industriellen Rohstoffe sowie der Industrieprodukte. Ein Aufschwung führt zu steigenden Einkommen und zu Bevölkerungswachstum, was eine steigende Nachfrage nach Rohstoffen zur Folge hat. Infolge des beschränkten Angebotes steigen die Preise für Rohstoffe. Diese Preisrevolution führt zur Krise, der mit neuen Technologien zur Überwindung der Rohstoffknappheit längerfristig begegnet wird.[50]

Umfassendere Theorien. Schließlich soll noch auf umfassendere Theorieansätze eingegangen werden, solche, die nicht bloß wirtschaftliche Entscheidungen und Prozesse im engeren Sinne, sondern darüber hinaus politische und gesellschaftliche Prozesse einbeziehen. Dies sind die Hegemonialzyklus-Theorie, die Theorie der Stufen der sozialen Struktur der Akkumulation, die Theorie der Dynamik sozialer Systeme und die Theorie des technologischen Stils und seiner institutionellen Absicherung.

Hegemonialzyklen. Die Theorien des Hegemonialzyklus betreffen die politische Ökonomie des Weltsystems und stammen aus dem Weltsystemansatz (z.B. George Modelski; Terence Hopkins und Immanuel Wallerstein)[51]. Ausarbeitungen, die insbesondere auch stärker die Weltwirtschaft thematisieren, die bei George Modelski eher am Rande bleibt, liegen von Christopher Chase-Dunn[52], von Albert Bergesen[53] und von Nicole Bousquet[54] vor. Nach dieser Theorierichtung fluktuiert die Zentrumsstruktur zyklisch zwischen Hegemonialperioden und Perioden der Multipolarität. Die Theorien versuchen, Zyklen der politischen Vorherrschaft mit langen Wellen der ökonomischen Entwicklung in der kapitalistischen Weltwirtschaft zu integrieren.

Voraussetzung für die Bildung einer Hegemonie ist die Überlegenheit im technologisch-ökonomischen in Kombination mit der Stärke im politisch-militärischen Bereich. Die Bildung einer Hegemonie ist verbunden mit einer politisch-ökonomischen Expansion. Das wirtschaftliche Aufholen anderer Zentrumsländer sowie die »Fossilisierung« der Hegemonialmacht infolge der Vorteile, die diese aus der von ihr geschaffenen politischen Weltökonomie zieht, bewirken eine Krise und den Übergang zu einer Periode verschärfter internationaler Kompetition. Die Theorie versucht, Innovationsschübe bei den Hegemonien Nord-Hollands, Englands und der USA zu erklären, sowie die Verbreitung von Freiheitsideologien nach Durchsetzung der Hegemonie: Freiheit der Meere (Nord-Holland), Handelsfreiheit (England) und Investitionsfreiheit (USA); und sie versucht, die wirtschaftlichen Krisen und die internationalen Auseinandersetzungen einschließlich Kriege im Abschwung von Hegemonien zu erklären.

Die Hegemonialzyklen - Aufstieg zur Hegemonie, konsolidierte Hegemonie, Abstieg und Multipolarität mit intensivem Wettbewerb im Zentrum - überspannen die Länge von *zwei* Wellen des Kondratieff-Typs.[55] Die erste im Schaubild 3.1 sichtbare Welle ist die der britischen Hegemonie, die zweite die der multipolaren Struktur im Zentrum und die dritte die der US-amerikanischen Hegemonie. In Tabelle 3.1 wird auch sichtbar, daß Hegemonien auf ihrem Höhepunkt einen beträchtlichen Teil der Weltindustrieproduktion auf sich vereinigen, während in multipolaren Phasen verschiedene Zentrumsmächte hohe Anteile aufweisen, so 1913.

In einer neueren Studie zeigen Edgar Kiser und Kriss Drass[56], daß in Abschwungphasen des Kondratieff-Zyklus und im Niedergang von Hegemonien die Produktion utopischer Literatur zunimmt, während sie sich in Aufschwungphasen verringert.

Stufen der sozialen Struktur der Akkumulation. Die Theorie von David Gordon[57] schlägt einen stufenweisen Wandel der Sozialstruktur im Zusammenhang mit den langen Wellen vor. Ihr zentrales Konzept ist die »social structure of accumulation«. Krisentendenzen in der Wirtschaft und Widersprüche in der Sozialstruktur verstärken sich gegenseitig (ökonomische und soziale Krise). Die sozialen Konflikte orientieren sich zunehmend an den strukturellen Problemfaktoren und bewirken eine Notwendigkeit der strukturellen Veränderung, nämlich die Schaffung neuer sozialer Institutionen zur Lösung der Krise. Der Aufschwung basiert auf der Stabilität der neuen sozialen Struktur der Akkumulation. Danach erfolgt eine Verlangsamung der Akkumulation: Sinkende Profite mit zunehmenden sozialen Konflikten münden in die Krise. Neben dem beständigen Klassenkonflikt sind die Problemfaktoren in der Krise nach David Gordon zyklenspezifisch.

Dynamik sozialer Systeme. Die Dynamik sozialer System steht im Zentrum verschiedener Theorien, die den Zusammenhang zwischen Wirtschaftszyklen und Diskontinuitäten im Ausmaß sozialer Konflikte thematisieren.[58] Diese argumentieren, daß im Verlaufe der wirtschaftlichen Aufschwungsphase latente Spannungen und Frustrationen aufgebaut würden, die sich auf dem Höhepunkt des Zyklus in Form von Unruhen und Protesten entladen. Im Ansatz von James Cronin ist zudem jeder Kondratieff durch ein spezifisches Konfliktmuster geprägt.[59]

Robert Philip Weber[60] hat in Fortsetzung, aber auch in Erweiterung der Arbeit von Zvi Namenwirth[61] zyklischen Wertewandel in den USA und in Großbritannien untersucht. Der 50jährige Themenzyklus, den er findet, stellt eine Reihe von Debatten in der Gesellschaft über spezifische Probleme dar. In der Depression werden alternative Handlungsstrategien vorgeschlagen. Aufgrund der Machtkonstellation wird eine spezifische strukturelle Reorganisation durchgesetzt, die in den Begriffen von »the greatest good for the greatest number of people«, die sogenannte »parochial phase«, also die Betonung von Gemeinschaft, beschreibt. Im Aufschwung finden soziale Reformen statt, dies ist die sogenannte »progressive phase«. Im Höhepunkt beginnen soziale Konflikte, und es wird versucht, die internen Probleme durch vermehrte politische und wirtschaftliche Expansion nach außen zu mildern[62], dies ist die sogenannte »cosmopolitan phase«. In einer ersten Krisenphase wird zuerst versucht, die Strukturprobleme durch Orientierung an der Vergangenheit zu lösen, die »conservative phase«, bis es zu einer neuen Phase der Restrukturierung kommt, womit der Zyklus geschlossen wäre. Mit seiner Konzeption des wirtschaftlichen Zyklus knüpft Robert Philip Weber an Vorstellungen von historisch jeweils spezifischen Grenzen der Kapitalakkumulation an.[63] Er nennt seine Vorstellung ein kybernetisch-dialektisches Modell mit den folgenden Stufen: Depression - Veränderung der politischen Ökonomie - Aufschwung - Grenzen der Kapitalakkumulation - Krise.

Technologischer Stil und seine institutionelle Absicherung. In der Theorie von Carlota Perez, die bereits hervorgehoben wurde, ist der »technological style« der zentrale Begriff.[64] Darunter versteht sie ein Paradigma (im Sinne von »common sense practices«) für die effizienteste Organisation der Produktion in einer historischen Phase. Dieser Stil diffundiert, angetrieben durch das Profitmotiv. Die Krise setzt ein infolge des Zusammenbruchs der Komplementarität zwischen dem ökonomischen und dem sozio-institutionellen Subsystem. Der Beginn eines neuen technologischen Stils wird im Höhepunkt des alten Wirtschaftszyklus datiert. Ein neuer technologischer Stil zeichnet sich durch einen »Quantensprung« in der Produktivität aus, hervorgerufen durch einen neuen Schlüsselfaktor.

Carlota Perez knüpft in erster Linie an Gerhard Mensch und Christopher Freeman an. Ihr Theoriebeitrag ist insofern originell, als sie sich als eine der wenigen vom ansonsten immer vorgegebenen Zyklus der wirtschaftlichen Wachstumsraten löst und ihren Zyklus des technologischen Stils »quer« dazu ansetzt, letzterer geht von einem Höhepunk zum nächsten der langen wirtschaftlichen Expansion. Dieses Buch verdankt nicht wenige Anregungen dem Beitrag von Carlota Perez.

Wir haben feststellen können, daß es empirisch abgesicherte, *zyklische Erscheinungen* im langwelligen wirtschaftlichen Geschehen gibt, ungefähr im Zwei-Generationen-Turnus. Und wir haben eine Syntax der Strukturformel vorgeschlagen, die erst weiter hinten ausgeführt wird (Kap. 6). Die Theorien, die einen *Strukturzyklus* postulieren, sind zahlreich. Die beiden Hauptströmungen Profitratenzyklus und Innovationszyklen sind in neueren Ansätzen teilweise verknüpft. Auch liegen bereits umfassendere Ansätze zu Theorien vor, die politische und gesellschaftliche Faktoren einbeziehen. Solche Entwürfe gruppieren die zusätzlich einbezogenen Faktoren aber immer noch um den Wirtschaftszyklus vom Kondratieff-Typ. Ausnahmen sind hierbei die Hegemonialzyklen und die Theorie des technologischen Stilwandels, bei denen eine theoretische Unabhängigkeit von dem ansonsten datenmäßig immer vorgegebenen Wirtschaftszyklus erreicht wird.

Im folgenden werden wir die Linie der umfassenderen Theorien fortsetzen und versuchen, diskontinuierliche soziale Prozesse näher zu bestimmen, aus denen der Wirtschaftszyklus als *Ergebnis* folgt. Die zentralen Begriffe für die Bereiche, in denen der diskontinuierliche soziale Wandel untersucht wird, sind der *technologische Stil* und das *politökonomische Regime*. Damit setzen wir die Bearbeitung von Bereichen fort, die schon in den behandelten Theorieansätzen angegangen wurden oder dort zumindest schon angelegt sind.

Anmerkungen

1 Hier nach Hans Joachim Störig, *Kleine Weltgeschichte der Philosophie*, Stuttgart: Kohlhammer, 1956. Zitate nach der Lizenzausgabe bei Bertelsmann, 1961.
2 Dies findet sich zwar nicht unter den erhaltenen Fragmenten, wird Heraklit aber von der alten und neuen Forschung einhellig zugeschrieben. Vgl. Hans Joachim Störig, a.a.O., S. 154 f.
3 Ebenda.
4 Zuerst 1922 publiziert als Kapitel »The Hypothesis of Cultural Lag« im Buch von William F. Ogburn, *Social Change: With Respect to Culture and Original Nature* (verschiedenen Neuauflagen). Eine neuere Fassung, von ihm selbst bearbeitet, ist 1957 erschienen als »Cultural Lag as Theory« (wieder abgedruckt als Chapter 7 in Otis Dudley Duncan, siehe nächste Anm.).
5 Vgl. Otis Dudley Duncan (Hg.), *William F. Ogburn on Culture and Social Change*, Chicago: University of Chicago Press, 1964, S. XVI.

6 William F. Ogburn in »Cultural Lag as Theory« (1957), wieder abgedruckt in Otis Dudley Duncan, a.a.O.
7 Ich zitiere aus der Erinnerung.
8 William F. Ogburn und Dorothy S. Thomas, »The Influence of the Business Cycle on Certain Social Conditions«, *Quarterly Publications of the American Statistical Association*, XVIII (Sept. 1922), S. 324-340. Wieder abgedruckt in Otis Dudley Duncan, a.a.O.
9 Vilfredo Pareto, »Alcune relazioni fra lo stato sociale e le variazioni della prosperità economica«, *Revista italiana di sociologia*, Sept.-Dez. 1913, S. 501-548.
10 So definiert George Modelski: »Let us define a cycle as a recurrent pattern in the life (or functioning) of a system« (George Modelski, »The Long Cycle of Global Politics and the Nation-State«, *Comparative Studies in Society and History*, 20, 1978, S. 214-235. Dort S. 214). Alfred Kleinknecht sieht im Zyklus eine regelmäßige Wiederkehr aufgrund eines im historischen Zeitablauf konstanten Bedingungs- und Ursachenkomplexes. (»Lange Wellen oder Wechsellagen? Einige methodenkritische Bemerkungen zur Diskussion«, in Dietmar Petzina und Ger van Roon (Hg.), *Konjunktur, Krise, Gesellschaft. Wirtschaftliche Wechsellagen und soziale Entwicklung im 19. und 20. Jahrhundert*, Stuttgart: Klett-Cotta, 1981, S. 107).
11 Anregungen zum Struktur- und Zeitzyklus verdanke ich *Rolf Baumann*.
12 Eine erste Erwähnung eines 54jährigen Zyklus finden wir bereits 1847 durch Dr. Hyde Clarke, der keine theoretische Erklärung dazu gab (vgl. Jacob van Duijn, *The Long Wave in Economic Life*, weiter unten Anm. 17).
13 Alexander I. Helphand, Pseudonym: Parvus (1901), J. van Gelderen, Pseudonym: J. Fedder (1913), Vilfredo Pareto (1913), Sam de Wolff (1915, 1921) und Nikolai D. Kondratieff (1926) sind zu nennen; vgl. Kenneth Barr, »Long Waves: A Selective Bibiliography.« *Review*, II (4), Frühling 1979, S. 675-718.
14 Nikolai D. Kondratieff, »Die langen Wellen der Konjunktur«, *Archiv für Sozialwissenschaft und Sozialpolitik*, LVI (3), 1926, S. 573-609.
15 Joseph A. Schumpeter, *Business Cycles, A Theoretical, Historical and Statistical Analysis of the Capitalist Process*, New York: McGraw-Hill, 1939.
Simon Kuznets, *Secular Movements in Production and Prices: Their Nature and Their Bearing upon Cyclical Fluctuations*, Boston und New York: Houghton Mifflin, 1930.
16 Kenneth Barr, a.a.O.
17 Jacob van Duijn, *The Long Wave in Economic Life*, London: Allen & Unwin, 1983. Holländische Orginalausgabe 1979.
18 Alfred Kleinknecht, *Innovation Patterns in Crisis and Prosperity. Schumpeter's Long Cycle Reconsidered*, London: Macmillan, 1987. Sowie: »Post-World War II Growth as a Schumpeter Boom«, in: Ivan Berend und Knut Borchardt (Hg.), *The Impact of the Depression of the 1930's and its Relevance for the Contemporary World* (Comparative studies prepared for the A/5 session of the 9th International Economic History Congress, 24.-29. August in Bern, Schweiz), Bern, 1986.
19 Simon Kuznets, »Schumpeter's Business Cycles«, *American Economic Review*, 30, Juni 1940, S. 157 ff.
20 Simon Kuznets, a.a.O., S. 267. Auf die übrigen Kritikpunkte, es gebe keinen empirischen Beweis dafür, daß Innovationen gebündelt auftauchen, und keine theoretische Begründung, warum das so sein sollte, wird weiter hinten einzugehen sein.
21 Klas Eklund, »Long Waves in the Development of Capitalism?«, *Kyklos*, 33 (3), 1980, S. 383-419.
22 Neue empirische Evidenzen zur These, daß sich lange Wellen nur an Preisdaten nachweisen lassen, finden sich in den Studien von A. van der Zwan, »On the Assessment of Kondratieff Cycles and Related Issues«, S. 183-222 in S. K. Knipers und G. J. Landjouw (Hg.), *Aspects of Economic Growth*, Oxford: North-Holland, 1980. Caspar van Ewijk, »A Spectral Analysis of the Kondratieff-Cycle«, *Kyklos*, 35, 1982, S. 468-499. M. N. Cleary und G. J. Hobbs, »The Fifty Year Cycle: A

Look at the Empirical Evidence«, S. 164-182 in Christopher Freeman (Hg.), *Long Waves in the World-Economy,* Norwich, Norfolk: Butterworth & Co., 1983. Solomos Solomou, »Non-Balanced Growth and Kondratieff Waves in the World-Economy 1850-1913«, *The Journal of Economic History,* 46, 1986, S. 165-169. Diese Arbeiten benutzen hauptsächlich die klassischen Verfahren der Zeitreihenanalyse (einschließlich Spektralanalyse). Eine methodische Kritik an diesen Verfahren findet sich bei Rainer Metz, »Zur empirischen Evidenz ›langer Wellen‹«, *Kyklos,* 37, 1984, S. 266-290.
23 Jacob van Duijn, *The Long Wave in Economic Life,* a.a.O.
24 Hans Bieshaar und Alfred Kleinknecht, »Kondratieff Long Waves in Aggregate Output«. An Econometric Test«, *Konjunkturpolitik,* 30 (5), Oktober 1984, S. 279-303. Zitiert nach Kleinknecht, 1986, a.a.O.
25 Jacob van Duijn, a.a.O, S. 156. Die Übersetung stammt von mir.
26 Paul Bairoch, »International Industrialization Levels from 1750 to 1980«, *The Journal of European Economic History,* 11 (2), Herbst 1982, S. 269-333, dort S. 292 ff.
27 In Großbritannien, dem Vorreiter, ist eine hohe Wachstumsrate bei den Produktionsgütern nicht aber bei den Konsumgütern zu verzeichnen. England beliefert die sich verbreitende Industrialisierung mit Produktionsgütern, vernachlässigt aber wohl den breiten inländischen Konsum (jährliche Wachstumsraten: 1836-45 4 % bei den Produktionsgütern und 2,9 % bei den Konsumgütern, 1845-57 entsprechend 5 % und 2,3 %, Quelle: van Duijn, a.a.O., S. 151). In den USA hatte die Industrieproduktion zwischen 1840-45 eine extreme Wachstumsspitze mit bis zu 24 % jährlich (Quelle: Walt Rostow,1978, S. 390, vgl. weiter unten Anm. 30). Zwischen 1830 und 1860 machte die industrielle Produktion in den Zentrumsländern insgesamt einen gewaltigen Sprung nach vorn. Der Anteil an der Weltindustrieproduktion (Industrie und verarbeitendes Gewerbe) stieg von 39,5 % auf 63,4 %, vgl. die Tabelle 3.1 (Quelle: Paul Bairoch, a.a.O., S. 292 ff). Die Schlußfolgerung ist, daß um 1830/40 eine allgemeine Welle mit sehr hohen Wachstumsraten der Weltindustrieproduktion begonnen haben dürfte.
28 Jacob van Duijn, *The Long Wave ...,* a.a.O., S. 154.
29 Nach der Zinseszinsformel zwischen diesen Werten berechnet.
30 Walt W. Rostow, *The World Economy: History and Prospect,* Austin und London: University of Texas Press, 1978, S. 390.
31 Zu der Industrieproduktion in den USA seit 1910 vgl. auch William F. Ogburn und Jean L. Adams, »Are Our Wars Good Times?«, 1948. Wieder abgedruckt in Otis Dudley Duncan (Hg.), a.a.O., S. 274.
32 Bei der Sichtung und Zusammenstellung der umfangreichen Literatur, die im folgenden behandelt wird, hat mir *Manuel Eisner* wertvolle Hilfe geleistet. Hinweise verdanke ich auch *Christian Suter.*
33 Ernest Mandel, *Long Waves of Capitalist Development. The Marxist Interpretation,* Cambridge: Cambridge University Press, 1980.
34 Joseph A. Schumpeter, *Kapitalismus, Sozialismus und Demokratie,* München: Francke, 1950, 3. Auflage 1972, S. 136. (Engl. Originalausgabe 1942.)
35 Ebenda.
36 Ebenda, S. 137.
37 Gerhard Mensch, *Das technologische Patt. Innovationen überwinden die Depression,* Frankfurt: Umschau, 1975.
38 Christopher Freeman, »Determinants of Innovation«, *Futures,* 11 (3), 1979, S. 206-215. John Clark, Christopher Freeman und Luc Soete, »Long Waves, Inventions and Innovations«, *Futures,* 13 (4), August 1981, S. 308-322. Sowie Arbeiten in: Christopher Freeman (Hg.), *Long Waves in the World Economy,* Norwich, Norfolk: Butterworth & Co., 1983.
39 Jacob van Duijn, *The Long Wave in Economic Life,* a.a.O.
40 Vgl auch weiter hinten Jay Forrester.

41 Carlota Perez, »Structural Change and Assimilation of New Technologies in the Economic and Social Systems«, *Futures*, 15 (5), Oktober 1983, S. 357-375.
42 Vgl. zu Alfred Kleinknecht Anm. 18.
43 Rod Coombs, »Long Waves and Labor-Process Change«, *Review*, VII (4), Frühling 1984, S. 675-701.
44 Christopher Freeman, »Determinants of Innovation«, a.a.O.
45 Die Transitionstheorie von Michael Beenstock versteht Krisen als Übergang von einem Gleichgewicht zum anderen. Seine Vorstellung baut auf neoklassischen Konzeptionen auf. Hier wird sie nicht im einzelnen dargestellt, da Beenstock selbst die Vorstellung von langen Wellen verwirft. Michael Beenstock, *The World Economy in Transition*, London: Allen & Unwin, 1983.
46 Jay W. Forrester, »A Great Depression Ahead?«, *The Futurist*, Dezember 1978. Sowie früher schon: »Business Structure, Economic Cycle and National Policy«, *Futures*, 1976, S. 195-214. Sowie: »We're Headed for Another Depression« (Interview), *Fortune*, 16. Jan. 1978, S. 145-148.
47 Jay Forrester ist somit einer der wenigen, der die postulierte Länge des Kondratieffs erklären kann. Hinzuweisen ist auch auf Adolf Wagner (»Demographische Ursachen langfristiger Wachstumszyklen? Fragen zur Konzeption ökonomischer Zyklustheorien«, S. 339-60 in R. Spree und W. Schröder, Hg., *Historische Konjunkturforschung*, Stuttgart: Hist.-Sozialwiss. Forschungen Bd. 11, 1981), der in einer Simulation von Phasen des Bevölkerungswachstums, das durch einen exogenen Schock ausgelöst ist, nachfolgende, »echoartige« Zyklen von 50jähriger Dauer findet.
48 Paul A. Samuelson, »Interaction between Multiplier Analysis and the Principle of Acceleration«, 1939. Wieder abgedruckt in Paul A. Samuelson, *Readings in Business Cycle Theory*, Philadelphia und Toronto, 1944.
49 Walt W. Rostow, *The World Economy: History and Prospect*, a.a.O. Sowie derselbe: *Getting from Here to There: America's Future in the World Economy*, New York: McGraw-Hill, 1978.
50 Es sei bemerkt, daß sich der Ansatz von Walt Rostow im Gegensatz zu den meisten anderen Theorien explizit auf Preiszyklen bezieht. Da sich Produktions- und Preiszyklen, die sich bis in die dreißiger Jahre weitgehend parallel bewegt hatten, im Verlaufe der Nachkriegszeit auseinander zu entwickeln begannen, kommt Rostow auch zu einer stark abweichenden Datierung der langen Welle in der Nachkriegszeit. So liegt bei ihm der Höhepunkt des Nachkriegszyklus bereits um 1951, bei Datierungen mit Produktionszahlen liegt der Höhepunkt fast zwanzig Jahre später. Seit 1972 befindet sich die Weltwirtschaft nach Rostow wieder in einem neuen Kondratieff-Aufschwung. Vgl. Walt W. Rostow, »The World Economy Since 1945: A Stylized Historical Analysis«, *The Economic History Review*, 38, 1985, S. 252-275.
51 George Modelski, 1978, »The Long Cycle of Global Politics and the Nation-State«, a.a.O. Terence K. Hopkins and Immanuel Wallerstein, *World-System Analysis. Theory and Methodology*, Beverly Hills: Sage, 1982; sowie dieselben verschiedentlich früher schon (u.a. in: Review, 1 (2), Herbst 1977, S.111-145.).
52 Christopher Chase-Dunn, »Core-Periphery Relations: The Effects of Core Competition«, in Barbara Hockey Kaplan (Hg.), *Social Change in the Capitalist World Economy*, Beverly Hills: Sage, 1978. Christopher Chase-Dunn, *Global Formation: Structures of the World-Economy*. New York: Basil Blackwell, i.D. Derselbe und Richard Rubinson, »Cycles, Trends and New Departures in World-System Development«, in: John W. Meyer und Michael Hannan (Hg.), *National Development in the World System*, Chicago: University of Chicago Press, 1979.
53 Albert Bergesens Beiträge in seinen Büchern: Albert Bergesen (Hg.) *Studies of the Modern World-System*, New York: Academic Press, 1980. Albert Bergesen (Hg.), *Crises in the World-System*, Beverly Hills: Sage, 1983.

54 Nicole Bousquet, »From Hegemony to Competition?«, in Terence K. Hopkins und Immanuel Wallerstein (Hg.), *Processes of the World-System*, Beverly Hills: Sage, 1980.
55 Das einfache Modell, das zwei Kondratieff-Zyklen von einem Hegemonial-Zyklus umschlossen sieht, wird von Nicole Bousquet (a.a.O.) kritisiert. Sie argumentiert, daß die Phase der aufsteigenden Hegemonie den Rahmen von Kondratieff-Zyklen sprenge.
56 Edgar Kiser und Kriss A. Drass, »Changes in the Core of the World-System and the Production of Utopian Literature in Great Britain and the United States, 1883-1975«, *American Sociological Review*, 52, 1987, S. 286-293.
57 David M. Gordon, »Stages of Accumulation and Long Economic Cycles«, in: Terence K. Hopkins und Immanuel Wallerstein (Hg.), *Processes of the World-System*, Beverly Hills: Sage, 1980.
58 Vgl. dazu: Kenneth Barr, »Long Waves and Cotton-Spinning Enterprise 1789-1849«, S. 84-100 in: Terence K. Hopkins und Immanuel Wallerstein (Hg.), *Processes of the World-System*, a.a.O. James Cronin, »Stages, Cycles and Insurgencies: The Economics of Unrest«, S. 101-118 in Terence K. Hopkins und Immanuel Wallerstein, *Processes ...*, a.a.O. Eric J. Hobsbawm, »Die Krise des Kapitalismus in historischer Perspektive«, S. 35-52 in Folker Fröbel, Jürgen Heinrichs und Otto Kreye (Hg.), *Krisen in der kapitalistischen Weltökonomie*, Reinbek b. Hamburg: Rowohlt, 1981. Ernesto Screpanti, »Long Economic Cycles and Recurring Proletarian Insurgencies«, *Review*, 7, 1984, S. 509-548.
59 James Cronin, a.a.O.
60 Robert Philip Weber, »Society and Economy in the Western World System«, *Social Forces*, 59 (4), Juni 1981, S. 1130-1148.
61 J. Zvi Namenwirth, »Wheels of Time and the Interdependence of Value Change in America«, *Journal of Interdisciplinary History*, III (4), Frühling 1973, S. 649-683. Zvi Namenwirth untersucht amerikanische Parteiprogramme von 1844 bis 1966, um zyklische Prozesse des Wertewandels zu studieren. Theoretisch lehnt sich Namenwirth an Talcott Parsons, Robert Bales und Edward Shils an. Er findet in seinen Daten zwei Zyklen, einen mit der Länge von etwa 150 Jahren und einen von einer Länge von 48 Jahren. Der längere Zyklus wird als Aufeinanderfolge von Problemlösungen, in Anlehnung an Parsons und Bales interpretiert. Der kürzere Zyklus wird als ökonomischer Problemlösungszyklus betrachtet. Bei Namenwirth fehlt eine Bezugnahme auf die Literatur über lange Wellen.
62 Dürfte nur für Hegemonialmächte gelten, die Robert Philip Weber ja auch untersucht, vgl. weiter hinten Kapitel 7.
63 Robert Philip Weber, »Cyclical Theories of Crisis in the World-System«, in Albert Bergesen, *Crises in the World-System*, a.a.O., S. 47: 1790-1825 zentrale Innovation: von Hand hergestellte Maschinen, Problem: niedriges Produktivitätsniveau; 1848-1873 zentrale Innovation: maschinell hergestellte Maschinen: Problem: steigende organische Zusammensetzung des Kapitals; 1894-1913 zentrale Innovation: vertikale und horizontale Unternehmenszusammenschlüsse, Problem: Unterkonsumtion; 1932-1966 zentrale Innovation: politische Regulierung der Wirtschaft, Problem: unproduktive Staatsausgaben.
64 Vgl. Carlota Perez, a.a.O.

II
DISKONTINUITÄTEN
IM SOZIALEN WANDEL

In diesem Teil des Buches geht es darum, die Vorstellungen, die mit den *Quanten* im sozialen Wandel und den zyklischen Prozessen innerhalb der *Karriere* dieser Gesellschaftsmodelle angesprochen worden sind, auszuführen. Drei Gesellschaftsmodelle werden seit dem Übergreifen des industriellen Projektes auf den Kontinent nach 1830/48 betrachtet: das liberale Gesellschaftsmodell der Gründerära, das klassenpolarisierte Gesellschaftsmodell der Nachgründerära und das neokorporatistische, keynesianische Gesellschaftsmodell. Dem letztgenannten wird mehr Raum gegeben, nicht zuletzt zum Zwecke der Gegenwartsdiagnose.

Zunächst legen wir in *Kapitel 4* Vorstellungen und Befunde zur *technologischen Stilentwicklung* dar. Im Höhepunkt einer Wirtschaftswelle, so lautet die These, beginnt sich der alte Stil aufzulösen und neue Stilelemente tauchen auf, die sich nach der Krise in der Zwischenerholung zu entfalten beginnen, aber sich erst mit einem neuen Gesellschaftsmodell kristallisieren, um dann kraftvoll zu diffundieren. Die Überlegungen zur *politökonomischen Regimeausgestaltung* werden in *Kapitel 5* dargelegt. Die beiden sozialen Bereiche werden im Anschluß daran als Gesellschaftsmodell betrachtet. Ein neues Gesellschaftsmodell beginnt, wenn beide Bereiche - technologischer Stil und politökonomisches Regime - aufeinander bezogen werden, im Sinne bewußt gewollter und zur Praxis gelangter Anpassung, die kollektiv in einem erneuerten Gesellschaftsvertrag vereinbart wird.

Die formale Behandlung zur Karriere des Gesellschaftsmodells erfolgt zu Beginn von *Kapitel 6*. Die Wirtschaftsdynamik ergibt sich aus der Verfassung des Gesellschaftsmodells. Weiter wird mit der Theorie eine Erklärung vorgeschlagen für die regelmässige Abfolge der Etappen bei der langen Wirtschaftswelle, die bereits vorher (in Kapitel 3) aufgewiesen und mit der Strukturformel für die Syntax der langen Welle beschrieben worden ist. Die wirtschaftliche Wachstumsdynamik (Kapitel 6) und die soziale Konfliktdynamik (Kapitel 7) des keynesianischen Gesellschaftsmodells werden dann in komparativ-historischer Perspektive untersucht.

In *Kapitel 7* wird zudem detailliert auf das Muster der Konfliktintensität über die Karriere des Gesellschaftsmodells eingegangen, ebenso auf die wechselnden Quellen von Konflikt sowie die Ebenen und Formen der Konfliktartikulation. Die Daten betreffen hauptsächlich den politischen Konflikt, den wirtschaftlichen Konflikt zwischen Kapital und Arbeit und den Selbstmord. Der Generalisierungsvorschlag in diesem Kapitel wäre bei der Betrachtung früherer Gesellschaftsmodelle noch durch den je spezifischen Umfang der Integration der Bevölkerung in das Gesellschaftsmodell zu ergänzen. In der Nachkriegsära werden die nicht synchronisierten empirischen Konfliktmuster für die Vereinigten Staaten und die Länder des übrigen Westens vor allem aus der kriegsbedingten Ungleichzeitigkeit bei der Modellentwicklung diesseits und jenseits des Atlantiks und aus der Rolle der Vereinigten Staaten als Hegemonialmacht erklärt.

4 Technologische Stile

Unter einem technologischen Stil verstehen wir ein *Bündel* von Komponenten.[1] Dieses komplizierte Gebilde umfaßt Grundstoffe, industrielle Verfahrensweisen mit ihren typischen Formen der Mechanisierung, die Art der Arbeitsteilung, die organisatorische Struktur, die Konzernstruktur mit der Aufteilung von Eigentumsrechten, die Güterpalette mit Verteilungs-, Konsum- und Freizeitmustern. Hinter den Elementen dieses Bündels stehen verschiedene komplexe Prozesse, die diskontinuierlich ablaufen und im Aufschwung auf ein unbeständiges Gleichgewicht hin tendieren. Erst durch die Verzahnung der verschiedenen Elemente in einer Kristallisationsphase kommt ein Wachstumsschub zustande. Der technologische Stil diffundiert dann und durchdringt alle wirtschaftlichen und gesellschaftlichen Bereiche. Die Diffusion führt in ihrer Endphase zur Sättigung und damit zur beginnenden Auflösung der Kohärenz des technologischen Stils. Neue Elemente eines zukünftigen technologischen Stils tauchen in dieser Situation auf.
Die Stufen sind im einzelnen folgende:
1. In der *Prosperitäts-Rezessionsphase* (PR) tauchen neue Elemente auf und bewirken eine Heterogenität des technologischen Stils; aber die Diffusion solcher neuer Elemente bleibt beschränkt.
2. In der *Zwischenerholung* (Z) kommt es zu einer verstärkten Entfaltung und Verknüpfung der neuen Elemente des Stils; aber ihre Diffusion ist immer noch beschränkt.
3. Erst zu *Beginn des Aufschwungs* (A) kommt es zur vollen Kristallisation des neuen Stils mit einer erneuerten Güterpalette: Alte Produkte werden neuartig produziert und neue Produkte tauchen scharenweise auf. Der Aufschwung gelingt erst mit den flankierenden wirtschaftlichen Infrastrukturaufwendungen und den sozialen Regelungen des neuen politökonomischen Regimes.
4. Im *Aufschwung und der Prosperitätsphase* (A und P) diffundiert nun der neue technologische Stil rasch. Dieser Diffusionsprozeß strebt in der Prosperitätsphase einer Sättigung zu. Und spätestens in der Prosperität-Rezessionsphase tauchen neue Elemente eines zukünftigen Stils auf. So schließt sich der Zyklus.

Der technologische Stil entfaltet sich im Wechselspiel zwischen Organisationen und Märkten. Joseph Schumpeter hat zwar die industrielle Organisation und die kapitalistische Unternehmung bei seiner Theorie der langen Wellen betont, im wesentlichen aber nur eine Komponente, den kapitalistischen Unternehmer, ausgeführt. Freilich, die »neuen Unternehmer« bedienen sich in der Regel bestehender Unternehmungen, denen sie neues Leben einhauchen und die sie in neue Richtungen lenken. In ihrem Evolutionsprozeß *mutieren* die Unternehmungen als Antwort auf die wiederkehrenden Grenzen des Machbaren bei der organisatorischen und technischen Entwicklung. Dies verdient eine eigenständige Würdigung, denn die Innovationsliteratur favorisiert eher spektakuläre Veränderung bei den Produkten.

Wiederkehrende Wachstumsgrenzen für Unternehmen

Der Prozeß der Größenexpansion der Unternehmen in der Wirtschaft ist ein zentrales Moment der Entwicklung formaler Organisation. Nicht nur die jeweils *führenden* Unternehmen haben an Größe enorm zugenommen, sondern auch die Durchschnittsgröße der Wirtschaftsunternehmen ist über die rund 200jährige Industrialisierungsgeschichte enorm gestiegen. Betrachten wir das »big business«, so stellen wir fest, daß die jeweils dominierenden Großunternehmen nicht nur wachsen, sondern auch jeweils schneller wachsen als die Masse der übrigen Wirtschaftsunternehmen. Ist dieses Größenwachstum der Unternehmen unbegrenzt?

Organizistische Modelle des Unternehmenswachstums haben mit biologischen Analogien gearbeitet, mit Zellteilungsmodellen, die das Firmenwachstum erklären sollen.[2] Eine typische biologische Wachstumskurve ist die »logistische Kurve«. Sie steigt in einer exponentiellen Phase schnell an und flacht danach zunehmend ab, um schließlich einem Schwellenwert zuzusteuern. Die biologische Analogie darf natürlich nicht zu eng gesehen werden. Organisationen besitzen keinen genetischen Code. Aber es sind zwei widerstreitende Faktoren, die nach einer Phase des exponentiellen Wachstums bremsend wirken und schließlich das Wachstum in Stagnation überführen: Organisation und Markt. Es geht mithin um organisatorische Expansionsgrenzen und Marktexpansionsgrenzen.

Es existieren zahlreiche organisationstheoretische Einwände gegen unbeschränktes Größenwachstum der Unternehmen. Aber diese sind *längerfristig* nicht stichhaltig, weil Organisationen kein fixes genetisches Entwicklungspotential haben, sondern mutieren können. Die organisationstheoretische Literatur verweist insbesondere auf *Management-* und

Kommunikationsprobleme. Eine Voraussetzung, daß bereits große Unternehmen weiter wachsen können, ist die organisatorisch-administrative Adaptation an die zunehmende Unternehmensgröße. Wird diese Adaptation nicht geleistet, so flacht das Wachstum ab. Es geht hierbei um das Argument, daß mit fortgesetztem Wachstum der Organisation auch deren *Ineffizienz* zunehme, wenn es nicht zu entsprechenden Strukturanpassungen kommt. Edith Penrose hat auf die temporär begrenzte Vermehrbarkeit der Unternehmensleitung, auf die Knappheit des »dispositiven Faktors« hingewiesen.[3] Wir werden dies weiter hinten in Zusammenhang mit der Notwendigkeit der Hierarchisierung und der Delegation noch behandeln (Kap. 9).

Aber es ist nicht allein die Knappheit der unternehmerischen Kapazität, sondern auch ein generelleres *Kontrollproblem*, das dem Management- und Kommunikationsproblem zugrundeliegt. Auch bei einem entsprechenden Ausbau der unternehmerischen Kapazität und des Managements ist ein Kontrollverlust infolge der bürokratisch-hierarchischen Struktur zumindest bei gegebener administrativer Technologie unvermeidbar. Solche Argumente sind von Oliver E. Williamson sowie von R. Joseph Monsen und Anthony Downs vertreten worden.[4] Williamson argumentiert wie folgt: »Alle organisatorischen Strukturen tendieren dazu, falsche Bilder von der Wirklichkeit beim Entscheidungsträger zu erzeugen. Je größer und autoritärer die Organisation, desto größer die Wahrscheinlichkeit, daß sich der oberste Entscheidungsträger in rein fiktiven Welten bewegt.«[5]

Nach Oliver Williamson ergibt sich der Kontrollverlust aufgrund der seriellen Störungen der Kommunikation über die verschiedenen Stufen der Hierarchie hinweg. Und wenn zusätzlich die Ziele zwischen den Hierarchiestufen unterschiedlich sind, dann kann der Kontrollverlust noch größer sein. Die Bindung der »Unterschicht« in den Organisationen, die einfachen Mitglieder oder die Arbeiter in der Industrieunternehmung, an die Herrschaftsstruktur ist ein besonderes Problem dieser Art. Der Widerstand (Klassenkampf und Formen der Verweigerung) führt zu Kontrollverlust und organisatorischer Ineffizienz. Dieser letzte Punkt zeigt, daß das Kontrollproblem nicht nur eine rein administrative Komponente hat, sondern auch eine Komponente von unterschiedlichen Interessen, die Konflikte entstehen lassen.

Die Kontrollverlust- und Kontrollkosten-Argumente sagen eine Abflachung der Expansion und schließlich eine Stagnation voraus. Wie hätten sich aber dann die modernen Riesenunternehmen aus den Familienunternehmen der beginnenden Industrialisierung entwickeln können? Die Antwort ist klar: Organisationen haben mutiert, es darf keine konstante administrative Technologie unterstellt werden. Schon Edith Penrose[6] hat auf die Unterschiede in der administrativen Technologie zwischen sehr großen und sehr kleinen Firmen hingewiesen. Deshalb sei es schwer, sich vorzustellen, daß beide Spezies von der gleichen Art seien. Das gilt natürlich nicht nur für sehr kleine und sehr große, sondern auch für die jeweilig führenden Unternehmen verschiedener Epochen der Organisationsentwicklung.

Interessanterweise tauchen solche Veränderungen in der Organisationsstruktur immer gebündelt auf. Die Veränderungen begannen, wenn die Unternehmensentwicklung stagnierte und wirtschaftliches Wachstum durch konventionelle Strategien und durch Marktmonopolisierung an die Grenze gelangte. Diese organisatorischen Veränderungen sind Elemente des technologischen Stils; sie setzten sich aber jeweils erst dann durch, wenn sich der neue technologische Stil kristallisierte, sich - um allgemeine gesellschaftliche Neuerungen auf der Grundlage eines neuen Basiskonsens ergänzt - durchsetzte und eine neue allgemeine Expansionswelle hervorbrachte.

Quantensprünge in der Lösung des organisatorischen Effizienzproblems sind mindestens folgende gewesen. Im Verlauf des *Eisenbahn-Booms* um die Mitte des vorigen Jahrhunderts kamen die klassischen Eigentümer-Familienunternehmen an Grenzen. Die enormen Kapitalmengen konnten nicht mehr durch Familienakkumulation aufgebracht werden. Auch erwies sich die zweite Generation nicht immer befähigt, die mittlerweile großen Unternehmen effizient zu weiteren Erfolgen zu führen. Die Aktiengesellschaft der Gründerwelle, die moderne Korporation, war die institutionell-organisatorische Lösung. Sie setzte sich nach Anfängen in den 1860/70er Jahren (Zwischenerholung nach unserer Deutung) im Aufschwung der 1890er Jahre durch und wurde die typische Organisationsform der führenden Unternehmen. Nicht England war mehr führend bei dieser wichtigen Neuerung, sondern die beiden Herausforderer: USA und Deutschland. Die Monopolisierungswelle der Jahrhundertwende war in der Form überhaupt nur möglich, weil die Aktiengesellschaft die vertikale und horizontale Integration durch Aufkauf und Fusion stark vereinfachte.

Aber die typische Großunternehmung nach der Jahrhundertwende, der Konzern mit einer Multi-Abteilungs-Mutterfirma, die stark hierarchisch gegliedert war und bei der die Konzernspitze unternehmerische und operationale Detailaufgaben neben der Kontrolle der Beteiligungen wahrzunehmen hatte, schuf neue Probleme der Ineffizienz. Die organisatorische Lösung war die moderne Konzernstruktur der Gegenwart, die Multi-Bereichs-Struktur mit einer überfunktionellen Konzernspitze für die längerfristige Unternehmensplanung mit ihren Konzernstäben, darunter die Ebene der jeweils multi-funktionell gegliederten Unternehmensbereiche, nach Produktgruppen und/oder Regionen, mit einer Zweiteilung der Führungsebene: die Unternehmensleitung im Bereich und die operationale Leitung. Dieser Übergang ist von Alfred Chandler beschrieben und untersucht worden.[7] Die organisatorischen Innovationen bei der neuen dezentral/zentralistischen M-Struktur vollzog sich bei einem kleinen Kreis von US-amerikanischen Großkonzernen (Du Pont, GM, Jersey Standard und Sears & Roebuck) in den zwanziger Jahren. Nur wenige andere Großunternehmen folgten der Innovation vor dem massiven Boom der Nachkriegszeit.[8]

Ein weiteres Kontrollproblem schuf der Boom um die Jahrhundertwende im Zeichen eines sich verschärfenden Klassenkampfes. Die Konzerne waren groß geworden, aber die manuellen Arbeitsabläufe hatten sich nicht grundlegend geändert. Die Arbeiter, ihre Vorarbeiter und die Werkmeister kontrollierten den Arbeitsprozeß. Ihre wachsende Organisation und ihr Widerstand bedeuteten einen forschreitenden Kontrollverlust des Managements und Ineffizienz.

Die organisatorische Antwort war das »scientific management« oder auch *Taylorismus* [9] genannt - eine neue Form der Arbeitsteilung, die die Kontrolle sicherte. Sie bestand in der Zerlegung der Arbeiten, nämlich in der Trennung von Planung und Ausführung, präzisen Zeit- und Ablaufsvorgaben und einer Standardisierung der Bearbeitungsformen und Bearbeitungswerkzeuge. Frederick Taylor[10] experimentierte mit seinem »scientific management« um die Jahrhundertwende. In den zwanziger Jahren wendeten etliche führende Firmen bereits die neuen Methoden der Arbeitsorganisation an. Aber *massenhafte* Verbreitung fanden diese erst im allgemeinen Aufschwung nach dem zweiten Weltkrieg.

Die neuen Arbeitsmethoden schufen auf der Ebene der Organisation einen enormen Schwall an Detailplanung, Koordination und Kommunikation. Die enorm angeschwollenen Planungs- und Koordinationskosten wurden im Verlauf der sechziger Jahre zu einem Problem. Nur noch die in der Semiperipherie expandierenden Märkte und die monopolistischen Gewinne der Oligopolisten konnten diese organisatorische Ineffizienz überdecken, die durch ein neues Kontrollproblem infolge von wachsender Leistungsverweigerung, insbesondere auf der Ebene der Routinearbeit noch verschärft wurde (vgl. auch Kap. 9). Die organisatorische Antwort war die computergestützte Planung, Überwachung und Kommunikation.

Auch die Multi-Bereichs-Struktur der führenden Konzerne kam an Grenzen. Die einzelnen Bereiche waren selbst wiederum riesig geworden und verlangten nach einem neuen Schub an Dezentralisierung. Das neue Management-System »Management by control« (Dezentralisierung durch Selbstkontrolle) weist ein neues Moment auf: Das Kontrollsystem besteht nun aus dezentral-kybernetischen Regelungen eigenverantwortlicher Entscheidungsträger mit stufenweiser zentralisierter Überwachung der saldierten Erfolgsbeiträge. Die Verhaltens- und Erfolgskontrolle werden dezentralisiert, und Markt und Plan verschmelzen zu einem neuen System *im* Konzern, indiziert durch die sogenannten Profit centers.[11]

Monopolisierung und Vernachlässigung von Basisinnovationen

Im Verlauf ihrer Produktentwicklung und Markterschließung geraten Unternehmen regelmäßig in ein konfliktives Verhältnis zu ihrer Umwelt, den Märkten. Im industriellen Aufschwung werden vornehmlich jene Unternehmen groß, die neue Ideen haben, die neue Produkte lancieren und so neue Märkte erschließen. Eine neue Güterpalette wird im Aufschwung allmählich konkretisiert und institutionalisiert. Um solche Produkte herum entstehen neue oder veränderte Lebensstile, wenn wir z.B. an das Auto denken. Diese neuen Lebensstile und Konsummuster sind erst den gehobenen Schichten zugänglich. Ihnen nachzustreben, wird für die übrigen Schichten wünschbar und im Aufschwung auch allmählich realisiert. Eine bestimmte Güterpalette und ihre Verwendung wird dadurch gesellschaftlich verankert. Das Wünschbare wird an dem Realisierbaren festgemacht. Die Phantasie wird mindestens temporär gefesselt. Spätestens hier verliert der reine Markt seine Realität. Die Güterpalette und die mit ihr verbundenen Lebensstile haben einen sozial verankerten Aufforderungscharakter und als Statussymbole einen engen Bezug zur sozialen Schichtung.

Die ursprüngliche Konkurrenzsituation um das Neue, um waghalsige Marktlancierungen, verlagert sich auf Verfestigungen der Konsummuster bei den Kunden (durch Werbung), auf Verbesserungsinnovationen und schließlich Scheininnovationen (modische Wechsel).[12] Die Masse ist hier Trumpf, auch wenn durch sogenannte Produktdifferenzierung der Massencharakter vermieden wird. Wer viel und kostengünstig produziert und die breiten Märkte bedienen kann, wächst. Hier schlagen die Großen die Kleinen. Die Konzentration und die Vermachtung wachsen und der Standardisierung in den Bürokratien als Organisationsprinzip entspricht die zunehmende Standardisierung der Produktpalette.

Wenn die Güterpalette in der sozialen Schichtung, von oben nach unten diffundiert ist, treten natürlich Sättigungserscheinungen auf. Die Konsumenten, zuerst die wohlhabenderen, wenden sich vom Massenmarkt ab. Sie experimentieren mit anderen Lebensstilen. Dies ist auch die Zeit der kulturellen Revolten gegen die institutionalisierte, materielle Massenkultur, die in Europa in den sechziger Jahren beginnt. Der Umstand, daß der Weltmarkt groß und die Erträge dort nach wie vor üppig sind, verhindert ein Umdenken der Kolosse, die in diesem Prozeß des Mehr und Mehr großgeworden sind. Dieser Widerspruch zwischen Organisation und Markt stellt die Grenzen des Wachstums dar, die bisher in der Geschichte des Industriesystems immer nur durch Depressionen und eine nachfolgende Neuordnung der Industrie und Güterpalette gesprengt worden sind.

Die mit der Größe wachsenden Organisationsprobleme können anfänglich durch administrative Umstellungen (Konzernreorganisationen), durch die infolge von Marktbeherrschung mögliche Verschleierung von

Effizienzproblemen in Grenzen gehalten werden. Weiteres Wachstum - auch Diversifikation - ist möglich durch den Aufkauf von anderen Unternehmen (Beteiligungspolitik). Allerdings ändert die Wachstumslinie der Beteiligung an anderen Unternehmen bzw. des Aufkaufs von andern Unternehmen graduell das organisatorische Herrschaftszentrum in Richtung einer Finanzholding, und dieses Zentrum nimmt im Verlauf immer weniger an der für das Industriesystem charakteristischen *Wertschöpfung* direkt teil. Dies betrifft aber das Lebenselixir des Industriesystems, das aus dem Mut zum Risiko von Basisinnovationen genährt wird. Die *Dominanz des Finanzkapitals* bedeutet nach einer Weile das Ende der industriellen Dynamik und begünstigt die Spekulation.

Mit zunehmendem Größenwachstum kommt es zu einer gewissen Entmachtung des industriellen Unternehmens - nämlich durch die organisationellen Mutationen - und zu einer wachsenden Vorherrschaft des Finanziellen. Damit entsteht ein Defizit an industriellen Ideen für wirklich neue Durchbrüche, was auch nicht durch die bürokratische Institutionalisierung von Forschung und Entwicklung wettgemacht wird, denn diese ist zumeist defensiv. Sie beschäftigt sich wenig mit Basisinnovationen bei neuen Produkten, mehr mit Verbesserungsinnovationen und später zunehmend mit Scheininnovationen. Risikoscheu, Marktbeherrschung und die Angst vor Vernichtung von investiertem Kapital durch neue Produkte und Verfahren sind die Gründe für das Ausbleiben von Basisinnovationen. Ein Qualitätswettbewerb, der den Konsumenten zugute käme, wird infolge von Marktbeherrschung und Marktabsprachen immer mehr an den Rand gedrängt. Diese Sichtweise entspricht der Erklärung von *Gerhard Mensch*.[13]

Nach Gerhard Mensch haben Stagnationen »ihre Ursache in der erschöpften Verbesserungsfähigkeit der alten Techniken und der daraus sich ergebenden Angebotskonzentration und Nachfragesättigung. Beide Faktoren drücken die mangelnde Bereitschaft der Wohlstandsbürger aus, die Massengüter des ehemals ›gehobenen‹ Bedarfs in dem Maße weiterzukaufen, in dem sie von den aufgebauten Kapazitäten in den Wachstumsindustrien hergestellt werden könnten.«[14] In dieser periodisch wiederkehrenden Situation liegt die Wachstumsbegrenzung der Unternehmen. Aber ein neuer Aufschwung bringt neue Industrien nach vorne, deren Unternehmen nach bisheriger Erfahrung im Durchschnitt größer sind; es sind aber häufig nicht die etablierten Unternehmen, die dann zur neuen Elite gehören.

Gerhard Mensch gibt die Vorstellung, daß die Wirtschaft sich in Wellen entwickelt, zugunsten der Vorstellung auf, daß sie sich schubweise entwickelt, und zwar in Form von nacheinander durchlaufenen S-förmigen Zyklen, die jeweils eine logistische Kurve darstellen. Er hat in seinem Buch eindrückliches Material über den Zeitraum 1745-1965 präsentiert, das zeigt, daß die sogenannten Basisinnovationen in der Vergangenheit tatsächlich sehr diskontinuierlich auftraten.[15] Weiter zeigt er, daß die Diskontinuität von Basisinnovationen (erste industrielle Anwendung) nicht ihre Ursache in einem diskontinuierlichen Bereitstellen von wissenschaftlichen Ergebnissen hat (Basisinventionen).[16] In der wirtschaftlichen Depression treten nach ihm plötzlich die Basisinnovationen gebündelt auf. Da ihre Ausreifung aber Zeit benötigt, sind sie nicht sofort in der Lage, einen wirtschaftlichen Aufschwung hervorzurufen.

Die Kristallisationsthese

Das von Gerhard Mensch präsentierte Material ist sehr eindrücklich. Aber bei näherer Betrachtung der einzelnen Basisinnovationen fällt auf, daß sie mehrheitlich neue Produkte betreffen. Das ist zu begrenzt. Schon Joseph Schumpeter erwähnte bei seiner These der Innovationsdynamik nicht nur neue Konsumgüter, sondern auch neue Produktions- und Transportmethoden, neue Märkte und neue Formen der industriellen Organisation. Die Vorstellung des technologischen Stils ist weiter gefaßt als die Basisinnovationen nach der Vorstellung von Gerhard Mensch.

Man kann ein Bild gebrauchen und den technologischen Stil mit einer regenerationsfähigen »Pflanze« vergleichen. Diese Pflanze wurzelt in den Energiequellen und Grundstoffen, von denen sie alte in verbesserter Form und neue assimilieren kann. Die Grundstoffe sind die Kräfte, die durch alles pulsieren. Der Stamm kanalisiert und potenziert diese Kräfte nach Maßgabe der Mechanisierung, Arbeitsteilung und Organisationsstrukturen. Die verschiedenen Industriebranchen sind die sich verzweigenden Äste, alte halb verdorrte und neue kräftig sprießende, manche direkt aus dem Stamm schießend, andere bizarr verzweigt. Und die Blätter und Blüten sind die verschiedenen Produkte, die diese »Pflanze« an alten wie neuen Verästelungen hervorzubringen imstande ist. Wir wollen das Bild nicht überstrapazieren. Aber eines wird klar: Konzentrieren wir uns zu sehr auf die »Blätter« und »Blüten«, so gerät neben den Produkten die ganze »Pflanze«, nämlich der technologische Stil, aus dem Blick.

Alle erwähnten Komponenten des technologischen Stils stellen in aufeinander abgestimmter Form eine Einheit dar, die einen Quantensprung in der Produktivität ermöglicht. Aber ohne die erneuerte Güterpalette »grünt« und »blüht« die Pflanze nicht, und der Quantensprung ermöglicht keinen geschlossenen Kreislauf von Beschäftigung und Konsum. Deshalb kommt der erneuerten Güterpalette eine *abschließende* Bedeutung zu. Der technologische Stil kristallisiert sich dadurch endgültig, um sich danach kraftvoll zu entfalten.

Die These von Gerhard Mensch: Plötzliche Schwärme von Basisinnovationen in der Depression führen aus dem Tief heraus, und seine Daten sind nicht ohne Kritik geblieben. Im Anschluß an die deutsche und englische Fassung seines Buches sind folgende Befunde aufgrund von Reanalysen zu nennen.
1. Basisinnovationen tauchen tatsächlich gebündelt auf, sie finden mithin diskontinuierlich statt. Alfred Kleinknecht hat Datenreihen für Basisinnovationen aus verschiedenen Quellen zusammengestellt, um die Idiosynkrasien einzelner Klassifikationen auszuschalten.[17] Seine Daten sind nach meiner Strukturformel gruppiert in Tabelle 4.1 aufgeführt. Es ist leicht erkennbar, daß die Basisinnovationen pro Jahr in allen vier Datenreihen (1900-1974) eine klare zeitliche Konzentration aufweisen, nämlich im kurzen Zeitraum 1935-1939. Diese Abweichung ist statistisch gesichert.

Tabelle 4.1
Basisinnovationen aus vier verschiedenen Datenquellen,
1900-1974, nach Alfred Kleinknecht

Phasen nach meiner Strukturformel (vgl.Schaubild 3.1, Kap. 3)	Perioden nach Kleinknecht, entsprechend zusammengezogen		Radikal neue Produkte(a)		Basisinnovationen(b)		Basisinnovationen(c)		Basisinnovationen(d)	
			N	pro Jahr	N	pro Jahr	N	pro Jahr	N	pro Jahr
Teile von	P	1900-1904	0	0	1	0,2	5	1	1	0,2
	PR	1905-1914	1	0,1	7	0,7	8	0,8	6	0,6
	K*)	1915-1920	0	0,1	1	0,2	2	0,4	1	0,2
	Z	1920-1929	6	1,2	3	0,6	10	2,0	7	0,7
	D	1930-1934	5	1,0	6	1,2	5	1,0	6	1,2
Früher A	A†)	1935-1939	11	_2,2_	8	_1,6_	15	_3,0_	12	_2,4_
Krieg	A	1940-1944	5	1,0	6	1,2	7	1,4	10	2,0
Forts. A und P‡)		1945-1959	13	0,9	12	0,8	22	1,5	15	1,5
	P	1960-1964	7	1,4	4	0,8	9	1,8	1	0,2
	PR	1965-1974	5	0,5	2	0,2	8	0,8	3	0,3

Bemerkung. Die Datenreihen a-d werden in der Anmerkung zum Text beschrieben. Die Basisinnovationen 1965-1974 könnten unterschätzt sein, da der Zeitabstand der Autoren zu gering ist, um radikale Neuerungen zu erkennen.
*) Setzt bereits vor dem Weltkrieg ein, nämlich ungefähr 1913.
†) Der Aufschwung setzt nach dem Tief im Jahre 1932 ein.
‡) Für einige Länder ist die unmittelbare Nachkriegszeit bereits »Prosperität«, vgl. auch Tabelle 6.1 in Kapitel 6.

Quelle: Alfred Kleinknecht, a.a.O. (Anm.16), S. 375.

Simon Kuznets hatte 1940 an Schumpeters These aus dem Jahre 1939 u.a. kritisiert, er bleibe den empirischen Nachweis schuldig, daß die angebliche Bündelung von radikalen Innovationen tatsächlich beobachtbar sei (vgl. auch Kap. 3). Joseph Schumpeter und Gerhard Mensch, der 1975 den ersten empirischen Nachweis geliefert hatte, sind somit bestätigt.

2. *Aber* der Innovationshöhepunkt liegt nicht, wie Mensch vorschlägt, in der Depression, sondern im frühen Aufschwung. Dies ist bereits von John Clark, Christopher Freeman und Luc Soete behauptet und belegt sowie von Jacob van Duijn angeführt worden.[18] Auch in Tabelle 4.1 wird erkennbar, daß der Höhepunkt der radikalen Innovationen in die Anfangsphase des Aufschwungs fällt. Die Tabelle 6.1 weiter hinten in Kapitel 6 demonstriert darüber hinaus, daß ab 1933 ein allgemeiner Aufschwung der industriellen Produktion in Gang kam, der freilich für mehrere Länder durch die Kriegsereignisse drastisch unterbrochen wurde. Diesen Aufschwung durch Kriegsvorbereitungen erklären zu wollen, halte ich für falsch (vgl. Kap. 6).

Die Kristallisationsthese erklärt das gehäufte Auftreten der Basisinnovation im früheren Aufschwung. Die Elemente des neuen technologischen Stils hatten sich in der Zwischenerholung gekräftigt und sind zunehmend verkoppelt worden. Was zur Kristallisation noch fehlte, war die erweiterte Güterpalette. Und diese taucht in der Erholung *nach* der Depression auf, wenn im politökonomischen Regime klare Zeichen für einen Neuanfang gesetzt sind. Dadurch wird das Wachstum nach der Depression zu mehr als einer Erholung, nämlich zum Ausgangspunkt für einen langen Aufschwung.

3. *Aber* die Bündelung der Basisinnovationen betrifft die Produktinnovationen mehr als die Prozeßinnovationen. Jacob van Duijn[19] schlägt vor, daß die Prozeßinnovationen im allgemeinen eher durch den Abschwung initiiert werden (meine Prosperität-Rezessions-Phase) und Produktinnovationen eher im Aufschwung stattfinden. Alfred Kleinknecht findet empirische Höhepunkte bei den Prozeßinnovationen nicht nur in der Phase, die er »Depression« nennt (meine Phase des *frühen* Aufschwungs), sondern auch in der Prosperitätsphase (meine PR-Phase). Kleinknecht präsentiert eine Tabelle für radikale Innovationen unterteilt nach Prozeß- und Produktinnovationen allerdings nur für die britische Industrie.[20] Dieses Material bestätigt, daß die Prozeßinnovationen die erwähnten *zwei* Höhepunkte aufweisen. Darüber hinaus zeigt sich in verschiedenen Phasen meines Strukturzyklus folgendes Muster. In der Zwischenerholung (1920-29) liegen die Prozeßinnovationen höher als die Produktinnovationen. In der Depression (1929-1932) sind beide gleich häufig, die gesamte Zahl der Innovationen ist allerdings *tief*. Im frühen Aufschwung (1932-45) und in seiner Fortsetzung nach dem Krieg, insgesamt bis 1960-62, liegen die Produktinnovationen höher als die Prozeßinnovationen (die allerdings zur

Prosperitäts-Rezessionsphase hin deutlich ansteigen). Nach 1962 liegen die Prozeßinnovationen immer über den Produktinnovationen.

Folgerungen. Die empirischen Befunde zur diskontinuierlichen Häufigkeit von radikalen Neuerungen in der Industrie sind mit der Vorstellung der Abfolge von technologischen Stilen vereinbar. Prozeßinnovationen beginnen mit der Sättigung des technologischen Stils und Produktinnovationen tauchen im frühen Aufschwung auf und führen zur Kristallisation des neuen technologischen Stils. Es sei bemerkt, daß die Daten alle auf Patentstatistiken beruhen, die dann nach bedeutenden und weniger bedeutenden Innovationen gesichtet werden. Nach dem Patentrecht sind aber nur technische Verfahrensweisen patentierbar, die zu einem bestimmten Produkt führen. Das schafft eine Lücke bei den Daten für die bahnbrechenden Neuerungen im Rahmen des technologischen Stilwandels, denn wichtige Etappen, wie z.B. ein neues Modell für die Konzernstruktur oder eine neue Arbeitsorganisation, wie sie der Taylorismus darstellte, sind nicht patentierbar und deshalb in den üblichen Neuerungsstatistiken nicht dokumentiert. Solchen Neuerungen kommt aber nach der Sättigung des technologischen Stils und in der Zwischenerholung eine große Bedeutung zu, sie tragen zu den erwähnten Quantensprüngen in der Produktivität bei.

Grundstoffe und Mechanisierung

Die Grundstoffe und die Art der Mechanisierung sind zwar bereits erwähnt, nicht aber in ihrer Bedeutung genügend gewürdigt worden. Grundstoffe, aus denen Werkzeuge gefertigt wurden, haben ganzen Perioden der Menschheitsgeschichte ihren Namen gegeben (Steinzeit, Bronzezeit, Eisenzeit), deshalb dürfen sie bei der Bestimmung von technologischen Stilen nicht fehlen. Wir haben, im Bilde gesprochen, die Grundstoffe als das bezeichnet, worin der Stil wurzelt. Neben den Werkstoffen sind die Energiequellen ebenso wichtige Grundstoffe.

Ob man entscheidende Veränderungen bei den Grundstoffen oder bei der Mechanisierung zum Ausgangspunkt der industriellen Revolution nimmt, macht einen Datierungsunterschied von gut einem halben Jahrtausend. Die sprunghafte Verbreitung der Mechanisierung, die die Handarbeit ersetzte und so Manufaktur in das Fabriksystem überführte, findet im Verlauf des 18. Jahrhunderts in England statt, die sogenannte englische industrielle Revolution.

Ebensogut kann man eine andere, weit frühere Datierung der industriellen Revolution vertreten. Der Bruch wäre dann die beginnende »industrielle Revolution im Mittelalter«, der beginnende Umschwung in der Energiebilanz durch die Ausbeutung der Kräfte der *unbelebten* Natur. Holz, Tiere und Menschen als Energielieferanten müssen nämlich selbst mit einem vergleichsweise großen Energieaufwand »betrieben« werden und geben deshalb vergleichsweise wenig Nutzungsenergie ab (geringer Wirkungsgrad). Zudem konkurrieren die Energiequellen aus der belebten Natur mit den Nahrungsquellen der Menschen. Wo Bäume wachsen oder Tiere grasen, kann der Mensch für sich selbst nichts ernten.

Das im 11.-13. Jahrhundert in Europa aufkommende Mühlenwesen ist die Schnittstelle, die Jean Gimpel als die *industrielle Revolution des Mittelalters* bezeichnet hat.[21] Es existierten schon in der Antike Mühlen (griechische Antike und Römisches Reich) und in China um 1200 nach Chr., aber erst im mittelalterlichen Europa verbreiteten sich diese *Antriebsmaschinen,* die für *verschiedenste Zwecke* eingesetzt wurden und die Jean Gimpel zu Recht als die Fabriken des Mittelalters bezeichnet hat. Die Mühle wandelte die im Wasser gespeicherte Gravitationsenergie in kinetische Energie um. Im Verbund mit der Erfindung der Nockenwelle, deren zentrale Bedeutung von der Erfindung im Hochmittelalter bis zum modernen Auto reicht, konnte die neue Energiequelle vielfach genutzt werden. *Ein* Beispiel dafür sind die wassergetriebenen Eisenhämmer, die in der Oberpfalz wohl ab 1040 in Betrieb sind.[22]

Energie und Werkstoffe sind die jeweiligen Grenzen des Möglichen bei der Mechanisierung von Bearbeitungsabläufen. Und das Dreigespann: Energiegrundlage, Festigkeit und sonstige Eigenschaften von Werkstoffen sowie die Art der Mechanisierung, gelangte in der Industrialisierungsgeschichte zwar immer wieder an temporäre Grenzen des Machbaren, aber durch bahnbrechende *Innovationen* bei allen drei Komponenten wurden diese regelmäßig überwunden. Es gibt keinen Grund zur Annahme, daß dies zukünftig anders sein sollte.

Drei Ereignisse in den geschichtsträchtigen Jahren 1765 bis 1767 vor dem Beginn des endgültigen Aufschwunges im Rahmen der englischen Industrialisierung des 18. Jahrhunderts lassen sich als Beispiele anführen. Im Jahre 1765 baute James Watt die erste Niederdruckdampfmaschine, wofür er 1769 ein Patent erhielt. Damit wird eine neue Kraftmaschine geschaffen, die eine flexiblere Antriebsquelle darstellt. Dieses Ereignis wird allgemein gewürdigt. Immerhin sei erwähnt, daß die Dampfmaschine im Vergleich zur Mühle keine billige Kraftquelle war, denn Kohle mußte gefördert und unter damaligen Bedingungen beschwerlich transportiert werden. Weiter wird im Jahre 1766 der erste Hochofen in England gebaut, der größere Mengen an Eisen zu erzeugen imstande ist. Damit wurde das Problem der Eisenknappheit gemildert, aber Probleme blieben bestehen, denn das Roheisen war wegen des hohen Kohlenstoff-Gehalts spröde und schlecht schmiedbar. 1785 und 1796 im Hoch der englischen Welle gibt es dann große Fortschritte im Verhüttungswesen durch Koks. Schließlich baut James Hargreaves im Jahre 1767 die erste Spinnmaschine, die er nach seiner Tochter »Jenny« nennt. »Die Maschine verbilligt das Garn, vernichtet aber viele Arbeitsplätze«, steht dazu in der Zeittafel der gesellschaftlichen Entwicklung. Ersteres ist natürlich Folge des letzteren und ist schon bei den Fabriken des Mittelalters zu beobachten. Damals scheint aber das Problem der freigesetzten Arbeitskräfte weniger gravierend gewesen zu sein, denn die niedrige Produktivität in der Landwirtschaft brauchte nahezu jede Hand für die Nahrungsmittelproduktion. 1775 wird die Spinnmaschine verbessert und mit Wasserkraft betrieben. 1822 kommt es dann in der Textilindustrie, die damals eine führende Branche war, mit dem mechanisierten Webstuhl (endgültige Lösung) zu einer weiteren bedeutsamen Mechanisierung.

Die drei Beispiele für Prozeßinnovationen zu Beginn des endgültigen englischen Durchbruchs bei der Industrialisierung zeigen, daß die Industrialisierungsgeschichte von Anfang an nicht nur eine Mechanisierungsgeschichte gewesen ist, sondern immer auch eine Verzahnung von Mechanisierung, Werkstoffen und Energiegrundlagen war.

Mechanisierung. Martin Bell und Rod Coombs, der auf dem Erstgenannten aufbaut, schlagen vor, die Mechanisierung nicht als einen unilinearen Prozeß zu sehen.[23] Drei Dimensionen sind wichtig, entlang derer die Entwicklungen der Mechanisierung studiert werden können:
1. Mechanisierung bei der *Transformation* von Werkstücken *(primäre Mechanisierung)*,
2. Mechanisierung beim *Transfer* von Werkstücken von einer Bearbeitungsstätte zur anderen *(sekundäre Mechanisierung)*,
3. Mechanisierung bei der *Kontrolle* der Transformation und des Transfers *(tertiäre Mechanisierung).*

Mechanisierung bedeutet dann, daß direkte menschliche Arbeit bei Transformation, Transfer und Kontrolle durch Maschinen ausgeführt wird. Demgegenüber wollen wir von *Automatisierung* sprechen, wenn der Kontrollprozeß bei der Transformation und beim Transfer durch Maschinen selbst besorgt wird. Diese Automatisierung kann starr oder flexibel sein.[24] NC-Werkzeugmaschinen sind Beispiele für eine starre und CNC-Werkzeugmaschinen (computergestützte numerische Kontrolle) für eine flexible Automatisierung der primären Mechanisierung. Fließtechnologien mit mechanischen Schaltern oder Sensoren sind dagegen Beispiele für eine starre Automatisierung bei der sekundären Mechanisierung, während CAM (computergestützte Fertigung) ein Beispiel für eine flexible wäre.

Die von Rod Coombs vorgeschlagenen drei Stufen der Mechanisierung: primäre, sekundäre und tertiäre, lassen sich folgendermaßen den drei vergangenen technologischen Stilen zuordnen. Die erste, weite Teile des Zentrums ergreifende Welle ist durch die primäre Mechanisierung im Rahmen des Eisenbahnbooms charakterisiert, die allerdings durch das Auftauchen von Werkzeugmaschinen erweitert wird. Bei der nächsten Welle, dem Elektrifizierungsboom, treten zwar Elemente einer sekundären Mechanisierung auf, aber die primäre bleibt dominant. Mit der dritten Welle, dem Automobilisierungsboom, schiebt sich die sekundäre Mechanisierung in den Vordergrund, was sich in den Fließtechnologien und den Bandtechnologien ausdrückt. Diese Mechanisierung des Transfers von einer Bearbeitungsstätte zur anderen weist zwar Momente der Automatisierung auf, diese ist aber starr.

Im zukünftigen technologischen Stil dürften die flexiblen Kontrolltechnologien im Rahmen einer tertiären Mechanisierung dominant werden. Wenn unsere Hypothese stimmt, daß wichtige Elemente eines zukünftigen technologischen Stils dann auftreten, wenn der alte diffundiert und gesättigt ist, dann erwarten wir eine merkliche Zunahme der flexiblen Kontrolltechnologien ab den fünfziger Jahren in den Vereinigten Staaten und ab den sechziger Jahren in Europa. Die Sättigung des technologischen Stils wird in den USA aus Gründen, die in den folgenden Kapiteln behandelt werden, gut ein Jahrzehnt früher als in Europa erreicht.

Rod Coombs hat Daten für die Bedeutung der flexiblen Kontrolltechnologien im Zeitraum 1947-1979 in den USA und in Großbritannien präsentiert.[25] Seine Klassifikation von Kontrolltechnologien wird dabei in Prozent des Gesamtausstoßes der Maschinenindustrie ausgedrückt. In den Vereinigten Staaten bewegen sich die Kontrolltechnologien im Zeitraum 1947 bis 1958 zwischen 3,4 % und 4,2 % des Gesamtausstoßes. Von 1958 bis 1963 erfolgt eine sprunghafte Zunahme von 4,2 % auf 13,9 %. Dieser Anteil steigt bis 1972 weiter auf 16,2 % des Wertes der gesamten Maschinenproduktion. In Großbritannien liegt der Anteil der den Kontrolltechnologien zuzuordnenden Maschinen bis 1963 vergleichsweise tief. 1963 wird mit 4,1 % ein Wert erreicht, der die USA schon 1958 kennzeichnete. Bis 1968 bleibt der Wert trotz Zunahme immer noch vergleichsweise tief (7,2 %), um dann bis 1972 auf 14,0 % zu springen. Auf diesem Niveau verbleibt der Wert bis zum Ende der Zeitreihe im Jahre 1979. Diese Ergebnisse von Rod Coombs sind gut mit der These vereinbar, daß neue Elemente eines zukünftigen technologischen Stils in der Prosperitäts-Rezessionsphase auftauchen.

Die Stufen der Mechanisierung nach Rod Coombs können zu einer hilfreichen Klassifikation ausgebaut werden. Aber die Mechanisierung alleine hängt gleichsam in der Luft, sie ist nicht verwurzelt in den *Energiequellen* und *Werkstoffen*, die diese Mechanisierungsschübe erlauben, dann aber wieder begrenzen, weil sie an die Grenze des Machbaren von der Energiebilanz und von den Eigenschaften der Werkstoffe her gelangen. Diese erweiterte Betrachtungsebene wird von David Landes vertreten.[26]

Wie erwähnt, sind Wasserkraft und Kohle die Energieträger und Eisen der Werkstoff der industriellen Welle, die in England 1782-1792 einen Höhepunkt der Expansion aufweist. Die Begrenzungen liegen einmal an dem Werkstoff: Die Eisenherstellung ist teuer und ineffizient. Die thermodynamische Kraftmaschine von James Watt macht zwar die Krafterzeugung flexibler, d.h. von topographisch vorgegebenen, ausbeutbaren Wasserläufen unabhängig. Aber sie ist nicht billig. Das liegt einmal daran, daß sie mit teurer Kohle betrieben werden muß, zum anderen daran, daß die weichen Materialien die Leistung der Maschinen begrenzten.

Die Industrialisierungswelle mit Höhepunkt 1782-1792 in England leidet unter dem Mangel an den Grundstoffen Eisen und, in gut schmiedbarer Form mit größerer Härte, Stahl. Ein neuer technischer Schub wird ermöglicht durch verzahnte Verfahrensinnovationen[27]: der Kokshochofen (für Roheisen) 1796, der Puddelofen (für Stahl) 1824 und der Tiegelgußstahl 1811 (im Jahre 1830 erfolgt eine entscheidende Weiterentwicklung durch Krupp).

Die vermehrte Verfügbarkeit und die verbesserte Qualität der Grundstoffe Eisen und Stahl ermöglichten einmal eine Erhöhung der Leistung von Kraftmaschinen (z.B. durch Stahlkessel) und dann eine Art der Mechanisierung, die über das mechanische Spinnrad und den mechanischen Webstuhl eindeutig hinausging, nämlich die Bearbeitung von harten Werkstoffen durch Maschinen, die selbst aus hinreichend *härteren* Werkstoffen gebaut sein müssen. Werkzeugmaschinen werden also möglich (erweiterte Stufen der primären Mechanisierung). Bedeutende Beispiele für die neue Mechanisierung der Bearbeitung sind gewalzter Draht (Innovation 1820) und wichtig für den Eisenbahnboom sind gewalzte Schienen (zuerst 1835). Zusammen mit weiteren Innovationen (Portlandzement 1824, Lokomotive 1824 und Telegraphie 1833) ermöglichte die *erweiterte* Stufe der primären Mechanisierung den Eisenbahnboom, der nach dem Liberalisierungsprojekt 1830-1848 die erste *allgemeine* industrielle Expansionswelle im Zentrum darstellte.

Die nächste Welle der industriellen Expansion brachte neben der primären Mechanisierung in einfacher und erweiterter Form (Werkzeugmaschinen) auch Fortschritte bei der sekundären Mechanisierung. Aber die primäre blieb dominant, wenngleich den Fortschritten im Transportwesen durchaus auch solche innerhalb der Fabriken und Werkgelände entsprachen. Menschengesteuerte Maschinen übernahmen den Transport von Werkstücken zwischen Bearbeitungsstätten, insbesondere in der Schwerindustrie und im Maschinenbau, wo es galt, schwere Werkstücke zu bewegen. Diese Transportmaschinen wurden durch Motoren ermöglicht (Elektromotor, 1872, und Otto-Motor, 1876).

Voraussetzungen für die Intensivierung der primären und die Einführung der sekundären Mechanisierung sind wiederum Energiequellen und Werkstoffe, bei denen bedeutsame Wandlungen auszumachen sind. Neue Verfahren verbessern und verbilligen den Stahl (Thomas-Stahl 1878), und der neue Werkstoff Aluminium mit neuen Eigenschaften taucht auf (1887). Aluminium ist leicht und korrodiert nicht (stainless steel kommt erst 1912), aber seine Herstellung braucht erhebliche Energiemengen, die die neue Elektrizitätswirtschaft liefert. Der Energiespender Kohle wurde billiger durch die Werkstoff- und Maschinenentwicklung und durch das Eisenbahntransportsystem. Noch wichtiger war aber ein Flexibilisierungsschub bei der Energie durch die bahnbrechenden Verfahrensinnovationen bei der Elektrizitätsgewinnung. Wasserturbinen tauchen 1880 und Dampfturbinen 1884 auf. Zusammen mit dem Elektromotor (Trommelankermotor 1872) und der Kabelkonstruktion (1882) lösten diese neue Verfahren die Elektrifizierungswelle aus (elektrische Glühlampe 1879, Elektro-Lokomotive 1879, Telefon 1881, Elektro-Heizung 1882).

Es ist sicherlich etwas stilisiert, diese Welle nur Elektrifizierungswelle zu nennen, denn die Stahlindustrie erlebte eine neue Blüte, auch ausgelöst durch die Edelstähle (1856), die schon im Hoch der vorausgegangenen Welle auftauchten. Und diese Edelstähle waren sehr wichtig für die Expansion der Elektro- und chemischen Industrie in der nächsten Welle ab 1883. Auch die chemische und Pharmaindustrie setzte zu Großtaten an. Die Großfabrikation von Schwefelsäure beginnt 1875, synthetische Anilin-Farben tauchen 1860 auf, Kunstdünger 1885 und synthetische Schmerzmittel 1883, um nur einige bahnbrechende Verfahrens- und Produktneuerungen zu nennen. *Aber* die chemische Industrie, die später nach dem Höhepunkt der Elektrifizierungswelle bahnbrechend werden sollte bei einer weiteren Stufe der Mechanisierung, nämlich der kontinuierlichen Fließtechnologie, bleibt bis kurz nach der Jahrhundertwende noch konventionell. Sie ist bis dahin durch diskontinuierlich arbeitende Primitivapparate gekennzeichnet.

Erst im Abschwung der Elektrifizierungswelle gewann die sekundäre Mechanisierung an Dominanz und begann die nachfolgenden Jahrzehnte zu prägen. Die sekundäre Mechanisierung als Fließtechnologie zwischen Bearbeitungsstätten wird in der Chemie und Petrochemie als kontinuierliche Prozeßproduktion und im Automobilbau, wie auch bei anderen Massenprodukten, als Bandtechnologie angewendet. Diese Verfahren finden im neuen Aufschwung ab 1933 (und kriegsbedingt unterbrochen dann ab 1945) massenhafte Verbreitung.

Es sei betont, daß die neue Verfahrenstechnik, nämlich die Mechanisierung der Kontrolle von verschiedenen Bearbeitungsstufen (Fließtechnologien) und der Taylorismus, obwohl sie zeitgleich in ihren

Anfängen auftauchten, analytisch zu trennende Komponenten der neuen Arbeitstechnik sind. Der Taylorismus betrifft die Arbeitsorganisation im *rein organisatorischen* Sinne. Die Fließtechnologie betrifft die Arbeitsorganisation in einem engeren *technischen* Sinne. Auf die Unterschiede wird zurückzukommen sein.

Mit der Fließtechnologie wurde erstmals nach der Wasserkraft und der Kohle ein neuer Energieträger, nämlich das Erdöl, erschlossen. Erdöl konnte Energie in unglaublichen Mengen und zu unvergleichbar tiefen Preisen bereitstellen. Der reale Preis für Erdöl sank säkular bis 1969; ab 1973 kam erst eine Wende. Die Energierevolution durch das Erdöl kann nicht genügend betont werden. Heute, nach Ausreifung der Petrochemie und des Verbrennungsmotors, können bis zu fünf Personen einschließlich Gepäck mit einem Behälter von 50 Liter Benzin rund 600-700 km Weg problemlos zurücklegen. Ein wahrhaft phantastischer Fortschritt, wenn man an die Beschwerlichkeit, die Dauer und die Kosten des Transportes noch vor 150 Jahren denkt.

Die Erdölindustrie beginnt 1859 zu Beginn des Abschwungs der Eisenbahnwelle mit der Bohrung nach Erdöl in den USA.[28] Alle bahnbrechenden Neuerungen werden von Unternehmen in den USA, der späteren Hegemonialmacht, gemacht. 1913 im Abschwung der Elektrifizierungswelle erfolgt die Innovation der thermischen Aufschlüsselung der Kohlewasserstoffmoleküle im Rohöl (thermal cracking). Ebenfalls im Abschwung erfolgte 1920 die Innovation der *kontinuierlichen thermischen Aufschlüsselung* (continuous thermal cracking). Im Aufschwung unserer zu Ende gegangenen Welle erfolgten nochmals Verfahrensinnovationen: 1937 die katalytische Aufschlüsselung und 1942 die kontinuierliche katalytische Aufschlüsselung. Damit ist die Petrochemie in der heutigen Form da. Die Kohlewasserstoff-Chemie stellt von Kohle auf Erdöl als Grundstoff um, die deutsche erst in den sechziger Jahren.

Im langen Abschwung, 1903-1932, - nur unterbrochen durch die Zwischenerholung der zwanziger Jahre - entwickelten sich die neuen Grundstoffe, Verfahrenstechniken und Organisationsformen, als Elemente des neuen technologischen Stils. Aber die »Blätter und Blüten« des neuen Gewächses ließen sich Zeit. Die erneuerte Güterpalette tauchte erst gehäuft 1935-1939 auf, nachdem die Weltwirtschaftskrise ihren Tiefpunkt (1932) hinter sich hatte. Auf die erneuerte Güterpalette werde ich weiter unten noch eingehen (vgl. *Automobilisierung als Schlüsselprojekt*).

Aktuelle Wandlungen[29]

Rund 60 Jahre später, wieder zu Beginn des langen Abschwungs (Prosperitäts-Rezessionsphase in Europa ab 1967, in den USA ab 1958), tauchen wiederum wichtige erste Elemente eines zukünftigen technologischen Stils auf. Auf die empirische Evidenz bei Rod Coombs für den sprunghaften Anstieg der Kontrolltechnologien habe ich hingewiesen. Die tertiäre Mechanisierung, nämlich die flexible und *programmierbare* Automatisierung von integrierten Bearbeitungsstätten, die in etlichen Bereichen der Industrie die Grundlagen für eine Vollautomatisierung legt, ist wiederum gebunden an bahnbrechende Fortschritte bei neuen Grundstoffen. Die Vollautomatisierung der Fabrikation taucht dann in der Zwischenerholung auf. Ein Beispiel ist das Fiat-Motorenwerk Termoli, das 1984 die Serienproduktion aufnahm.[30] Die Kapazität beträgt drei Motoren pro Minute oder 2500 im Tag, und zwar mit nur 30 Arbeitsplätzen, Putzpersonal eingeschlossen.

Die *elektronische* Datenverarbeitung mit Computern bedient sich eines neuen Grundstoffs. Diese Industrie ist bereits Anwendung[31]. Der Grundstoff selbst ist der elektronische *Halbleiter*, insbesondere dotiertes Silizium, welches die Herstellung miniaturisierter Dioden und Transistoren erlaubt. Der Transistor wird bereits 1947 in den Labors der Bell Telephone Corporation (Murray Hill, USA) erfunden. Er ersetzt die aufwendige Kathodenröhre. 1956 bekommen die drei Erfinder, John Bardeen, Walter H. Brattain und William Bradford Shockley, dafür den Nobelpreis. Jack Kilby konstruiert eine miniaturisierte integrierte Schaltung. Das ist eine Entdeckung. Aber die Produktionsmethode fehlt noch. 1960 liefert diese Jean Hoeni in Diensten von Fairchild im Silicon Valley. Auf flachen polierten Siliziumscheiben (Wafer) baut er mit fotooptischen Prozessen die Struktur eines Transistors auf. Damit ist die Herstellungsmethode gefunden und der erste Silizium-Transistor da. 1961 kann Fairchild (USA) den ersten integrierten Schaltkreis oder Chip mit vier Transistoren vorstellen. 1985 befinden sich auf einem Chip von der Größe eines Daumennagels bereits eine Million Transistoren. Für diesen neuen Grundstoff der elektronischen Datenverarbeitung, die wiederum die Grundlage für die *Kontrolltechnologie im Rahmen der tertiären Mechanisierung* (CAM) ist, sind *verschiedene*, hochkomplexe Herstellungsverfahren nötig. Obwohl eigentlich bereits ein Halbfabrikat, erhält der Chip wegen seiner breiten Anwendung in der Mikroelektronik Merkmale eines Grundstoffes, ähnlich wie die Erdölderivate im zu Ende gehenden technologischen Stil. Aber der Chip, als ein komplexer elektronischer Schaltkreis in Silizium-Planartechnik, stellt eine höhere technologische Kombination dar, da er hochkomplexe Verfahren aus der Halbleitertechnologie mit fotooptischen Verfahren kombiniert, die auf dem Prinzip des Elektronenmikroskops basieren und die Schaltkreise generieren.

Im zukünftigen technologischen Stil wird sich auch ein *neuer Energieträger* in den Vordergrund schieben, denn mit dem Erdöl als Energieträger und Ausgangsstoff sind *zwei* Probleme verbunden. Nicht zu diesen Problemen gehört m.E. die Erschöpfung der Erdölreserven. Alles ist endlich, und m.W. haben sich bisher alle Prognosen als falsch erwiesen. Heute kann man davon ausgehen, daß Erdöl wohl noch für weitere 200 Jahre[32] zur Verfügung stehen wird, wenn auch wohl zu steigenden Kosten (Erdöl ist bisher der konkurrenzlos billigste Energieträger gewesen). Problem Nummer Eins ist, daß im Unterschied zur Kohle, bei der die Industrieländer über den Großteil der Reserven verfügte, die Erdölvorräte zu fast vier Fünfteln in der Peripherie liegen. Erdöl wird dadurch zu einem politökonomischen Problem in der Weltwirtschaft. Die Kartellisierung ab 1960 und die Preisgestaltung von 1973 bis 1985 machten das deutlich. Problem Nummer Zwei ist, daß die Verwendung von Erdöl durch Verbrennung die Umwelt schon heute schwer belastet. Wenn die Welt eine Motorfahrzeugdichte wie heute der Westen erreicht, so dürfte bei der heutigen Technik die ökologische Belastung enorm und nicht tragbar sein.

Wenn solche Schäden überhaupt durch Umwelttechnologien reparabel wären, dürften dann die Kosten für den Energieträger Erdöl so hoch werden, daß sich sein historischer Preisvorteil in einen Nachteil verkehrt. Allerdings muß es zunächst gelingen - beispielsweise über staatlich erhobene Umweltsteuern -, die Preisverhältnisse so zu steuern, daß nicht billigere Produkte anfänglich teurere, aber umweltschonende Produkte vom Markt verdrängen bzw. fernhalten können. Unter Berücksichtigung von Folge- und Nebenkosten dürften *weder Erdöl noch Kernenergie die Energieträger der Zukunft* sein.

Zur Zeit werden verschiedene Möglichkeiten für regenerierbare, insbesondere mit Sonnenenergie wiederaufladbare Energieträger studiert und weiterentwickelt. Neben neuartigen Akkumulatoren wie z.B. der Natrium/Schwefel- oder der Zink/Brom-Batterie, die unedle Metalle als Speichersubstanzen enthalten, stehen insbesondere *Wasserstoff* oder aber wasserstoffhaltige Verbindungen wie Methan, Methylcyclohexan, Methanol oder Äthanol im Blickpunkt des Interesses. Wasserstoff und Methan sind gasförmig und deshalb im Vergleich zu Flüssigkeiten weniger kostengünstig transportierbar. Aber das flüssige *Methanol* verspricht als möglicher Grundstoff der Zukunft besonders breite Anwendungsmöglichkeiten, zumal er mit der heutigen Energie-Infrastruktur kompatibel ist. Methanol kann zusammen mit Wasserdampf katalytisch wieder leicht in seine Bestandteile Wasserstoff und Kohlendioxid umgewandelt werden, und zwar ohne Schadstoffemission. In elektrochemischen Brennstoffzellen mit hohem Wirkungsgrad könnte Methanol eingesetzt werden und geräuscharme und schadstoffreie *Elektromobile* im Motorfahrzeugverkehr ermöglichen, daneben auch den Betrieb von nicht umweltbelastenden *Heizungssystemen*.[33]

Die Halbleiter sind ein Grundstoff wie das Erdöl, vermutlich zusammen mit dem Wasserstoff (bzw. dem Methanol) das »Erdöl« der Jahrtausendwende. Denn sie ermöglichen einerseits die Herstellung photovoltaischer Solarzellen und andererseits mikroelektronischer Chips, die die Voraussetzung für die Informationstechnologie sind. Auf dem Chip basieren neue Mammutbranchen, allen voran die Computerindustrie, und dort wiederum weit voran die IBM[34]. Im Schatten dieser Technologie entwickelt sich heute schon eine neue, die diese gegen das Ende des Jahrhunderts ersetzen könnte, nämlich die *optischen* Computer. 1969 wurde zum erstenmal theoretisch gezeigt, daß neben elektronischen auch optisch steuerbare Halbleiter möglich sind. Theoretisch ist die optische Schaltung ungleich leistungsfähiger als die elektronische. Man vermutet, daß ein optischer Schalter in der gleichen Zeit tausendmal so viel Operationen ausführen kann wie ein elektronischer.[35]

Der Vorteil der optischen Übertragung liegt in der erhöhten Kapazität infolge von parallel arbeitenden Nachrichtenkanälen, da mit Lichtfrequenzen gearbeitet wird. Die optische Übertragungstechnik ist bereits in der Telekommunikation sowie in der Meß- und Steuertechnik in Anwendung. Kabel aus Glasfasern ersetzen dabei Kupfer - ein weiteres Beispiel dafür, daß neue Technologien teuere und nicht regenerierbare Stoffe in großem Umfang ersetzen werden. Ein weiteres Anwendungsgebiet der angesprochenen Optik betrifft auch die Laser (stimuliertes gleichwelliges und -phasiges Licht) mit vielfachen Anwendungsgebieten in Medizin und Industrie.

Von besonderer Bedeutung für die technologische Entwicklung könnten auch die *Supraleiter* werden. Es handelt sich dabei um Materialien, die den elektrischen Strom unterhalb ihrer sogenannten Sprungtemperatur *widerstandslos* leiten. 1987 wurden Karl Alex Müller und Johannes G. Bednorz für ihre bahnbrechenden Arbeiten auf dem Gebiet der supraleitenden Keramiken mit dem Nobelpreis ausgezeichnet, dem siebten und achten, der nun für das Jahrhundertphänomen Supraleitung verliehen wurde. Diesen Forschern war es nämlich gelungen, die bis dahin für praktisch unüberschreitbar gehaltene Sprungtemperatur von 23 Grad Kelvin um einiges zu übertreffen, indem sie statt nur intermetallische Legierungen erstmals Mischoxide auf Kupferbasis herstellten. Darauf fanden andere Wissenschaftler nach diesem Prinzip Mischoxide mit noch wesentlich höheren Sprungtemperaturen. Supraleiter könnten dereinst nicht nur den Bau starker Magnete vereinfachen und verbilligen, sondern auch den nach wie vor beträchtlichen Verlust bei der Stromverteilung im Netz entscheidend mindern helfen.

Große Möglichkeiten der Entwicklung in der chemischen Verfahrenstechnik bzw. der Herstellung neuartiger Materialien liegen außerdem im Bereich der *Katalysatorforschung*. Katalysatoren sind in der Lage, chemische Reaktionen nicht nur unter milderen Bedingungen, sondern auch selektiv in der gewünschten Richtung ablaufen zu lassen. Von besonderer Aktualität ist z.B. der Abgaskatalysator für Verbrennnungsmotoren. Die erwähnte Wasserstoff- bzw. Methanoltechnologie der Zukunft schließlich wird wohl nur dank raffinierter, ohne Edelmetalle auskommender Katalysatoren möglich sein.

Daneben kann noch die *Biotechnologie* erwähnt werden, die im Abschwung ebenfalls erblühte. Die einfachsten und wohl ältesten biotechnologischen Verfahren sind die Weingärung, das Bierbrauen und die Brotteig-Herstellung unter Ausnützung von Gärbakterien und Hefepilzen. Seit längerer Zeit setzt man auch die Abbaufähigkeiten von Mikroben für Abfallstoffe in Kläranlagen unter Zufuhr von Luft (Belebtschlamm) bzw. unter Luftabschluß (Faulschlamm) ein. Teilweise werden auch schon *genchirurgische* Methoden der Mikroben-Optimierung miteinbezogen. Cohen und Boyer gelang es 1974 in Stanford und San Francisco, eine DNS-Sequenz auf ein anderes Genom zu übertragen. Die darauf aufbauende Genchirurgie hat seither etliche erstaunliche Möglichkeiten hervorgebracht. Genchirurgisch behandelte Bakterien stellen z.B. Insulin her. Im Bergbau sind Heere von kleinen Bio-Robotern tätig, die *theobazilli ferrooxidans,* die die Schürfung von früheren Abraumlagerstätten erlauben. In den USA stammen bereits 1982 10 % des abgebauten Kupfers aus bakteriellen Abbauverfahren. Diese Liste der spektakulären Möglichkeiten ließe sich lange fortsetzen.[36]

Durch einen von moderner Festkörperphysik und Chemie (Halbleiter, Supraleiter, Katalysatoren) sowie Biotechnologie geprägten technologischen Stil könnten schon vor der Jahrtausendwende bahnbrechende Schübe entstehen, wobei die klassische Abgrenzung zwischen Physik, Chemie und Biologie immer stärker verschwimmen und einer interdisziplinären Forschungsweise und Technikentwicklung weichen dürfte. Sanftere Methoden im Hinblick auf die Umwelt und ressourcensparende Verfahren sind die heute bereits erkennbare Richtung des Wandels.

Die kurz gestreiften Ausblicke sollen *keinen falschen Technikoptimismus* verbreiten. Evident scheint folgendes: Die Erfahrung hat gezeigt, daß *bisher* viel mehr möglich war als die große Mehrheit der jeweiligen Zeitgenossen, insbesondere in den pessimistischen Phasen, die den Umbruch des technologischen Stils immer begleiteten, glaubte. Nur stellt sich vielleicht heute eine neue Frage: Dürfen oder sollen wir alles das tun, was wir könnten? Davon wird auch im Nachwort die Rede sein. Die Risiken neuer Technologien müssen bedacht und ausgeschaltet werden. Neben der Diskussion der Risiken dürfen die Möglichkeiten nicht verkannt werden. Der neue technologische Stil bedeutet nicht unbedingt mehr Konsum in der bisherigen Art und Weise für die westliche Gesellschaft, vielmehr wird insbesondere eine Markverbreiterung möglich. Die Weltbevölkerung kann mehr an dem partizipieren, was im »reichen Norden« selbstverständlich geworden ist, ohne daß Umwelt und Ressourcen die heutigen Grenzen setzen.

Taylorismus und Prozeßproduktion

Nach dem Exkurs über aktuelle Wandlungen wollen wir noch einmal ausführlicher auf zwei Merkmale des zu Ende gehenden Stils eingehen. Die Arbeitsorganisation im neuen technologischen Stil dieses Jahrhunderts bestand aus zwei analytisch trennbaren Komponenten, den neuen Formen der Arbeitsorganisation, nämlich dem Scientific management oder den *Taylorismus* (vgl. weiter vorne und Anm. 9), und einer neuen Stufe der Mechanisierung, der sekundären Mechanisierung bzw. der Prozeß- oder Fließtechnologie. Beide Komponenten bewirken große Produktivitätsschübe. Mit den anderen Komponenten des technologischen Stils verbinden sie sich dann zu einem Quantensprung in der Produktivität. Im folgenden werden Beispiele für die unabhängige Existenz von solchen Quantensprüngen gegeben. Es sei darauf hingewiesen, daß der Produktivitätsschub *im Übergang* zur neuen Arbeitsorganisation liegt. Im Aggregat ist der Produktivitätsfortschritt solange hoch, wie der neue Stil diffundiert. Ist alles soweit möglich nach dem neuen Modell organisiert, so versiegt die Dynamik des Produktivitätsfortschritts.

Taylorismus. Frederick Winslow Taylor[37] gibt selbst ein Beispiel für die ersten Einführungsexperimente mit seinem neuen Scientific management, mit dem er sich schon seit 1880 befaßte. Dies betrifft die organisatorischen Umstellungen bei der Roheisenherstellung bei Bethlehem Steel um die Jahrhundertwende. Vor der Umstellung arbeiteten 500 Arbeiter in der Werkhalle, jeweils in Gruppen von 75 unter einem Vorarbeiter. Die Betriebsleitung kündigte den Vorarbeitern nur an, was zu tun sei, und vertraute ansonsten auf die Erfahrung der Vorarbeiter und Arbeiter, die häufig ihre eigenen Werkzeuge benutzten. Drei Jahre später sieht die Situation nach der Umstellung folgendermaßen aus. In der Werkhalle befinden sich nur noch 140 Arbeiter, von denen jeder das leistet, was vorher drei oder vier taten. Sie sind nun mit standardisierten sorgfältig entworfenen Werkzeugen der Gesellschaft versehen und halten genau die standardisierten Arbeitsabläufe ein, die aufgrund von Zeit- und Bewegungsstudien vorher festgelegt worden waren. Ein Planungsbüro bereitet sorgfältig die Arbeiten des nächsten Tages für jeden Arbeiter vor und koordiniert alle Arbeitsabläufe in der Halle. Das Planungsbüro war besetzt mit Ingenieuren, Zeit- und Bewegungsspezialisten, Zeichnern, und Büropersonal und mit einem Telephon und Kommunikationssystem ausgerüstet. Die Gruppenvorarbeiter wurden ersetzt durch eine Gruppe von funktionellen Überwachern, die die Arbeit koordinierten, die Arbeiter anleiteten, die Arbeitszeit und -abläufe maßen und ganz generell als Gehilfen des Planungsbüros tätig waren.

Die neue Arbeitsorganisation im Beispiel von Bethlehem Steel halbierte die Kosten der Roheisenherstellung, nämlich von 7,2 Cents pro Tonne auf 3,3 Cents. Diese enormen Kosteneinsparungen wurden erzielt *trotz* der hohen Ausgaben für das neue Planungsbüro und die Werkzeuge, trotz der vergleichsweise hohen Gehälter für das neue Büropersonal einschließlich der Ingenieure und *obwohl* die verbliebenen 140 Arbeiter 60 % mehr Lohn erhielten.

Soweit ein Beispiel für eine rein arbeitsorganisatorische Umstellung, denn die Technik der Roheisenherstellung im engeren Sinne blieb die gleiche. Das Beispiel zeigt über die Kostenersparnisse hinaus aber noch eine wichtige Veränderung. Die Arbeitsplatzstruktur verändert sich zugunsten des Büropersonals und der Techniker, und die Einkommensverteilung ändert sich entsprechend. Die verbliebenen Arbeiter verdienen viel mehr und eine neue Gruppe mit mittleren Einkommen expandiert erheblich.

Diese Verbesserung der Einkommensverteilung äußert sich aber im Aggregat nur dann, wenn die freigesetzten Arbeiter anderswo eine ähnlich gut bezahlte Arbeit finden wie die bei Bethlehem Steel verbliebenen. Ist das nicht der Fall oder werden viele davon arbeitslos, was die regelmäßige anfängliche Begleiterscheinung solcher Umstellungen ist, dann verbessert sich die Einkommensverteilung im Aggregat nicht, vielmehr entsteht eine duale Struktur mit entsprechenden Einkommensunterschieden zwischen denen, die »drinnen« sind in der neuen Arbeitsorganisation, und denen, die vorerst »draußen« bleiben müssen.

Daß der Übergang zum Taylorismus langfristig zur Ausdehnung der Mittelklasse beigetragen hat, kann an Langzeitdaten für das Deutsche Reich bzw. die Bundesrepublik von 1882 bis 1970 gezeigt werden (vgl. Tabelle 4.2).[38] Beim technologischen Stil, der an der Jahrhundertwende seinen Höhepunkt erreicht, ist die Zunahme der Angestellten bescheiden und kann die Abnahme der Selbständigen nicht kompensieren: Die gesamte Mittelklasse *schrumpft* nach den Zahlen für das Deutsche Reich. Im Übergang vom alten zum neuen technologischen Stil liegt der Anteil der Angestellten deutlich höher und macht den Abgang der Selbständigen wett: Die gesamte Mittelklasse stabilisiert sich im Umfang und wird je hälftig aus der alten und neuen gebildet. Bei der Diffusion des neuen technologischen Stils (nach 1950) nimmt der Anteil der Angestellten abermals zu und überkompensiert deutlich den Abgang an Selbständigen: Die gesamte Mittelklasse nimmt an Umfang deutlich zu und umfaßt am Ende gegen 50 % aller Erwerbstätigen; die neue Mittelklasse wird jetzt ihre größte Komponente.

Tabelle 4.2
Selbständige und Angestellte/Beamte in Prozent aller Arbeitskräfte

		Deutsches Reich und Bundesrepublik, 1882-1970		
		(1) Selbständige in % aller Erwerbs- tätigen %	(2) Angestellte und Beamte in % aller Erw.tätigen %	(3) Mittelklasse (1) und (2) %
Alter technologischer Stil	1882 1895 1907	29,8 27,0 21,3	4,9 6,0 7,5	34,7 33,0 28,8
Übergang	1925 1933 1939	16,6 16,2 13,9	16,2 17,4 18,9	32,8 33,6 32,8
Neuer technologischer Stil	1950 1961 1970	15,1 13,0 9,3	20,2 28,4 38,7	35,3 41,4 48,0

Quelle: Wolfgang Kleber, a.a.O.(Anm. 37), S. 70 f.

Prozeßproduktion. Neue technische Produktionsverfahren sind ebenfalls ein unabhängiger Grund für Quantensprünge in der Produktivität beim technologischen Stilwandel. Wir verwenden ein Beispiel für den Übergang zur Fließtechnologie, der in der Chemie kurz nach der Jahrhundertwende stattfand. Wie vorne erwähnt, fand der Übergang zur kontinuierlichen thermischen Aufschlüsselung der Kohlewasserstoffe in der Petrochemie 1920 statt. Unser Beispiel betrifft aber eine andere Sparte der Chemie, nämlich die Schwefelsäureherstellung, bei der sich 1915 ein großer Sprung nach vorne anbahnt. Das Beispiel ist bei Horst Kern und Michael Schumann dokumentiert.[39]

Schwefelsäure ist ein chemischer Grundstoff mit einem weiten Anwendungsspektrum. Sie wird z.B. für Akkumulatoren, Düngemittel, Farbstoffe, Zellwolle, Reyon u.a.m. gebraucht. Die Ausgangslage bestand in einer konventionellen Großanlage mit diskontinuierlich arbeitenden Primitivanlagen. Die Technik bestand in der Pyritverbrennung (ein schwefelhaltiges Erz) im Chargenbetrieb (Beschickung des metallurgischen Ofens mit dem Pyrit-Erz). Diese Anlage wurde 1895 in Betrieb genommen. Das Produktionspersonal für eine konstante Menge von Schwefelsäure bei dieser Anlage wird zu Vergleichszwecken gleich 100 gesetzt. Es ist zu bemerken, daß es sich dabei um die Kopfzahl handelt, nicht um die effektive Arbeitszeit, die über die Zeit pro Person stark abgenommen hat. Die Ergebnisse sind in Tabelle 4.3 aufgeführt.

Der Übergang von diskontinuierlich arbeitenden Primitivapparaten zu teilautomatisierten Apparatesystemen im kontinuierlichen Betrieb (Fließtechnologie) findet 1915 statt. Eine zweite Variante wird 1930 in Betrieb genommen. Der Bedarf an Produktionspersonal für die gleiche Menge Schwefelsäure verringert sich von 100 auf 54 bzw. 36 (zweite Variante). 1963 im Übergang von Prosperität zu Rezession findet noch einmal eine Verfahrensverbesserung statt. Der Ausgangsstoff ist nun flüssiger Schwefel statt Pyrit. Diese vorläufige Schlußstufe der Automatisierung bringt nochmals eine Abnahme an benötigtem Personal, die noch drastischer ist als bei den ersten Umstellungen auf die Fließtechnologie.

Tabelle 4.3
Stufen der Automatisierung bei der Schwefelsäureherstellung, ein Fallbeispiel

Produktionspersonal für eine konstante Menge	Jahr der Inbetriebnahme der Anlage	Merkmal der Anlage
100	1895	Diskontinuierlich arbeitende Primitivapparate: Chargenbetrieb mit Pyritverbrennung (bis 1950 in Betrieb)
54	1915	Kontinuierlicher Betrieb auf der Grundlage von Pyritverbrennung, Variante I (bis 1972 in Betrieb)
36	1930	Variante II (bis 1976 in Betrieb)
7	1963	Kontinuierlicher Betrieb mit Verbrennung von flüssigem Schwefel

Quelle: Zusammengestellt aufgrund von Angaben bei Horst Kern und Michael Schumann, a.a.O. (Anm. 38), S. 247 f und 253.

Der enorme Abbau an benötigtem Produktionspersonal bei der Schwefelsäureherstellung in den rund 70 Jahren, nämlich von 100 auf 7 Personen pro Einheit, findet stark diskontinuierlich statt und steht mit unserer Hypothese über die Anfänge des neuen technologischen Stils im Abschwung in Einklang.

Die drastischen Personaleinsparungen infolge von Mechanisierungsschüben sind keinesfalls bloß eine Erscheinung unseres Jahrhunderts oder des Wandels seit der englischen industriellen Revolution. Schon im Hochmittelalter, also an der Schwelle zur Neuzeit, sind ähnliche Produktivitätsschübe beobachtbar. Solche mögen sich zwar in der jüngeren Vergangenheit gehäuft haben, aber sie sind vor vielen Jahrhunderten

114 • *Westliche Gesellschaft im Wandel*

bereits ähnlich drastisch gewesen wie in unserem. Das Beispiel, das dies dokumentieren soll, stammt aus der Zeit *um 1200* und betrifft das mechanische Walken (Brechen des Hanfs bei der Textilherstellung). Die Dokumentation stammt von Jean Gimpel.[40] Die Umstellung vom manuellen Walken des Tuches in der Tuchindustrie zum mechanischen Walken mit Hilfe von Walkmühlen brachte nach meinen Berechnungen auf der Grundlage von Gimpels Angaben eine gewaltige Ersparnis an Produktionspersonal, nämlich von 100 auf 3 Personen für eine konstante Menge Tuch, die die Ersparnis im Fallbeispiel Schwefelsäure noch übertrifft.

Fließtechnologie und Taylorismus als Elemente des neuen technologischen Stil bewirkten in unserem Jahrhundert eine Veränderung der Arbeitsorganisation, die mit der Diffusion des neuen Stils auch ihren Niederschlag in der Klassenkomposition und der Einkommensverteilung fand. Die gewandelte Arbeitsorganisation wird im Aggregat der deutschen Industrie an der Veränderung der technischen und kaufmännischen Angestellten im Verhältnis zu den Produktionsarbeitern sichtbar (vgl. Schaubild 4.1).[41]

Im vorangegangenen technologischen Stil nahm die administrative Komponente mit wachsender Größe von der Betriebsgrößenklasse 11-50 an ab. Je größer die Betriebe, desto mehr administratives Personal wurde eingespart. Dieser Zusammenhang förderte sicherlich die großen Unternehmenszusammenschlüsse, die vor und nach der Jahrhundertwende stattfanden. Im neuen technologischen Stil (Daten für 1962 und 1970) nimmt die administrative Komponente (besonders technische Angestellte) mit wachsender Betriebsgröße weiter zu, weil Taylorismus und sekundäre Mechanisierung viele Produktionsarbeiter einsparen, aber mehr Überwachungs-, Kommunikations- und technisches Personal benötigen.

Die Automobilisierung als Schlüsselprojekt

Die zentralen Projekte der *gemeinsamen* Industrialisierungswellen im Zentrum waren der Eisenbahnboom in der Welle mit Höhepunkt im zweiten Drittel des 19. Jahrhunderts, die Elektrifizierung in der Welle mit Höhepunkt um die Jahrhundertwende und die Automobilisierung in der Welle mit Höhepunkt in den fünfziger Jahren in den USA und in den sechziger Jahren in Europa. Diese Projekte sind Schlüssel zum Verständnis der Epochen und ihrer Lebensstile. Sie sind auch die zentralen Identifikationsobjekte der Menschen, die hauptsächlichen Arbeitsplatzträger und Motor der industriellen Bewegung. Das Automobil ist ein gutes Fallbeispiel dafür, daß der technologische Stilwandel nicht stromlinienförmig in die lange Welle der Konjunktur paßt, sondern phasenverschoben ist. Der Stilwandel hat das Automobil verändert.

Schaubild 4.1
Kaufmännische und technische Angestellte in Prozent der Arbeiter in der Industrie nach Betriebsgrößenklassen, Zeitschnitte für das Deutsche Reich und die BRD, 1907 bis 1970

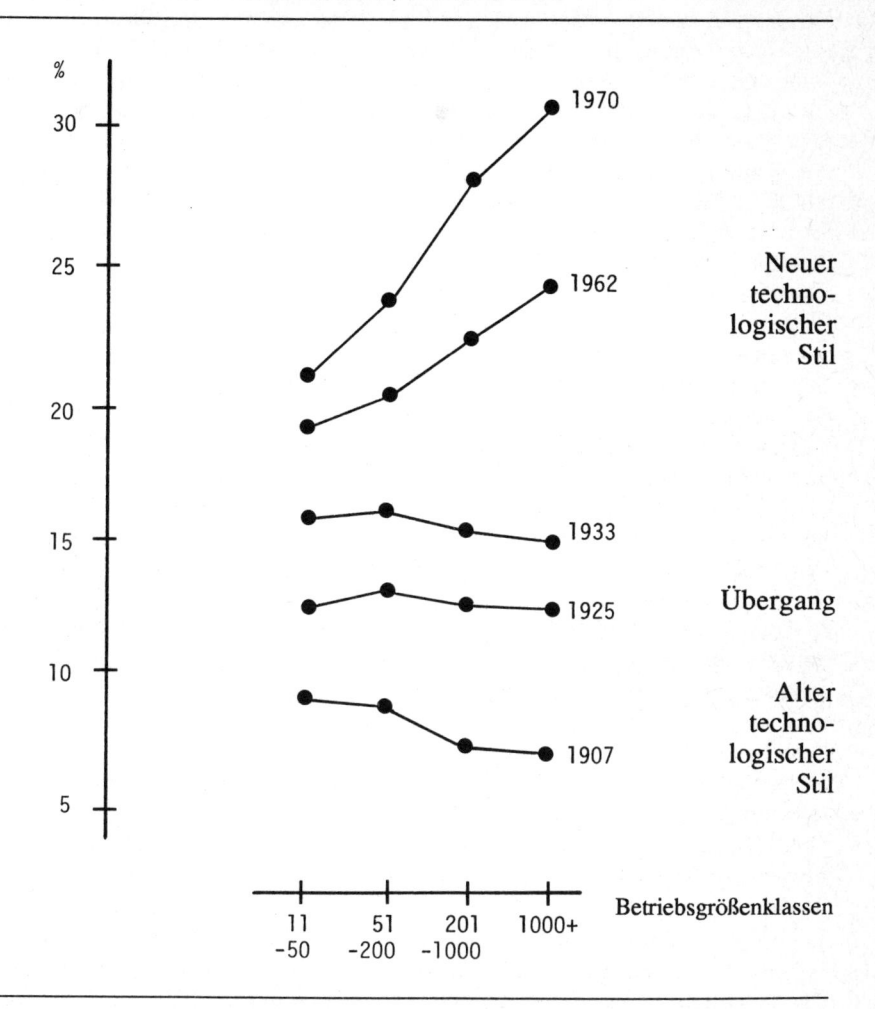

Neuer technologischer Stil: 1970, 1962

Übergang: 1933, 1925

Alter technologischer Stil: 1907

Betriebsgrößenklassen: 11-50, 51-200, 201-1000, 1000+

Quelle: Reinhard Stockmann, a.a.O. (Anm. 40).

Das Automobil ist bekanntlich ein Produkt, das bereits im Hoch der letzten Welle auf den Straßen zu sehen war, aber äußerst selten. Im Scientific American erscheint im Dezember 1899 eine Bilanz: »In den USA verkehren 688 Automobile, gegen 6546 in Frankreich, 412 in England, 478 in Belgien, 434 in Deutschland, 403 in Österreich ...«.[42] Ausgehend von Erfindungen in Deutschland (Otto-Motor, Benz-»Patent-Motorwagen«, Daimler-Wagen als erstes richtiges Automobil) ging die industrielle Führerschaft für eine kurze Zeit an Frankreich über (vgl. obige Zahlen), um dann über den Atlantik zu wandern. 1914 gab es einen Weltbestand an Kraftfahrzeugen von 2 Mio., 1,3 Mio. davon in den USA.[43] Durch den neuen technologischen Stil entstand auch ein *neues* Auto. Und dieser Stil entfaltete sich in den USA schneller. Die neue Fließtechnologie machte das Auto zu einem *Massenprodukt*. Henry Ford setzte das Montageband in der Fertigung zuerst und ab 1913 ein. Sein berühmter Ford T motorisierte Amerika. Bis 1927 verließen rund fünfzehn Millionen Exemplare die Montagebänder. Kein anderes Automobil erreichte je eine derartige Produktionsziffer. André Citroën folgte ihm in Frankreich nach dem Krieg. Sein »Typ A« wird der erste serienmäßig hergestellte europäische Wagen. Die Produktion erreichte 1922 die damals unerhörte Zahl von 300 Wagen pro Tag. Ford und Citroën läuteten das Ende der handwerklichen Herstellung von »Motorwagen« ein. Die Großindustrie übernahm die junge und zukunftsträchtige Branche.

Neben den neuen Verfahren der Massenproduktion machen erst wichtige technische Verbesserungen in den zwanziger Jahren (Zwischenerholung) bis hinein in die dreißiger Jahre das Auto zu einem *neuen* Produkt, so wie wir es kennen. Die Liste ist lang und erhebt keinen Anspruch auf Vollständigkeit: Fortschritte auf dem Gebiet der Metallurgie und der Schmiermittel, Stoßstangen und Niederdruckreifen, elektrische Anlasser, Vorderradbremsen wie auch Servo-Bremsen, Batterie und Zündspule, Synchrongetriebe und automatisches Getriebe, selbsttragende Karosserie und Einzelradaufhängung und nicht zuletzt das Super-Benzin (klopffest).[44] Während man kurz nach der Jahrhundertwende Benzin in »medizinischen Dosen« in Apotheken[45] kaufen mußte, stand nun ein Tankstellennetz zur Verfügung. Die entsprechenden Verfahrensverbesserungen in der Petrochemie wurden erwähnt. Kurzum, das »Paket« war zu Beginn der dreißiger Jahre für *ein* Element des Aufschwungs geschnürt: Das alte Automobil war zu einem *neuen* Produkt geworden, das im Verlauf zum Schlüsselprojekt werden sollte.

Während die Zahlen für die allgemeine Wirtschaftsentwicklung zwischen 1925 und 1935 keine große Veränderung aufweisen, ist die Güterpalette in ihrer Verbreitung inzwischen gewandelt. Mitte der dreißiger Jahre sind wichtige Güter daran, zur Grundlage von neuen Lebensstilen, insbesondere auch in der Freizeit, zu werden. Freizeit und die Individualisierung sind die Motoren einer zusätzlichen Konsumausweitung, die danach folgt. Die durchschnittliche Haushaltsgröße sinkt in der neuen Industrialisierungswelle beträchtlich.

Wenn man zur Beschreibung des Wachstums der industriellen Produktion auf der Welt in der Nachkriegszeit nur die Information über ein einziges Produkt verwenden will, welches nimmt man dann? Die Antwort ist einfach: Die bloße *Zahl* der auf der Welt produzierten Personenwagen.[46] Diese Zahl ist mehr als ein Indikator, sie ist die Schlüsselgröße, denn jeder vierte Arbeitsplatz in den westlichen Industrieländern hing direkt oder indirekt mit dem Auto zusammen.

Die Gründe für die Stagnation der Grundstoffbranche Petrochemie und der Trägerbranche Automobil liegen auf der Hand. In der westlichen Gesellschaft des Zentrums ist die Sättigungsgrenze des herkömmlichen Automobilverkehrs physisch wie von der ökologischen Tragbarkeit her überschritten. Die Personenwagendichte liegt 1980 in Nordamerika und in Ozeanien bei 400 bis 540 Personenwagen auf 1000 Einwohner, die Kindergartenpopulation und die der Altersheime mitgezählt! Im westlichen Europa liegen die Zahlen von wenigen Ausnahmen abgesehen zwischen 300 und 400. Nur Japan liegt mit 200 noch darunter. Auch wenn in den übrigen Ländern rein rechnerisch noch ein Riesenmarkt zu erschließen wäre, eine ähnlich dichte Motorisierung dieser Länder mit der *vorhandenen* Technologie würde eine Umweltkatastrophe gigantischen Ausmaßes für die Welt bedeuten.

Die Weltlage erfordert, daß wir dieses und ähnliche Probleme zukunftsgerichtet und integrativ lösen. Ein neuer, sanfterer und ressourcensparender technologischer Stil ist ökologisch notwendig, und er erlaubt gleichzeitig eine breitere Teilnahme der Weltbevölkerung an den Möglichkeiten der Technik, was beim zu Ende gehenden Stil unmöglich war.

Anmerkungen

1 Den Begriff des technologischen Stils habe ich, wie erwähnt, von Carlota Perez übernommen. Sie betont eher das Idealtypische, während es mir um einen Realtypus geht. Vgl. Carlota Perez, »Structural Change and Assimilation of New Technologies in the Economic and Social Systems«, *Futures*, 15 (5), Oktober 1983, S. 357-375.
Dankbar bin ich *Thomas Allmendinger* und *Jens Krumme*, die mich als Chemiker bzw. Physiker in der Forschung bei Fragen zu diesem Kapitel beraten haben. Fehler in der vorliegenden Fassung des Kapitels gehen ausschließlich zu meinen Lasten.
2 Mason Haire, »Biological Models and Empirical Histories of the Growth of Organizations«, in Mason Haire (Hg.), *Modern Organization Theory*, New York: Wiley, 1959, S. 272-306. William H. Starbuck, »Organizational Growth and Development«, in James G. March (Hg.), *Handbook of Organizations*, Chicago: Rand McNally, 1965, S. 482 f.
3 Vgl. Edith T. Penrose, *The Theory of the Growth of the Firm*, London: Blackwell, 4. Aufl. 1968.
4 Vgl. Volker Bornschier, *Wachstum, Konzentration und Multinationalisierung von Industrieunternehmen*, Frauenfeld und Stuttgart: Huber, 1976, S. 81 und 104.

5 Oliver E. Williamson,»Hierarchical Control and Optimum Firm Size«, The Journal of Political Economy, 75 (2), 1967, S. 123. Er zitiert an der Stelle Kenneth E. Boulding. Übersetzt nach Bornschier, *Wachstum* ..., a.a.O., S. 81.
6 Vgl. Volker Bornschier, *Wachstum* ..., a a.O., S. 82. Edith T. Penrose, *The Theory of the Growth of the Firm* , a.a.O.
7 Alfred D. Chandler, *Strategy and Structure. Chapters in the History of the American Industrial Enterprise,* Cambridge (Massachusetts): The M.I.T. Press, 1962.
8 Alfred Chandler, a.a.O., S. 44.
9 Die Rationalisierung, die wir als *Taylorismus* bezeichnen, setzt sich eigentlich in *zwei Wellen* durch. Die erste Welle ist geprägt durch das »works management movement« (vgl. Leland H. Jenks, »Early Phases of the Management Movement«, *Admistrative Science Quarterly,* 5, 1960/61, S. 421-447), in dessen Rahmen Frederick Taylor seine Konzeptionen entwickelt und publizistisch sehr gekonnt vor allem nach der Jahrhundertwende verbreitet. Wichtige Rationalisierungsprozesse - durchaus im Sinne Taylors - setzten jedoch bereits mit der Welle der 1880er Jahre ein und wurden vom Works management movement als recht heterogener, aber aktiver Rationalisierungsbewegung getragen (vgl. etwa Daniel Nelson, *Managers and Workers. Origins of the New Factory System in the United States 1880-1920,* Madison: University of Wisconsin Press, 1975. Samuel Haber, *Scientific Management in the Progressive Era 1890-1920,* Chicago: University of Chicago Press, 1964). Während dabei in Amerika arbeits- und verwaltungsorganisatorische Restrukturierungen vorgenommen wurden, konzentrierten sich in Deutschland (vgl. Jürgen Kocka, »Industrielles Management: Konzeptionen und Modelle in Deutschland vor 1914«, *Vierteljahreszeitschrift für Sozial- und Wirtschaftsgeschichte,* 65, 1969, S. 332-372. Derselbe: *Unternehmer in der deutschen Industrialisierung,* Göttingen: Vandenhoeck & Ruprecht, 1975) und etwa der Schweiz (Rudolf Jaun, *Management und Arbeiterschaft,* Zürich: Chronos Verlag, 1986) solche Rationaliserungsprozesse eher auf verwaltungsorganisatorische Aspekte.
Die *zweite* Welle, die wir nun als eigentlich »tayloristisch« bezeichnen, unterscheidet sich von der ersten zum einen in den USA durch eine markante Intensivierung der durch das Works mangement movement begonnenen Rationalisierung der Wirtschaft, in Deutschland und der Schweiz durch die nun an das amerikanische Vorbild sich anlehnende Übernahme vermehrt auch arbeitsorganisatorischer Rationalisierungen, zum anderen durch die Aufnahme und Einbindung der taylorschen Rationalisierungsvorstellungen in die gewerkschaftlichen Positionen - Deutschland geht hier allerdings einen eigenen Weg. Dadurch ist die Basis gelegt für die ungeheure Expansion dieser Rationalisierungsvorstellungen in der Welle, die mit den dreißiger Jahren anhebt. Vgl. auch Milton J. Nadworny, *Scientific Management and the Unions 1900-1932,* Cambridge (Mass.): Harvard University Press, 1955.
Die ergänzenden Angaben zu dieser Anmerkung verdanke ich *Gaetano Romano* und *Kurt Imhof.* Vgl. auch: Kurt Imhof und Gaetano Romano, »Krise und sozialer Wandel«, *Internationale Jahrbücher für Rechtsphilosophie und Gesetzgebung,* hg. von O. Weinberger, Wien, 1988, i.D.
10 Frederick Winslow Taylor, *The Principles of Scientific Management,* New York: Harper and Row, 1911. Dt. *Die Grundsätze der wissenschaftlichen Betriebsführung,* München und Berlin, 1917.
11 Vgl. weiter hinten, Kap. 9.
12 Auch künstliche Verkürzung der Lebensdauer von Produkten, um den Ersatzbedarf anzukurbeln.
13 Gerhard Mensch, *Das technologische Patt. Innovationen überwinden die Depression,* Frankfurt: Umschau, 1975, S. 219.
14 Gerhard Mensch, a.a.O., S. 121.
15 Gerhard Mensch, a.a.O., S. 142.
16 Gerhard Mensch, a.a.O., S. 176-178.

17 Alfred Kleinknecht, »Post -World War II Growth as a Schumpeter Boom«, in Ivan Berend und Knut Borchardt (Hg.),*The Impact of the Depression of the 1930's and its Relevance for the Contemporary World* (Comparative studies prepared for the A/5 session of the 9th International Economic History Congress, 24.-29. August in Bern, Schweiz). Bern, 1986, S. 375. Die Serie a bezieht sich auf grundlegend neue Produkte (einschließlich wissenschaftlicher Instrumente), nach einer Arbeit von Kleinknecht aus dem Jahre 1981.
Die Serie b: Basisinnovationen nach Jacob van Duijn aus dem Jahre 1979 (der wiederum stützt sich auf Baker, 1976, De Bono, 1974, Enos, 1962, Freeman, 1974, Jurkes et al., 1969, van der Kooy, 1978, Lander, 1969).
Die Serie c: Basisinnovationen nach Hanstein und Neuwirth, 1982 (aus verschiedenen, nicht spezifizierten Quellen).
Die Serie d: Basisinnovationen nach Mensch, aber von Kleinknecht ergänzt und revidiert nach der Kritik von Clark, Freeman und Soete aus dem Jahre 1981.
Vgl. auch die umfangreiche Darstellung von Alfred Kleinknecht, *Innovation Patterns in Crisis and Prosperity. Schumpeter's Long Cycles Reconsidered*, London: Macmillan, 1987.
18 Jacob van Duijn, »Fluctuation in Innovations over Time«, *Futures*, 13 (4), August 1981, S. 271. John Clark, Christopher Freeman und Luc Soete, »Long Waves, Inventions and Innovations«, *Futures*, 13 (4), August 1981, S. 308-322. Letztere postulieren im übrigen, daß Innovationshäufungen mit zentralen Erkenntnissen der wissenschaftlichen Grundlagenforschung, deren Dynamik nicht durch ökonomische Zyklen determiniert werden, zusammenfallen. Die These von Gerhard Mensch, a.a.O., ist, wie erwähnt, daß Innovation und Inventionen insofern unabhängig sind, als letztere nicht gebündelt sind. Das Fazit von Clark, Freeman und Soete: Innovationen sind bezüglich der langen Welle exogene Variablen.
19 Vgl. Jacob van Duijn, »Fluctuations ...«, a.a.O.
20 Alfred Kleinknecht, »Post-World War II Growth as a Schumpeter Boom«, a.a.O., S. 378. Das Material stammt von C. Freeman, J. Clark, L. Soete, *Unemployment and Technical Innovation. A Study of Long Waves and Economic Development*, London: Frances Pinter, 1982.
21 Vgl. Jean Gimpel, *La révolution industrielle du Moyen Age*, Paris: Edition du Seuil, 1975 (dt. Ausgabe, nach der zitiert wird, 1980: *Die industrielle Revolution des Mittelalters*, Zürich: Artemis).
22 Jean Gimpel, a.a.O., S.19.
23 Martin Bell, *Changing Technology and Manpower Requirements in the Engineering Industry*, Sussex: Sussex University Press, 1972. Rod Coombs, »Long Waves and Labor-Process Change«, *Review*, VII (4), Frühling 1984, S. 675-701.
24 So auch Rod Coombs, a.a.O.
25 Rod Coombs, a.a.O., S. 686 f.
26 David Landes, *The Unbound Prometheus. Technological Change and Industrial Development in Western Europe from 1750 to the Present*, Cambridge University Press, 1969.
27 Datierung für Basisinnovation in diesen Abschnitten, wenn nicht anders vermerkt, nach Gerhard Mensch, a.a.O.
28 Die folgenden Angaben zur Entwicklung der Erdölindustrie stammen aus Jacob van Duijn, »Fluctuation in Innovations over Time«, a.a.O., S. 271.
29 Elemente des zukünftigen technologischen Stils werden auch von Joseph Huber behandelt. Vgl. sein Buch: *Die verlorene Unschuld der Ökologie*, Frankfurt: S. Fischer, 1982.
30 Vgl. Jörg Bürgi, »Technologische Stile - konkret«, Bericht über die Exkursionen zu meinem *Seminar Technologische Stile*, Zürich, 1987, vervielfältigt.

31 1961 sind weltweit 7.300 Computer installiert. Nur zwei Jahre später sind es bereits 16.500. Quelle für diese wie die folgenden Angaben: »3000 Jahre Computergeschichte«, in *Tele Extra ‹Computer›*, Nr. 11, 1985.
32 Schätzung basierend auf Hans E. Siegrist (Ingenieurschule Biel) an der Tagung der Schweizerischen Studiengesellschaft für Motorenbetriebsstoffe (SSM), 1986 in Bern.
33 Die in neuerer Zeit stark angestiegene Publikationstätigkeit in Richtung alternativer und regenerierbarer Energieformen dokumentiert das große Interesse für dieses Gebiet. Eine Selektion in Richtung eines universellen Energieträgers ist indessen (noch) nicht erfolgt. Hier sei auf eine vielversprechende Arbeit hingewiesen, in der der Einstieg in eine *Methanol-Wirtschaft* via Methanol-Brennstoffzellen vorgeschlagen wird: Thomas Allmendinger und Philipp Hasler, »Konzept einer alkalischen Methanol-Brennstoffzelle«, *Chimia*, 1988, i.D.
34 Vgl. *Der Spiegel*, 40 (5), 1986, S.124 ff: IBM auf dem Weg zur weltgrößten Firma.
35 Thomas Hanke, »An der Wiege einer neuen Informationstechnologie. Technologie und Gesellschaft«, *Neue Zürcher Zeitung*, Fernausgabe, Nr. 220, 1986.
36 Das Weltmarktvolumen der angewandten Genetik entwickelt sich entsprechend rasant. Frank-Michael Bahr schätzt es für 1981 auf rd. 60 Mio. $, 1985 bereits auf 730 Mio. $, und 1990 dürfte es nach konservativen Schätzungen bei 13,4 Mrd. US-$ liegen. Frank-Michael Bahr, »Biotechnologie und abhängige Gesellschaften«, *Informationen über Multinationale Konzerne*, 4/86, 1986, S. 10-12.
37 Frederick Winslow Taylor, a.a.O.
38 Die Quelle der Grunddaten ist: Wolfgang Kleber, »Die sektorale und sozialrechtliche Umschichtung der Erwerbsstruktur in Deutschland 1882-1970«, S. 24-75 in: Max Haller und Walter Müller (Hg.), *Beschäftigungssystem im gesellschaftlichen Wandel*, Frankfurt und New York: Campus, 1983, S. 70 f.
39 Horst Kern und Michael Schumann, *Das Ende der Arbeitsteilung?*, München: Beck, 1984, S. 247 f und 253. Die Identität der Firma wird bei Kern und Schumann nicht enthüllt. Es dürfte sich um die BASF handeln.
40 Jean Gimpel, a.a.O., S. 19 ff.
41 Quellen sind: Reinhard Stockmann, Guido Dahm und Klaus Zeifang, »Die Entwicklung der Struktur von nichtlandwirtschaftlichen Arbeitsstätten und Unternehmen von 1875 bis 1970«, S. 64. (Beitrag zum Kolloquium: »Beschäftigungssystem im Wandel«, Universität Mannheim, Dez. 1981. Abgedruckt im Sammelband von Max Haller und Walter Müller (Hg.), *Beschäftigungssystem im gesellschaftlichen Wandel*, Frankfurt und New York: Campus, 1983, S. 97-177.) Die numerischen Werte wurden aus der Diplomarbeit von Reinhard Stockmann übernommen (*Struktur und organisatorischer Wandel nichtlandwirtschaftlicher Arbeitsstätten im Deutschen Reich und in der Bundesrepublik Deutschland*, Universität Mannheim, 1981. Dort S. 109).
42 Zitiert nach: Jean Fondin, *Das Auto. Ein halbes Jahrhundert Geschichte,* Lausanne: Mondo, 1968, S. 59. Nach der gleichen Quelle zählt man 1899 in den USA 190 Automobil-Konstrukteure, in Frankreich hingegen 702.
43 Jean Fondin, a.a.O., S. 128.
44 Jean Fondin, a.a.O., S. 141, nennt hier das Jahr 1928 für das Erscheinen der klopffesten Benzine (mit Bleitetraethyl-Zusatz), während Gerhard Mensch, a.a.O., die Innovation des klopffesten Benzins mit 1935 datiert.
45 Petroleum wurde ursprünglich auch als Hautheilmittel breit verwendet und deshalb in Apotheken vertrieben.
46 Die Angaben stammen aus *Automobil Revue*, verschiedene Jahrgänge.

5 Politökonomische Regimes

Das politökonomische Regime ist ein Bündel von sozialen Einrichtungen, die der Regulierung des sozialen Verhaltens, der Konsensbildung, der Kompromißfindung und der Konfliktaustragung dienen. Das Regime oder Regelungssystem ist politisch, weil es kollektiv verbindliche Prozesse im Rahmen von Territorien betrifft, und ökonomisch, weil dadurch wirtschaftliche Entscheidkalküle und die Ergebnisse von wirtschaftlichem Handeln intentional betroffen werden. Politökonomische Regimes existieren nicht nur innerhalb von Territorialstaaten, sondern auch zwischen diesen, nämlich in Form von internationalen Regimes.[1] »Weltmarkt« z.B. ergibt sich nicht automatisch, sondern ist ein soziales Konstrukt, das aus vielfältigen Regelungssystemen im Rahmen der politischen Weltökonomie besteht.

An dieser Stelle soll das Konzept des politökonomischen Regimes nicht ähnlich breit wie der technologische Stil behandelt werden, da wir in den beiden nächsten Kapiteln eingehend darauf zurückkommen werden, wenn die Formierung und Karriere des politökonomischen Regimes im letzten Gesellschaftsmodell und der damit verbundene Konfliktzyklus Thema wird. Hier sollen die Dimensionen des Konzepts dargestellt und empirische Hinweise auf Diskontinuitäten über längere Zeit gegeben werden.[2]

Die verschiedenen, in einem Gesamtpaket eingeschnürten Komponenten, die ein Regime umschreiben, lassen sich auf vier Komplexe vereinfachen.

1. *Grad der politischen und wirtschaftlichen Teilnahme,* die ein Regime einer Bevölkerung erlaubt. Beide Arten der Teilnahme müssen sich nicht entsprechen. Hier geht es um zweierlei:
(a) Um die Umschreibung der politischen Partizipationsrechte: Wer darf und wie darf er an politischen Entscheiden teilnehmen?
(b) Um die Umschreibung der wirtschaftlichen Partizipationsrechte: Wer darf und auf welcher Grundlage darf er wirtschaftliche Entscheidungen treffen und wirtschaftliche Ressourcen nutzen? Hierbei geht es um die Definition von Voraussetzungen für die Teilnahme an wirtschaftlichen Entscheidungen, z.B. Eigentumsrechte als Rechte auf Entscheidungsbefugnis und Rechte auf Nutzung, aber auch um Rechte

auf bloße Nutznießung an den Ergebnissen der sozialen Produktion auf der Grundlage von Quasi-Eigentumsrechten (Sozialversicherungsansprüchen), weiter z.B. um Rechte auf Teilnahme am wirtschaftlichen Geschehen überhaupt (Recht auf Arbeit) und schließlich um Rechte auf Teilnahme an den Voraussetzungen für wirtschaftliche Tätigkeit (z.B. Recht auf Bildung, Recht auf freie Berufswahl).[3]

2. Weiter ist die *Abgrenzung der Sphäre des Marktes und der kollektiven Entscheidung* als Teil des Regimes anzuführen. Die Abgrenzung der Marktsphäre von der kollektiven Sphäre beeinhaltet auch eine Umschreibung der Aufgaben von Privaten und der staatlichen Organe. Neben der Abgrenzung von Markt und Staat geht es aber auch darum, ob und wie weit der Staat in Marktprozesse eingreifen soll (z.B. Mindestlöhne, regulierte Preise in politisch sensiblen Bereichen, Kartellpolitik usw.).

3. Weiter sind der *Komplex der kollektiven Willensbildung* und *Formen der Konfliktverarbeitung* zu nennen. Die politische Machtstruktur, worauf ein Regime gründet, d.h. die Institutionen wie direkte Demokratie, parlamentarische Demokratie, Präsidialsystem und die Zentralisierung oder Dezentralisierung von Gebietskörperschaften, legt hier nicht alle bedeutsamen Regelungen fest. Vielmehr geht es auch im außer- und vorparlamentarischen Feld um weitere Regelungssysteme, wie mit Konflikt umgegangen wird (z.B. die Institution der Tarifautonomie) und wie Konsens erzielt wird, z.B. die Institution des Vernehmlassungsverfahrens in der Schweiz oder ein korporatistisches institutionelles Arrangement außerhalb der politischen Sphäre im engeren Sinne.[4]

4. Schließlich die eigentliche politökonomische *Machtkonstellation*, die freilich auch ohne ein Regime vorhanden ist, nämlich die reine oder »nackte« Machtpolitik.

Politökonomische und moralische Regimes

»Realistische« Ansätze der Konzeptualisierung von Politik sehen politisches Handeln als den resultierenden Vektor von Machtkonstellationen. Deshalb ist es wichtig, darauf hinzuweisen, daß eine solche Konstellation noch kein Regime ist. Zwar hat die Machtkonstellation einen Einfluß auf Regimes, aber letztere sind, solange sie funktionieren mehr, nämlich Regelungen mit normativer Basis und mit entsprechenden institutionellen Ausgestaltungen, die einem *Begründungszwang* unterliegen.

Die Vorstellung eines Regimes beinhaltet, daß nicht dauernd nur nach Maßgabe der puren Machtverhältnisse gehandelt wird, und nicht dauernd

Konflikt derart besteht, daß unüberbrückbare Gräben zwischen Gruppen im politischen Kampf gezogen sind. Vielmehr gibt es in einem Regime ein »common understanding«, eine Übereinkunft zumindest in grundlegenden Bereichen und in bezug darauf, wie Konflikte »friedlich« zu lösen sind. Ein solcher *Basiskonsens* bedeutet nichts anderes als sozialer *Frieden,* der mehr als die Abwesenheit von »Krieg« ist, bei dem Parteien Vorteile zulasten anderer erstreben *und* gewaltsame Mittel einsetzen. Man kann auch sagen, daß dem Regime ein *Gesellschaftsvertrag* zugrundeliegt.[5]

Die Begründung der Regeln des Handelns

Regeln des Handelns im Rahmen eines Regimes ergeben sich aus einem Zusammenspiel zwischen Machtverhältnissen und Begründungen jenseits partikularistischer Machtinteressen.[6] Diese Begründungen rechtfertigen die Regelungen im Rahmen einer Moral. Deshalb sprechen wir von einem *Regime*.

Die Moral ist in der Kultur verankert. Sie ist die theoretische Seite der Kultur und schreibt das richtige Handeln vor: wie es sein soll. Darüber hinaus ist die Kultur praktisch, insofern sie das »Wie« des Handelns in verschiedensten Bereichen umreißt, und sie ist pragmatisch insofern die reale Machtkonstellation neben dem normativen Begründungszusammenhang in die Regeln und Institutionen einfließt (vgl. Übersicht 5.1).

Die *Werte* sind gleichsam die Positionslaternen des kulturellen Systems. Sie liefern die Orientierungen, aber widersprüchliche, wie wir begründet haben. Wir haben in Kapitel 2 einen sparsamen Vorschlag mit nur zwei Leitwerten der modernen Gesellschaft gemacht: Effizienzstreben und Gleichheitsanspruch, die dem Machtstreben als drittem Prinzip entgegenstehen. Aus den genannten Werten sind andere ableitbar, z.B. der der Freiheit. Weiter sind diese Leitwerte interpretierbar, so daß daraus ein ganzes System konstruiert werden kann. Dies wird von *normativen Theorien* geleistet. Diese sind viel spezifischer als die Leitwerte. Sie interpretieren die Werte, versuchen ihre Konflikte für Bereiche der Gesellschaft zu versöhnen und begründen normativ, wie man handeln soll. Die kulturelle Macht in der Gesellschaft hat auf die normativen Theorien einen unmittelbaren Einfluß.

Die *normativen Regelungen* und die *Institutionen*, die sie verankern, sind praktisch, insofern sie das »Wie« des Handlungsvollzuges umschreiben, und pragmatisch insofern sie nicht nur über Werte, vermittelt über normative Theorien, sondern auch durch die Gruppenmacht (politische Macht) und die wirtschaftliche Macht in ihrer Ausgestaltung und Handhabung mitbestimmt werden.

Die Übersicht 5.1 beinhaltet zwei Bewertungsprozesse. Einmal stellt sich die Frage nach der Legitimität. Je mehr die soziale Praxis über normative Regelungen in die kulturellen Leitwerte und deren historische Interpretation eingebunden ist, desto höher ist die Legitimität und damit die Massenloyalität gegenüber dieser Ordnung. Je höher die Legitimität, desto geringer ist potentiell gewaltsamer Konflikt und desto geringer auch der Einsatz von Gewalt, um Konflikte zu unterdrücken. Legitimität und Gewalt sind somit Substitute.[7]

Der andere Bewertungsprozeß betrifft die Frage, ob das Regime den eigenen Interessen nützlich ist, und stellt sich für Eliten, die aufgrund ihres Machtpotentials u.U. ohne das Regime, nämlich bei Rückzug auf *reine Machtpolitik*, besser fahren würden. Fallen beide Bewertungen negativ aus, d.h. nehmen Massenloyalität und Elitenloyalität ab, so kommt es nach einer Erosion des Regimes zum Zusammenbruch desselben: Der »Frieden« wird aufgekündigt.

Übersicht 5.1
Begründungen und Beeinflussungen von Regelungen

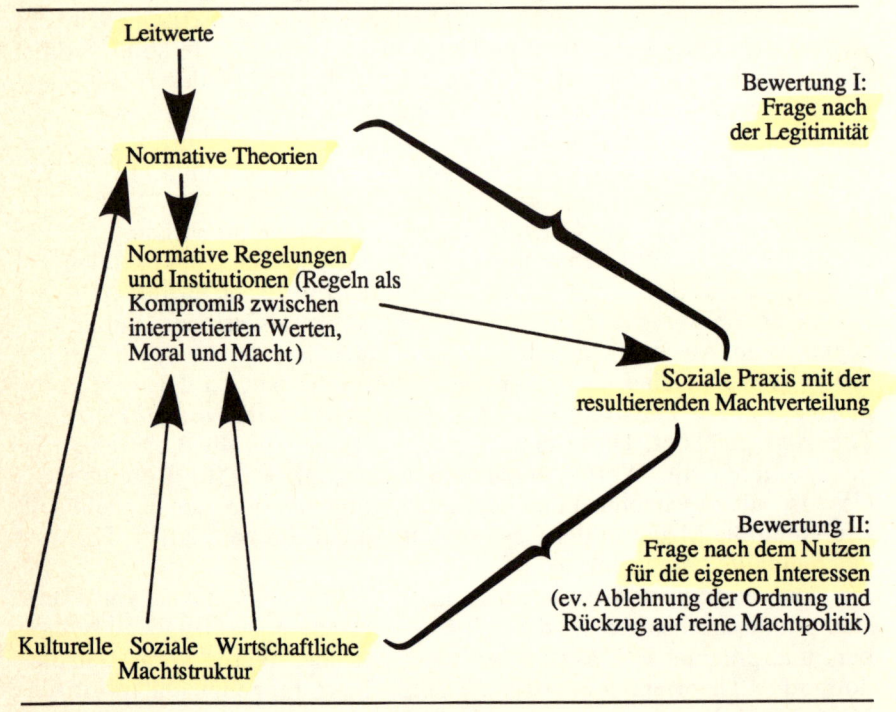

Leitwerte
↓
Normative Theorien
↓
Normative Regelungen und Institutionen (Regeln als Kompromiß zwischen interpretierten Werten, Moral und Macht)
↑
Kulturelle Soziale Wirtschaftliche
Machtstruktur

→ Soziale Praxis mit der resultierenden Machtverteilung

Bewertung I:
Frage nach der Legitimität

Bewertung II:
Frage nach dem Nutzen für die eigenen Interessen (ev. Ablehnung der Ordnung und Rückzug auf reine Machtpolitik)

Internationale Regimes

In den letzten Jahren ist eine intensive Diskussion um internationale Regimes im Rahmen der amerikanischen Politikwissenschaft in Gang gekommen.[8] Das Konzept des internationalen Regimes wurde in den siebziger Jahren zunächst von John Ruggie eingeführt.[9] Mittlerweile hat sich eine eigentliche »Regime-Schule« herausgebildet, in der weitgehend Einigkeit besteht, was unter einem *internationalen Regime* zu verstehen sei. Solche Regimes werden demnach definiert als ein »Set von impliziten oder expliziten Prinzipien, Normen, Regeln und Entscheidungsprozeduren, um die sich die Erwartungen der betroffenen Akteure in einem bestimmten Bereich internationaler Beziehungen annähern«.[10] Die genaue Bedeutung und die gegenseitige Abgrenzung von Prinzipien, Normen, Regeln und Prozeduren für die Entscheidungsfindung wird zwar nicht klar herausgearbeitet, doch scheinen sie Verhaltensregeln von unterschiedlichem Spezifitätsniveau darzustellen. So werden Prinzipien und Normen als die allgemeinen Charakteristika (Strukturen), Regeln und Prozeduren als deren spezifische Realisierungen aufgefaßt.[11] Ein Regime kann sich nach dieser Sichtweise in seiner besonderen Ausgestaltung ändern, ohne daß dabei jedoch die zugrundeliegenden Prinzipien und Normen berührt werden.

Im Vergleich zur Konzeption eines politökonomischen Regimes - so wie zu Beginn dieses Kapitels dargestellt - läßt sich in grundlegenden Punkten eine Übereinstimmung erkennen. Auch internationale Regimes werden als soziale Institutionen und Regelungssysteme verstanden. Allerdings ist das Konzept internationaler Regimes etwas einseitig auf formale Institutionen ausgerichtet. Schwach institutionalisierte internationale Regimes, wie beispielsweise der Weltmarkt, werden daher von der Regime-Schule häufig nicht als eigentliche Regimes betrachtet.[12]

Für die Erklärung der Entstehung und des Zerfalls internationaler Regimes liegen innerhalb der Regime-Schule zwei konkurrierende Theoriestränge vor, deren gegensätzliche Positionen sich allerdings in jüngster Zeit angenähert haben. Der *funktionalistische* oder *institutionalistische* Ansatz[13] gründet auf der traditionellen funktionalistischen Theorie internationaler Beziehungen[14] und argumentiert, daß infolge der wachsenden internationalen Interdependenzen und der steigenden Interaktionsdichte im internationalen System langfristig ein erhöhtes Bedürfnis nach internationaler Kooperation entstünde. Demgegenüber sehen die *Realisten* oder *Strukturalisten*[15] die Schaffung und die Aufrechterhaltung internationaler Regimes auf Macht und Hegemonie beruhend. Entsprechend wird der Zerfall von Regimes mit dem Niedergang von Hegemonien in Verbindung gebracht.[16]

126 • *Westliche Gesellschaft im Wandel*

Regimes im Gesellschaftsmodell

Das politökonomische Regime steht selbst wiederum in einem größeren Zusammenhang, dem Gesellschaftsmodell, das den technologischen Stil ebenfalls einschließt. Die Übersicht 5.2 versucht, die wichtigsten Zusammenhänge einzufangen.

Dem moralischen Regime kommt in diesem Zusammenhang eine Schlüsselstellung zu. Wenn ein politökonomisches Regime erodiert ist und sich die Elemente eines neuen technologischen Stils schon entwickelt haben, findet eine längere Theoriedebatte statt, bei der die Lager sehr gespalten sind zwischen Zukunftspessimisten und -optimisten. In den bisherigen Debatten haben in der Regel die »Fortschrittsfreunde« die Oberhand behalten, trotz der intellektuell stark verankerten Modernekritik. Ich glaube, daß ist kein Zufall. Die westliche Gesellschaft ist utopisch und zwar notgedrungen aus ihren inneren Widersprüchen heraus, die kaum einen besseren Ausweg offenlassen als die »Rückkehr in die Zukunft«. Und bisher hat diese Rückkehr jedesmal ein bißchen mehr Realisierung der Prinzipien der westlichen Gesellschaft in ihrer Sozialstruktur gebracht.

Übersicht 5.2
Beziehungen zwischen dem moralischen und politökonomischen Regime sowie dem technologischen Stil

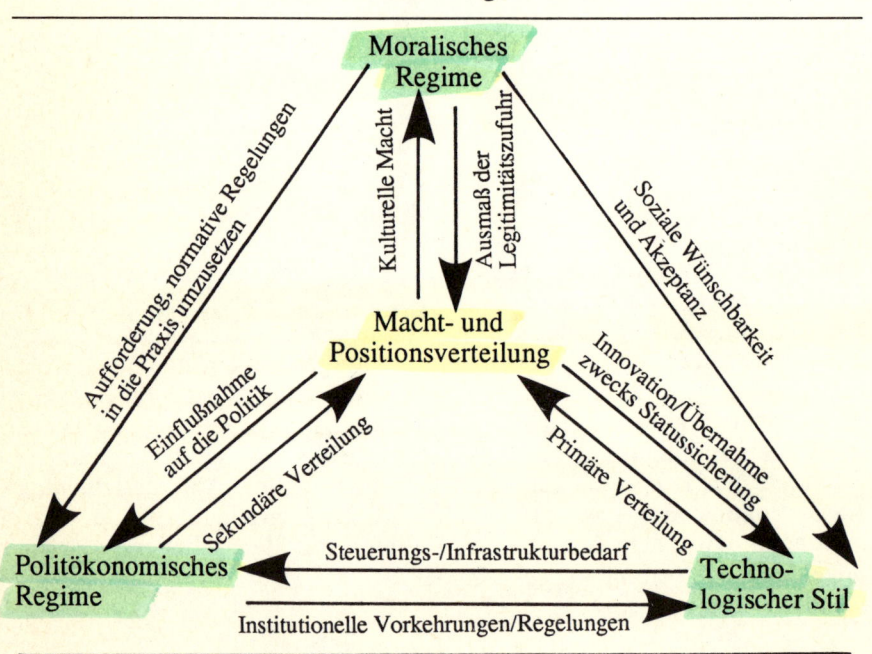

Gewinnen normative Theorien überhand, die eine positive Zukunft perzipieren, dann gehen davon Aufforderungen an die Praxis aus, die institutionellen Vorkehrungen im Rahmen eines erneuerten Sozialpaktes zu schaffen (z.B. Bewältigung der Übergangsarbeitslosigkeit, Bereitstellung der nötigen Infrastruktur, Regulierung der Wirtschaft, Umweltverträglichkeit etc.), unter denen die Zukunft mit einem neuen technologischen Stil akzeptabel, ja wünschenswert wird.

Erneuerter Gesellschaftsvertrag. Ein erneuerter Grundkonsens und die Formierung eines veränderten politökonomischen und moralischen Regimes sind dann der Beginn eines neuen Gesellschaftsmodells, deren institutionelle Vorkehrungen rasch implementiert werden. Die Karriere eines solchen neuen Gesellschaftsmodells und die Konfliktsequenz, die sie begleitet, wird in den nächsten Kapiteln Gegenstand sein. Hier sei nur soviel vorweggenommen: Der neue Basiskonsens und der erneuerte Gesellschaftsvertrag nach der Phase des intensiven Dissenses und der Ratlosigkeit stellen *zunächst* nur einen Burgfrieden dar. Es wird ein Wechsel auf die Zukunft gezogen, dessen Bonität darüber entscheidet, ob und wie sich der neue technologische Stil flankiert vom erneuerten Regime entfaltet. Das faktische Eintreten der Versprechungen und die Faszination der neuen Güterpalette mit ihrem Lebensstil kann dann eine breite Zustimmung zum neuen Modell bewirken.

Gerechtigkeitsreformen im Hoch. Die Ausgestaltung des neuen Gesellschaftsvertrages, d.h. der neue Basiskonsens, ist zu Beginn ausbaufähig und auf Zukunft hin angelegt. Als Antwort auf den beginnenden Dissens, wenn die großen Wachstumsschübe bei der Entfaltung des technologischen Stils vorbei sind, die Zukunft mithin die Gegenwart erreicht hat, kann es zu Erweiterungen im politökonomischen Regime nach den Prinzipien des moralischen Regimes kommen, um das Modell zu retten. Wir sprechen in diesem Zusammenhang von sogenannten *Gerechtigkeitsreformen* im Hoch.[17] Solche Reformen betreffen das vermehrte Einlösen von Versprechungen, die mit dem erneuerten Gesellschaftsvertrag und seinen Prinzipien schon zu Anfang gegeben waren, die aber aufgrund von Widerständen seitens interessierter Kreise nicht oder nicht vollumfänglich eingelöst worden waren.

Aufkündigung des sozialen Friedens. Nach der Sättigung des Modells, wenn nämlich die Problemlösungskapazität am Ende ist, kommt es zu Auflösungserscheinungen und schließlich zur Zersetzung. Nicht nur Konflikte werden stärker, sondern der »Frieden« kann von Gruppen aufgekündigt werden, und im Staatensystem wächst die Wahrscheinlichkeit von kriegerischen Auseinandersetzungen.

Gibt es empirische Evidenz für solche Ereignisse: Wichtige Etappen der Erneuerung des politökonomischen Regimes *vor* dem Aufschwung,

Gerechtigkeitsreformen im wirtschaftlichen Hoch und gewaltsame Konflikte im Abschwung? In einem ersten Durchgang über mehrere Wellen der gesellschaftlichen Veränderung soll geprüft werden, ob es sich lohnt, die Hypothese über die Entwicklung von politökonomischen Regimes aufrechtzuerhalten.

Empirische Evidenzen für Diskontinuitäten

Wir betrachten die drei gemeinsamen Wellen der gesellschaftlichen Entwicklung im Zentrum. Die erste beginnt, als sich die Industrialisierung und das sie tragende gesellschaftliche Gerüst von England auf den Kontinent, nach Nordamerika und (verzögert) nach Japan ausbreitet. Die Strukturformel dieser Wellen in bezug auf die Expansionsgeschwindigkeit der Weltindustrieproduktion ist weiter vorne in Schaubild 3.1 auf S. 74 festgehalten. Beim politökonomischen Regime machen wir folgende Beobachtungen. Vor jedem langen industriellen Aufschwung steht jedesmal eine signifikante Erneuerung des politökonomischen Regimes.

Erneuerung des Gesellschaftsvertrags

Vor der ersten Welle. Vor dem Beginn der Generalisierung des Gesellschaftsmodells im Zentrum steht der liberale Aufruhr. Die liberalen Revolten und Bewegungen haben die politische Liberalisierung und die Gewährleistung eines freien Marktes und freier wirtschaftlicher Betätigung auf ihre Fahnen geschrieben. Das Projekt *Handels- und Gewerbefreiheit* steht dafür. Die Gewerbefreiheit wird zwar in verschiedenen westeuropäischen Ländern über einen Zeitraum von Jahrzehnten institutionalisiert[18], aber dennoch ist eine klare Welle bei der Diffusion dieses Projektes zu erkennen, die nur von der Restaurationsperiode unterbrochen wird (vgl. Schaubild 11.3 auf S. 305).

Sieht man von den beiden Fällen mit verspäteter Nationenbildung ab (Italien und Deutschland) sowie vom Fall Finnland (bis 1918 unter russischer Herrschaft und deshalb nicht souverän), so ist in Westeuropa 1830-39 der Median bei der Ausbreitung bereits überschritten. Das arithmethische Mittel für das Einführungsjahr der Gewerbefreiheit für die erwähnten 10 westeuropäischen Fälle ist das Jahr 1833. Der allgemeine Aufschwung bei der Weltindustrieproduktion beginnt 1835/1845. Der Teil der Bevölkerung im Zentrum, der die neuen Freiheiten auch benutzen kann, ist vergleichsweise gering, denn freie wirtschaftliche und politische Betätigung ist einer Minorität vorbehalten. Die Masse der Bevölkerung steht außerhalb des Modells - es handelt sich um einen Gesellschaftsvertrag innerhalb einer eingeschlossenen Minorität. Die obligatorische Massenbildung gehört nur für einen kleinen Teil der westeuropäischen Länder zum ersten Modell. Bis 1842 haben nur 3 von 14 Ländern die Pflichtschule tatsächlich eingeführt (vgl. Tabelle 10.5 auf S. 266).

Vor der zweiten Welle. Zu Beginn der achtziger Jahre des vorigen Jahrhunderts wird ein neuer und breiterer Basiskonsens gesucht, und zwar durch eine entscheidende Ausdehnung der politischen Partizipation. Wichtige Wahlrechtsausdehnungen in 12 westeuropäischen Ländern gruppieren sich vor dem Aufschwung.[19] Das mittlere Einführungsjahr ist 1883, und bis 1888 hat dieser Prozeß in 8 von 12 Ländern stattgefunden.[20] Wenn schon vorher eine breite politische Partizipationsmöglichkeit bestand, wie z.B. für Männer in der Schweiz (seit 1848), so kommt es trotzdem um diesen Zeitpunkt herum zur Erweiterung der Volksrechte. In der Schweiz wird das Referendum 1874 und die Volksinitiative 1891 eingeführt. Die Gründung von Arbeiterparteien fällt mit Schwergewicht in das Jahrzehnt 1880-89: Gründungen fanden in dem Jahrzehnt in 7 von 11 Fällen statt, so daß am Ende der achtziger Jahre des vorigen Jahrhunderts in 9 von 11 westeuropäischen Ländern Arbeiterparteien bestanden (vgl. Schaubild 11.3 auf S. 305).

Das Konzept der *Pflichtschule* gehörte nun generell zum neuen politökonomischen Regime. Die Pflichtschule wird in den neun Fällen, die noch keine Pflichtschule hatten, um 1880 eingeführt (z.B. England 1880, Frankreich 1882).[21] Mit anderen Worten haben wir um 1880 eine Häufung von drei Elementen eines erneuerten politökonomischen Regimes: Wahlrechtsausdehnung und Selbstorganisation der Arbeiterklasse sowie die Generalisierung der obligatorischen Massenbildung. Der Aufschwung der Weltindustrieproduktion beginnt nach unseren Daten nach 1883 (vgl. Schaubild 3.1 weiter vorne auf S. 74).

Vor der dritten Welle. Vor dieser Welle kommt es zu wesentlichen Änderungen in der politischen Ökonomie, die zu beschreiben sind durch eine neue und aktive Rolle des Staates in der Wirtschaft, die staatliche Lösung des Problems der Arbeitslosigkeit, den Übergang zu einer keynesianischen Wirtschaftspolitik (nachfrageorientiert und antizyklisch gegensteuernd), das Entstehen von korporatistischen Arrangements bei der Interessenvermittlung und den umverteilende *Wohlfahrtsstaat,* dessen Kernelemente die obligatorischen Sozialversicherungen sind. Zeitgleich, 1932/33, erfolgten signifikante Änderungen im Regime in Schweden, den Vereinigten Staaten und im Deutschen Reich. Auf diese historischen Varianten wird im nächsten Kapitel noch einzugehen sein. Die demokratischen Varianten (sozialdemokratische und sozialliberale) haben sich im zweiten Weltkrieg durchgesetzt und gewannen Vorbildcharakter. Der Aufschwung der dritten Industrialisierungswelle beginnt nach dem Jahr 1932 und für einen Teil der Länder - durch den Krieg unterbrochen - 1945.

Der Ausbau und die Generalisierung des Wohlfahrtsstaates zwischen 1930 und 1950 kann an den Zahlen für 13 westeuropäische Länder gezeigt werden.[22] 1930 betrugen die Aufwendungen für die vier Sozialversicherungen in Prozent des Bruttoinlandproduktes 2,8 %, 1950 waren es 4,9 %. Wichtiger als dieser Anstieg (der nach 1960 noch viel stärker war) ist die Abnahme der Unterschiede zwischen den Ländern. Der Variationskoeffizient bei den Aufwendungen sank dramatisch von V=.75 (1930) auf V=.31 im Jahre 1950.[23]

Gerechtigkeitsreformen

Im Hoch der Welle kam es dreimal zu signifikanten Reformen oder Reformversuchen, um das Gesellschaftsmodell zu retten.

Im Hoch der ersten Welle. Die Reformen betreffen die Einführung der Koalitionsfreiheit, logisch eigentlich ein Pendant zur Gewerbefreiheit, die in ihrer Einführung im Jahre 1833 zentriert war. Wir beobachten eine Welle der Einführung der Koalitionsfreiheit 1850-1869 (vgl. Schaubild 11.3 auf S. 305). Das arithmetische Mittel beim Einführungsjahr der Koalitionsfreiheit für neun westeuropäische Länder (ohne Italien, Deutschland und Finnland, vgl. weiter oben) ist das Jahr 1856, noch innerhalb der Prosperitäts-Rezessionsphase (vgl. Schaubild 3.1 auf S. 74).

Im Hoch der zweiten Welle. In der Prosperitäts-Rezessionsphase 1903-1913 kommt es nach Wolfgang Mommsen zu einem »Erdrutsch« nach links in den meisten politischen Systemen und zwar im Gefolge einer Welle von Klassenkampf mit Massen- und Generalstreiks.[24] Aber die Reformkapazität des Gesellschaftsmodells ist insgesamt gering.[25] Die Frage nach dem Nutzen der Ordnung für die eigenen Interessen dürfte für Kapital und Arbeit auf eine generelle Ablehnung einer reformistischen Politik in dieser Phase hinausgelaufen sein (vgl. Übersicht 5.1 auf S. 124). Immerhin sind einige Reformbestrebungen zu nennen.

Nach dem erdrutschartigen Wahlsieg der Liberalen in England 1906 (sozialliberales Wahlbündnis)[26] kommt es zur Spaltung in zwei Lager; eine gewisse Reform ist die Entmachtung des House of Lords (1909-11). In Frankreich experimentiert eine sozialistische Regierung mit freiwilligen Sozialversicherungen, aber der Widerstand der Kapitalisten ist groß.[27] Immerhin tauchen im Hoch der zweiten Welle *freiwillige* Sozialversicherungen auf,[28] und es kommt zu einer stärkeren Verantwortlichkeit der Regierung gegenüber dem Parlament, selbst bei autoritären Regimes wie im Deutschen Reich.[29]

Im Hoch der dritten Welle. Im Hoch der letzten Welle beobachten wir in Europa um und kurz nach 1960 einen Schwall von Schulreformen, die auf eine höhere Durchlässigkeit und geringere schichtspezifische Rekrutierung der höheren Schulen zielen. In den Vereinigten Staaten ist die

Bürgerrechtsbewegung zu nennen, die 1964 zum Bürgerrechtsgesetz führt, das die rassische Diskriminierung verbietet. Auch beobachten wir eine Welle von Gerechtigkeitsreformen, die in dieser Zeit zumindest begonnen werden, nämlich die gesetzliche Verankerung der Gleichberechtigung von Mann und Frau, z.B. im Eherecht (vgl. Tabelle 12.1 auf S. 325). Schließlich nimmt nach 1960 die Staatsquote in allen westlichen Ländern z.T. stark zu, und die umverteilenden Aktivitäten des Staates werden verstärkt, auch erleben die Sozialversicherungen einen weiteren Ausbau.[30]

Aufkündigung des sozialen Friedens

Dreimal häufen sich nach der Prosperitäts-Rezessionsphase, nämlich in der Krise, die gewaltsamen Konflikte, die eine Aufkündigung des Friedens zwischen Gruppen in der Gesellschaft wie zwischen Staaten beinhalten.

In der Krise der ersten Welle. Um die Zeit 1856-1866, die nach unserer Strukturformel eine Krise in der Dynamik der Weltindustrieproduktion darstellt (vgl. Schaubild 3.1 auf S. 74), kommt es zu einer Häufung von kriegerischen Ereignissen, daß man fast geneigt ist, von »Weltkrieg« zu sprechen. Drei Kriege zwischen Staaten und drei Bürgerkriege finden statt.[31] Von den Ländern, die heute zum Zentrum zählen, waren *neun* Staaten in Interstaatenkriege oder Bürgerkriege verwickelt.

In der Krise der zweiten Welle. Nach der Prosperität-Rezessionsphase 1903-1913 beginnt nach unserer Strukturformel 1913 die Krise. 1914 bricht der erste Weltkrieg dieses Jahrhunderts aus und ein großer Teil der Zentrumsstaaten befindet sich im Krieg miteinander.[32] Europa erlebt neben der russischen Revolution von 1917 bis zur Mitte der zwanziger Jahre eine Welle von Revolutionen[33] und ebenfalls eine Häufung von Guerilla-Kriegen.[34]

In der Krise der dritten Welle. In der Krise ab 1973 finden wir ebenfalls eine Häufung von gewaltsamem Konflikt. Weltkrieg ist zum Glück infolge der gegenseitigen atomaren Abschreckung kaum mehr ein rationales Kalkül. Aber die westliche Hegemonialmacht ist in einen langen und verlustreichen Krieg verwickelt.[35] Dies ist der Krieg der USA in Asien[36], der sich allmählich zu einem klassischen, wenngleich unerklärten Krieg ausweitete, spätestens als die USA den Krieg 1970 auf Kambodscha ausweiteten und 1972 den Luftkrieg gegen Nordvietnam eröffneten.

Weiter kommt es mit Höhepunkt 1973/74 zu einer Nord-Süd-Konfrontation, die den Charakter eines Weltklassenkampfes hat.[37] Einige Etappen dieses Kampfes haben auch im engeren Sinne Kriegscharakter (»Ölwaffe«). Dazu gehört das Erdölembargo der Arabischen Länder gegen die USA und die Niederlande.[38] Schließlich ist die um 1970 beginnende

Welle von Terrorismus, einschließlich internationalem Terrorismus, als Indikator für die Aufkündigung von Frieden in der Krise zu nennen.

Zwei bedeutende Kriege dieses Jahrhunderts, der Krieg in Europa und in Asien, die 1939 bzw. 1937 beginnen und sich zum zweiten Weltkrieg dieses Jahrhunderts ausweiten,[39] fallen nicht in eine Krisenphase, sondern in eine Aufschwungsphase. Auf Unterschiede in der Verursachungskette hat kürzlich Bruce Russett empirisch abgestützt hingewiesen; wir kommen darauf in Kapitel 7 zurück.

Diskontinuitäten bei internationalen Regimes

Auch internationale Regimes weisen Diskontinuitäten auf. Zum internationalen Handelsregime hat Stephen Krasner Daten für die Offenheit desselben präsentiert; er findet folgende Schwankungen[40]: Die Zeit zwischen 1820 und 1879 ist durch eine zunehmende Offenheit im Handelsregime gekennzeichnet. Zölle werden allgemein abgebaut (eine wichtige Ausnahme sind die USA, die stark protektionistisch bleiben). Die Außenhandelsquoten sind allgemein steigend und hoch.

Die Periode 1879-1913 ist durch eine moderate Abschließung im Welthandelsregime gekennzeichnet. Die Zölle werden angehoben. Zwar wird das Regime 1900-1913 wieder etwas offener, aber die Zölle sinken nicht. Die Außenhandelsquote nimmt erst etwas ab (bis 1900) und dann wieder zu (bis 1913). In der Periode 1918-1939 erfolgt eine starke Abschließung. Die Zölle werden in zwei Wellen erhöht, in den zwanziger und dreißiger Jahren. Die Außenhandelsquote sinkt sehr stark, so daß man fast geneigt ist, vom Zusammenbruch des Welthandels zu sprechen.

In der Periode 1945-1970 herrscht im Gefolge der Bretton Woods Abkommen, und institutionell durch das GATT abgestützt, eine große Offenheit, die 1960-1968 ihren Höhepunkt erreicht (Kennedy-Runde des GATT). Die Zölle werden herabgesetzt, und die Außenhandelsquote nimmt zu. Über die Daten von Stephen Krasner hinaus können wir ab 1970 wieder eine Schließung im Welthandelsregime beobachten, der Protektionismus nimmt wieder zu, was sich gut an der Entwicklung des Welthandelsregimes zeigen läßt.[41]

Folgende Regelmäßigkeiten sind konstruierbar. In Phasen mit einer unangefochtenen Hegemonie, nämlich in der britischen und amerikanischen, herrscht ein liberales Welthandelsregime. In Phasen des Wettbewerbs im Zentrum um die Führung herrscht ein »merkantilistisches« Welthandelsregime. Weiter versuchen wir folgendermaßen zu generalisieren: In Abschwungphasen von langen Wellen ist das Regime merkantilistischer als im Aufschwung, unabhängig von der Hegemonialsituation, und im Höhepunkt ist eine größere Liberalität zu verzeichnen.

Wir schließen diesen Abschnitt mit der Hypothese, daß internationale Regimes aus dem Zusammenspiel von längeren Hegemonialzyklen und kürzeren Zyklen im politökonomischen Regime entstehen.

Zusammenfassung

In diesem wie im vorangegangenen Kapitel haben wir Diskontinuitäten im sozialen Wandel theoretisch beschrieben und empirische Hinweise gesucht. Die herangezogenen Daten legen den Schluß nahe, daß Veränderungen beim politökonomischen Regime diskontinuierlich stattfinden, ähnlich wie beim technologischen Stil, aber nicht zeitgleich.[42]

Bevor im nächsten Kapitel der technologische Stil und das politökonomische Regime in ihrem Zusammenspiel als Gesellschaftsmodell betrachtet werden, das durch eine Karriere geht und mit einer bestimmten Konfliktsequenz verbunden ist, soll hier zum Abschluß noch einmal die zusammenfassende Übersicht 5.3 über Diskontinuitäten gegeben werden, für die wir Material präsentiert haben.[43]

Übersicht 5.3
Zusammenfassende Darstellung zur Entwicklung des politökonomischen Regimes und des technologischen Stils

	Diskontinuitäten bei der politökonomischen Regime-Entwicklung					
Periodisierung	Strukturformel für die Weltindustrieproduktion vgl. Schaubild 3.1 in Kap. 3	Gesellschaftl. Projekte vor dem allgemeinen Aufschwung	Gerechtigkeitsreformen im Hoch	Gravierende Konflikte in der Krise, Aufkündig. d. sozialen Friedens	Internation. Handelsregime
Erste Welle					
ca. 1835-50	Aufschwung u. Prosperität	Markt- und Gewerbefreiheit			
1850-56	Prosperität/ Rezession	Koalitionsfreiheit			»Freihandel« wachsende Liberalisierung des intern. Handelsregimes
1856-66	Krise			Kriege und Bürgerkriege	
1866-72	Zwischenerholung				
1872-83	Depression				

134 • Westliche Gesellschaft im Wandel

Zweite Welle   (Übersicht 5.3 Fortsetzung)

Zeitraum	Phase	Politik/Gesellschaft	Wirtschaft/International
1883-92	Aufschwung	Markante Ausweitung der politischen Partizipation, Pflichtschule	»Merkantilistische Periode«
1892-1903	Prosperität		
1903-13	Prosperität/ Rezession	Gewisse Stärkung der Regierungsverantwortlichkeit gegenüber dem Parlament, freiwillige Sozialversicherungen	
1913-20	Krise		1. Weltkrieg, Revolutionen, Guerilla-Kriege
1920-29	Zwischenerholung		»Hyper-Merkantilistische Periode«
1929-32	Depression		Zusammenbruch des Welthandels

Dritte Welle

Zeitraum	Phase	Politik/Gesellschaft	Wirtschaft/International
1932-45	Aufschwung	Staatliche Intervention i.d. Wirtschaft, Wohlfahrtsstaat	Internationale Ausscheidungs- und Abgrenzungskämpfe bis zum Koreakrieg
1945-58	Wiederaufschwung bzw. Prosperität	Übereinkünfte von Bretton Woods	
1958-66	Prosperität	Schulreformen, Bürgerrechte, Gleichberechtigung der Geschlechter (Beginn)	Liberales Handelsregime, große Offenheit (Kennedyrunde des GATT)
1966-74	Prosperität/ Rezession		Krieg der USA in Asien,
1974-82	Krise		Nord-Süd-»Krieg« mit Einsatz der Ölwaffe, Terrorismus / Neo-Protektionismus, nichttarifäre Handelshemmnisse,
1982-87	Zwischenerholung		Bilateralismus, Handelskriege
1987-	Krise		
ab 1992?	Aufschwung?	...............Mutmaßungen:...............	
		Lösung der Konflikte entlang der Achsen: Ost-West, Nord-Süd, Mensch-Natur. Neukonzeption eines liberalen Wohlfahrtsstaates: Grundeinkommen für alle und mehr Marktfreiheit	Ein sozialliberales Welthandelsregime, explizite Verankerung der Sonder- und Vorzugsbehandlung der Länder der Dritten Welt

Übersicht 5.3 Fortsetzung

Diskontinuitäten bei der technologischen Stilentwicklung (vgl. Kap. 4)

Periodisierung	Strukturformel vgl. oben	Grundstoffe und »Schlüsselprojekt«	Mechanisierung	Arbeitsteilung	Organisation und Eigentum
Erste Welle					
ca. 1835-50	Aufschwung u. Prosperität	Kohle und Stahl »Eisenbahn«	Kraftmaschinen, primäre Mechanisierung	Handwerklich, Maschinenbedienung	Modernes Familienunternehmen
1850-56	Prosperität/ Rezession	Edelstähle tauchen auf			
1856-66	Krise	Erdölindustrie entsteht			Erste Kapitalanlagegesell. (investment trust)
1866-72	Zwischenerholung		Werkzeugmaschinen	Erste Fließbänder	
1872-83	Depression				Kartelle
Zweite Welle					
1883-92	Aufschwung	Stahl und Elektrizität »Elektrifizierung«	Flexible Maschinen: primäre Mech. (Kraft- und Werkzeugm.) durch Elektromotor	Maschinenbedienung	Beginn der Trust- und Konzernbildung
1892-1903	Prosperität				Fusionswelle
1903-13	Prosperität/ Rezession		Sekundäre Mechanis.: Fließ- und Bandtechnologie, kontinuierliche Prozeßproduktion, Chemie u. Petrochemie	Beginn der Verbreitung des Taylorismus, 1912: »Taylorsociety«	
1910-20	Krise				
1920-29	Zwischenerholung	Billige Erölderivate tauchen auf	Beginn der Verbreitung der sekundären Mechanisierung		2. Fusionswelle, mod. Konzernstr., Publikumsgesellschaft
1929-32	Depression				

136 • Westliche Gesellschaft im Wandel

Dritte Welle (Übersicht 5.3 Fortsetzung: technologische Stilentwicklung)

Periode	Konjunktur				
1932-45	Aufschwung	Petroleum u. Kunststoffe			
1945-58	Wiederaufschwung bzw. Prosperität	»Automobilisierung«			
1958-66	Prosperität	Chips tauchen auf	Computerisierung beginnt		
1966-74	Prosperität/ Rezession	Chips verbessern und verbilligen sich	Beginn der tertiären Mechan., Kontrolltechnologie	Diskussion um die Humanisierung der Arbeit	Fusionswelle
1974-82	Krise		Automatisierungswelle		
1982-87	Zwischenerholung	Supraleiter, optische Halbleiter, Energiealternativen	Erste vollautom. Fabriken	Abbau des Taylorismus	Fusionswelle zwischen Weltkonzernen, Markt im Konzern
1987- ab 1992?	Krise Aufschwung?	....................Mutmaßungen:........................			
		Superchips, neue Energie: Wasserstoff, »Informationsgesellschaft«	Vollautom. Fabriken, Eingriffe in die belebte Natur: Biotechnologie industriell	Computergestützte ganzheitlichere Arbeit neben Vollautomatisierung	Weltkonzerne, die die Welt mit neuer Informationstechn. zum »Dorf« machen

Quellen: Abhandlungen in diesem Kapitel zu politökonomischen Regimes und zu technologischen Stilen im vorangehenden Kapitel.

Anmerkungen

1 Arbeiten dazu sind: Stephen D. Krasner (Hg.), *International Regimes*, Ithaca: Cornell Univ. Press, 1983. Robert O. Keohane, *After Hegemony. Cooperation and Discord in the World Political Economy*, Princeton: Princeton University Press, 1984.
2 Hinweise, die für die Überarbeitung dieses Kapitels nützlich waren, verdanke ich *Michael Nollert* und *Christian Suter*.
3 Ein solcher Komplex an Grundrechten wird auch in der Arbeit von Thomas H. Marshall, *Class, Citizenship and Social Development*, Garden City: Anchor Books,

1965, erwähnt. Thomas Marshall unterscheidet auf der Basis eines modernisierungstheoretischen Ansatzes drei Bürgerrechte, die etappenweise in den westlichen Gesellschaften institutionalisiert worden sind. Das erste ist das »civil right«, es umfaßt im Prinzip die bürgerlichen Rechte wie Handels- und Gewerbefreiheit und Schutz vor staatlicher Willkür. Das zweite umfaßt primär die politischen Rechte, also die allgemeine Öffnung des politischen Systems. Das dritte, das »social right«, bildet die Einlösung des Anspruchs auf Wohlfahrt bzw. die Garantie des materiellen Existenzminimums.

4 Zum »Neokorporatismus« vgl. Philippe C. Schmitter und Gerhard Lehmbruch (Hg.), *Trends Toward Corporatist Intermediation*, London und Beverly Hills: Sage, 1979. Die Autoren verstehen darunter eine eingespielte Vermittlung gesellschaftlicher Interessen. Verbände und andere Körperschaften handeln mit dem Staat als organisierendem Zentrum Machtkompromisse aus, und zwar nicht in beliebiger Konkurrenz, sondern nach Maßgabe der Stellung jeder Körperschaft im System der gesellschaftlichen Reproduktion. Machtausübung wird in einem institutionellen Arrangement versachlicht. Der Korporatismusbegriff umfaßt dementsprechend mindestens zwei Dimensionen. Eine wichtige Variante versteht Korporatismus als Arrangement zwischen Staat und Interessenorganisationen in der Politikformulierung und der Implementation (vgl. vor allem Gerhard Lehmbruch). Diese Form der Inkorporation von Verbänden wird denn auch oft mit dem Begriff »Konzertierung« bezeichnet. Hier wird Korporatismus in erster Linie dem liberalistischen »pressure politics«-Modell gegenübergestellt, das die außer- und vorparlamentarische Aktivität der Verbände nicht berücksichtigt. Die andere wichtige Variante versteht unter Korporatismus einen bestimmten Typ der Struktur der organisierten Interessenvermittlung (vgl. vor allem Philippe Schmitter). Idealtypisch liegt demnach Korporatismus dann vor, wenn Arbeitnehmer und Arbeitgeber von je einem Verband, der vom Staat mit monopolistischer Entscheidungsgewalt ausgestattet wird, vertreten werden. Dieses Modell der Interessenvermittlung widerspricht in erster Linie »Pluralismus«-Konzepten, die davon ausgehen, daß sich politisch relevante Organisationen erstens spontan und zweitens in einer unbegrenzten Anzahl bilden.

5 Zum Gesellschaftvertrag vgl. Immanuel Kant, Jean-Jeacques Rousseau sowie: John Rawls, *Eine Theorie der Gerechtigkeit,* Frankfurt am Main: Suhrkamp, 1975. Und Barrington Moore, *Injustice. The Social Basis of Obedience and Revolt,* White Plains (N.Y.): Sharpe, 1978. (Dt. 1982: *Ungerechtigkeit - Die sozialen Ursachen von Unterordnung und Widerstand,* Frankfurt: Suhrkamp.)

6 Vgl. dazu die Gedanken zu einer Diskursethik von Jürgen Habermas, *Kommunikatives Handeln und Moralbewußtsein,* Frankfurt am Main: Suhrkamp, 1983.

7 Vgl. dazu Kapitel 14.

8 Bei der Überarbeitung dieses Abschnittes habe ich von den Bemerkungen und Ergänzungsvorschlägen von *Christian Suter* großen Nutzen ziehen können.

9 Vgl. John Gerard Ruggie, »International Responses to Technology: Concepts and Trends«, *International Organization,* 29, 1975, S. 570 ff. Zur Diskussion des Regime Konzeptes vgl. insbesondere auch die Beiträge im Sammelband von Stephen D. Krasner, *International Regimes,* a.a.O. Weiter: Robert O. Keohane und Joseph S. Nye, *Power and Independence,* Boston: Little, Brown & Company, 1977. Sowie Robert O. Keohane, *After Hegemony,* a.a.O.

10 Vgl. Stephen D. Krasner, *International Regimes,* a.a.O., S. 2.

11 Vgl. insbesondere die Ausführungen von Benjamin J. Cohen zum Zahlungsbilanzfinanzierungsregime nach dem zweiten Weltkrieg in Stephen D. Krasner (Hg.), *International Regimes,* a.a.O., S. 323 ff. Definiert werden Prinzipien, Normen, Regeln und Prozeduren für die Entscheidungsfindung nach Stephen D. Krasner, a.a.O., S. 2, folgendermaßen: "Principles are beliefs of fact, causation, and rectitude. Norms are standards of behavior defined in terms of rights and obligations. Rules are

specific prescriptions or proscriptions for action. Decision-making procedures are prevailing practices for making and implementing collective choice."
12 Dieser Mangel des Konzepts internationaler Regimes wird ausführlicher behandelt bei Ulrich Pfister und Christian Suter, »International Financial Relations as Part of the World-System«, *International Studies Quarterly*, 31 (3), 1987, S. 239-272. Zur Kritik des Regime-Ansatzes vgl. auch Susan Strange, »Cave! Hic Dragones: A Critique of Regime Analysis«, in Stephen D. Krasner, a.a.O., S. 338 ff.
13 Vgl. dazu die Arbeiten von Ernst B. Haas und Oran R. Young in Stephen D. Krasner *International Regimes*, a.a.O.
14 Wichtige Arbeiten dazu sind David Mitrany, *The Functional Theory of Politics*, New York: St. Martin's Press, 1976. Sowie: Ernst B. Haas, *Beyond the Nation State*, Stanford: Stanford Univ. Press, 1964.
15 Vgl. dazu die zitierten Arbeiten von Stephen D. Krasner und Robert O. Keohane.
16 Neuere Befunde aus Analysen zum Wandel internationaler Regimes in den siebziger und achtziger Jahren (also in der Periode des Niedergangs der US-amerikanischen Hegemonie) führten zu einer Akzentverschiebung in der realistischen Position. Einmal stellte man fest, daß sich trotz des Niedergangs der amerikanischen Hegemonie die internationalen Regimes nicht vollständig auflösten, zum anderen entstanden gerade in Phasen der Hegemonialkrise neue - allerdings nur schwach institutionalisierte - internationale Regimes - als Beispiel wäre das internationale Schuldenregime zu erwähnen, vgl. Ulrich Pfister und Christian Suter, a.a.O.
17 Zur allgemeinen Theorie von Gerechtigkeit vgl. John Rawls, a.a.O., und Barrington Moore, a.a.O.
18 Jens Alber, *Vom Armenhaus zum Wohlfahrtsstaat*, Frankfurt und New York: Campus, 1982, S. 39.
19 Jens Alber, a.a.O., S. 39. Ein zweiter wichtiger Ausdehnungsschub ereignet sich um den ersten Weltkrieg. Vgl. Schaubild 11.4 in Kapitel 11 und allgemein: Stein Rokkan und Lars Svåsand, »Zur Soziologie der Wahlen und der Massenpolitik«, in René König (Hg.), *Handbuch der empirischen Sozialforschung*, Band 12, Stuttgart: Enke, 1978, S. 1-72.
20 Zum steilen Anstieg bei der männlichen Wahlberechtigung in Westeuropa in den achtziger Jahren des vorigen Jahrhunderts vgl. auch Peter Flora und Mitautoren, *State, Economy, and Society in Western Europe 1815-1975*, Bd. I. Frankfurt, London, Chicago: Campus/Macmillan/St. James, 1983, S. 460 f.
21 Vg. Tabelle 10.5 in Kapitel 10.
22 Jens Alber, a.a.O., S. 65.
23 Vgl. hierzu auch die Tabelle 11.1 in Kapitel 11.
24 Wolfgang J. Mommsen, *Das Zeitalter des Imperialismus*, Frankfurt: Fischer, 1969, S. 96, 178 ff.
25 Die geringen Reformbestrebungen im Hoch der zweiten Welle könnten auch mit der Verlagerung von internen Spannungen auf die internationale Ebene erklärt werden. Ein solcher Spannungstransfer erfolgte unzweifelhaft im Rahmen des zu jener Zeit dominierenden Sozialimperialismus.
26 Vgl. Wolfgang Mommsen, a.a.O., S. 179.
27 Wolfgang Mommsen, a.a.O., S. 186 ff.
28 Peter Flora und Mitarbeiter, a.a.O.
29 Wolfgang Mommsen, a.a.O.
30 Vgl. dazu auch Kapitel 11.
31 Folgende Ereignisse habe ich bei der Auszählung berücksichtigt: - Krimkrieg, 1854-56 (England, Frankreich und Sardinien gegen das russische Reich; Österreich macht nur mobil und Preußen bleibt neutral). - Krieg Preußens und Österreichs gegen Dänemark, 1864. - Krieg Preußens gegen Österreich, 1866. *Bürgerkriege*: - Italienische Einigungskriege, 1859-61. - Amerikanischer Bürgerkrieg, 1861-65. - Bürgerkrieg (mit Revolution) in Japan, 1861-67. - Den Deutsch-Französischen Krieg

von 1870/71 habe ich nicht mitgezählt, weil er in eine Zwischenerholung der Weltindustrieproduktion fällt.
32 Daneben ist noch der russisch-japanische Krieg, 1904/5, und der japanisch-koreanische Krieg, 1905 und 1910, zu nennen.
33 Quelle: Banks Data File, hier zitiert nach John Coakley: »Cycles of Nationalist Mobilization in Europe: Some Preliminary Remarks«, paper presented at the workshop on »Cycles of Politics«, Annual Meeting of the ECPR, April 1986 an der Universität Göteburg, S. 5.
34 Ebenda.
35 Daneben wäre der Krieg Englands gegen Argentinien im Jahre 1982 zu nennen.
36 Der Vietnamkrieg beginnt 1957, die zweite Phase 1961, in der die USA Kriegspartei werden. Es sei bemerkt, daß die Rezession in den USA deutlich früher als im übrigen Westen einsetzt, vgl. nächstes Kapitel.
37 Die Inkraftsetzung der Deklaration über eine NIEO am 1. Mai 1974 war mit Bedacht gewählt. Das Datum sollte den Kampf des Südens mit dem historischen Kampf der Arbeiterklasse im Norden in Verbindung bringen.
38 Im Gefolge des Yom-Kippur-Krieges. Die Niederlande wurden unter das Embargo eingeschlossen, um den Welterdölmarkt in Rotterdam zu treffen.
39 Die Kriege beginnen 1937 in Asien mit der Invasion Japans in China. In Europa, ausgehend vom Deutschen Reich, mit dem Anschluß Österreichs sowie der Annexion der Sudetengebiete der Tschechoslowakei (1938) und schließlich mit dem Krieg gegen Polen, der den Weltkrieg in Europa auslöst (1939). Weiter ist der Krieg der Sowjetunion gegen Finnland (1939) zu nennen.
40 Stephen D. Krasner, »State Power and the Structure of International Trade«, *World Politics*, 28 (3), 1976, S. 317-347, vgl. dort besonders S. 330. Seine Indikatoren sind: protektionistische Zollerhebung durch Staaten, die Außenhandelsquote und die Konzentration des Handels auf Regionen oder Kolonialreiche.
41 In der Verhandlungsrunde des GATT in Punta del Este, die 1986 begonnen hat, stehen zwei Anliegen im Vordergrund: »standstill« und »rollback« beim Protektionismus. Die Handelshemmnisse seit 1970 betreffen weniger »offizielle Zollerhöhungen« (die gibt es zwar auch) als vielmehr versteckte und verdeckte, sogenannte nichttarifäre Handelshemmnisse (Quoten oder Auflagen) und eine Rückkehr zum Bilateralismus, der gegen die Meistbegünstigungsklausel im GATT verstößt. Der GATT-Generaldirektor Arthur Dunkel faßte zum 40-Jahr-Jubiläum der Welthandelsorganisation die Entwicklung seit den siebziger Jahren bis 1987 folgendermaßen zusammen: »Die Diskriminierung wettbewerbskräftiger Auslandsproduzenten hat sich alarmierend ausgeweitet (...) (und) das multilaterale Handelssystem zeitweise nahe an den Zusammenbruch geführt« (vgl. *Neue Zürcher Zeitung*, Nr. 252, 1987, S. 33).
42 Auf den Wechsel bei den Themen der politischen Debatte haben wir hingewiesen, aber weitere Forschungen sind hier nötig. Im Rahmen eines von mir geleiteten Projektes, das der Schweizerische Nationalfonds fördert, wird der Wertewandel und der Wandel bei den Orientierungen in der Schweiz seit dem liberalen Projekt 1830/1848 untersucht. *Manuel Eisner* bearbeitet dieses Thema im Rahmen seiner Dissertation. Auch bedarf der angenommene Wechsel bei den normativen Theorien noch weiterer Forschungen.
43 Interessante Mutmaßungen zu den Inhalten der nächsten Welle der gesellschaftlichen Entwicklung im Zentrum hat Joseph Huber in zwei Büchern formuliert. Eher mit Bezug auf technologische Stile: Joseph Huber, *Die verlorene Unschuld der Ökologie,* Frankfurt: S. Fischer, 1982. Und eher mit Schwergewicht auf dem politökonomischen Regime: Derselbe, *Die Regenbogengesellschaft*, Frankfurt: S. Fischer, 1985.

6 Die Karriere von Gesellschaftsmodellen

Bereits im dritten Kapitel über die *Quanten im sozialen Wandel* haben wir die begriffliche Grundlage für das vorliegende Kapitel gelegt, in dem wir eine formale und historisch-komparative Behandlung vornehmen. Die *Gesellschaftsmodelle* sind die Quanten des sozialen Wandels. Und jedes stellt eine versuchte Verzahnung von technologischem Stil und politökonomischem Regime dar. Die Betonung liegt auf *versuchter* Verzahnung. Die Veränderungen in den Bereichen der Gesellschaft, die mit technologischem Stil und politökonomischen Regime umrissen sind, finden *phasenverschoben* statt, aus Gründen, die wir bereits angesprochen haben (Kap. 3). Deshalb gibt es keine vollkommenen Gleichgewichtszustände, vielmehr eine Evolution von Ungleichgewichten, die allerdings in jedem Modell eine Phase halbwegs gelungener Koppelung von politökonomischem Regime und technologischem Stil aufweisen.

Die Vorstellung eines Gesellschaftsmodells, das Etappen durchschreitet, die wir unter dem Begriff »Karriere« zusammenfassen, setzt Anfang und Ende voraus. Der Anfang besteht im Programmwechsel, der einen bewußten Neuanfang mit Erneuerung des Gesellschaftsvertrages beinhaltet. Wir werden zu zeigen versuchen, daß dieser Anfang von Gesellschaftsmodellen historisch klar erkennbar ist. Im letzten Modell waren 1932/33 die Schlüsseljahre, in denen institutionelle Innovatoren tätig wurden.

Das Ende eines Modells wird zuerst durch die Grenzen und dann durch den Zusammenbruch der Problemlösungsfähigkeit eines politökonomischen Regimes angezeigt. Wenn die Problemlösungsfähigkeit des Regimes an Grenzen stößt und die Kohärenz des Maßnahmenbündels verlorengeht, kommt es zu Auflösungserscheinungen und in wachsendem Maße wird der soziale Frieden aufgekündigt. Die Zersetzungsphase bedeutet mehr als bloß Auflösungserscheinungen. Teile des Maßnahmenbündels werden aufgegeben oder ausgewechselt, ohne daß etwas kohärentes Neues entsteht. Beispiele im letzten Modell sind Abbau des Wohlfahrtsstaates und der Wechsel von keynesianischer Politik zum Monetarismus.

Im folgenden behandeln wir zunächst das allgemeine theoretische Modell, um im Anschluß daran auf die Ausgestaltungsvarianten in der historischen Phase der dreißiger Jahre sowie die Merkmale und Dynamiken des siegreichen neokorporatistischen, keynesianischen Gesellschaftsmodells einzugehen.

Die formale Behandlung

Beim technologischen Stil und politökonomischen Regime unterscheiden wir jeweils vier Etappen.

Die *Etappen beim Regime* sind: (1) Formierung, (2) Entfaltung, (3) Sättigung und Auflösungserscheinungen, (4) Zersetzung. Der soziale Prozeß des politökonomischen Regimes oszilliert zwischen wachsender und abnehmender Problemlösungsfähigkeit.

Minimale Problemlösungs- fähigkeit	Formierung	Entfaltung	Maximale Problem- lösungs- fähigkeit
	Zersetzung	Sättigung und Auflösungser- scheinungen	

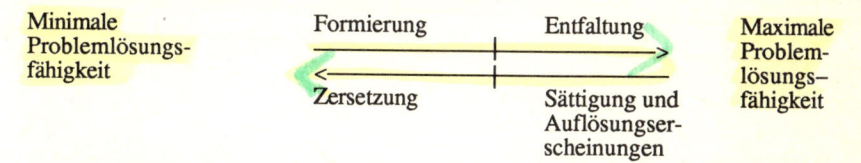

Die *Etappen beim Stil* sind: (1) neue technologische Stilelemente verkoppeln sich, (2) der Stil kristallisiert und diffundiert, (3) die Diffusion sättigt sich, und neue Stilelemente tauchen auf, (4) der technologische Stil heterogenisiert sich. Der soziale Prozeß des technologischen Stils *oszilliert* zwischen abnehmender und zunehmender Homogenität. Wenn ein neuer Stil voll diffundiert ist, erreicht die Homogenität ihr Maximum:

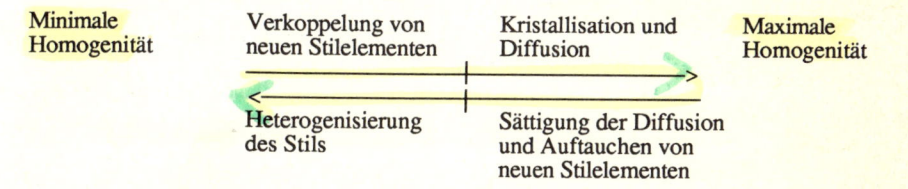

Minimale Homogenität	Verkoppelung von neuen Stilelementen	Kristallisation und Diffusion	Maximale Homogenität
	Heterogenisierung des Stils	Sättigung der Diffusion und Auftauchen von neuen Stilelementen	

Wir haben damit zwei soziale Prozesse, die aufeinander bezogen sind und jeweils zwischen zwei Zuständen in vier Etappen oszillieren. Beide sozialen Prozesse sind entscheidend für die Steuerung des wirtschaftlichen Geschehens und für den Konfliktzyklus im Verlauf der Karriere eines Gesellschaftsmodells. Den Zusammenhängen mit dem Konfliktzyklus wird das ganze nächste Kapitel gewidmet sein.

Die Problemlösungsfähigkeit des politökonomischen Regimes ist die institutionelle Infrastruktur des wirtschaftlichen Geschehens - ein wichtiges Element der makroökonomischen Produktionsfunktion. Sie schafft somit *Voraussetzungen* für wirtschaftliches Wachstum. Die Etappen im technologischen Stil sind entscheidend für die Gewinne und die industrielle Expansion. In der Verkoppelungsetappe (1) bewirken die Quantensprünge der Produktivität erhöhte oder wiedergewonnene Gewinnspannen für Gruppen von Unternehmen, aber eben nicht für alle. Die Reinvestition dieser Gewinne im Sinne der harmonischen Ausbreitung des Stils bleibt aber bescheiden, weil der Ausdehnung des Konsums Grenzen gesetzt sind. In diesen Phasen werden deshalb tendenziell Finanzanlagen gegenüber Industrieanlagen vorgezogen.

Mit der Kristallisation (2) ändert sich das. Es entstehen kumulative Prozesse aufwärts infolge der Konsumausweitung und den industriell reinvestierten Gewinnen aus den Quantensprüngen bei der Produktivität. Es sei aber darauf aufmerksam gemacht, daß die großen Gewinne und industriellen Reinvestitionen im Aggregat eine Folge der *Übernahme* des technologischen Stils sind, denn die Übernahme beinhaltet die behandelten Quantensprünge in der Produktivität. Je mehr der Stil bereits diffundiert ist, desto geringer werden deshalb die Wachstumsschübe im Aggregat.

Wir nehmen *für die Formalisierung* an, daß die beiden Entfaltungsprozesse *regelmäßig* oszillieren, einerseits zwischen geringer und großer Problemlösungsfähigkeit des Regimes und andererseits zwischen geringer und großer Homogenität der Wirtschaftseinheiten bezüglich des technologischen Stils. Regelmäßig soll heißen, daß eine konstante Geschwindigkeit des sozialen Prozesses *unterstellt* wird.

Werden die Etappen mit konstanter Geschwindigkeit durchschritten, so sind harmonische Schwingungen vom Typ einer Sinusfunktion das Resultat. Problemlösungsfähigkeit und Homogenität können so als Funktion der Zeit dargestellt werden. Dieses Bild von harmonischen Schwingungen darf nicht falsch, d.h. als ewige Wiederkehr des Gleichen verstanden werden. Vielmehr interpretieren wir sie folgendermaßen. Obwohl jeder technologische Stil und jedes Regime etwas historisch Einmaliges darstellen, so folgen sie doch im Zeitverlauf einem ähnlichen *Entstehungs-* und *Zerfallsprozeß*.

Wir erinnern daran, daß die Prozesse im Rahmen des technologischen Stils und des politökonomischen Regimes nicht zeitgleich ablaufen. In Begriffen von harmonischen Schwingungen sind sie phasenverschoben. Die bereits angesprochene theoretische Begründung liegt in der unterschiedlichen sozialen Steuerungslogik. Entscheidungen, die die Komponenten des technologischen Stils ausmachen, finden dezentral statt und sind marktgesteuert. Sie werden von Akteuren nach *individuellen* Nutzenkalkülen getroffen. Dagegen erfordern Entscheidungen über Komponenten, die das

6 Die Karriere von Gesellschaftsmodellen • 143

politökonomische Regime ausmachen, vorgängig Konsensbildung und *kollektive* Aktion. Diese Prozesse sind nicht wertneutral, vielmehr wert- und interessengebunden.

Daraus ergibt sich die bereits vorher eingeführte Ungleichzeitigkeit beider Prozesse, selbst wenn sie intentional optimal aufeinander bezogen sein wollten. Die Zeitverzögerung beim politökonomischen Regime ist eine Funktion von zwei Faktoren:
(1) Inwieweit beide Prozesse intentional aufeinander bezogen sind;
(2) wie schnell der Konsensbildungsprozeß abläuft bzw. wie rasch kollektive Entscheidungen getroffen werden können.

Der *erste Faktor* betrifft die Konzipierung des Verhältnisses von Wirtschaft und Staat. Diese ist sowohl historisch wie auch beim Vergleich von Gesellschaften einer Variation unterworfen. Trotz der neuen Rolle des Staates als Interventionsstaat nach 1932 (vgl. weiter unten) hat sich z.B. in den USA eine klassisch-liberale Sichtweise des Verhältnisses von Wirtschaft und Staat stärker erhalten. Trotz bemerkenswerter Erfolge bei der Formierung eines neuen Regimes 1933-1945 wurde dadurch die Entfaltung des neuen Regimes nach 1945 verzögert. Der *zweite Faktor* betrifft die politische Ordnung und ihre Institutionen der kollektiven Willensbildung. Wir vermuten, daß je demokratischer der Willensbildungsprozeß, desto größer normalerweise die Zeitverzögerung. Autoritäre Entscheidungssysteme können zwar das Regime schneller mit dem Stil koppeln, erreichen aber keinen ähnlichen Basiskonsens von einiger Dauer wie Demokratien.

Diese Überlegungen zu unterschiedlichen Zeitverzögerungen werden wir später wieder aufnehmen. Vorerst treffen wir vereinfachende Annahmen, die für die Formalisierung unumgänglich sind. Wir nehmen eine Phasenverschiebung von einer viertel Phase an. Dadurch werden die Formierungsphase (1) beim Regime und die Kristallisationsphase (2) beim Stil gekoppelt. Der neue technologische Stil beginnt bereits vor seiner Kristallisation. Schon vorher haben sich nämlich neue Elemente in signifikanter Weise zu entfalten begonnen. In der Kristallisationsphase sind dann alle Elemente vorhanden und verknüpft, aber keineswegs homogen über die Unternehmen verteilt.

In Schaubild 6.1 sind die beiden Prozesse Problemlösungsfähigkeit (Regime) und Homogenisierung (Stil) eine viertel Phase verschoben dargestellt. Die Abwicklung dieser Prozesse über die Zeit ist als zwei harmonische Schwingungen vom Sinustyp darstellbar, die phasenverschoben sind. Wenn der technologische Stil bereits sein Homogenisierungsmaximum erreicht hat, erfolgt erst die volle Entfaltung des Regimes.

Schaubild 6.1
Phasenverschobene Zyklen der Ausbreitung des technologischen Stils und der Problemlösungskapazität des politökonomischen Regimes sowie die resultierende Wahrscheinlichkeit der wirtschaftlichen Expansion

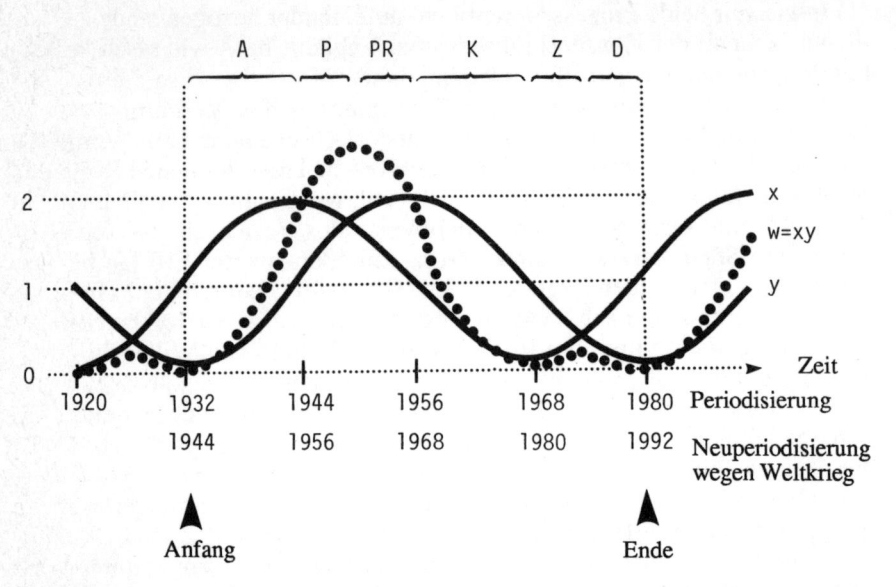

Legende:
A (Aufschwung), P (Prosperität), PR (Prosperität/Rezession), K (Krise), Z (Zwischenerholung), D (Depression): Die Phasen nach der Strukturformel der langen Welle, vgl. Schaubild 3.1 auf S. 74.

w: Wahrscheinlichkeit für die Höhe des wirtschaftlichen Wachstums.
x: Ausbreitung (Homogenisierung) des technologischen Stils.
y: Problemlösungskapazität des politökonomischen Regimes.

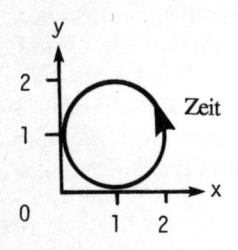

Wirtschaftliche Expansion

Im Anschluß an diese formalisierte Behandlung schlagen wir eine Hypothese vor, die die wirtschaftliche Expansion als eine Funktion des Zustandes bei der Diffusion des Stils und der Problemlösungsfähigkeit des Regimes betrachtet. Dadurch wird der wirtschaftliche Zyklus im Modell *endogenisiert*.

Die Wahrscheinlichkeit der wirtschaftlichen Expansion ist neben anderen Faktoren eine Funktion der Ausbreitung des technologischen Stils *und* der Entfaltung des politökonomischen Regimes. Mit anderen Worten: Die wirtschaftliche Expansionsgeschwindigkeit ist umso größer, je stärker die Diffusion des Stils *und* je größer die Entfaltung des Regimes. Es handelt sich um eine multiplikative Beziehung. Im vorangegangenen Schaubild 6.1 wird diese Hypothese formalisiert. Die Zustände des Stils und des Regimes werden zu diesem Zweck multipliziert. Das Produkt ist die erwartete wirtschaftliche Expansion. Die Hypothese sagt in einem Gesellschaftsmodell ein *wirtschaftliches Hoch* und eine *Zwischenherholung* voraus. Das wirtschaftliche Hoch ist um den Schnittpunkt der Entfaltung des Stils und des Regimes lokalisiert. Die Zwischenerholung ergibt sich an der Schnittstelle der Entfaltung der Elemente eines neuen technologischen Stils und der Zersetzung des alten Regimes. Das Modell sagt in der Zwischenerholung nur eine geringe Wachstumsdynamik voraus. Unabhängig von diesen Unterschieden in der Höhe sind die sozialen Prozesse, die dem Hoch und der Zwischenerholung zugrundeliegen, sehr verschieden. Darauf wird zurückzukommen sein.

Kann dieses formalisierte Modell die Wirklichkeit beschreiben? Wir untersuchen dies anhand der Expansion der Weltindustrieproduktion. In Kapitel 3 (S. 73 und 74) haben wir in Zusammenhang mit den langen Wellen eine Strukturformel als Gesetzmäßigkeit von aufeinanderfolgenden Phasen der Industrieproduktion für insgesamt drei Wellen vorgeschlagen: A-P-PR-K-Z-D. Diese Strukturformel kann mit dem Modell in Schaubild 6.1 erklärt werden:

A: Der *Aufschwung* wird durch die Diffusion des neuen technologischen Stils getragen. Dieser kraftvolle Prozeß nach der Kristallisation des Stils mit sehr hohen, aber erratischen Wachstumsraten kann beginnen, sobald ein neues Regime als stützende Grundlage formiert ist.

P: Die *Prosperität* wird einerseits getragen vom Stil, dessen Diffusion an Geschwindigkeit zwar abgenommen hat, aber immer noch nicht ganz abgeschlossen ist, und andererseits von der Entfaltung des Regimes, dessen Problemlösungsfähigkeit kräftig steigt.

PR: Die *Prosperität-Rezession* ist dadurch gekennzeichnet, daß die Diffusion des Stils gesättigt ist und eine beginnende Heterogenisierung infolge neuer Stilelemente erkennbar ist. Das Wachstum wird in seiner Dynamik hauptsächlich vom Regime getragen. In der letzten Welle war dies die Phase einer intensiven Konjunkturpolitik, der Kaufkraftschöpfung und der Infrastrukturinvestitionen im Rahmen des sich noch weiter entfaltenden Regimes.

K: Die *Krisenphase* beginnt, nachdem das Regime an die Grenzen der Problemlösungsfähigkeit gestoßen ist, Rezession und beginnender technologischer Stilwandel aber einen steigenden Problemlösungsbedarf verursachen. Stil und Regime bewegen sich beide »abwärts«. Ein gutes illustratives Beispiel im letzten Gesellschaftsmodell ist der Widerspruch der keynesianischen Wirtschaftspolitik ab ca. 1970, mit deren Instrumentarium nicht gleichzeitig die Rezession und die Inflation bekämpft werden kann. Die Folge dieses Widerspruches war das Phänomen der Stagflation.[1] Die Krisenphase erstreckt sich über eine vergleichsweise lange Zeitspanne. In dieser Spanne machen gewöhnlich konkrete Ereignisse die Krise spektakulär im allgemeinen Bewußtsein manifest. In den siebziger Jahren war es z.B. die Ölkrise.

Z: Die *Zwischenerholung* wird durch den Stilwandel getragen. Wenngleich der neue Stil sich noch nicht kristallisiert hat, so entwickeln sich doch gewisse Elemente des Neuen kraftvoll. Aber das alte Regime stützt *nicht* das Neue, vielmehr zersetzt es sich weiter im Angesicht von inadäquater Problemlösungsfähigkeit. Im letzten Modell fand ein Wechsel oder eine Wende im Regime um 1980 statt. Diese *Wende* ist charakterisiert durch Tendenzen des Abbaus beim Wohlfahrtsstaat, durch einen Wechsel von keynesianischer Wirtschaftspolitik zum Monetarismus (Versuch, die Wirtschaft über die Geldmenge zu steuern) und zur angebotsorientierten Wirtschaftspolitik (Abbau von Regulierungen, der die Initiative der Unternehmer stimulieren soll).

D: Die *Depression* ist dadurch gekennzeichnet, daß das Regime den Tiefpunkt der Problemlösungsfähigkeit erreicht. Das Regime ist »zerfasert« und nicht mehr kohärent. Entsprechend politisch umstritten sind Maßnahmen der Wirtschaftspolitik. Gleichzeitig schafft der sich anbahnende neue Stil wachsende Probleme. Die Wirtschaft erlebte in der Zwischenerholung eine Rationalisierungswelle, aber vorerst ist keine neue Güterpalette und damit kein Konsumaufschwung in Sicht. Damit ist der Zyklus geschlossen. Erst die Kristallisation des technologischen Stils (erneuerte Güterpalette) *und* die Formierung eines erneuerten Gesellschaftsvertrages mit wiederhergestellter Problemlösungsfähigkeit kann einen neuen, längerfristig tragfähigen Aufschwung bringen.

6 Die Karriere von Gesellschaftsmodellen • 147

Die wirtschaftliche *Zwischenerholung* hat nach dem Modell in Schaubild 6.1 nur eine vergleichsweise geringe Wachstumswahrscheinlichkeit. Aber die betrifft nur das allgemeine oder gleichgewichtige Wachstum. Insgesamt ist das Wachstum in dieser Phase stark ungleichgewichtig in bezug auf Firmen, Branchen und Länder. Aufsteigende Industriemächte haben die höchsten Wachstumsraten in den Zwischenerholungen, weil sich bei ihnen der Stil rascher durchsetzt. 1866-1872 waren dies die Vereinigten Staaten und Deutschland, 1920-1929 die Vereinigten Staaten, ab 1982 Japan.[2] Ein Segment von Großfirmen, das den neuen technologischen Stil besonders schnell übernimmt, kann für einige Jahre einen Boom erzeugen, wie das in den zwanziger Jahren z.B. in den USA der Fall war. Zwischenerholungen sind auch Zeiten des großen *spekulativen Fiebers* bei Firmenübernahmen, Finanztransaktionen und auf dem Aktienmarkt. Dem entspricht aber kein reales Wachstum im Aggregat.

In der Zwischenerholung kann es auch deshalb zu höherem Wachstum als in der Modellprognose kommen, weil die Krise eine Zurückhaltung bei Investitionsvorhaben infolge der verdüsterten Zukunftsaussichten bewirkt. Dadurch entsteht ein Aufstau bei den Investitionsvorhaben, die bevorzugt dann realisiert werden, wenn infolge einer erkennbaren Erholung (Zwischenerholung) die Gewinnerwartungen wieder positiv erscheinen. Ein solcher Stau von Investitionsvorhaben kann durch Ersatzbeschaffung infolge von Kriegsschäden akzentuiert werden. Das war im Anschluß an den ersten Weltkrieg in den zwanziger Jahren der Fall. Entsprechend wies Frankreich infolge der enormen Kriegsverwüstungen sehr hohe Wachstumsraten bei der Industrieproduktion auf.[3]

Der Aufschwung und die Prosperität unterscheiden sich nach unserem Modell deutlich; und dies kommt auch bei einer Feinanalyse der Weltindustrieproduktion von 1929 bis 1985 zum Ausdruck. Die Indexzahlen und die jährlichen Wachstumsraten sind in Schaubild 6.2 zu finden. Der Aufschwung, der von der Diffusion des Stils getragen wird, ist kraftvoll, aber erratisch. Ab 1958 kommt es zu einer »Glättung« der Wachstumsraten auf hohem Niveau infolge der Entfaltung der Regimes, und zwar der nationalen wie der internationalen. Ab 1958 beginnt nämlich das System von Bretton Woods faktisch so zu funktionieren, wie es konzipiert war. Der Übergang zur freien Konvertibilität der europäischen Währungen war 1958 ein Markstein. In den frühen sechziger Jahren kommt es im Rahmen des GATT zu verstärkter Liberalisierung des Welthandels und zu einem Zollabbau (Kennedy-Runde des GATT). Diese Phase endete um 1970 als die Regimes an die Grenze der Problemlösungsfähigkeit stießen. Die Stagflation machte sich breit, und die Ära der festen Wechselkurse geht ebenfalls zu Ende. 1971 wird die Konvertibilität des US-Dollar in Gold »suspendiert«. In der Krise beginnen die Wachstumsraten wieder stark zu oszillieren; insgesamt weisen sie bis 1982 einen abnehmenden Trend auf.

148 • *Westliche Gesellschaft im Wandel*

Schaubild 6.2
Weltindustrieproduktion der marktwirtschaftlichen Länder, Index und jährliche Wachstumsrate 1929 - 1985

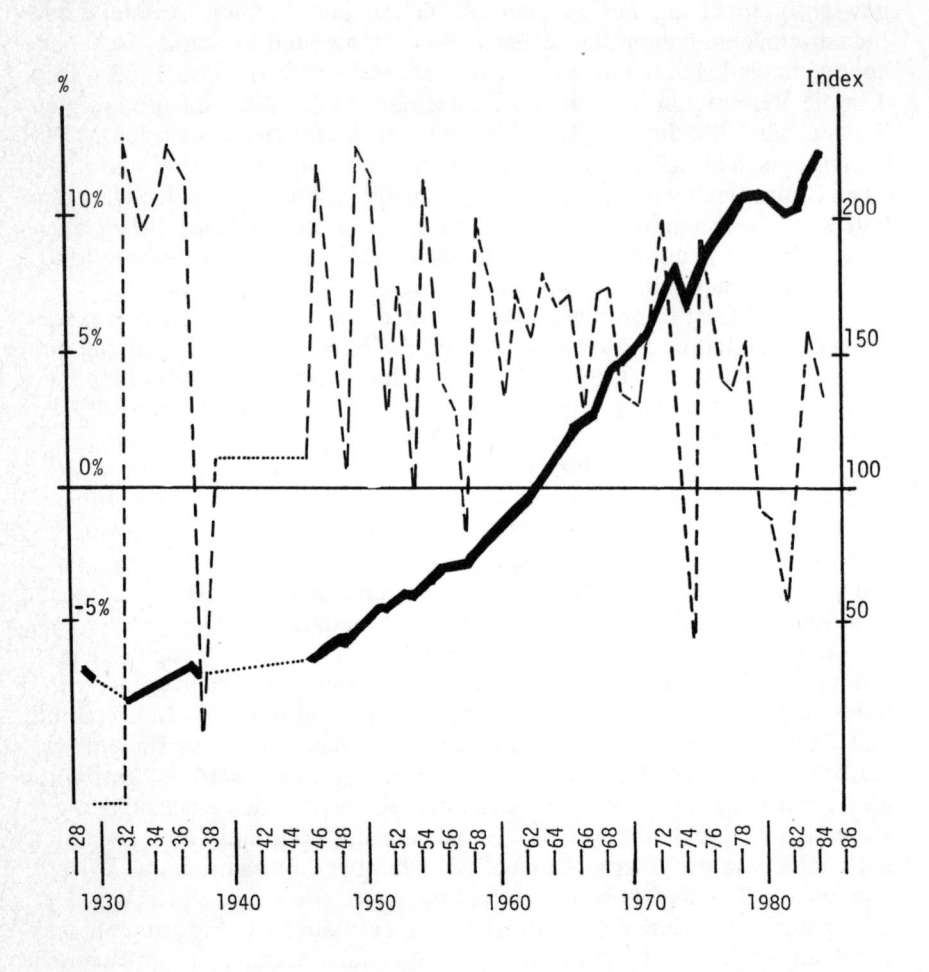

Legende:
▬▬ Index der Weltindustrieproduktion der marktwirtschaftlichen Länder (1963=100),
- - - Jährliche prozentuale Veränderung gegenüber dem Vorjahr.

Quellen: United Nations Statistical Yearbook sowie Monthly Bulletin of Statistics, verschiedene Jahrgänge und Hefte.

Legitimität und Konfliktzyklus

Der Konfliktzyklus wird im nächsten Kapitel eingehend behandelt; hier werden nur der Vollständigkeit halber einige Bemerkungen über die Karriere von Gesellschaftsmodellen vorgezogen. Wir greifen hierfür auf das Schaubild 6.1 zurück, das die Oszillationen des Stils und des Regimes in der Karriere des Modells formalisiert.

Die Legitimität einer Ordnung steigt einerseits mit der Verteilung der Güter, die der neue technologische Stil mit seiner erneuerten Güterpalette anbietet, und andererseits mit der Entfaltung des politökonomischen Regimes, mit dessen Fähigkeit, Stabilität und sozialen Ausgleich, nämlich »Gerechtigkeit« zu erzeugen. Die »Faszination des Neuen« und die »Stabilität sowie Gerechtigkeit« sind Quellen der Legitimität, die über die Karriere des Modells in wechselnder Akzentsetzung für die Legitimitätsbeschaffung wichtig sind. Der Wechsel von der Akzentsetzung auf »Faszination« zu »Gerechtigkeit, Stabilität« in der Prosperität ist heikel, weil er Umstellungen der Orientierungen in der Bevölkerung voraussetzt.

Die Legitimitätsbeschaffung durch »Faszination« kann infolge von Sättigung abnehmen, ohne daß die Legitimität durch Ausweitung der »Gerechtigkeit« schon voll an die Stelle tritt. Mit anderen Worten: Die Welle der Legitimitätsbeschaffung durch die erweiterte Güterpalette und die neuen Lebensstile verebbt, bevor die Welle der Legitimitätsbeschaffung durch die Entfaltung des politökonomischen Stils einen ähnlichen Höhepunkt erreicht (vgl. Schaubild 6.1). In diesem »Tal« zwischen den beiden Wellen ist zwar die wirtschaftliche Expansion am größten, aber wir erwarten hier ein Zwischenhoch an Dissens und Konflikt, das sich aus der erwähnten Umstellung der hauptsächlichen Legitimitätsgrundlagen ergibt.

Auf diese Konfliktzwischenphase im Hoch wird mit Gerechtigkeitsreformen reagiert werden, weil sich das Regime noch zu Beginn der Entfaltungsphase befindet und seine Problemlösungsfähigkeit noch nicht erschöpft ist. Das Regime reagiert vergleichsweise liberal auf den Konflikt, was sich an vergleichsweise wenig Sanktionen im Verhältnis zur Konfliktartikulation ausdrücken dürfte. Reformen im Hoch haben im letzten Gesellschaftsmodell insbesondere an folgenden drei Stellen angesetzt. Die »Integrierten«, d.h. die Kernstatusgruppe der ökonomisch Aktiven ist durch eine Automatisierung der proportionalen Verteilung des Wachstums stärker eingebunden worden. Weiter sind die *nicht mehr* oder *noch nicht* in das Verteilungssystem Integrierten, nämlich die Alten und die Jungen, durch die Verbesserung der Altersrenten, der Stipendien und der Öffnung des Zugangs zu den höheren Schulen mehr eingebunden worden. Schließlich gehören die Bemühungen, eine rechtliche Gleichstellung von Männern und Frauen zu erzielen, zu diesen Gerechtigkeitsreformen im Hoch.

Übersicht 6.1
Phasen in der Karriere von Gesellschaftsmodellen
Mit einem Datierungsvorschlag ab 1933/1945[1]

	1933/1945-1956	1957-1967	1968-1979	1980-[1992] Prognose
Politökonomisches Regime	Formierung	Entfaltung	Sättigung und Auflösung	Zersetzung
Technologischer Stil	Kristallisation und Diffusion	Sättigung des Diffusionsprozesses, erste neue Stilelemente	Neue Stilelemente führen zu Heterogenität	Entfaltung der Elemente eines neuen Stils
Lange Welle der wirtschaftlichen Entwicklung[2]	Aufschwung	Prosperität	Krise	Zwischenerholung — Depression
		Prosperität/ Rezession		
Dissens und Konflikt[3]	Dissens und Konflikte nehmen stark ab[4]	Dissens und Konflikte nehmen zu	Dissens und Konflikte nehmen stark zu	Dissens und Konflikte bewegen sich auf hohem Niveau
		Dissens und Konflikte nehmen wieder ab		

1 Kriegsbedingt wird die Formierungsphase für große Teile des Zentrums verzögert (Neuanfang nach dem Krieg), nicht so für die USA, vgl. weiter hinten. Als Neuanfang wird 1944/1945 als Geburtsjahr der Nachkriegszeit gesetzt (Bretton Woods, Jalta).
2 Vgl. die Strukturformel für die Expansion der Weltindustrieproduktion, Schaubild 3.1 (Kapitel 3)
3 Ausführungen dazu finden sich in Kapitel 7: *Konflikt über die Karriere des Gesellschaftsmodells*.
4 Virulente »Ausscheidungs- und Abgrenzungskämpfe« sind aber die Regel, im Binnenraum wie zwischen Staaten (z.B. der Weltkrieg der Alliierten gegen die Achsenmächte und der Kalte Krieg).

Abgesehen vom behandelten Zwischenhoch für Dissens und Konflikt erwarten wir im Verlauf der Formierung und Entfaltung des Gesellschaftsmodells eine lange Phase, in der Konflikt in allen Bereichen der Gesellschaft abnimmt. Sobald sich die Problemlösungsfähigkeit des Regimes erschöpft, erwarten wir eine ähnlich lange Phase zunehmenden Konflikts. Mit der Zersetzung des Modells wird der Konflikt zunehmend schärfer, weil der Basiskonsens zerbröckelt und der soziale Frieden in immer breiterem Umfang aufgekündigt wird. Entsprechend repressiver reagieren Regierungen auf Konflikt.

Unsere Formalisierung sagt mithin die in Übersicht 6.1 zusammengestellten Karriereetappen im Verlauf eines Gesellschaftsmodells voraus. Während wir schon empirisches Material über die industrielle Expansion über lange Wellen präsentiert haben, das sich mit der Theorie erklären läßt, steht eine empirische Prüfung des Konfliktzyklus noch aus. Das wird erst wieder im nächsten Kapitel aufgenommen.

Die historisch-komparative Sicht[4]

Die gemeinsamen Elemente des neuen politökonomischen Regimes in unserem Jahrhundert waren zwei neue Klammern. Die eine betrifft die neue Rolle des Staates in Wirtschaft und Gesellschaft: der interventionistische Keynesianismus und der umverteilende Wohlfahrtsstaat. Die andere betrifft einen Sozialpakt zwischen den Klassen Kapital und Arbeit, der den Zeitgenossen in den zwanziger Jahren wohl mehrheitlich unmöglich geschienen hätte.

Beide Klammern sind ihrerseits insofern wiederum verzahnt, als dem Staat die Rolle zukommt, den Sozialpakt zwischen Kapital und Arbeit entweder zu erzwingen: Zwangskorporatismus, oder als Schiedsrichter bzw. Treuhänder zu initiieren und zu überwachen: liberaler Korporatismus. In allen Ländern des Zentrums bilden sich diese beiden Klammern im Zeitraum 1932-1946 aus und verzahnen sich. Aber es gibt Besonderheiten.[5] In *Großbritannien* fehlt die geglückte Ausformung der zweiten Klammer: Kapital und Arbeit. Und in den Vereinigten Staaten bleibt die *Entfaltung* des neuen Regimes nach dem Sieg 1945 vorerst stecken und erreicht auch in der verzögerten Phase ab 1961 nicht jene Vollendung, die für die übrigen Länder typisch ist.

Die Lösungen, die am Anfang der dreißiger Jahre erkennbar werden, lassen sich, wie bereits eingeführt, in eine *zwangskorporatistische* und *liberalkorporatistische* Variante unterteilen. Erstere geht einher mit dem Nationalsozialismus und dem Faschismus. Wichtig ist zu erkennen, daß beide Varianten unterschiedliche Wege waren, auf das Problem des

Zerfalls der Gesellschaft nach der Zersetzung des alten Gesellschaftsmodells zu reagieren. Der autoritative Zwangskorporatismus beinhaltete ein Zwangskorsett für die Konfliktparteien Kapital und Arbeit mit einem Verlust des Handlungsspielraumes der Gewerkschaften. Der autoritäre Staat trifft wesentliche wirtschaftliche Entscheidungen, obwohl die Unternehmen in Privatbesitz sind (wie in der Nazi-Wirtschaft), oder er trifft die meisten Entscheidungen, weil sich die Unternehmen mehrheitlich im Staatsbesitz befinden (autoritär-bürokratischer Sozialismus oder Stalinismus, der die Sowjetunion zum Gegenzentrum aufbaute). Dagegen beinhaltete der liberale Korporatismus einen Wechsel von der Konfrontation zu kontinuierlichen Aushandlungen zwischen Kapital und Arbeit unter der Schiedsrichterrolle des Staates. Weniger Zwang, sondern mehr »Einvernehmlichkeit« war das typische Merkmal.

Der Neudefinition der Rolle des Staates in Wirtschaft und Gesellschaft in der westlichen Gesellschaft lagen als Begründung vier Bereiche normativer Theorien zugrunde:[6]

1. Die Theorie, daß Marktprozesse aus sich selbst heraus nicht Gleichgewicht, Wachstum und Vollbeschäftigung schaffen.
2. Die Theorie, daß Marktprozesse aus sich selbst heraus keine soziale Gerechtigkeit schaffen und mithin die öffentliche Gewalt aufgerufen ist, soziale Sicherheit und eine Umverteilung von Einkommen zugunsten der im Marktprozeß Benachteiligten zu schaffen.
3. Die Theorie, daß die den Marktprozessen vorgelagerten sozialen Zuteilungssysteme, nämlich die Schule, mehr Chancengleichheit gewährleisten sollen.
4. Die Theorie des Fortschritts, nämlich ein Bild einer neuen Gesellschaft, in der die materielle Wohlfahrt für alle da sein soll, eine Massenkonsumgesellschaft, in der die Kultgüter der Gegenwart, wie das Auto, für die soziale Integration eingesetzt werden (z.B. Volkswagenprojekt im Hitler-Deutschland und früher das Ford-T-Projekt und der Fordismus in den Vereinigten Staaten). Mit der Massenkonsumgesellschaft einher geht das Bild der Freizeitgesellschaft. Freie Zeit als Voraussetzung für den Massenkonsum, aber auch als Freiraum von den Zwängen des Arbeitsalltags, die durch den neuen technologischen Stil intensiviert worden waren. Während die liberale Variante die Freizeit zwar kommerziell ausnutzt (Freizeitindustrie), ansonsten aber unstrukturiert läßt, benutzen die totalitären Regimes diese für ihre Propaganda und Massenmobilisierung (KdF: Kraft durch Freude im Hitler-Deutschland; Dopo lavoro im Mussolini-Italien).

Die »liberale« Fundierung des Staatsinterventionismus hatte ihren intellektuellen Ursprung in der »Revolte« gegen die neoklassische Wirtschaftstheorie, vor allem angezettelt durch John Maynard Keynes in

England. Der Beginn der Periode von Keynes könnte fälschlicherweise mit 1936, dem Erscheinungsjahr seines durchschlagendsten Werkes *Allgemeine Theorie der Beschäftigung, des Zinses und des Geldes*, angesetzt werden. Keynes war schon viel früher ein »Rebell« und einflußreich. Schon ab 1924 beginnt diese publizistische Tätigkeit, und 1926 publizierte er die Schrift *Das Ende des Laissez-faire*.[7] Wirtschaftspolitisch einflußreich wurde der Keynesianismus bereits in den USA und in Schweden ab 1933 (New Deal),[8] weniger schnell in seinem Heimatland.[9]

Der Kern der Revolte bestand darin, daß Keynes lehrte, die Wirtschaft finde nicht von sich aus ein Gleichgewicht und in der Krise einen neuen Aufschwung. Begleitende staatliche Maßnahmen seien nötig, um aus der Depression herauszukommen. Damit schuf er die Grundlage für die orientierende Wirtschaftsplanung. Jede kurzfristige Stabilisierungspolitik, im Westen spätestens nach dem Kriege, erfolgte im Sinne der Gedankengänge von Keynes. Mit der Revolte gegen die Neo-Klassik entstand mithin eine neue Konzeption des Kapitalismus, die freilich eine große Bandbreite aufwies. Sie reichte vom gemäßigten Interventionismus des Neokapitalismus (insbesondere in den USA, dann auch in der Schweiz) bis zum reformistischen Sozialismus (früh in Schweden) und der Labour-Politik (in Großbritannien).[10]

Der gemäßigte Interventionismus des Neokapitalismus, wenn er sich, wie in den USA, mit einem steckengebliebenen Ausbau des Wohlfahrtsstaates verband, und die Labour-Politik, die sich in Großbritannien mit einer widersprüchlichen und diskontinuierlichen Wirtschafts- und Sozialpolitik verband, sind im historischen Rückblick am wenigsten erfolgreich in der Lenkung der Wirtschaft gewesen. Dies gilt für die USA und Großbritannien, obwohl sie recht früh und höchst bereitwillig die keynesianische Botschaft aufgenommen hatten.[11]

Vor dem Neuanfang

Im langen Abschwung der letzten Welle, 1903-1932, hatten sich die tragenden Elemente des neuen technologischen Stils bereits entfaltet (vgl. Kapitel 4). Insbesondere in der Zwischenerholung der zwanziger Jahre setzte sich der neue Stil zunehmend durch, vor allem in den USA. Aber auch Europa erlebte seit 1924 eine Rationalisierungswelle. Zum neuen technologischen Stil gehören aber auch zahlreiche weitere Veränderungen, die erwähnt wurden, so auch z.B. in der Güterverteilung, die bis heute unsere industrielle Zivilisation nachhaltig prägen: 1923 entstehen in den USA die ersten Shopping centers. Mit anderen Worten: Wichtige Elemente des neuen technologischen Stils waren bereits *vor* dem Neuanfang vorhanden.

Der neue technologische Stil trug bekanntlich nicht sofort und nicht allein zur Wiedererlangung der wirtschaftlichen Stabilität, der Bekämpfung der Massenarbeitslosigkeit und des dauerhaften Wachstums bei. Im Gegenteil. Die Zwischenerholung, die in den USA besonders ausgeprägt war, endete abrupt mit dem »Absturz« im Herbst 1929 und machte der Weltwirtschaftskrise ab Herbst 1929 Platz, verbunden mit horrender nachfolgender Arbeitslosigkeit.[12] Das war die Ausgangslage vor dem Wandel des politökonomischen Regimes. In den zwanziger Jahren sind bereits wichtige Weichenstellungen zu beobachten, aber nur im Sinne einer Formulierungsphase: Der Keynesianismus wurde erwähnt und daneben muß noch das Abrücken großer Teile der sozialistischen Bewegung von der proletarischen Revolution erwähnt werden, wodurch die reformistische Politik der Sozialdemokratie ermöglicht wurde.

Aber in der Zwischenerholung der zwanziger Jahre dominierten generell konservative und restaurative Elemente, die sich klar vom Neuanfang bei den Innovatoren in den Jahren 1932/33 abhoben. Gemessen daran stellte die anfängliche Entwicklung der Weimarer Republik einen Sonderfall dar. Aber 1933 kommt es zu einem historischen Rollentausch bei der weiteren Evolution des neuen politökonomischen Regimes. Im Deutschen Reich übernehmen Hitler und die NSDAP die Macht, während die Führung bei der Formulierung und Formierung des neuen Regimes durch eine demokratische Wende von Schweden und anfänglich von den Vereinigten Staaten übernommen wird.

Die Tatsache, daß im Europa der dreißiger Jahre 15 Diktaturen existierten und die demokratischen Regimes bis 1939 in die Minderheit gerieten (12 gegenüber 15), mag den Blick für die Tatsache verstellen, daß dieses Jahrzehnt andererseits auch den Aufbruch zu einem neuen, *demokratischen* politökonomischen Regime brachte, das in den Ausscheidungskämpfen des zweiten Weltkrieges obsiegte. Damit wurde die neue Hegemonialmacht USA zum Bannerträger des neuen Modells, wenn auch nicht zu seinem Vollender.

Die institutionellen Innovatoren

Im kurzen Zeitraum von nur einem Jahr wurde der Grundstein gelegt zur institutionellen Ausformung von zwei Grundtypen eines neuen politökonomischen Regimes. Die Jahre 1932/33 bedeuteten Einschnitt und Neuanfang. Die Innovatoren waren Schweden, die Vereinigten Staaten und das Deutsche Reich.

Die Sozialdemokraten unter Per Albin Hansson kommen 1932 in Schweden mit ihrem *folkhem*-Modell für 44 Jahre an die Macht, das die Grundlage bildete für den schwedischen Wohlfahrtsstaat.[13] Die erste Regierung wird mit der Bauernpartei zusammen gebildet.[14] In den USA schlägt 1932 der Demokrat Franklin D. Roosevelt den *New Deal* vor und wird mit sehr großer Mehrheit zum Präsidenten gewählt, sein Amt tritt er am 4. März 1933 an.

Am 30. Januar 1933 wird Adolf Hitler vom Reichspräsidenten Hindenburg zum Reichskanzler ernannt. Die NSDAP bildet zusammen mit der Deutschnationalen Volkspartei (Franz von Papen als Vizekanzler) die Regierung der »nationalen Konzentration«. In den folgenden Wochen gelingt es der NSDAP, den Reichstag und die Länderregierungen auszuschalten. Eine Welle offenen Staatsterrors beginnt und die Entwicklung kulminiert im Ermächtigungsgesetz vom 23. März 1933. Hitlers NSDAP erringt trotz massivem Wahlterror durch die SA in der Wahl vom 5. März nicht die absolute Mehrheit. Das Ermächtigungsgesetz ebnet den Weg zur Hitler-Diktatur, deren zentrale Elemente Gleichschaltung und Aufrüstung sind. Dieser totalitär-populistischen Variante, das Problem der Arbeitslosigkeit und das Problem des fehlenden Basiskonsenses anzugehen, waren nur zwölf - für die Welt und Deutschland tragische - Jahre beschieden.

Der Grundtyp des demokratischen neuen Regimes zerfällt in zwei Varianten, wie wir hervorgehoben haben, in die *sozialliberale* und die *sozialdemokratische*. Die Vereinigten Staaten und Schweden bilden dabei schon früh die beiden Pole, die meisten Länder des Zentrums lagen in der Folgezeit dazwischen. In Schweden hatten die Sozialdemokraten mit ihrem »Volksheim Schweden«-Modell die Wahlen u.a. mit dem Versprechen gewonnen, eine Volkspension zu schaffen, die einen genügenden Lebensunterhalt für die Alten sichert.[15] Ähnliche Pläne zumindest bestanden aber auch in anderen Ländern. In den USA ist ab 1934 das »Townsend Movement« zu nennen, das eine generelle Altersrente von 200 $ pro Monat für alle über 60 Jahren verlangte. In der Schweiz wird 1931 über das AHV-Gesetz abgestimmt und damals allerdings noch im Verhältnis 3:2 abgelehnt.

Schweden baute mit dem *folkhem* allmählich über Jahrzehnte den Wohlfahrtsstaat aus und gilt bei den einen als Vorbild und bei den andern als Schreckgespenst für Sozialbürokratie. Im historischen Rückblick muß gesagt werden, daß die schwedische Variante damals eine mögliche und vergleichsweise dauerhafte Lösung darstellte, die eine hohe Legitimität erzeugte *und* eine hohe industrielle Entfaltung wie auch einen hohen Lebensstandard über Jahrzehnte ermöglichte.

Die Vereinigten Staaten machen nach 1933 mit dem *New Deal* - einem erneuerten Gesellschaftsvertrag - große Fortschritte bei der Ausformung des neuen Regimes, die vor dem Hintergrund der dominanten politökonomischen Philosophie und ohne Präsenz einer starken politischen Linken erstaunlich anmuten. Roosevelt ist bis zu seinem Tod 1945 ein Dutzend Jahre im Amt und hinterläßt ein verändertes Amerika. Nach dem gewonnenen Krieg allerdings bleibt der Ausbau des Wohlfahrtsstaates stecken.[16] Dadurch fallen die Vereinigten Staaten, ein Frühstarter neben Schweden, bis zum Ausbruch der Weltwirtschaftskrise von 1975 weit zurück, nicht nur beim Ausbau des Wohlfahrtsstaates (hier sind die Weichenstellungen für ein Abstoppen schon kurz nach dem Sieg im Weltkrieg zu finden), sondern auch beim wirtschaftlichen Erfolg. Man kann also im historischen Rückblick nicht sagen, daß der auf dem Wege steckengebliebene Wohlfahrtsstaat, nämlich der Neokapitalismus in den USA, historisch leistungsfähiger gewesen wäre. Im Gegenteil.

Die übrigen Länder im *demokratischen* Lager der dreißiger Jahre implementieren die Sozialinnovationen der Vorreiter USA und Schweden eher zögernd und nicht sofort in »Paketen«. Die faschistische Bedrohung und die aufziehende Kriegsgefahr beschleunigen allerdings den Fermentierungsprozeß. Es entstehen große Koalitionen, die die Elemente des neuen Regimes allmählich ermöglichen. Die Volksfrontregierung in Frankreich (Léon Blum 1936-38) hat allerdings keinen durchschlagenden Erfolg. Bald erfolgt eine Rückbuchstabierung von Reformen aufgrund von Widerstand der bürgerlichen Rechten und der rechtsextremistischen Gruppen.

In der Schweiz wird zwar noch 1935 die »Kriseninitiative« abgelehnt, die eine planmäßige Bekämpfung der Wirtschaftskrise (Richtlinienbewegung) und ein gesichertes Einkommen für gefährdete Bevölkerungsgruppen fordert. Aber im gleichen Jahr 1935 kommt es bereits zu einem Umschwung in der SPS, weg vom Klassenkampf und hin zum Kampf gegen die Massenarbeitslosigkeit. In diesem Jahr erfolgt das Bekenntnis der SPS zur Landesverteidigung. Mit dem ersten »Friedensabkommen« wird 1937 eine erste institutionelle Klammer geschaffen: Metallarbeiter und Unternehmer verpflichten sich zur Schiedsgerichtsbarkeit.

Die große Koalition wird in der Schweiz schließlich 1943 faktisch vollzogen. Der erste Sozialdemokrat, Ernst Nobs, zieht in den Bundesrat. Der zweite Anlauf bei der für die Zeit großzügig konzipierten Alters- und Hinterbliebenenversicherung klappt dann 1947 mit 80 % befürwortenden Stimmen. Aber ähnlich wie zur gleichen Zeit in den USA stieß 1946 die Verfassungs-Initiative »Recht auf Arbeit« auf Widerstand und wurde verworfen. 1947 erfolgte die Annahme des Wirtschaftsartikels. Unter dem Einfluß der in den USA und Schweden bereits früher praktizierten keynesianischen Theorie der Wirtschaftspolitik wird der Bund im Wirtschaftsartikel verpflichtet, »die zur Mehrung der Wohlfahrt des Volkes und zur wirtschaftlichen Sicherung der Bürger geeigneten Maßnahmen« zu treffen.[17]

Die Politik in Großbritannien zeichnete sich durch eine größere Zurückhaltung gegenüber den neuen wirtschafts- und sozialpolitischen Ideen aus, obwohl durchaus schon früh die soziale Sicherheit in der Gesetzgebung Fortschritte machte.[18] Aber eine kohärente Ausbildung der neuen gesellschaftlichen Klammern, wie sie bei den institutionellen Innovatoren entwickelt wurden, fehlte in den dreißiger Jahren. Erst die

Konfrontation mit den Achsenmächten im Krieg änderte die Situation. Vom 10. Mai 1940 bis zum 26. Juli 1945 kommt es zu einer großen Kriegskoalition unter dem charismatischen Premierminister Winston Churchill. Die Regierung veröffentlicht 1944 ein Weißbuch. Darin übernimmt sie die Verantwortung für die Aufrechterhaltung eines »hohen und stabilen« Beschäftigungsniveaus. Dieses Weißbuch ist in Großbritannien die offizielle Anerkennung des Sieges der Keynesianischen Revolution.[19] Die Kriegsklammer hält aber im Frieden nicht, und es kommt nach dem Krieg zu einer diskontinuierlichen Interventionspolitik vom Labour-Typ, die sich auch als Stop-and-go Politik beschreiben läßt.

Mit der Labour-Regierung unter Attlee 1945-51 erfolgten Verstaatlichungen (Bank von England, im Kohlebergbau, im Transportwesen und in der Eisenindustrie). Die Sozialpolitik wurde nach dem Beveridge-Plan aus der Kriegszeit (1942:»Social Insurance and Allied Services«), der eine staatliche Nachfragesteuerung forderte, durchgeführt, und es wurde eine Pflichtversicherung eingeführt. 1951-55 kehrte das konservative Regime unter dem legendären Kriegshelden Churchill zurück und ab 1952 erfolgten teilweise Reprivatisierungen. »Das Konzept der Verstaatlichung ist (...) von Labour- und Tory-Regierungen in wechselndem Ausmaß - und widersprüchlicher Praxis - angewendet worden«[20]. Der durch das englische Majorz-Wahlsystem begünstigte häufige Wechsel zwischen Links- und Rechtsregierungen führte zu einer inkohärenten Ausformung des Wohlfahrtsstaates, und im politökonomischen Regime blieb die zweite Klammer eines Basiskonsenses zwischen Kapital und Arbeit schwach.

Der Neuanfang in den USA

Wir widmen den Vereinigten Staaten von Amerika etwas mehr Platz, weil diese neue Hegemonialmacht eine wichtige Vorbildfunktion hatte und später als Hauptsieger des Krieges auch direkt in die Formierung des Regimes bei den Kriegsverlierern Deutschland und Japan eingriff. Die Wahl des demokratischen Präsidentschaftskandidaten Franklin D. Roosevelt im Jahre 1932 war die erwähnte Wende für die USA.

Die Wählerbasis Roosevelts, der mit einem sehr großen Mehr gewählt wurde, kann als eine breite Mitte-Links-Koalition gesehen werden. Die Wähler aus bescheidenen und mittleren wirtschaftlichen Verhältnissen stimmten zwar mehr für Roosevelt als die aus wohlhabenden (die mehr für Hoover stimmten), aber diese Unterschiede waren nicht sehr groß; und die Mitte-Links Basis blieb zwischen der ersten Wahl und der Wiederwahl 1936 gleich.[21] Roosevelt war kein Klassenkandidat und die breite Wählerbasis erlaubte ihm einen großen reformerischen Spielraum.

Bei seinem Amtsantritt als Präsident der Vereinigten Staaten von Amerika verkündete Roosevelt ein neues politisches Programm, den *New Deal*. Das Programm führte in den folgenden »Hundert Tagen«[22] zu einer Reihe von Maßnahmen, die die Folgen der Weltwirtschaftskrise in den USA beheben sollten, die auch eine enorme Arbeitslosigkeit gebracht hatte, mit Spitzen bis zu 25 %. Das Programm des New Deal war die Formierung des modernen Sozialstaates in den USA. Es beinhaltete: Arbeitslosenunterstützung, Stützung der Preise für landwirtschaftliche Produkte, einen freiwilligen Arbeitsdienst für jüngere Arbeitslose, Plan eines umfangreichen staatlichen Arbeitsbeschaffungsprogramms, Reorganisation der Privatwirtschaft: Arbeitszeitverkürzungen, Erhöhung der Mindestlöhne, Einschränkung der Konkurrenz. Die neuen Gesetze führten zur Schaffung neuer Bundesbehörden, die ihre Durchführung *überwachten:* Civilian Conservation Corps, Federal-Emergency-Relief-Act, Civil Works Administration (die ab November 1933 vier Millionen neue Arbeitsplätze auf Bundes- und Einzelstaatsebene organisierte), Reconstruction Finance Corporation, Federal Farm Loan Act, National Recovery Act. *Daneben* werden von der Bundesregierung gemeinnützige Staatswerke errichtet, die dem Bau riesiger Staudämme und der Elektrifizierung dienen sollten.

Mit dem National Recovery Act soll die Industrieproduktion und die Beschäftigung erhöht werden und gleichzeitig wird die gesamte Industrie reorganisiert: In Zusammenarbeit mit Gewerkschaften und Unternehmern wird ein System wirtschaftlicher Selbstverwaltung unter staatlicher Kontrolle entwickelt.[23]

Ab 1935 beginnt eine zweite Phase des New Deal mit dem *Social Security Act*. Er bringt die bundesstaatliche Arbeitslosenversicherung, Beiträge der Zentralregierung an bundesstaatliche Wohlfahrtsprogramme, das nationale Altersversicherungsprogramm und den National Labor Relations Act. Letzterer beinhaltet das Recht auf Bildung von Arbeiterorganisationen, das Recht auf kollektive Arbeitsverträge, ein Verbot der Behinderung des Beitritts zu Gewerkschaften durch die Unternehmer.[24]

In den zwölf Jahren bis zu Roosevelts Tod im Jahre 1945 wird das neue Regime kraftvoll formiert. Nach seinem Tode aber geriet die weitere Ausformulierung und die Entfaltung ins Stocken; erst wieder 1961 bis 1968 kommt es zu einem stark zeitverzögerten, begrenzten weiteren Ausbau (vgl. nächstes Kapitel). Die Stationen des Stockens sind die Versuche ab 1945 unter Truman, eine obligatorische Krankenversicherung einzuführen, die von der »American Medical Association« als Anschlag auf den »American Way of Life« denunziert wurde. 1946 wird die Full Employment Bill von Senator Murray eingebracht (ursprünglich eine Initiative von Roosevelt aus dem Jahre 1944).[25] Das vorgeschlagene Gesetz verlangt eine staatliche Garantie der Vollbeschäftigung und wird infolge massiver Opposition nur als Kompromiß in Kraft gesetzt, als Employment Bill, in der nur »maximum employment« verlangt wird.[26] 1947 wird der Taft-Hartley-Act auf Bundesebene verabschiedet, der eine Anzahl an einschränkenden Maßnahmen gegen Gewerkschaften beinhaltet. Viele ähnliche Gesetze werden zur gleichen Zeit von Einzelstaaten verabschiedet.[27]

Schaubild 6.3
Index der industriellen Produktion in den Vereinigten Staaten, 1910 - 1978, und Wachstumsraten 1932 - 1975

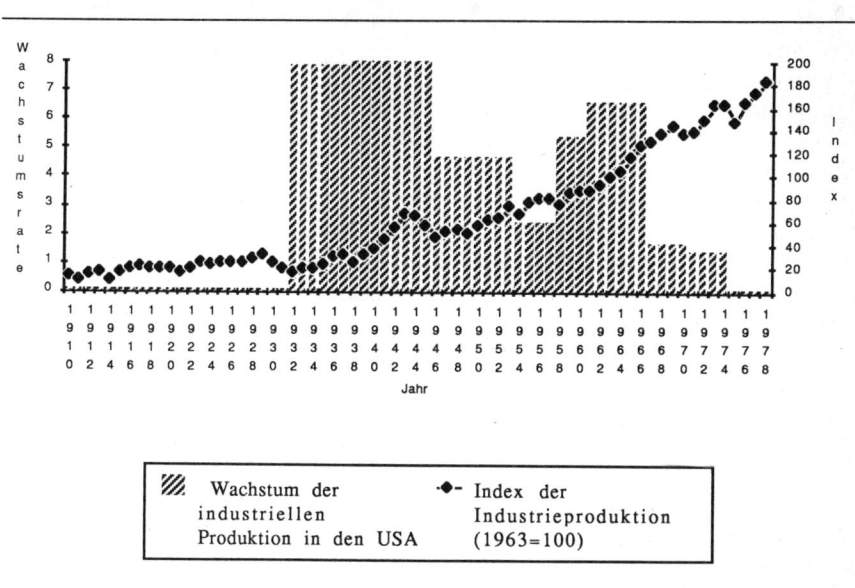

▨ Wachstum der industriellen Produktion in den USA

●- Index der Industrieproduktion (1963=100)

Quellen wie in Schaubild 6.2.

Aufschwung in den USA

Die Kristallisation des technologischen Stils nach 1932 und die Formierung des neuen Regimes bewirken einen wirtschaftlichen Aufschwung, der mehr ist als eine wirtschaftliche Erholung. Die Entwicklung der Industrieproduktion von 1910 bis 1978 in den USA ist in Schaubild 6.3 zu finden. Nach einer langen Stagnationsphase seit 1900[28] kommt es zu einem markanten Wachstum der Industrieproduktion: 1932-1938 jährlich +7,9 % und 1938-1946 jährlich 8 %. Dieser Umschwung ab 1932 ist auch an zahlreichen andern wirtschaftlichen Indikatoren für die USA klar ablesbar,[29] wenngleich die Arbeitslosigkeit nicht so bald deutlich abnahm.[30]

Auch in der *Zwischenerholung* 1920-1929 war die Steigerung der Industrieproduktion nicht unbeträchtlich (+4,4 % jährlich), und die Jahre 1924-1929 gelten als »Prosperität«.[31] Ein wichtiger Unterschied zwischen Aufschwung und Zwischenerholung liegt nicht in der Höhe der Wachstumsrate, sondern im Zustand der Gesellschaft insgesamt, der sich bei einem Vergleich von 1924-1929 mit 1932-1937 klar erweist. Die Arbeit von William Ogburn und Jean Adams führt neben Indikatoren für die Wirtschaftstätigkeit auch solche für den gesellschaftlichen Zustand auf.[32] In der Zwischenerholung findet ein industrielles Wachstum ohne eine Zunahme der Beschäftigung statt (dies gilt übrigens für den gesamten langen Abschwung, Zahlen für 1910-29). Dagegen steigt die industrielle Beschäftigung im Aufschwung parallel zur Industrieproduktion. Heiraten und Geburten nehmen in der Zwischenerholung (weiter) ab, während sie im Aufschwung zunehmen. Die Indikatoren für Anomie und abweichendes Verhalten (Selbstmorde, Morde, Einweisungen in Strafanstalten) zeigen einen klaren Unterschied in der gesellschaftlichen Verfassung. In der *Zwischenerholung* weisen diese Indikatoren hohe und steigende Werte auf. Im *Aufschwung* nehmen die Werte, die Anomie indizieren, ab. Der Wendepunkt für diese Merkmale, die eine verbesserte soziale Kohäsion und ein wiedergefaßtes Vertrauen in die Zukunft anzeigen, ist das Jahr 1933 (vgl. Schaubild 7.6 auf S. 187), dem Beginn des erneuerten Gesellschaftsvertrages oder dem New Deal, wie er von den Akteuren benannt wurde.

Wir erkennen im amerikanischen Material eine klare Stütze für unser *Konzept der Zwischenerholung*, das nicht bloß in einer Wachstumssequenz vom längeren Aufschwung abgesetzt ist, sondern auch im allgemeinen Zustand der Gesellschaft.

Die wirtschaftliche Wachstumskurve im Zentrum, 1932-1982

Die Tabelle 6.1 führt die Indexzahlen für die Industrieproduktion in den Ländern der westlichen Gesellschaft des Zentrums in der Zeit zwischen 1928 und 1948 auf. Die Länder sind definiert durch hohe und homogene Kapitalentfaltung und durch stabile Demokratien in der Nachkriegszeit.[33] Gemessen an der Industrieproduktion liegt der Tiefpunkt der Depression in allen Ländern entweder im Jahr 1931 oder 1932. Der kraftvolle Aufschwung nach 1932 ist ein allgemeines Phänomen. Er kann keineswegs als bloß durch Kriegsvorbereitungen bedingt erklärt werden.

Tabelle 6.1
Index der gesamten Industrieproduktion 1928-1948
1937=100, geordnet nach Indexstand 1948

	1928	29	30	31	32	33	34	35	36	37	38	39	40	41	42	43	44	45	46	47	48
USA	88	97	81	66	51	61	66	77	91	100	79	96	111	143	176	212	208	180	150	165	170
Kanada	82	86	74	64	57	61	74	81	91	100	95	101	121	146	172	184	184	163	147	163	168
Neuseeland	73	76	71	62	65	67	76	84	95	100	103	113	118	120	124	129	133	135	144		
Schweden		66	68	64	59	61	73	82	89	100	101	110	101	98	104	109	115	113	137	139	144
Finnland	66	65	59	52	54	62	75	81	89	100	102	99	75	77	80	90	85	88	107	119	137
Dänemark	68	73	79	73	67	77	86	92	95	100	100	107	86	82	86	88	87	74	101	116	131
Irland		70		71					98	100	97	102	102	94	77	79	83	96	109	113	130
Norwegen	70	78	79	61	73	74	78	82	91	100	100	106	94	94	83	81	76	69	100	115	125
Niederlande	83	89	88	82	75	80	82	83	88	100	101	112	104	89	72	65	43	32	75	95	114
Großbritannien								86	94	100	94								90	98	109
Frankreich	112	122	122	106	90	98	92	88	95	100	92				56	50	35	46	77	91	104
Italien	92	100	92	78	67	74	80	94	88	100	99									92	97
Belgien	102	103	91	83	71	74	75	85	89	100	81	86						91	74	86	93
Österreich	93	94	80	66	58	59	66	75	81	100										51	78
Dt.Reich/Bizone	86	86	76	62	50	56	71	82	91	100	107										
									100												
Japan			55	54	57	65	74	81	87	100	107	117	119	123	117	110	94	37	20	25	33

Quelle: United Nations Statistical Yearbook, 1948, S. 117-128.

Nicht nur die Länder, die sich auf Krieg vorbereiten, nämlich Hitler-Deutschland nach 1933, Japan seit 1935 und die Alliierten seit 1938, haben ein kraftvolles Wachstum, sondern auch die anderen Länder. Nimmt man die jährliche Wachstumsrate der Industrieproduktion zwischen Ende 1932 und 1939, so ergeben sich folgende Verhältnisse: Kanada 8,5 %, Neuseeland 8,2 %, Finnland 9,0 %, Dänemark 6,9 %, Norwegen 5,5 %, Niederlande 5,9 % und Schweden 9,3 %. Die höchsten Wachstumsraten wiesen allerdings zu der Zeit die totalitären, expansiven Systeme auf[34]: Deutsches Reich 13,5 % und Japan 11,1 %. Und die UdSSR als aufstrebendes Gegenzentrum erreichte im Zeitraum 1932-38 sogar einen jährlichen Rekord von 16,1 %.

Tabelle 6.2
Jährliche Wachstumsraten der Industrieproduktion berechnet aufgrund von Indexzahlen, in verschiedenen Perioden 1929-1982 (ab 1932 von relativem Tief zu relativem Tief)

*)	USA	Europa**)	Japan	Welt (Marktwirtschaften)
1929-32	-16,6 %	-9,0 %	...	-13,0 %
1932-38	7,9 %	9,0 %	11,1 %	7,8 %
1938-48	7,8 %	-0,3 %	-8,1 %	3,3 %
1948-58	3,3 %	6,6 %	16,7 %	5,1 %
1958-67	6,2 %	5,4 %	14,7 %	6,3 %
1967-71	1,7 %	6,3 %	11,8 %	5,2 %
1971-75	1,4 %	1,9 %	1,7 %	2,8 %
1975-82	2,2 %	2,0 %	4,8 %	2,5 %

*) Zwischen den Indexwerten für die angegebenen Jahre. **) Marktwirtschaftlicher Teil Europas (ohne Bulgarien, CSSR, Ungarn, Polen, Rumänien, DDR und UdSSR).

Quellen: United Nations Statistical Yearbook und Monthly Bulletin of Statistics, verschiedene Jahrgänge.

Wir haben bereits darauf hingewiesen, daß zwangskorporatistische Lösungen bei der Formierung des neuen Regimes anfänglich schneller sein mögen. Sie erreichen aber nicht die gleiche interne Legitimität und müssen den nicht gelösten internen Konflikt mehr nach außen - aber auch gegen innere »Feindgruppen« - richten, weswegen sie gerade im Aufschwung internationale Konflikte und Krieg heraufbeschwören.

Der auch in Tabelle 6.2 erkennbare allgemeine Aufschwung 1933-1938 wird für Europa und Japan durch den Krieg unterbrochen. Besonders drastisch gilt das für Japan, Deutschland, Italien und Österreich (vgl. Tabelle 6.1). Erst ab 1945-48 kommt es in Europa und Japan zu einem

Neustart. Der zweite Weltkrieg bewirkt mithin eine »Zeitverschiebung« zwischen den Vereinigten Staaten und Europa sowie Japan, die in Tabelle 6.2 klar zum Ausdruck kommt. Die ungebrochene Entwicklung in den USA bewirkt einen Zeitvorsprung von einem Dutzend Jahren. Der Vorsprung verringert sich allerdings nach 1953. Aber noch in den sechziger Jahren ist ein Zeitvorsprung bei der Modellentwicklung erkennbar. Die USA treten bereits ab 1967 in die Rezessionsphase ein, Europa und Japan erst nach 1971. Im Zeitraum 1958-1967 ist im westlichen Zentrum, wie auch in der gesamten kapitalistischen Weltwirtschaft ein klarer Wachstumshöhepunkt erkennbar. Nach 1971 kommt es zu einem allgemeinen Abschwung der Wachstumsraten. Gemessen an den hohen Wachstumsraten der vorangegangenen 30-40 Jahre verdient der allgemeine Wachstumsrückgang seit 1971 die Bezeichnung Krise und Stagnation.

Das präsentierte empirische Material ist mit unserer Theorie vereinbar, daß die Kristallisation des Stils und die Formierung des Regimes in ihrer Verzahnung einen wirtschaftlichen Aufschwung bewirken. Aber das zu Beginn des Kapitels dargelegte Modell macht darüber hinaus das weitere Wachstum von *beidem* abhängig, der *Diffusion* des Stils und der *Entfaltung* des Regimes. Daraus folgt eine weitere, empirisch prüfbare Voraussage.

Wird die Entfaltung des Regimes verzögert, so folgt aus dem Modell eine *bimodale* Verteilung der wirtschaftlichen Wachstumsraten über die Zeit. Ist die Entfaltung des Regimes nicht nur verzögert, sondern auch unvollkommen, so folgt zusätzlich, daß das zweite relative Wachstumshoch deutlich tiefer als das erste liegt. Wir haben weiter vorne argumentiert, daß der Ausbau des Regimes in den USA nach dem Sieg im zweiten Weltkrieg verzögert wurde. Aus dem nächsten Kapitel können wir schon vorwegnehmen, daß die verspätete Entfaltung des Regimes in der Kennedy-Johnson-Ära (1961 bis März 1969) unvollkommen blieb, jedenfalls gemessen an dem, was in den meisten übrigen Ländern der westlichen Gesellschaft des Zentrums erreicht wurde.

Die Erwartung einer *bimodalen* Verteilung der Wachstumsrate, bei der das zweite relative Hoch tiefer liegt, finden wir für die Vereinigten Staaten bestätigt. Schon im Schaubild 6.3 ist dieses Muster erkennbar, und wir finden es wieder zu Tabelle 6.2, die eine leicht abweichende Periodisierung verschiedener Wachstumsphasen vornimmt. Im Gegensatz zu den USA weist das aggregierte Wachstumsmuster für Europa keine Bimodalität auf (vgl. Tabelle 6.2). Die geringen Schwankungen der jährlichen Wachstumsraten in den drei Perioden von 1948 bis 1971 sind sehr klein. Immerhin wäre zu prüfen, ob nicht einzelne Länder ein stärker bimodales Muster haben und ob solche Unterschiede zwischen den europäischen Ländern sich widerspruchsfrei mit einer verzögerten und unvollkommeneren Entfaltung des Regimes erklären ließen. Für Japan vermuten wir aufgrund der Daten für das industrielle Wachstum eine große Entsprechung zwischen Entfaltung des Stils und des Regimes. In Kapitel 13 werden wir detaillierter auf Japan in der Nachkriegszeit eingehen. Das in Tabelle 6.2 erkennbare, aufgeblähte Wachstum der Industrieproduktion in Japan zwischen 1948-1958 ist dem Wiederaufbau zuzurechnen, denn der kriegsbedingte Einbruch bei der Industrieproduktion in Japan zwischen 1938 und 1948 ist extrem und ohne Parallele, auch nicht bei den übrigen Kriegsverlierern (vgl. Tabelle 6.1).

Wir beobachten, daß die theoretische Vorhersage des Wachstums im Verlauf der Karriere des letzten Gesellschaftsmodells mit den empirischen Befunden in Einklang steht. Anhand des Konfliktes werden wir im nächsten Kapitel die Betrachtung der Karriere von Gesellschaftsmodellen weiter vertiefen.

Anmerkungen

1 Vgl. Volker Bornschier, *Wachstum, Konzentration und Multinationalisierung von Industrieunternehmen,* Frauenfeld und Stuttgart: Huber, 1976, S. 270-283.
2 Zahlen dazu finden sich bei Jacob van Duijn (1983: 152f.), der in Kapitel 3 zitiert wird; für Japan vgl. weiter hinten in diesem Kapitel.
3 Die durchschnittliche jährliche Wachstumsrate der Industrieproduktion betrug 1920-29 in Frankreich 8,1%; zum Vergleich in den USA 4,8%, Großbritannien 2,8% und Welt 5,1%. Quelle in Kapitel 3 erwähnt (Jakob van Duijn, 1983, S.151 ff).
4 Bei der Zusammenstellung von einigen Materialien zur Ereignisgeschichte ist mir *Manuel Eisner* zur Hand gegangen. Die Datierung von verschiedenen historischen Ereignissen entstammt dem Studium verschiedener Quellenwerke. Nicht im einzelnen ausgewiesene Quellen für diesen Abschnitt waren: Jean Gabillard.»Die wichtigsten Lehrmeinungen der Volkwirtschaft«, in *Enzyklopädie der Wissenschaften vom Menschen,* Bd. II, Genf: Kister, 1967. Gerhard Stavenhagen, *Geschichte der Wirtschaftstheorie,* Göttingen: Vandenhoeck & Ruprecht, 4., durchgesehene und erweiterte Auflage, 1969. G. Bombach, H.-J. Ramser, M. Timmermann, W. Wittmann (Hg.), *Der Keynesianismus,* Band I, Berlin, Heidelberg und New York: Springer Verlag, 1976.
5 Eine ausführliche Untersuchung über unterschiedliche nationale Antworten auf die Weltwirtschaftskrise findet sich bei: Margaret Weir und Theda Skocpol, »State Structures and the Possibilities for ›Keynesian‹ Responses to the Great Depression in Sweden, Britain, and the United States«, Kap. 4 in: Peter B. Evans, Dietrich Rueschemeyer und Theda Skocpol (Hg.), *Bringing the State Back In,* Cambridge: Cambridge University Press, 1985.
6 Zur Bedeutung von normativen Theorien vgl. auch Kapitel 5. John M. Keynes, der entscheidend die neuen wirtschaftspolitischen Theorien beeinflußt hat, hebt in seinem Hauptwerk im Vorwort und in den Schlußbemerkungen die Bedeutung von neuen Ideen hervor. Er schreibt: »... the power of vested interests is vastly exaggerated compared with the gradual encroachment of ideas. ... The ideas of economists and political philosophers, both when they are right and when they are wrong, are more powerful than is commonly understood. Indeed the world is ruled by little else« (John Maynard Keynes, *The General Theory of Employment, Interests, and Money,* New York: Hartcourt Brace Janovich, 1964, zuerst 1936, S. 383).

7 Vgl. auch Joan Robinson, *Economic Philosophy*, London: Watts, 1962. Dt.: *Doktrinen der Wirtschaftswissenschaft*, München: Beck, 3. Auflage 1972.
8 In Anlehnung an den New Deal in den USA wird dieser Ausdruck auch für den schwedischen »new deal« mit dem *folkhem*-Modell verwendet, nämlich von Bjarne Braatoy 1939 (vgl. Margaret Weir und Theda Skocpol, a.a.O., S. 107).
9 Für eine detaillierte Behandlung siehe Margaret Weir und Theda Skocpol, a.a.O. Sie meinen aber, daß die neuen Ideen von Keynes nicht sofort wirtschaftspolitisch so einflußreich waren, wie wir schlußfolgern. Wir halten dem entgegen, daß die verschiedenen neuen Maßnahmen doch im Kern auf das hinausliefen, was Keynes lehrte, wenn man auch nicht sofort kohärent alle Maßnahmen des keynesianischen Bündels einsetzte (der New Deal finanzierte 1933-34 die neuen Aufgaben des Staates nicht durch Defizite, sondern gestaltete sie selbsttragend) und die Teilmaßnahmen mit dem Namen Keynes erst nach dem Erscheinen seines Hauptwerkes 1936 legitimiert wurden.
10 Die beiden Hauptformen: Neokapitalismus und reformistischer Sozialismus werden von Margaret Weir und Theda Skocpol, a.a.O., S. 133, mit »commercial Keynesianism« gegenüber »social Keynesianism« bezeichnet. Die beiden Hauptäste der neuen Konzeption des Kapitalismus entstanden nahezu gleichzeitig an ganz verschiedenen Orten: der gemäßigte Interventionismus (Neokapitalismus) ab 1933 in den USA und die Sozialdemokratie ab 1932 in Schweden. In der schwedischen Variante dringt dabei der Staat wenig in die direkten Wirtschaftsabläufe ein, und Staatsunternehmen sind untypisch. Varianten dieses Astes sind Mitbestimmung der Arbeitnehmer und der Gewerkschaften in den Unternehmen (z.B. BRD und Norwegen). Ein dritter Ast ist, obwohl er spektakuläre Momente von politischen Erdrutschen aufwies, historisch nicht erfolgreich geworden, nämlich die Labour-Politik. Bei Wahlsiegen der Linken erfolgten Verstaatlichungen und bei Wahlsiegen der Rechten (teilweise) wieder Reprivatisierungen. Das Beispiel für diesen Ast ist vornehmlich Großbritannien, weniger ausgeprägt Frankreich. Auch die BRD und Italien weisen einen erheblichen Staatsbesitz an der Industrie auf. Hier haben die Nachfolgerstaaten aber zumeist die Staatsunternehmen des Faschismus geerbt. Eine prononcierte Politik der Verstaatlichung ist in beiden Fällen politisch nach dem Krieg nicht bedeutsam geworden.
11 Vgl. auch Heinz-Peter Spahn, »Keynes in der heutigen Wirtschaftspolitik«, in: G. Bombach, H.J. Ramser, M. Timmermann und W. Wittmann (Hg.), *Der Keynesianismus*, Band I. Berlin, Heidelberg, New York: Springer-Verlag, 1976, S. 227.
12 Mit der Spitze von 24,9 % Arbeitslosen 1933 in den USA. Ähnliche Verhältnisse 1932 in Großbritannien (22,5 %), und 1932 im Deutschen Reich (30 %).
13 *Folkhem sverige* - Volksheim Schweden - ein Gesellschaftsmodell durchlebt vom Geist der Gleichheit, Fürsorge und Zusammenarbeit, das Per Albin Hansson bereits 1928 formulierte. Der Ausbau des Wohlfahrsstaates erfolgte allmählich. Gesetzes aus dem Jahre 1937 sind zu nennen sowie das Einsetzen von Kommissionen für die Konsensbildung (1938). Ebenfalls 1938 wird die neue Klammer zwischen Kapital und Arbeit durch die *Vereinbarung von Saltsjöbaden* (bei Stockholm) institutionalisiert, mit der die Prozeduren der kollektiven Lohnverhandlungen geregelt wurden. Vgl. Dorothy Wilson, *The Welfare State in Sweden. A study of comparative social administration*, London: Heinemann, 1979, S. 7 f.
14 Der sog. »Cow Deal« (nach Margaret Weir und Theda Skocpol, a.a.O., S. 131).
15 Dorothy Wilson, *The Welfare State in Sweden*, a.a.O., S. 7.
16 Zur Wende von 1945-46 in den USA vgl. auch Margaret Weir und Theda Skocpol, a.a.O., S. 147.
17 Zwei Aspekte stehen dabei im Vordergrund. Art. 31 der Bundesverfassung (BV) regelt eine umfaßende wirtschaftspolitische Tätigkeit des Bundes; zwar steht die Handels- und Gewerbefreiheit an erster Stelle des Verfassungsartikels, doch nötigenfalls dürfen die Staatsinterventionen auch von ihr abweichen. Art. 32 BV regelt die verfassungsmäßige Funktion der Wirtschaftsverbände; bei der wirtschafts-

politischen Gesetzgebung sind die zuständigen Organisationen der Wirtschaft anzuhören, sie können zur Mitwirkung beim Vollzug der Ausführungsvorschriften herangezogen werden. Der faktische Einfluß der Verbände geht allerdings noch weiter als der im Artikel festgelegte Rahmen der rechtlichen Anerkennung. Eine neokorporatistische Struktur der Interessenvermittlung wird zum Merkmal der neuen Ära: Den Spitzen der Verbände und Parteien obliegt es, in einem vorparlamentarischen, stillen und aufwendigen Vorverfahren die Gesetzgebung so zu gestalten, daß keine referendumsfähigen Interessen tangiert werden. Vgl. Gaetano Romano, »Sozialer Wandel und Rechtssetzung«, *Wirtschaft und Recht*, 1988 (Heft 1).
18 Margaret Weir und Theda Skocpol (a.a.O., S. 128) vermuten, daß diese überhaupt erst Keynes Hauptwerk ermöglichte: »Ironically, it seems to have been after this frustrating experience that Keynes decided that a new, grand theoretical synthesis would be needed to overthrow the hold of 'economic orthodoxy'. Without the impermeability of the British polity to specify new economic policy recommendations, *The General Theory* might not have been written.«
19 Joan Robinson in ihrem Kapitel über die Keynesianische Revolution, in *Doktrinen der Wirtschaftswissenschaft*, a.a.O., S. 109.
20 Heinz-Peter Spahn in G. Bombach u.a., *Der Keynesianismus*, a.a.O., Bd. I, S. 226.
21 William F. Ogburn und Lolagene C. Coombs, »The Economic Factor in the Roosevelt Elections«, *American Political Science Review*, XXXIV (4) , August 1940, S. 719-727. William F. Ogburn und Estelle Hill, »Income Classes and the Roosevelt Vote in 1932«, *Political Science Quarterly*, L, Juni 1936, S. 186-193).
22 Dies ist die sich später einbürgernde Bezeichnung für die erste Sitzungsperiode des Kongresses, der zwei Tage nach Amtsantritt des Präsidenten einberufen wird.
23 Bodo Harenberg, Bd 3, *Chronik-Edition*, Dortmund: Chronik Verlag, 1984, S. 916.
24 Quellen: Milton Derber, *The American Idea of Industrial Democracy, 1965-1965*, Urbana: University of Illinois Press, 1970. Weiter: E. Berkowitz und K. McQuaid, *Creating the Welfare State. The Political Economy of Twentieth-Century Reform*, New York: Praeger, 1980. Jill S. Quadagno, »Welfare Capitalism and the Social Security Act of 1935«, *American Sociological Review*, 49 (5), 1984, S. 632-647.
25 Vgl. hierzu das erwähnte Weißbuch der britischen Regierung aus dem Jahre 1944, nach Joan Robinson, a.a.O., S. 109.
26 Heinz-Peter Spahn, a.a.O., S. 223.
27 Martin Paldam und Peder J. Pedersen (1984, S. 27, Fn 13) vgl. Kapitel 7.
28 Walt W. Rostow (1978, S. 389) wurde in Kapitel 3 zitiert.
29 William F. Ogburn und Jean L. Adams, »Are Our Wars Good Times?«, *The Scientific Monthly*, LXVII, Juli 1948, S. 23-33. Wieder abgedruckt in: Otis D. Duncan (Hg.), *W.F. Ogburn on Culture and Social Change*, Chicago: University of Chicago Press, 1964, S. 274 ff.
30 Zur Arbeitslosigkeit in den USA können folgende Angaben gemacht werden (Daten nach der Arbeit von Matthias Bürcher in einem meiner Seminare): 1933: 24,9 %, 1934: 21,7 %, 1935: 20,1 %, 1936: 16,9 %, 1937: 14,3 %, 1938: 19,0 %, 1939: 17,2 %, 1940: 14,6 %, 1941: 9,4 %, 1942: 4,7 %, 1943: 1,9 %, 1944: 1,2 %.
31 William F. Obgurn und Jean L. Adams, a.a.O.
32 Zum Vergleich des gesellschaftlichen Zustandes in den Vereinigten Staaten können folgende Beobachtungen angeführt werden:

	Zwischen- erholung 1924 - 29	Erste Phase des Aufschwungs 1933 - 37
Industrieproduktion	steigt	steigt
Clearings der Banken	steigen	steigen
Frachtvolumen	steigt	steigt

	Zwischen- erholung 1924 - 29	Erste Phase des Aufschwungs 1933 - 37
Nationaleinkommen	steigt nur wenig	steigt markant
Profite der Unternehmen (net corporate profits)	steigen	markante Erholung
Beschäftigung in Fabriken	stagniert	steigt
Verdienste	stagnieren	steigen
Farmeinkommen	stagniert	steigt
Preisniveau	sinkt	stabilisiert sich
Heiraten	nehmen leicht ab	nehmen zu
Geburten	nehmen ab	stabilisieren sich
Gewerschaftsmitgliedschaft	stagniert	nimmt zu
Selbstmorde	nehmen zu	nehmen ab
Morde	stagnieren auf hohem Niveau	nehmen ab
Einweisungen in Straf- anstalten	nehmen zu	nehmen ab

Quelle: Zusammengestellt aus Angaben in William F. Ogburn und Jean Adams, a.a.O., S. 274 ff.

33 Diese Ländergruppe umfaßt jene 18 Fälle, die wir immer wieder als Grundgesamtheit verschiedenen Analysen in diesem Buch zugrundelegen. Zwei von den 18 Fällen fehlen in Tabelle 6.1 infolge von Datenlücken, nämlich Australien und die Schweiz.

34 Wegen der Datenlücke infolge des Kriegsbeginns sind die jährlichen Wachstumsraten in diesen Fällen nur zwischen Ende 1932 bis 1938 berechnet worden.

7 Konflikt über die Karriere des Gesellschaftsmodells

Vorbemerkungen und die W-Kurven-Hypothese

Konflikt sehen wir als einen Dauerzustand des gesellschaftlichen Lebens.[1] Dennoch sind Quellen von Konflikt, Intensität, Ebenen und Formen der Konfliktartikulation erheblichen Schwankungen über die Karriere eines Gesellschaftsmodells unterworfen. Wir haben Konsens und Dissens als wesentliche Elemente im Rhythmus des langwelligen gesellschaftlichen Geschehens bezeichnet. Das ist eine Vereinfachung. Die Konsensphase in der Karriere eines Modells bedeutet nicht die Abwesenheit von Dissens, sondern nur, daß ein soziales Regelungssystem der Konfliktverarbeitung akzeptiert ist und funktioniert. Dagegen wird eine solche Regelung in der Dissensphase problematisch, was nicht nur etwa die Höhe, sondern auch den Charakter von Konflikt und die Art seiner Artikulation beeinflußt.

Seit Emile Durkheim und Robert Merton besteht ein Theoriestrang, der Konfliktartikulation und abweichendes Verhalten mit dem Gesamtzustand der Gesellschaft in Zusammenhang bringt, der »Anomie«, nämlich »Disharmonie oder Regellosigkeit« hervorbringen kann. Disharmonie und Regellosigkeit sind aber zwei sehr verschiedene Zustände, die nämlich einerseits »Ziel-Mittel-Anomie« und andererseits »Ziel-Anomie« meinen.

Unsere Theorie beinhaltet, daß die Bedeutung dieser unterschiedlichen Problemlagen in der Gesellschaft zwischen verschiedenen Etappen eines Gesellschaftsmodells wechselt. Wir definieren zunächst Konflikt nicht auf der Ebene seiner Artikulation, sondern nur als Widerspruch, und schlagen *soziale Inkonsistenz* und *soziale Regellosigkeit* als Grundlagen solcher Widersprüche vor.

Quellen von Konflikt

Eine erste, *beständige* Quelle von Konflikt in der Gesellschaft leitet sich aus der Machtverteilung ab und zwar nicht nur aus einer ungleichen. Selbst eine gleiche Machtverteilung bedeutet nämlich keine Abwesenheit von Konflikt, sondern nur eine Rahmenbedingung für das wahrscheinliche Resultat von konfliktiven Interaktionen zwischen Akteuren. Dieser *Machtkonflikt* ergibt sich also aus unterschiedlichen Interessen von Akteuren. Es handelt sich um einen *Verteilungskonflikt*.

Die zweite Quelle von Konflikt ergibt sich aus der Unverträglichkeit von Werteinterpretationen, nämlich im Bereich von normativen Theorien. Diese sind mögliche, keine zwingenden Werteinterpretationen, die Prioritäten setzen und Vorschläge zur Vereinbarmachung von Werteinterpretationen liefern. Diese Quelle von Konflikt nennen wir *Wertekonflikte*. Diese sind keine ähnlich *beständige* Quelle von Konflikt wie die Macht- und Verteilungskonflikte, denn Wertekonflikte können für bestimmte Zeit beigelegt oder stark gemildert werden, nämlich durch einen Basiskonsens.

Die dritte Quelle von Konflikt ergibt sich gerade aus der Tatsache, daß die Wertekonflikte auf Zeit beigelegt werden können. Wenn das der Fall ist, dann ergibt sich ein Konflikt aus der Diskrepanz zwischen einem Modell und der Wirklichkeit. Diese Wirklichkeit stellt die historische Macht- und Teilnahmeverteilung in der Gesellschaft dar. Die entsprechende soziale *Inkonsistenz* mündet in *Realisierungskonflikte*. Solche Konflikte sind an die Bedingung gebunden, daß Wertekonflikte beigelegt sind, mithin kein Zustand der Regelungslosigkeit herrscht.

Die Karriere eines Modells kann zunächst unterteilt werden in zwei Etappen: (1) Mit der Formierung eines Gesellschaftsmodells wird der Wertekonflikt entweder weitgehend beigelegt oder doch zumindest stark temperiert. Damit beginnt eine lange Phase von Realisierungskonflikten, die von einem *geregelten* Machtkonflikt begleitet ist. Der gesellschaftliche Konsens wird gegenüber Außenseitern vehement verteidigt, was sich daran zeigen dürfte, daß die Regierungsgewalt gegenüber Akteuren, die diesen Rahmen sprengen, hoch ist. (2) Mit der Sättigung, d.h. wenn die Problemlösungsfähigkeit des politökonomischen Regimes sich als erschöpft erwiesen hat, verliert der Realisierungskonflikt gegenüber dem Wertekonflikt an Bedeutung. Dadurch wird der Machtkonflikt ungeregelt, d.h. er ist nicht mehr eingebettet in eine allseits anerkannte Ordnungsvorstellung.

Intensität von Konflikt

In der Konsensphase (Formierung und Entfaltung) ist die Intensität des Konfliktes abhängig von der Legitimität der Gesellschaft in den Augen der Mitglieder. Dagegen kommt in der Dissensphase (Auflösung und Zersetzung) den Ressourcen, über die Konfliktparteien verfügen, sowie situativen Faktoren eine größere Bedeutung zu. Die Ressourcen betreffen z.B. die Möglichkeiten von kollektivem Handeln, wie sie durch neue soziale Bewegungen entstehen.[2] Situative Faktoren sind z.B. die Wirtschaftslage oder die Sanktionen der Regierung gegen Opposition (Staatsgewalt).

Bereits im letzten Kapitel wurde die These folgender Art vorgestellt. Die Legitimität einer Ordnung steigt einmal mit der erwarteten Diffusion der Güter, die der neue technologische Stil mit seiner erneuerten Güterpalette anbietet, *und* sie steigt weiter mit der Entfaltung des politökonomischen Regimes, nämlich der Fähigkeit, Stabilität und sozialen Ausgleich, also »Gerechtigkeit« zu erzeugen. Die »Faszination durch das Neue« und die »Gerechtigkeit« sind die beiden Quellen der Legitimität, die im Verlauf der Karriere des Modells ein unterschiedliches Gewicht bei der Legitimitätsbeschaffung aufweisen. Aus den Ausführungen und dem Modell im vorangegangenen Kapitel (Schaubild 6.1 auf S. 144) folgt eine Abnahme bei der Intensität des Konfliktes, wenn der Stil diffundiert. Ist er gesättigt und das Regime noch nicht voll entfaltet, so wird ein Zwischenhoch an Konflikt erwartet, das im wirtschaftlichen Hoch liegt (vgl. auch Übersicht 6.1 auf S. 150). Danach sinkt der Konflikt wieder, wenn sich das Regime voll entfaltet. Die abnehmende Problemlösungsfähigkeit des Regimes läßt die Intensität des Konflikts abermals ansteigen und leitet von der Phase des Realisierungskonfliktes in die der Wertekonflikte über. Dies ist der Übergang von der Phase der sozialen Inkonsistenz zur Regellosigkeit.

Ebenen der Konfliktartikulation

Konflikt wird zunächst auf der Ebene des Individuums erfahren. Das bedeutet aber nicht, daß er auch auf der Ebene von Individuen artikuliert wird. Wenn immer möglich, leiten Individuen den von ihnen erfahrenen Konflikt ab, um sich selbst funktionstüchtig zu erhalten. Für eine kollektive Artikulation von Konflikt steht eine Vielzahl von etablierten sozialen Gruppen in der Gesellschaft zur Verfügung: Parteien, Verbände, Gewerkschaften und Gruppen, die Interessenpolitik für ihre Mitglieder betreiben. Durch die Verschiebung des Konfliktes auf soziale Gruppen wird die Artikulation politisch. Ob ein Individuum ein für seine Probleme geeignetes Sprachrohr finden kann, hängt neben kulturellen Unterschieden vom Vorhandensein solcher etablierter Kanäle der Konfliktverschiebung ab,[3] weiter aber auch von Kosten/Nutzen-Kalkülen. Soziale Macht bedingt, wie bereits vorne ausgeführt, keinen unerheblichen Aufwand. Dieser muß durch die perzipierte Erfolgswahrscheinlichkeit kollektiver Aktion *oder* durch einen hohen Leidensdruck bei Individuen aufgewogen werden.

In der Formierungs- und Entfaltungsphase können die Realisierungskonflikte leichter im Rahmen der etablierten Kanäle kollektiver Konfliktartikulation (z.B. Parteien, Unterstützungskomitees für Parteien, Gewerkschaften und Verbände) artikuliert werden. Dieses politische System hat sich ja auf einen erneuerten Gesellschaftsvertrag geeinigt. Und nun gilt es, diesen zu realisieren. Das geht natürlich nicht ohne Konflikt ab, weil etablierte Interessen beeinträchtigt werden, aber dennoch kann dieser Konflikt als geregelt bezeichnet werden. Unabhängig von der Intensität der

Konfliktartikulation erwarten wir deshalb in dieser Phase eher eine kollektive Konfliktartikulation denn eine individuelle. Dagegen liegen die Verhältnisse in der Auflösungs- und Zersetzungsphase des Gesellschaftsmodells anders. Für die Wertekonflikte fehlen weitgehend institutionelle »Gefäße« der Artikulation. Neue soziale Bewegungen entstehen zwar, aber das Kosten/Nutzen-Verhältnis ist für diese unkonventionelle kollektive Aktion ungünstig. Dies hat zwei wesentliche Gründe. Die Reformkapazität des Regimes hat sich erschöpft und damit sinken auch die Aussichten, durch kollektive Aktion Veränderungen in diesem Rahmen hervorzubringen. Hinzu kommt, daß die Wertekonflikte ja vor dem Hintergrund einer sich verbreitenden Orientierungslosigkeit stehen. Die Klarheit und Generalisierbarkeit von Problemen wird dadurch beeinträchtigt, auch dies reduziert die Chancen der kollektiven Aktion. Diese Chancen können aber andererseits durch einen erhöhten Leidensdruck von Individuen wieder erhöht werden. Wir erwarten in dieser Phase deshalb, daß - unabhängig von der Intensität der Konflikte - individuelle Artikulationen relativ höher liegen als kollektive und daß bei den kollektiven Artikulationen die neuen Bewegungen eine größere Rolle spielen.

Nicht nur Individuen können den Konflikt, den sie in sich erfahren, nach außen, nämlich auf Gruppen ableiten. Auch Regierungen sind in einer strukturell ähnlichen Situation wie Individuen. Der Konflikt im Innern kann über die nationale Großgruppe umgeleitet werden, die diesen Konflikt innerhalb des Staatensystems artikuliert; damit kann versucht werden, den Konflikt im Binnenraum zu temperieren. Die Verschiebung des Konfliktes auf das Staatensystem ist mit erheblichen Kriegsrisiken verbunden.[4] Die Möglichkeit dieser Verschiebung ist aber an die Ressourcen eines Staates und an die geopolitische Situation gebunden. Nur Hegemonialmächte und Herausforderer sind in der Lage, eine solche Verschiebung mit einer gewissen Kalkulation des Risikos vorzunehmen.[5] Ähnlich wie bei der Verschiebung des Konfliktes vom Individuum auf Gruppen, erwarten wir in der Formierungsphase eher eine Verschiebung des Konfliktes zwischen Gruppen auf einen Konflikt zwischen Staaten. Da aber der Konflikt in dieser Phase in der Regel abnimmt, sind nur der Beginn der Formierungs- und später dann die Auflösungsphase mit schärferen zwischenstaatlichen Auseinandersetzungen verbunden.

Formen der Konfliktartikulation

Wir unterscheiden »formell friedliche« von »gewalttätiger« Konfliktartikulation. Das eine wird formell friedlich genannt, weil es sich um Kampfsituationen handelt, deren Mittel aber als friedlich gelten, wie z.B. auch bei der wirtschaftlichen Konkurrenz. Die gewalttätige Konfliktartikulation kann wiederum unterteilt werden in spontane und geplante Gewalt. Spontangewalt ergibt sich aus der Situation, gleichsam aus der Hitze des Gefechtes, und ist nicht geplant gewesen. Zielt eine geplante Gewalt gegen eine Ordnung, die als Vertragszustand das Verhältnis zwischen Gruppen in der Gesellschaft regelt, so wird dieser Vertragszustand faktisch aufgekündigt. Diese faktische Aufkündigung des Friedens und die Verwendung von Gewaltmitteln erfüllen die Bedingungen, um von Krieg zu sprechen. Ist nur eine Konfliktpartei dabei ein Staat, so sprechen wir von »internem Krieg«. »Terrorismus« oder »Bürgerkrieg« sind andere Bezeichnungen für diesen Sachverhalt.

In der Konsensphase sind formell friedliche Konfliktsituationen relativ häufiger und in der Dissensphase sind es die gewalttätigen. Dies letztere betrifft aber nur den *internen* Krieg. Die Unterscheidung zwischen formell friedlich und gewalttätig ist nicht deckungsgleich mit legal und illegal. Eine wichtig gewordene Zwischenform der politischen Praxis ist nämlich der *zivile Ungehorsam,* der weder normale Politik ist, noch revolutionären Umsturz beabsichtigt, - eine illegale, aber nicht kriminelle Konfliktartikulation, die eine übergesetzliche Legitimation beansprucht.[6] Dies geht auf die angelsächsische Denktradition über den Staat zurück, die den Staatsbürger einmal als unveräußerliche Quelle von Souveränität sieht, die auch nicht durch den Gesellschaftsvertrag aufgehoben wird, und die ihm ein Widerstandsrecht zubilligt, wenn er an eine übergesetzliche Moral appelliert, ein natürliches Recht, an das auch der Staat als Sachverwalter des Gesellschaftsvertrages gebunden bleibt. Dadurch entsteht die für die kontinentaleuropäische Tradition eher schwierige Figur des Staatsbürgers, »der trotz seinem *punktuellen* Widerstand gegen die (rechtsstaatliche, demokratische) Staatsgewalt, seine *prinzipielle Loyalität* gegenüber den Institutionen eben dieses Staates nicht aufgeben möchte.«[7]

In der Dissensphase, wenn Wertekonflikte bedeutsam sind, werden solche Formen des zivilen Ungehorsams relativ häufiger. Wir haben bei den später herangezogenen Daten nur beschränkte Möglichkeit, dies für die gesamte westliche Gesellschaft abzustützen, können aber auf Material für die Schweiz über den Zeitraum 1945 bis 1978 hinweisen.[8] Die Ereignisse von zivilem Ungehorsam im Zusammenhang mit sozialen Bewegungen, nämlich z.B. gegen den Vietnamkrieg, gegen Atomkraftwerke, gegen die Umweltzerstörung und gegen Raketenstationierung sind qualitative Beispiele im Zeitraum der späten siebziger und der frühen achtziger Jahre.

Die W-Kurven-Hypothese und Indikatoren

Die verschiedenen Erwartungen zu den Konfliktmustern über die Karriere des Gesellschaftsmodells können wir nun zur W-Kurve-Hypothese zusammenfassen. Die gesamte Höhe des Konfliktes folgt danach einem *W-*

förmigen Muster. Gleichzeitig ändert sich aber über dieses Muster der Intensität der Charakter des Konfliktes. Dies wird zusammenfassend in Schaubild 7.1 dargestellt.

Schaubild 7.1
Konflikt über die Karriere des Gesellschaftsmodells, die Erwartungen

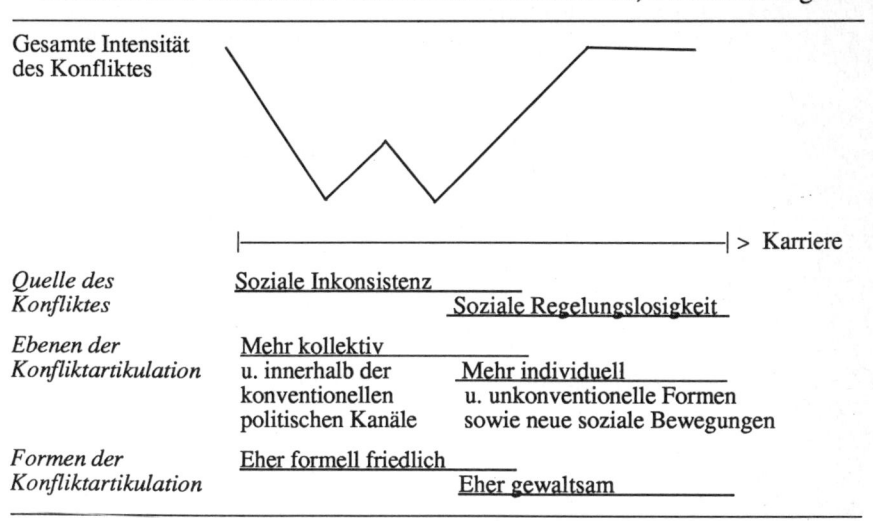

Gesamte Intensität des Konfliktes	
	|> Karriere
Quelle des Konfliktes	Soziale Inkonsistenz Soziale Regelungslosigkeit
Ebenen der Konfliktartikulation	Mehr kollektiv u. innerhalb der Mehr individuell konventionellen u. unkonventionelle Formen politischen Kanäle sowie neue soziale Bewegungen
Formen der Konfliktartikulation	Eher formell friedlich Eher gewaltsam

Um diese Hypothesen einer empirischen Prüfung im keynesianischen Gesellschaftsmodell zu unterziehen, sind wir auf lange Zeitreihen angewiesen, was die Auswahl bei möglichen Konfliktindikatoren einschränkt. Die Liste sieht folgendermaßen aus[9]:

Kollektive Ebene (Organisationen und Gruppen)
POLITISCH, FORMELL FRIEDLICH, nämlich politische Proteste gegen die Regierung, die beabsichtigen, eine bestimmte Politik zu erreichen oder eine praktizierte Politik zu verhindern oder zu verändern
Politische Streiks, nämlich solche mit rein politischer Zielsetzung
Demonstrationen gegen die Regierung
Demonstrationen oder *Aufruhr* gegen die Regierung *mit Spontangewalt* (riots)
POLITISCH IN SINNE VON INTERNEM KRIEG, nämlich gewaltsamer politischer Konflikt einer organisierten Gruppe mit dem Ziel, die Macht der Regierung zu schwächen oder zu zerstören
Bewaffnete Angriffe (»interner Krieg«), nämlich Ereignisse charakterisiert durch Blutvergießen, physische Kämpfe und das Zerstören von Sachen, gleich welche Waffen verwendet werden (aber ohne Attentate)
WIRTSCHAFTLICH
Streikaktivität (Klassenkampf), nämlich ein Index aus den durch *Streiks verlorenen Arbeitstagen* pro Jahr und Million Einwohner

174 • Westliche Gesellschaft im Wandel

Individuelle Ebene
  Selbstzerstörung gemessen an den *Selbstmordraten*
Staaten
  STAATSGEWALT NACH INNEN
    Sanktionen der Regierung gegen Bürgerwiderstand und Bürgergewalt
  ZWISCHENSTAATLICHE KONFLIKTREGULIERUNG
    Schlichtung von internationalen Disputen vor der UNO
  ZWISCHENSTAATLICHER KRIEG
    Kriegerische Konflikte, in die die USA involviert waren

Empirische Konfliktmuster

Unsere Daten überspannen den Zeitraum 1948 bis 1977/1982, also eine dreißig- bis fünfunddreißigjährige Periode im keynesianischen Gesellschaftsmodell. Der Beginn des Gesellschaftsmodells sowie die momentane Zwischenerholung (seit 1983) sind ungenügend repräsentiert, weswegen wir später in Einzelfällen auf die Zwischenerholung der zwanziger Jahre sowie auf den Beginn des Modells in den dreißiger Jahren illustrativ eingehen werden.[10]

Die Konfliktdaten für die Vereinigten Staaten präsentieren wir separat von den aggregierten Angaben für die übrigen Länder des westlichen Zentrums.[11] Dies geschieht, weil das neue Gesellschaftsmodell, das 1933 in den USA begann, durch den Krieg nicht unterbrochen wurde, während für die übrigen Länder nach 1945 ein Wiederanfang stattfand. Das dürfte zu einer Phasenverschiebung geführt haben, so daß die USA und die übrigen Länder des Zentrums sich zur gleichen Zeit in verschiedenen Etappen der Karriere des Modells befinden. Die Länder des Zentrums sind bestimmt durch homogene Kapitalentfaltung und dauerhafte Demokratie in der Nachkriegszeit. Dies sind die folgenden Fälle (nach der Bevölkerung im Jahre 1960 geordnet): Vereinigte Staaten, Japan, Bundesrepublik Deutschland, Großbritannien, Italien, Frankreich, Kanada, Niederlande, Australien, Belgien, Schweden, Österreich, Schweiz, Dänemark, Finnland, Norwegen, Irland, Neuseeland.

Politischer Konflikt

In Tabelle 7.1 präsentieren wir die Daten für politische Konfliktereignisse im Zeitraum 1948-1977. Wir haben diese Ereignisse für die einzelnen Konfliktindikatoren jeweils in Fünfjahresperioden angegeben. Zunächst einmal beobachten wir über die Zeit erhebliche Schwankungen in der Konflikthöhe. Der jeweilige Erwartungswert in einer Fünfjahresperiode ist ebenfalls angegeben. Dieser ist der Durchschnittswert für alle sechs Fünfjahresperioden. Würde sich der Konflikt gleichmäßig über die Zeit verteilen, so müßten die beobachteten Konfliktereignisse sich nur unwesentlich von diesen Erwartungswerten unterscheiden. Dies ist aber nicht der Fall. Die Abweichungen der beobachteten von den erwarteten Konfliktereignissen ist für alle Datenreihen im statistischen Sinne nicht zufällig.¹²

Tabelle 7.1
Politischer Konflikt in 17 westlichen Ländern (ohne USA)

Zahl der Ereignisse in Fünfjahresperioden (Quellen im Text), standardisierte Werte kursiv (beobachtete dividiert durch die erwarteten Werte mal 100)

	1948 -52	1953 -57	1958 -62	1963 -67	1968 -72	1973 -77	Total 1948-77*)
I) Massenprotest gegen die Regierung							
Politische Streiks	241 *215*	47 *42*	65 *58*	18 *16*	139 *124*	161 *144*	671 (112)
Protestdemonstrationen	307 *80*	143 *37*	334 *87*	284 *74*	619 *161*	618 *161*	2305 (384)
Demonstrationen und Aufruhr mit Spontangewalt (riots)	394 *151*	179 *69*	277 *106*	94 *36*	379 *145*	244 *93*	1567 (261)
Summe der drei Kategorien	942 *124*	369 *49*	676 *89*	396 *52*	1137 *150*	1023 *135*	4543 (757)
II) Interner Krieg ‡)							
Bewaffnete Angriffe (armed attacks)	289 *29*	102 *10*	693 a) *70*	145 *15*	2288 b) *230*	2439 c) *246*	5956 (993)
III) Staatsgewalt nach innen							
Regierungssanktionen	1165 *162*	490 *68*	607 *84*	348 *48*	676 *94*	1030 *143*	4316 (716)

Anmerkungen: *) In Klammern steht der Erwartungswert pro Fünfjahresperiode.
‡) »Korrigierte« Zahlenreihe (vgl. Text), von der ersten zur letzten Fünfjahresperiode: 289 / *104,* 102/ *37,* 244 / *87,* 145 / *52,* 293 / *105,* 600 / *215.*
a) Ohne Frankreich: 220. b) Ohne Großbritannien: 276. c) Ohne Großbritannien: 565.

Wie die beobachteten Werte vom Erwartungswert abweichen, zeigt die Tabelle ebenfalls, wird aber in Schaubild 7.2 noch einmal übersichtlich dargestellt. Die Zeitreihen folgen einem Muster, das der W-Kurven-Hypothese entspricht. Die Angaben in Schaubild 7.2 sind standardisiert, d.h. ausgedrückt in Vielfachem des erwarteten Durchschnittswerts (mal hundert). Dadurch können wir die relative Bedeutung der verschiedenen Konfliktformen über die Zeit und untereinander vergleichen.

176 • Westliche Gesellschaft im Wandel

Schaubild 7.2
Die graphische Darstellung von Daten aus Tabelle 7.1:
standardisierte Werte für alle westlichen Länder ohne USA, 1948-1977

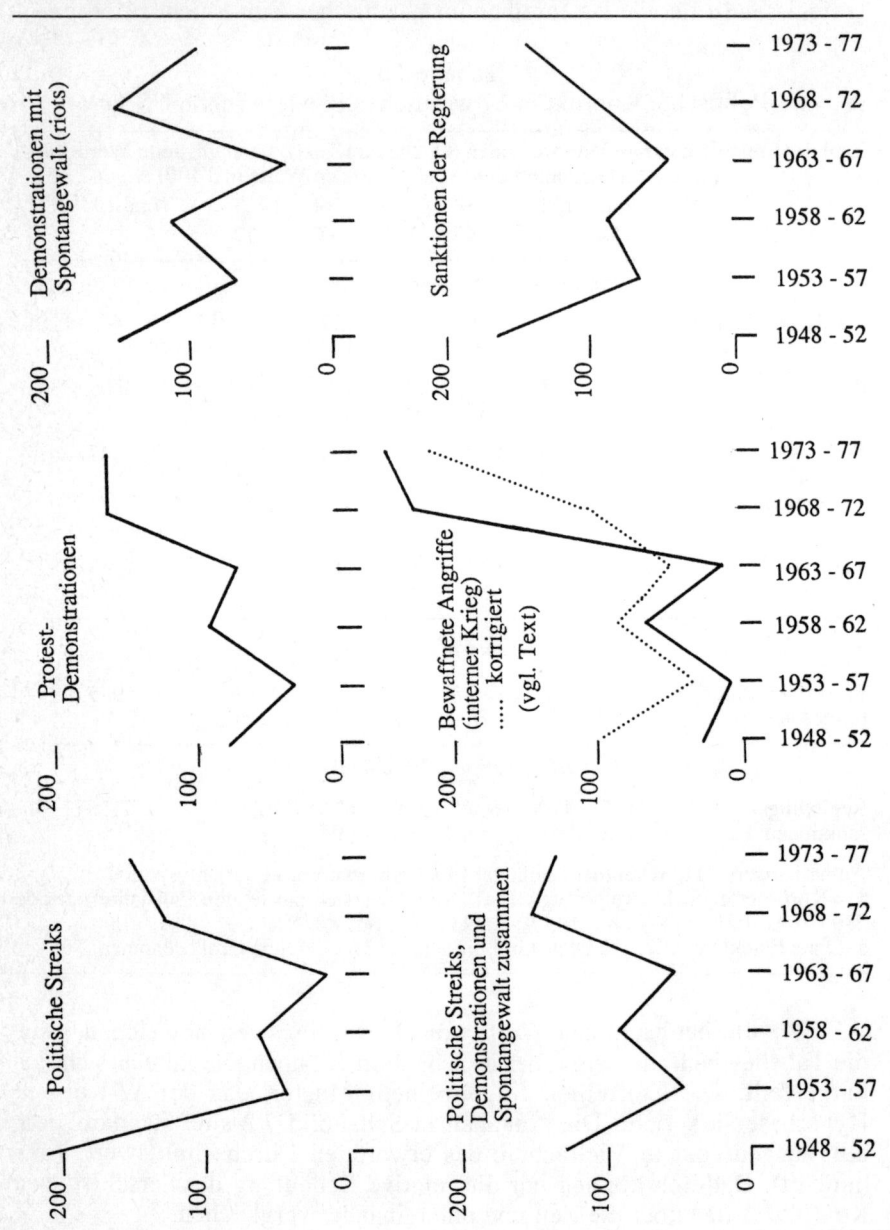

7 Konflikt über die Karriere des Gesellschaftsmodells • 177

Von den formell friedlichen Formen des politischen Protestes waren die *politischen* Streiks im Anfang der Karriere des keynesianischen Gesellschaftsmodells relativ prominent, d.h. die Artikulation erfolgte häufig innerhalb von etablierten Kanälen (Klassen und Stände vertreten durch ihre Organisationen: Gewerkschaften und z.B. Studentengruppen). Friedliche Proteste von Bürgergruppen verschiedenster Zusammensetzung gewinnen ab 1968 an Bedeutung. Neben einer solchen Zunahme der Artikulation des zivilen Protestes und Ungehorsams (vgl. weiter vorne und Anm. 8) fällt ab 1968 die drastische Zunahme der bewaffneten Angriffe auf, die wir mit »internem Krieg« bezeichnet haben. Dies weist auf, daß die Gewaltsamkeit des Konfliktes von 1948-1967 vergleichsweise gering war, um von 1968 bis 1977 sprunghaft zu steigen. Die Gewaltsamkeit ist nach 1968 auch relativ bedeutsamer als die friedlichen Protest-Demonstrationen, die ihrerseits ebenfalls sehr stark an Bedeutung gewonnen haben.

Die Zunahme des internen Krieges könnte durch die zahlreichen gewaltsamen Auseinandersetzungen infolge des Algerienkrieges und des Nordirlandkrieges beeinflußt sein. So entfallen 1958-62 von 693 Ereignissen bewaffneter Angriffe über 473 auf Frankreich. 1968-72 von 2288 derer 2012 auf Großbritannien und 1973-77 abermals von 2439 derer 1874. Sonstige bemerkenswerte Abweichungen sind bei einer Detailansicht der Daten für die übrigen Ländern nicht aufgefallen. Um festzustellen, ob die Ausreißerwerte für Frankreich und Großbritannien das Muster erheblich verzerren, haben wir sie in einem zusätzlichen Arbeitsschritt nicht ausgeschlossen, sondern »korrigiert«. Wir haben ihnen in den Perioden, in denen sie so stark abweichen, den Durchschnittswert für die andern Länder zugewiesen. Das Muster, das sich dann ergibt, ist in Schaubild 7.2 gepunktet eingezeichnet. Auch nach dieser Korrektur ist unsere vorherige Beurteilung noch gültig. Nach 1968 nimmt der »Bürgerkrieg« im Westen sprunghaft zu. Wir werden später noch sehen, daß diese Wende in den USA erheblich früher stattfand. Die neue Figur des zivilen Ungehorsams nimmt allerdings als Zwischenform parallel dazu ebenfalls zu (vgl. Anm. 8).

In allen Datenreihen für den politischen Konflikt, einschließlich der Staatsgewalt, ist ganz deutlich ein *Zwischenhoch* um 1960 zu beobachten, das unserer Hypothese ihren Namen gibt. Das Konfliktmuster stellt kein 'V' sondern ein 'W' dar.[13] Bei der empirischen Analyse haben wir noch geprüft, ob das Zwischenhoch eine verläßliche Beobachtung ist oder sich als Artefakt der Aggregation der Ereignisse in 17 Ländern ergibt.

Wenn wir die Ereignisse für zivile Proteste und Gewalt berücksichtigen, so weisen die 17 Länder folgende *Muster* - unabhängig von der Konflikthöhe - auf. 10 Fälle lassen sich einem W-Muster, also mit Zwischenhoch zuordnen.[14] Drei Fälle lassen sich einem deutlichen V-Muster zuordnen, bei denen also das Zwischenhoch eindeutig fehlt. Dies sind: Schweden, die Niederlande und die Bundesrepublik. Nach unserem

Modell sind dies nicht unbedingt Abweichungen. Vielmehr können sie erklärt werden durch den Umstand einer frühen und kontinuierlichen Entfaltung des politökonomischen Regimes.[15] In vier Fällen, nämlich bei Kanada, Australien, Neuseeland und Irland ist das Konfliktmuster über die Zeit unklar, also weder dem W noch dem V-Typ zuzuordnen.[16]

Streikaktivität

Martin Paldam und Peder Pedersen[17] haben in ihrer wertvollen empirischen Studie die Daten für die Streikaktivität von 1919 bis 1979 zusammengetragen und analysiert. Sie schließen die gleichen 18 Länder ein. Wiederum analysieren wir zunächst die westlichen Gesellschaften ohne die USA. Ferner betrachten wir hier nur den Zeitraum 1948-1979 im Detail, für den wir auch über andere Konfliktindikatoren verfügen.

In Schaubild 7.3 habe ich einmal die stilisierten Fakten graphisch dargestellt, die sich aufgrund der Einzelmuster der Länder ermitteln lassen. Wiederum beobachten wir ein W-Muster, das dem W-Muster für den politischen Konflikt zeitgleich folgt. Um 1950 ein Konflikthoch, um 1955 ein relatives Tief, um 1960 ein Zwischenhoch, um 1965 wieder ein relatives Tief und um 1970 bis 1979 ein Hoch. Der Indikator für die Streikaktivität ist die Zahl der durch Streiks verloren gegangenen Arbeitstage (dividiert durch 100). Der Indikator ist auf die Wohnbevölkerung (pro Mio.) bezogen. Das Schaubild 7.3 präsentiert auch die von Martin Paldam und Peder Pedersen ermittelten Beobachtungen für Italien und die Schweiz als Beispielfälle. Italien mit dem höchsten beobachteten Streikniveau und die Schweiz mit dem tiefsten folgen - unabhängig vom Niveau - dem W-Muster, das freilich bei jährlichen Beobachtungen nicht ganz so geglättet ist wie unsere stilisierte Kurve. Wie weit beide Extremfälle aber im Niveau auseinanderliegen, wird daran sichtbar, daß die Ordinate zum Zwecke der Darstellung logarithmiert ist, um beide Fälle auf einem Blatt darzustellen.

Das in Schaubild 7.3 erkennbare Zwischenhoch an Streikaktivität um oder kurz nach 1960 wird von Paldam und Pedersen *nicht* kommentiert, vielleicht weil sie an sehr viel längerfristigen Mustern interessiert sind. Von den 17 Fällen ist bei 11 ein solches Zwischenhoch deutlich beobachtbar. Österreich ist wegen unvollständiger Daten nicht klassifizierbar.[18] Nicht ganz so klar sind die Muster bei vier weiteren Fällen[19], während für Kanada kein Zwischenhoch beobachtbar ist. Kanada folgt eher dem USA-Muster, das weiter hinten behandelt wird.

Wir wenden uns nun der Frage zu, ob das Streikmuster unabhängig von der W-Form einen Trend im Zeitraum 1948-79 aufweist. Das Beispiel Italien in Schaubild 7.3 weist einen zunehmenden Trend auf. Dies ist auch für Großbritannien, Irland und in geringem Ausmaß für Kanada beobachtbar. Das Beispiel Schweiz weist eine deutliche Abnahme auf, wie das

Schaubild 7.3
Die stilisierten Fakten der Streikaktivität 1948-1979 in 17 Ländern der westlichen Gesellschaft (ohne USA) und zwei Fallbeispiele

Indikator: Durch Streiks verloren gegangene Arbeitstage (dividiert durch hundert) pro Million Wohnbevölkerung

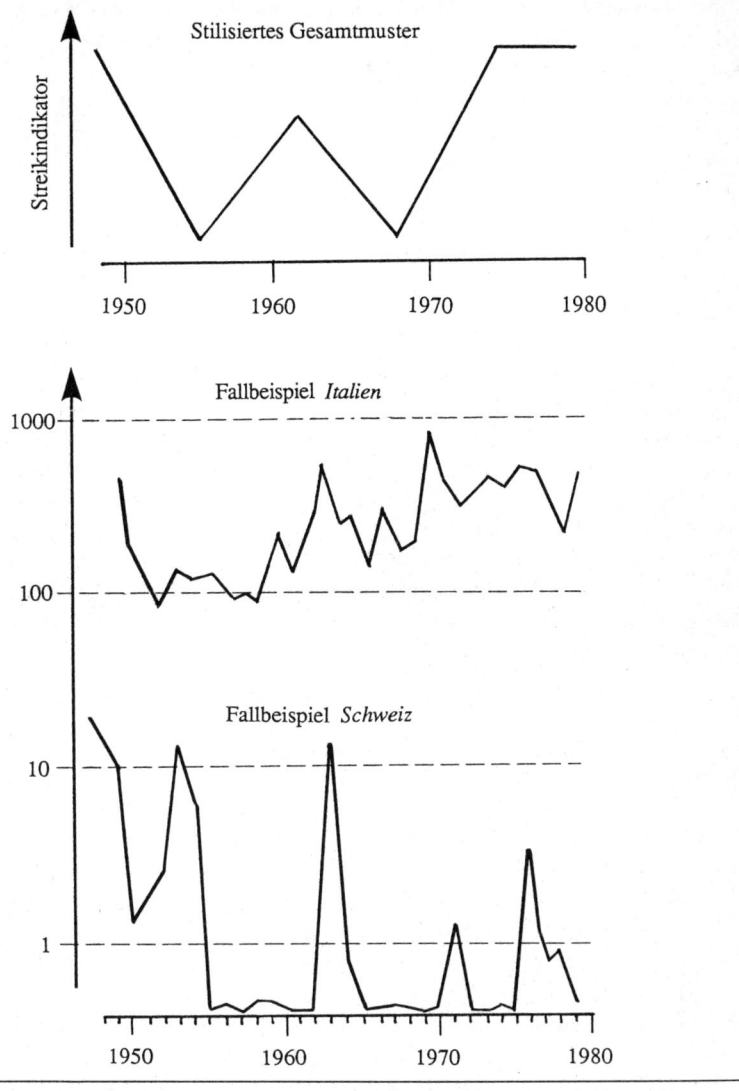

Quelle: Martin Paldam und Peder Pedersen, a.a.O. (Anm. 16), S. 11 ff.

auch für Japan und Österreich und in geringerem Ausmaß für Belgien, Frankreich und die Bundesrepublik beobachtet werden kann. Demgegenüber weist eine große Gruppe von sieben Fällen keinen Trend auf (Australien, Neuseeland, Finnland, Dänemark, Schweden, Norwegen und die Niederlande). *Insgesamt* ist deshalb in der westlichen Gesellschaft kein genereller Trend der Streikaktivität zu beobachten. Den sieben Fällen, bei denen abgesehen vom W-Muster kein Trend beobachtbar ist, stehen sechs Fälle mit deutlicher oder leicht abnehmender Aktivität einerseits und vier Fälle mit steigender Streikaktivität gegenüber.

Die Möglichkeiten für einen Langzeitvergleich der Streikaktivität sind beschränkt, obwohl Paldam und Pedersen Daten von 1919 bis 1979 präsentieren. Ein Vergleich von z.B. 1920-1950 mit 1950-1980 wäre irreführend, da beide dreißigjährigen Perioden nicht gleichen Phasen in der Karriere der Gesellschaftsmodelle entsprechen (vgl. auch weiter vorne Schaubild 3.1 auf S. 74). Wir vergleichen deshalb nur die relativ kurzen Perioden 1919-24 und 1974-79, weil sie nach unserer Sicht ähnlichen Phasen in der Strukturformel der langen Welle entsprechen, nämlich der späten Krisenphase vor der Zwischenerholung. Ein Vergleich der Streikaktivität, gemessen an dem erwähnten Indikator für die Jahre 1919-24 und 1974-1979, ergibt folgendes[20]: Zehn Länder des Westens haben eine ungefähr gleiche Höhe der Streikaktivität,[21] zwei weisen eine Erhöhung und sechs eine Abnahme auf.[22] Versuchen wir diese Befunde zu verallgemeinern, so lautet die vorläufige Schlußfolgerung: Die Streikaktivität dürfte sich beim Vergleich von ähnlichen Phasen in zwei Modellen nicht wesentlich verändert haben. Die Gruppe mit höherer Aktivität ist diejenige der industriellen Nachzügler. Demgegenüber konnte eine nennenswert große Gruppe von sechs Ländern das Streikniveau auf ein tieferes Niveau bringen.[23]

Selbstmord

Wir verwenden die Selbstmordrate (pro 100.000 Wohnbevölkerung) als einen Konfliktindikator für das individuelle Niveau. Zudem sind Selbstmorde gleichzeitig auch ein Indikator für gewalttätige Konflikte: Gewalt gegen sich selbst, d.h. Selbstzerstörung. In Schaubild 7.4 werden die jährlichen Selbstmordraten im Durchschnitt der westlichen Länder von 1948 bis 1982 aufgeführt. Wie bereits vorher, schließen wir die USA nicht ein. Wir haben im Schaubild die Rate für elf kontinentaleuropäische Länder zudem separat ausgewiesen. Die beiden Kurven verlaufen ganz ähnlich, aber ihr Niveau liegt unterschiedlich hoch. Der Durchschnitt bei den Raten im Aggregat liegt über die 35 Jahre bei 14,7 Selbstmorden pro Jahr und pro 100.000 Wohnbevölkerung, in Kontinentaleuropa mit 16,5 merklich höher. Noch etwas höher liegen sie in Japan (18,4), während sie z.B. in England (9,9) und in den Vereinigten Staaten (11,1) deutlich tiefer liegen.

Schaubild 7.4
Jährliche Selbstmordraten 1948-1982 sowie politischer Konflikt und bewaffnete Angriffe, standardisiert für Fünfjahresperioden von 1948-1977

Durchschnittliche jährliche Selbstmordrate
● *obere Reihe:* 11 kontinentaleuropäische westliche Länder;
■ *untere Reihe:* alle westlichen Länder ohne die USA.
– – Formell friedlicher kollektiver politischer Protest, vgl. Schaubild 7.2.
— Bewaffnete Angriffe (interner Krieg), korrigierte Zahlen, vgl. Schaubild 7.2.
····· Indexwert 100 für politischen Konflikt bzw. Durchschnitt der Selbstmordraten

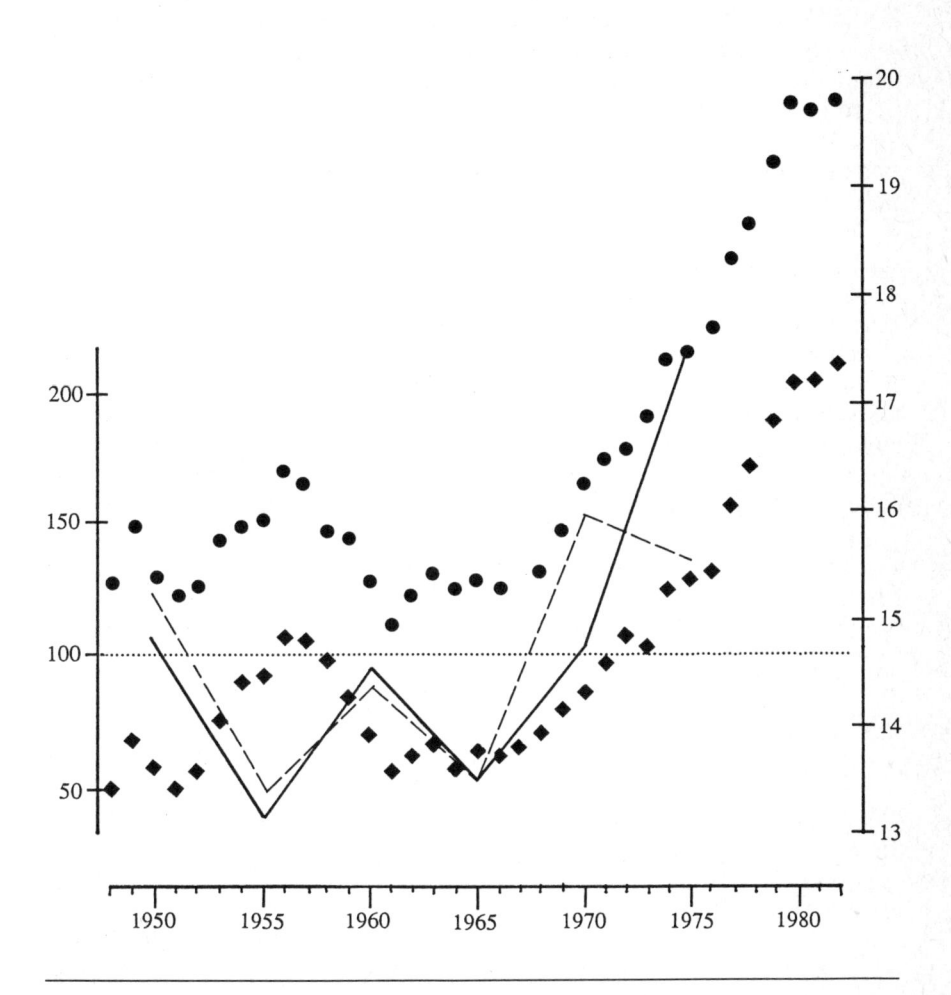

Das Gesamtmuster der Selbstmordraten läßt sich wie folgt beschreiben. Die Selbstmordraten erreichen zu Beginn der sechziger Jahre ein relatives Minimum und steigen danach. Bis Ende der sechziger Jahre bleiben sie trotz Anstieg im Rahmen von Raten, die auch nach 1948 bereits zeitweise erreicht wurden. Erst an Ende der sechziger Jahre steigen die Raten auf in der *Nachkriegszeit* unübliche Höhen; und dieser Anstieg hält bis 1982 ungebrochen an. Dieser empirische Befund ist mit der Erwartung vereinbar, daß in der Phase der sozialen Regellosigkeit die individuellen Konfliktlösungen relativ bedeutsam werden und daß in dieser Phase die Gewalttätigkeit im Vergleich zu formell friedlichen Formen zunimmt.[24] Die Selbstmordraten können als ein Indikator für beides betrachtet werden.

Viele einzelne Länder verzeichnen nach 1948 eine trendmäßige Abnahme der Selbstmordraten bis zu Beginn der sechziger Jahre. In einigen Fällen ist diese Abnahme sogar sehr markant, so in der Schweiz, in Dänemark und weniger in Österreich. Für die meisten Länder ist zu Beginn der sechziger Jahre ein klarer Trendumbruch zu erkennen. Und ab Ende der sechziger Jahre ist ein markanter Anstieg die Regel. Statt die einzelnen Muster im einzelnen darzulegen, schlagen wir eine allgemeine Hypothese für Faktoren vor, die eine Variation in den Mustern erzeugen.

In Schaubild 7.4 haben wir auch die standardisierten Werte für kollektive Formen des politischen Protestes und der politischen Gewalt aufgeführt, die bereits aus dem theoretischen Schaubild 7.1 bekannt sind.[25] Es wird erkennbar, daß die individuellen und die kollektiven Formen der Konfliktartikulation teils substitutiv und teils komplementär sind. Bis gegen Ende der Phase der sozialen Inkonsistenz, Ende der sechziger Jahre/Beginn der siebziger Jahre, beobachten wir eine ausgeprägte Substitution von kollektiven und individuellen Formen der Konfliktartikulation. In Perioden mit hoher Intensität kollektiver Artikulationsformen sind die Selbstmordraten vergleichsweise tief und andersherum, d.h. der Selbstmord folgt einem *verschobenen* W-Muster. In der Phase der sozialen Regellosigkeit steigen alle Konfliktindikatoren. Aber die gewaltsamen Formen steigen nach 1972 deutlich weiter, während die formell friedlichen kollektiven politischen Proteste auf hohem Niveau stagnieren. Im Aggregat steigen nach 1972 die bewaffneten Angriffe noch stärker als der Selbstmord.

Im Sinne einer Externalisierungsthese, die Ressourcen und auch situative Faktoren einbezieht, können wir folgende Hypothesen für die meisten Unregelmäßigkeiten in einzelnen Ländermustern vorschlagen:
1. Wenn die Umsetzung von Widersprüchen in kollektive Aktion und Gewalt außergewöhnlich stark ist, dann kann dadurch der Selbstmord als individuelle Form der Lösung substituiert werden, in Extremfällen können die Selbstmordraten gegen den Trend sogar abnehmen. Ein Fallbeispiel dafür ist England, wo die kollektiven Proteste und die

Schaubild 7.5
Die Fallbeispiele Großbritannien und Dänemark

····· Formell friedlicher politischer Konflikt für alle westlichen Länder ohne USA,
— ebenso für Großbritannien bzw. Dänemark.
-- Bewaffnete Angriffe (interner Krieg) für Großbritannien

⊚ Selbstmordraten für alle westlichen Länder ohne USA,
● Selbstmordraten für Großbritannien bzw. Dänemark.

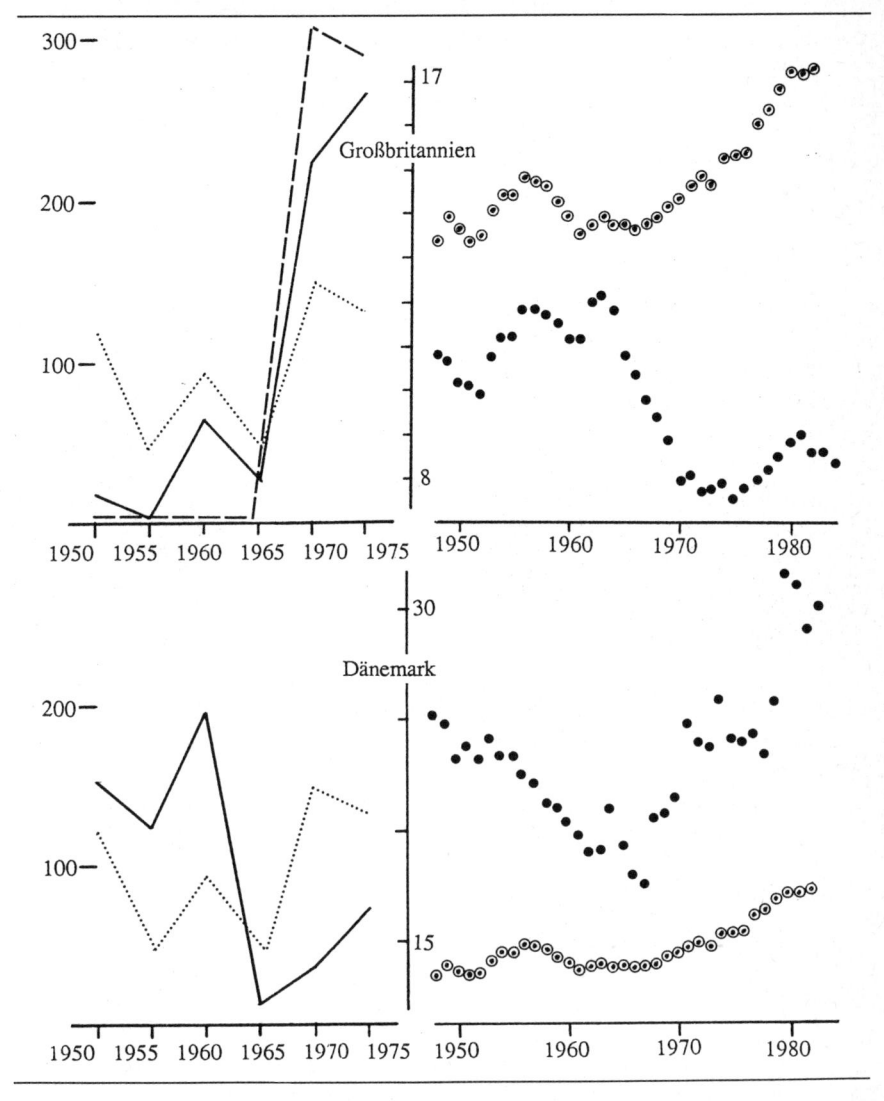

Gewalt sprunghaft steigen, während die Selbstmordraten in Abweichung vom generellen Muster *abnehmen* (vgl. Schaubild 7.5).
2. Dort, wo die Umsetzung von Widersprüchen in kollektive Aktion besonders gering ist, müßten die Selbstmordraten überdurchschnittlich steigen. Das Fallbeispiel ist Dänemark (vgl. Schaubild 7.5).
3. Dort, wo kollektive Aktionen des politischen Protestes über die Zeit generell ein tiefes Niveau aufweisen, ist das Selbstmordmuster über die Zeit deutlich kurvilinear, d.h. es steigt nicht nur in der Phase der sozialen Regellosigkeit, sondern ist in der Phase der sozialen Inkonsistenz zunächst hoch, um dann deutlich zu sinken. Ein Fallbeispiel ist neben Dänemark die Schweiz (vgl. Schaubild 7.6 weiter hinten).

Schaubild 7.5 Fortsetzung
Das Fallbeispiel Japan

— Regierungssanktionen für Japan.
• Selbstmordraten für Japan

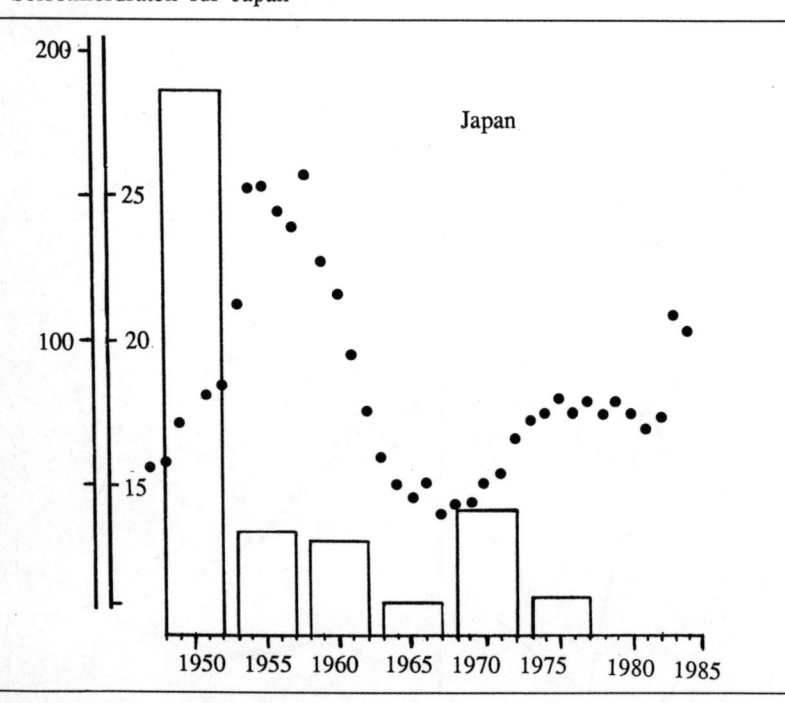

4. In Japan bewirkt die Formierung des neuen Regimes und die damit einsetzenden Verwestlichung einen starken kollektiven Druck (vgl.

auch weiter hinten das Kapitel über Japan). Die Regierungssanktionen sind für einen kurze Zeit, 1948-52, extrem hoch und ein Schwall an neuen Institutionen nach westlichem Rechtsvorbild wird durchgesetzt. Im Anschluß daran kommt es von 1953 bis 1960 zu einem ungewöhnlichen Hoch bei den Selbstmordraten (vgl. Schaubild 7.5 Forts.). Die Erklärung argumentiert mit dem Kosten/Nutzen-Verhältnis des kollektiven Protestes.[26] Durch die scharfen Regierungssanktionen ändert sich das drastisch, und eine Individualisierung der Konflikte wird erzwungen. Regierungssanktionen und kollektiver Protest verschwinden dann in Japan im Laufe der fünfziger Jahre weitgehend. Abgesehen von der Selbstmordwelle der fünfziger Jahre folgt das Muster der Selbstmordraten in Japan dem allgemeinen Muster.

Wir schließen diesen Abschnitt mit zwei Hinweisen. (1) Situative Faktoren und bestimmte Formen wie auch Traditionen der politischen Konfliktaustragung mögen die Umsetzung von sozialen Widersprüchen in individuelle oder kollektive Artikulationen modifizieren. Der generelle Befund ist aber ein Muster von vergleichsweise geringerer Häufigkeit individueller Formen in der Phase der sozialen Inkonsistenz und größerer Häufigkeit in der Phase der sozialen Regellosigkeit. (2) Ein Anstieg der Selbstmordraten deutlich über das Nachkriegsniveau fällt mit der wirtschaftlichen Krise zusammen. Wir sehen aber in dem üblichen Argument, daß schlechte Konjunktur und Arbeitslosigkeit zu mehr Selbstmord führen, *nicht* die primäre Ursache.[27] Diese liegt nach uns vielmehr in der wachsenden sozialen Regellosigkeit, die bereits *vor* dem Ausbruch der ökonomischen Krise sichtbar wird und diese mitbedingt. Die These, nach der schlechte Konjunktur und Arbeitslosigkeit für vermehrten Selbstmord verantwortlich sei, ist auch im Ländervergleich kaum zu stützen. Während Länder mit erheblichen wirtschaftlichen Schwierigkeiten nach 1973 nur einen geringen Anstieg der Selbstmordraten aufweisen (z.B. Italien), England mit wahrhaft großen wirtschaftlichen Problemen gar tiefere Raten als vor der Krise aufweist, fallen Länder, die weniger beschädigt die Klippen der Krise durchschifft haben, durch eine markante Zunahme der Selbstmordraten nach 1973 auf, z.B. Japan, Dänemark und die Schweiz.[28]

Konfliktumschwung nach erneuertem Gesellschaftsvertrag

Der Beginn des neuen politökonomischen Regimes - der erneuerte Gesellschaftsvertrag - ist zumindest bei den institutionellen Innovatoren als klarer Einschnitt und Neuanfang datierbar. Diese *historische* Phase ist mit unseren bisher betrachteten Konfliktdaten nicht abgedeckt, da das neue keynesianische Gesellschaftsmodell im Westen 1948 bereits installiert war, auch bei jenen Fällen, die nach dem Krieg einen Wiederbeginn verzeichneten.

Unsere theoretischen Vorstellungen implizieren für die Zeit nach dem Neuanfang eine deutliche Veränderung bei den Ebenen wie auch bei der Intensität der Konfliktartikulation, weswegen wir zumindest noch an Einzelfällen die entsprechenden empirischen Evidenzen prüfen wollen.

Ein erneuerter Gesellschaftsvertrag, insbesondere wenn er - wie beim keynesianischen Gesellschaftsmodell - ein neokorporatistisches Arrangement der politischen Interessenvermittlung einschließt, beinhaltet eine Legitimierung kollektiver, aber im neuen Regime regulierter, mithin formell friedlicher Interessenaustragung. Aus dieser Institutionalisierung im Rahmen von anerkannten Gruppen der Interessenvertretung folgt, daß die Konfliktartikulation leicht vom Individuum auf Gruppen verschoben werden kann. Wir erwarten deshalb eine deutliche und dauerhafte Senkung der Selbstmordraten in der Formierungsphase des Gesellschaftsmodells.

Unsere Fallbeispiele sind die Vereinigten Staaten und die Schweiz. Das neue Regime beginnt in den USA 1933, in der Schweiz etwas später. Mit dem ersten »Friedensabkommen« wird 1937 eine erste wichtige institutionelle Klammer geschaffen, die 1943 mit dem Beginn der großen Koalition (Ernst Nobs als erster SPS-Vertreter im Schweizer Bundesrat) komplettiert wird. Da unsere Daten nun die Kriegsjahre einschließen, ist noch die Rolle des Krieges einzubeziehen. Wir vermuten, daß er eine Konfliktverschiebung bewirkt, nämlich als Folge der Solidarisierung mit der nationalen Großgruppe, die bedroht (Schweiz) oder herausgefordert (USA) wird. Da der Krieg bei unseren Beispielen kaum von außen herangetragene, bleibende institutionelle Änderungen bewirkt hat, vermuten wir eine *Aufschiebung* bei der Artikulation von Widersprüchen. Mit anderen Worten wird die Spannung nur aufgeschoben, nicht aber gelöst. Mithin sollte der Krieg eine Zick-Zack-Abweichung vom Konflikttrend bewirken, der in der Formierungsphase deutlich nach unten gerichtet ist. Wird der Krieg voraussehbar, so sinkt das Konfliktniveau stärker als der allgemeine Trend, geht er absehbar zu Ende, so steigt das Konfliktniveau kurzfristig, um sich danach wieder in den Trend einzufügen.

Die Selbstmordraten für die Vereinigten Staaten und die Schweiz im Zeitraum 1920 bis 1984 sind in Schaubild 7.6 aufgeführt. Für die USA haben wir noch einen anderen Indikator individualisierter, gewaltsamer Konfliktaustragung, nämlich die Mordraten hinzufügen können (nach der Todesursachen-Statistik im Statistical Abstract of the United States). Die markanten Wendepunkte beim Muster des Selbstmords sind in den USA 1933 und in der Schweiz 1937. Sie entsprechen mithin unseren Erwartungen. In den USA stiegen die Selbstmordraten von 1920 bis 1932 nahezu kontinuierlich, um dann nach 1932 ebenso kontinuierlich abzunehmen, nämlich bis zum Minimum im Jahre 1957. Diese abnehmenden Raten seit Beginn des erneuerten Gesellschaftsvertrages werden nur durch ein Zwischenhoch in den Jahren 1945 bis ca. 1947 (spätestens 1950) unter-

7 Konflikt über die Karriere des Gesellschaftsmodells • 187

brochen. Das Muster der Mordraten folgt in den USA eng demjenigen für die Selbstmorde.

Schaubild 7.6
Konfliktumschwung in den Vereinigten Staaten (1933)
und der Schweiz (1937), vgl. auch die Fortsetzung

● Selbstmordraten für die USA 1919 bis 1981, für die Schweiz 1918 bis 1985.
▼ Raten für Mord und Totschlag in den USA 1919 bis 1981 (für die Schweiz sind die Raten sehr tief). Für die Schweiz vgl. Fortsetzung des Schaubilds auf S. 188.

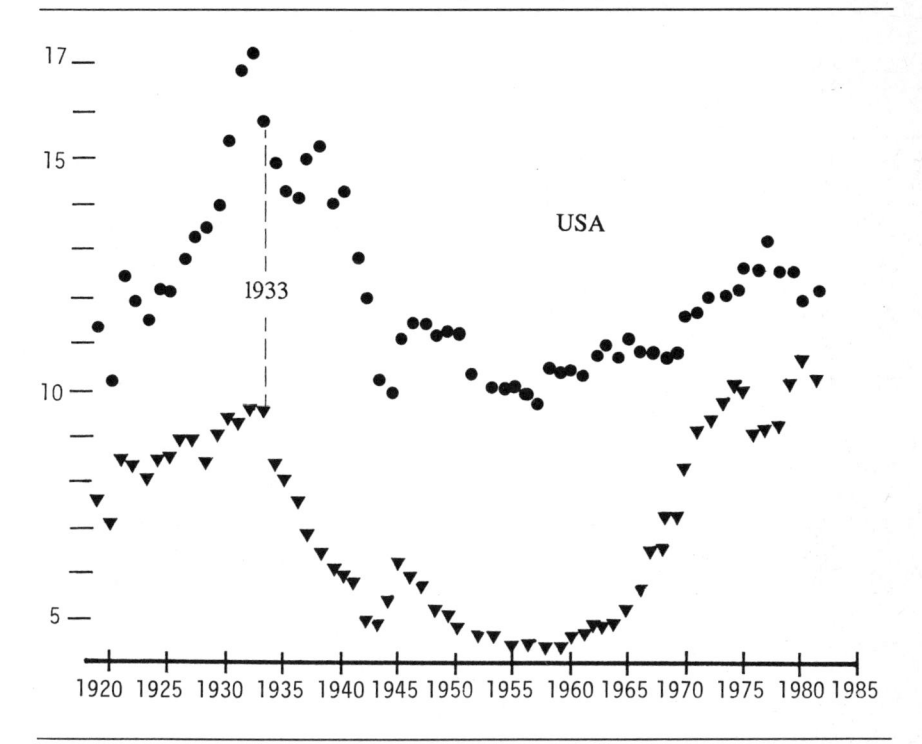

Fortsetzung von Schaubild 7.6 weiter hinten

In der Schweiz steigen die Selbstmordraten von 1918 bis 1936 stark, trendmäßig berechnet von ca. 22 auf 29 pro 100.000. Im Jahre 1937, dem Jahr des Friedensabkommens, das immerhin die dritthöchste Arbeitslosenzahl der gesamten dreißiger Jahre aufweist, beginnt die einbruchartige Abnahme der Selbstmordrate (1936 rund 28, 1937 rund 24), die sich von den Zwischenhochjahren 1944 bis 1947 abgesehen ziemlich kontinuierlich bis 1964, dem Tiefpunkt der Meßreihe fortsetzt. Die Ergebnisse für die

188 • *Westliche Gesellschaft im Wandel*

beiden Fallbeispiele belegen eindrücklich die Beeinflussung des sozialen Konfliktes durch die Erneuerung des Gesellschaftsvertrages und seine nachfolgenden Karriereetappen.

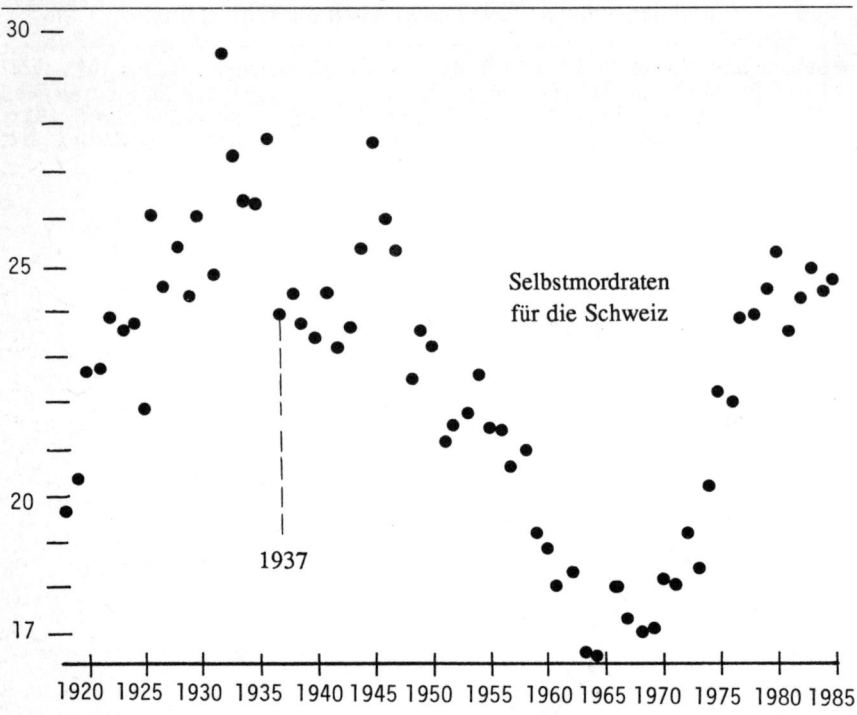

Fortsetzung von Schaubild 7.6

Selbstmordraten für die Schweiz

1937

Die Vereinigten Staaten

Wir hatten die Vereinigten Staaten bei der Untersuchung der Konfliktindikatoren weiter vorne zunächst ausgeklammert. Mit gutem Grund. Das neue Gesellschaftsmodell beginnt in den USA bereits 1933 und entwickelt sich im Gegensatz zu Europa und Japan durch den Krieg ununterbrochen. Der Krieg hatte Europa für einige Zeit aus der Bahn des beginnenden Aufschwungs geworfen und andererseits nach dem Sieg der Alliierten Japan und Westdeutschland wieder auf die westliche Bahn gebracht.

Gegenüber der Entwicklung in Europa hat diejenige in den Vereinigten Staaten einen Vorsprung von vielleicht einem Dutzend Jahre. Seit dem Zweiten Weltkrieg gehen also die Uhren im Westen nicht gleich. Der gleichen realen Zeit entsprechen in den USA und in Europa andere »Modellzeiten«. Wir erwarten deshalb für die USA ein im Vergleich zeitlich vorverschobenes Konfliktmuster.

Zudem sind die Vereinigten Staaten aus dem Krieg als neuer Hegemon hervorgegangen. Sie sind *die* westliche Ordnungsmacht im Weltrahmen geworden. Internationale und intranationale Konflikte können sich dadurch, wie bereits angesprochen, beeinflussen und überlagern. Die Möglichkeit, Konflikte im Innern auf die internationale Ebene zu verschieben, hatten in der Nachkriegszeit in nenneswertem Umfang nur die USA. Die beiden anderen westlichen Mitglieder des Sicherheitsrates, nämlich Großbritannien und Frankreich, sind in der neuen geopolitischen Konstellation eindeutig in den zweiten Rang getreten.

Für die Verschiebung von Konflikten von der innerstaatlichen auf die zwischenstaatliche Ebene gibt es neue empirische Ergebnisse eines Ländervergleichs. Bruce Russett[29] untersuchte die Gründe für internationale militärische Auseinandersetzungen im 19. und 20. Jh. - alle Formen bis hin zum eigentlichen Krieg.[30] Bruce Russetts Ergebnisse weisen ein ziemlich komplexes Verursachungsmuster auf.[31] Wichtig für unser Problem ist folgender Befund. Für die Nachkriegszeit kann Bruce Russett bei Zeitreihenanalysen auch den internen Konflikt einschließen, nämlich den politischen Protest (politische Streiks und Protestdemonstrationen gegen die Regierung) sowie die Repression der Regierung (Regierungssanktionen, wie Verhaftungen und Akte der Zensur). Interessanterweise verliert dann die Variable für die kürzerfristigen wirtschaftlichen Schwankungen ihre Erklärungskraft. Das ist auch aufgrund unseres Modells zu erwarten, bei dem wirtschaftliches Wachstum und Konflikt *beides* Folgen des Zustandes eines Gesellschaftsmodells sind. Die Ergebnisse von Russett weisen auf, daß hohe Werte bei den internen Konfliktvariablen die Wahrscheinlichkeit der Teilnahme an internationalen Auseinandersetzungen erhöhen. Je höher im Vorjahr der politische Protest und die Repression der Regierung, desto größer ist die Wahrscheinlichkeit der Teilnahme an internationalen Auseinandersetzungen. Bruce Russett schließt daraus, daß demokratische Regierungen, wenn sie mit den vergleichsweise beschränkten Mitteln, die ihnen zur Repression des internen Konfliktes zur Verfügung stehen, keinen Erfolg haben, ihr Heil in einem »rally 'round the flag«-Effekt suchen. Die eigenen Reihen werden durch die Beteiligung der nationalen Großgruppe am externen Krieg zu schließen versucht.

Die Verschiebungsmöglichkeiten des Konfliktes, die den Vereinigten Staaten als Hegemonialmacht zur Verfügung stehen, lassen ein komplexes Konfliktmuster erwarten. Der interne Konflikt kann nach außen verschoben und damit auf Zeit in seiner internen Manifestation gemildert werden. Aber die externe Intervention wirkt selbst wieder auf die USA zurück, wie dies die Auseinandersetzungen über den Vietnamkrieg gezeigt haben. Und schließlich kann ein verlorener Krieg (Vietnamdebakel) den internen Konflikt wieder mildern im Sinne eines umgekehrten »rally 'round the flag«-Effektes.

Für die Vereinigten Staaten erwarten wir mithin ein Konfliktmuster, das einerseits zeitlich vorverschoben ist und andererseits aus dem Zusammenspiel zwischen internem Konflikt und der Verschiebung des Konfliktes auf die internationale Ebene sowie deren Rückwirkungen entsteht. In Tabelle 7.2 werden die Daten für den politischen Konflikt in

Tabelle 7.2
Politischer Konflikt in den USA, militarisierte Dispute, in die die USA involviert waren, und Mißerfolg bei der Schlichtung von internationalen Disputen, die vor die UNO gebracht wurden

Zahl der Ereignisse in Fünfjahresprioden, standardisierte Werte kursiv (beobachtete dividiert durch die erwarteten Werte, mal 100)

	1948-52	1953-57	1958-62	1963-67	1968-72	1973-77	Total 1948-77 *)
I) Massenprotest gegen die Regierung a)							
Politische Streiks	0 / *0*	9 / *35*	10 / *38*	24 / *92*	116 / *408*	5 / *19*	154 (26)
Protestdemonstrationen	6 / *2*	22 / *6*	365 / *100*	786 / *216*	727 / *200*	278 / *76*	2184 (364)
Demonstrationen und Aufruhr mit Spontangewalt (riots)	31 / *22*	24 / *17*	119 / *83*	509 / *353*	144 / *100*	34 / *24*	861 (144)
Summe der drei Kategorien	37 / *7*	55 / *10*	494 / *93*	1319 / *247*	977 / *183*	317 / *59*	3199 (533)
II) Interner Krieg a)							
Bewaffnete Angriffe (armed attacks)	67 / *38*	189 / *107*	268 / *151*	255 / *144*	170 / *96*	110 / *62*	1059 (177)
III) Staatsgewalt nach innen a)							
Regierungssanktionen	66 / *29*	94 / *42*	310 / *138*	476 / *213*	294 / *131*	102 / *46*	1342 (224)
IV) Internationale militärische Konflikt, in die die USA involviert waren							
Index nach Joshua Goldstein b)	150 / *49*	180 / *58*	390 / *126*	435 / *141*	400 / *129*	300 / *97*	(309)

Tabelle 7.2 Fortsetzung

V) Mißerfolg bei der Schlichtung von internationalen Disputen,
die vor die UNO gebracht wurden

	1945 -50	1951 -55	1956 -60	1961 -65	1966 -70	1971 -75	1976 -81
% Mißerfolge nach Ernst Haas[c)]	77 %	0 %	36 %	36 %	44 %	100 %	80 %

Anmerkungen: *) In Klammern steht der Erwartungswert pro Fünfjahresperiode. a) Charles L. Taylor und David A. Jodice, a.a.O., vgl. auch den Text. b) Ursprünglich vierteljährliche Daten. Quelle: Joshua Goldstein, a.a.O., und Text. c) Quelle: Ernst O. Haas, a.a.O., S. 250 (Table 1):" % failed to be settled", insgesamt N = 63 Dispute.

---

den USA im Zeitraum 1948-1977 präsentiert. Die Konfliktdaten weisen alle einen scharfen Anstieg spätestens ab 1957 auf, erreichen eine extreme Spitze um 1965 und sinken dann wieder bis 1977. Von diesen extremen Spitzen abgesehen, liegen die Konfliktniveaus am Ende der Beobachtungsperiode trotz starker Abnahme immer noch erheblich höher als 1950. Das gilt es deutlich zu betonen.[32]

Wir haben auch die Indexzahlen für internationalen Konflikt, bei denen die USA beteiligt sind, aufgenommen. Es sind die Daten von Joshua Goldstein, die auf Hayward Alkers Datensammlung zurückgehen.[33] Joshua Goldstein gibt einen Index für vierteljährliche Beobachtungen an. Mit diesen Angaben berechneten wir die Durchschnittswerte in den verschiedenen Fünfjahresperioden. Der Index enthält die Informationen über die Zahl der militärischen Dispute, bei denen die USA involviert waren, sowie eine Gewichtung, ob sie primär oder sekundär beteiligt waren, sowie eine Gewichtung nach der Höhe der Menschenverluste infolge der kriegerischen Auseinandersetzungen.[34]

Die standardisierten Zahlen für den internen Krieg in den USA (bewaffnete Angriffe) und für den externen Krieg der USA bewegen sich ungefähr gleich, aber etwas zeitverschoben. Der externe Krieg folgt in seiner Höhe dem internen Krieg mit einer Zeitverzögerung. Wir können also auch mit unseren Daten die Externalisierungsthese stützen, die Bruce Russett mit anderem Material und Zeitreihenanalysen belegen konnte.

Interpretation der amerikanischen Daten. Im folgenden wollen wir den Verlauf der amerikanischen Konfliktmuster vor dem Hintergrund unserer anderen Befunde und der historischen Ereignisse interpretieren. In den Vereinigten Staaten beginnt der Aufschwung 1933 getragen von der Diffusion des neuen technologischen Stils und der Formierung des neuen politökonomischen Regimes. Die wirtschaftliche Expansion verläuft mit großem Schwung bis 1953, angeheizt durch den Kriegsboom und nur kurz unterbrochen durch die Nachkriegsumstellung auf die Friedenswirtschaft (reconversion). Dieses Muster kam in Schaubild 6.3 im vorigen Kapitel auf S. 159 zum Ausdruck.

Die nach unserem Modell zwar zeitverzögerte, aber parallele Bewegung bei der Entfaltung des politökonomischen Regimes in Richtung auf eine Komplettierung des Wohlfahrtsstaates geriet hingegen ab 1946 ins Stocken. Die Kräfte, die einen ausgebauten Wohlfahrtsstaat als mit dem American way of life unvereinbar hielten, bremsten, und es gelangen sogar Einbrüche in die seit der Roosevelt-Ära bereits vor dem Krieg etablierte neue Bewegungsfreiheit der Gewerkschaften, nämlich durch den Taft-Hartley-Act von 1947, der die legitime Konfliktaustragung durch die Gewerkschaften im Rahmen der Phase des Realisierungskonfliktes kräftig beschnitt.[35]

Der Grund dafür, daß die bremsenden Kräfte nach dem Krieg offensichtlich stärker als in den dreißiger Jahren waren, liegt wohl in der Tatsache begründet, daß Amerika nach dem Krieg zur Hegemonie aufgestiegen war. Amerika produzierte rund die Hälfte des Weltproduktes und strotzte vor Kraft. Hinzu kommt das kollektive Gedächtnis. Die Kriege in diesem Jahrhundert waren für die USA »good times«, wie bezeichnenderweise William Ogburn und Jean Adams in ihrer Arbeit aus dem Jahre 1948 »Are our Wars Good Times?« belegten.[36] Statt mit der Entfaltung des Wohlfahrtsstaates zügig voranzuschreiten, um die interne Legitimität zu erhalten, spielte Amerika die Karte der Weltmacht. Hielten sich noch 1950 die Militärausgaben und die sozialen Transferausgaben des Staates die Waage, so stiegen die Militärausgaben bis 1955 auf 44,5 %, während die umverteilenden Sozialausgaben auf 17,2 % sanken.[37]

Die versuchte Umlenkung des Konfliktes bahnt sich schon an zwei Ereignissen im Jahre 1950 an. Die Hexenjagd auf »Kommunisten« durch die McCarthy-Hysterie beginnt im Februar 1950. Im Juni 1950 beginnt die globale Eindämmungspolitik (Containment) mit dem Korea-Krieg. Unser Modell sagt bei Ende der Diffusion des technologischen Stils ein Zwischenhoch beim Konflikt voraus. Die dann einsetzenden Reformen (Gerechtigkeitsreformen im Hoch) und die Komplettierung des politökonomischen Regimes bewirken im Anschluß noch einmal eine Verbreiterung der Legitimitätsgrundlagen. Für die USA wurde das »Zwischenhoch« an Konflikt, das zudem durch die externe Konfliktverschiebung aufgestaut wurde, zu einem lang andauernden Konflikthoch.

In den Jahren 1948-52 und 1953-57 hatten die Vereinigten Staaten intern ein bemerkenswert tiefes Konfliktniveau (vgl. Tabelle 7.2), das erst voll erkennbar wird, wenn man die spärlichen Ereignisse politischen Protestes mit der großen Bevölkerungszahl in Beziehung setzt. Schon 1953-57, in der Phase des deutlichen Abschwungs bei den Wachstumsraten für die Industrieproduktion (vgl. Schaubild 6.3 im vorigen Kapitel auf S. 159), ist allerdings eine leichte Erhöhung des Konfliktniveaus in Tabelle 7.2 erkennbar. Bemerkenswerter ist aber der Anstieg beim Indikator interner Krieg, der in den USA durch die McCarthy-Ära einerseits und die beginnenden Rassenunruhen andererseits geschürt wird. Aber dennoch ist das Konfliktniveau in jeder späteren Periode um das Zigfache höher als 1948-57. Selbst noch in der Periode mit wieder sehr viel tieferem Konflikt, nämlich 1973-77, liegen die Ereignisse für formell friedlichen Protest bis um den Faktor 10 höher als 1948-57. Amerika hat niemals wieder eine solch hohe interne Legitimität wie um 1950 erreicht. Der große Unterschied zwischen Konfliktminimum und dem hohen Niveau in der Zersetzungsphase (für die USA: 1973-77) ist ein bemerkenswerter Unterschied zum übrigen Westen (mit der Ausnahme Großbritanniens), denn die Tabelle 7.1 weiter vorne auf S. 175 weist für die übrigen Länder nur einen entsprechenden Unterschied mit dem Faktor 3 aus.

Die Regierung der USA reagiert in den fünfziger Jahren weiterhin auf den sich anbahnenden internen Konflikt, indem sie die Karte der Hegemonialmacht spielt und auf einen »rally 'round the flag«-Effekt hofft. Die »Flucht« in die externe Interventionspolitik nach 1957 wird nur kurz durch Ansätze einer internen Reformpolitik in den sechziger Jahren unterbrochen. Im Jahre 1957 verkündet Ex-General und Präsident Eisenhower die Nahostdoktrin: Wirtschafts- und Militärhilfe gegen den Kommunismus. Ereignisse der offenen Intervention sind der libanesisch-jordanische Bürgerkrieg 1958, der uns noch heute beschäftigt, sowie die Schweinebucht-Aktion von 1961 - die versuchte Intervention in Kuba, das 1959 »umgefallen« war.

Erst die neue Administration unter Präsident John F. Kennedy (ab 1961) reagiert auf den internen Konflikt durch das »New Frontier«-Programm (Bürgerrechte). Die Bürgerrechtsbewegung erreicht einen Höhepunkt im August 1963 mit einem friedlichen Marsch von 200.000 Demonstranten auf Washington, angeführt vom farbigen Baptistenprediger Martin Luther King (der später ermordet wird). Nur kurze Zeit danach gibt es wieder solche Massendemonstrationen bei den Anti-Vietnam-Ereignissen. Obwohl die Bürgerrechtsbewegung im Süden der USA auf erheblichen Widerstand stößt, kommt es 1964 doch zum Bürgerrechtsgesetz. Es hebt die Rassentrennung in den Schulen auf, gebietet gleiche Chancen für Farbige auf dem Arbeitsmarkt und bringt ein Krankenversicherungsgesetz, das 1945-46 von der American Medical Association blockiert worden war. Diese Entwicklungen sind verspätet - erfolgen viel zu spät für ein Land, das weltweit die Freiheit verteidigen und den Kommunismus eindämmen will und das federführend bei der Charta der Vereinten Nationen von 1945 war, in der die Menschenrechte neu festgelegt wurden.

Die gleiche Administration Kennedy/Johnson (bis März 1969), die das soziale Reformprogramm der Roosevelt-Ära wieder aufnimmt - man denke auch an Johnsons Vision der »Great Society« - setzt auch die externe Intervention fort, sogar ungezügelter als zuvor. Seit August 1964, im gleichen Jahr wie die Verabschiedung der Bürgerrechtsgesetze, sind die USA nun auch »offiziell« am Vietnamkrieg beteiligt, der nun von einem Bürgerkrieg zu einem amerikanischen Krieg wird und in Stufen eskaliert: zuerst mit der Ausweitung auf Laos, dann durch die Aufstände in Thailand und schließlich durch den Einmarsch von US-Truppen in Kambodscha (im Jahre 1970). Ogburns und Adams Frage aus dem Jahre 1948 (»Are our Wars Good Times?«) muß nun verneint werden. Es ist kein heroischer Kampf, vielmehr ein »schmutziger Krieg« im Dschungel, bei dem ein Goliath gegen einen kleinen David kämpft - und verliert.

Spätestens seit 1964 befinden sich die USA also in einem regulären, wenngleich nicht erklärten Krieg. Das interne Reformprogramm konnte auch den internen Krieg nicht beilegen, weil es zu spät kam. Rassenunruhen gibt es noch 1965 und 1967-8; und in den sechziger Jahren entsteht die radikale »black power« Bewegung. Schließlich wird spätestens ab 1967 eine eigentliche Heimatfront im Vietnamkrieg errichtet. Gegen diesen Krieg kommt es zu einem massenhaft steigenden Widerstand, insbesondere von Amerikas junger akademischer Elite getragen.

Das amerikanische Gesellschaftsmodell der Nachkriegszeit löst sich auf. Die Kriegs- und Reformjahre 1961-67 brachten zwar noch einmal einen gewissen Schwung in die Wachstumsrate der Industrieproduktion (Schaubild 6.3 auf S. 159), der sich deutlich von der Stagnation der Periode 1954-58 abhebt. Aber es handelt sich um ein kurzes und eher schwaches Zwischenhoch im insgesamt abnehmenden Trend der Wachstumsraten von 1946 bis 1983. Ab 1968 synchronisiert sich die Auflösung des Modells in den USA mit dem allgemeinen Prozeß in der westlichen Gesellschaft. Nur ist die Auflösung radikaler, wenn wir an die Spitzen des Konfliktes in den USA denken, und auch was die wirtschaftlichen Folgen betrifft.

Unter der Administration von Richard Nixon (1969-1974) kommt es in den USA zu einer Abkehr vom gesellschaftlichen Reformprogramm und stattdessen zu einer weiteren Eskalation des Krieges: 1970 der Einmarsch in Kambodscha und 1972 der Luftkrieg gegen Nordvietnam, bei dem die Sprengkraft der US-Bomben die aller im Zweiten Weltkrieg übertroffen haben soll. Auch zeigen sich die wirtschaftlichen Folgen der Auflösung. Ein sensibler Frühindikator ist die erste Goldkrise vom März 1968. Der US-Dollar geriet in den sechziger Jahren in Mißkredit. Die Goldspekulation versuchte noch Präsident Johnson durch eine Spaltung des Goldmarktes zu brechen. Fortan wurde kein Gold mehr an Private abgegeben, sondern nur noch unter den Notenbanken zum Kurs von 35 Dollar je Unze gehandelt. Damit wurde ein wichtiger Eckpfeiler der Nachkriegsordnung von Bretton Woods morsch, und es dauerte nicht lange bis Richard Nixon 1971 die Zahlungsunfähigkeit der USA offen eingestehen mußte: Die Einlösungsgarantie des Dollars wurde auch im Verkehr mit den Notenbanken »suspendiert«, eine diplomatische Umschreibung für das Ende des Gold-Dollar-Standards der Nachkriegszeit. Spätestens seit 1970 sind auch die übrigen wirtschaftlichen Folgen der Zersetzung klar sichtbar: Inflation, Rezession, defizitäre Handelsbilanz, Lohn- und Preisstopp, Arbeitsbeschaffungsprogramme.

Im Jahre 1973 hatten die USA den Krieg in Vietnam verloren - eine Wende zeichnete sich schon mit der Tet-Offensive 1968 ab. Nach dem Waffenstillstandsabkommen von Paris (1973) ziehen die USA ihre Truppen ab, und im April 1975 kapitulieren die in Vietnam verbliebenen Verbündeten der USA. In dem allgemeinen Niedergang bescherte Nixon Amerika mit dem Watergate-Skandal noch eine profunde Staats- und Vertrauenskrise in bezug auf die zentralen amerikanischen Institutionen. Um einem Impeachment-Verfahren (zur Absetzung des Präsidenten) zuvorzukommen, tritt Nixon am 9. 8. 1974 zurück, allerdings erst nach erheblichem Druck der republikanischen Fraktion. Nachfolger wird der bisherige Vizepräsident Ford. Und die Reihe der Krisenpräsidenten wird dann mit Carter (1976-1980) fortgesetzt.

Die Gegenwart wollen wir kurz abhandeln. Erst im Abstand wird die Beurteilung klarer, und dieser fehlt noch. Unser theoretisches Modell ist dargelegt worden. Danach befinden wir uns in einer *Zwischenerholung* (Übersicht 6.1 auf S. 150). Unsere mittelfristige Prognose ist pessimistischer als die vieler Zeitgenossen, die sich durch die unbegründete Euphorie in der Zwischenerholung verleiten lassen. Aber unsere langfristige Prognose ist optimistischer als die vieler kritischer Zeitgenossen. Die westliche Gesellschaft hat Zukunft, wenngleich die Zukunftsaufgaben gewaltig sind. Mit der Reagan-Administration wird ab 1980 eine »Wende« erstrebt. Ähnliche Wenden beobachten wir auch in anderen westlichen Ländern, wenngleich nicht so spektakulär wie in den USA und in Großbritannien (Premierministerin Margret Thatcher ab 1979). Mit der neokonservativen Wende in der Zwischenerholung tritt das Modell von den Auflösungserscheinungen in die *Zersetzungsphase*. Dies weil sich die Kohärenz des alten Modells vollends zersetzt, ohne daß etwas Tragfähiges an die Stelle tritt. Die Wendepolitiker in den USA traten ja nicht zuletzt an, um das Keynesianische Deficit-spending zu überwinden. Wenn Ronald Reagan abtritt, hinterläßt er die größte Staatsschuld, die Amerika je gekannt hat, ebenso ein riesiges Zahlungsbilanzdefizit. Die »angebotsorientierte« Wirtschaftspolitik und die Deregulierung, die die schöpferischen Kräfte wiederbeleben sollten, haben die Vereinigten Staaten nicht davor bewahrt, als Industriemacht ins zweite Glied zurücktreten zu müssen.

Abschließend kann noch zum Vergleich der USA mit dem übrigen Zentrum folgendes gesagt werden.[38] Die USA hatten ursprünglich einen Phasenvorsprung von rund zwölf Jahren (1933 gegenüber Wiederbeginn 1945). Dieser Vorsprung bei der Modellentwicklung geht nach 1953 verloren. Die Phase zunehmenden Konfliktes ab 1958 entspricht aber noch ungefähr der Modellprognose für die USA. Sie beginnt rund zehn Jahre früher als im übrigen Zentrum und dauert entsprechend länger. Nach 1958 nimmt das Wachstum der amerikanischen Industrieproduktion noch einmal etwas zu und synchronisiert sich mit den Verhältnissen im übrigen Westen. Insgesamt nehmen die wirtschaftliche Dynamik in den sechziger Jahren ab und die Konflikte zu. Die Phase der sozialen Regellosigkeit beginnt mit dem Wechsel von den sechziger zu den siebziger Jahren.

Anmerkungen

1 Vgl. dazu Anthony Oberschall, »Theories of Social Conflict«, *Annual Review of Sociology*, 4, 1978, S. 291-315. *Michael Nollert* verdanke ich Anregungen für die Überarbeitung dieses Kapitels.
2 Vgl. dazu Francisco O. Ramirez, »Comparative Social Movements«, *International Journal of Comparative Sociology*, 1-2, 1981, S. 3-21. J. Craig Jenkins, »Resource Mobilization Theory and the Study of Social Movements«, *Annual Review of Sociology*, 9, 1983, S. 527-533. Und Karl W. Brand, *Neue soziale Bewegungen - Entstehung, Funktion und Perspektive neuer Protestpotentiale: Eine Zwischenbilanz*, Opladen: Westdeutscher Verlag, 1982.
3 Vgl. dazu Harry A. Henry und James Short, *Suicide and Homicide*, New York: Free Press, 1954. Henry und Short postulieren, daß in kulturellen Kontexten, wo soziale Probleme vorwiegend als Aggregat individueller Schwächen interpretiert werden, ein entsprechend höheres Niveau an Selbstaggression zu erwarten sei.
4 Die These zum Zusammenhang zwischen interner Kohäsion und intersystemischer Konfliktivität hat eine lange soziologische Tradition. Vgl. u.a. William G. Sumner, *Folkways*, Boston: Ginn, 1940. William Sumner (S. 12) nimmt an, daß der Konsens in der Wir-Gruppe (we-group) umso höher ist, je stärker die Konfliktivität mit anderen Gruppen (other-groups) ist. In international vergleichenden Analysen wurden allerdings bisher kaum empirische Belege für einen Zusammenhang zwischen internen und externen Konflikten gefunden. Vgl. dazu Michael Stohl, »The Nexus of Civil and International Conflict«, in Ted R. Gurr (Hg.), *Handbook of Political Conflict*, New York: Free Press, 1980, S. 297-330. Michael Stohl (S. 325) resümiert: »First, there appears to be no single clear relationship between internal and external conflict that holds across time and space.«
5 Vgl. dazu Abschnitt *Die Vereinigten Staaten*, wo die Längsschnittanalyse von Bruce Russett zitiert wird.
6 Vgl. hierzu Georg Kohler, »Ungehorsam des Bürgers und Staatslegitimität. Zum Problem des Widerstandsrechts in der Demokratie«, *Neue Zürcher Zeitung*, 20/21.9.1986, S. 95. Derselbe: »Die Rechtfertigung bürgerlichen Ungehorsams«, in Otfried Höffe (Hg.), *Gerechtigkeit als Fairness*, Freiburg und München, 1977. Nach John Rawls äußert sich ziviler Ungehorsam in einer »öffentlichen, gewaltlosen, gewissensbestimmten, aber politisch gesetzwidrigen Handlung, die gewöhnlich eine

Änderung der Gesetze oder der Regierungspolitik herbeiführen will« (John Rawls, *Eine Theorie der Gerechtigkeit,* Frankfurt: Suhrkamp, 1979, S. 401).
7 Georg Kohler, »Ungehorsam ...«, a.a.O.
8 Zahlen habe ich nur für die Schweiz. Sie betreffen die Häufigkeit von unkonventionellen Formen politischer Aktivierung (im Gegensatz zu konventionellen, wie z.B. die Stimmbeteiligung an eidgenössischen Abstimmungen) im Zeitraum 1945 bis 1978. Die weniger traditionellen Formen der politischen Aktivierung nehmen ab 1967 markant bis 1973 zu, um dann auf hohem Niveau bis 1978 zu verharren. Insgesamt ergibt sich ein *w*-förmiges Muster, wobei allerdings der hintere Strich am »W« das gesamte Muster dominiert. Vgl. dazu die Zahlen von: Hanspeter Kriesi, René Levy, Gilbert Ganguillet, Heinz Zwicky (Hg.), *Politische Aktivierung in der Schweiz 1945-1978,* Diessenhofen (Schweiz): Verlag Rüegger, 1981, S. 4.
9 Die Quellen sind Charles L. Taylor und David A. Jodice, *World Handbook of Political and Social Indicators,* 3. Auflage, New Haven und London: Yale University Press, 1983, Bd. II - für alle Indikatoren außer Streikaktivität (Martin Paldam und Peder J. Pedersen, »The Large Pattern of Industrial Conflict. A Comparative Study of 18 Countries, 1919-1979«, *International Journal of Social Economics,* 11 (5), 1984, S. 3-28), Selbstmord (eigene Daten sowie Daten von Brigitte Schmugge aus den World Health Statistics Annuals, Genf: World Health Organization, diverse Jahrgänge, und statistischen Jahrbüchern der Länder), kriegerische Konflikte der USA (Joshua S. Goldstein, *Kondratieff Cycles, Leadership Cycles, and Great Power War,* Cambridge, Mass.: MIT, Department of Political Science, April 1984, vervielfältigt), Mißerfolg bei Konfliktregulierung in der UNO (Ernst B. Haas, »Regime Decay: Conflict Management and International Organization, 1945-1981«, *International Organization,* 37 (2), Frühling 1983, S. 189-256. Dort S. 250).
10 Es sei vorweg bemerkt, daß wir im folgenden nicht die verschiedenen Konfliktarten näher behandeln und erklären wollen. Dies würde weitere Abhandlungen in Buchformat erfordern. Vgl dazu Ekkart Zimmermann, *Soziologie der politischen Gewalt,* Stuttgart: Enke, 1977. Und Ted R. Gurr, *Handbook of Political Conflict,* a.a.O. Vielmehr wollen wir hier nur prüfen, ob sich die Konfliktarten über die Zeit nennenswert verändern und ob solche Muster mit der W-Kurven-Hypothese vereinbar sind. Wir beginnen die Untersuchungen mit den 17 Ländern des Zentrums (ohne USA), für die 1945 ein Wiederanfang bedeutete.
11 Im Falle von Selbstmord und Streikaktivität werden ungewichtete Länderdurchschnitte verwendet, sonst die Zahl der Ereignisse über alle aggregierten Länder hinweg.
12 Ein Beispiel für die Massenproteste gegen die Regierung aus Tab. 7.1 sei gegeben. Die Abweichung von der Nullhypothese (erwarteter Wert in jeder Fünfjahresperiode: 757) wird mit dem Chi-Quadrat-Test ermittelt. Als Wert für Chi-Quadrat ergibt sich 709,12 (df=5). Daß sich die beobachteten Werte von den erwarteten rein zufällig unterscheiden, ist bei diesem Chi-Quadrat völlig unwahrscheinlich. Zur Zurückweisung der Nullhypothese auf dem 0,1%-Niveau hätte bereits ein Chi-Quadrat von 20,52 genügt.
13 Vgl. die Erklärung dafür in Kapitel 6.
14 Dies sind Österreich, Norwegen, Finnland, Großbritannien, Italien, Frankreich, Japan, Schweiz sowie mit Einschränkungen: Dänemark und Belgien, bei denen der vordere bzw. hintere »Strich« am »W« nicht ausgeprägt ist. Quelle: Taylor und Jodice, 1983, Bd. II, a.a.O.
15 Für diese Erklärung *(früher* Ausbau des politökonomischen Regimes) spricht einiges. Nimmt man den Anteil der Sozialversicherungsausgaben am BSP als ein Indikator für die Entfaltung des Wohlfahrtsstaates, so kann man folgende Beobachtungen machen:

1950	1960	1950-60 Zunahme	
4,9	6,9	2,0	Durchschnitt für 13 westeuropäische Länder
5,4	7,8	2,4	Schweden

3,7	7,3	3,6	Niederlande
7,3	10,0	2,7	BR-Deutschland

Quelle: Jens Alber, *Vom Armenhaus zum Wohlfahrtsstaat*, Frankfurt: Campus, 1982, S. 60. Die drei Fälle Schweden, Niederlande und BRD, liegen 1960 über dem Durchschnitt und haben überdurchschnittliche Zuwächse 1950-60 gehabt. Von den übrigen Ländern entsprechen am ehesten noch Österreich und Belgien diesem Muster der frühen Entfaltung (wenngleich weniger ausgeprägt), sie folgen aber einem W-Muster beim Konflikt.

16 Kanada folgt weitgehend dem Muster der USA, worauf weiter hinten eingegangen wird. Neuseeland könnte ebenfalls noch am ehesten diesem USA-Kanada-Muster zugeordnet werden. Australien und Irland sind unklare Fälle.

17 Martin Paldam und Peder J. Pedersen, »The Large Pattern of Industrial Conflict. A Comparative Study of 18 Countries, 1919-1979«, *International Journal of Social Economics*, 11 (5), 1984, S.3-28.

18 Zu Beginn der sechziger Jahre ist zwar ein Hoch zu beobachten, ob dies aber ein Zwischenhoch darstellt, bleibt unklar, denn vor 1953 fehlen die Daten.

19 Die vier Fälle sind: Australien, Belgien, Großbritannien und Irland.

20 Martin Paldam und Peder J. Pedersen, a.a.O., sind hier die Quelle.

21 Konstante Höhe 1919-24 und 1974-79: Italien, Belgien, Irland, Großbritannien, Dänemark, Australien, Neuseeland, Frankreich, Kanada und die USA

22 Abnahme: Schweiz, Deutschland, Österreich, Niederlande, Schweden, Norwegen. Zunahme: Finnland und Japan.

23 Wir vermuten, daß eine intensive neokorporatistische Interessenvermittlung ein Faktor sein dürfte, der diese Abnahme bewirkt hat. Vgl. dazu Walter Korpi und Michael Shalev, »Strikes, Industrial Relations and Class Conflict in Capitalist Societies«, *British Journal of Sociology*, 30, 1979, S. 164-187. Michael Nollert, *Politische Macht und sozioökonomische Ungleichheit*. Universität Zürich (Soziologisches Institut): unveröffentlichte Lizentiatsarbeit, 1986. Da unsere Daten für »Neokorporatismus« aber nicht hart genug sind, verfolgen wir das hier nicht weiter.

24 Vgl. dazu jedoch zusätzlich die Selbstmordtheorie von Emile Durkheim, *Le suicide. Etude de sociologie*. Paris: Alcan, 1897. So erwartet Emile Durkheim auch in Phasen überdurchschnittlichen Wirtschaftswachtums eine erhöhte Selbstmordhäufigkeit.

25 Bei den bewaffneten Angriffen verwenden wir die korrigierten Aggregatszahlen, die die stark abweichenden Fälle Frankreich und Großbritannien nur normal gewichten, vgl. weiter vorne.

26 Vgl. dazu die Arbeit von Mancur Olson, *The Logic of Collective Action*, Cambridge: Harvard University Press, 1965.

27 Vgl. dazu auch Walter Rushing, »Income, Unemployment and Suicide«, *Sociological Quarterly*, 9, 1968, S. 493-503. Rushing kommt auf der Basis empirischer Analysen zum Schluß, daß die Beziehung zwischen Arbeitslosigkeit und Selbstmordhäufigkeit nur in den niedrigen Einkommensschichten zu beobachten ist.

28 Vgl. dazu Steven Stack, »Suicide: A Comparative Analysis«, *Social Forces*, 57, 1978, S. 644-653.

29 Bruce Russett, »Economic Decline, Electoral Pressure, and the Initiation of Interstate Conflict«, in Charles Gochman und Alan Ned Sabrosky (Hg.), *Prisoners of War*, Cambridge, Mass.: Ballinger, 1988. Bruce Russett, »Peace Research, Complex Causation and Causes of War«, in Peter Wallensteen (Hg.), *Peace Research: Achievements and Challenges*, Boulder, Colorado: Westview Press, 1988.

30 Die Daten stammen aus dem COW Project (correlates of war - which takes the number of casualties as a definition).

31 Zunächst einmal sind Großmächte deutlich mehr an Auseinandersetzungen beteiligt als mittlere oder kleine; und eine kurz vorher vorgenommene Aufstockung des Militärpersonals ist ebenfalls ein Faktor, welcher der Teilnahme an Konflikten förderlich ist. Demokratische und nichtdemokratische Regierungen unterschieden sich aber

7 Konflikt über die Karriere des Gesellschaftsmodells • 199

in folgendem Sinne. Für demokratisch regierte Länder war die Teilnahme an internationalen Disputen wahrscheinlicher, wenn kurze Zeit vorher (zwei Jahre) das Pro-Kopf-Einkommen abgenommen hatte, während dies bei nicht-demokratischen genau anders herum war: wahrscheinlichere Teilnahme nach einer Periode des wirtschaftlichen Fortschritts. Mit diesen Variablen, die im statistischen Sinne signifikante Einflüsse aufweisen, kann man freilich nur einen Teil der Daten der internationalen Konflikte erklären. Neben der Grobheit der Klassifikation über so lange Zeit ist dafür auch eine gewisse Eigendynamik der internationalen Konflikte verantwortlich.

32 Da die Konfliktindikatoren für die USA insbesondere im Zeitraum 1963-72 (Bürgerrechtsbewegung und Vietnam-Auseinandersetzungen) extrem ansteigen, ist eine Standardisierung nach den erwarteten Konfliktfrequenzen (wie vorher in Schaubild 7.2 für die westlichen Länder ohne USA) problematisch. Das Muster wird dominiert vom extremen Konflikthoch und die Tatsache nicht genügend sichtbar, daß die Konflikte um 1975 viel höher liegen als um 1950.

33 Joshua S. Goldstein, *Kondratieff Cycles, Leadership Cycles, and Great Power War*, Cambridge, Mass.: MIT, Department of Political Science, April 1984, vervielfältigt. Eine Weiterführung der Arbeit: Joshua S. Goldstein und John R. Freeman, »Great Power Politics Since 1945: Testing Alternative Theories«, Paper prepared for the annual meeting of the American Political Science Association, Washington, D.C., August 1986. Eine detailliertere Beschreibung des Datensatzes findet sich in Robert L. Butterworth, *Managing Interstate Conflict 1945-74: Data with Synopses*, Pittsburgh: University Center for International Studies, 1976.

34 Vgl. dazu auch István Kende, »Kriege nach 1945 - Eine empirische Untersuchung«, *Militärpolitik Dokumentation*, Heft 27, Frankfurt/Main: Haag & Herchen, 1981. Gemäß Kendes Berechnungen (S. 51) haben die USA auf fremden Boden in Vierjahresperioden folgende Anzahl an Kriegen geführt (Anzahl gewichtet mit ihrer Dauer: Kriegsjahre): 5,75 Kriegsjahre zwischen 1945 und 1948, 7,32 Kriegsjahre zwischen 1949 und 1952, 3,92 Kriegsjahre zwischen 1953 und 1956, 7,8 Kriegsjahre zwischen 1957 und 1960, 11,15 Kriegsjahre zwischen 1961 und 1964, 29,19 Kriegsjahre zwischen 1965 und 1968, 22,08 Kriegsjahre zwischen 1969 und 1972, und 9,41 Kriegsjahre zwischen 1973 und 1976. In diesen acht Perioden haben die USA in folgenden Ländern militärisch interveniert: Griechenland 1946, Paraguay 1947, Korea 1950, Guatemala 1954, Indonesien 1957, Libanon 1958, Taiwan 1958, Laos 1959, Kuba 1961, Guatemala 1962, Kolumbien 1962, Südvietnam 1964, Dominikanische Republik 1965, Peru 1965, Thailand 1965, Bolivien 1967, Zaire 1967, Kambodscha 1970 und Nordvietnam 1972.

35 Dies ist umso bemerkenswerter, als man bei Hegemonialmächten theoretisch eher mehr Bewegungsfreiheit der Gewerkschaften erwarten würde.

36 Vgl. die Literaturangabe in Kapitel 6, S. 166, Anm. 28.

37 In Anteilen der gesamten Ausgaben der öffentlichen Hand entwickelten sich die Militärausgaben (defense expenditures) und wohlfahrtsstaatliche Umverteilungen (transfers to households and non-profit institutions) in den USA wie folgt (Angaben in %):

Jahr	Militär	Umverteilung	Quelle: I.B.R.D. (Weltbank), World Tables,
1950	26,4	26,1	Januar 1971. World Tables 6: Government
1955	44,5	17,2	Current Revenues and Expenditures.
1960	36,7	20,3	
1965	30,3	20,8	
1968	32,2	21,3	

38 Vgl. auch die Tabellen und Schaubilder im vorangegangenen Kapitel.

III
INSTITUTIONELLE ORDNUNGEN

Um den Fluß der Argumente zum Thema sozialer Wandel - die Quanten und ihre Karriereetappen - nicht zu unterbrechen, haben wir die bereits im Einleitungskapitel hervorgehobenen institutionellen Bereiche formale Organisation, Schule und Staat noch nicht ausführlich behandelt. Der Ableitungszusammenhang für diese ist in Kapitel 2 entwickelt worden: formale Organisation als Organisationsweise von wirtschaftlicher Macht, Schule als Regulierung der kulturellen Machtverteilung und Staat als eine Sonderform von sozialer Macht. Die formale Organisation ist die Domäne des technologischen Stiles, Schule und Staat sind dem politökonomischen Regime zuzuordnen. In einem Gesellschaftsmodell werden die institutionellen Bereiche auf besondere Weise ausgestaltet und gekoppelt.

Im folgenden beschäftigen uns die institutionellen Bereiche weniger unter dem Aspekt der Zäsuren und Zyklen im Rahmen von Modellen und deren Karrieren, vielmehr wollen wir insbesondere die Kräfte und Entwicklungslinien darlegen, die uns jeweils zu einer breiteren Darstellung der Ausgestaltungen im keynesianischen Gesellschaftsmodell führen. Bisher erstreckte sich der Zeithorizont über drei Gesellschaftsmodelle, von 1830/48 bis in die Gegenwart. Im folgenden holen wir an einigen Stellen, insbesondere bei der Staatsentwicklung, weiter aus, um die Argumente zu begründen.

Zunächst beschäftigt uns in *Kapitel 8* die Entwicklungslinie der Wirtschaftsunternehmen, die im Gefolge zunehmender formaler Organisation die neue Wirtschaftseinheit - eine künstliche Person mit der Trennung von Eigentum und Verfügungsmacht - hervorgebracht hat. In *Kapitel 9* wird dann die formale Organisation unter dem Aspekt des Wandels der Arbeitsteilung Thema. Im Anschluß daran geht es in *Kapitel 10* um die besondere Legitimationsfunktion der formalen Bildung. Es werden uns die verzahnten Aspekte beschäftigen: Verbreitung der Massenbildung sowie die Gliederung der Bildung nach Stufen. Wenn die Positionsgefüge beider Ordnungen (Schule und formale Organisation) aufeinander bezogen werden, so bleibt das nicht ohne Widersprüche. Die

Ausgestaltung des Staates in der westlichen Gesellschaft fügt sich in *Kapitel 11* an. Diese wird als ein langer und konfliktreicher Prozeß dargestellt, dessen Nachhall noch gut im Staat der Gegenwart erkennbar ist. Die anzusprechenden Prozesse können nur begriffen werden, wenn wir das übergeordnete System, das kompetitive Weltmilieu einbeziehen. Dies wird später noch einmal ausführlich in Zusammenhang mit den Gründen für Konvergenz aufgenommen (Kapitel 14 in Teil IV).

Die soziale Schichtung gestaltet sich durch das von der formalen Organisation, der Schule und dem Staat abgesteckte soziale Feld. Auf eine eingehende Darstellung der sozialen Schichtungsmuster im keynesianischen Gesellschaftsmodell wurde in diesem Buch verzichtet. Eine Veröffentlichung ist an anderer Stelle vorgesehen.

Im Teil III geht es um die generellen Entwicklungslinien und Muster der westlichen Gesellschaft. Den Unterschieden zwischen einzelnen Ländern gilt vorerst nicht unser Hauptaugenmerk. In Teil IV werden wir uns dann systematisch mit dem Spielraum bei der institutionellen Ausgestaltung beschäftigen und auch die soziale Schichtung und Mobilität einbeziehen.

8 Vom Siegeszug der künstlichen Person

Die Person, das schöpferische Individuum, wurde als die *unverzichtbare* Größe des wirtschaftlichen Geschehens und der bürgerlichen Gesellschaft gesehen. Die historische Entwicklung hat gezeigt, daß dies eine Übertreibung ist und nicht für alle Phasen gleichermaßen gilt, nämlich weniger während der Blüte eines technologischen Stils, wenn Standardlösungen der Organisation typisch sind.[1] Wir haben bereits in Kapitel 2 darauf hingewiesen, daß es Machtquellen gibt, die ihrem Ursprung und Charakter nach nicht individuell, sondern kollektiv sind. Neben der sozialen Macht der Gruppe gehört dazu die moderne Wirtschaftseinheit als Kunstperson, die wir im folgenden meistens *Korporation* nennen werden.[2] Schon John Kenneth Galbraith[3] hat darauf verwiesen, daß in der modernen Wirtschaftsgesellschaft an Stelle der Person der erfolgreiche Versuch getreten ist, auf dem Wege der Organisation eine künstliche Person zu schaffen - eine sogenannt juristische Person[4] -, die für ihre Zwecke einer natürlichen Person weit überlegen ist und zudem noch den Vorzug der Unsterblichkeit genießt.

In der modernen Korporation sind Personen ersetzbar. Positionen und nicht Personen sind die organisatorischen Bausteine. Dadurch koexistieren - wie James Coleman[5] treffend bemerkt hat - in der Gesellschaft zwei parallele Strukturen sozialer Beziehungen. Einmal die Struktur der Beziehungen zwischen natürlichen Personen, dann jene zwischen Positionen sowie zwischen Korporationen. Beide Strukturen sind zwar symbiotisch verbunden, weil natürliche Personen als Rollenträger in die formalen Strukturen eingebunden sind, aber nicht vollumfänglich und dauerhaft.

Diese Spannung zwischen Person und Position kann als mögliche Quelle von Entfremdung gedeutet werden. Allerdings sollte man auch die Freiheiten, die darin verborgen sein können, würdigen. Der Mensch ist dadurch nicht vollumfänglich eingebunden in eine ihn als Ganzes umfassende Ordnung, sondern bewegt sich in einem vielfältigen Feld formaler Positionen und persönlicher Beziehungen.

Formale Organisation wird konstituiert durch den Kontrakt zwischen Personen als den ursprünglichen Quellen und Eigentümern von Macht mit der Korporation als deren Nutzerin. Eine Person, die gewisse Ressourcen in eine Korporation einbringt, hat nicht mehr die volle Kontrolle über deren Verwendung. Dies bedingt, wie James Coleman hervorhebt,[6] einen ursprünglichen, persönlichen Machtverlust. Aber dieser Vorgang muß kein Nullsummenspiel sein, in dem die Organisation das gewinnt, was die Person verliert. Die Organisation schafft Macht, die vorher gar nicht da war: Es entsteht »Mehrwert« aus der Kombination persönlicher, sozialer und kultureller Macht. Im Zusammenschluß von natürlichen Personen liegt mithin eine Quelle von mehr Macht.[7]

Die neue Wirtschaftseinheit hat für die Gesellschaft weitreichende Folgen:
1. Einmal eine Loslösung der Macht von Personen (nämlich durch die Tatsache der Organisierung selbst) und Bindung von Machtpotentialen an Positionen.
2. Dann eine Loslösung der Macht von ihren spezifischen Quellen (soziale, kulturelle und die Potentialitäten der wirtschaftliche Macht), indem diese kombiniert und zu einem neuen Ganzen verschmolzen werden.
3. Weiter eine Loslösung des persönlichen Eigentums an Dingen, das nun zum Eigentumstitel der Korporation als Rechtsperson wird.
4. Schließlich eine kollektive Vergrößerung an Macht, über deren Verteilung und Nutzung potentiell erheblicher Konflikt herrscht.
In der westlichen Gesellschaft wird dieser Konflikt nur teilweise durch direkte Machtkonkurrenz zwischen Gruppen (Arbeitnehmer versus Arbeitgeber, Parteienkonkurrenz in der politischen Arena) ausgetragen. Ein erheblicher Teil des Konfliktes wird durch *sozial konstruierte Verteilungsschlüssel* bewältigt. Zu diesen gehören Rechtstitel, die immer staatlich garantiert sind, wie Sozialrenten, Eigentumstitel, besonders auch im Sinne von nicht-dinglichen Rechten, d.h. obligatorischen Forderungen (Aktien), dann Qualifikationstitel, die ebenfalls häufig staatlich zertifiziert werden: formale Bildungszertifikate und berufliche Qualifikationstitel. Solche Verteilungsschlüssel sind inhaltlich nicht eng mit dem Beitrag zum gemeinsamen Produkt verbunden, vielmehr sozial konstruiert und können sich für gewisse Zeit auf einen breiten grundsätzlichen Konsens stützen.

Mit der neuen Wirtschaftseinheit stellen sich vielfältige Fragen. Wir können sie im Rahmen dieses Kapitels nicht gebührend verfolgen und müssen uns auf einige Bemerkungen zu folgenden Fragegruppen beschränken: Wie sind diese neuen Gebilde entstanden? Wer verfügt über die zusätzliche Macht, und wer sind die Nutznießer? Welche Wandlungen im Positionsgefüge sind dadurch hervorgebracht worden, und wie wird die Spannung zwischen Position und Person gelöst?

Zur Entwicklung der führenden Unternehmen

Zwei Etappen prägen die Trennung von Person und Geschäft: 1. Die Loslösung des Geschäfts aus dem Haushalt, und 2. die Loslösung des Geschäfts von der natürlichen Person. Mit der intensivierten Warenproduktion entstehen die Märkte, welche die Menschen über Marktaustausch verketten. Die Hauswirtschaft, die auf Eigenbedarfsdeckung zielt, wird aufgespalten in das Geschäft und den Haushalt im modernen Sinne. Die Bereiche von Produktion und Konsum werden mithin getrennt, bleiben aber dennoch symbiotisch verzahnt über die Personen. Diese produzieren oder verkaufen Arbeitskraft, um zu konsumieren, obwohl sie nicht das konsumieren, was sie produzieren.

Die Loslösung des Geschäfts vom Haushalt bedeutet für den Geschäftsherrn dreierlei. Das Geschäft wird *Rechtseinheit* (nicht Rechts*person*), *Rechnungseinheit* und *Krediteinheit*. Die Entwicklung dieser Aussonderung verlief über längere Zeit, aber der Abschluß liegt schon weit zurück. Obwohl das Geschäft von Person und Gesellschaft differenziert ist, bleiben die Geschäftherren unmittelbar als Personen Eigentümer des Geschäfts und des Geschäftsvermögens. Während alle Unternehmen diese Stufe der Differenzierung durchlaufen haben,[8] hat nur ein Teil die zweite Stufe der Unternehmensentwicklung mitgemacht.

Das Geschäft, das bereits in der ersten Stufe der Entkoppelung eine kontinuierliche oder dauerhafte Unternehmung mit mehr oder weniger formaler Organisation geworden ist, wird in der zweiten Stufe zu einem neuen Typ von Person, einer *juristischen* Person. Diese Korporation ist als juristische Person rechtsfähig und damit eigentumsfähig. Die Korporation ist nämlich Eigentümerin des Geschäfts, *nicht* die natürlichen Personen, die für sie notwendigerweise handeln müssen. Die Personen haben keine dinglichen Rechte mehr (Rechte an Sachen), sondern nur noch obligatorische Forderungen und Mitwirkungsrechte. Diese zweite Entkoppelung der Unternehmen ermöglicht eine enorme Differenzierung der Unternehmen nach Wirtschaftskraft und Kontrolle über wirtschaftliche Ressourcen.

Die Korporationen sind zahlenmäßig eine relativ kleine Gruppe im Wirtschaftsleben, aber sie sind die Kerne, auf die sich das wirtschaftliche Geschehen und die wirtschaftlichen Ressourcen konzentrieren. Die Geschäftsinhaber sind zahlenmäßig eine relativ sehr viel größere Gruppe, aber stehen in ihrer Mehrheit eher am Rande der wirtschaftlichen Drehscheibe.

Diese enorme Differenzierung der Wirtschaftsunternehmen kann für die Schweiz im Jahre 1980 beispielhaft illustriert werden. Die 650 größten Konzerne in der Schweiz nach Weltumsatz streuen im Umsatzbereich zwischen 11 Mio. und 25 Mrd. Franken. Knapp 50 davon liegen im Größenbereich 1-25 Mrd. Franken. Hinzu kommen die 50 größten Banken

8 Vom Siegeszug der künstlichen Person • 205

mit zwischen 2,7 und 78 Mrd. Franken Bilanzsumme (die größten drei davon zwischen 63 und 78 Mrd.) sowie rund 30 Versicherungskonzerne mit zwischen 100 Mio. und 3 Mrd. Franken Prämieneinnahmen (die größten vier davon zwischen 2 und 3 Mrd.).[9] Die Tabelle 8.1 stellt diese vergleichsweise sehr kleine Zahl der großen Wirtschaftskorporationen der großen Zahl der Selbständigen als Arbeitgeber (rd. 220.000) und den alleinarbeitenden Geschäftsinhabern (rd. 100.000) gegenüber.[10]

Tabelle 8.1
Grobaufnahme der Schichtung der Wirtschaftsunternehmen
in der Schweiz, 1980

Die großen Wirtschaftskorporationen (mit großer Abstufung nach wirtschaftlicher Macht: 50 sehr große und 700 übrige Konzerne)	ca. 750
Die kleinen und mittleren Wirtschaftsunternehmen: Die selbständigen Geschäftsinhaber als *Arbeitgeber*	rd. 220.000
Die *alleinarbeitenden* Geschäftsinhaber	rd. 100.000

Quellen vgl. Anm. 9 und 10.

Wie wichtig die Gruppe der Korporationen wirtschaftlich ist, geht aus dem Umstand hervor, daß die jeweils 50 größten Industriekonzerne in den Ländern des Westens typischerweise zwischen 30 % und 55 % der Industrieproduktion auf sich vereinigen (vgl. Tabelle 8.2).

Tabelle 8.2
Konzentration des Umsatzes auf die 50 größten Industriekonzerne
in acht westlichen Ländern, um 1970

	Anteil der größten 50 Konzerne am Umsatz der Gesamtindustrie um 1970*)	
Vereinigte Staaten	28,8 %	
Japan	35,6 %	
Bundesrepublik Deutschland	44,2 %	
Großbritannien	50,2 %	
Australien †)	(50 %)	(>BRD)
Schweden †)	(50 %)	(>BRD)
Schweiz	54,7 %	
Österreich	55,7 %	

*) Es handelt sich um ein sogenannt absolutes Konzentrationsmaß. †) Der Anteil kann nicht beziffert werden, wohl aber relativ zur Bundesrepublik Deutschland eingestuft werden.

Quelle: Volker Bornschier, a.a.O. (Anm. 12), S. 206.

Durch das Größenwachstum der Unternehmen in der Wirtschaft wird ein bedeutsamer Strukturwandel hervorgerufen. Das Größenwachstum der Unternehmen und die Entwicklung der Technologie sind zwei zentrale Prozesse, die sich sowohl aus der Arbeitsteilung herleiten als auch zu ihrer Intensivierung beitragen. Die Intensivierung der Arbeitsteilung und die Technisierung bewirken eine Abnahme der durchschnittlichen Kosten der Organisierung, deshalb sind sie und das Wachstum wechselseitig eng verknüpft beim Prozeß der Machtkonzentration in der historischen Evolution der kapitalistischen Wirtschaft.

Einmal nimmt die *Durchschnittsgröße* der Unternehmen zu, gemessen an den Beschäftigten, den eingesetzten finanziellen Mitteln und dem Umsatz (bzw. Wertschöpfung). Dies wird in der Literatur Konzentration (im weiteren Sinne) genannt. Die Daten belegen einen klaren und starken Konzentrationstrend über die Zeit.[11] Aber dieser Wachstumsprozeß ist ungleich: Die Erfolgreichen im Evolutionsprozeß der Unternehmen haben sich immer mehr abgesetzt von der großen Menge der mittelgroßen und kleinen Firmen. Diese Zentralisierung im Rahmen der Unternehmen nenne ich Konzentration *im engeren Sinne*.

Diese Konzentration im engeren Sinne bedeutet die Herausbildung von Verhältnissen, die man zusammenfassend mit segmentierter oder dualer Wirtschaft zu bezeichnen pflegt. Hierauf wird zurückzukommen sein. Unbestritten ist, daß die Konzentration im engeren Sinne über die Zeit deutlich zugenommen hat und am Ende des Nachkriegsmodells sehr hoch ist (vgl. Tabelle 8.2 weiter vorne). Für zwei Länder des Westens ist der Konzentrationstrend in der Nachkriegszeit in Schaubild 8.1 aufgeführt.

Eher kontrovers ist die Beantwortung der Frage, inwieweit die zunehmende Konzentration entscheidend ist für das Verhalten von Unternehmen und die Funktionsweise von Märkten (oligopolistische Märkte mit Einschränkung der Konkurrenz). Meine Schlußfolgerung ist, daß dadurch die organisatorische Steuerung des wirtschaftlichen Geschehens *zulasten* des Marktes zunimmt und daß dadurch besonders bei den großen, marktmächtigen Unternehmen Vorteile entstehen, die sie auf Kosten anderer Marktteilnehmer genießen. Zur Organisationsentwicklung, Konzentration und Marktstruktur habe ich ausführlich an anderer Stelle geschrieben.[12] Hier möchte ich mich auf einige Stichworte und Skizzen beschränken.

Unternehmung als Organisation und Markt sind symbiotische, aber gegensätzliche Veranstaltungen der kapitalistischen Wirtschaftsweise. Die Unternehmung ist eine wirtschaftliche Willenseinheit, die Pläne entwickelt und sich zwecks Durchführung derselben einer Herrschaftsstruktur bedient. *Anweisung* ist die zentrale Kategorie der Unternehmensveranstaltung. *Aufforderung* ist die entsprechende des Marktes. Die Chancen der Unternehmen im Markt, Kaufkraft auf sich zu lenken und gleichzeitig möglichst wenig eigene Kaufkraft dabei als Kosten zu opfern, sind auch abhängig von der Marktstruktur.

Schaubild 8.1
Die Veränderung der absoluten Konzentration, Vereinigte Staaten 1947 bis 1963 und Bundesrepublik Deutschland 1954 bis 1974, Prozentanteile am Gesamtumsatz bzw. Wertschöpfung der Industrie

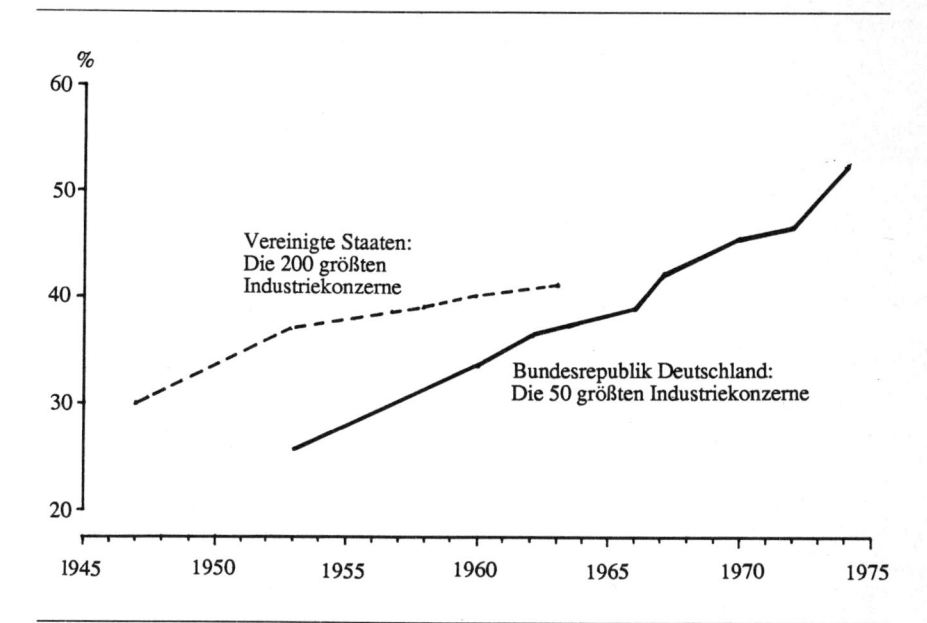

Quellen: Für die USA Anteile an der Wertschöpfung Adolf Berle und Gardiner Means, a.a.O. (Anm. 41), S. 354. Für die BRD Anteile am Umsatz nach Volker Bornschier, a.a.O. (Anm. 12), S. 204 und 550.

Die Grundlogik der Unternehmenspläne ist sehr einfach. Die Unternehmung kauft Güter, schafft Wert durch Organisation und verkauft Güter, deren Erlös langfristig größer sein muß als die vorgestreckte Summe für Vorleistungen und Organisationskosten *zuzüglich* Normalzins für das eingesetzte Geld. Unternehmer müssen also sparsam umgehen mit ihren Mitteln. Sie sparen deswegen möglichst auch bei Löhnen. Darin steckt *ein* Grundproblem der Wirtschaftsweise. Die Unternehmen zahlen möglichst wenig Lohn, wünschen sich aber gleichzeitig, daß die Konsumenten genügend Geld in der Tasche haben, um die Waren von ihren Regalen abzuräumen.

Betrachten wir die Absatzseite. Die Absatzpläne der Unternehmen werden im Markt sanktioniert, indem Kunden ihre Kaufkraft für die Güter der Unternehmung verwenden (positive Sanktion) oder sie im Regal belassen (negative Sanktion). Über diesen Sanktionsmechanismus stehen die Pläne verschiedener Unternehmer in potentiellem Konflikt zueinander, den wir mit Konkurrenz bezeichnen. Konkurrenz ist eine Unterklasse von sozialen Kampfbeziehungen, deren Kampfmittel als »friedlich« gelten.[13] Eines, aber lange nicht das alleinige Kampfmittel ist der Preis. Qualität der Produkte und Sicherheit der Versorgung sowie Service nach dem Kauf sind weitere.

Das Verhalten der Unternehmen im Markt kann aufgrund von Gewinnstreben und Konkurrenz langfristig nicht auf Marktgleichgewicht und Strukturkonstanz bei Märkten und Unternehmen zielen. Gehen wir vom Konstrukt eines perfekten Marktes aus (atomisierte Nachfrage und Angebot, homogenes Gut). In dieser Situation wird jeder Anbieter eine Produktion planen, bei der die Kosten für die letzte Ausbringungsmenge gleich dem Marktpreis sind; darüber hinaus würde jede zusätzliche Menge den Gewinn schmälern. Die nie vollkommene Markttransparenz wird bewirken, daß der Markt erst nach einer Periode von Versuch und Irrtum ein Gleichgewicht findet, bei dem die Gesamtmenge der Absatzpläne der gesamten Nachfrage, die eine gewisse Preisabhängigkeit hat, entspricht.

Diese berühmte Gleichgewichtssituation wird in den Lehrbüchern nur allzuoft als Ende denn als Anfang des Unternehmensverhaltens im Markt gesehen. Die Unternehmung, die profitabel wachsen will, sieht sich in dieser Situation gezwungen, ihre Kosten zu senken, um die Gewinnmarge zu erhöhen. Die Möglichkeiten dazu liegen einmal in der Vergrößerung des Ausstoßes (Senkung der Durchschnittskosten wegen der Fixkosten), in der Verbilligung der Beschaffung oder in der Einführung von neuen oder verbesserten Produktionstechniken. Jene Unternehmen, die diesen Weg erfolgreich einschlagen, werden wachsen und die nicht erfolgreichen zurückdrängen oder ganz aus dem Markt verdrängen. Dadurch steigt die Konzentration und die Durchschnittsgröße der Unternehmen, was von einem bestimmten Moment an einen qualitativen Sprung in ihrem Verhalten bewirkt.

Das Mehrangebot einzelner Unternehmen ist nun nicht mehr ohne Einfluß auf den Preis. Preis und die Höhe des Profites werden dann nämlich zu Größen, die von seiten der Unternehmen in gewissem Ausmaß steuerbar sind. In dieser Situation sind die Wachstumsmöglichkeiten aber grundsätzlich durch die Nachfrage begrenzt. Ein Wachstum über die Nachfragesteigerung hinaus kann wiederum nur auf Kosten anderer Unternehmen (Herausdrängen aus dem Markt) oder durch *Aufkauf* und *Fusion* erreicht werden. Dadurch können die erfolgreichen und finanzkräftigen Unternehmen noch über die Nachfragesteigerung hinaus wachsen. Ansonsten gilt: Bieten die führenden Unternehmen mehr an, so fällt der Preis, und damit sinkt der Profit. Beschränken sie ihr Angebot, so drohen andere in die Lücke zu springen. Beim Teilmonopol der Großen entstehen monopolistische Überprofite, ein Akkumulationspotential, das innerhalb der herkömmlichen wirtschaftlichen Aktivitäten nicht mehr profitabel eingesetzt werden kann.

Die Lösungen in diesen Situationen sind - wiederum in groben Zügen - vorgegeben. Die Produkte können differenziert (z.B. Marken) und die Reklameausgaben erhöht werden, um das akquisitorische Potential der Firma im Markt zu vergrößern. So wichtig diese Strategien auch für eine Weile sein mögen, letztlich bleiben sie nur aufschiebende Verteidigungsstrategien gegenüber einer Situation, die durch eine Marktsättigung charakterisiert ist. Die offensiven Unternehmensstrategien gehen deshalb in zwei Richtungen, in die produktmäßige und in die geographische Diversifikation der Märkte. Die produktmäßige Diversifikation kann die Angliederung von bekannten Produkten an die Palette der Firma bedeuten, meistens durch Aufkauf, oder die Entwicklung und Vermarktung von neuen Produkten, die Innovation. Ebenso kann die geographische Diversifikation durch Aufkauf von bestehenden oder die Neugründung von Tochterfirmen vonstatten gehen.

Tabelle 8.3
Transnationalisierungsgrad der Industrie für 11 Leitungssitzländer, 1966

	Transnationalisierungsgrad der Gesamtwirtschaft: Auslandsproduktionsquote 1966*)	Branchendiversifikation der führenden Industrieunternehmen, 1967†)	Exportquote der Gesamtwirtschaft, 1966
Schweiz	60	15,5	22
Niederlande	40	36,3	32,4
Großbritannien	30,5	15,2	13,6
Kanada	19,5	11,5	25,3
Schweden	18,1	10,6	20,0
Vereinigte Staaten	14,7	8,8	4,1
Belgien(-Luxemburg)	12,6	.	35,8
Frankreich	9,9	30,5	10,8
Italien	5,3	45,6	13,1
Bundesrepublik Deutschland	5,0	29,6	16,1
Japan	2,4	15,9	9,8

*) Auslandsproduktion in Prozent des Bruttosozialproduktes des Leitungssitzlandes.
†) Diversifikationsindex: Anteil der *stark* diversifizierten an allen führenden Unternehmen eines Landes, die zu den größten 700 Industriekonzernen der Welt gehören.

Quelle: Volker Bornschier, a.a.O., (Anm. 12), S. 466 und 468.

Am Ende der Sequenz Wachstum, Konzentration und Monopolisierung sowie der produktemäßigen wie geographischen Diversifikation steht der transnationale Konzern, der normalerweise zu den größten Konzernen des Ursprungs- wie des sogenannten Gastlandes gehört. Aus der großen Masse der lokal oder regional orientierten Unternehmen hat sich so im Verlauf der Evolution in der kapitalistischen Wirtschaft durch Konzentration eine vergleichsweise kleine Gruppe von Korporationen gebildet, die sich wesentlich von den übrigen unterscheiden. Ihre Kapitalkraft ist enorm, ihre Organisation sehr komplex mit langen Hierarchien, und ihr wirtschaftlicher Planungshorizont ist die Welt.[14]

Die beschriebene Wachstumssequenz stößt bei kleineren Ländern früher an die nationale Grenze und ihre führenden Unternehmen haben deshalb einen Vorsprung beim Transnationalisierungsgrad. Die frühen bürgerlichen Revolutionen und die frühe Industrialisierung in Nord-Holland, England und der Schweiz sind weitere Gründe für Vorsprünge in diesem Prozeß. In Tabelle 8.3 sind zur Zeit des Höhepunktes der Wirtschaftswelle der Nachkriegszeit der Transnationalisierungsgrad, die Branchendiversifikation der führenden Industriekonzerne sowie die Exportneigung der Gesamtwirtschaft angegeben. Bei der Transnationalisierung bildete Japan in den sechziger Jahren noch das Schlußlicht, und die Schweiz stand, wie auch heute noch, weit an der Spitze. Die Transnationalisierung der Schweiz betrifft vorrangig ein sehr kleines Segment von Industriekonzernen. Auf die 15 größten entfielen 1980 80 % aller direkten Auslandsaktivitäten der Schweiz; die gesamte Auslandsproduktion belief sich auf 61 Mrd. Franken, während alle schweizerischen Exporte nur auf knapp 50 Mrd. Franken zu stehen kamen; und diese 15 Konzerne beschäftigten im Ausland 483.340 Personen, in der Schweiz hingegen nur 160.640.[15]

Die Verteilung der 50 größten Weltkonzerne auf Leitungssitzregionen ist in Schaubild 8.2 über dreißig Jahre im keynesianischen Gesellschaftsmodell angegeben.[16] Ähnliche Verhältnisse finden wir, wenn die größten 350 oder 400 Weltkonzerne untersucht werden.[17] Obwohl die führenden Unternehmen der USA nicht so transnationalisiert sind wie diejenigen einiger kleinerer Länder, dominierten sie in den fünfziger Jahren das Big business auf der Welt. Die industrielle Hegemonie der USA begann in den sechziger Jahren verloren zu gehen, und die Konzerne Westeuropas erlangten ihre Stellung zurück. Seit den siebziger Jahren sind die Westeuropäer mit rund 20 Konzernen in der Weltspitze vertreten.[18] Japanische Konzerne tauchen erst in den siebziger Jahren in der Weltspitze auf, und sie sind mit fünf Konzernen gemessen an der Größe Japans noch klar untervertreten.[19] Einige Konzerne aus den Schwellenländern tauchen ebenfalls auf, allerdings handelt es sich mehrheitlich um nationale Petroleumkonzerne.[20]

Schaubild 8.2
Die Verteilung der größten 50 industriellen Weltkonzerne nach Leitungssitz, 1956 bis 1986

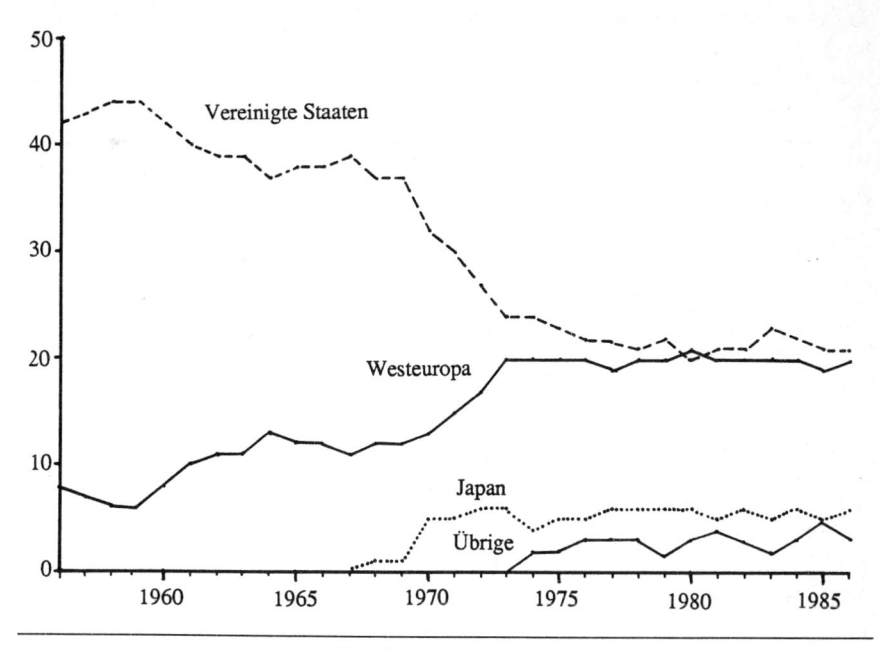

Quellen vgl. Anm. 16.

Zur Segmentierung in der Wirtschaft

Der ungleiche Entwicklungsprozeß im System der Unternehmen führt zu einer Segmentierung - ein Begriff, den ich gleichbedeutend mit dualer Wirtschaft verwende, - zwischen den führenden Unternehmen, die den *Kernbereich* der Wirtschaft ausmachen, und den zahlreichen, im Evolutionsprozeß zurückbleibenden Unternehmen, die den *Peripheriebereich* bilden.[21] Zwischen den hochentwickelten Ländern mag die Verteilung der Beschäftigten über die beiden Segmente schwanken (was wir vorderhand noch nicht genau wissen), aber für alle diese Länder dürfte eine Spaltung der Beschäftigten in zwei große Gruppen typisch sein, was sich von der Situation der unterentwickelten Länder unterscheidet, bei denen der (zumeist extern stark abhängige) Kernbereich nur eine schmale Minorität der Beschäftigten absorbiert.[22]

Der Kernbereich der Wirtschaft verfügt über Marktmacht und dominiert den mehr wettbewerbsmäßig organisierten Peripheriebereich. Diese beiden Segmente weisen zahlreiche weitere Unterschiede auf, u.a. bezüglich der Organisationsstrukturen, der Klassenkomposition, der Funktionsweise der Arbeitsmärkte und der Höhe und Stabilität der Erwerbschancen der Unternehmen. Die Absetzung der beiden Segmente erfolgt entlang der *Schichtungsdimensionen* materielle Ressourcen, organisatorische Ressourcen, Funktionsweise der Beschaffungs-, Absatz- und Arbeitsmärkte.

Aus dieser Unternehmensschichtung ergibt sich *sekundär* für die arbeitenden Menschen, daß der Kernbereich andere Arbeitsplätze, andere Karrieremöglichkeiten und höhere Löhne und Gehälter anbietet als der Peripheriebereich. Und wegen der *personellen Trennung* von Eigentum und Verfügungsmacht bei den größeren Unternehmen sind die Chancen als Unternehmer, die drei funktionellen Einkommensarten: Unternehmerlohn, Unternehmergewinn und Zins auf das investierte Eigenkapital zu kumulieren, weitgehend auf Tätigkeiten im Peripheriebereich beschränkt.

Die Einheiten dieser Schichtung sind die Unternehmen und *nicht* etwa die Branchen. Robert Averitt bringt dies unmißverständlich auf den Punkt, wenn er sagt: »Auch wenn viele Kernbereichsfirmen in gewissen Schlüsselindustrien tätig sind, so ist es doch wirtschaftliche Größe und nicht industrielle Zugehörigkeit, wodurch die Firmen im Kernbereich definiert sind.«[23]

Das Dualismuskonzept, wie es in der neueren Forschung verwendet wird, verbindet drei ursprünglich nicht oder nur locker verbundene Segmentierungstraditionen.[24]
(1) Einmal die Tradition, zwischen einem Monopol- und Wettbewerbssektor (im Sinne von Gattungsbegriffen) zu unterscheiden.
(2) Weiter die Tradition, Unterschiede in der Organisationsstruktur insbesondere in Abhängigkeit von der Organisationsgröße zu untersuchen.
(3) Schließlich die Tradition, den Arbeitsmarkt als segmentiert zu begreifen. Segmentierte Arbeitsmärkte, die gegen Lohnwettbewerb weitgehend abgeschottet sind, bilden *einen* Aspekt dessen, was der neue Strukturalismus als generelle Segmentierung begreift. Man unterscheidet ein »primäres Segment«, das aus Arbeitskräften besteht, die die Arbeitgeber gewillt sind auszubilden und denen eine vergleichsweise stabile Beschäftigung in Aussicht gestellt wird, und ein »sekundäres Segment«. Das letztere wird eher als Reservoir für temporäre Arbeitskräfte betrachtet, die weniger firmeninterne Ausbildung erhalten, und für dieses Segment sind geringere Stabilität der Beschäftigung und schlechtere Arbeitsbedingungen kennzeichnend. Die Arbeitsmarktsegmentierung ist allerdings auch auf der Ebene der Konzerne im Unterschied zwischen Stamm- und Randbelegschaft vorhanden. Und ein weiterer Aspekt der Segmentierung wird mit der Unterscheidung zwischen externen und internen Arbeitsmärkten (Stellenausschreibungen innerhalb der Organisation) vorgeschlagen, was

eine Abschottung des internen Arbeitsmarktes vor der Konkurrenz auch auf dem primären Arbeitsmarkt bedeutet.

Auf der theoretisch-deskriptiven Ebene unterscheiden sich Peripheriebereich und Kernbereich in der Wirtschaft folgendermaßen. Der *Peripheriebereich* besteht aus Firmen mit vergleichsweise geringen materiellen und organisatorischen Ressourcen. Diese Firmen sind typischerweise klein, verwenden arbeitsintensive Produktionsmethoden, operieren geographisch verstreut, meistens auf eine oder wenige Produktlinien beschränkt. Sie haben viele Konkurrenten, und häufig sind sie auch die Zulieferer der Konzerne im Kernbereich, durch deren enorme Nachfragemacht sie dann direkt dominiert werden. Die Profite sind absolut gesehen klein und unsicher. Und diese Firmen zahlen tiefe Löhne und Gehälter. Peripheriefirmen werden typischerweise von Eigentümern geführt, weil die personelle Trennung von Eigentum und Verfügungsmacht infolge der geringen Unternehmensgröße praktisch nicht oder nur sehr selten vorkommt. Tiefe und unsichere Profite sowie Löhne ergeben sich aus dem Umstand, daß die Firmen auf vergleichsweise wettbewerbsintensiven Märkten operieren, auf denen die Konkurrenten nicht in der Lage sind, die wirtschaftlichen Kräfte zu beeinflussen. Das Modell für die Peripheriefirmen geht (abgesehen vom Fall der Zulieferer der Konzerne im Kernbereich) mithin *eher* in Richtung des »reinen Marktes«, wie es in der neoklassischen Theorie der Wirtschaftswissenschaft meistens generell unterstellt wird.

Der *Kernbereich* weist gemessen an der dominanten ökonomischen Theorie eine untypische Struktur auf: Marktmacht und bürokratische Planung. Die Konzerne in diesem Segment sind groß, manchmal geradezu riesig, anders kann man diese »Prachtexemplare« wohl nicht charakterisieren. AT&T, ein Extrembeispiel, hatte vor der Entflechtung zu Beginn der achtziger Jahre rund eine Million Beschäftigte, drei Millionen Aktionäre und ein Vermögen von insgesamt 137 Milliarden US-Dollar sowie einen ausgewiesenen Gewinn von 6 Mrd. Weiter sind die Konzerne im Kernbereich kapitalintensiv und operieren auf oligopolistischen Märkten, verfügen daher über einen monopolistischen Spielraum und dominieren die Firmen im Peripheriebereich direkt (als Kunden z.B., oder durch Konzernierung) und indirekt (ungleiche Konkurrenz um knappe Ressourcen, Kredit z.B.). Sie sind durch hohe und *vergleichsweise* stabile Profite gekennzeichnet. Obwohl sie in verschiedenen Bereichen ihrer Tätigkeit über monopolistische Stellungen verfügen, sind sie insgesamt stark diversifiziert, sowohl produkt- bzw. dienstleistungsmäßig wie auch geographisch, d.h. ihre wirtschaftlichen Chancen sind nicht an bestimmte Produkte oder kleinräumige Märkte gebunden. Die Transnationalen Konzerne sind die typischsten - weil am weitesten entwickelten - Vertreter der Konzerne im Kernsegment; sie dringen in Kernsegmente der anderen hochentwickelten und unterentwickelten Länder ein.

Die *Organisationsstrukturen* der Unternehmen im Kernbereich der Wirtschaft sind komplex und *bürokratisch*. Die Manager und Experten verfügen, obgleich *hierarchisch* stark gegliedert, über viel Macht und Kontrolle aufgrund ihrer Positionen und erzielen hohe Gehälter. Auch die Angestellten und Arbeiter erzielen im Vergleich zu den Beschäftigten im Peripheriesegment deutlich höhere Gehälter und Löhne und gehören zu den großen, mächtigen Gewerkschaften.

Das Lohn- und Gehaltsgefälle zwischen Kern- und Peripheriebereich kann als konsolidiertes empirisches Ergebnis betrachtet werden.[25] Als ein illustratives Beispiel möchte ich auf die von Ralph Lewin[26] erarbeiteten Zahlen für die Schweiz im Jahre 1979 verweisen, die in Schaubild 8.3 zu finden sind. Die Unterschiede im Einkommen je nach Unternehmensgröße bleiben im Schaubild auch für einzelne Arbeitnehmerkategorien erhalten. Wie wir aus der Literatur wissen, bleiben auch bei methodisch weitergehender Kontrolle von Merkmalen der verglichenen Personen und Arbeitsplätze die Unterschiede erhalten. Zu erwähnen wäre noch, daß dieses Einkommensgefälle noch nicht etliche Nebenleistungen einschließt, die ebenfalls mit der Firmengröße üppiger werden. Dazu gehören z.B. betriebliche Einrichtungen zugunsten des Personals, die bei Großunternehmen häufiger und ausgebauter sind.

Die Arbeitgeber im Kernbereich können wegen dieses Einkommensgefälles eine Auswahl unter den Stellenbewerbern auf dem Arbeitsmarkt treffen. Dadurch schaffen und stützen sie die Bildung eines primären Arbeitsmarktes. Diejenigen z.B., die ihre schulische und berufliche Bildung vor den Abschlüssen abgebrochen haben oder abbrechen mußten, können auf diesem primären Arbeitsmarkt in der Regel nicht konkurrieren. Allgemeiner ausgedrückt: Alle Personen, die von sozial definierten Normalbiographien - für die die Gesellschaft des Kernbereichs die Standards setzt - abweichen oder sonst auffällige und sozial diskriminierte Merkmale aufweisen, haben schwerwiegende Handicaps und werden auf den sekundären Arbeitsmarkt abgedrängt. Es ist zu erwähnen, daß sich nicht nur die Verdienste, sondern auch die Art und Weise der Statuszuweisung zwischen dem Kern- und Peripheriesegment unterscheiden.[27] Aber das erwähnte Einkommensgefälle läßt sich nicht allein auf die deutlichen Unterschiede bei der Komposition der Arbeitsplätze und bei den Merkmalen der Beschäftigten zurückführen. Je nach Plazierung eines Beschäftigten mit gegebenen Merkmalen entweder im Kern- oder im Peripheriesegment sind damit für diesen einkommensmäßig Privilegien oder Kosten verbunden.

Schaubild 8.3
Durchschnittliche Monatslöhne nach Unternehmensgröße
in der Schweiz, 1979

Alle Wirtschaftszweige,
Männer und Frauen getrennt

Industrie und verarbeitendes Gewerbe,
nur *Männer*, verschiedene Qualifikationen

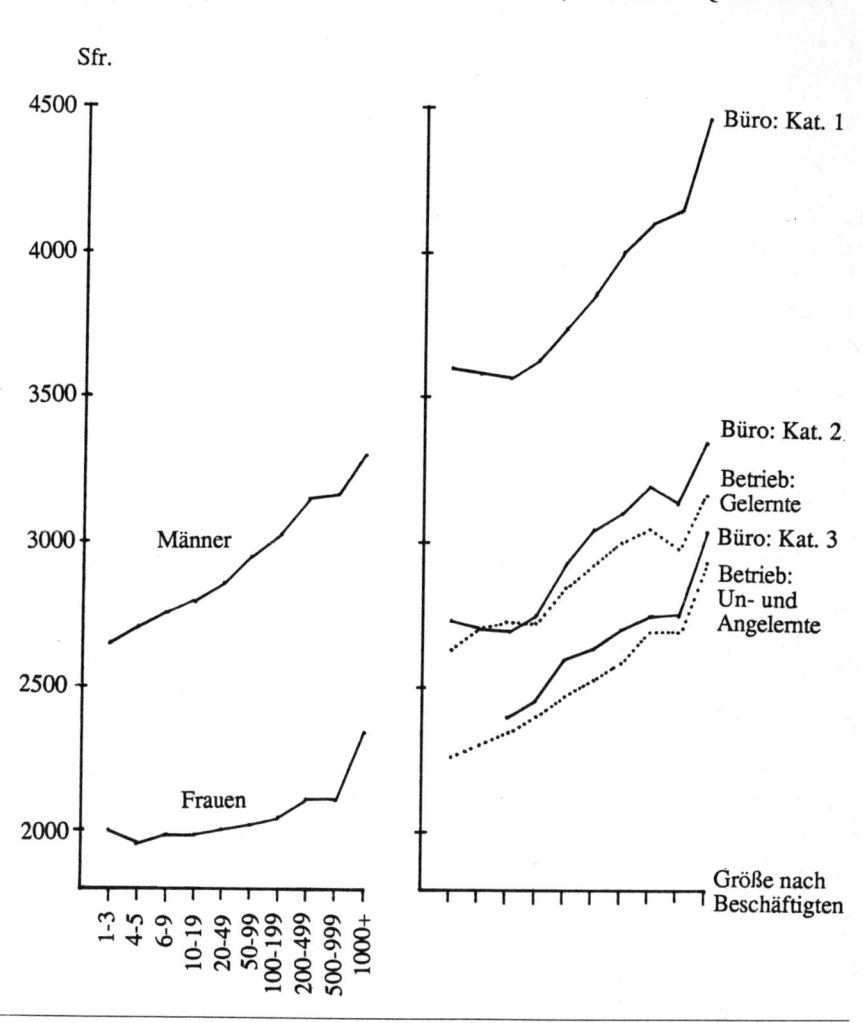

Quelle: Ralph Lewin, a.a.O. (Anm. 26), S. 45-47.

Daß es überhaupt »Einkommensprivilegien« geben kann, scheint auf den ersten Blick paradox. Freiwillig bezahlte Lohn- und Gehaltszugeständnisse sind vor dem Hintergrund eines engen Verständnisses von ökonomischem Nutzen der Arbeitgeber undenkbar. Bringt man aber die Einkommensprivilegierung mit den Legitimationsnotwendigkeiten und Bindungsversuchen der Unternehmen im Kernbereich in Zusammenhang, so muß man auf die Anwendbarkeit des ökonomischen Nutzenkalküls nicht verzichten.

Einmal ist durch eine gewisse materielle Kompensation des Arbeitsleides bereits das Basiseinkommen für Routinearbeit im Kernbereich höher als im Peripheriebereich, jedenfalls bei der Stammbelegschaft der Konzerne. Das ist theoretisch die Folge der Routinisierung, Standardisierung und Formalisierung der Arbeitszusammenhänge in Produktion und Verwaltung bei den großen Organisationen im Kernbereich, die eine höhere, materielle Kompensation erheischen.

Dieses Argument besagt nicht, daß nicht auch im Peripheriebereich stark routinisierte Arbeiten vorhanden wären. Aber wegen der Konkurrenzbedingungen dieser Firmen kann dort das damit verbundene größere Arbeitsleid kaum materiell kompensiert werden. Solche Tätigkeiten können in hochentwickelten Ländern auf Dauer entweder nicht weiterbestehen, oder es braucht eine ausgeprägte Segmentierung des Arbeitsmarktes, nämlich die Existenz von sozial diskriminierten Gruppen, die solche Beschäftigungen akzeptieren müssen, da sie keine Chancen haben, in den primären Arbeitsmarkt einzutreten. Zu denken ist an Fremdarbeiter, nicht selten auch illegal Arbeitende und an Frauen, deren Mobilität auf dem Arbeitsmarkt aus verschiedenen Gründen eingeschränkt ist.

Allerdings ist im Kernbereich der Wirtschaft nicht nur das Basiseinkommen für Routinearbeit höher als im Peripheriebereich, sondern auch die Einkommen der darauf aufbauenden Hierarchiestufen. Vergleichbare Hierarchiestufen werfen mithin im Kernbereich mehr ab. Zudem sind dort aber auch die Hierarchien länger, was im wesentlichen eine Funktion der Unternehmensgröße ist, weshalb im Kernbereich viel mehr absolut hohe Einkommen entstehen als im Peripheriebereich. Was aber die unterschiedliche Höhe des Basiseinkommens bei den Einkommenspyramiden in den beiden Segmenten betrifft, würde man eigentlich einen Ausgleich vermuten, wenn ein Angebotsdruck auf dem Arbeitsmarkt herrscht, wie heute in den hochentwickelten (und viel mehr noch in den unterentwickelten) Ländern, ausgelöst durch einen Lohnwettbewerb auf dem Arbeitsmarkt. Aber dieser Arbeitsmarkt ist nicht homogen, sondern - wie begründet - segmentiert.

Wichtig für die Funktionsweise der dualen Arbeitsmarktstruktur ist die Fähigkeit der Arbeitgeber, eine Auswahl zu treffen. Sie bilden durch ihre Auswahlkriterien, zu denen nicht nur Leistungsfähigkeit, sondern auch

Konformität mit den Zielen der Organisation gehören, einen primären Arbeitsmarkt aus. Die Personen auf dem primären Arbeitsmarkt erhalten, wie bereits erwähnt, firmeninterne Ausbildung, die sie weitgehend gegen Lohnwettbewerb schützt. Die Bereitschaft einer anderen Arbeitskraft, eine bestimmte Arbeit im Kernbereich zu einem tieferen Lohn zu verrichten, macht diese potentielle Arbeitskraft noch nicht produktiver und damit billiger für den Arbeitgeber als die bereits eingestellte Person mit Erfahrung und firmeninterner Ausbildung. Die Firma hat bereits in die bewährte Arbeitskraft investiert und läßt sich dies etwas kosten.

Die »Einkommensprivilegierung« im Kernbereich widerspricht nicht einem ökonomischen Nutzenkalkül. Sie ist funktional für die Machtentfaltung, die Bindungs- und Legitimationsversuche der Konzerne. Daß darunter nicht das Wachstums- und Gewinnpotential der Konzerne leidet, liegt an ihrer Marktmacht. Vergleichende Industriestudien weisen nämlich folgendes auf: Die Branchen mit hohem Konzentrationsgrad und absolut großen Unternehmen zahlen im Vergleich höhere Löhne und Gehälter *und* realisieren *gleichzeitig* eine höhere Gewinnspanne.[28]

Die wirtschaftliche und gesellschaftliche Macht des Kernbereichs wird mit der Einkommensprivilegierung zu legitimieren versucht und diese Privilegierung selbst wiederum mit gesellschaftlich konsensualen Schichtungsmerkmalen verknüpft, wie formale Bildung, Geschlecht, Ethnie oder Rasse etc., die für den Zutritt zur Stammbelegschaft im Kernbereich eine Rolle spielen. In der dualen Struktur der Wirtschaft sammeln sich dadurch im Peripheriebereich über die Zeit vermehrt Personen ohne gesellschaftliche Normalbiographie, sozial Diskriminierte und in unseren Ländern auch zunehmend Karriereverweigerer, die auf dem primären Arbeitsmarkt nicht konkurrieren können bzw. nicht wollen. Dadurch wird die Absetzung der Segmente, die ökonomisch begründet ist, auch deutlich sozial markiert. Auch bei einem Überangebot an Arbeitskräften wird die Spaltung innerhalb der dualen Struktur kaum ausgeglichen.

Zur Trennung von Eigentum und Verfügungsmacht

Das Größenwachstum der Unternehmen und die Sozialinnovation der Korporation als juristische Person haben eine personelle Trennung von Eigentum und Verfügungsmacht hervorgebracht.[29] Statt des klassischen Eigentümerunternehmers herrschen nun typischerweise Bürokraten innerhalb der Großunternehmen, wenngleich natürlich nach wie vor im Rahmen der kapitalistischen Marktlogik. Diese Bürokratisierung der Wirtschaftselite ist selbstverständlich eine Frage der Unternehmensgröße.[30] Rein zahlenmäßig dominiert nach wie vor der Eigentümerunternehmer. Aber in den großen Unternehmen, die den Kernbereich der Wirtschaft ausmachen, dominieren die Bürokraten auch an der Spitze. Die rasche Verbreitung der Bürokratenherrschaft über einen längeren Zeitraum hat Reinhard Bendix[31] in einer frühen Arbeit über die Zusammensetzung der amerikanischen Wirtschaftselite nachgewiesen. Er hat auch gezeigt, daß die formale Bildung als legitimierender Status mit der Bürokratenherrschaft deutlich an Gewicht zunimmt.[32] Wir verwenden hier »Bürokraten« als Sammelbezeichnung für die Nichteigentümer, haben aber bereits erwähnt, daß auch bei diesen Bürokraten insbesondere nach der Sättigungsphase des technologischen Stils unternehmerische Talente sehr wichtig sind.

Wer kontrolliert die Bürokraten? Zunächst einmal sind es natürlich Marktprozesse, denn auch die marktmächtigen Unternehmen können sich nicht der kapitalistischen Logik des Wettbewerbs entziehen. Dann sind Verwaltungsratsverflechtungen ein wichtiges Phänomen.[33] Die Spitzen der Wirtschaft schicken sich häufig gegenseitig in die höchsten Organe der Unternehmen. Die besondere Gruppe der Spitzenmanager unterliegt also einer gewissen ständischen Selbstkontrolle. Zumeist findet diese aber vertikal statt, d.h. beherrschende Konzernunternehmen oder Finanzkonzerne beschicken die Aufsichtsorgane der abhängigen Firmen und orchestrieren so die Kontrolle über Aktienpakete mit der personellen Lenkungsfunktion.

Normalerweise meint man, daß die »Eigentümer«[34] von großen Aktienpaketen die bürokratisierten Unternehmensleitungen kontrollierten. Das ist in dem Sinne sicher richtig, daß selbst durchschnittliche Aktionäre eine nicht unerhebliche Sanktionsmacht haben. Wenn sie mit »ihrer« Firma unzufrieden sind, so können sie ihre Aktien verkaufen, was für ein selbstherrliches Management einige Unannehmlichkeiten bedeuten kann, denn aufkaufhungrige andere Konzerne warten nicht selten auf die Chance, zu günstigen Kursen zuzugreifen, um die betreffende Firma zu »schlucken« und dann faktisch zu kontrollieren. Das wollen die Spitzenmanager in der Regel nicht. Wenn man aber die Kontrolle durch Aktionäre so versteht, daß Großaktionäre die konkrete Geschäftspolitik bestimmen, so ist dazu folgendes zu sagen: Das kommt vor, ist aber nicht der Regelfall.

Ausnahmen sollen aber erwähnt werden, die gegen den allgemeinen Trend stehen. Die Familie des Fiat-Gründers Agnelli hat kürzlich die Kontrolle über den italienischen Weltkonzern verstärkt.[35] In einem Fernsehinterview gab Giovanni Agnelli die Gründung einer beschränkt haftenden Personengesellschaft (Giovanni Agnelli & Co.) bekannt, die 75% des Aktienkapitals der Holdinggesellschaft IFI zusammenfasst und über die die Familie Agnelli 40 % der Aktien der Fiat S.p.A. kontrolliert. Agnelli zufolge soll die Mehrheitsbeteiligung an der IFI die Autonomie wie auch die Kontrolle des Fiat-Konzerns durch die Familie sichern.

8 Vom Siegeszug der künstlichen Person • 219

Typisch sind solche Fälle allerdings nicht. Soweit wir über Daten verfügen, nämlich für die Vereinigten Staaten, Großbritannien, Australien, die Bundesrepublik Deutschland sowie einige andere Länder, kann man sagen, daß die große Mehrheit der Fälle folgendem Muster folgt.[36] Bei der großen Mehrheit der Großkonzerne dieser Länder verfügt keine Aktionärsgruppe von natürlichen Personen über mindestens 5 % der Aktien. Dies ist dann das Kontrollmuster, das in der Literatur mit »Managerkontrolle« bezeichnet wird. Die Bürokraten stehen in diesem Fall einer diffusen Menge von Aktionären gegenüber, die keinen Einfluß auf die Geschäftspolitik haben, denen gegenüber sie sich aber durch eine angemessene Dividenden- und attraktive Bezugsrechtspolitik legitimieren müssen.

Ein illustratives Beispiel für diesen Befund gibt die Studie von Michael Patrick Allen über die größten 218 Industriekonzerne in den USA.[37] Seine Studie hat zudem den Vorteil, daß sie die Kontrollstruktur im Dreieck Aktionäre, oberstes Organ der Korporation (Verwaltungsrat bzw. Aufsichtsrat bzw. Board of directors) und Geschäftsführung detailliert untersucht. *Direkte Familienkontrolle* liegt vor, wenn eine Familie mit mindestens 5 % der Aktien sowohl auf dem Board of directors (Verwaltungsrat) als auch gleichzeitig durch ein Mitglied als Präsident der Geschäftsleitung (chief executive) vertreten ist. In 33 Fällen[38] (15 %) trifft dies zu. *Indirekte Familienkontrolle* ist gegeben, wenn eine Familie mit mindestens 5 % der Aktien zwar auf dem Board vertreten ist, aber kein Mitglied davon Präsident der Geschäftsleitung ist. 43 Fälle (20 %) werden so klassifiziert. Der dritte Typ, *Managerkontrolle,* liegt vor, wenn kein Mitglied einer Familie mit signifikantem Aktienblock (mindestens 5 %) auf dem Board of directors vertreten ist und auch nicht Präsident der Geschäftsleitung ist. In 142 Fällen (65 %) wird das beobachtet.

Rechnet man die Ergebnisse von Michael Patrick Allen hoch, so steht mindestens mehr als die Hälfte des gesamten industriellen Vermögens in den USA unter reiner Bürokratenherrschaft. Diese Spitzenmanager leben durchaus nicht bescheiden. Im Gegenteil, sie sind als reich zu bezeichnen, das zeigen auch Ergebnisse aus der gleichen Studie. Das durchschnittliche jährliche Einkommen der obersten Firmenchefs betrug 1975 und in damaligen Dollar: 1.194.500 bei direkter Familienkontrolle (davon Gehalt und Gratifikationen: 289.800 und Dividenden sowie Gewinn auf Aktienoptionen: 1.004.700), 426.500 bei indirekter Familienkontrolle (entsprechend: 339.500 und 87.000) sowie 503.500 bei Managerkontrolle (entsprechend: 374.100 und 129.400).[39] Mit anderen Worten: Fallen signifikanter Aktienbesitz und Kontrolle zusammen, so liegt das Einkommen der Geschäftsführung aus dem Konzern mehr als zweimal so hoch wie im Falle der Managerkontrolle. Die zunehmende Managerkontrolle bei den größeren Unternehmen ist deshalb ein wichtiger Grund für die Abnahme der Einkommenskonzentration im obersten Bereich, die wir in der westlichen Gesellschaft in unserem Jahrhundert beobachten können.[40]

Macht und Eigentum. Das Auseinanderfallen von Eigentum und Verfügungsmacht ist zumindest bereits in der kapitalistischen Wirtschaftsweise angelegt. Schon beim klassischen Eigentümer-Unternehmer ist das Quantum an Macht größer als das Quantum an persönlichem Eigentum, über das er ursprünglich verfügt. Zwei Institute sind dafür verantwortlich: 1. Das Institut des Kredits und 2. das Institut der freien Lohnarbeit. Der Unternehmer als Arbeitgeber hat kein Eigentum an der Arbeitskraft als Quelle von Macht. Er mietet diese Arbeitskraft im Arbeitsvertrag und verfügt darüber, kombiniert sie mit anderen Machtquellen (Kredit, Wissen, Maschinen etc.) und verfügt über den Produktionsprozeß wie über das Endprodukt. Letzteres ist wichtig. Beim Eigentümer-Unternehmer wird allerdings das Auseinanderfallen von Eigentum und Verfügungsmacht wieder aufgehoben durch das ungebrochene Rechtsinstitut des Privateigentums.

Übersicht 8.1
Typische Muster des Auseinanderfallens von persönlichem Eigentum und der Verfügung über Organisationsmacht

---

1. Machtüberschuß
    Verfügung über Macht   >   *Eigentum als Person*
    Beispiele:
    - Nichteigentümer und Teileigentümer der
      Aktien als Organisatoren
    - Spitzenbürokraten in privaten Verbänden
      und öffentlichen Verwaltungen

2. Machtdefizit (gering)
    Eigentum als Person   >   *Verfügung über Macht*
    Beispiele:
    Besitzrentner im klassischen Sinne
    - Finanzrentner (Wertpapiere)
    - Bodenrentner (Bodentitel)

3. Machtdefizit (groß)
    Quasi-Eigentumsrechte   >   *Verfügung über Macht*
    *als Person**
    Beispiele:
    Mehrheit der Bevölkerung (einschließlich
    Sozialrentner)

---

*) Formale Rechte der freien Verfügung über sich selbst.
   Formale Rechte der Teilnahme an kollektiven Entscheiden (Politik).
   Inhaltliche Rechte der Teilnahme an den Ergebnissen von Macht durch Organisation (Bildungstitel, Sozialrententitel, Einschluß bei tarifpartnerschaftlichen Abmachungen).

Generell gilt, daß durch die Organisation Macht kombiniert *und* neu geschaffen wird. Dies ist der erwähnte Synergieeffekt der Organisation. An diesem Mehr durch Organisation gibt es kein ursprüngliches, das heißt der Organisation vorangehendes Eigentumsrecht, es gehört der Organisation. Diesen Sachverhalt hat das Rechtsinstitut der Korporation auch entsprechend geregelt: Eigentümerin ist die Korporation selbst.

Wir formulieren mithin den folgenden zentralen Satz. Durch die formale Organisation in der modernen Gesellschaft ist das Quantum an Macht größer als das Quantum an Eigentum aller natürlichen Personen. Die Konsequenz daraus ist ein verbreitetes Gefühl der Machtlosigkeit unter der Mehrheit der natürlichen Personen, während eine Minderheit, nämlich die Spitzen der Organisationen, einen Machtüberschuß aufweist, der freilich durch Gegenmacht (Staat, Gewerkschaften, Medien, Kirche, Wissenschaft) gemindert werden kann. Ist das der Fall, so sprechen wir von einer *pluralistischen Machtelite* in der Gesamtgesellschaft, deren Grundlage nicht mehr zentral Eigentum, sondern Organisation ist, und zwar gefächert in verschiedenen funktionalen Bereichen: Politik, Verwaltung, Wirtschaft und Kultur. Die drei typischen Muster des Auseinanderfallens von persönlichem Eigentum und Verfügung über Organisationsmacht sind in Übersicht 8.1 aufgeführt.

Wir halten fest: Es handelt sich bei diesem Wandel um eine faktische Aushöhlung des ursprünglichen bürgerlichen Eigentumsbegriffs: Eigentum als *dingliches* Recht (Sachenrecht und Sachenherrschaft), bei dem Rechthaben gleich Machthaben (Sachenherrschaft) war. Das klassische Eigentumsrecht wird aufgespalten einerseits in Machthaben (Verfügen über) und andererseits in beschränkte Mitwirkungs- und Nutzungsrechte (Nutzen ziehen aus). Da die Mitwirkungsrechte infolge formaler Organisation und dem »ehernen Gesetz der Oligarchie« (Robert Michels) beschränkt sind, kommt der gleicheren Verteilung von Nutzungsrechten (Einkommen) eine hohe legitimatorische Bedeutung in der modernen Gesellschaft zu.

Wir erwarten deshalb, daß die Machtverteilung in der westlichen Gesellschaft ungleicher ist als die personelle Vermögensverteilung und daß die Einkommensverteilung vergleichsweise weniger ungleich ist (vgl. zum letzteren auch Tabelle 10.3 auf S. 258). In Tabelle 8.4 suchen wir am Beispiel der USA empirische Belege dafür.[41]

Nach diesen Ergebnissen ist die Vermögenskonzentration auf der Ebene der Wirtschaftskorporationen erheblich höher als auf der Ebene der natürlichen Personen. Gemessen daran ist die Einkommenskonzentration bedeutend tiefer. Seit 1950 (unsere Zahlen) hat die Vermögenskonzentration auf der Ebene der Konzerne zugenommen, während der Trend bei der persönlichen Vermögenskonzentration seit 1920 deutlich nach unten gerichtet ist,[42] ebenfalls bei der personellen Einkommenskonzentration im oberen Bereich.

Tabelle 8.4
Konzentration von finanzieller Macht auf Wirtschaftskonzerne und natürliche Personen am Beispiel der Vereinigten Staaten

	Anteil an der gesamten finanziellen Macht (Vermögen)		
	1950	1965	1982
Konzerne in den USA			
367 Non-financial corporations	44,7 %	47,2 %	
195 Manufacturing corporations	46,0 %	52,5 %	60,8 %*)
128 Largest public utilities, incl. transportation	73,6 %	76,7 %	

*) Statistical Abstracts of the U.S., 1984, S. 538, die 200 größten sind es in diesem Fall. Sonst Adolf Berle und Gardiner Means, a.a.O. (Anm. 41), S. 356.

Natürliche Personen in den USA	Anteile am Gesamtvermögen					
	1920er	1930er	1940er	1950er	1960er	1972
Die reichsten 600.000 natürlichen Personen über 21 Jahre	34 %	29,5 %	22 %	24,5 %	21,8 %	20,7 %

Quelle: Harold Kerbo, a.a.O. (Anm. 41), S. 35.

Konzentrationsvergleich für die USA (nach den genannten Quellen)		
Auf	entfallen	im Jahre
Top 0,1 % der Industriekonzerne	61 % des Vermögens	1982
Top 1 % der natürlichen Personen	57 % des Aktienwertes	1972
Top 1 % der natürlichen Personen	21 % des Vermögens	1972
Top 5 % der natürlichen Personen	19 % des Einkommens	1970

Eine Folgerung, die wir aus unseren Überlegungen ziehen, ist folgende: Eigentum ist nicht mehr *die* zentrale, alles bestimmende Kategorie der westlichen Gesellschaft. Vielmehr ist das die Macht, und zwar nicht die persönliche Macht, sondern die der Organisation, über die vergleichsweise wenige im Sinne von Sachverwaltern verfügen. Die zentralen Stellen dieser Machtlokalisierung sind die obersten Positionen in der formalen Organisation sowie die Macht dieser formalen Organisationen im System der

Organisationen selbst. Die Gesamtgesellschaft ist in verschiedene *funktionelle Bereiche*[43] gegliedert, die alle durch formale Organisationen charakterisiert sind, deren Machtgrundlagen allerdings schwerpunktmäßig verschieden sind.

Wenn Macht die zentrale Kategorie geworden ist, wird sie dann klassenbestimmend, mit der Klasse der obersten Herrschaft als dominanter Klasse? In einem formalen Sinne muß die Frage zustimmend beantwortet werden. Sind Klassen definiert durch relative Positionen zueinander, dann ist Herrschaft in Organisationen klassenbildend. Inhaltlich, d.h. im Sinne einer das ganze Leben prägenden Soziallage und eines handelnden Subjekts ist die Herrschaftsklasse aber kein homogenes Ganzes; sie ist zudem sowohl fraktioniert wie auch häufig offen für Kinder aus mittleren sozialen Herkunftslagen.[44]

Berücksichtigt man die *externe* Macht von Organisationen, so gelangt man vom Begriff der Herrschaftsklasse zum Begriff der Machtelite, die jene Mitglieder umfaßt, die absolut gesehen über große Macht in der Gesellschaft verfügen. Für die Machtelite gilt ähnliches wie für die Herrschaftsklasse. Sie ist vergleichsweise vielgestaltig mit Blick auf die Rekrutierung, vielgestaltig in ihren Machtgrundlagen sowie den sich daraus ergebenden Loyalitäten und politischen Anschauungen; und sie ist gewöhnlich Machtelite auf relativ kurze Dauer.[45]

Mit anderen Worten ist die Machtelite in der westlichen Gesellschaft trotz ihrer sehr ähnlichen strukturellen Grundlage (Organisationsmacht) kein monolithischer Block. Ein pluralistisches Modell der Elite ist daher angebracht, was aber *nicht* besagt, daß alle Teile gleich mächtig sind. Dieser Charakter der Machtelite kann als Kompensation gedeutet werden; sie macht den Machtüberschuß in der Gesellschaft, der durch formale Organisation entstanden ist, erträglicher. Die andere Kompensation liegt im Umstand, daß *materielle* Partizipationsrechte vergleichsweise großzügig verteilt werden. Gemessen an den Machtunterschieden sind die Einkommensunterschiede kleiner und der unterste Sockel der Versorgung in der Regel durch den Wohlfahrtsstaat gegeben.

Anmerkungen

1 Vgl. *Formale Organisation* in Kapitel 2 auf den Seiten 55 ff.
2 Dieser Begriff der Korporation als einer eigenständigen Rechtsgestalt ist zu unterscheiden vom Begriff des »Neokorporatismus« in Kapitel 5 und 6, als einem Muster der politökonomischen Interessensvermittlung und Konfliktaustragung in der *gesamten* Gesellschaft.
3 John Kenneth Galbraith, *The New Industrial State*, London, 1967. (Dt. 1968: *Die moderne Industriegesellschaft,* München und Zürich: Droemer & Knaur.)

4 Vgl. dazu: Peter Nobel, »Das ›Unternehmen‹ als juristische Person«, *Wirtschaft und Recht,* Sonderheft, 1980, S. 27-46. Sowie Peter Nobel, *Anstalt und Unternehmen,* Diessenhofen: Rüegger, 1978.
5 James S. Coleman, *Power and the Structure of Society,* New York: Norton, 1974.
6 James S. Coleman, a.a.O.
7 Karl Marx betonte den zwanghaften Charakter des Zusammenschlusses als Folge davon, daß die Proletarier zum Überleben gezwungen sind, ihre Arbeitskraft zu verkaufen. Das ist richtig. Aber er thematisierte zu wenig die Aggregation von Arbeitskraft, nämlich die Mehrwertproduktion durch *Organisation,* die nicht auf Ausbeutung beruhen *muß.*
8 Wenn man vom heute nicht unwesentlichen informellen Sektor absieht.
9 Quellen: *Schweizerische Handelszeitung* und Veröffentlichungen der Schweizerischen Bankgesellschaft.
10 1970 gab es in der Schweiz 312.703 Selbständige (10,4 % der Berufstätigen). Arbeitgeber waren 217.689 (7,3 %) der Berufstätigen und Alleinarbeitende 95.014 (3,1 %) der Berufstätigen (Quelle: Statistische Quellenwerke der Schweiz).
11 Für das Deutsche Reich und die Bundesrepublik haben wir über fast 100 Jahre sieben Meßpunkte, die ein klarer Beleg dafür sind. Vgl. die Ergebnisse von Reinhard Stockmann, Guido Dahm und Klaus Zeifang, »Konzentration und Reorganisation von Unternehmen und Betrieben. Empirische Analysen zur Entwicklung der nichtlandwirtschaftlichen Arbeitsstätten und Unternehmen in Deutschland, 1875-1970«, S. 97-177, in: Max Haller und Walter Müller (Hg.), *Beschäftigungssystem im gesellschaftlichen Wandel,* Frankfurt und New York: Campus, 1983, insbes. S. 116. Für verschiedene westliche Länder sind Angaben zu finden bei Frederic L. Pryor, *Property and Industrial Organization in Communist and Capitalist Nations,* Bloomington und London: Indiana University Press, 1973.
12 Volker Bornschier, *Wachstum, Konzentration und Multinationalisierung von Industrieunternehmen,* Frauenfeld und Stuttgart: Huber, 1976.
13 Max Weber, *Wirtschaft und Gesellschaft,* Tübingen: Mohr (Siebeck), 5., revidierte Auflage 1972, S. 20.
14 Kürzer kann man diese Skizze kaum machen, und ich verweise deshalb auf meine längere Abhandlung: Volker Bornschier, *Wachstum, Konzentration und Multinationalisierung...,* a.a.O.; einen neueren Überblick über die Literatur liefern: Volker Bornschier und Hanspeter Stamm, »Transnational Corporations«, Kap. 11 in Neil J. Smelser und Alberto Martinelli (Hg.), *Economy and Society. The State of the Art* (i.V.).
15 Angaben nach Silvio Borner und Mitarbeiter, *Die Internationalisierung der Industrie und die Schweiz als Unternehmungsstandort,* Schweizerisches Nationalfonds-Projekt. Abschluß Juni 1983.
16 Die Grundquelle ist das *Fortune Magazine:* Zahlen für 1952-1979 übernommen aus: Albert Bergesen und Chintamani Sahoo, »Evidence of the Decline of American Hegemony in World Production«, *Review,* VIII (4), 1985, S. 595-611; dort S. 599. Für 1980: United Nations, *Transnational Coorperations in World Development. Third Survey,* New York: UN, 1983, S. 357. Für 1981-85: *Informationen über Multinationale Konzerne* (Wien), verschiedene Nummern.
17 Nach Angaben in United Nations, a.a.O., S. 366, können die größten Weltkonzerne nach Zahl und Umsatz auf die verschiedenen Leitungssitzregionen aufgeteilt werden. Bei den größten 382 ergibt sich 1980 folgende Aufschlüsselung: USA 177 (46 %), Westeuropa 126 (33 %), Japan 47 (12 %), übrige westliche Länder 14 (4 %), Schwellenländer 18 (5 %).
18 Die Aufteilung nach Ländern z.B. für 1983 sieht wie folgt aus: Schweiz 1 (Nestlé), Schweden 1 (Volvo), Niederlande 1 (Philips), Niederlande/Großbritannien 2 (Royal Dutch/Shell Group, Unilever), Großbritannien 3 (British Petroleum, Imperial Chemical Industries, BAT Industries), Italien 3 (ENI, IRI, FIAT), Frankreich 3

(Compagnie Française des Pétroles, Elf-Aquitaine, Renault), BRD 6 (Siemens, VW, Daimler-Benz, Bayer, Hoechst, BASF).
19 1985 waren dies: Toyota, Matsushita, Hitachi, Nissan und Mitsubishi.
20 1985 waren dies: Pemex (Mexico), Petrobrás (Brasilien), Kuwait Petroleum sowie Samsung (Südkorea, Elektro) und Hyundai (Südkorea, Fahrzeuge).
21 Da ich die Probleme hier nur ansprechen kann, verweise ich auf weiterführende Literatur: Volker Bornschier, *Wachstum* ..., a.a.O., dort S. 293-328. Derselbe, »Segmentierung der Unternehmen in der Wirtschaft und personelle Einkommensverteilung«, *Schweizerische Zeitschrift für Soziologie*, 8 (3), 1982, S. 519-539. Derselbe, »Duale Wirtschaft, Statuszuweisung und Belegschaftsintegration«, *Soziale Welt*, 34 (2), 1983, S. 188-200. James N. Baron und William T. Bielby, »The Organization of Work in a Segmented Economy«, *American Sociological Review*, 49, 1984, S. 454-473. James N. Baron, »Organizational Perspectives on Stratification«, *Annual Review of Sociology*, 10, 1984, S. 37-69.
22 Vgl. Volker Bornschier, »Einkommensungleichheit im internationalen Vergleich. Weltwirtschaft versus Entwicklungsstand als Erklärung«, S. 321-346 in: Reinhard Kreckel (Hg.), *Soziale Ungleichheiten*, Sonderband 2 von *Soziale Welt*, Göttingen: Schwartz & Co., 1983.
23 Robert T. Averitt, *The Dual Economy. The Dynamics of American Industry*, New York: Norton, 1968, S. 66.
24 Vgl. Volker Bornschier, *Einkommensungleichheit im internationalen Vergleich* ..., a.a.O.
25 Vgl. dazu Volker Bornschier, *Segmentierung* ..., a.a.O., S. 524-526.
26 Ralph Lewin, *Arbeitsmarktsegmentierung und Lohnstruktur. Theoretische Ansätze und Hauptergebnisse einer Überprüfung am Beispiel der Schweiz*, Zürich: Schulthess, 1982.
27 Vgl. Volker Bornschier, »Duale Struktur ...«, a.a.O., S. 195f.
28 Volker Bornschier, *Wachstum, Konzentration und Multinationalisierung* ..., a.a.O., S. 314.
29 An anderer Stelle habe ich dieses Thema ausführlicher behandelt: Volker Bornschier, »Eigentum und Verfügungsmacht. Zum korporativen Eigentum«, S. 161-197 in: Helmut Holzhey und Georg Kohler unter Mitarbeit von Charles Gagnebin (Hg.), *Eigentum und seine Gründe*, Supplementum 12 von *Studia Philosophica*. Bern: Haupt, 1983. Eine parallele Entwicklung zur Trennung von Eigentum und Verfügungsmacht bei den führenden Wirtschaftsunternehmen finden wir in der Trennung von Herrscher und Staat bei der Staatsbildung in der frühen Neuzeit.
30 Vgl. die Studie von Benno Biermann, *Die soziale Struktur der Unternehmerschaft*, Stuttgart: Enke, 1971, insbesondere S. 61.
31 Reinhard Bendix, *Work and Authority in Industry*, New York: Harper and Row, 1956, insbesondere S. 229 und S. 252.
32 Reinhard Bendix, a.a.O., S. 230. Vgl. auch meine Untersuchung über die deutsche chemische Industrie in *Wachstum* ..., a.a.O., S. 318 f.
33 Vgl. hierzu Frans N. Stokman, Rolf Ziegler und John Scott (Hg.), *Networks of Corporate Power. A Comparative Analysis of Ten Countries*, Cambridge: Polity Press, 1985.
34 Aktionäre haben nur an den Aktien als *physischen* Papierstücken Eigentum, nicht aber an den konkreten Wertgegenständen der Unternehmung. Die Aktie verbrieft ausschließlich Mitwirkungsrechte (bei der Bestellung der Organe) und Nutzungsrechte (Dividenden) sowie einen entsprechenden Anteil bei allfälliger Liquidation.
35 Mitteilung der internationalen Presseagentur Reuter vom 6.5.1987.
36 Vgl. dazu Volker Bornschier, *Eigentum und Verfügungsmacht* ..., a.a.O., wo die entsprechenden Studien genannt werden, insbesondere auch die dort zitierte Zusammenstellung von Frederic L. Pryor.

37 Michael Patrick Allen, »Power and Privilege in the Large Corporation: Corporate Control and Managerial Compensation«, *American Journal of Sociology*, 86, 1981, S. 1112-1123.
38 Ich habe unter direkter Familienkontrolle auch die 10 Fälle von »gelockerter Familienkontrolle« gezählt, die dann vorliegt, wenn mehrere Familien mit jeweils mindestens 5 % der Aktien auf dem Board, aber nur eine in der obersten Geschäftsleitung vertreten ist.
39 Michael Patrick Allen, a.a.O. Vgl. seine Ergebnisse von Kovarianzanalysen, bei denen die deutliche Abhängigkeit der Einkommen von der Konzerngröße und vom Geschäftserfolg konstant gehalten wurde.
40 Zahlen für die Abnahme des Einkommensanteils der obersten 5 % der Einkommensbezieher in verschiedenen westlichen Ländern in diesem Jahrhundert sind zu finden bei Franz Kraus, »The Historical Development of Income Inequality in Western Europe and the United States«, S. 187-236 in: Peter Flora und Arnold J. Heidenheimer (Hg.), *The Development of Welfare States in Europe and America*, New Brunswick und London: Transaction Books, 1981, S. 196 f.
41 Quellen waren: Adolf A. Berle und Gardiner C. Means, *The Modern Corporation and Private Property*, Revised edition, New York: Harcourt, Brace & World, 1967 (zuerst 1932); weiter: *Statistical Abstracts of the United States*, 1984; und: Harold R. Kerbo, *Social Stratification and Inequality. Class Conflict in the United States*, New York: McGraw-Hill, 1983.
42 Nach Angaben von Michel de Vroey (»The Separation of Ownership and Control in Large Corporations«, *The Review of Radical Political Economics*, 7 (2), 1975, S. 1-10, dort S. 5) sank die Konzentration des Aktienwertes beim obersten 1 % der natürlichen Personen in den USA zwischen 1953 und 1969 von 86,3 % auf 50,8 %.
43 Wirtschaft (Unternehmen, Unternehmensverbände, Gewerkschaften), Politik (Regierung, Verwaltung, Parteien, Militär/Polizei) und Kultur (Wissenschaft, Kirchen, Massenmedien, Verlage)
44 Einmal fraktioniert nach der externen Macht der Organisation (die oberste Herrschaft kann sehr unterschiedliche Macht beinhalten, je nach der externen Macht der Organisation), dann nach dem Schwerpunkt der Machtgrundlage der Organisation. Weiter nach den Rekrutierungsregeln (Erbschaft, Hochdienen, Wahl), und schließlich ist die Mitgliedschaft in der Klasse der obersten Herrschaft vergleichsweise kurz.
45 Vgl. Elitestudien der Bundesrepublik Deutschland; Materialien sind zu finden bei Karl Martin Bolte und Stefan Hradil, *Soziale Ungleichheit in der Bundesrepublik Deutschland*, Opladen: Leske & Budrich, 1984, insbesondere S. 184-190 und Anmerkungen.

9 Zum Wandel der Arbeitsteilung

Die Unternehmensentwicklung und das Größenwachstum sind mit erheblichen organisatorischen Wandlungen einhergegangen. Die *Arbeitsteilung* ist intensiviert und umgestaltet worden, die *Hierarchie* ist ausgebaut worden *und* hat ihren Charakter verändert. Die *Technik,* nämlich das angewandte Wissen und die materiellen Hilfsmittel (Werkzeuge, Maschinen), ist einem bedeutsamen Wandel unterworfen gewesen. Es wird kurz zu klären sein, welches die Wurzeln von Arbeitsteilung, Hierarchie und angewandter Technologie sind. Die Frage ist auch praktisch in folgendem Sinne: Welcher Spielraum existiert in der Gestaltung von Arbeitsteilung, Hierarchie und angewandter Technologie? Dieser Spielraum dürfte groß sein. Er verengt sich aber regelmäßig in bestimmten Phasen, die durch kohärente *technologische Stile* gekennzeichnet sind. Letztere sind *soziale* Phänomene, keine durch Technik im engen Sinne verursachte.

Im folgenden steht hauptsächlich der gegenwärtige technologische Stil zur Diskussion. Dabei komme ich zunächst auf die Arbeitsteilung allgemein und dann auf das Problem der Hierarchie zu sprechen. Der Wandel von technologischen Stilen ist bereits in Kapitel 4 Thema gewesen. Das Schaubild 9.1 gliedert die drei wichtigen Faktoren, in deren Zusammenspiel sich ein technologischer Stil kristallisiert: das Problem des Kontrollverlustes, das Problem der Akzeptanz und die Technologie im Sinne von Maschinen und Wissen.

Effizienz bedingt über Warenproduktion und Marktkonkurrenz eine Hierarchie. Aber die Ausgestaltung kann sehr verschieden sein.[1] Hierarchie und Markt bedingen sich wechselseitig und führen zum Problem des organisatorischen *Kontrollverlustes,* was es noch zu entwickeln gilt.

Das Problem der *Akzeptanz* entsteht vor dem Hintergrund des Gleichheitsanspruchs. Die Teilnahme an den Ergebnissen des Effizienzstrebens mag fehlende Legitimität durch *Duldung* zu ersetzen, wodurch Konflikt und Arbeitsverweigerung als Gegenpol zu Legitimität in der manifesten Form verschwinden. Während beim technologischen Stil der Nachgründerzeit die Akzeptanz prekär war und Konflikte häufig als solche zwischen Kapital und Arbeit manifest wurden, sind die Akzeptanzprobleme heute

228 • *Westliche Gesellschaft im Wandel*

verdeckter und mehr individuell im Spannungsverhältnis zwischen Person und Position lokalisiert.

Die *Technologie* (Werkzeuge, Maschinen und Wissen) ist in ihrer Bedeutung abhängig von der erreichten wirtschaftlichen Entwicklung. Die gewachsene Arbeitsproduktivität erlaubt eine *Arbeitsverschiebung* auf die Produktion von Produktionsmitteln und von Wissen.

Schaubild 9.1
Wichtige Faktoren, durch deren Zusammenspiel sich der technologische Stil herausbildet

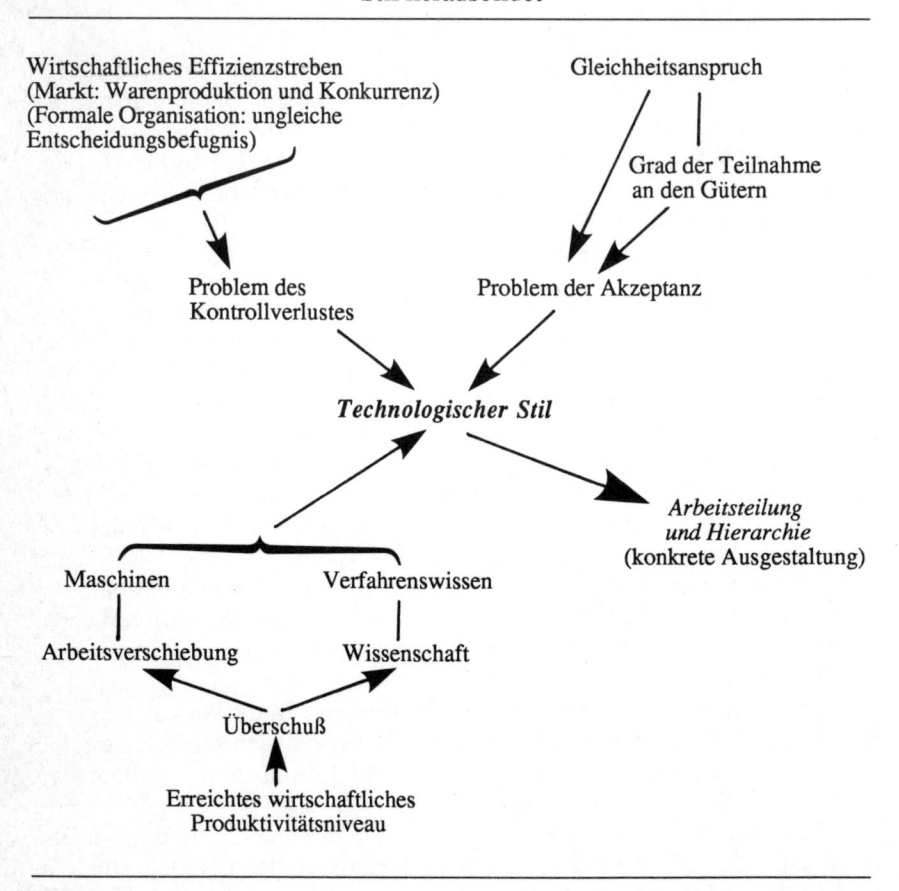

Wirtschaftliches Effizienzstreben
(Markt: Warenproduktion und Konkurrenz)
(Formale Organisation: ungleiche Entscheidungsbefugnis)

Gleichheitsanspruch

Grad der Teilnahme an den Gütern

Problem des Kontrollverlustes

Problem der Akzeptanz

Technologischer Stil

Arbeitsteilung und Hierarchie
(konkrete Ausgestaltung)

Maschinen   Verfahrenswissen

Arbeitsverschiebung   Wissenschaft

Überschuß

Erreichtes wirtschaftliches Produktivitätsniveau

Dynamik und Gleichgewicht

Arbeitsteilung im Prozeß der Expansion von Organisationen bedeutet eine wachsende, *dreifache Gabelung* der Arbeit, die einen Systemzusammenhang bildet.[2] Dies ist in Schaubild 9.2 dargestellt. Die erste Arbeitsklasse bezieht sich auf die dispositive Arbeit und Kontrolle (Herrschaftsklasse), die zweite auf Routinearbeit (Klasse der Routinearbeit) und die dritte auf Spezialistenarbeit (Expertenklasse). Routinisierung und Spezialisierung beziehen sich auf zwei ganz verschiedene Arten der Zerlegung von Arbeit, die eine unterschiedliche Logik aufweisen.[3]

Die Routinisierung splitterte Aufgaben auf und vereinfachte sie. Dies bewirkt eine Wirtschaftlichkeit der Routinisierung, auf die schon Adam Smith hingewiesen hat: billigere Arbeitskräfte und höhere Arbeitsproduktivität als Folge des repetitiven Arbeitsprozesses. Spezialisierung unterteilt zwar auch Aufgaben, aber vereinfacht nicht den engeren Tätigkeitsbereich. Im Gegenteil: Im engeren Tätigkeitsspielraum wird mehr Expertise angewandt. Auf der Ebene der Organisation kann dies bedeuten, daß vorhandene Funktionen vertieft oder daß neue Funktionen möglich werden, da die Spezialisierung Fähigkeiten zu entwickeln erlaubt, die vorher nicht zum Repertoire gehörten. Die Wirtschaftlichkeit der Spezialisierung liegt mithin nicht in billigerer Arbeitskraft (vielmehr wird diese dadurch teurer), sondern in besseren und neuen Arbeitsergebnissen, die erzielbar sind.

Betrachten wir die dreifache Gabelung der Arbeit, dann liegt die Wirtschaftlichkeit der Arbeitsteilung darin begründet, daß die routinisierte Arbeit jene Ersparnisse hervorbringt, die nötig sind, um die expandierende Hierarchie zu finanzieren und um zunehmend mehr qualifizierte und höher bezahlte Experten und Spezialisten der Herrschaftsklasse zur Verfügung zu halten, die das Problem der komplexer werdenden Organisation auch in einem zunehmend vielgestaltigen gesellschaftlichen Umfeld lösen helfen.[4]

Zwei komplementäre Entwicklungen gilt es im Auge zu behalten: Einerseits werden Arbeitsprozesse durch die Elimination von tradierten Handwerkskenntnissen zu Routinearbeiten, deren einzelne Arbeitsschritte andererseits - durch die zunehmende Arbeitszerlegung - immer gleichförmiger werden. Dadurch ergibt sich auf der Ebene des Gesamtsystems eine wachsende Kluft zwischen routinisierter Arbeit einerseits und Expertenwissen und Spezialistentätigkeit anderseits.[5] Dieser Prozeß beinhaltet eine zunehmende Verlagerung der bei der Arbeit angewendeten Fähigkeit, der Kompetenz sowie der Macht und bedingt eine wachsende soziale Ungleichheit innerhalb und zwischen Arbeitsklassen.

Im Maße dieser Aufteilung zwischen Routinisierung und mithin Entqualifizierung sowie Spezialisierung bzw. Qualifizierung steigen die Aufgaben im Bereich der Planung, Koordination und Kontrolle. Wir haben es im Resultat mit einer dreifachen Gabelung der Arbeitstätigkeit, einer

230 • *Westliche Gesellschaft im Wandel*

entsprechend komplexen Positionstruktur und der damit einhergehenden Umverteilung von Humankapital und Macht zu tun.

Schaubild 9.2
Grunddynamik der organisierten Arbeitsteilung

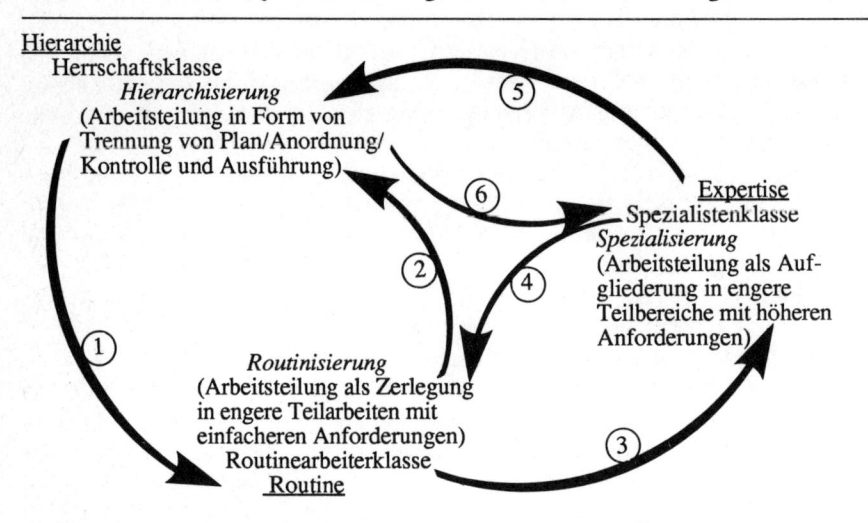

Hierarchie
  Herrschaftsklasse
    Hierarchisierung
    (Arbeitsteilung in Form von
    Trennung von Plan/Anordnung/
    Kontrolle und Ausführung)

Expertise
  Spezialistenklasse
  Spezialisierung
  (Arbeitsteilung als Aufgliederung in engere Teilbereiche mit höheren Anforderungen)

Routinisierung
(Arbeitsteilung als Zerlegung in engere Teilarbeiten mit einfacheren Anforderungen)
Routinearbeiterklasse
Routine

(1) Trennung von Plan/Anordnung/Kontrolle und Ausführung[6] wird als Grundlage für alle komplexen Formen der Arbeitsteilung gesehen.
(2) Die Vorteile der Arbeitszerlegung (Effizienzgewinne) werden größtenteils von der Hierarchie vereinnahmt, allerdings auch von der Expertise (vgl. Pfeile 3 und 4). Die Vorteile führen über Akkumulation und Wachstum zu Vergrößerung der Organisation, was eine weitere Hierarchisierung bedingt, um den drohenden Kontrollverlust infolge von wachsenden Überwachungsverhältnissen zu vermeiden.
(3) Infolge von Arbeitszerlegung kommt es bei den Betroffenen zu Verlust an Kenntnissen sowie an Ein- und Überblick über den Arbeitsprozeß, was auf der Ebene der Organisation durch Spezialistenpositionen ausgeglichen werden muß und eine erhöhte Spezialisierung bewirkt.
(4) In dem Maße, wie bestimmte Arbeiten mehr spezialisiert werden, können routinisierbare Teiltätigkeiten ausgesondert werden, wodurch die Routinisierung steigt. Gleichzeitig erlaubt dies aber auch, die Expertise in den verbleibenden Teilen zu vertiefen.
(5) Die wachsende Zahl der Spezialisten und ihr Tun müssen geplant, koordiniert und überwacht werden. Das erhöht die Kontrollarbeit und die Hierarchisierung.
(6) Der Ausbau der Hierarchie und Verwaltung benötigt selbst wieder Spezialisten für die Lösung der Planungs-, Koordinations- und Kontrollprobleme.

Humankapital *kann* überhaupt gesamtgesellschaftlich betrachtet von den Organisatoren und Spezialisten in wachsendem Maße erworben werden, *weil* sich die Routinearbeit davon zunehmend entkleidet und weil die höhere Arbeitsproduktivität infolge von Routine die finanzielle Grundlage, aber *auch* auch die Ersparnisse an Arbeitskräften liefert, um die zunehmenden Beschäftigungsmöglichkeiten in der hierarchisch gegliederten Herrschaftsklasse auszufüllen. Und diese Klasse braucht beständig mehr Hilfe von seiten der Experten, um die Folgen der Entdifferenzierung der Arbeit aufzufangen, die sich aus der Zerlegung in Routineaufgaben ergibt.

Die Schlußfolgerung ist, daß der höhere Klassenstatus der dispositiven und Spezialistenarbeit - den Stand der Technologie konstant gesetzt - auf der Ausbeutung der Klasse der Routinearbeit in Organisationen beruht. Gleichzeitig ist aber zu sehen, daß diese Entwicklung Prozesse der strukturellen Mobilität von der Routinearbeit zur Experten- und dispositiven Arbeit auslöst.[7]

Der Mangel an Befriedigung bei der Routinearbeit, der strukturell begründet ist, und die geringe Teilnahme der Routinearbeiterklasse an den Erträgen der intensivierten Arbeitsteilung, die zusammen Arbeitsleid bewirken, ist die objektive Grundlage für (latenten) Klassenkonflikt, der sich zwischen der Klasse der Routinearbeit und den beiden anderen Klassen, insbesondere aber der hierarchisch gegliederten Herrschaftsklasse manifestiert. Das Arbeitsleid kann sich in verschiedenen Formen der Unzufriedenheit ausdrücken, nämlich Absentismus, Arbeitsverzögerung, Streiks, Sabotage und anderem mehr.

Es ist noch wichtig hervorzuheben, daß der Prozeß der Arbeitsteilung nicht nur als eine zunehmende »Heterogenisierung« von Arbeitsrollen gesehen werden darf. Vielmehr entfaltet sich - nach Maßgabe der Komplexität der Arbeit und der Fähigkeiten - eine wachsende vertikale Differenzierung der Positionsstruktur, die von oben nach unten zusammengehalten wird durch Normen und Sanktionen. Innerhalb der vertikalen Autoritätsstruktur liegt die oberste oder *letzte Herrschaft* bei denjenigen, die die letzten Entscheidungen über das Handeln treffen, nämlich beim Spitzenmanagement der Organisationen. Dieses teilt seine Macht in *unterschiedlichem* Ausmaß mit denen, die den Entscheidungsrahmen für die Spitzenentscheide des Managements setzen können. Dies können entweder große Aktienbesitzer sein (nicht aber die Masse der Kleinaktionäre) oder eine der Organisation übergeordnete Planungsbehörde.

Die *abgeleitete Herrschaft* liegt bei denjenigen, die die Spitzenentscheide in der Hierarchie vermitteln und sie dem konkreten Handeln in der Organisation anpassen (das mittlere Management) und die die Ausführung im Produktionsprozeß überwachen (das untere Management). Die aus der Hierarchie *abgeleitete Macht* liegt bei jenen, die die Entscheidungsgrundlagen und -varianten auf allen Stufen der Hierarchie *innerhalb von gegebenen* Zielrahmen liefern (die Spezialisten und Professionellen). Diese Klasse ist deutlich zu unterscheiden von der Herrschaftsklasse. Experten und Spezialisten können Herrschaft beeinflussen, aber im wesentlichen nur innerhalb eines gegebenen Ziel- und Prioritätenkatalogs, der jeweils von der letzten Herrschaft gesetzt wird, und nur im Rahmen von Problemdefinitionen, die auf allen Stufen der Hierarchie an sie herangetragen werden. Deshalb kann man zwar sagen, daß diese Klasse Macht mit der Herrschaftsklasse teilt, aber nicht in dem Sinne, daß das Recht, Ziele zu setzen, Problemstellungen zu formulieren und Anordnungen innerhalb der Hierarchie zu treffen, geteilt wird. Spezialisten werden konsultiert und kooptiert, dadurch erlangen sie wichtige, aber dennoch mit Blick auf die Herrschaftsstruktur untergeordnete Positionen. Wie im Falle der Klasse der Routinearbeit gibt es auch zwischen Spezialistenklasse und Herrschaftsklasse Interessenkonflikte, nämlich u.a. Konflikte zwischen Organisationszugehörigkeit und gegebenenfalls professioneller Zugehörigkeit.[8]

Der bisher beschriebene Prozeß der Arbeitsteilung würde auf ein gewisses »Gleichgewicht« hin tendieren, wären *Technologie* und *Marktgröße* konstant und *Akzeptanz* gegeben.[9] Die dreifache Gabelung der Arbeit und die Verlagerung von Teilen der Beschäftigten in die Experten- und Herrschaftsklasse würde zunächst abflachen und dann aufhören, sobald die Kosten der Kontrolle, der Kommunikation und die höheren Gehälter der Experten und Organisatoren den Ersparnissen infolge der Routinisierung entsprächen. Der technologische Fortschritt, der *diskontinuierlich* vonstatten geht, die Ausdehnung der Weltwirtschaft sowie die aus dem Gleichheitsanspruch entspringenden Legitimationsprobleme halten das System allerdings dynamisch. Dadurch werden weitere Kapitalakkumulation, technischer Fortschritt und eine Institutionalisierung der Neuerung und damit eine weitere Gabelung der Arbeit möglich.

Unter Bedingung des technologischen Fortschritts stammen die Fortschritte in der Produktivität und dadurch die Mittel für den weiteren Ausbau der Herrschafts- und Expertenklasse nicht mehr ausschließlich aus der aktuellen Ausbeutung der Wirtschaftlichkeit der Routinisierung. Die Ausnutzung dieser Wirtschaftlichkeit hat in der Soziogenese die differenzierte hierarchische Struktur, die wachsende Integration von Experten und wissenschaftlichen Verfahren in die Organisation hervorgebracht, und sie hat die Kapitalakkumulation vorangetrieben. Auch in einem technischen Sinne waren die Standardisierung und die Aufsplitterung komplexer Arbeitsabläufe in einfache Teil - beides Folgen der Routinisierung - entscheidende Voraussetzungen für die Mechanisierung und später für die Automatisierung. Hieraus kann man schließen, daß der Produktivitätsfortschritt durch Automatisierung vermehrt ein Substitut für die Wirtschaftlichkeit der Routinisierung wird.

Die Ergebnisse von Horst Kern und Michael Schumann sowie von Peter Blau und Richard Schoenherr zeigen, daß der technische Fortschritt teilweise die Routinearbeit ersetzt.[10] Dadurch werden allerdings bis heute keinesfalls alle Routinearbeiten überflüssig. Zudem fügt die Technik ein zusätzliches Element der Routinearbeit hinzu, nämlich die durch die

Technik verursachten eingeschränkten Handlungsmöglichkeiten und die Eintönigkeit am Arbeitsplatz. Dics verschärft wahrscheinlich den latenten Klassenkonflikt, der die Automatisierung weiter vorantreiben dürfte. Quantitativ hingegen schrumpft der relative Anteil der Routinearbeit in späteren Phasen des technischen Fortschritts, und die Zahl der Arbeitskräfte in der Routinearbeiterklasse nimmt ab zugunsten der Herrschafts- und der Expertenklasse.

Schaubild 9.3
Die Veränderung der Positionsstruktur bei der Organisationsentwicklung, schematisch

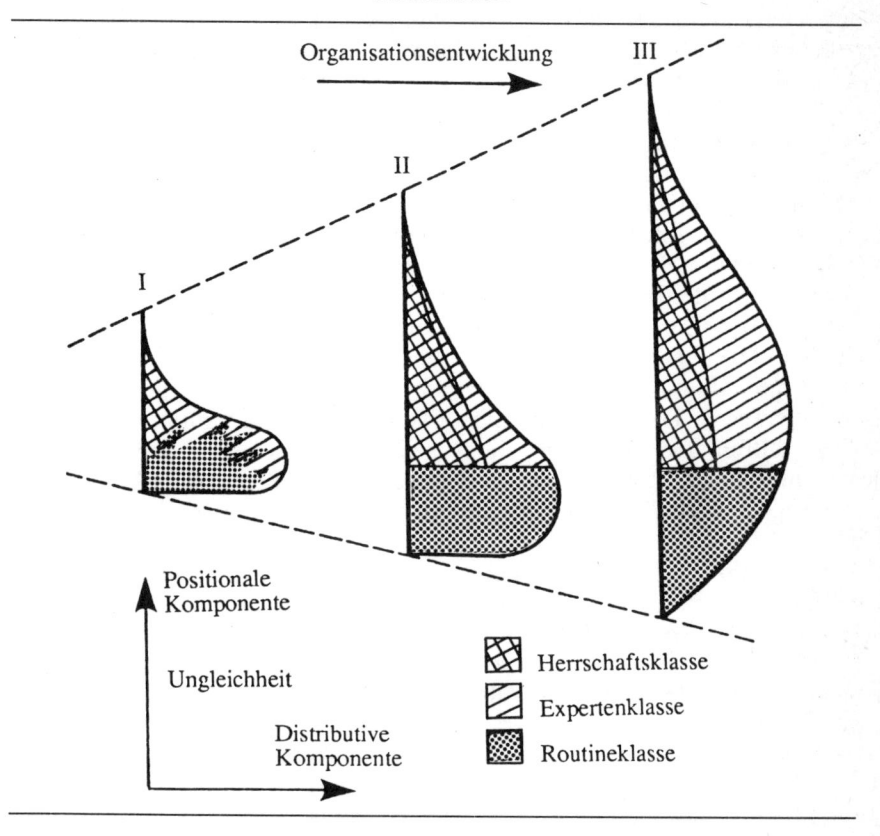

Verschiebungen im Arbeitsplatzgefüge. Die angesprochenen Dynamiken beinhalten einen Wandel der Arbeitsplatzstrukturen, der in Schaubild 9.3 schematisch dargestellt ist. Dabei werden zwei unterschiedliche Prozesse unterschieden. Die positionale und die distributive

Ungleichheit. Zunächst nimmt die positionale Ungleichheit zu, ohne daß die distributive von Stufe I nach II abnimmt. Aber letztere nimmt später ab, nämlich von Stufe II nach III. Das Schaubild kann einmal »synchron«, im Sinne von Unterschieden beim Arbeitsplatzgefüge der kleinen (Stufe I), der mittelgroßen (Stufe II) und der großen Unternehmen (Stufe III) gelesen werden. Weiter kann es »historisch« gelesen werden, nämlich in bezug auf die jeweils typischen Organisationsformen. Im Prozeß der organisationellen Entwicklung verstärkt sich einmal die Routinisierung. Ihr relativer Umfang nimmt von Stufe I zu II nicht ab, wohl aber deutlich von Stufe II zu III. Die Spezialisierung verstärkt sich und benötigt relativ mehr Arbeitskräfte, das gleiche gilt für die Hierarchisierung und die Ausdehnung der Herrschaftsklasse. Beim Übergang von Stufe I zu II kommt es nicht zu größerer Freisetzung von Arbeitskräften, während dies beim Übergang zu Stufe III der Fall war.

Die Diffusion des technologischen Stils, der kurz nach der Jahrhundertwende seine Sättigung erreichte, beinhaltete einen Übergang von Stufe I zu II. Der letzte technologische Stil mit Sättigung in den sechziger Jahren war dann durch einen Übergang von Stufe II zu III gekennzeichnet. Der Übergang von Stufe I zu II war durch eine drastische Abnahme des relativen Anteils der Selbständigen begleitet. Im Deutschen Reich z.B. sank ihr Anteil im Zeitraum 1882 bis 1933 von 30 % auf 16 % (vgl. Tabelle 4.2 auf S. 112), in der Schweiz von 31 % auf 22 % (von 1888 bis 1930).[11] Der Umfang der manuellen Arbeit bleibt beim Übergang von Stufe I zu II sehr hoch und liegt typischerweise bei 50-60 % der aktiven Gesamtbevölkerung.[12] Der Anteil der nichtmanuellen Beschäftigung, nämlich der Angestellten und Beamten, steigt zwar,[13] kompensiert aber nicht die Abnahme der Selbständigen. Im Deutschen Reich z.B. sank der relative Umfang der Mittelklasse (Selbständige und Angestellte/Beamte) von 35 % im Jahre 1882 auf 29 % im Jahre 1907 (vgl. Tabelle 4.2 auf S. 112).

Giorgio Gagliani[14] hat in einer Arbeit Langzeitdaten über die Veränderung des Anteils der Nichtmanuellen an der Gesamtbeschäftigung in sieben westlichen Ländern im Zeitraum 1851-1981 zusammengetragen. Der Übergang von Stufe I zu II erhöhte den Anteil der Nichtmanuellen um 10 Prozentpunkte,[15] der von Stufe II zu III hingegen um 20 bis 25 Prozentpunkte.[16] Am Ende dieses Prozesses machen die Nichtmanuellen in der westlichen Gesellschaft typischerweise 50 % aller Beschäftigten aus.

Beim Übergang von Stufe II zu III nimmt das durchschnittliche Qualifikationsniveau der Arbeitsplätze im Aggregat zwar zu, aber gleichzeitig verstärkt sich die »Streckung« des Qualifikationsspektrums und die *Polarisierung* der Arbeitsplätze auf Qualifizierte und Unqualifizierte. Im Verlauf der sechziger Jahre stieß der Wandel der organisierten Arbeitsteilung im Rahmen des herkömmlichen technologischen Stils an Grenzen. Die wirtschaftlichen Vorteile der Arbeitsteilung und die höhere Produktivität infolge der technischen und organisatorischen Verfahrensweisen wurden aufgezehrt durch die zusätzlichen Kosten für Spezialisten, Kommunikation und Administration. Mit anderen Worten wirkte der erwähnte Rückkoppelungsprozeß, der die organisatorische Differenzierung im herkömmlichen technologischen Stil beendete.[17]

Frans Huijgen[18] hat den Wandel der Arbeitsplatzstruktur in den Niederlanden aufgrund eines Mikrozensus der Arbeitnehmer für die Zeit von 1960 bis 1977 untersucht. Seine Studie hat insofern Seltenheitswert, als nicht die Qualifikationen der Arbeitnehmer, sondern die Anforderungen der Arbeitsplätze in bezug auf Funktionen,[19] und zwar auf einer siebenstufigen Skala betrachtet werden. Im Durchschnitt nimmt die Qualifikation der Arbeitsplätze in Holland von 1960 bis 1971 insgesamt leicht zu, nämlich von einem durchschnittlichen Rangplatz von 3,36 auf 3,47 (auf der siebenstufigen Rangskala), um dann bis 1977 zu stagnieren (3,45).[20] Gleichzeitig nimmt aber die *Polarisierung* der Arbeitsplätze zu, was in Schaubild 9.4 an der Bi-Modalität der Prozentverteilung nach 1960 zu erkennen ist.

Der wirtschaftliche Abschwung der siebziger Jahre bringt einen Rationalisierungsschub, der sich mit den Stichworten »Mikroprozessoren«, »Teilautomation der Produktion« und »Büroautomation« beschreiben läßt und in seinem Umwälzungscharakter vergleichbar ist mit der verschärften Taylorisierung in den zwanziger Jahren, also fünfzig Jahre vorher. Damit verbunden war eine Freisetzungsarbeitslosigkeit, die zusammen mit der konjunkturell bedingten im gesamten OECD-Raum mit 35 Millionen *registrierten* Arbeitslosen zu Beginn der achtziger Jahre durchaus Größenordnungen erreichte, die mit der Arbeitslosigkeit fünfzig Jahre zuvor, mit Spitzen zu Beginn der dreißiger Jahre, vergleichbar sind.

Einige Elemente der Arbeitsteilungstheorie. Bei der Dynamik der Arbeitsteilung bestehen Qualifizierungs- und Dequalifizierungsprozesse *nebeneinander*, d.h. es kommt zu einer Polarisierung der Anforderungsprofile der Arbeitsplätze. Der *Nettoeffekt* im Aggregat ist aber eine Höherqualifizierung, die insbesondere im »sozial geregelten« Aufschwung des neuen technologischen Stils beachtlich sein dürfte. Nach der Sättigungsphase, im Übergang vom alten zum neuen technologischen Stil, kommt es zu einer Polarisierung besonderer Art. Die sicheren Arbeitsplätze werden weiter per Saldo höherqualifiziert, während die unsicheren Arbeitsplätze und die offene Arbeitslosigkeit gleichzeitig ansteigen. Diese Sichtweise widerspricht Harry Bravermans These einer kontinuierlichen Entqualifizierung der Arbeit im 20. Jahrhundert.[21] Sie modifiziert auch Horst Kern und Michael Schumanns ursprüngliche Polarisierungsthese[22], die zu wenig beachtete, daß Schübe im technologischen Stilwandel gerade bei den routinisierten Tätigkeiten ansetzen.

Schaubild 9.4
Die Verteilung der Arbeitnehmer in den Niederlanden über eine siebenstufige Skala der Arbeitsplätze, 1960 und 1977

······ 1960 —— 1977

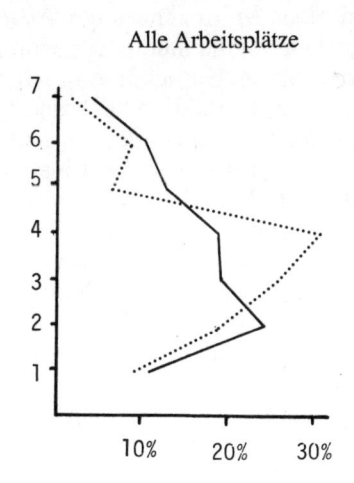

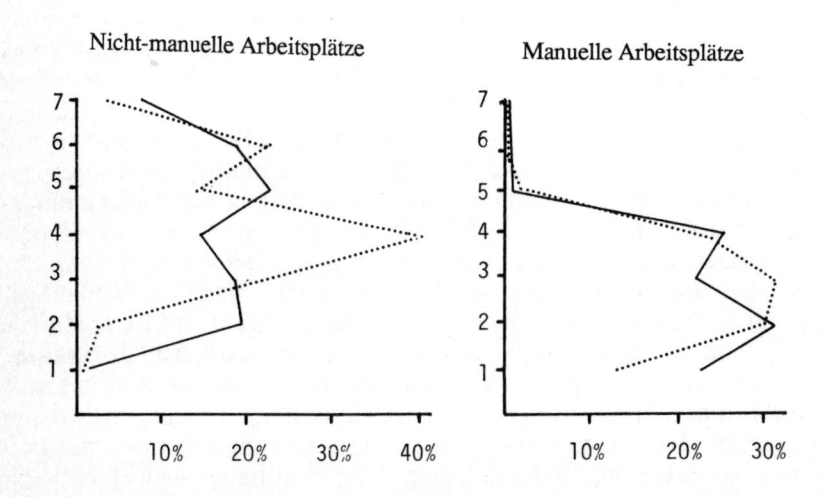

Alle Arbeitsplätze

Nicht-manuelle Arbeitsplätze

Manuelle Arbeitsplätze

Quelle: Frans Huijgen, a.a.O. (Anm. 18).

Aus unserem Modell der Entwicklung der Arbeitsteilung ist abzuleiten, daß durch die momentan stattfindenden Rationalisierungsschübe abermals das durchschnittliche Qualifikationsniveau der Arbeitsplätze im *Kernbereich* der westlichen Wirtschaft ansteigen wird, weil durch die fortschreitende Automatisation zunehmend auch die Routinearbeiten wegrationalisiert werden. Diese Perspektive ist sie nicht so mechanisch-optimistisch wie dies gewöhnlich die Qualifizierungsthesen sind, z.B. wie sie von Daniel Bell vertreten wurde. Die Qualifizierungsschübe im Kernbereich auf der einen Seite gehen mit einer Vielzahl von unsicheren oder nicht vorhandenen Arbeitsplätzen auf der anderen Seite einher, jedenfalls im Übergang. Und dieser Übergang führt nicht ohne ein neues konsensfähiges Gesellschaftsmodell zu einem neuen Aufschwung, der den technologischen Stil verbreitet und damit die Höherqualifizierung der Arbeitsplätze generalisiert. Ähnlich wie Carlota Perez[23] sehe ich die Anfänge des technologischen Stilwandels im späten Höhepunkt der langen Wirtschaftswelle und nicht erst in der Krise oder Depression. Letztere wird vielmehr durch den beginnenden neuen technologischen Stil verstärkt (vgl. hierzu weiter vorne Kapitel 4).

Hierarchisierung und ihre Ausgestaltung

Die Entwicklung der formalen Organisation war bis anhin durch eine wachsende Hierarchisierung von Positionen gekennzeichnet. Auch wenn sich zukünftig der Charakter der Hierarchie, wie das schon in der Vergangenheit der Fall war, ändern wird, so bleibt die Hierarchie dennoch unter der Rahmenbedingung des wirtschaftlichen Effizienzstrebens im Kern zumindest unvermeidbar. Der harte Kern der Notwendigkeit einer Hierarchie, durch den freilich aber nicht ihre Ausgestaltung bestimmt wird, liegt weder in einer »Logik der modernen Produktionstechnologie« noch im »Bedürfnis« der Unternehmensleiter nach persönlicher Kontrolle der Beschäftigten.

Die Technologie ist nicht deterministisch, sie gestaltet zwar den Charakter der Hierarchie aus, ist aber nicht ihr letzter Grund. Und wenn die Hierarchie nur ihren Grund fände im »Bedürfnis nach Kontrolle«, so ist es schwer einsehbar, warum nicht solche Unternehmensleiter mit stärkerem Bedürfnis nicht von jenen längerfristig aus dem Markt gedrängt würden, die ausschließlich ziel- nämlich profitorientiert sind und nicht Ressourcen dadurch vergeuden, daß sie die allgegenwärtigen Widerstände gegen die Hierarchie zu mildern versuchen.

Die Unvermeidbarkeit der differenzierten *Hierarchie* läßt sich aus dem Umstand erklären, daß die partikularen Interessen von Unternehmen in der über den Markt integrierten Gesellschaft nicht inhaltlich verallgemeinerungsfähig sind und auch für die Belegschaft nur beschränkt motivierend wirken können. Durch die utilitaristische Bindung über Lohn und Gehalt kommt eine generalisierte Motivation zustande, die allerdings äußerlich bleibt, mithin eine gewisse Indifferenz bewirkt, nicht aber eine Verinnerlichung von Zielen hervorbringt. Deshalb stellt sich das Problem des Kontrollverlustes für das Herrschaftszentrum in Organisationen. Die Hierarchisierung ist nun eine der wesentlichen Strategien, diesen Kontrollverlust zu vermeiden.

Hierarchisierung bedeutet, daß die Kontrolleure selbst wiederum kontrolliert werden müssen, wodurch - will man die Kontrollspanne nicht über ein Maß hinaus wachsen lassen, das Ineffizienz bedingt - neue Hierarchieniveaus eingeführt werden müssen. Dieser Imperativ der Hierarchisierung wird akzentuiert durch die Expansion der Belegschaft infolge des fortgesetzten Wachstums der Konzerne. Wer nicht vorwärts schreitet in der Marktgesellschaft, schreitet zurück. Die Faustregel, die empirisch gut gestützt wird, besagt, daß ungefähr bei jeder Verdoppelung der Belegschaft ein neues Hierarchieniveau eingerichtet werden muß.

Für die Regel, daß die Zahl der Hierarchiestufen, die wir in formalen Organisationen antreffen, vom Logarithmus der Belegschaftsgröße abhängig ist, gibt es in der Literatur zahlreiche Belege.[24] Mit einem graphischen Modell kann der Imperativ der Hierarchisierung unter Bedingungen des Wachstums von Organisationen (gemessen an den Organisationsmitgliedern) veranschaulicht werden.

Das vergleichsweise einfache Modell in Schaubild 9.5 wird der Komplexität der Prozesse beim personellen Wachstum der Organisationen nicht gerecht, aber es kann helfen, wesentliche Momente des komplexen Sachverhalts anschaulich zu machen. Konzentrierte ökonomische Macht allein genügt nicht als Erklärung für die Hierarchisierung. Wichtig ist vielmehr das Konzept des *drohenden Kontrollverlustes*. Die Akkumulation und Größenausdehnung der Unternehmen erzwingt deshalb eine stärkere hierarchische Untergliederung.

Gehen wir von einer einfachen Hierarchie in einer kleinen Organisation aus. Der Chef auf der obersten Hierarchiestufe hat drei Mitarbeiter direkt unter sich, die andererseits die direkt ausführende Arbeit anleiten und überwachen. Nun nehmen wir an, daß die Organisation expandiert. Der Chef hat mehr Überwacher zu überwachen und anzuleiten, zudem vertritt er die Organisation nach außen, muß sich an die wandelnden Verhältnisse in der Umgebung der Unternehmung (Markt) anpassen. Anfänglich mag der zusätzliche Arbeitsaufwand teilweise bewältigt werden, indem der Chef Teile seiner Arbeit ausgliedert und Experten, also Stäben anvertraut. Aber diese Stäbe müssen auch angewiesen und kontrolliert sowie koordiniert werden. Die Ausgliederung von solchen Stabsstellen beinhaltet eine gewisse *Teilung der Macht mit der Expertise,* die aber nur sehr beschränkt einen Ersatz für die Hierarchisierung darstellt, da sich auch hier das Problem des Kontrollverlustes stellt.

Schaubild 9.5
Ein einfaches Schema für die Hierarchisierung

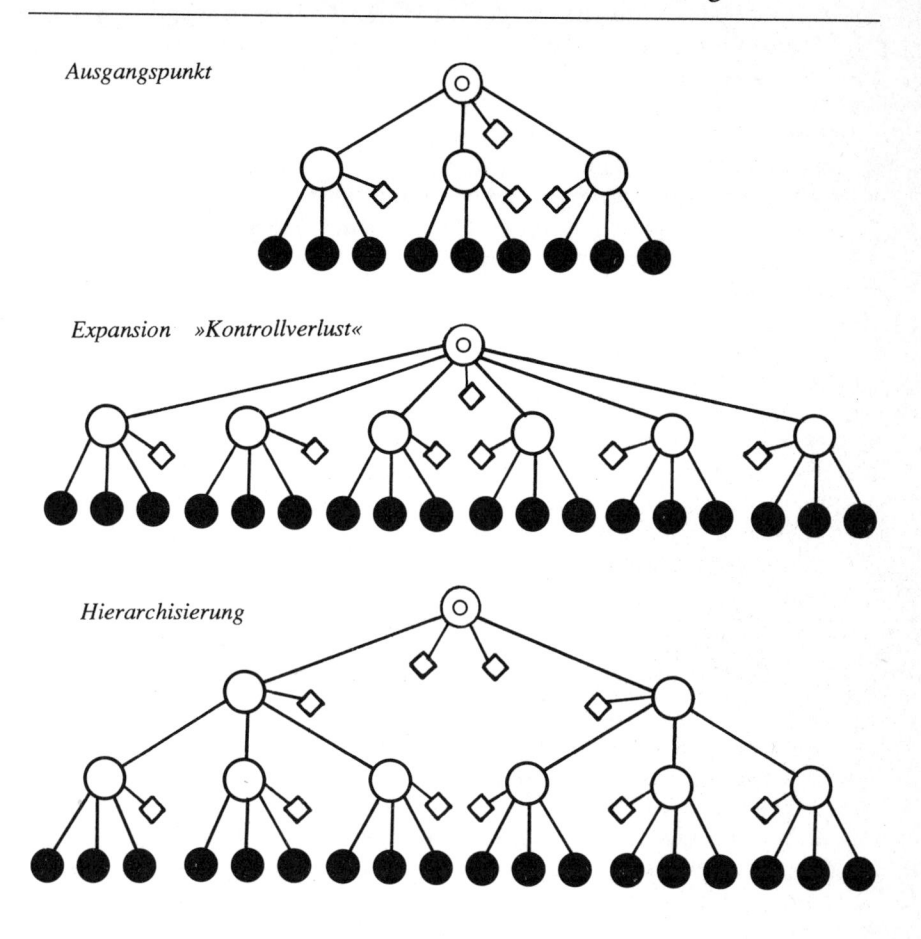

Ausgangspunkt

Expansion »Kontrollverlust«

Hierarchisierung

Linie: ○ Weisungsbefugte   Stab: ◇ nicht Weisungsbefugte (Experten, Spezialisten und Hilfskräfte)   Letzte Adressaten der Herrschaft: ● direkte Produzenten von Leistungen und Gütern

Bei gleichbleibender hierarchischer Differenzierung würde das Überwachungsverhältnis mit der Größenexpansion wachsen und Kontrollverlust drohen. Die Hierarchisierung reduziert ein übergroßes Überwachungsverhältnis und garantiert so eine Aufrechterhaltung der Kontrolle. Zudem entstehen mehr Expertenstellen; die Arbeit der Experten wird in Stabsabteilungen allerdings auch hierarchisiert und Teile davon routinisiert.[25] Die Ausgliederung von Teilaufgaben (Spezialisten- und Expertenpositionen) erlaubt dem Chef Konzentration auf die wesentlichen Leitungsfunktionen. Es entsteht also eine *Arbeitsteilung* innerhalb der Hierarchie, um dem Kontrollverlust entgegenzusteuern. Der Preis dafür ist allerdings eine gewisse Teilung der Macht mit der Expertise. Durch diese Teilung der Macht verschmelzen in den Großunternehmen zwei Formen der Kontrolle, auf die zurückzukommen sein wird.

Die Schlußfolgerungen aus diesem einfachen Modell sind, daß (1) die Hierarchie mit zunehmender Größenausdehnung notwendigerweise wächst, daß (2) die Zahl der Positionen, die nicht direkt produzieren, zunimmt - also die Angestelltenschaft expandiert - und daß (3) sich die relative Häufigkeit der Positionen der obersten Herrschaft mit der Größenausdehnung relativ verringert.

Wenngleich das pyramidale Modell - wie schon William H. Starbuck[26] bemerkte - sehr simpel erscheinen mag, so ist es dennoch in der Lage, empirische Beobachtungen gut zu beschreiben. Meine Zusammenstellung von empirisch beobachteten Hierarchieniveaus (zwischen 2 und 14) steht in linearer Abhängigkeit vom Logarithmus der Beschäftigtenzahlen (von 5 bis 500.000) der entsprechenden Organisationen.[27]

Bürokratisierung, Professionalisierung und Technisierung. Die Hierarchisierung ist allerdings nicht das alleinige Mittel zur Vermeidung von Kontrollverlust bei wachsender Größe. Die Bürokratisierung mit ihren Kernmerkmalen der *Formalisierung* und *Standardisierung* erlaubt höhere Überwachungsverhältnisse bei gleicher Kontrolleffizienz. Und die *Professionalisierung* der Experten entlastet einerseits die Kontrolleure und beinhaltet andererseits auch einen neuen Kontrollmechanismus (Sachverstand und Sachzwang). Der Begriff der *Bürokratisierung* wurde von Max Weber ins Zentrum der Analyse der modernen Herrschaft gestellt.[28] Dieser Prozeß entsubjektiviert die Macht und führt im Ergebnis über Rationalisierung zu einer zunehmend verwalteten Welt. »Rationalisierung meint stets einen Vorgang, in dessen Verlauf bisher undurchschaut Naturwüchsiges, zufällig und ungeplant Vorkommendes unter Regeln gebracht und mit deren Hilfe kontrolliert wird.«[29] Die bürokratische Zentralisation bewirkt einerseits »Effizienzgewinne durch die verbesserte Administrierbarkeit von Problemen, andererseits bewirkt sie den Abbau jeglicher Selbständigkeit außerhalb des Zentrums.«[30] Die Macht ist der Organisationsplan, »sie gehört keinem Subjekt, sondern der Funktion, der Stelle, die ein Individuum im Organisationsplan des Unternehmens, der Institution, des Staates innehat.«[31]

Gegen die von Max Weber ausgehende Tradition, die den unpersönlichen und hierarchischen Charakter der bürokratischen Herrschaft hervorhebt, entstanden Gegenbewegungen, die die professionelle Autorität der Kontrolle sehen. Hier ist Peter Blau zu nennen.[32] Folgende Alternativen schlägt er vor. *Professionelle Autorität* gründet auf mittels Zertifikaten bescheinigten größeren Kompetenzen des Experten, wodurch andere freiwillig dazu gebracht werden, seinen Anordnungen zu folgen, da sie annehmen, daß dies in ihrem eigenen Interesse ist. Demgegenüber gründet *bürokratische Autorität* auf dem Amt, der Position mit der legitimen Macht, Befehle erteilen zu können, die Untergebene bei latenter oder manifester Androhung von Sanktionen dazu bringt, Folge zu leisten.[33]

Der Organisationsforscher Peter Blau hat in einer früheren Arbeit vorgeschlagen, in Abweichung von Weber professionelle Autorität und bürokratische Autorität als *Alternativen* und nicht als *Komplemente* zu sehen.[34] Seine eigenen Untersuchungsergebnisse widerlegen allerdings diese Vermutung. Er selbst findet nämlich, daß professionelle und bürokratische Autorität in der modernen rationalen Organisation Hand in Hand gehen. Seine Ergebnisse zeigen, daß dort, wo professionelles Personal im Stab vorherrscht, die Hierarchien länger und die Überwachungsfunktionen insgesamt häufiger sind. Gleichzeitig zeichnet sich aber auch eine gewisse Dezentralisierung der Entscheidung in der Hierarchie ab, wenn die Professionalisierung hoch ist.

In der gleichen Arbeit untersucht Peter Blau auch detailliert die Korrelate der Hierarchie. Der Indikator dafür ist die Zahl der Hierarchiestufen. Auch aufgrund dieser weiteren Ergebnisse zeigt sich, daß Professionalisierung und Hierarchisierung einhergehen. Das bei weitem stärkste Korrelat der Hierarchisierung ist die Größe. Mittlere Manager werden entlastet durch die Professionalisierung der Stäbe und die unpersönlichen Kontrollmechanismen, die in der Formalisierung und Technik begründet liegen, deshalb kann ihre Kontrollspanne wachsen. Diese Ersparnisse fließen ein in eine Ausdehnung der Hierarchie. Je länger die Hierarchien werden, desto mehr wird das Beförderungswesen formalisiert und entpersönlicht. Gleichzeitig werden Beförderungsentscheidungen delegiert. Eine deutliche Beziehung zur Hierarchisierung weist der Stand der Technik auf. Die Automation, gemessen an den Computeranlagen, zeigt eine hohe Korrelation mit der Zahl der Hierarchiestufen, und zwar auch dann, wenn alle anderen Faktoren konstant gesetzt werden. Die Automatisierung dient als Kontrollhilfe, die zu einem beträchtlichen Teil die Nachteile von langen Hierarchien vermindert und für eine Hierarchisierung deshalb günstig ist.

Die Verhältnisse in Großorganisationen machen also die verläßliche Pflichterfüllung teilweise unabhängig von direkten Interventionen des Top-Managements, dadurch kann sich die Hierarchie - paradoxerweise - ausdehnen. Dadurch kann eine vergleichsweise *dezentrale Struktur* entstehen, innerhalb derer aber die letzte Herrschaft, also der Chef, dennoch die Kontrolle behält.

Die Dezentralisierung von Entscheidungen wird auch in der Managementlehre hervorgehoben. Eberhard Witte und Rolf Bronner[35] behandeln in ihrer Untersuchung der leitenden Angestellten drei aufeinander aufbauende Organisationsmodelle, nämlich die Delegation von Teilen der Verantwortung; das Management durch koordinierte Zielformulierung; und die Dezentralisierung durch Selbstkontrolle.[36] Durch Dezentralisierung der Kontrolle, die bis hin zu Formen der Selbstkontrolle gehen kann, mag das Überwachungsverhältnis der Direktoren und leitenden Angestellten ohne Kontrollverlust angehoben werden. Sie erspart so eine *exzessive* Hierarchisierung, mit der große Kosten verbunden sind, macht aber die Hierarchisierung nicht obsolet, sondern hält ihr Anwachsen nur im Kostenrahmen.

Die empirischen Ergebnisse des Organisationsforschers Peter Blau widersprechen so seiner ursprünglichen Vermutung, daß professionelle und bürokratische Kontrolle Alternativen sind. Vielmehr verschmelzen beide Prinzipien der Autorität bei der Großunternehmung zu einem Ganzen, was nicht immer konfliktfrei ist: Professionalisierung und Ausbau und Differenzierung der Hierarchie gehen Hand in Hand und nehmen mit der Größe der Organisation zu. Dies entspricht der Auffassung von Max Weber, der das mit seinem Modell der bürokratischen Herrschaft implizierte. In unserer Arbeitsteilungstheorie kommt dies durch die aufeinander bezogenen Klassen zum Ausdruck.

Kontrolle durch bürokratische und professionelle Autorität werden durch die *Technisierung* der Arbeitsabläufe ergänzt. Alle drei Kontrollelemente sind formalisierte, unpersönliche Kontrollmechanismen, die bei den Betroffenen in universalistischer Weise an Sachzwänge und Effizienzdiktate appellieren, was eine *Dezentralisierung* gestattet. Die *unpersönliche* Kontrolle, die in der Professionalisierung von Stäben liegt, entlastet das Management, und die Technisierung der Arbeitsabläufe, durch die auch die direkte Überwachungsarbeit entlastet wird, sind gleichermaßen die Grundlagen der Wirtschaftlichkeit wie auch der Aufrechterhaltung der Herrschaft in Großunternehmen.

Im Verlauf der *Expansion* der Organisationen wird durch das Dreigespann Bürokratisierung, Professionalisierung und Technisierung, die ursprünglich vergleichsweise flache Autoritätspyramide, bei der der oberste Chef viel *persönliche* Kontrolle ausübt, in eine schlanke und hohe Autoritätspyramide mit zahlreichen Hierarchiestufen umgewandelt, denen von oben aber auch etliche Kompetenzen durch Dezentralisierung von Entscheidungen zugeordnet werden.[37] Die Autorität ist im Kern zentralisiert und dennoch gleichzeitig in gewissem Maße dezentralisiert, weil unpersönliche Standards und Kontrollen für die Einhaltung des Organisationsplans sorgen: Die Kontrolle ist internalisiert in der Organisation, und zwar auf eine unpersönliche Weise, weswegen sie in ein konfliktives Verhältnis zur *Person* treten kann, die sich als Subjekt mit autonomen Lebensentwürfen versteht.

Das Problem der Akzeptanz

Die Spannung zwischen den Ansprüchen der Person, ihren subjektiven Bedürfnissen nach einem autonomen Lebensentwurf, und der Arbeit ist Quelle von *latenter Entfremdung* und *latentem Arbeitsleid,* die im Arbeitszusammenhang der Vergesellschaftung in großen Organisationen unter dem Effizienzdiktat nur äußerst begrenzt behoben werden können. Vielmehr ist eine *Abtrennung von Lebensbereichen* eine Lösung. Eine solche Abtrennung ist für die Aufrechterhaltung der Organisationsziele Wachstum und Gewinn sowie Kontrolle aber nur dann akzeptabel, wenn die potentielle Gefährdung der Organisation durch Leistungsverweigerung der Beschäftigten dadurch in Grenzen gehalten werden kann.

Eine systemstabilisierende Abtrennung von Lebensbereichen muß zweierlei gleichzeitig leisten: Sie muß den Individuen das Arbeitsleid entschädigen und den Unternehmen durch eine Ankurbelung des Konsums die Existenz- und Wachstumsgrundlage sichern. Sie besteht daher aus materiellen Entgelten, die eine Verlagerung der Wünsche nach einem guten Leben auf den Konsum in der Freizeit erlauben. Diese Verlagerung kommt allerdings einer Fesselung des Anspruches auf einen autonomen Lebensentwurf an den - von der Person aus gesehen - fremdbestimmten Arbeitsbereich gleich. Das ist problematisch: Die Sphäre individueller Autonomie läßt sich nur zeitweilig auf einfache Konsumwünsche oder reine Zerstreuungs- und Erholungsbegehren verkürzen.

Solange die materiellen Güter insbesondere wegen ihrer Knappheit eine beträchtliche Anziehungskraft besitzen, dürfte aber eine solche an die Kernbereichlogik gefesselte Kompensation eine funktionierende Bindung hervorbringen. Die Bestandsvoraussetzungen des Kernbereichssystems werden gestützt und gleichzeitig die Unvermittelbarkeit von Zielen und Kontrollen auf der Ebene von Personen neutralisiert. Die Bindung der Menschen an das Wirtschaftssystem geschieht mithin durch großzügige materielle Entgelte im Kernbereich, wodurch sich die Großorganisation in den Augen ihrer aktuellen und möglichen Mitglieder zu legitimieren versucht und sie auch über eine gewisse Zeit faktisch legitimiert werden kann. Der Zwang zur Unterwerfung unter die Herrschaft, der durch eine Knappheit der materiellen Lebensgrundlagen hervorgerufen werden könnte, ist nur rein logisch eine Alternative, aber kaum praktikabel, denn tiefe Löhne und Gehälter liegen nicht im Interesse des Kernbereichs, dessen Wachstumschancen auf Massenkonsum und fortgesetzter Kommerzialisierung aller Lebensbereiche gründen.

Die Bedeutung des Dualismus in der Wirtschaft - Großunternehmen auf der einen und Kleinunternehmen auf der anderen Seite - für den Prozeß der Statuszuweisung liegt einmal in den höheren Löhnen und Gehältern sowie großzügigen Nebenvergünstigungen, die im Kernbereich angeboten werden. Zum zweiten in der wichtigeren Rolle, die der formalen Bildung im Kernbereich zukommt. Dort ist insbesondere die Zertifizierung von Wissen (formale Bildungsabschlüsse) wichtig. Dies liegt am größeren Bedarf an Professionellen und am Legitimierungsbedarf der abgestuften Hierarchien, deren natürliche Diskontinuität derjenigen der Bildungsabschlüsse entspricht. Die Organisationsstrukturen des Kernbereichs erlauben nicht nur mehr vertikale Mobilität, sondern die ziemlich abstrakten und unpersönlichen Kontroll- wie Beförderungspraktiken gehen einher mit einem strukturierten Karriereangebot, das vormals den beamteten Stellungen im öffentlichen Dienst vorbehalten war. Allerdings ist die Chance, letzte Herrenpositionen im Kernbereich zu besetzen, klein, da diese infolge der Konzentration zahlenmäßig relativ abnehmen. Das Kontrollvolumen und die Ressourcen, über die solche Herrenpositionen für sich und ihre Organisationen kommandieren können, sind zwar imponierend, aber der Schumpetersche Unternehmertyp, bei dem sein persönliches Wollen als wichtiger Antrieb gedacht wurde, ist kaum mehr in den Chefetagen der Hochäuser aus Stahl und Glas zuhause.

Die Bindung der Menschen an die großen Organisationen beim technologischen Stil des keynesianischen Gesellschaftsmodells geschah spätestens nach dem Krieg durch vergleichsweise großzügige, aber natürlich sehr abgestufte, materielle Kompensationen. Die Spannung zwischen den Ansprüchen der Person und der Arbeit in großen Organisationen mit ihren unpersönlichen Kontrollmechanismen wie Bürokratisierung, Professionalisierung und Technisierung (Mechanisierung) ist Quelle von Entfremdung und Arbeitsleid, die durch großzügige materielle Entgelte über einige Zeit latent bleiben. Es entsteht dadurch der Anschein einer erfolgreichen Bindung der Menschen an diesen technologischen Stil. Aber technologische Stile sind vergänglich, weshalb die Stabilität der Legitimations- und Bindungspraktiken der Großunternehmen, gerade auch auf unteren Beschäftigungsrängen, nur eine auf Zeit ist. Die vorrangig materielle Bindung treibt notwendigerweise jenen Prozeß voran, der die

Kompensation, die durch materielle Fülle zu erzielen versucht wird, unterhöhlt.

Die Einkommenssättigung setzt der legitimierenden Funktion der materiellen Bindung Grenzen, wodurch Arbeitsleid manifest werden kann. Der Ausdruck »Einkommenssättigung« mag vor dem Hintergrund der vielen bescheidenen Einkommen erstaunen. Aber der theoretisch unterstellte Prozeß ist etwas komplexer, da er nicht nur von der *abstrakten* Höhe der erreichten materiellen Kompensation her gedacht werden darf, sondern auch die Diskrepanz zwischen materieller Entlohnung und mangelnder Befriedigung bei der Arbeit (intrinsischer Genuß) mitdenken muß. Dies ist bereits in der Arbeitsleidtheorie von Heinrich Gossen angelegt.[38] Die Erlangung der kompensatorischen Güter ist verbunden mit einer Minderung ihres Wertes, bewirkt durch die sich einstellenden Beschwerden. Den Kompensationsprozeß kann jemand in sinnvoller Weise nur so lange leben - wie schon Heinrich Gossen vorschlug - , als er oder sie imstande ist, durch die Arbeit die Gesamtzahl der Lebensgenüße zu steigern und »dabei den Genuß des durch die Arbeit Geschaffenen höher schätzt als die durch die Arbeit verursachte Beschwerde.«[39]

Neue Formen von Konflikten. Während im vorangegangenen technologischen Stil der Klassenkonflikt zwischen Kapital und Arbeit die Problemlinie, nämlich die nicht gesicherte Akzeptanz der Ordnung darstellte, ist das beim nun scheidenden technologischen Stil der Kulturkonflikt, der sich aus der Spannung zwischen Person und Position ergibt. Mit der Spannung zwischen den Ansprüchen der Person und der Arbeit in großen Organisationen mit ihren unpersönlichen Kontrollmechanismen (Bürokratisierung, Professionalisierung und Technisierung) ist diese neue Quelle von Entfremdung und Arbeitsleid entstanden. Daraus entstehen Leistungsverweigerung und Kulturkonflikte, die beitrugen, den technologischen Stil von innen her auszuhöhlen und einen Stilwandel zu erzwingen. Da die Spannungslinie durch das Individuum verläuft, sind individualisierende Lösungsstrategien, mithin ein verbreiteter Individualismus, und weniger kollektiver Protest wahrscheinlich. Wir erwarten, daß die Spannung sich z.B. auch in verbreiteten psychischen Störungen und im Suchtmittelkonsum ausdrückt.

Die mangelnde Befriedigung bei der Arbeit, die sich aus der restriktiven technischen und sozialen Organisation am Arbeitsplatz beim scheidenden technologischen Stil ergab, erheischte eine steigende materielle, aber letztlich äußerlich bleibende Kompensation. In diesem Prozeß schrumpfte die Sinnfindung im Arbeitszusammenhang, während die materielle Kultur inflationierte. Leistungszurückhaltung und *Konflikte* waren die Folge. Sie sind im Zusammenhang mit einer Besinnung darauf zu deuten, daß - wie André Gorz einmal formulierte - die »Essenz des

Lebens«, die ihre Finalität in sich selbst hat und nicht nur aus dem Kompensationsbedürfnis heraus verwirklicht werden kann, keinen nachgeordneten Platz haben soll, sondern Vorrang beansprucht.[40]

Für den im vorangegangenen Kapitel angesprochenen Siegeszug der formalen Organisation bedeutet diese problematische Akzeptanz eine gewaltige Herausforderung. Da sic aber bereits in der Vergangenheit an Wachstumsgrenzen zu mutieren pflegte, dürfen wir eine Annahme der Herausforderung auch bei einer neuen Runde der organisatorischen Ausgestaltung vermuten. Die momentan sichtbaren Stilwandlungen sind diesbezüglich noch nicht gültig zu beurteilen, denn die Kristallisationsphase dieser Neuerungen liegt, wie wir in Kapitel 4 vorschlugen, noch vor uns.

Anmerkungen

1 Der Umkehrschluß gilt übrigens *nicht:* Hierarchie führt nicht *per se* notwendigerweise zu Effizienz.
2 Die Prozesse der Arbeitsteilung habe ich an anderer Stelle ausführlich behandet: Volker Bornschier, »Arbeitsteilung und soziale Ungleichheit«, *Kölner Zeitschrift für Soziologie und Sozialpsychologie,* 29 (3), 1977, S. 438-460. Derselbe, »Arbeitsteilung, strukturelle Mobilität und Klassenbildung. Eine theoretische Perspektive für die Mobilitätsforschung«, *Zeitschrift für Soziologie,* 10 (2), 1981, S. 117-132 (englische Orginalversion: »The Division of Labor, Structural Mobility and Class Formation: A Theoretical Note«, S. 249-268 in: Donald J. Treiman und Robert V. Robinson (Hg.), *Research in Social Stratification and Mobility. A Research Annual.* Vol. 2. Greenwich (Conn.): Jai, 1983). Derselbe, »Technik und Gesellschaft«, S. 225-237 in: Hardi Fischer (Hg.), *Technik wozu und wohin?,* Zürich: Artemis, 1981.
3 Vgl. dazu auch Peter M. Blau, »Parameters of Social Structure« (presidential address), *American Sociological Review,* 39, 1974, S. 615-635.
4 Vgl. hierzu auch die empirischen Ergebnisse bei Peter M. Blau und Richard A. Schoenherr, *The Structure of Organization,* New York: Basic Books, 1971.
5 Ähnlich argumentierte auch Georg Simmel, »Über soziale Differenzierung: Soziologische und psychologische Untersuchungen«, *Staats- und Sozialwissenschaftliche Forschungen,* (herausgegeben von Gustav Schmoller), Band 10, Berlin: Duncker & Humblot, 1890.
6 Positionale Macht, gleich was letztlich ihre Grundlage ist, drückt sich in der grundlegenden Spaltung zwischen Herrschaft und Gehorsam aus und ist die bewegende Kraft für komplexere Formen der organisierten Arbeitsteilung. Dies wird auch ähnlich von Dietrich Rueschemeyer in seinem kritischen Überblick über die Theorie der Differenzierung gesehen. Positionale Macht ist bei ihm »organized domination«. Vgl. Dietrich Rueschemeyer, »Structural Differentiation, Efficiency and Power«, *American Journal of Sociology,* 83, 1977, S.1-25.
7 Dies steht im Gegensatz zur These von Harry Braverman. Er nimmt eine *allgemeine* Dequalifizierung der Arbeit an (degradation of work). Vgl. Harry Braverman, *Labor and Monopoly Capital. The Degradation of Work in the 20th Century,* New York und London: Monthly Review Press, 1974.
8 Vgl. z.B. William Kornhauser, *Scientists in Industry: Conflict and Accomodation,* Berkeley: University of California Press, 1963. Weiter: Robert K. Merton, *Social*

Theory and Social Structure, Revidierte und erweiterte Fassung, New York: Free Press, 1949, insbesondere S. 170.
9 Detaillierter bei Volker Bornschier, »Arbeitsteilung ...«, a.a.O.
10 Peter M. Blau und Richard A. Schoenherr, a.a.O. Horst Kern und Michael Schumann, *Industriearbeit und Arbeiterbewußtsein,* Frankfurt: Europäische Verlagsanstalt, 1970. Zu ihrer Nachfolgestudie vgl. Horst Kern und Michael Schumann, *Das Ende der Arbeitsteilung?,* München: Beck, 1984.
11 Vgl. Kapitel 10, S. 276, Anmerkung 28.
12 Ebenda.
13 Ebenda.
14 Giorgio Gagliani, »Long-term Changes in the Occupational Structure«, *European Sociological Review,* 1 (3), 1985, S. 183-210. Dort S. 198.
15 Der Anteil der Nichtmanuellen veränderte sich z.B. in Großbritannien zwischen 1870 und 1910 von 15,5 % auf 25,9 %, in den Vereinigten Staaten zwischen 1870 und 1920 von 13,0 % auf 24,9 %. Vgl. Giorgio Gagliani, a.a.O.
16 Zwischen 1930 und 1980 sind folgende Veränderungen des Anteils der Nichtmanuellen an der Gesamtbeschäftigung als Illustration zu nennen: Großbritannien von 28,7 % auf 51,2 %, Vereinigte Staaten von 29,4 % auf 50,9 %, Frankreich von 20,9 % auf 42,7 % (1975), Schweiz von 21,7 % auf 38,1 % (1970), Deutschland von 20,8 % (1925) auf 48,6 %, Kanada von 25,2 % (1940) auf 44,3 % (1970) und Japan von 23,9 % auf 45,9 %. Vgl. Giorgio Gagliani, a.a.O.
17 Zu dieser Rückkoppelung vgl. auch Peter M. Blau, »A Formal Theory of Differentiation in Organizations«, *American Sociological Review,* 35, 1970, S. 201-218.
18 Frans Huijgen (Universität Nijmegen, Soziologisches Institut), »Changes in the Skill Level of Work in The Netherlands 1960-1977«, Forschungsbericht präsentiert am Treffen des Reseach Committee on Social Stratification (International Sociological Association), 17.-19. Oktober 1983 in Amsterdam.
19 Dabei werden erforderliche Fähigkeiten und Autonomie berücksichtigt (genauer: learning-time on the job, individual initiative and level of theoretical and/or practical skill required for adequate exercise of a function), nach Frans Huijgen, a.a.O.
20 Für die manuellen und die nichtmanuellen Arbeitsplätze *separat* nimmt die durchschnittliche Qualifikation der Arbeitsplätze ab; manuelle: 1960: 2,71, 1971: 2,58, 1977: 2,50; nichtmanuelle: 1960: 4,41, 1971: 4,37, 1977: 4,22. Daß dennoch im Aggregat gesamthaft eine leichte Höherqualifizierung resultiert, liegt am Umstand, daß die Verschiebung der Lohnabhängigen auf nichtmanuelle Arbeitsplätze massiv ist. Diese machten 1960 38,5 % aller Arbeitsplätze aus, 1971 waren es bereits 49,4 % und 1977 sogar 55,1 %. Quelle: Frans Huijgen, a.a.O.
21 Harry Braverman, a.a.O.
22 Horst Kern und Michael Schumann, *Industriearbeit ...,* a.a.O.
23 Carlota Perez, »Structural Change and Assimilation of New Technologies in the Economic and Social Systems«, *Futures,* 15 (5), 1983, S. 357-375.
24 Peter M. Blau, »A Formal Theory ...«, a.a.O. Peter M. Blau und Richard M. Schoenherr, a.a.O. Die Hierarchisierung ist dabei nicht bloß ein Korrelat der Anzahl des Personals, sondern letztere ist der *kausale* Faktor für die Hierarchisierung wie für den wachsenden Umfang des Überwachungspersonals. Dies hat die folgende Studie aufgewiesen: Marshall W. Meyer, »Size and the Structure of Organizations: A Causal Analysis«, *American Sociological Review,* 37, 1972, S. 434-440.
25 Solche Stabsstellen finden wir z.B. in der Buchhaltung, der Kalkulation, im Informationswesen, bei den Offerten, der Korrespondenz, dem Termin-, Bestell- und Lagerwesen, in der Produktionssteuerung, der Konstruktion, im Labor, in der Arbeitsvorbereitung und in der Material- und Produktionskontrolle.
26 William H. Starbuck, »Organizational Growth and Development«, S. 451-533 in: James G. March (Hg.), *Handbook of Organizations,* Chicago: Rand McNally, 1965, besonders S. 499 f.

27 Auf die Darstellung muß hier aus Platzgründen verzichtet werden. Meine Quellen waren einerseits die Zusammenstellungen bei W. Lloyd Warner und Mitautoren für US-amerikanische Unternehmen (*The Emergent American Society. Large Scale Organizations*, New Haven: Yale University Press, 1967, S. 37-52) und andererseits Daten für die Großunternehmen in der BRD mit über 2000 Beschäftigten, die Eberhard Witte und Rolf Bronner erhoben haben (*Die leitenden Angestellten. Eine empirische Untersuchung*, München: Beck, 1974, S. 202, in Band 1).
28 Max Weber, *Wirtschaft und Gesellschaft*, Tübingen: Mohr, 5., rev. Auflage, 1972.
29 Georg Kohler, »Max Weber und der Begriff der Bürokratie«, *Reflexion* (Liberales Institut, Zürich), September 1981, S. 13.
30 André Gorz, *Abschied vom Proletariat. Jenseits des Sozialismus*, Frankfurt: Europäische Verlagsanstalt, 1980, S. 51. (Franz. Orginalausgabe 1980, Paris).
31 Ebenda, S. 43.
32 Peter M. Blau, »The Hierarchy of Authority in Organizations«, *American Journal of Sociology*, 73, 1968, S. 453-467.
33 Ebenda, S. 455.
34 Ebenda, S. 456.
35 Eberhard Witte und Rolf Bronner, *Die leitenden Angestellten. Eine empirische Untersuchung*, Band 1, München: Beck, 1974, S. 10-15.
36 Stufen der Dezentralisierung nach Eberhard Witte und Rolf Bronner, a.a.O.:
1. *Delegation der Verantwortung* (Management by exception)
Entscheidungsbefugnis wird an untere Instanz delegiert - mit der Einschränkung auf Normalfälle, die dort in voller Verantwortung zu lösen sind. Außergewöhnliche Fälle (exceptions) werden weiterhin von der vorgesetzten Instanz entschieden.
2. *Management durch koordinierte Zielformulierung* (Management by objectives)
Zielvorgabe (bei 1. Vorbehaltsrecht der zentralen Instanz) wird ebenfalls dezentralisiert. Mit dem Mittel eines Verhandlungsprozesses auf allen Ebenen der Instanzenstruktur wird ein Zielsystem angestrebt, das in Teilzielen aufeinander abgestimmt und realistisch ist.
3. *Dezentralisation durch Selbstkontrolle* (Management by control)
Verhaltens- und Erfolgskontrolle werden dezentralisiert (bei 1. und 2. noch bei der zentralen Instanz und ihren Kontrollstäben: Rechnungswesen, Innenrevision usw.). Untere Instanzen erhalten nun Vorgabegrößen und Rückkoppelungsinformationen. Dadurch werden sie in die Lage versetzt, durch Selbstkontrolle ihre eigenen Handlungen zu kontrollieren. Das Kontrollsystem besteht nun aus dezentral-kybernetischen Regelungen eigenverantwortlicher Entscheidungsträger mit stufenweiser Überwachung zentralisierter Überwachung der saldierten Erfolgsbeiträge, sogenannter Profit centers.
37 Vgl. dazu auch die Schlußfolgerungen bei Peter M. Blau, »The Hierarchy of Authority«, a.a.O.
38 Heinrich Gossen, *Entwicklung der Gesetze des menschlichen Verkehrs und der daraus folgenden Regeln für menschliches Handeln*, Braunschweig, 1854.
39 Heinrich Gossen, hier zitiert nach Gerhard Stavenhagen, *Geschichte der Wirtschaftstheorie*, Göttingen: Vandenhoeck & Ruprecht, 4. durchgesehene und erweiterte Auflage, 1969, S. 234.
40 André Gorz, a.a.O., S. 74.

10 Über die Stunde Null und die Stütze der Gleichheit

Die formale Bildung und die Schule unter der Überschrift »Die Stütze der Gleichheit« zu behandeln, leuchtet nicht unmittelbar ein. Das gestufte Schulsystem *erzeugt* doch geradezu Ungleichheit, wendet man sofort ein. Das ist richtig. Aber in der modernen Schule wird *versucht*, das Prinzip der Chancengleichheit zu institutionalisieren, ähnlich wie beim Demokratiepostulat in der Sphäre der Politik. Ausgehend von der Stunde Null, wenn alle als Primarschüler in der gleichen Klasse beginnen, *soll* nur die individuelle Leistung über das Fortkommen und den schlußendlichen Platz, den man in der Bildungshierarchie einnimmt, entscheiden. Dadurch, daß die formale Bildung funktional auf die Positionsstruktur der Gesellschaft bezogen wird, trägt das Bildungssystem dazu bei, das Problem der Akzeptanz einer ungleichen Positionsstruktur, die durch die formalen Organisationen gegeben ist, zu entschärfen.

Ausschließlich individuelle Fähigkeit und Leistung *sollen* das Fortkommen bestimmen. Natürlich hinkte und hinkt die Realität hinter diesem ideologischen Anspruch hinterher. Weiter ist hervorzuheben: Will das Bildungssystem seine Legitimationskraft behalten, so bleibt sie letztlich an die ungleiche Positionsstruktur einer historischen Etappe, d.h. bedingt durch den jeweiligen technologischen Stil, gebunden. Wieviele Schüler die verschiedenen Schulstufen erreichen, kann mithin nicht allein von dem individuellen Entfaltungswillen und der Leistungsfähigkeit abhängen. Schließlich ist zu bemerken, daß Bildungskapital »vererbt« wird. Die Kinder von Eltern mit höherer Bildung haben »natürliche« Vorteile, die nur sehr beschränkt demokratisiert werden können. Dadurch entsteht eine *Tendenz*, daß sich die Bildungsschichtung über die Generationen reproduziert. Auf einen sehr subtilen Mechanismus, der an sich nicht verwerflich ist, werde ich eingehen.

Was folgt daraus? Eine Dynamik nicht ohne Widersprüche. Will man den Legitimationsgehalt der Bildung erhalten, so muß der Zugang zur Bildung geöffnet und demokratisiert werden, um der Tendenz der Kräfte der Chance*nun*gleichheit entgegenzuwirken. Daraus folgt eine Bildungsexpansion. Einmal nimmt die Länge der Pflichtschule zu, dann steigt der

Anteil der Mitglieder einer Alterskohorte, die Zugang zu mittlerer und höherer Bildung haben. Insgesamt steigt so die Verschulung in der Gesellschaft. Dadurch wird aber auch die legitimierende Verknüpfung zwischen Bildungsabschluß und Positionen in der Gesellschaft höchst problematisch. Die Inflationierung der Bildung bedeutet eine Abwertung des instrumentellen Wertes der Bildung. Immer mehr Bildung muß erworben werden, um den *gleichen* relativen Platz im Positionsgefüge der Gesellschaft zu erreichen. Weiter werden legitime Ansprüche, die über das Bildungssystem erworben werden, zum Teil nicht einlösbar. Zumindest der instrumentelle Charakter des Bildungskapitals wird dadurch teilweise wieder vernichtet. Beides weist auf Grenzen der Legitimierung der Gesellschaft durch Bildung in einer bestimmten historischen Phase hin.

Die strukturelle Perspektive: Funktionen der formalen Bildung

Die herkömmliche Sichtweise der Rolle der Schule stellt die *Sozialisationsfunktion* in den Vordergrund.[1] Bei dieser Sichtweise erzeugt die Schule als sekundäre Sozialisationsinstanz bei den Menschen, die die Schule durchlaufen, Fähigkeiten, die in der modernen Gesellschaft nötig sind. Hierbei wird die Schule als der große *Sozialisator* gedacht. Die andere herkömmliche Sichtweise betont die *Zuweisungsfunktion* der Schule. Das Schulsystem mit seinen differenzierten Bildungsabschlüssen weist den Menschen die Möglichkeiten zu, die sie später als Erwachsene haben. Die Positionen, die sie später einmal in der Gesellschaft einnehmen werden, hängen von der Dauer und der Art der Schule ab, die sie besucht haben. Hierbei wird die Schule als der große *Sortierer* gedacht. Diese Sichtweisen können sicherlich nicht als falsch bezeichnet werden, aber sie sind beschränkt. Die Schule als soziale Institution kommt dabei nicht genügend in den Blick.

Institutionelle Perspektive. Die institutionelle Perspektive sieht die Bildung als ein System, d.h. eine Ordnung von Regeln auf kollektivem gesellschaftlichem Niveau, wie das besonders eindrücklich von John W. Meyer hergeleitet wird.[2] Die Bildungsinstitution schafft und verwaltet eine Weltsicht, eine Art der Weltinterpretation und der Weltannäherung. In diesem Sinne kann sie sogar als eine säkularisierte Religion - ein Weltdeutungssystem mit den Fundamenten Rationalismus und Pragmatismus - gedeutet werden. Die Institution treibt die Rationalisierung von Mysterien, von übersinnlichen Geheimnissen, voran. Dieses Wissen soll bei der Kontrolle der Ungewißheit helfen. Es wird geordnet und ausgebaut.

Das moderne Bildungssystem ist seinem Charakter nach auf Fortschritt angelegt. Das Gebiet des Nichtwissens soll ständig eingeschränkt und das des Wissens ausgedehnt werden. Dabei werden auch beständig neue Wissensgebiete und Disziplinen geschaffen. Die Schaffung neuer Wissensgebiete bedeutet, daß frühere Mysterien nun von einer sozialen Organisation entschlüsselt und unter rationale Kontrolle gebracht werden, der Gesellschaft wird das Angst einflößende Nichtwissen durch neu geschaffene Fachgebiete und Schulung genommen; und sie wird durch die Institution nach den Normen der modernen Wissenschaft in Gewißheit gebettet.[3]

Die Autorität der Bildung entstammt - wie John Meyer betont - dieser anerkannten Fähigkeit zur Weltdeutung, nämlich traditionales Wissen in rational begründbares überzuführen, um dieses Wissen zur Bewältigung von aktuellen Fragen einzusetzen. Weiter ist die Bildungsinstitution ein System von Zeremonien und Riten, speziell auch Übergangsriten, die vom Kindergarten bis zum Nachdiplomstudium reichen. Die Hauptstufen sind dabei heute: Vorschule, Pflichtschule, mittlere Bildung und Hochschulbildung. Die Institution *konstruiert* damit ein Gefüge von Positionen in der Gesellschaft. Das allgemeinste Mitgliedschaftsrecht bei der Veranstaltung Bildung ist die Grundbildung als Pflichtschule. Dies verweist auf den engen historischen Zusammenhang zwischen Staatsbürger-Definition und Massenbildung, nämlich das Wechselspiel von Schule und Staat, auf das zurückzukommen sein wird. Weltweit ist heute das Schulsystem staatlich organisiert.[4]

Auf diesem Grundsockel der Pflichtbeteiligung an der Institution *schafft* die Institution die Rolle des Gebildeten und des Ungebildeten als Komplemente. Die Ausgestaltung und Abstufung dieser komplementären Rollen mag zwar variabel sein, nicht aber der Kern der Ungleichheit, daß nämlich die Institution mit der Zertifizierung von Wissen *positionale Güter*[5] schafft. Weil nicht alle vollzeit an der Erzeugung und Verwaltung von Wissen teilnehmen können, gibt es notwendigerweise den Experten. Durch neue Wissensgebiete schafft die Institution auch neue Positionen in der Gesellschaft, so die speziell gebildeten Experten, *und* gleichzeitig eine neue Klientele - die Öffentlichkeit, Gruppen oder andere Institutionen -, die dieses Spezialwissen nachfragen.

Bildung als Institution schafft mithin den Bildungsstatus als ein positionales Gut und zertifiziert den Status, so daß dieser auch unabhängig von dem aktuellen Wissen des Inhabers gleichsam handelbar wird. Diese Perspektive der Bildung als Institution ist also viel weiter als die herkömmliche Sozialisations- und Zuweisungstheorie. Die Institution schafft ein Weltdeutungssystem *und* gleichzeitig eine positionale Abstufung des Wissens. Die institutionelle Perspektive, die man an die formale Bildung heranträgt, kann so helfen, auch den Kern einer rituellen Veranstaltung zu enthüllen, die *den* Universitätsabsolventen, *den* Fachschulabsolventen usw. hervorbringt, also sozial definiert. Weiter kann sie die Institution des Wissens über die Welt auch als einen modernen Mythos entschlüsseln: »Wenn Bildung ein Mythos der modernen Gesellschaft ist«, so führt John Meyer aus, »dann handelt es sich um einen machtvollen. Die Kraft von Mythen gründet nicht darin, daß Menschen daran glauben. Vielmehr glauben diese zu ›wissen‹, daß jederman sonst daran glaubt. Darum sind Mythen für die gesellschaftliche Praxis wahr. Im privaten Kreis mögen wir alle über die Nutzlosigkeit von Bildung witzeln. Wenn es aber darum geht, Leute anzustellen oder zu befördern, die verschiedenen Weisen unserer Zeit zu konsultieren und unser Leben um die moderne Rationalität herum zu organisieren, dann spielen wir alle unseren Part in der Veranstaltung, bei der Bildung die Autorität ist.«[6]

Bildung als Legitimationsquelle

Der Legitimationsgehalt der Bildung liegt in der Fähigkeit, die Gesellschaft durch die Funktionsweise der Bildungsinstitution zu integrieren. Dadurch rückt die *Integrationsfunktion* der Bildung in das Zentrum. Damit diese überhaupt wirksam werden kann, müssen zwei Bedingungen erfüllt sein:
1. Das dem Bildungssystem zugrundeliegende Weltdeutungsmodell muß vereinbar sein mit der dominanten Kultur in anderen Bereichen der Gesellschaft, die sich um Rationalität und Fortschritt ordnet.
2. Die Statusverteilung im Bildungssystem muß sich vor dem Hintergrund der beiden zentralen Prinzipien Effizienzstreben und Gleichheitsstreben, beispielhaft legitimieren.

Die formale Bildung erfüllt diese beiden Bedingungen wie kaum eine andere Institution. Sie gehört deshalb zu den ganz bedeutsamen Schlüsselinstitutionen, die lebensnotwendig für die Integration der modernen Gesellschaft sind. Der Fortschrittsmythos in Wissenschaft und Wirtschaft läuft parallel und ist im Kern über das Programm der Natur- und Unsicherheitsbeherrschung verzahnt. Wissenschafts- und Wachstumseuphorie gehen deshalb Hand in Hand, ebenso wie die periodisch auftauchende Wissenschafts- und Wachstumsfeindlichkeit oder -skepsis.

Das System von Regeln der Institution Bildung stößt auch deshalb auf breite Zustimmung, weil die Prinzipien der Effizienz und Gleichheit dabei weitgehend eingebettet zu sein scheinen. Der »soziale Zauber« der Schule liegt darin, daß sie eine Stunde Null der symbolischen Gleichheit aller schafft, wenn alle am gleichen Ort bei der Einschulung beginnen. Danach spielt die in Noten ausdrückbare Schulleistung, nämlich die individuelle Effizienz, die wichtigste Rolle beim Fortkommen in der Institution. Es ist zweifellos ein Mythos, daß nur Begabung und Leistung zählen: Verschleiert wird die Vererbung von Bildungsstatus, die sich aus der Tatsache ergibt, daß Schüler bereits mit unterschiedlichem kulturellen Kapital und schichtbedingten Aspirationsunterschieden in die Schule eintreten.

Darüber hinaus bezieht die Schule ihre Legitimationskraft aus dem Umstand, daß auch die Absolventen der höchsten Bildungsstufen die gleichen unteren Bildungsstufen durchlaufen. Durch eine so gestaltete Verklammerung der Bildungsstufen erhält die Schule Legitimität durch Prinzipien, die nur an der Spitze, den Hochschulen, realisiert sind: Autonomie, Kritikfähigkeit und Autorität der Vernunft, während die Massenbildung auf die Einübung der kulturellen Selbstverständlichkeiten, dem Wissen als Gewißheit, ausgerichtet bleibt. Die »Gesamtschule« verschleiert so die Tatsache, daß das Schulsystem die Häufigkeit der Schüler auf den verschiedenen Stufen durch seine Selektivität bestimmt. Schulreformen, die eine stärkere Verankerung des Wertes der Chancengleichheit erstreben, zielen einmal auf eine Lockerung der schulischen Chancen von der Herkunft und dann auf eine größere Durchlässigkeit der Schulstufen. Beides wirkt in Richtung auf eine Demokratisierung der Bildung.

Verschiedene Studien haben kritisch auf die fehlende Chancengleichheit beim Bildungserwerb hingewiesen.[7] Die bedeutende Rolle der Herkunft - und hier insbesondere die der Bildung der Eltern - ist empirisch klar ersichtlich. So betrachtet können wir bei einer Momentaufnahme den Mythos der Chancengleichheit leicht demaskieren - ähnlich leicht, wie wenn wir die real existierenden Verhältnisse in der Wirtschaft am Maßstab des Idealmodells der vollkommenen Konkurrenz messen wollen. Aber solche Ergebnisse sind wenig informativ für die Richtung und Geschwindigkeit des gesellschaftlichen Wandels.

Die westliche Gesellschaft hat in den aufeinanderfolgenden Gesellschaftsmodellen die Chancengleichheit beim Bildungserwerb *mehr* verwirklicht und insbesondere im keynesianischen Gesellschaftsmodell kommt der Demokratisierung des Zugangs zur Bildung eine große Bedeutung zu. Alex Inkeles und Larry Sirowy haben auf Ergebnisse hingewiesen, die zeigen, daß die Herkunftsbedingtheit des Schulerfolges deutlich abgenommen hat, und zwar innerhalb von einer kurzen Spanne zwischen 1960 und 1970. Die Chancen eines Kindes aus der Klasse der Professionellen und Manager im Verhältnis zur Chance eines aus der Arbeiterklasse in die höchste Bildungsklasse zu gelangen, betrug um 1960 im Durchschnitt von elf westlichen Ländern 36:1. Die Kinder aus der oberen Mittelklasse hatten mithin im Vergleich zu den Arbeiterkindern eine 36 mal so große Chance, an die Universitäten zu gelangen, wie die Arbeiterkinder. Um 1970, nur zehn Jahre später, war dieses Verhältnis im Durchschnitt der elf Länder von 36:1 auf 14:1 gesunken.[8]

Die kurze Zeitspanne, die dabei betrachtet wird, sowie die Tatsache, daß die Bildung und nicht der Beruf der Eltern, die wichtigste einzelne Herkunftsvariable für den Schulerfolg ist, erforderte mehr Evidenzen, die wir durch eine Reanalyse von repräsentativem Material für acht westliche Länder gewonnen haben.[9] Es handelt sich um die folgenden Länder: Bundesrepublik Deutschland, Finnland, Großbritannien, Italien, Niederlande, Österreich, Schweiz und Vereinigte Staaten. Sie repräsentieren rund zwei Drittel der Gesamtbevölkerung in der westlichen Gesellschaft nach dem Krieg.

Tabelle 10.1
Intergenerationelle Bildungsmobilität für verschiedene Alterskohorten in einem zusammengelegten Sample aus acht westlichen Ländern, 1973-75

Den Meßwerten liegt eine fünfstufige intergenerationelle Mobilitätsmatrix zugrunde.

Männer im Vergleich zu ihren Vätern

Indizes	\ geboren	25-34 1940-49	Alter der Befragten 1973-75 35-44 45-54 55-64 1930-39 1920-29 1910-19			65+ bis 1909
Intergenerationell Mobile in Prozenten		58,6	52,8	44,7	38,9	32,3
davon aufwärts mobil		50,7	46,4	39,2	35,2	26,9
davon abwärts mobil		7,9	6,4	5,5	3,7	5,4
Mobile über mindestens zwei Stufen in Prozenten						
aufwärts mobil		21,2	17,8	15,1	13,4	10,1
abwärts mobil		1,3	2,0	1,5	1,7	1,7
Mobilität durch Strukturwandel*)						
in % der Befragten		32,1	32,2	26,8	25,6	19,3
(in % der Gesamtmobilität)		(55)	(61)	(60)	(66)	(60)
Assoziationsindex für die Hochschulstufe†)		4,7	8,4	10,0	9,1	13,0
Assoziationsmaß für die *gesamte* Mobilitätsmatrix: Somer's D		0,48	0,52	0,56	0,60	0,63
Gesamtzahl (N)		1042	901	883	704	592

*) Summe der absoluten Zeilen und Kolonnendifferenzen in der Matrix dividiert durch die doppelte Zahl der Beobachtungen.
†) Beobachtungen auf der Hochschulstufe (Väter und Kinder mit Hochschulabschluß) dividiert durch den Erwartungswert (Zeilen- mal Kolonnensumme dividiert durch die Gesamtzahl der Beobachtungen).

Tabelle 10.2
Die Verteilung der höchsten Schulabschlüsse für fünf Alterskohorten aus einem zusammengelegten Sample aus acht westlichen Ländern, 1973-75

		Alter der Befragten 1973-75					Väter der über 64jährigen
		25-34	35-44	45-54	55-64	65+	
	geboren	1940-49	1930-39	1920-29	1910-19	bis 1909	um 1875
		Männer in Prozent					
1	Abschluß an einer Universität/techn. Hochschule	9,0	6,9	6,0	4,4	4,7	2,2
2	Hochschulreife/ Fachhochschule	11,6	8,9	7,5	5,4	4,4	3,7
3	Mittlerer Bildungsabschluß *)	20,6	17,3	12,0	12,9	9,1	3,0
4	Erweiterte Grundausbildung †)	37,2	33,7	29,8	25,7	21,6	11,7
5	Grundausbildung (Pflichtschule)	21,5	33,2	44,7	51,6	60,1	79,4
		99,9	100	100	100	99,9	100
		Frauen in Prozent					
1	Abschluß an einer Universität/techn. Hochschule	5,2	2,6	2,2	1,2	1,1	2,9
2	Hochschulreife/Fachhochschule	10,0	5,9	4,8	5,5	5,0	3,7
3	Mittlerer Bildungsabschluß *)	22,1	13,2	13,8	12,1	11,4	4,6
4	Erweiterte Grundausbildung †)	35,9	32,4	25,4	22,3	14,7	12,8
5	Grundausbildung (Pflichtschule)	26,8	46,0	53,9	59,0	67,9	76,0
		100	100,1	100,1	101,1	100,1	100
	Gesamtzahl (N)	1102	972	1051	860	757	757

*) Ohne Zugangsmöglichkeit zu Hochschulen. †) Schulung während der Berufsausbildung. Bemerkung: Für die Zahl der Beobachtungen bei den Männern vgl. Tab. 10.1.

Die verschiedenen Skalen der Bildungsabschlüsse in diesen acht Ländern wurden von Martin Graf und Markus Lamprecht[10] auf eine gemeinsame fünfstufige Skala für den höchsten erreichten Bildungsabschluß rekodiert: (1) Grundschule (Pflichtschule), (2) erweiterte Grundschulung (zusätzlich berufsbegleitende Schulen), (3) mittlere Bildung, (4) Hochschulreife sowie Fachschulabschlüsse und (5) Abschluß an einer Universität oder technischen Hochschule. Auf dieser fünfstufigen Bildungsskala konnten die Befragten und ihre Väter aus repräsentativen Stichproben für die acht Länder eingestuft werden. Die Gesamtfallzahl im zusammengelegten Sample der acht Länder beträgt 10.596 Männer und Frauen, die im Zeitraum 1973-75 befragt wurden. Da die Samples für die einzelnen Länder ungefähr eine gleiche Größe aufweisen, können wir aus dem Gesamtsample informative Schlußfolgerungen für die ungewichteten durchschnittlichen Verhältnisse in der westlichen Gesellschaft gewinnen.

In Tabelle 10.1 gliedern wir unser empirisches Material für fünf Alterskohorten, die bis 1909, von 1910-19, 1920-29, 1930-39 und von 1940-49 geboren wurden. Durch diesen Kohortenvergleich können wir etwas über die Veränderung der intergenerationellen Bildungsmobilität in der westlichen Gesellschaft über einen Zeitraum von einem halben Jahrhundert aussagen. Wir präsentieren in der Tabelle 10.1 nur die Ergebnisse für Männer. Die intergenerationelle Bildungsmobilität der Frauen im Vergleich zu ihren *Vätern* (nicht aufgeführt) ist etwas geringer als die der Männer. Aber dies wäre zweifellos anders, wenn man die Frauen im Vergleich zu ihren Müttern untersucht, was wir wegen Datenlücken im Gesamtsample der acht Länder nicht durchführen konnten.[11]

Beim Vergleich der Kohorten fällt auf, daß die Bildungsmobilität seit Beginn des Jahrhunderts von 32,3 % auf 58,6 % zugenommen hat. Von den 25-34jährigen Männern im Jahre 1973-75 befinden sich nahezu sechs von zehn in einer anderen Bildungsstufe als ihre Väter. Auch die Bildungsmobilität über mindestens *zwei* Bildungsstufen ist erheblich und hat sich mehr als verdoppelt. Bemerkenswert bei der Bildungsmobilität in der westlichen Gesellschaft ist, daß sie zum überwältigenden Teil *Aufstieg* bedeutet. Über das Jahrhundert haben also immer größere Teile der Bevölkerung eine höhere Bildungsstufe erreicht als ihre Väter. Dies zeigt, wie sehr sich bisher die Bildungsinstitution als Untermauerung für einen Fortschrittsmythos geeignet hat.

Die gesamte Bildungsmobilität kann in zwei Komponenten aufgeteilt werden: »strukturelle Mobilität«, erzwungen durch den Wandel der Bildungsverteilung zwischen Vätern und Kindern, und »Austauschmobilität« (vgl. auch Kap. 12), nämlich die sogenannt reine Mobilität, die sich aus Gesamtmobilität minus struktureller ergibt und aus unserer Tabelle erschlossen werden kann. Die Tabelle 10.1 zeigt für alle Männerkohorten, daß der strukturellen Mobilität immer eine etwas größere Bedeutung zukam als der Austauschmobilität. Die Erhöhung der Bildungschancen erfolgte also zu einem Großteil durch die Zulassung von mehr Schülern zu höheren Schulstufen. Dies drückt sich auch in der gewandelten Bildungsverteilung im Kohortenvergleich aus. Dieser Vergleich reicht - wenn man die Väter der ältesten Kohorte einbezieht - von 1875 bis 1950 und ist weiter vorne in Tabelle 10.2 zu finden. Wir werden weiter hinten zeigen, daß diese *Öffnung der Schulen* die alleinige Möglichkeit ist, die herkunftsbedingten unterschiedlichen Bildungschancen nennenswert einzuebnen.

Wenn wir zu Tabelle 10.1 zurückkehren, so kann man weiter feststellen, daß sich die intergenerationellen Mobilitätschancen im Bildungssystem besonders deutlich im keynesianischen Gesellschaftsmodell - nach dem erneuerten Gesellschaftsvertrag in den dreißiger Jahren bzw. nach der kriegsbedingten Zäsur - erhöht haben. Ferner können wir noch etwas sagen zur Öffnung des Zugangs zum Hochschulabschluß. Der Assoziationsindex für die Hochschule gibt an, wieviel mal mehr Fälle wir im Vergleich zum Modell der Chancenunabhängigkeit in der Matrixzelle »Väter mit Hochschule und Kinder mit Hochschule« beobachten. Dieser Assoziationsindex für die Hochschule gibt demnach das Ausmaß der »Hochschulbildungsvererbung« an. Die Meßwerte dafür sinken seit Anfang des Jahrhunderts von 13 auf 4,7 für die jüngste Kohorte, d.h. in der letzten Kohorte sind die Söhne von Vätern mit Hochschulabschluß, die selbst wieder einen solchen erwerben, knapp fünfmal häufiger, als es ein Modell der vollkommenen Chancenunabhängigkeit erwarten ließe. Das sind erhebliche Chancenungleichheiten. Aber markant ist dennoch die Abnahme der ungleichen Chancen seit Beginn unseres Jahrhunderts. Schließlich gibt Tabelle 10.1 noch ein Gesamtmaß für die Abhängigkeit der Bildung der Kinder von der der Väter an (Somer's D), diese Statistik sinkt von der ältesten zur jüngsten Kohorte, nämlich von 0,63 auf 0,48.

Wir können folgendes festhalten. Nach wie vor ist der Bildungserwerb der Kinder durch die Bildung der Eltern maßgeblich vorgezeichnet. Aber dennoch ist der Mythos der Stunde Null für deutlich mehr Menschen in der westlichen Gesellschaft über unser Jahrhundert zur Realität geworden - und zwar in einem Ausmaß, das bei der Beschreibung des gesellschaftlichen Wandels hervorzuheben ist.

Nicht zuletzt ist der Bildungsstatus mit anderen Status in der Gesellschaft insbesondere im Berufs- und Arbeitssystem verknüpft. Dadurch wird die Legitimität der Bildungsinstitution, die durch ihre erwähnte, breit abgestützte Autorität gegeben ist, auf andere Bereiche der Gesellschaft übertragen, in denen Bildung ursächlich nicht der zentrale Zugangskanal für Positionen ist.[12] Diese Legitimierung erfolgt über die Umwandlung von Bildung in abgestufte formale Bildung durch die Bildungsinstitutionen. Die Verwandlung bedingt eine Objektivierung von an Personen gebundener kultureller Macht, und zwar in Form von Zertifikaten, Diplomen und Titeln, die dann gleichsam handelbar werden und geeignet sind, sich zu bestimmten *Wechselkursen* mit andern Formen von Macht in der Gesellschaft zu verbinden.

Formale Bildung in der sozialen Schichtung

Die gewachsene Bedeutung der formalen Bildung und die Vorstellung von »Wechselkursen« zwischen Bildungsabschlüssen und den übrigen Statuspositionen in der Gesellschaft stehen auf den ersten Blick in Widerspruch zum Befund einer ausgeprägten *Statusinkonsistenz* in der sozialen Schichtung des keynesianischen Gesellschaftsmodells. Die Tabelle 10.3 macht die erheblichen Unterschiede in der Ungleichheit in verschiedenen Bereichen der sozialen Schichtung für ein zusammengelegtes Sample der westlichen Gesellschaft zu Beginn der siebziger Jahre sichtbar.[13] Gemessen am Variationskoeffizienten ist die formale Autorität am Arbeitsplatz zehnmal so ungleich verteilt wie die formale Bildung. Daraus ergeben sich notgedrungen Statusinkonsistenzen.

Tabelle 10.3
Ungleichheit verschiedener Statusverteilung, 1973-75

Zusammengelegtes Sample aus sechs Ländern (BRD, Finnland, Niederlande, Österreich, Schweiz und Vereinigte Staaten), 1973-1975. Vollzeit Erwerbstätige, 25 Jahre und älter, außerhalb der Landwirtschaft. (N=3137 bis 3398)

Ungleichheit	Variationskoeffizient
Formaler Bildungsstatus	0,16
Berufsprestigestatus	0,31
Einkommensstatus	0,57[1]
Vermögensstatus	k.A.[2]
Formaler Autoritätsstatus am Arbeitsplatz	1,61 [3]

1) Monatliches Einkommen in US-Dollars zu Wechselkursen zur Zeit der Surveys (1973-1975), netto die Länderdifferentiale beim Durchschnittseinkommen.
2) Die Vermögensverteilung ist immer viel ungleicher als die Einkommensverteilung. In der Schweiz beträgt im Jahre 1979 der Gini-Index für die Vermögensverteilung 0,79 (Urs Ernst, *Die Wohlstandsverteilung in der Schweiz*, Diessenhofen: Rüegger, 1983, S. 204), für die Einkommensverteilung beträgt der Gini-Index 0,40. Einheiten sind in beiden Fällen Steuerpflichtige.
3) Fälle mit formaler Autorität am Arbeitsplatz machen 37,2 % des Samples aus.

Quelle der Grunddaten: Zentralarchiv, a.a.O. (Anm. 9).

10 Über die Stunde Null und die Stütze der Gleichheit

Die teilweise horizontale Offenheit im Schichtungssystem im keynesianischen Gesellschaft ist an der hohen Statusinkonsistenz erkennbar, d.h. die verschiedenen Statusverteilungen in der Schichtung sind nur sehr wenig gekoppelt. Die Tabelle 10.4 weist dies nach mit der paarweisen gemeinsamen Varianz (quadrierter Korrelationskoeffizient). Bei perfekter Koppelung ergäbe sich eine Statistik von 1,0 - bei vollkommener Unabhängigkeit eine von 0.

Tabelle 10.4
Die gemeinsame Varianz zwischen Statusvariablen im zusammengelegten Sample der westlichen Gesellschaft, 1973-75

	Gemeinsame Varianz (quadrierte Korrelation): r^2
Formaler Bildungsstatus/Berufsprestigestatus	0,35
Formaler Bildungsstatus/Einkommensstatus	0,17
Berufsprestigestatus/Einkommensstatus	0,19
Formaler Bildungsstatus/Formaler Autoritätsstatus	0,05
Berufsprestigestatus/Formaler Autoritätsstatus	0,11

Quellen: Für Grunddaten: Zentralarchiv, a.a.O. (Anm. 9), für Indikatoren: Volker Bornschier, a.a.O. (Anm. 13)

Statusinkonsistenz als Merkmal der Schichtung. Die Tatsache faktischer Privilegien im keynesianischen Gesellschaftsmodell (vgl. Tabelle 10.3), die zumindest bei der formalen Autorität durch den technologischen Stil gegeben sind, bedingt Probleme vor dem Hintergrund des Gleichheitsanspruches. Zumindest formale Autorität ist schwer mit Chancengleichheit zu vereinbaren. Wenn grundsätzlich nur gut ein Drittel überhaupt ans Ziel gelangen kann und die formale Autorität für dieses Drittel selbst wieder enorm abgestuft ist, haben nicht alle die gleichen Chancen. Wären die Chancen eng an den formalen Qualifikationsstatus gebunden, so müßte deren Verteilung ähnlich ungleich wie die der formalen Autorität sein, was z.B. eine Öffnung der Schule ausschlösse. Zusätzlich kumulierten dann regelmäßig die Vorteile aufgrund von Qualifikation *und* formaler Autorität am Arbeitsplatz.

Eine weitgehende Chancenunabhängigkeit der Qualifikations- und Privilegkomponenten der Schichtung ist hingegen eine Lösung, die zu einer teilweisen Öffnung der Gesellschaft und mithin zu mehr Chancengleichheit innerhalb der *gesamten* Sozialstruktur beitragen kann. Auf einer höheren Ebene kann diese Chancen*un*abhängigkeit dadurch ins Gleichgewicht gebracht werden, daß die verschiedenen Statusverteilungen gleichwertig sind in ihrer Einkommen erzeugenden Kraft, d.h. die Unterschiede im Status bei jeder einzelnen Statusverteilungen bewirken ähnliche Einkommensunterschiede bei ansonsten gleichen Merkmalen auf den übrigen Statusverteilungen. Dies kann man auch emprisch nachweisen.[14]

Eine wichtige Begleiterscheinung einer solchen Legitimierung der gesamten Ungleichheit durch eine teilweise Öffnung ist, daß notgedrungen Statusinkonsistenzen entstehen. Sie sind dann nicht die Ausnahme, sondern der Regelfall. Statusinkonsistenzen sind mithin Ausdruck der Legitimierungsversuche in der Gesamtstruktur, und sie haben deshalb eine *integrative* Funktion. Diese Sichtweise modifiziert erheblich die herkömmliche Vorstellung, daß Statusinkonsistenzen Konflikt bedingen.[15] Konflikte, weil Normen der Gleichwertigkeit verletzt werden, können nach der hier dargelegten Sichtweise nur dann entstehen, wenn die Austauschraten jeweils zwischen einzelnen Status und dem Einkommen von dem Muster in der Gesamtgesellschaft abweichen.

Verknüpfungsregeln trotz Statusinkonsistenz?

Verbreitete Statusinkonsistenz in der westlichen Gesellschaft bedeutet aber *nicht*, daß Regeln der Statusverknüpfung fehlen. Wie aber kann dann die beobachtbare Statusverknüpfung so gering sein? Wir wollen dies kurz für die Verknüpfungen zwischen dem formalen Bildungsstatus, der Position im Gefüge der Arbeitsplätze und dem Einkommen behandeln.[16]

Zwei zentrale Thesen der Bildungswirkungsforschung, nämlich die Wandelthese und die Reproduktionsthese[17], müssen skeptisch beurteilt werden. Sie postulieren beide eine hohe Entsprechung zwischen dem Bildungsstatus und den übrigen Status in der Gesellschaft und stehen so mit den empirischen Evidenzen in Widerspruch. Die *Wandelthese* wird von Theodor Hanf[18] folgendermaßen zusammengefaßt: Das Bildungssystem beeinflußt in entscheidender Weise die Verteilung von Status und Einkommen im Arbeitssystem und dadurch die Struktur der Gesellschaft. Die Humankapitaltheorie in der Bildungsökonomie hat diese These am meisten ausformuliert und empirisch durch zahlreiche Untersuchungen zu belegen versucht.[19] Nach dieser Theorie entspricht die Einkommensverteilung im Aggregat den gesamten Abzinsungen des vorher akkumulierten Bildungskapitals der Individuen. Die Verteilung des Bildungskapitals beeinflußt mithin *direkt* die Einkommensverteilung. Bildung ist hierbei die unabhängige Variable, die Verteilung des Einkommens folgt daraus. Die *Reproduktionsthese* argumentiert genau umgekehrt. Bildung ist nach ihr keine unabhängige Variable, sie wird vielmehr durch die Gesellschaftsstruktur determiniert und hat lediglich die Aufgabe, die bestehenden Unterschiede zu legitimieren und zu reproduzieren.[20] So konträr auch diese beiden Thesen sein mögen, in einer Hinsicht sind sie doch paradoxerweise sehr ähnlich, nämlich in der Voraussage, daß Bildungsabschluß, Position und Einkommen im System der Arbeitsplätze weitgehend korrelieren. Die empirische Evidenz für die westlichen Gesellschaften widerspricht dieser Voraussage drastisch (vgl. Tabelle 10.4). Einen ersten Schritt in Richtung einer realistischen Voraussage der Verknüpfung zwischen Bildungsstatus und Berufsstatus, Einkommen und formalem Autoritätsstatus geht die *Legitimationstheorie* der Bildung.[21] Nach dieser Sichtweise folgt die Bildungsverteilung auch einer eigenen institutionellen Logik. In der Institution sind die Werte der Chancengleichheit stärker verankert als in anderen Bereichen der Gesellschaft. Eine solche Sichtweise kann erklären, daß sich das Bildungssystem über unser Jahrhundert geöffnet hat. Die höhere Legitimität der Bildung wird nach dieser Theorie auf andere Bereiche der Gesellschaft zu übertragen versucht, indem über Bildungsabschlüsse Äquivalenzen für entsprechende andere Statusansprüche definiert werden, gleichsam »Wechselkurse« für Status in anderen Bereichen. Die Übertragung von Statusansprüchen von einer weniger ungleichen Statusverteilung auf eine ungleichere und deshalb legitimationsbedürftige Statusverteilung kann aber im Aggregat nicht zu einer perfekten Korrelation führen.

Schaubild 10.1
Die optimale Verknüpfung zwischen Bildung und Einkommen

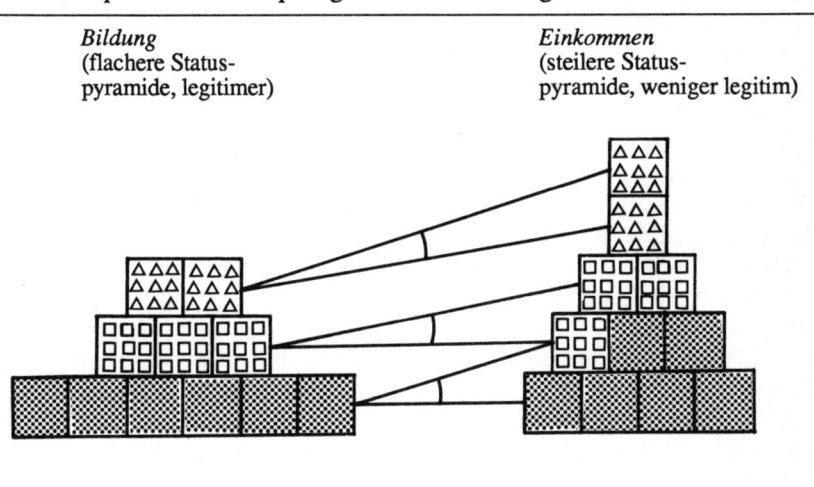

Bildung
(flachere Statuspyramide, legitimer)

Einkommen
(steilere Statuspyramide, weniger legitim)

Legende: ——— symbolisiert die Optimierung der Rangkorrelation.
◿ symbolisiert die sich ergebende Spannweite im Einkommen.

Soll nämlich Legitimität übertragen werden, so muß die Bildungsverteilung mehr Chancengleichheit repräsentieren als die zu legitimierende Statusverteilung bei den Arbeitsplätzen und beim Einkommen. Gibt es solche Unterschiede in der Chancengleichheit, die sich auch in der

Ungleichheitsverteilung eines Statussystems ausdrücken, so kann die Koppelung von Status gar nicht perfekt sein. Die Theorie sagt mithin voraus, daß selbst bei optimaler Statusverknüpfung als *Norm* die Korrelation zwischen Bildung und Status im Arbeitssystem und Einkommen nicht perfekt sein *kann.* Das Schaubild 10.1 bringt dies graphisch zum Ausdruck. Die »flachere« und deshalb intern legitimere Statusverteilung weist eine geringere Ungleichverteilung des Status auf.

Allerdings bleiben bei der reinen Legitimationstheorie einige gewichtige Fragen offen. Für die Statusverknüpfung ist nämlich faktisch das Verhalten von Arbeitgebern und von Berufsverbänden maßgebend, weswegen die Mechanismen der Statusverknüpfung auf dieser Ebene in die Theorie eingebaut werden müssen. Warum die Positionsverteilung im Arbeitssystem ungleicher und damit legitimationsbedürftig ist, bleibt ebenfalls ungeklärt. Schließlich argumentiert die Legitimationstheorie, daß das Bildungssystem Status schafft, der nicht notwendigerweise inhaltlich eng mit Leistungsfähigkeit, wie sie im Arbeitssystem nachgefragt wird, korrelieren muß. Warum Arbeitgeber dennoch auf die Schulbildung als ein Einstellungskriterium zurückgreifen, muß noch plausibilisiert werden.

An anderer Stelle habe ich zwei Versionen von Auswahltheorien der Bildung eingehender behandelt, die die Legitimationstheorie ergänzen.[22] Die Arbeitsteilungstheorie (vgl. Kap. 9) leitet die Struktur der Arbeitseinkommen aus den Entwicklungen im Verlauf der organisatorischen Evolution ab, und nicht etwa aus dem Bildungsangebot der Arbeitskräfte. Formale Bildung und Arbeitseinkommen sind nach dieser Theorie folgendermaßen verbunden. Das latente Arbeitskräfteangebot für höherrangige, mithin privilegierte Positionen in der Struktur der Arbeitsplätze ist größer als die effektive Nachfrage von seiten der Arbeitgeber, die deswegen eine Auswahl unter den Stellenbewerbern treffen können. Die formale Bildung ist nur ein Kriterium unter anderen bei dieser Auswahl, ein universalistisches Auswahlhilfeverfahren, das auch die legitimen Ansprüche berücksichtigt und zudem für den Arbeitgeber den Vorteil hat, als Entscheidungsgrundlage fast zum Nulltarif zur Verfügung zu stehen. Hinzu kommen mehr partikularistische Kriterien bei der Auswahl auf verschiedenen Stufen der externen Rekrutierung wie auch bei Beförderungen. Das Schaubild 10.2 erklärt diesen Zusammenhang vereinfachend.

Die externe Rekrutierung auf jeder Eintrittsstufe gründet nicht allein auf der formalen Bildung, sondern auch auf zusätzlichen Selektionskriterien (Konformität mit den Zielen der Organisation usw.). Jene Stellenbewerber, die angestellt werden, erfüllen die zusätzlichen Bedingungen (symbolisiert durch die Punkte in den Kästchen in Schaubild 10.2), die übrigen mit der gleichen formalen Bildung müssen sich auf tieferen Eintrittsstufen bewerben oder in ihren alten Beschäftigungen verbleiben.

Beförderungen stützen sich nicht mehr wesentlich auf die formale Bildung, denn diese war bereits Selektionskriterium bei der Anstellung auf verschiedenen Niveaus der externen Rekrutierung, und auf jeder Stufe, von der die Beförderung ihren Ausgang nimmt, haben die Kandidatinnen und Kandidaten ein ähnliches Bildungsniveau.

Schaubild 10.2
Arbeitsteilung und Selektion von Stellenbewerbern

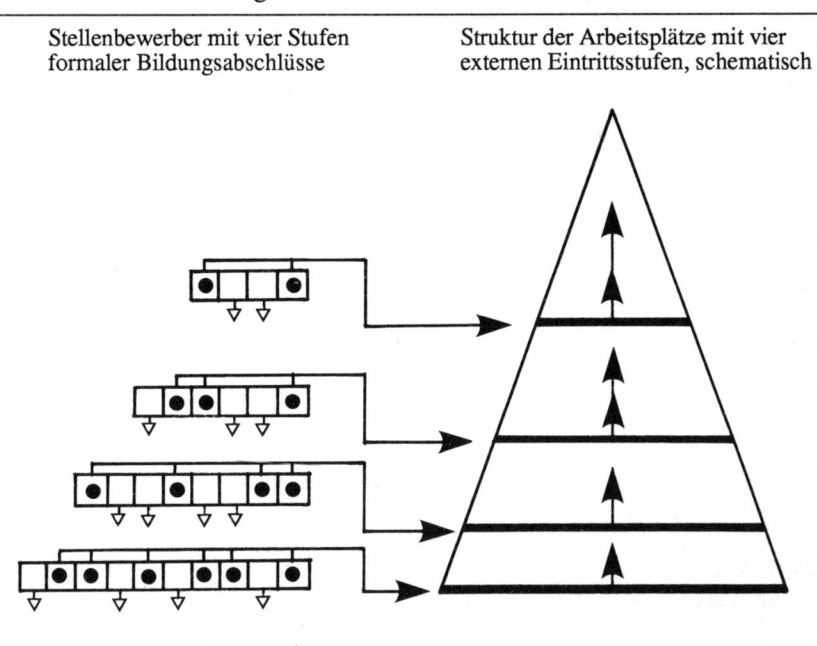

Stellenbewerber mit vier Stufen formaler Bildungsabschlüsse

Struktur der Arbeitsplätze mit vier externen Eintrittsstufen, schematisch

Legende: ▶ Anstellung, ▲ Beförderung, ▽ Bewerbung für andere Arbeitsplätze oder Verbleiben am momentanen.

Das Ergebnis ist eine nur sehr mäßige Korrelation zwischen formaler Bildung und dem Arbeitseinkommen, mithin eine erhebliche Spannweite bei den Verdiensten auch bei gleichen formalen Bildungsniveaus. Dies ergibt sich im Aggregat, obwohl Bildung ein wichtiges Kriterium auf dem Arbeitsmarkt ist und eine Entsprechung von Bildung und Position in der Hierarchie der Arbeitsplätze auch von seiten der Arbeitgeber angestrebt wird. Eine interessante Version der Auswahltheorie der Bildung, die ganz auf einen inhaltlichen Bezug zwischen formaler Bildung und Qualifikationsanforderung am Arbeitsplatz verzichtet, hat Lester Thurow mit seiner Indikatortheorie der Bildung vorgeschlagen. Der formalen Bildung kommt dabei für die Arbeitgeber nur ein Signalwert für die zu erwartenden internen Ausbildungskosten zu.[23]

Die um Auswahltheorien der Bildung ergänzte Legitimationstheorie kann die empirischen Befunde einer nur lockeren Verknüpfung zwischen formaler Bildung und Positionen im Arbeitssystem sowie dem Einkommen befriedigend erklären. Sie zeigt aber auch, daß der Statusinkonsistenz als Resultat dieser Prozesse nicht etwa eine soziale Regelungslosigkeit zugrundeliegt.

Historische Perspektive: Ursprünge der Massenbildung und Wellen der Bildungsexpansion

Die Schule ist an sich keine moderne Institution.[24] Frühere Formen der Schule waren mit der Einführung in Weltdeutungssysteme befasst, und heutige Schulen sind das noch immer. Zwar waren solche Weltdeutungssysteme häufig religiöser Art, aber nicht immer im engen Sinne, wenn man beispielsweise an die Tao-Schulen im alten China denkt, die die Literati, nämlich die bürokratische Elite, den Stand der Mandarine hervorbrachten. Die Schulen spielten für die Eliterekrutierung eine Rolle, wie z.B. in China, aber auch bei den Klosterschulen im europäischen Mittelalter. Auch gab es früher für *bestimmte Gruppen* schon Schulung mit anschließenden Prüfungen, denken wir wiederum an die *Literati* in China oder an die *Samurai*, die berittene Kriegerelite im Tokugawa Japan.

Nicht immer aber waren Schulen für die Elite*rekrutierung* da. Man denke an die Philosophenschulen im alten Griechenland, in denen eine schmale Elite Begüterter, verstärkt durch einige Begabte, in den Genuß von kontemplativer Weltdeutung gelangte, die ihr freilich gesellschaftliches Prestige verschaffte. Ihre gesellschaftliche Stellung ergab sich nicht aus dem Schulbesuch. Versuche, dies zu ändern, sind mit Platons idealem Staat, in dem die Philosophen die politischen Geschicke lenken sollten, gescheitert. Auch die Säkularisierung der Bildungsinhalte ist keine die moderne Schule abgrenzendes Merkmal. Griechenland hat das schon gekannt, und im modernen Europa begann die Säkularisierung des Wissens schon im 12. Jahrhundert, in der sogenannten Renaissance der Wissenschaften, ohne Schulen in unserem Sinne hervorgebracht zu haben. Wir sehen also, daß bereits etliche Elemente der modernen Schule in reichhaltiger Variation im historischen Material existieren. Selbst einfache Gesellschaften kennen prototypische Elemente von Schule bei ihren Initiationsriten, denen meistens eine zeitlich begrenzte Absonderung von der Gesamtgruppe und eine »Schulung« vorangehen.

10 Über die Stunde Null und die Stütze der Gleichheit

Was ist dann wirklich *neu* an der modernen Schule? Einmal ist dies die *Massenbildung*, die freilich nur die Grundbildung betrifft. Das gesamte Schulsystem baut aber auf diesem gemeinsamen Sockel auf, d.h. alle durchlaufen die *gleichen* Grundstufen. Mithin wird durch die moderne Schule der Sockel der Gleichheit angehoben. Dies ist im Kern ein frühes Element von *sozialer* Demokratisierung, die der politischen Demokratisierung in Europa vielfach voranging und in ihren Anfängen auf die Bewegungen der Reformation zurückgeht.

Dann ist das Prinzip der *allgemeinen Schulpflicht* in bestimmten Lebensphasen neu. Diese Schul*pflicht* steht in merkwürdigem Kontrast zur politischen Demokratisierung im Sinne von Freiheitsrechten. Die obligatorische Massenbildung ist mithin kein eigentliches Freiheitsrecht, sondern eine Bürger*pflicht*. Dieser Umstand verweist auf die historisch bedeutsamen Ursprünge der modernen Schule. Sie wurde mehrheitlich von »oben« eingerichtet und nicht von »unten« erkämpft. Schulbesuch als Bürger*pflicht* verweist auf die Homogenisierung der Bürger. Die Mobilisierbarkeit und Kontrolle der Staatsbürger durch den Staat sind die Hauptmerkmale beim Ursprung der modernen Schule in Europa. Die Staatsbürger werden durch die gemeinsame Schule zu faktischen Staatsbürgern, die an der Kultur der neuen Großgruppe, der Nation, teilhatten und für diese mobilisierbar waren. Die Schule, und zwar über die allgemeine Schulpflicht, half mit bei der Bildung von nationalen Identitäten. Die Massenschulung ist mithin ein Projekt der staatlichen Machtbildung in der Phase des beginnenden Nationalismus im ausgehenden 18. und im 19. Jahrhundert.

Gegen Ende des 18. Jahrhunderts wurde die von oben steuerbare Massenloyalität, die einerseits mehr Gleichheit, andererseits mehr Kontrolle von oben bedeutete, zu einer wichtigen Ressource im letztlich wirtschaftlich motivierten Staatenwettbewerb Europas, neben der Seemacht - als Grundlage für *Welt*macht - und der Industrie. Aber nicht die bezüglich Weltmacht, Industrie sowie kapitalistischer Entwicklung führenden Mächte wurden die Vorreiter der Massenbildung. Da Schule Wissen vermittelt und da säkularisiertes Wissen durch die Macht des Denkens immer auch Quelle von oppositionellen Weltsichten sein kann, ist ein gewisser Widerstand von seiten der weltlichen und kirchlichen Machthaber gegenüber der Einführung der Massenbildung in Staatsschulen zu erwarten. Zwei Faktoren halfen, solche Widerstände zu überwinden: einmal der Aufstiegswille im Staatensystem aus einer Randposition heraus, dann der seit längerem andauernde Statusverlust im Staatenwettbewerb. Durch verlorene oder verlustreiche Kriege (z.B. Preußen im siebenjährigen Krieg) wurden die Aufstiegschancen blockiert oder der Statusverlust offensichtlich.

Tabelle 10.5
Die Einführung der Schulpflicht in Westeuropa.
Die Datierung der Gesetze auf *gesamtstaatlicher* Ebene

Die Ausbreitung des obligatorischen Massenbildungswesens beginnt in Europa von Randlagen her, und zwar in folgendem Sinne: Die aufstiegswilligen Mittelmächte, die ihre Aspirationen blockiert sehen, und die vom Abstieg im Europäischen Konzert bedrohten Mächte sind führend.

Institutionelle	Preußen	1763, 1817-25
Innovatoren	Österreich	1774, 1869
	Dänemark	1814
	Schweden	1842 (in Diskussion seit 1810)

Die Zentren früher kapitalistischer Entwicklung und des frühen industriellen Durchbruchs sind nicht führend, sondern Nachzügler. Ebenfalls Frankreich, die führende politisch-militärische Macht auf dem Kontinent, ist spät dran.

Nachzügler	Schottland	1872
	England	1880
	Frankreich	1882
	Schweiz	1874
	Niederlande	1900
	Belgien	1914

Die übrigen Staaten haben erste Gesetze mit folgender Datierung:

Norwegen *)	1848
Italien **)	1877
Irland †	1882
Finnland ‡)	1921

*) Kommt erst 1809 von Dänemark an Schweden, das dafür Finnland an Rußland verliert. **) Königreich Italien erst 1869 gegründet. †) Bis 1919 de facto und bis 1922 nominell unter britischer Herrschaft. ‡) Wird erst 1918 selbständig.

Quelle: Reinhart Schneider, a.a.O. (Anm. 25).

Solche *nationalen Krisen* verhalfen der obligatorischen Schulbildung zur frühen Durchsetzung gegenüber den erwähnten Widerständen. Massenbildung wurde dadurch ein Projekt gesellschaftlichen Wiederaufbaus und der Erneuerung. Vorreiter bei der Einführung - mithin die Innovatoren - sind deshalb jene Länder, die eine solche nationale Krise erlebt haben, und nicht jene, von denen wir es aufgrund der naheliegend scheinenden These - Massenbildung ist eine Funktionsnotwendigkeit der Industrialisierung - erwarten würden. *Nicht* England und Frankreich, die beiden großen und rivalisierenden Mächte im 18. und frühen 19. Jahrhundert - die eine See- und Weltmacht, die andere der kontinentale Hegemon - waren die Innovatoren. Auch waren dies nicht die führenden Zentren kapitalistischer und industrieller Entwicklung in Europa, nämlich die Niederlande, Belgien, England und die Schweiz, sondern es waren die aufstiegsorientierten (Preußen) oder von Abstieg bedrohten Randmächte (Schweden, Dänemark, Österreich), die zur Lösung nationaler Krisen die ersten Gesetze einführten. Eine Datierung der Gesetze auf nationaler Ebene, die die Einführung der allgemeinen Schulpflicht betrifft, ist in Tabelle 10.5 nach Angaben bei Reinhart Schneider zusammengestellt.[25]

Wir können festhalten, daß die Institution der obligatorischen Massenbildung ihrem Ursprung nach eine politische Konstruktion mit Wurzeln im Staatenwettbewerb um Macht ist. Diese These wird auch von John Meyer, Francisco Ramirez und John Boli-Bennett vertreten.[26]

Wellen der Bildungsexpansion

Die institutionelle Innovation, die die allgemeine Schulpflicht darstellt, verbreitet sich über den Wettbewerb im Staatensystem. Massenbildung und die dadurch ermöglichte Massenloyalität wird über ihren legitimierenden Gehalt zu einer Effizienzressource im Wettbewerb. Dies zwingt die Länder, den institutionellen Innovatoren zu folgen. Um die Jahrhundertwende ist der Diffusionsprozeß der obligatorischen Massenschulung weitgehend abgeschlossen und ein neues Kapitel der Bildungsdynamik beginnt.

Schaubild 10.3
Die Wellen der Einführung und der Verlängerung der allgemeinen Schulpflicht in Westeuropa

Gesetze, die die Schulpflicht (bis zu sechs Jahren an sechs Tagen der Woche) einführten, und solche, die die Schulpflicht verlängerten

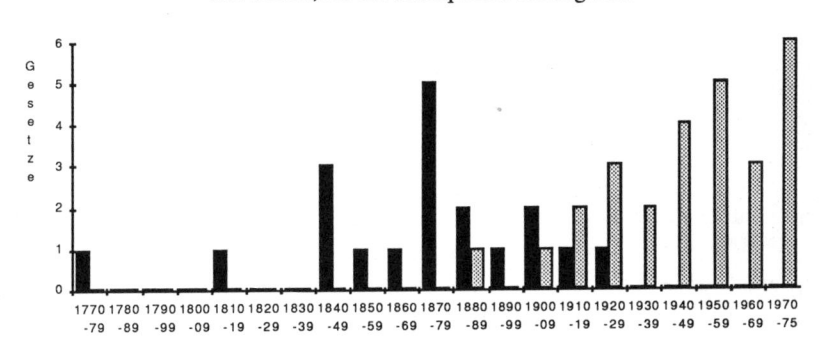

■ Allgemeine Schulpflicht   ▨ Verlängerung der Schulpflicht

Quelle: Peter Flora und Mitarbeiter, a.a.O. (Anm. 27).

Das neue Kapitel betrifft die *Bildungsexpansion,* nämlich einmal die *Verlängerung des Schulzwanges,* der in der seit der Jahrhundertwende aufsteigenden Welle für Westeuropa in Schaubild 10.3 zum Ausdruck kommt.[27] Weiter betrifft die Bildungsexpansion die steigenden relativen *Frequenzen* der Schüler auf *mittleren* und *höheren Stufen* der Bildung, die für den Zeitraum 1870-1975 in Tabelle 10.6 angegeben sind. Man kann beide Prozesse verzahnt sehen. Durch die Differenzierung der Bildung nach Stufen geht der Institution legitimierende Kraft verloren. Durch die Verlängerung der allgemeinen Schulpflicht wird diese Ungleichheit wiederum etwas gemildert: Der Sockel an Bildung, der für alle gleich ist, wird angehoben, mithin Bildung trotz Differenzierung wieder etwas mehr demokratisiert.

Als Erklärung für die Bildungsexpansion, deren exponentieller Charakter in Tabelle 10.6 erkennbar wird, schlage ich die Statuskonkurrenz vor. In diesem Zusammenhang muß daran erinnert werden, daß formale Bildung ein *positionales Gut* ist, d.h. die relative Position ist entscheidend für den »Handelswert« der formalen Bildung. Vor der Einführung der Massenbildung war die Schreibe-, Rechen- und Lesekundigkeit die wichtige Trennungslinie zwischen der Unterschicht auf der einen und der Mittelschicht auf der anderen Seite. Die Universität diente im wesentlichen nur der Rekrutierung einer schmalen Elite in der staatlichen Verwaltung, der Kirchenhierarchie und in den freien Professionen. Mit dem Anheben des allgemeinen Sockels der Bildungsgleichheit wird die Differenzierung der Bildung nach Stufen, nämlich die Zuweisungsfunktion der Bildung wichtig in diesem dialektischen Prozeß: Differenzierung der Bildung und nachfolgende Erhöhung der Grundbildung.

Tabelle 10.6
Durchschnittliche Einschulungsraten für 13 westeuropäische Länder, 1870-1975

	1870 -1910	1920 -1940	1950 -1955	1960 -1965	1970 -1975
Primarschüler in % der Altersgruppe 5-14	61,8	71,8	71,7	69,7	65,9
Sekundarschüler in % der Altersgruppe 10-19	2,2	5,8	13,6	21,9	33,8
Studenten in % der Altersgruppe 20-24	0,9	2,0	3,9	7,2	12,8

Quelle: Reinhart Schneider, a.a.O. (Anm. 25).

Die Tatsache, daß Bildung ein positionales Gut ist, hat eine paradoxe Konsequenz. Infolge der Statuskonkurrenz ist Bildung nicht bloß ein Mittel des sozialen Aufstiegs, sondern es verwandelt sich auch zunehmend in ein *Mittel gegen den sozialen Abstieg.* Diese Spirale von mehr und mehr

Bildung, um die Position der Kinder zu verbessern, und mehr und mehr Bildung, um die Position der Kinder zu bewahren, ist zweifellos ein Kern der Bildungsexpansion in unserem Jahrhundert. Die wachsende Konkurrenz um das positionale Gut »formale Bildung«, die für die exponentielle Entwicklung der Einschulung auf mittlerem und höherem Niveau verantwortlich ist, kann man in zwei Phasen untergliedern, die durch die technologischen Stile und ihre Berufsstrukturen sowie ihre spezifischen Statuskonkurrenzsituationen geprägt werden. Einmal die Bildungsexpansion als Folge der engeren Mittelschichtskonkurrenz in der ersten Hälfte unseres Jahrhunderts, dann die Bildungsexpansion als Folge der erweiterten Mittelschichtskonkurrenz im technologischen Stil, der in den dreißiger Jahren beginnt, ab 1945 allgemein Fuß faßt und sich in den fünfziger und frühen sechziger Jahren voll entfaltet.

Engere Mittelschichtskonkurrenz

Im Gesellschaftsmodell der Nachgründerzeit bleibt die Komposition zwischen Arbeitern auf der einen und Angestellten und Selbständigen auf der anderen Seite recht stabil. Aber die Komposition *in* der Mittelschicht erlebt gewaltige Umgestaltungen. Die Konzentration in der Wirtschaft bewirkte in der Elektrifizierungswelle um die Jahrhundertwende, daß die Existenz als Selbständige zunehmend auf Randbereiche der Wirtschaft beschränkt wurde. Das Komplement der Abnahme der Selbständigen ist der wirtschaftliche Konzentrationsprozeß, nämlich die Entwicklung der Großunternehmen und die sie begleitende Bürokratisierung. Die länger werdenden Hierarchien in der Wirtschaft warfen Probleme auf, wie diese legitim und zielkonform zu besetzen waren. Im Sinne der Statussicherung setzte sich deshalb in der Gesellschaft eine gewisse Entsprechung zwischen Bildungsstufen und Hierarchiestufen durch, wodurch die Machtverteilung in der Gesellschaft legitimiert werden sollte.

Die Selbständigen nahmen damals gemessen an den Erwerbstätigen stark ab und die Angestellten sehr zu. Beide Prozesse - der Abstieg des selbständigen Mittelstandes und der Aufstieg des neuen Mittelstandes - halten sich in Anteilen an der Erwerbsbevölkerung ungefähr die Waage im Zeitraum von den achtziger Jahren des vorigen Jahrhunderts bis in die dreißiger Jahre unseres Jahrhunderts. Dies belegen etwa Materialien für das Deutsche Reich und die Schweiz.[28]

Die Mittelschicht insgesamt (Selbständige und Angestellte/Beamte) bleibt, wie erwähnt, bemerkenswert konstant in ihrem relativen Umfang, aber innerhalb von ihr findet ein intensiver Statuswettbewerb statt. Die mittlere und höhere Bildung wird einerseits ein Mittel für den sozialen Aufstieg (im Falle der Angestellten und Beamten) und andererseits für die alte Mittelschicht (Selbständige) zu einem Mittel, den drohenden Statusverlust dieser bürgerlichen Gruppen aufzufangen, indem man über die formale Bildung Zugang zu den Machthierarchien der formalen Organisationen findet. Max Weber schrieb als Zeitgenosse über die damalige neue Rolle der Bildung folgendermaßen: »Wenn wir auf allen Gebieten das Verlangen nach der Einführung von geregelten Bildungsgängen und Fachprüfungen laut werden hören, so ist das selbstverständlich nicht ein plötzlich erwachender ›Bildungsdrang‹, sondern das Bestreben nach Beschränkung des Angebots für die Stellungen und deren Monopolisierung zugunsten des Besitzers von Bildungsstatus der Grund«.[29]

Diese Prozesse spielten sich innerhalb der Mittelschicht ab, deren relativer Umfang wohlgemerkt gleich blieb. Aus zahlreichen Forschungen wissen wir, daß es insbesondere die Kinder aus dem Bürgertum und aus der neuen Mittelklasse der Angestellten waren, die in die höheren Bildungsanstalten strömten, während die Arbeiterkinder abseits standen. Peter Lundgreen hat die soziale Herkunft der Studenten und Studentinnen im Deutschen Reich und in der Bundesrepublik untersucht.[30] In der ersten Hälfte unseres Jahrhunderts entstammten knapp 40% der Studierenden aus der oberen Mittelschicht, gut 50 % aus der unteren Mittelschicht, und nur 3-4 % waren Arbeiterkinder. Ähnliche Verhältnisse konnte Jean-Pierre Hoby in der Schweiz für die dreißiger Jahre ermitteln.[31]

Erweiterte Mittelschichtskonkurrenz

Die Erweiterung der Mittelschichtskonkurrenz wurzelt in den Merkmalen des neuen technologischen Stils seit den dreißiger Jahren. Zwei neue Merkmale waren dadurch gegeben. Einmal expandierte der relative Umfang der Mittelklasse, der zwischen den achtziger Jahren des vorigen Jahrhunderts und den dreißiger Jahren dieses Jahrhunderts bemerkenswert gleich geblieben war, gewaltig. Eindrückliche Belege dafür sind auf S. 112 in Tabelle 4.2 (Kap 4) zu finden. Weiter wird die im vorangegangenen technologischen Stil noch mehr ganzheitlich gebliebene Arbeit der manuellen Klasse zusehends auf qualifizierte und unqualifizierte Tätigkeiten aufgespalten. Formale Schulbildung über die Pflichtschule hinaus wurde damit zur entscheidenden Trennlinie für Aufstieg oder Abstieg in der neuen Arbeitsteilungskomposition aus Routine, Spezialisierung und Kontrolle.

Damit tritt die Unterschicht mehr in die Arena der Statuskonkurrenz, die vorher hauptsächlich den Mittelschichten vorbehalten war. Sichtbar wird dies an den markant steigenden Zugangschancen zur Universität für Arbeiterkinder. In der Bundesrepublik z.B. machen Arbeiterkinder 1966 zwar immer noch nur 6,5 % der Studenten an wissenschaftlichen und Kunsthochschulen aus, aber nur zehn Jahre später, nämlich im Jahre 1976 machen sie nach Zahlen von Karl Martin Bolte und Stefan Hradil 15,9 % aus.[32] Die Zahlen für die BRD können als Trend stellvertretend für die westliche Gesellschaft gelten. Wir haben weiter vorne auf die markanten Veränderungen für elf bzw. acht westliche Länder hingewiesen. Die Tatsache, daß auf der Hochschulstufe diese erweiterte Statuskonkurrenz erst in den sechziger Jahren sichtbar wird, darf nicht über folgendes hinwegtäuschen: Die »Entscheidungen« für Bildungskarrieren, die nun mehr auch für die Unterschicht offen werden, reichen in die Formierungsphase des keynesianischen Gesellschaftsmodells zurück.

Statuskonkurrenz und Bildungsexpansion

Die These besagt, daß die in zwei Wellen angeschwollene Statuskonkurrenz in der westlichen Gesellschaft der Grund ist für die vorher an Daten belegte Bildungsexpansion. Die Frage, die sich hierbei stellt ist, ob und wie sich die von den *Eltern* erfahrene Statuskonkurrenz in einen Schulerfolg der Kinder umsetzt. Bei diesem Prozess sind nun allerdings die Spieße nicht gleich lang, und zwar aus folgendem Grunde. Eltern mit einem höheren Bildungsabschluß haben eine größere Motivation, die Bildung ihrer Kinder zu fördern. Ihnen geht es zunächst auch darum, daß ihre Kinder den *gleichen* Bildungsabschluß erhalten wie sie selbst. Das ist noch kein Aufstieg, sondern bloße Statuserhaltung. Daraus folgt, daß die in der bestehenden Bildungsverteilung begründeten Motivationsunterschiede eine große Kraft sind, die Bildungsschichtung im Generationenwechsel zu reproduzieren.

Um diese Konsequenzen abzuschätzen, gehen wir von der Annahme aus, daß ein Schulsystem nur nach einem universalistischen Kriterium, nämlich der Schulleistung, selegiert. Nur die Besten einer unteren Bildungsstufe werden zur nächsthöheren zugelassen. In einer solchen Situation scheinen zunächst nur die kognitiven Fähigkeiten der wesentliche Bestimmungsgrund für das schulische Fortkommen zu sein. Bei empirischer Forschung ist diese Vermutung aber nicht haltbar. Jochen Sauer und Heinz Gattringer[33] haben in ihrer Studie der Bestimmungsgründe der Schulleistung auf dem Grundschulniveau an österreichischem Material nachgewiesen, daß die Bildungsaspirationen der Eltern die wichtigste Bestimmungsgröße für die Schulleistung (Zeugnisnoten und Ergebnisse in einem Schulleistungstest) ihrer Kinder ist. Natürlich sind die kognitiven Fähigkeiten der Kinder (über Intelligenztests ermittelt) sehr wichtig. Aber der *gesamte* Einfluß der Bildungsaspirationen der Eltern auf die Schulleistung ihrer Kinder in der Grundschule ist noch leicht höher als derjenige der kognitiven Fähigkeiten alleine.[34] Und diese Bildungsaspirationen der Eltern sind eindeutig abhängig von der Höhe der Bildung der Eltern.

Diese empirischen Befunde von Jochen Sauer und Heinz Gattringer unterstützen die Statuskonkurrenzthese, indem sie nachweisen, daß die Aspirationen der Eltern bezüglich der Schulbildung ihrer Kinder einen großen Einfluß auf die Schulleistung haben, einmal direkt, dann vermittelt über die Tatsache, daß sie der Intelligenzentwicklung förderlich sind sowie mithelfen, die Furcht vor Mißerfolg abzubauen. Selegiert nun das Schulsystem jene Kinder mit besseren Schulleistungen, so setzen sich neben den kognitiven Fähigkeiten, welche die Schule selegieren will, auch die Statuserhaltungsaspirationen der Eltern durch.

Je mehr höhere Bildungsabschlüsse in der Elterngeneration entstanden sind, desto größer werden allerdings die Statuserhaltungsaspirationen in der Gesamtgesellschaft. Die höheren Schulstufen des Bildungssystems können deshalb nur im Sinne von Chancengleichheit, die den Schulerfolg allein an die kognitiven Fähigkeiten binden will, offengehalten werden, wenn die Anzahl der Schüler auf höheren Stufen der Bildung zunimmt. Das ist seit Beginn des Jahrhunderts und verstärkt in der zweiten Hälfte davon der Fall (vgl. Tabelle 10.6 auf S. 268). Für einen faktischen *Ausbau* der Frequenzen auf höheren Schulstufen braucht es freilich kollektive, d.h. öffentliche Entscheidungen. Der Staat, der über die Bildungspolitik den Wert der Chancengleichheit mehr institutionalisieren will, muß den Mobilitätsaspirationen von tieferen Schichten entgegenkommen. Gleichzeitig setzen sich die Statuserhaltungsaspirationen der Gebildeten durch und zwar auf recht universalistische Weise: über den Schulerfolg. Die Schule ist mithin nur offenzuhalten, wenn sie expandiert.

Die hervorgehobene Statuskonkurrenz um Bildungsabschlüsse - Erlangung von höherem Status auf der einen und Verteidigung von höherem Status auf der anderen Seite - ist in ihrer Soziogenese nicht ablösbar von dem wachsenden Bedürfnis der Arbeitgeber nach zertifizierten und legitimen Qualifikationsdifferenzen, die für sie ein erstes Auswahlkriterium der Stellenbewerber auf dem Arbeitsmarkt bilden. Indem Zugangsregeln zwischen Bildungsstatus und Position am Arbeitsplatz sowie Einkommen normativ verfestigt werden, entstehen in der Gesellschaft Erwartungen. Diese Erwartungen sind die notwendige Voraussetzung für die Statuskonkurrenz über Bildung, nämlich ein Aufstiegsdruck einerseits und eine Statusverteidigung andererseits. Man kann freilich die soziale Differenzierung der Arbeitsplätze nur legitimieren, wenn die Zugangskanäle über die Bildung offenbleiben und nicht zu offensichtlich herkunftsabhängig sind. Dies erzwingt allerdings - wie begründet - eine Politik der Bildungsexpansion, die den Wert der Schulabschlüsse als Rekrutierungskriterium aber bedroht.

Eine frustrierende Konkurrenz? Die Erhöhung der formalen Bildung bei jemandem verschafft dem Betroffenen nur solange Vorteile, wie die anderen nicht nachziehen. Tun sie das, so sind weitere Bildungsinvestitionen nötig, um den Vorsprung zu halten. Dieser Prozeß ist nicht frei von frustrierender Konkurrenz, wie Fred Hirsch sagte: »Wenn alle auf den Zehenspitzen stehen, kann keiner besser sehen«.[35] Die rapide gestiegenen Absolvenzzahlen insbesondere der höheren Bildungswege haben in diesem skizzierten Wirkungsgefüge eine paradoxe Konsequenz gehabt. Formale Bildung hat sich über den Konkurrenzdruck von einem Mittel des sozialen Aufstiegs in ein notwendiges Mittel gegen den sozialen Abstieg verwandelt. Dies färbt aber wohl auch entscheidend ab auf das Klima in den Bildungsinstitutionen selbst. Sie werden so nicht unerheblich auch zu dem Arbeitsmarkt vorgelagerten Selektionsinstanzen mit Leistungsdruck und »Frust«. Nicht primär wegen der Inhalte, sondern zum Zwecke der Statussicherung sind viele Menschen an der Institution interessiert.

Die Bildungsexpansion in diesem Jahrhundert hat nach Einschätzung vieler weder die Statussicherungswünsche noch die übertriebenen Hoffnungen auf eine grundlegende Veränderung sozialer Chancen erfüllt. Ulrich Beck und Mitautoren[36] sprechen die damit verbundenen Frustrationen an, wenn sie formulieren: »Verbanden sich in den sechziger Jahren mit der Bildungsexpansion große Hoffnungen auf gesellschaftliche Veränderungen in Richtung auf einen Abbau von sozialen Ungleichheiten, so ist dieser Optimismus im Laufe der siebziger Jahre einer zunehmenden Ernüchterung gewichen und droht an der Schwelle zu den achtziger Jahren in Gleichgültigkeit und Resignation umzuschlagen.« Dies stimmt zwar als empirische Beobachtung. Dennoch ist Resignation nicht am Platz.

Richtig ist, daß die Bildungseuphorie mit dem Höhepunkt der letzten Welle zusammenfiel und seitdem einer gewissen Bildungsresignation Platz gemacht hat. Heiner Meulemann[37] hat für die Bundesrepublik Deutschland den Stimmungsumschwung mit Zeitreihen belegt. Auf die Frage: »Was glauben Sie: Hat heutzutage jeder in unserem Land Gelegenheit, sich seinen Talenten und Fähigkeiten gemäß zu bilden?«, antworteten im Jahre 1958 ganze 68 % einer repräsentativen Bevölkerungsstichprobe zustimmend. Bis 1963, um den Höhepunkt des letzten Gesellschaftsmodells, stieg die Zahl der Zustimmenden abermals, auf 74 %, um dann im Abschwung bis 1979 wieder deutlich auf 59 % zu sinken. Diese markante Abnahme um 15 Prozentpunkte bei der Zustimmung in der Bevölkerung zwischen 1963 und 1979 erfolgte, *obwohl* sich zwischen Mitte der sechziger und siebziger Jahre die Chancen, eine höhere Schule zu besuchen, verdoppelten, und jene, an einer Hochschule zu studieren, sogar fast verdreifachten.[38]

Fred Hirschs Ausspruch: »Wenn alle auf den Zehenspitzen stehen, kann keiner besser sehen«, ist bezogen auf die Bildung ein falsches, weil einseitiges Bild. Wenn alle ein Jahr Bildung mehr haben, so kann vielleicht niemand in einem instrumentellen Sinne daraus einen Vorteil ziehen, aber der Sockel an gleichen Chancen wird dadurch zweifellos angehoben. Bildung kann so *auch* ein Weg zum Verständnis von Welt (Aufklärung) und Selbstentfaltung werden, gerade dann, wenn die Schulen nicht einseitig und eng auf die übrigen Statussysteme und das Arbeitsplatzsystem ausgerichtet sind. Bildung als Aufklärung wie Genuß, als Quelle von Erbauung und Schlüssel für verfeinerte Kultur und geistige Genüsse und nicht zuletzt als Grundlage für Kritikfähigkeit ist aber auch - wenn nicht der primäre Grund - so doch Folge der Bildungsexpansion. Diese Nachfrage nach Bildung, gleichsam als Konsumgut, ist abhängig von der materiellen Versorgung der Gesellschaft und war ursprünglich nur auf eine sehr schmale, begüterte Elite beschränkt. Die enorme Wohlstandsvermehrung hat diese Genüsse der Bildung erheblich demokratisiert, und die Finanzierung der Schulen wie Universitäten durch den Staat ist auch eine echte wohlfahrtsstaatliche Leistung. Diese Vorteile der Bildungsexpansion gilt es zu bedenken, will man die Rolle der Bildung gesamthaft bewerten.

Anmerkungen

1 Ich stütze mich hier wie im folgenden ausgiebig auf den luziden Aufsatz von John W. Meyer,»The Effects of Education as an Institution«, *American Journal of Sociology*, 83(1), 1977, S. 55-72. Auf zwei umfangreichere, weiterführende Arbeiten ist zu verweisen: Helmut Fend, *Theorie der Schule*, München: Urban und Schwarzenberg, 1981. Klaus Hurrelmann, *Erziehungssystem und Gesellschaft*, Reinbek bei Hamburg: Rowohlt, 1975.
2 John W. Meyer, a.a.O., dem ich im folgenden teilweise eng folge. Eine ähnliche Sicht ist verwendet worden von Volker Bornschier und Peter Heintz,»Statusinkonsistenz und Schichtung - Eine Erweiterung der Statusinkonsistenztheorie«, *Zeitschrift für Soziologie*, 6 (1), 1977, S. 29-48.
3 Vgl. John W. Meyer, a.a.O.
4 Alex Inkeles und Larry Sirowy,»Convergent and Divergent Trends in National Educational Systems«, *Social Forces*, 62 (2), 1983, S. 303-333.
5 Ist der Nutzen, den ein Gut stiftet, auch von der Versorgung anderer mit diesem Gut abhängig, so spricht man von einem positionalen Gut. Vgl. hierzu Fred Hirsch, *Social Limits to Growth*, Cambridge (Mass.): Harvard University Press, 1976. Wout C. Ultee,»Is Education a Positional Good? An Empirical Examination of Alternative Hypotheses on the Connection Between Education and Occupational Level«, *The Netherlands Journal of Sociology*, 16 (2), 1980, S. 135-153.
6 John W. Meyer, a.a.O., S. 75 f, meine Übersetzung ins Deutsche.
7 Eine pointiert kritische Arbeit ist z.B. die von Pierre Bourdieu und Jean-Claude Passeron, *Die Illusion der Chancengleichheit*, Stuttgart: Klett, 1971. (Franz. Originalausgabe 1970: *La reproduction*, Paris: Editions de Minuit.)
8 Alex Inkeles und Larry Sirowy, a.a.O., S. 325. Sie stützen sich auf die Primärquelle: OECD, *Education, Inequality and Life Chances*, Vol. 1, Paris: OECD, 1975 (»Inequality of Educational Opportunity by Social Origin in Higher Education«, S. 159-181).
9 Zentralarchiv,»Political Action. An Eight-Nation Study 1973-1976«, *Zentralarchiv-Study-No. 0765*, Köln: Zentralarchiv für empirische Sozialforschung der Universität zu Köln, 1979.
10 Martin Graf und Markus Lamprecht,»Zum Problem der Vergleichbarkeit der Bildungsskalen in der Kölner Acht-Nationen-Studie«, Zürich: Soziologisches Institut,

1984 (unveröffentlicht). Diese Arbeit wurde für mein Seminar: »Zur Analyse sozialer Schichtungsprozesse« (Sommersemester 1984) verfasst.

11 Für jene Länder im Sample, bei denen die Bildung der Mutter erhoben wurde, zeigt sich, daß bei Frauen der Einfluß der Bildung der Mutter größer ist als bei Männern, der Einfluß der Bildung des Vaters dagegen kleiner ist als bei Männern. Vgl. Markus Lamprecht, *Der Beitrag der Bildungsinstitution zur Reproduktion und Legitimation sozialer Ungleichheit*, Lizentiatsarbeit an der Universität Zürich: Soziologisches Institut, in Vorbereitung.

12 Weitere Ausführungen hierzu sind zu finden bei: Volker Bornschier und Peter Heintz, »Statusinkonsistenz ...«, a.a.O. Und: Volker Bornschier, »Bildung, Beruf und Arbeitseinkommen: Theoretische Verknüpfungen zwischen Aspekten der sozialen Schichtung«, *Zeitschrift für Soziologie*, 11 (3), 1982, S. 254-267.

13 Die Indikatoren werden beschrieben bei Volker Bornschier, »Social Stratification in Six Western Countries. The General Pattern and Some Differences«, *Social Science Information*, 25 (4), 1986, S. 797-824.

14 Der formale Bildungsstatus, der Berufsprestigestatus und der formale Autoritätsstatus haben in multiplen Regressionen einen sehr ähnlichen Erklärungswert für Einkommensdifferentiale. Meine Ergebnisse dazu im zusammengelegten Sample der westlichen Gesellschaft kann ich hier aus Platzgründen nicht darlegen. Ergebnisse für die Schweiz legen nahe, daß dies auch für den Vermögensstatus gilt.

15 Vgl. Volker Bornschier und Peter Heintz, a.a.O., und Hermann Strasser und Robert Hodge, *Status Inconsistencies in Modern Societies*, Duisburg: Verlag der Sozialwissenschaftlichen Kooperative, 1986, für die herkömmliche Sichtweise.

16 Eingehender habe ich das an anderer Stelle behandelt: Volker Bornschier, »Bildung, Beruf und Arbeitseinkommen ...«, a.a.O.

17 Vgl. hierzu auch Max Haller, »Bildungsexpansion und die Entwicklung der Strukturen sozialer Ungleichheit«, in Ulrich Beck u.a. (Hg.), *Bildungsexpansion und betriebliche Beschäftigungspolitik*, Frankfurt: Campus, 1980, S. 22 ff.

18 Theodor Hanf, »Reproduktionseffekt oder Wandelsrelevanz der Bildung«, in Theodor Hanf u.a. (Hg.), *Sozialer Wandel*, Bd 2, Frankfurt: Fischer, 1975, S. 120-138.

19 Zur Literatur vgl. Volker Bornschier, »Bildung, Beruf, Arbeitseinkommen ...«, a.a.O.

20 So wird sie von Theodor Hanf, a.a.O., zusammengefaßt. Vertreter sind z.B. Pierre Bourdieu und J. C. Passeron, *La reproduction*, a.a.O.

21 Vgl. John W. Meyer, »The Effects of Education as an Institution«, a.a.O. Sowie: Volker Bornschier und Peter Heintz, »Statusinkonsistenz ...«, a.a.O.

22 Vgl. Volker Bornschier, »Bildung Beruf und Arbeitseinkommen ...«, a.a.O.

23 Einzelheiten und Literaturreferenzen ebenda.

24 Bei der Erarbeitung des Abschnittes über die Ursprünge haben die Arbeiten des Kreises um John W. Meyer (Stanford Universität) wichtige Anregungen für mich gebracht. Es handelt sich dabei um Papiere und Aufsätze zu einem noch laufenden Forschungsprojekt: John W. Meyer und Francisco O. Ramirez, »The Origins and Expansion of Mass Education« (A Proposal to the U.S. National Science Foundation's Programme in Sociology), August 1984. Weiter: John Boli-Bennett und Francisco O. Ramirez, »World Culture and the Institutional Development of Mass Education«, in John G. Richardson (Hg.), *Handbook of Theory and Research in the Sociology of Education*, Greenwood Press, 1985. Sowie: Francisco O. Ramirez und John Boli-Bennett, »The Political Construction of Mass Schooling: European Origins and Worldwide Institutionalization«, Paper, i.V. Und: John Boli-Bennett, Francisco O. Ramirez und John W. Meyer, »Explaining the Origins and Expansion of Mass Education«, *Comparative Education Review*, 29, 1985, S. 145-170.

25 Reinhart Schneider, »Die Bildungsentwicklung in den westeuropäischen Staaten 1870-1975«, *Zeitschrift für Soziologie*, 11 (3), 1982, S. 207-226. Dort S. 212.

26 Vgl. die Anmerkung 24.

27 Peter Flora und Mitarbeiter, *State, Economy, and Society in Western Europe 1815-1975*, Band I: *The Growth of Mass Democracies and Welfare States*, Frankfurt/London/Chicago: Campus/Macmillan/St. James, 1983. Dort S. 553-633. Die Zähleinheit ist das effektive Gesetz auf nationaler Ebene.

28 Zum Wandel der Erwerbsstruktur und der Komposition der Mittelklasse (Selbständige und Angestellte/Beamte) in der »Elektrowelle« können für das Deutsches Reich und die Schweiz folgende Zahlen im Zeitraum 1882-1933 angegeben werden:

Deutsches Reich	1882	1895	1907	1925	1933
Selbständige	29,8	27,0	21,3	16,6	16,2
Mithelfende Fam.angehörige	10,4	9,4	15,4	17,1	16,5
Angestellte u. Beamte	4,9	6,0	7,5	16,2	17,4
Arbeiter	54,9	57,7	55,9	50,2	49,9
Alle Erwerbstätigen	100	100,1	100,1	100,1	100

Quelle: Wolfgang Kleber, »Die sektorale und sozialrechtliche Umschichtung der Erwerbsstruktur in Deutschland 1882-1970«, S. 24-75 in: Max Haller und Walter Müller (Hg.), *Beschäftigungssystem im gesellschaftlichen Wandel*, Frankfurt und New York: Campus, 1983, S. 70.

Schweiz	1888	1900	1910	1930
Selbständige	30,5	27,4	25.8	22,1
Angestellte	.	8,6	11,5	15,9
Arbeiter	.	60,6	59,4	58,0
Lehrlinge	.	3,4	3,3	4,4
Insgesamt	100	100	100	100
Mitarbeitende Familienmitglieder (bei ›Angestellten‹ bis ›Lehrlingen‹ enthalten)	12,9	11,8	11,4	8,2

Quelle: Statistische Quellenwerke der Schweiz. Heft 533. Bern, 1974, S. 298.

29 Max Weber, *Wirtschaft und Gesellschaft*, Tübingen: Mohr (Siebeck), fünfte, revidierte Ausgabe 1972, S. 577.
30 Peter Lundgreen, »Bildungsnachfrage und differentielles Bildungsverhalten in Deutschland 1875-1975«, S. 61-119 in: Hermann Kellenbenz und Jürgen Schneider (Hg.): *Wachstumsschwankungen. Wirtschaftliche und soziale Auswirkungen (Spätmittelalter bis 20. Jahrhundert)*, Stuttgart: In Kommission bei Klett-Cotta, 1981.
31 Jean-Pierre Hoby, *Bildungssystem und Gesellschaft. Ein Beitrag zu ihrer Interdependenz*, Bern und Frankfurt: Lang, 1975.
32 Karl Martin Bolte und Stefan Hradil, *Soziale Ungleichheit in der Bundesrepublik Deutschland*, Opladen: Leske & Budrich, 1984.
33 Jochen Sauer und Heinz Gattringer, »Soziale, familiale, kognitive und motivationale Determinanten der Schulleistung«, *Kölner Zeitschrift für Soziologie und Sozialpsychologie*, 37, 1985, S. 288-309.
34 Jochen Sauer und Heinz Gattringer, a.a.O., S. 298.
35 Fred Hirsch, a.a.O.
36 Ulrich Beck und Mitautoren, *Bildungsexpansion und betriebliche Beschäftigungspolitik*, Frankfurt und New York: Campus, 1980, S. 7.
37 Heiner Meulemann, »Value Changes in West Germany, 1950-1980: Integrating the Empirical Evidence«, *Social Science Information*, 22 (5/5), S. 777-800. Dort S. 781.
38 Heiner Meulemann, a.a.O.

11 Die verschlungenen Wege der Staatsentwicklung und der Entfaltung des Kapitalismus

Funktionen in der Sozialstruktur

Nur wenige Institutionen haben in der Neuzeit dermaßen Karriere gemacht wie der Staat.[1] Neben dem Staat ist noch die transnationale Wirtschaftsunternehmung zu nennen. Weiter natürlich auch in vorderster Reihe die Schule. Diese ist aber weltweit vornehmlich staatlich organisiert und mithin ein Teil, und zwar eine wichtige Facette moderner Staatsausdehnung. Warum hat der Staat so enorm expandiert in bezug auf seine Funktionen, seine Macht und die Ressourcen, die er kontrolliert?

Der moderne Staat hat eine bemerkenswerte Konsolidierung seiner Souveränität erreicht. Er beansprucht letzte Herrengewalt in seinem Territorium und verfügt nahezu über ein Monopol der organisierten Gewalt (Polizei, Militär), weiter beansprucht er, Träger allen Rechtes zu sein und frei zu sein in der Rechtsschöpfung. Mit der Ausdehnung des Staates ist eine Verrechtlichung einhergegangen. Darüber hinaus ist er in immer weitere Bereiche des Sozialen eingedrungen.[2] Dafür steht die bürokratische Expansion und die rationale Verwaltung, die zu einer Rationalisierung größerer Teile des Lebens geführt hat. Auch ist die Finanzfunktion des Staates enorm gewachsen. Er hat auch das Geld an sich gerissen, denn die Bezeichnung »Banknote« verweist noch auf den ursprünglich privaten Charakter der Geldschöpfung. Heute geht in der westlichen Welt fast jeder zweite Franken, Dollar oder Gulden durch die »Hände« des Staates. Schließlich hat der moderne Staat eine Großgruppe geschaffen, nämlich die Nation.

Die *aktuellen* Funktionen des Staates sind historisch betrachtet keine universellen. Es gibt nicht *den* Staat. Schon Max Weber hat seine Staatssoziologie mit der Behauptung eingeleitet: »Staat im Sinne des rationalen Staates hat es nur im Okzident gegeben.«[3] Aber es hat dort, so müßte man ergänzen, anfänglich sehr verschiedene Staatsfiguren gegeben. Zudem hat Max Weber den rationellen Charakter und die bürokratische Struktur des staatlichen Verwaltungsapparates stark in den Vordergrund gerückt und den Staat weniger unter dem Gesichtspunkt einer Sonderform von sozialer Macht gesehen, so wie das in Kapitel 2 behandelt wurde.

Die Ausdehnung der Gruppe als Quelle von kollektiver, nämlich sozialer Macht hat im modernen Staat eine mächtige Ausformung gefunden. *Funktionalistisch* argumentiert, setzt die Vergrößerung der Gruppe, letztlich zum »Staatsvolk«, einen Verwaltungsapparat voraus - eine Delegation des Gemeinschaftshandelns an den Apparat. Die Homogenisierung des Staatsvolkes und die Erzeugung des Wir-Gefühls sind die Quellen der vollen Entfaltung der sozialen Macht. *Historisch* gesehen lief der Staatsbildungsprozeß der Moderne im wesentlichen genau andersherum: von Machtzentren zum allmählichen Einschluß der Basis - dem Staatsvolk. Die modernen Funktionen des Staates, die die Quellen sozialer Macht mobilisieren und erschließen, sind nicht etwa die Intentionen der frühen Staatsbildner gewesen. Sie haben sich als längerfristige, nicht intendierte Nebenfolgen ihrer partikulären Machtinteressen ergeben. Staatsbildung erfolgte generell konfliktiv aus einem sozialen System heraus, das umfassender ist als die einzelnen Staaten und beginnt in Europa mit dem Zerfall des sozialen Systems des Mittelalters.

Im Verlauf einer konfliktreichen Entwicklung sind dem Staat eine Reihe von Funktionen aufgezwungen worden durch ein System, das immer größer gewesen ist als jeder einzelne Staat, wie mächtig dieser auch gewesen sein mag. Dies ist das umfassende System von wirtschaftlichem und wirtschaftlich motiviertem Wettbewerb auf einer kulturellen Grundlage, deren Zentralgrößen mit Effizienz- und Gleichheitsstreben bereits umrissen worden sind. Firmen und Staaten, den beiden Unternehmungen der Neuzeit, ist in diesem umfassenden System eine ähnliche Verhaltenslogik von *außen* aufgezwungen worden. In diesem Prozeß sind Firma und Staat im Westen in einer konfliktiven Symbiose aufeinander bezogen worden. Diese arbeitsteilige, aber nicht konfliktfreie Symbiose ist für den Westen typisch, während Firma und Staat in der staatskapitalistischen Subformation eine Riesenfusion vollzogen haben.

Diese Sichtweise unterscheidet sich von den meisten herkömmlichen Theorien des modernen Staates, gleich welcher Richtung. Jens Alber hat eine hilfreiche Übersicht über die Theorien der Entwicklung des Wohlfahrtsstaates gegeben. Diese Übersicht wird durch eine Kreuztabellierung zwischen funktionalistischen und Gruppenkonflikt-Modellen und pluralistischen und marxistischen Modellen gewonnen.[4] Den funktionalistischen Varianten, seien sie nun marxistisch oder pluralistisch[5], ist gemeinsam, daß zwar Systemerfordernisse hervorgehoben werden, ohne aber das System in seiner Ausdehnung angemessen zu fassen und in seiner Grundstruktur zu beschreiben. Bei den Gruppenkonflikt-Theorien ist die Staatsausformung entweder eine Reaktion auf Demokratisierung und Organisation der Arbeiter oder auf Legitimierungsdefizite der politischen Eliten. Die durchgängige Wirksamkeit der genannten Faktoren ist m.E. an den historischen Daten nicht zu belegen, schon gar nicht die zentrale Rolle von Klassenkämpfen im marxistischen Sinne. Dagegen fehlt die Erwähnung von Konflikten zwischen sozialen Gruppen, die als Staaten organisiert sind.[6]

Die Konflikttheorie wird realistisch, sobald die Akteure und das soziale Bezugssystem richtig spezifiziert werden. Interessanterweise führten diese Konflikte und die Kämpfe, die sie begleiteten, im Endresultat zu deutlichen Konvergenzen bei der Staatsausgestaltung im Westen, die der funktionalistischen Theorierichtung recht zu geben scheinen, aber nur in einem oberflächlichen Sinne, denn der moderne Staat ist das konfliktive Produkt eines bestimmten historischen Systems, in dem der Wettbewerb stattfindet mit politisch-militärischen und wirtschaftlichen Mitteln. Dieser Konflikt ist auch noch hinter der scheinbar glatten Oberflächenstruktur des modernen Staates erkennbar. Ihn charakterisiert geradezu seine Widersprüchlichkeit.

Zwei Kräfte stehen sich von Anfang an im System der Neuzeit antipodisch gegenüber: Das Territorialprinzip bezogen auf eine soziale Gruppe in einem Territorium einerseits und die kapitalistische Logik der freien Ausnutzung von wirtschaftlichen Chancen auf Märkten, die im Kern immer transterritorial war, andererseits. Diese Spannung produzierte die konkrete Ausformung von kapitalistischer Entwicklung und von Staaten. Im Endresultat dieses Prozesses sind vielfältige Formen der Konvergenz empirisch zu beobachten, aber nicht aus einer Logik heraus, die in der Entwicklung *einzelner* Länder liegt, sondern aus der Fusion von zwei unterschiedlichen Logiken im Rahmen eines allgemeinen Wettbewerbs mit wirtschaftlichen und politischen Mitteln.

Nationalismus und Liberalismus sind die antithetischen Ideologien, in die sich die beiden Kräfte historisch eingekleidet haben. Die Komponente des Nationalismus, aus dem Territorialprinzip herausgewachsen, hat im Verlauf einen Ausgestaltungszwang erfahren, nämlich im Sinne von abstrakter nationaler Gemeinschaft.[7] Gemeinschaft und Markt sind weder in sich noch in ihrer Verkettung konfliktfrei und mithin friedlich. Staat als Agent für die Herstellung von mehr Gleichheit im nationalen Rahmen verstärkt die nationalistische Ideologie und die Konflikte zwischen Staaten im internationalen Rahmen. Auch hilft staatliches Handeln so mit, das Wohlstandsgefälle entlang nationaler Grenzen insbesondere zwischen dem Zentrum und der Peripherie aufrechtzuerhalten; dieses wird eben nicht nur durch reine Marktprozesse hervorgebracht.

Staat ist in seinem Handeln wohl immer am stärksten beeinflußt worden durch die Verhältnisse, die außerhalb seiner territorialen Herrschaft, nämlich im externen System, lagen. Sicherlich, die internen Verhältnisse, wie Klassengegensätze und die Gruppenkonflikte, haben seine Ausformungen und sein Handeln auch bestimmt, aber sie waren gerade wegen des staatlichen Gewaltmonopols häufig leichter zu kontrollieren als die externen Umstände. Deshalb erwarten wir auch heute noch, daß die Staatsausformung stärker von der Einbindung eines Territoriums in das Weltsystem abhängt als von der Kräftekonstellation im *internen* politischen Spektrum.

Der westliche Staat hat sich in unserem Jahrhundert zunehmend auch auf die Gewährung von erweiterten Gleichheitsrechten spezialisiert, eine Eingangsbedingung für den sozialen Frieden und mithin eine Wettbewerbsressource, die der Markt und die kapitalistische Unternehmung nicht genügend herstellen können, weswegen die Legitimitätsanforderung ohne die Existenz des modernen Staates nicht erfüllt wäre. Die Staatsbürgerschaft, nämlich die Inkorporation einer Person in den Staat, ist die Dimension entlang derer Status gleichgemacht wird, während Markt und Einzelunternehmung die Dimension ist, entlang derer Status ungleich gemacht wird. Der moderne Wohlfahrtsstaat unterscheidet sich von seinen unmittelbaren Vorgängern durch eine erhebliche Erweiterung der Sicherheits- und Gleichheitsfunktionen einerseits und durch die steuernde Rolle im Rahmen der politischen Ökonomie andererseits.

Gleichheit bedeutet dabei die Gewährleistung von gleichen Handlungschancen im Sinne von gleichen Ausgangsbedingungen. Hierzu gehören einmal die Gewährleistung von Markt, formaler Bildung und die Bereitstellung von Infrastruktur (Verkehr und Kommunikation). Gleichheit im Wohlfahrtsstaat zielt darüber hinaus aber auch auf die Gleichheit im Ergebnis, nämlich hervorgebracht durch soziale Sicherungsnetze und durch die Umverteilung von Handlungschancen (Einkommen). Diese sichernden und umverteilenden Maßnahmen bleiben im Wohlfahrtsstaat nicht Armenfürsorge, sondern werden ein universeller Bürgeranspruch.[8]

Die Sicherheit, die der Staat durch sein Handeln schafft, bezieht sich nicht nur auf die Garantie und den Schutz von Eigentumsrechten, einschließlich der neuen Quasi-Eigentumsrechte, den Sozialversicherungen, auf die der Staatsbürger qua Mitgliedschaft einen Rechtsanspruch hat. Das Konzept von Sicherheit ist weiter. Der Staat stellt nämlich durch sein Handeln Schutz oder Protektion als ein öffentliches Gut her - Protektion nicht nur gegenüber dem »Außenraum«, sondern auch nach innen, als wichtige Voraussetzung des sozialen Handelns. Daß diese »Ruhe und Ordnung« zentrale Voraussetzung eines jeden sozialen Handelns überhaupt ist, darf nicht übersehen werden. Aber diese Ruhe und Ordnung kann sehr unterschiedlich hergestellt werden, worauf weiter hinten noch detaillierter im Zusammenhang mit dem *Weltmarkt für Protektion* zurückzukommen sein wird. Dafür kann nämlich entweder mehr Zwang eingesetzt werden, also staatliche Gewalt, oder mehr Legitimität - mit anderen Worten: innere Zustimmung der Staatsbürger zu einer Ordnung, die der Staat garantiert. Was die momentan letzte Stufe des westlichen Staates gegenüber früheren Stufen auszeichnet, ist ein anderes Schwergewicht bei der Realisierung seiner Ordnungsfunktion: Zwang und staatliche Gewalt sind mehr durch Legitimität substituiert worden. Doch dazu mehr weiter hinten in den Kapiteln 14 und 15, die dem historisch und im Ländervergleich in der Nachkriegszeit detaillierter nachgehen.

Die Widersprüchlichkeit des modernen Staates

Interessengegensätze und Konflikte sind ständige Begleiter des Sozialen. Sie werden im Rahmen eines politökonomischen Regimes auf Zeit zwar moderiert, nicht aber beigelegt. Auch schwankt der Konflikt in seiner Intensität und Schärfe zwischen verschiedenen Etappen der Karriere eines Gesellschaftsmodells nicht unerheblich, worauf im Kapitel über Konflikte bereits eingegangen worden ist. Aber auch ein halbwegs kohärentes Institutionengefüge, das ein Regime auf dem Höhepunkt seiner Entfaltung auszeichnet, bleibt widersprüchlich.

Seiner Funktion und seinem Verhalten nach ist der moderne Staat der große Gleichmacher und große Ungleichmacher *zugleich*. Er gewährt den Markt und damit die Ausgangsbedingung für *Ungleichheit* im Ergebnis. Er betreibt mit wachsendem Aufwand das Bildungssystem, das ungleiche Startchancen einerseits einebnet, im Endeffekt aber wieder Ungleichheit der Bildungsabschlüsse hervorbringt. Er läßt die großen, am Weltmarkt orientierten Wirtschaftskorporationen gewähren. Diese schaffen durch ihre formale Organisation und Arbeitsteilung erhebliche Ungleichheit, aber auch jene finanziellen Ressourcen, die über die Besteuerung einen wesentlichen Teil der Finanzkraft des Staates ausmachen. Durch die Umverteilung in Form der Bereitstellung von kollektiven Gütern und in Form von sozialen Sicherungsnetzen moderiert der Staat im Ergebnis wiederum jene Ungleichheit, die er auf der anderen Seite ermöglicht bzw. nicht verhindert hat.

Der moderne Staat ist mithin ein *spannungsgeladenes* Gebilde. Seine Handlungsimperative und Konflikte werden dabei aber nicht befriedigend durch das gängige Links-Rechts-Spektrum im Innern abgedeckt, weil der Bezugspunkt seines Handelns ein soziales System ist, das ihn selbst übergreift.[9] Daraus ergibt sich ein Fadenkreuz politischer Potentiale, das in Übersicht 11.1 dargestellt ist. »Fadenkreuz« will andeuten, daß der Staat die Gegensätze im Sinne eines Kompromisses zusammenbringen muß, will er seine Funktion langfristig erfolgreich anvisieren. Über die Widersprüchlichkeit von Effizienzstreben und Gleichheitsanspruch sind schon weiter vorne Ausführungen gemacht worden. Auch Weltmarkt und

Staatensystem sind widersprüchliche Teile eines Ganzen, nämlich des Weltsystems. Status im Weltsystem wird nicht nur bestimmt durch militärische und politische Stärke, sondern auch durch Originalität und Wettbewerbsfähigkeit auf dem Weltmarkt.

Begreift man das staatliches Handeln beeinflussende Weltsystem primär nur als Interstaatensystem oder als Weltmarkt, so trifft man auf große Schwierigkeiten, wichtige geschichtliche Fakten zu erklären. Nicht die großen politischen und militärischen Mächte der frühen Neuzeit mit ihrem Projekt der territorialen Expansion, nämlich Spanien-Habsburg und später Frankreich, haben sich an die Spitze der kapitalistischen Entwicklung und der längerfristig erfolgreichen Staatsentwicklung gesetzt, vielmehr waren dies die damaligen Zentren der weltwirtschaftlichen Expansion, nämlich Venedig, Nord-Holland und später England.[10] Der moderne Staat verdankt dieser letztgenannten Entwicklungslinie (Weltwirtschaftsorientierung) mehr als der ersten (Projekt der territorialen Expansion); und viel mehr als das in unseren Geschichtsbüchern gewürdigt wird.

Übersicht 11.1
Das Fadenkreuz politischer Potentiale im Spannungsverhältnis

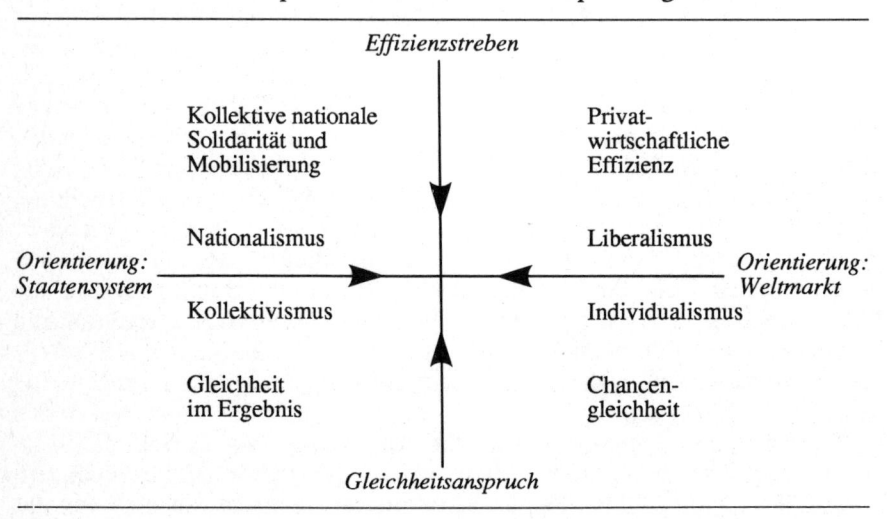

	Effizienzstreben	
	Kollektive nationale Solidarität und Mobilisierung	Privatwirtschaftliche Effizienz
Orientierung: Staatensystem	Nationalismus — Kollektivismus	Liberalismus — Individualismus	Orientierung: Weltmarkt
	Gleichheit im Ergebnis	Chancengleichheit
	Gleichheitsanspruch	

Das Fadenkreuz in Übersicht 11.1 macht auch »verquere« und scheinbar paradoxe Zusammenhänge deutlich, die unsere Denkgewohnheiten stören, weil Staat als Gegenstand der Forschung meistens stillschweigend so angegangen wird, als gebe es nur *einen*. Gewisse politische »Linkselemente«, wie sie sich in der Forderung nach mehr Verteilungsgerechtigkeit im Sinne von Gleichheit im Ergebnis ausdrücken, liegen nämlich vermittelt über ihren Beitrag zur Solidarität der nationalen Großgruppe in Richtung Nationalismus, was normalerweise als politisches Rechtselement gedeutet wird.[11]

Durch den Effizienzwettbewerb im Weltrahmen ist der Staat unter Androhung des Zurückfallens gezwungen, zwei gegensätzliche kollektive Produktionsfaktoren herzustellen, die Voraussetzungen für die wirtschaftliche Effizienz und für die nationale Solidarität sind, und er ist dabei mit zwei nicht ganz zu vereinbarenden Gleichheitsansprüchen konfrontiert: Chancengleichheit und Gleichheit im Ergebnis.

Je mehr der Staat die wirtschaftliche Effizienzseite zuläßt und durch entsprechende Infrastrukturausgaben abstützt, desto mehr muß er auch - will er im Fadenkreuz des langfristigen Erfolges bleiben - die nationale Wohlfahrtsseite ausbauen, um die Solidarität der nationalen Gruppe als Faktor im Weltwettbewerb zu stärken. Die wirtschaftlichen Effizienzanforderungen sind im Rahmen der Weltwirtschaft höher. Je mehr die Wirtschaft eines Territoriums, über das ein Staat gebietet, an der Weltwirtschaft teilnimmt, desto mehr muß der Staat die nötige wirtschaftliche Infrastruktur ausbauen *und* gleichzeitig der Bevölkerung mehr Gleichheit im Ergebnis gewähren. Dadurch expandiert das Volumen der Staatstätigkeit mit der Ausdehnung der Weltwirtschaft infolge eines Systemimperativs und nicht primär aus Gründen einer politischen Binnendynamik.

Aus der Funktionsbestimmung des modernen Staates folgen starke Hypothesen für die Entwicklung der Staatstätigkeit. Einmal ist die Ausdehnung der quantitativen Rolle des Staates eine Funktion der Weltmarktausdehnung. Dann determiniert die Weltmarkteinbindung eines Territoriums die quantitative Ausdehnung der Staatstätigkeit mehr als irgendein anderer Faktor, mehr auch als die jeweilige aktuelle politische Konstellation innerhalb der Organe des Staates; und diese quantitative Ausdehnung wird zu einem erheblichen Ausmaß zur Erhöhung der Legitimität der betreffenden Gesellschaft eingesetzt. Schließlich erwarten wir beim Umfang und der Ausgestaltung der Staatstätigkeit eine Tendenz der Konvergenz bei den Staaten der westlichen Gesellschaft. Während wir diese letzte Erwartung erst in Kapitel 12 prüfen werden, sollen die anderen hier auf ihre empirische Haltbarkeit hin untersucht werden.

Die Indikatoren für die quantitative Erfassung der Staatstätigkeit weisen in unserem Jahrhundert einen klar steigenden Trend auf. In Schaubild 11.1 werden die Ressourcen, die Staaten kontrollieren, aufgeführt; genauer: die staatlichen Einnahmen bezogen auf das gesamte wirtschaftliche Produkt in einem Territorium, die sogenannte *Staatsquote*, zwischen 1910 und 1982.[12] Diese durchschnittliche Staatsquote für alle souveränen Staaten steigt zwischen 1910 und 1970 von 12 % auf nahezu 25%.[13] Für die Länder der westlichen Gesellschaft des Zentrums liegen die Staatsquoten im Durchschnitt noch deutlich höher, nämlich bereits 1950 bei 26 %, 1960 bei

29 %, 1970 bei 35 % und 1975 bei 39 %.[14] Bis zum Jahre 1982 erreicht die durchschnittliche Staatsquote der westlichen Länder an den Einnahmen gemessen 43,5 %; und die Quote für die staatlichen *Ausgaben* steigt sogar noch höher, auf einen Durchschnitt von 50 %.[15]

Parallel zu diesem Anstieg der quantitativen Bedeutung der Staatstätigkeit wächst über den gleichen Zeitraum das Volumen des Welthandels enorm - von 79 auf 373 Mrd. US-Dollar($). Das ist in konstanten $ von 1947-49 ausgedrückt, zu laufenden $ beträgt der Welthandel 1982 rund 4000 Mrd. US-$.[16] Das Schaubild 11.1 führt diese Werte als Indexzahlen auf (1960=100). Über den Zeitraum 1938-1982 sind zudem die Indexzahlen für das Volumen der Exporte der entwickelten Marktwirtschaften aufgeführt. Die Zahlenreihe zeigt eine exponentiell steigende Kurve, die nach einem ersten Einbruch im Jahre 1975 dann von 1979-1982 stagniert.

Schaubild 11.1
Staatsentwicklung und Weltmarktexpansion, 1910 bis 1982

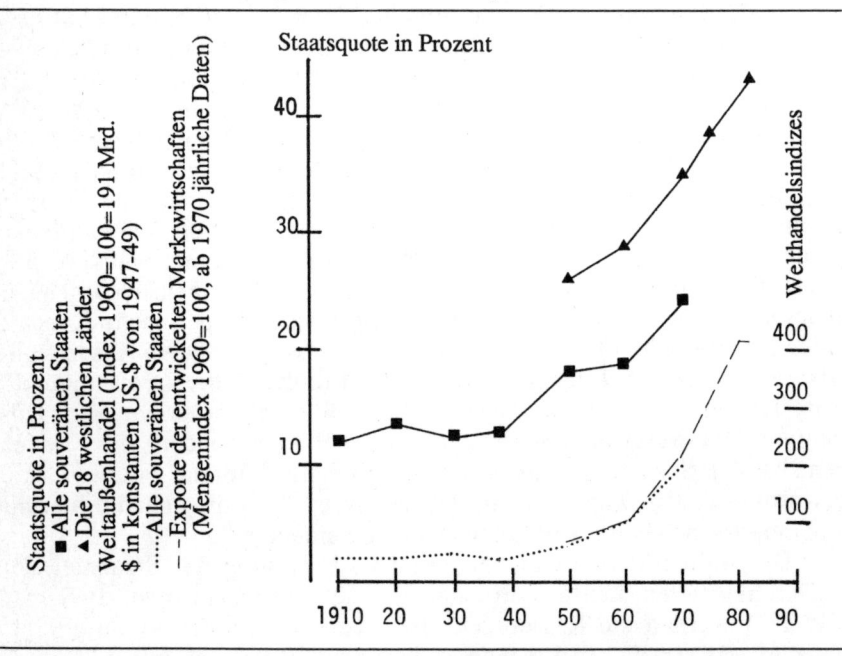

Der Welthandel der einzelnen Länder, hier: die Exporte und Importe eines Landes bezogen auf das gesamte Einkommen in einem Territorium - die sogenannte *Außenhandelsquote* - ist dabei im Durchschnitt aller souveränen Länder stärkeren zyklischen Schwankungen unterworfen. Die durchschnittliche Außenhandelsquote erreicht erst wieder 1970 Werte, die schon zu Anfang unseres Jahrhunderts beobachtet werden konnten.[17] Damals freilich gab es nur rund zwei Dutzend souveräne Staaten, 1973 hingegen sind für 110 souveräne Länder Daten eingeschlossen. Wiederum liegt die Außenhandelsquote für die Länder der westlichen Gesellschaft deutlich über dem Durchschnitt für alle souveränen Länder.[18]

Aus den Daten in Schaubild 11.1 wird *nicht* ersichtlich, ob auch jene Länder, die besonders stark mit der Weltwirtschaft verflochten sind (Außenhandels*quote*), durch eine entsprechend höhere Staatsquote gekennzeichnet sind. Dieser Nachweis ist in der Literatur aber deutlich erbracht worden. Die umfassendste Studie ist die von John Boli-Bennett.[19] Er untersucht die Korrelate der Höhe der Staatsquote zu sieben Zeitpunkten zwischen 1910 und 1970, für alle souveränen Staaten mit verfügbaren Daten. Insgesamt verfügt er so über 350 Beobachtungen. Die Höhe der Außenhandelsquote erklärt am meisten von den Unterschieden bei der Höhe der Staatsquote (Beta: .32), der Umfang des gesamten Welthandels hat den zweithöchsten Erklärungsbeitrag (Beta: .28) und der Urbanisierungsgrad hat ebenfalls noch einen kleinen unabhängigen Erklärungsbeitrag (Beta: .18). Dagegen hat der Anteil eines Landes am Total des Welthandels keinen Einfluß auf die Staatsquote. Es sind also nicht die im Welthandel hegemonialen Mächte, die eine hohe Staatsquote aufweisen, sondern jene, bei denen der Welthandel gemessen an der nationalen Produktion hoch ist.

Diese Ergebnisse finden wir in der Arbeit von Manfred Schmidt bestätigt, die nur die Länder der westlichen Gesellschaft untersucht. Die höchste Korrelation zwischen der Staatsquote im Jahre 1975 und den 19 verschiedenen Testvariablen beobachtet er bei den westlichen Ländern ebenfalls zwischen der Außenhandelsquote und der Staatsquote.[20] Alle übrigen Testvariablen, die Manfred Schmidt aus einer parteipolitischen Hypothese, aus Hypothesen zur Struktur des Parteiensystems, der Art der außerparlamentarischen Machtverteilung und aus institutionellen, ökonomischen und sozialen Strukturen gewinnt, weisen klar tiefere Korrelationen mit der Höhe der Staatsquote auf. Die Schlußfolgerung ist eindeutig. Dort, wo die Außenhandelsquote hoch ist, finden wir in der Regel auch eine hohe Staatsquote. Das ist keine selbstverständliche Sache.

Außenhandels- und Staatsquote haben beidemal das Sozialprodukt im Nenner. Daraus könnte sich eine positive Korrelation als statistische Implikation ergeben. Dieses Problem könnte man einmal mit Kovarianzanalysen angehen oder mit Untersuchungsanordnungen, die die implizierte Kausalität direkter angehen. David Cameron hat letzteres getan.[21] Er setzt die Außenhandelsquote für 18 westliche Länder im Jahre 1960 mit der *Veränderung* der Staatsquote zwischen 1960 und 1975 in Beziehung und erhält eine sehr hohe Korrelation von r=.78. Die Schlußfolgerung ist klar: »Länder mit vergleichsweise offenen, stark außenhandelsabhängigen Ökonomien expandierten ihren öffentlichen Sektor zwischen 1960 und 1975 in der Regel am stärksten, um binnenwirtschaftlich und innenpolitisch die Adaptation an Weltmarktbedingungen abzusichern.«[22] Andere Faktoren spielten dabei neben der Außenhandelsquote keine oder bloß eine untergeordnete Rolle, letzteres gilt für die Stärke der sozialdemokratischen bzw. sozialistischen Wählerbasis der Regierung.[23]

Wie läuft nun die *binnenwirtschaftliche und politische Adaptation* an die Weltmarktbedingungen ab? Wir wissen aus Studien wie der von Guy Peters, daß im Durchschnitt der westlichen Länder über 50 % aller staatlichen Ausgaben auf Gesundheit, Bildung und Einkommenssicherung entfallen.[24] Ebenso wissen wir aus der Studie von Duane Swank und Alexander Hicks, daß die Staatstätigkeit allgemein einen deutlichen, und zwar äquilibrierenden Einfluß auf die personelle Einkommensverteilung der Haushalte hat.[25] Infolge der Staatstätigkeit wird die Verteilung (sekundäre Verteilung) erheblich weniger ungleich als diejenige vor den staatlichen Eingriffen (primäre Verteilung). Interessanterweise sind die Unterschiede bei der primären Einkommensverteilung zwischen den 13 von den Autoren untersuchten Ländern um 1970 etwas geringer als diejenigen nach Berücksichtigung der staatlichen Transfers und der Besteuerung. Die staatliche Beeinflussung der personellen Einkommensverteilung der Haushalte ist also in den verschiedenen Ländern unterschiedlich. Nach unserer Hypothese müßte die Einkommensäquilibrierung eine über die höhere Staatsquote vermittelte Folge der Weltmarktverflechtung sein. Dies finden wir auch empirisch bestätigt, vgl. Schaubild 11.2.

Schaubild 11.2
Korrelationen für 13 westliche Länder

Außenhandelsquote 1960	$r=.85$ ——>	Staatsquotenveränderung 1960-75	$r=.79$ ——>	Ausmaß der Umverteilung der personellen Einkommen durch Staatstätigkeit, um 1970

Quelle: Eigene Berechnungen.[26]

Die bestätigenden Ergebnisse in Schaubild 11.2 gründen auf einer kleinen Fallzahl, sind aber für diese 13 westlichen Länder überaus deutlich. Die vergleichsweise offenen, stark außenhandelsorientierten Länder des Westens haben in der Regel die größte Erhöhung der Staatsquote 1960-75, und diese Erhöhung der Staatsquote ist eng verbunden mit dem Ausmaß der Umverteilung des Einkommens durch Staatstätigkeit um das Jahr 1970.

Die quantitative Ausdehnung der Staaten und die Expansion der Weltwirtschaft entwickeln sich in diesem Jahrhundert parallel. Die Staaten des Westens, die stark außenhandelsorientiert sind - mithin den weltmarktdiktierten Effizienzwettbewerb zulassen oder zuzulassen gezwungen sind - haben in der Nachkriegszeit nicht nur höhere Staatsquoten, sondern sie verwenden auch einen großen Teil der staatlichen Ressourcen zur Solidaritätserhöhung in der nationalen Großgruppe, wie das an der Umverteilung der Einkommen gezeigt werden konnte. Damit haben wir eine wichtige Schlußfolgerung aus dem »Fadenkreuz« der politischen Potentiale empirisch erfolgreich mit Daten konfrontieren können. Zudem kommen wir in die glückliche Lage, ein gar nicht so selbstverständliches empirisches Faktum, das in der Literatur gut dokumentiert ist, zu erklären.

Ursprünge und Konflikte der modernen Staatsbildung in Europa

Die neuere Forschung über die europäische Staatsentwicklung verbindet die politische mit der historischen Soziologie.[27] Das politische Projekt, das in Europa nach 1500 dominant wurde, bestand nach Charles Tilly in der territorialen Orientierung, in der Zentralisierung, in der Abgrenzung von anderen sozialen Organisationen und in der Untermauerung des Souveränitätsanspruches durch eine Monopolisierung der organisierten Mittel physischer Gewalt.[28] Die allgemeinen Bedingungen, die das Überleben dieser besonderen Form politischer Organisation in Europa und ihre Transformation in Nationalstaaten begünstigten, sind nach Charles Tilly zusammengefaßt folgende: die reichliche Verfügbarkeit der abschöpfbaren Ressourcen, die vergleichsweise geschützte Position Westeuropas[29] in Raum und Zeit, ein nicht versiegendes Angebot von politischen Unternehmern, Erfolg im Krieg - und man müßte hier eigentlich hinzufügen: die Unmöglichkeit der Weltreichsgründung -, die vorgegebene oder geschaffene Homogenität der Bevölkerung und eine starke Koalition der Zentralgewalt mit der landbesitzenden Elite. Weiter waren kennzeichnende Merkmale der Staatsbildung: die enormen Kosten und die enge Verknüpfung zwischen Kriegsführung, der Bildung von Armeen, der Ausdehnung, Verstetigung und Monopolisierung der Steuern bei der Expansion des Staatsapparates.[30]

Dieser Prozeß der Staatsbildung wird gewöhnlich in Phasen unterteilt. Ein häufig herangezogenes Schema stammt von Stein Rokkan.[31] Nach ihm ist der vollausgebaute Nationalstaat charakterisiert durch vier Merkmale: *Zentralgewalt, Standardkultur, politische Massenpartizipation* und *umfangreiche umverteilende Aktivitäten.* Mit einem entwicklungstheoretischen Ansatz gelangt Rokkan zu folgenden Phasen: PENETRATION (Erringung von zentraler Kontrolle über ein Territorium und eine Bevölkerung), STANDARDISIERUNG (Homogenisierung der Verwaltung durch Schaffung der Bürokratie und der Bevölkerung durch die Schaffung der Nation), PARTIZIPATION (wachsende politische Teilnahme von immer größeren Gruppen am Staat bis hin zur Massenpartizipation) und UMVERTEILUNG (Ausbau und Koordination sozialstaatlicher Aktivitäten durch den Wohlfahrtsstaat). Nach Stein Rokkan können diese Phasen bei verschiedenen Staatsbildungsprojekten auch unterschiedlich lang sein oder sogar zeitlich weitgehend zusammenfallen. Das Modell ist entwicklungstheoretisch ausgerichtet. Bei gegebenen Ausgangsbedingungen läuft sein Entfaltungsprozeß in die Moderne ab. Das muß nicht linear sein im Sinne ständigen Fortschritts. Schon Charles Tilly hat die alte liberale Vorstellung der europäischen Geschichte als einer graduellen Schaffung und Ausweitung von politischen Rechten kritisiert. In Europa existierten schon eine Vielzahl von repräsentativen politischen Institutionen vor der Vollblüte des modernen Nationalstaates. Die ursprünglichen Staatsbildner waren auch nicht diejenigen, die diese ausbauten oder stützten. Im Gegenteil, sie kämpften gegen solche alten Rechte. Mithin schuf der moderne Staat nicht diese repräsentativen politischen Institutionen, er organisierte sie nur neu und zentralisierte sie.[32]

Entwicklung aus zwei völlig verschiedenen Ursprüngen

Im Gegensatz zu solchen entwicklungstheoretischen Stadienansätzen wird hier ein anderer Ansatz verwendet. Der moderne Staat wird dabei als aus einer Vielzahl von Konflikten hervorgegangen betrachtet und repräsentiert diese auch heute noch, was sich z.B. in der Spannung zwischen dem Staat als Großgruppe, d.h. einer auf Gleichheit angelegten Gemeinschaft, und dem Staat als Herrschaftszentrum ausdrückt. Dabei gab es keine unilineare Entwicklung der modernen Staatsfigur, die nur hier schneller und dort langsamer sich bildete. Seinem Ursprung nach ist der moderne Staat ein »Bastard«, eine Amalgamierung von verschiedenen Elementen, die ursprünglich an *verschiedenen Orten* der dezentralen europäischen Sozialstruktur ausgeformt wurden. Die Erscheinung der - bei der Legitimitätsbeschaffung scheinbar reibungslos funktionierenden - Maschine des modernen Staates scheint daran freilich kaum noch zu erinnern.

Ausgangspunkt wie ständiger Begleitumstand dieses konfliktiven Prozesses war der wirtschaftliche und wirtschaftlich motivierte Wettbewerb im europäischen, später im expandierenden Weltsystem. Max Weber hat dies schon thematisiert, wenngleich nicht mehr ausgeführt. Nach eigenem Bemühen habe ich hier beim Wiederlesen einiges vorgedacht gefunden, was hier gewürdigt werden soll. Bei ihm erscheinen Staaten und Kapitalismus wechselseitig aufeinander bezogen, und die Voraussetzung ihrer konfliktiven Dynamik, die sowohl die Staatsbildung wie auch die Entfaltung des Kapitalismus vorantreibt, liegt im dezentralen Staatssystem, nämlich in der Abwesenheit von einem Weltstaat. In seinen eigenen Worten: »Der ständige friedliche und kriegerische Kampf konkurrierender Nationalstaaten um die Macht schuf dem neuzeitlich-abendländischen Kapitalismus die größten Chancen. Der einzelne Staat mußte um das freizügige Kapital konkurrieren, das ihm die Bedingungen vorschrieb, unter denen es ihm zur Macht verhelfen wollte. Aus dem notgedrungenen Bündnis des nationalen Staates mit dem Kapital ging der nationale Bürgerstand hervor, die Bourgeoisie im modernen Sinne des Wortes. Der geschlossene nationale Staat also ist es, der dem Kapitalismus die Chancen des Fortbestehens gewährleistet; solange er nicht einem Weltreich Platz macht, wird also auch der Kapitalismus dauern.«[33]

Dieser Konflikt hat immer effizientere Formen des Staates wie auch der kapitalistischen Wirtschaftsweise ausselegiert. Aber Max Weber betont in der Textstelle zu stark die Fusion von staatlicher Logik mit der nationalen Bourgeoisie. Die effizienteren Formen kapitalistischer Entfaltung fanden gerade nicht dort statt, wo diese Fusion stark war, denn die dynamischsten Elemente der kapitalistischen Entwicklung waren von Anfang an nie national und sind das heute ebenfalls nicht, wenn wir an die transnationalen Unternehmen denken. *Merkantilismus* ist mehr als ein bloßes Bündnis des Staates mit dem Kapitel, wie Max Weber schreibt: Es ist eine Übertragung des kapitalistischen Erwerbsbetriebs auf die Politik.[34] Diese Form der Fusion unter der Ägide des staatlichen Territorialprinzips ist historisch nicht die erfolgreiche Variante geworden, weder im ständisch-monopolistischen Merkantilismus des späteren Städtewesens noch im nationalen Merkantilismus, wofür Frankreich als Hauptbeispiel steht, noch im Staatskapitalismus unseres Jahrhunderts. Der nationale Merkantilismus bildet also weder den Ausgangspunkt noch den erfolgreichen Ast kapitalistischer Entwicklung. Dieser Ausgangspunkt liegt *vor* dem Merkantilismus, und der kapitalistische Erfolg hat sich *neben* dieser Linie vollzogen, freilich nicht zunächst in England, wie Max Weber meint. In der Neuzeit sind vorher Venedig, die Städtebünde der Hanse und die Generalstaaten Nord-Hollands zu nennen.

Auflösung und Neuformierung. Ausgangspunkt moderner Staatsbildung in Westeuropa ist die Auflösung der mittelalterlichen Ordnung, sowohl kulturell wie politisch und nicht zuletzt auch wirtschaftlich. Diese Auflösung ist m.E. im 11. und 12. Jahrhundert zu datieren.

Kulturell machten sich verschiedene Zeichen eines zerfallenden Konsenses im Weltbild bemerkbar, was sich an den verschiedenen religiösen »Ketzerbewegungen« zeigte, z.B. dem neuen Manichäismus, den Bogomilen und den paulikianisch und bogomilisch missionierten Katharern, die ab dem 11. Jh. in den nord- und mittelitalienischen Städten blühten und den Stadtbürgern ein neues kulturelles Selbstverständnis gaben.[35] Diesen religiösen Häresien war gemeinsam, daß sie den Menschen als selbstverantwortlichen Träger eines »inneren Lichtes« sahen, der das »Licht der Welt« selbst schauen konnte. Diese absolute Autonomie des Individuums machte den Menschen zum Zentrum des Weltlaufs und richtete sich gegen den absolutistischen Anspruch »Roms« und die katholische Hierarchie. Hans Mühlestein betont, daß der Wachstumsgrund für das Bewußtsein der neu entstehenden Bürgerklasse jahrhundertelang in dem ungeheuren Geflecht von revolutionären Sekten lag.[36] Die Spaltungen im Katholizismus wurden in der Folge auch an den Gegenpäpsten sichtbar, und hierbei vermischten sich dann auch bereits die Glaubensspaltungen mit den politischen Kämpfen um die Herrschaft in Europa. Die Abkehr von der Idee eines Gottesreiches, das im Sinne seiner Stellvertretung auf Erden die Vorstellung eines Weltreichprojektes legitimiert, beginnt mithin lange vor den später siegreichen protestantischen Bewegungen gegen Rom.[37]

Politisch wurde die Auflösung dadurch manifest, daß sich die Weltreichsidee nicht über das Zentrum Europas hinaus verwirklichen ließ und sich auch daselbst durch den Kampf zwischen Papsttum und Kaisertum entlegitimierte, woraus zuerst die autonomen Republiken Italiens Nutzen zogen. Schließlich erlebte die territoriale Herrschaft eine frühe und vielleicht historisch entscheidende Niederlage gegenüber der Stadt als neuer politischer Form und Macht durch die letztlich erfolgreiche Unbotmäßigkeit der ketzerischen Städte in der Lombardei, in der Emilia, der Toskana und in Umbrien, vorab des ketzerischen Mailand gegenüber Kaiser Barbarossa (Schlacht bei Legnano, 1157).[38]

Wirtschaftlich manifestierte sich die Auflösung in der industriellen Revolution des Mittelalters zwischen dem 11. und 13. Jahrhundert, die mit dem sich ausbreitenden Mühlenwesen, den »Fabriken« des Mittelalters, einen neuen technologischen Entwicklungsweg einleitete.[39] Die Produktivitätsfortschritte, die dadurch ermöglicht wurden, sind im Einzelfall durchaus ebenso groß gewesen wie jene in unserem Jahrhundert (vgl. das Kapitel 4 über technologische Stile). Die »erste« industrielle Revolution schuf völlig neue Quellen des Reichtums, die vom Boden unabhängig waren und in der Hebung der Energieschätze der unbelebten Natur und in der ingenieurmäßigen, nicht mehr gewerblichen Industrie gründeten.

Diese sozialen Auflösungen hinterließen ein dezentrales Sozialsystem mit alten und neuen Elementen, zwar aus einem gemeinsamen kulturellen Fundus herausgewachsen, aber ohne eine kulturelle Regelung von einer zentralen politischen, wirtschaftlichen und moralischen Autorität ausgehend. Es handelte sich um ein dezentrales Sozialsystem mit geschwundener Verbindlichkeit sozialmoralischer Regelungen.[40] Eine solche Konstellation bedingt eine *Entfesselung* des Machtstrebens, der allgegenwärtigen sozialen Kraft. Ein moralisch nicht verbindlich geregelter, daher sozial ungehemmter Wettbewerb um Macht beginnt.[41] Zwei Bewegungen, nämlich die großen Sozialinnovationen der Neuzeit in bezug auf Machterwerb: das kapitalistische Wirtschaften und die neue Form des politischen Machtaufbaus - das Projekt des absolutistischen Staates - entfalten sich in diesem unregulierten Sozialsystem.[42] Beide standen, wie weiter vorne erwähnt, in Opposition zur alten gesellschaftlichen Ordnung, aber auch in Opposition zueinander. Letzteres ergab sich aus den völlig unterschiedlichen Rechtfertigungen des Handelns, einmal die Begründung aus der Theorie der Freiheit des Menschen, zum anderen die Begründung aus der absoluten Souveränität des Staates.[43]

In diesen beiden oppositionellen Bewegungen ist der Ursprung und die ständige Begleiterscheinung der modernen Staatenbildung bis heute zu sehen. In ihrem Wechselspiel haben diese gegensätzlichen Kräfte an der Ausgestaltung des modernen Staates teilgehabt, aber die Entfaltung des Staatsprojektes fand nicht an einem Ort aus sich heraus statt, sondern die Opposition der Prinzipien und ihrer anfänglich sehr unterschiedlichen Staatsausformungen ging im Zickzack-Kurs durch Europa. In Übersicht 11.2 wird eine Auslotung dieser gegensätzlichen Kräfte versucht. Auch im Nationalismus und Liberalismus wird eine der verschiedenen Ausprägungsformen dieser Spannung gesehen, die zu einer bedeutenden Quelle der Staatsausformung in Europa wie auch in Nordamerika wurde.[44]

Mit der Neuzeit beherrschen zwei Akteure die soziale Szene: die politischen und die kapitalistischen Unternehmer. Letztere waren als Fernhandelskaufleute ursprünglich in den Städten ansässig, die sie sozial und politisch dominierten, und orientierten sich an der Ausnutzung von neuen wirtschaftlichen Möglichkeiten, die vom Boden unabhängig waren, im Fernhandel wie auch in der mit dem Mühlenwesen aufblühenden Industrie. Die politischen Unternehmer stammten in der Regel aus dem Hochadel oder aus den königlichen Dynastien. Sie waren an Land und Menschen als Quellen ihrer Machtakkumulation interessiert. Das Land hielt die Menschen unfrei, im wesentlichen durch zwei Formen der Bindung der Produzenten, nämlich einmal an die Scholle oder an den Eigentümer des Bodens. Die Stadt machte sie frei, wie das auch in einem mittelalterlichen Sprichwort zum Ausdruck kommt.

Im Kern ging es beiden »modernen« Unternehmern um etwas sehr Ähnliches: Reichtum oder ein Reich. Die einen Akteure waren dabei aber territorial, die anderen nicht-territorial orientiert. Die vom Großbürgertum dominierte Stadt und die aristokratische, territoriale Herrschaft waren ihrem Wesen nach Antipoden, deren Grundbeziehung konfliktiv war. Aus diesen Gegensätzen sind zwei unterschiedliche politische Organisationsformen entstanden: Das Land war der Ursprung des absolutistischen Staates. Die Stadt mit allen möglichen Formen der erweiterten politischen Partizipation bis hin zum »Popolo« war dagegen immer durch eine *breitere* Machtverteilung gekennzeichnet, wenngleich dies an verschiedenen Orten und zu verschiedenen Zeiten graduell *sehr* unterschiedlich war. Die Städte taten sich häufig zu dezentralen Städtebünden zusammen, z.B. in der Hanse. Längerfristig war die territoriale Herrschaft militärisch erfolgreicher und absorbierte viele Städte, aber nicht *alle*. Vor allem in Randgebieten konnten wirtschaftlich bedeutende Städte meist in Bünden ihre Souveränität behalten, so die Hanse oder die italienischen Städte (zuletzt nur noch Venedig). Sie blieben freilich beschränkt auf die Medien des Fernhandels, die Meere, die schon aus Gründen der Transportkosten die wesentliche Möglichkeit von Weltwirtschaft darstellten. »Im Abendland«, so formuliert prägnant Fernand Braudel[45], »sind Kapitalismus und Städte im Grunde ein und dasselbe«. Zumindest, so wäre hinzuzufügen, gilt das für die Anfänge der kapitalistischen Entwicklung im Europa der Neuzeit. In der Wirtschaftstheorie der zweiten Hälfte des 18. Jahrhunderts zeigte sich diese Polarität in der Kontroverse zwischen den französischen Physiokraten, die den Boden als wichtigste Quelle des Reichtums betrachten, und dem Briten Adam Smith, der die Arbeit als wichtigeren Faktor für die Zunahme des »wealth of nations« ansah.

Normalerweise wird davon ausgegangen, daß die Staatsbildung in Europa in der *Peripherie* beginne, und nicht im »dorsal spine of Europe«, dem Rückgrat Europas mit dem Band der großen Verstädterung von Mittelitalien bis zur Nordsee.[46] Das ist nur richtig für die großen Territorialstaaten. Nur in ihnen die Wurzeln des modernen Staates zu sehen, ist aber falsch. Europa hat auch die erwähnten Stadtstaaten hervorgebracht, Enklaven autonomer, vom Land relativ unabhängiger Warenproduktion und Zentren des Fernhandels. Die ursprüngliche Autonomie dieser Stadtstaaten geht zurück auf die gegenüber dem Kaiser errungene korporative Souveränität der Städte, die dadurch nur formell und symbolisch einer Obersouveränität unterstellt blieben. Die Tatsache, daß ihr Überleben an der Schwelle zur Neuzeit prekär wurde, darf nicht darüber hinwegtäuschen, daß dieser Traditionsstrang sehr wichtig ist für den modernen Staat. Er hat auch als gesellschaftliche Realität kontinuierlich bis zur Verschmelzung beider Prinzipien überlebt. Die erste, bemerkenswert frühe Erklärung der Menschenrechte auf naturrechtlicher Grundlage ist eine Leistung des Stadtstaates Florenz im Jahre 1289 (vgl. Kap. 2, S. 39).

Staatsbildung in Westeuropa bedeutete zunächst eine enorme Konzentration politischer Macht durch die Ausdehnung der territorialen Herrschaft, die die kleinen Herrschaften und viele Städte unter ihren Willen zwang. Das war eine Fusionswelle von historischem Ausmaß. Das Europa des Jahres 1500 umfaßte ungefähr fünfhundert mehr oder weniger unabhängige politische Einheiten, das Europa des Jahres 1900 nur noch rund 25.[47] Krieg war die ständige Begleiterscheinung, als Mittel zur Erlangung, Verteidigung und Erweiterung von territorialer Herrschaft. Staatsbildung und Krieg gingen Hand in Hand. Zwischen 1500 und dem Wiener Kongreß

Übersicht 11.2
Die oppositionellen Gestaltungsprinzipien in der modernen Staatsbildung

Merkmale	DIMENSION 1	DIMENSION 2
Orientierungstyp der Unternehmer	territorial	›weltgewandt‹, nicht-territorial
Quelle von Macht primär	Boden u. Menschen	Kapital u. Wissen
Art der Abschöpfung	Steuer	Gewinn
Verhalten in Krisen	Mobilisierung von Menschen	Innovationen (Verfahren, Produkte, Vermarktung u. Transport)
Ursprung/*ursprüngliche* Unternehmer in Europa	Land/Hochadel	Stadt/Bürgertum
Organisationen	Bürokratie/ Militär/ Schulen	Gilden, Städtebünde, Gemeinschaftsunternehmen, Handelskompanien, Kapitalgesellschaften, Transnationale Wirtschaftskorporationen (frühe AGs: Société du Bazade, 12. Jh. Toulouse, Casa di San Giorgio, 1483 Genua)
Ideologien, die darin ihre Wurzeln haben	Idee der Staatssouveränität, absolute Macht des Staates	Idee der absoluten Souveränität des Individuums, das frei und selbstbestimmt ist (Naturrecht)
Spätere machtvolle Kristallisationen	Nationalismus	Liberalismus
Spätere Gegenideologien	Nationaler, demokratischer Sozialismus	Sozialistische Internationale
Vergesellschaftung, die darauf zurückgeht	Nation, Staatsbürgerschaft, nationale Gemeinschaft	Markt, Wissenschaft
Prinzipien, die sich im Verlauf am stärksten mit der Dimension verbanden	Gleichheit im Sinne derer von (Volks-) Genossen, Effizienz im Sinne von nationaler Mobilisierung	Gleichheit im Sinne von Chancengleichheit, Effizienz im Sinne von individueller Freiheit, wirtschaftlicher und technischer Effizienz

vergingen nicht viele Jahre ohne größere Kriege in Europa.[48]
Die Entfesselung des Machtstrebens durch das sozialmoralisch unregulierte System wird von Gerhard Ritter, einem Kenner der Neugestaltung Europas im 16. Jh., folgendermaßen plastisch beschrieben.[49] Schon um 1500 war in Europa eine völlig neue Situation eingetreten, die mit der »christlichen Staatengemeinschaft des hohen Mittelalters« nichts mehr gemeinsam hatte. »Eine Vielheit höchst selbstbewußter, auf ihre Selbstbestimmung pochender Staaten ist auf die geschichtliche Bühne getreten. Jeder von ihnen sucht seine Macht so weit auszudehnen, als er nur immer vermag - mit allen Mitteln, guten oder schlechten, ohne Rücksicht auf Treu und Glauben. Die äußere Politik Europas an der Schwelle der Neuzeit wird von machiavellischen Methoden beherrscht, längst ehe der große Florentiner seinen berühmten Fürstenspiegel geschrieben hat. Zu allen Zeiten haben die großen Mächte dieser Welt von dem Mittel der Überlistung und Täuschung des Gegeners reichlichen Gebrauch gemacht. Die naive und bedenkenlose Art, in der die neu emporkommenden Großmächte der Zeit um 1500 sich gegenseitig betrogen, hat von jeher Verwunderung erregt.«

Mit dem Westfälischen Frieden im Jahre 1648 erfuhr die europäische Machtstruktur nach dem Dreißigjährigen Krieg - eigentlich dem ersten Weltkrieg - eine erste Beruhigung in Form der gegenseitigen Anerkennung von Territorien. Das immer neue Erproben des gegenseitigen Kräfteverhältnisses hatte ein erstes »europäisches Gleichgewicht« hergestellt, wenngleich keines von Dauer. Die Stadtstaaten sind zu diesem Zeitpunkt bereits politisch wie auch wirtschaftlich zurückgedrängt. Die italienischen Städte sind mehrheitlich unter territoriale Herrschaften geraten, bis auf Venedig, das zwar selbständig bleibt, sich allerdings durch das massive Ausgreifen auf Norditalien (terra ferma) selbst »territorialisiert«. Die deutschen Städte sind größtenteils verwüstet und haben ihre politische Souveränität an Territorialherrschaften verloren.

Nur ein Stadtgebiet auf ehemaligem Reichsgebiet ging gestärkt und ohne Obersouveränität aus dem Dreißigjährigen Krieg hervor, die Generalstaaten Nord-Hollands. Holland führte die europäische Tradition der Kaufmannsrepubliken Italiens und des Nordens (Hanse) fort.[50] Innerhalb nur weniger Jahrzehnte, 1560er Jahre bis 1609 (dem Beginn des zwölfjährigen Waffenstillstandes mit Habsburg-Spanien), arbeitete sich die holländische Rebellion gegen das Projekt des absolutistisches Staates zur führenden Wirtschaftsmacht, Seemacht und Weltmacht empor.[51] Hollands Führerschaft im kapitalistischen Projekt nur seinem »Krämergeist« zuschreiben zu wollen - über Antwerpen (spanische Niederlande) wanderte nämlich das Zentrum des lukrativen Gewürzhandels nach Amsterdam (Generalstaaten Nord-Hollands) -, ginge an wichtigen Fakten vorbei. Bereits Immanuel Wallerstein hat Belege für Hollands *industriellen* Vorsprung zusammengetragen[52], so z.B. in der landwirtschaftlichen Produktion, in der Textilindustrie, der Fischereiindustrie (einschließlich Verarbeitung und Konservierung), in der Zuckerverarbeitungsindustrie, der Papierindustrie (einschließlich der Druckindustrie) und nicht zuletzt im Schiffsbau, einer bedeutenden Kapitalgüterindustrie der Zeit. Ähnlich wie vorher die Seerepublik Venedig[53] verband Holland eine Reihe von sich gegenseitig stützenden Faktoren: die Beherrschung der Meere, ein politökonomisches Regime, das im Innern den Kapitalismus förderte und nach außen effektiv schützte, und Vorsprünge bei der industriellen Fertigung, die gemessen an den Standards der Zeit *Massenproduktion* war.

Mit den Generalstaaten Nord-Hollands, damals das am meisten urbanisierte Gebiet, mündet das bürgerliche Projekt erstmals in der europäischen Geschichte in ein Staatsgebilde, das sich *nun* auch *territorial* behaupten kann. Die Generalstaaten wurden zum Ursprungsland des bürgerlichen Liberalismus.[54] Auch die intellektuelle Ausstrahlung war enorm, wenn wir z.B. an Erasmus von Rotterdam oder Hugo de Groot (Grotius) denken. Für verfolgte Minderheiten wurde Holland ein wichtiger Zufluchtsort, insbesondere etwa für die sephardischen Juden und die Hugenotten. Auch die großen Geister der Zeit wurden angezogen. René Descartes, der große »Franzose«, lebte einen Großteil seines Lebens in Holland (1629-1649) und schrieb dort all seine Werke. Zusammen mit Baruch de Spinoza (ebenfalls in Holland) und Gottfried W. Leibniz gehört er zu den Gründern der modernen Philosophie. Galileo Galilei, einer der Begründer der neuzeitlichen Naturwissenschaften, steht zwar in Italien unter kirchlichem Denkverbot (später Hausarrest), schmuggelt aber Seite für Seite seines Hauptwerkes (*Dialog über die beiden Weltsysteme*) aus dem »Gefängnis« heraus, um sie in Holland drucken zu lassen.[55] Aus Portugal geflüchtet und in den Niederlanden niedergelassen haben sich auch die Vorfahren David Ricardos. Nach einer eher wirtschaftlich bedingten Uebersiedelung nach England schreibt Ricardo dann die wegweisende, für den Freihandel plädierende Theorie der komparativen Kostenvorteile. Idealisierung ist allerdings fehl am Platze. Dieser erste bürgerliche Staat war eine Klassenherrschaft des Patriziats und schuf keine Demokratie im modernen Sinne. Eine Mobilisierung der Massen fand wie auch bei der späteren englischen Revolution kaum statt. Holland verteidigte seinen bürgerlichen Staat vor allem mit Landsknechten.[56]

Verfassung und Staatsgewalt sind in Holland klar von bürgerlichen Elementen beherrscht, wenngleich dies, wie erwähnt, eine Klassenherrschaft des Patriziats ist. Gegenüber dem Zentralstaat des absolutistischen Projektes der Zeit um 1600 ist die Dezentralisierung politischer Macht ein absolutes Novum: ein lockeres Kriegsbündnis, das im Frieden fortdauerte, mehr eine Art organisierter Anarchie, denn ein geschlossenes Staatswesen - Gerhard Ritter nennt es eine Oligarchie von zweitausend Souveränen. Die oranischen Prinzen verkörperten zwar innerhalb der

Republik ein monarchisches Prinzip, aber die Macht lag eindeutig in bürgerlichen Händen, womit in einem (kleinen) Flächenstaat erstmals in der Neuzeit eine neue Herrschaftsform geboren war: »ein Regiment nicht der selbstsicheren, rücksichtslosen Energie, wie in den monarchisch-absolutistisch regierten Staaten, sondern der beständigen Kompromisse, des immer neu ausbalancierten Gleichgewichts der Kräfte«.[57]

Das Vorbild Hollands für die moderne Staatsbildung wird in der Literatur nicht gebührend gewürdigt. Dort stehen das absolutistische Projekt und schließlich seine revolutionäre Beseitigung im Vordergrund, womit aber zwei Jahrhunderte europäischer Staatsentwicklung am Rande bleiben. Die Tatsache der Existenz Hollands, seines enormen Reichtums und seiner Liberalität haben aber die Entwicklung der Staatsbildung stark und bleibend beeinflußt. Obwohl Nord-Holland kein großes Territorium hatte, war es für hundert Jahre *die* Weltmacht, und die Intellektuellen der Zeit setzten sich auch damit auseinander, wie aus Werner Gollwitzers[58] *Geschichte des weltpolitischen Denkens* ersichtlich ist. Holland setzte Standards für Europa nicht nur wegen seiner enormen wirtschaftlichen, geistigen und künstlerischen Entfaltung, sondern auch, weil es durch die territorialen Herrschaften - den Zentren des absolutistischen Staatsprojektes, zuerst Habsburg-Spanien, dann Frankreich - nicht bezwungen werden konnte. Hier liegt vielleicht ein historisches Moment: Angesichts der erdrückenden Macht Habsburg-Spaniens hätte es auch anders kommen können, was die moderne Staatsbildung und die Entfaltung des Kapitalismus vielleicht Jahrhunderte zurückgeworfen und möglicherweise im Endresultat keinen Vorsprung Europas im Weltgeschehen bedeutet hätte.[59]

Das absolutistische Europa mußte sich mit der bürgerlichen Weise der Machtakkumulation auseinandersetzen und tat dies im *Merkantilismus*. Aber ein erfolgreicher, *organischer* Kompromiß wurde erst später in England gefunden, als ein neues Element im kapitalistischen Entwicklungsweg auftaucht: die kapitalistische Landwirtschaft.[60] Mit England emanzipiert sich dann der Kapitalismus von seinem Ursprung, dem *städtischen* Bürgertum.

Der holländische Erfolg erzwang bei den territorialen Imitatoren die Ehe zwischen »Geldadel« und Landadel (Aristokratie). Das war keineswegs überall eine gut funktionierende und für die weitere Entwicklung fruchtbare Ehe. Auf dem Kontinent wurde sie unter der autoritären Führung des absolutistischen Projektes zu einer unfruchtbaren Zwangsehe. Das merkantilistische Projekt der Zeit war die nationale wirtschaftliche Entwicklung. Aber die Kapitalentfaltung blieb unterlegen, weil sie im Zwangskorsett einer letztlich immer territorial orientierten Elite stattfand, deren Standeskodex den Handel, die industrielle Betätigung wie auch die Vermählung mit dem Großbürgertum untersagte. Das Bürgertum blieb dabei höchstens Juniorpartner, aber ohne politisches Gewicht. Die fiska-

11 Die verschlungenen Wege der Staatsentwicklung • 297

lische Ausbeutung von wirtschaftlichen Chancen und Monopolen zu machtpolitischen Zwecken dominierte im Merkantilismus der Monarchen.

Der »Geldadel« aristokratisierte sich konsequenterweise in den Städten. Die Vermögen infolge von Handel, Finanz und Industrie wurden zunehmend in Boden investiert. Das Bürgertum durchsetzte sich in Anlehnung an den Adel mit territorialen Elementen der Bodenrente, zumal auch die großen internationalen Geschäfte, die auch den weiteren Ausbau der industriellen Infrastruktur stimulierten, zuerst durch die Holländer, dann durch die Engländer monopolisiert wurden. Nur in England verlief die Entwicklung anders. Dort entwickelte sich ein Agrarkapitalismus aus der Verbindung zwischen Land- und Geldbesitz.[61]

Während die holländische Revolution den Weg des Handels-, Finanz- und Industriekapitals zur Macht bedeutete, d.h. ein hauptsächlich urbanes Phänomen, war Englands Revolution - Bürgerkrieg und Cromwells Diktatur (1642-58) und die anschließende Glorreiche Revolution, die 1689 mit der Bill of Rights abgeschlossen wird - zunächst der Weg des agrarischen Kapitals zur Macht. Die Grundbesitzer des niederen Adels (Gentry) wurden die politisch dominante Klasse, wie Perry Anderson im einzelnen dargelegt hat.[62] Obwohl die Vertreter des Handels und Finanzkapitals (Whigs) nur die Juniorpartner adeliger Landbesitzer (Tories) im Parlament waren, kam es zu einer echten Verschmelzung, auch durch regelmäßige Heiraten. Diese Verbindung von Land und Stadt, nämlich die bemerkenswerte industrielle Geschäftigkeit auf dem Lande mit einer flexiblen Unternehmensstruktur und geringen legalen und gewohnheitsrechtlichen Einschränkungen für das kapitalistisch orientierte Wirtschaften, wird auch von David Landes in seiner »Industriellen Revolution in Britannien« hervorgehoben.[63] Die englische Institution der Primogenitur im Erbrecht unterstützte dies nach meiner Einschätzung nicht unwesentlich, bedingte sie doch viele land- und titellose Sprößlinge beim zahlenmäßig bedeutsamen niederen Adel. Die Juniorpartner zu Hause wie auch die titel- und landlosen Sprößlinge der Aristokratie wurden schließlich die wichtigen Akteure im expandierenden britischen Empire. Darauf wird zurückzukommen sein.

Die englische Revolution brachte ein neues Element, nämlich das *Parlament* als höchste verfassungsmäßige Instanz.[64] Adel und Bürgertum hatten die Versuche einer absolutistischen Königsherrschaft zurückgewiesen und ein parlamentarisches System geschaffen, in der letzten Phase übrigens auch mit gewisser militärischer Hilfe Hollands. Der siegreiche, sich verbürgerlichende englische Parlamentarismus bedeutete deshalb in der Tat eine Revolution, weil zum erstenmal in der Neuzeit die Idee der Freiheit des Individuums in einem *Großstaat* gegenüber der Idee der absolutistischen Macht des Staates obsiegte. Der Staat wurde in der englischen Lehre als ein Vertrag ursprünglich völlig freier Menschen gedeutet (Staatstheoretiker Thomas Hobbes und John Locke). Besonders die Variante von John Locke (1632-1704)[65] war revolutionär und wegweisend: Der Staat ist nach seiner Lehre etwas sehr Pragmatisches, nämlich ein ausdrücklicher oder stillschweigender Vertrag, und er muß der Entscheidung der Mehrheit gehorchen.[66] Obwohl die gesetzgebende Gewalt (Legislative) die höchste ist, hat sie freilich keine absolute Gewalt. Ihr geht das Recht, der vernunftbegründete Basiskonsens voraus.

Die von John Locke entwickelte Theorie des Verfassungsstaates entsprach dem durch die Glorious Revolution gültig gewordenen Staatsrecht Englands, das das Prinzip der Volkssouveränität und zugleich des vertraglichen Ursprungs und der vertraglichen Begrenzung der königlichen Gewalt festlegte. Über König und Parlament aber stand die von beiden durch den Vertrag als unantastbar anerkannte Autorität des Rechtes. Die Staatsvertragsidee wird aus diesen Wurzeln angelsächsischer Tradition gespeist. Bekanntlich bedeutete Englands fortschrittliche Verfassung keine Demokratie im heutigen Sinne. Aber dadurch wurde der Kampf um den Staatsvertrag, nämlich um den *Einschluß* in diesen ermöglicht.

England hatte zu Beginn des 17. Jahrhunderts wohl allenfalls 5 Mio. Einwohner, Frankreich, das bevölkerungsreichste Land Europas und das Zentrum des absolutistischen Projektes 20 Mio. Am Ende des Jahrhunderts lag die Bevölkerung Englands immer noch unter 10 und diejenige Frankreichs gegen 30 Mio. Für die weitere Staatsentwicklung wäre die englische Führerschaft mit dem neuen Modell des Staates kaum dermaßen bedeutsam gewesen, wäre nicht England gleichzeitig auch das Zentrum kapitalistischer Entfaltung geworden. Die überlegene englische Wettbewerbsposition in der Weltwirtschaft machte das neue Staatsmodell zu etwas, mit dem sich das absolutistisch-merkantilistische Staatsprojekt der Zeit auseinandersetzen mußte. Dadurch wurde es im politökonomischen Wettkampf in Frage gestellt. Mehr Liberalität und freier Handel gegenüber staatsdirigistischen Eingriffen, nämlich die antithetischen Ideologien *Nationalismus* und *Liberalismus*, rangen in verschiedenen Staaten miteinander. Die Antwort auf den englischen Vorsprung kam dann bekanntlich auch aus Frankreich, und zwar mit einer radikalen Fortsetzung der Revolution, die aber in der englischen bereits angelegt war.

Nicht nur die kapitalistische Entfaltung und die Hegemonie im Weltsystem verschieben sich in Europa über Holland nach England. Auch politisch und wirtschaftlich kam es zu Verbindungen. Wilhelm III. von Oranien, der Statthalter der Generalstaaten Nord-Hollands, übernimmt in der Glorreichen Revolution die Krone Englands (1688). Für »protestantische Freiheit und ein freies Parlament« landete er auf Einladung des Parlaments in England. Auch das Kapital verschmolz teilweise. Das holländische Kapital, das keinen Zugang mehr zu den großen Aktiengesellschaften der Zeit fand - den holländischen Handelskompanien (Vereenigde

Oost-Indische Compagnie und Westindische Compagnie, in ihren neuen Formen 1602 und 1621) - gründete in England die entsprechenden englischen Handelsgesellschaften.[67] Im Troß von Wilhelm III. führten Holländer neue Finanzinstitutionen ein. Holländische Investoren gehörten seit Beginn zu den wichtigen Aktionären der Bank of England (gegründet 1694), und es kam zu intensiven Kapitalmarktverflechtungen zwischen Amsterdam und London.[68] Diese holländisch-englischen Fusionen sind auch noch heute an der Tatsache erkennbar, daß die Aktien der zwei Weltkonzerne Royal Dutch/Shell und Unilever sich hauptsächlich in britischem und holländischem Gemeinbesitz befinden, ein Unikum im Rahmen der Weltkonzerne.

Auch ideengeschichtlich läßt sich im Rahmen der Staatsrechtsentwicklung nachweisen, daß die Antithese zum absolutistischen Staatsprojekt sich von den italienischen Städten über Holland nach England, weiter in die Kolonien Nordamerikas bewegt, um von dort aus wieder - sichtbar an der französischen Revolutionsverfassung - zum Kontinent zurückzukehren. In der holländischen Aufklärung knüpft Hugo de Groot (Grotius, 1583-1645), an die pazifistische Tradition des holländischen Humanisten Erasmus von Rotterdam an, der seinerseits in der Humanismus-Tradition steht, die in Italien mit Francesco Petracco aus Arezzo (Petrarca, 1307-1374) einen Höhepunkt hatte. Für Grotius steht das Recht *über* dem Staat, womit er ein klarer Antipode des »Realisten« Macchiavelli ist und ein Vorläufer John Lockes. Neben dem göttlichen Willen existiert für Grotius ein *natürliches* Recht, das nicht nur jeden Menschen, sondern auch den Staat sowie die Staaten in Krieg und Frieden bindet. Damit wird Grotius auch der Begründer des modernen Völkerrechts (ius gentium). John Locke, in der Tradition von Grotius stehend, führt die englische Aufklärung ein. Gegen Ende der englischen Revolutionswirren geht er von politischer Verfolgung bedroht nach Holland (1683-1688), um dann Wilhelm III. von Oranien zu folgen, mit dem dann in England die Revolution endet. Die Lockeschen Gedanken werden in die Verfassung aufgenommen.

Die Auseinandersetzungen Frankreichs mit England im 18. Jahrhundert betreffen nicht nur die politökonomische Ebene, sondern auch die der Ideen. »Die *Entdeckung Englands* durch die Franzosen (und damit der Beginn der französischen Aufklärung, V.B.) kann man geradezu als das entscheidende Ereignis in der europäischen Geistesgeschichte des beginnenden 18. Jahrhunderts ansehen. (...) Die Aufklärung in Frankreich (...) unterscheidet sich von der englischen vor allem in einem Punkt: durch ihre größere Radikalität«, schreibt Hans Joachim Störig.[69]

Exkurs: Die äußere Expansion

Bisher ist die äußere Expansion Europas, nämlich der Kolonialismus in seiner Bedeutung für die Staatsbildung und die Entfaltung des Kapitalismus unberücksichtigt geblieben. Welche Rolle spielte der Kolonialismus? Wir schlagen hier eine Antwort vor, die sich vielleicht gegen viele Meinungen stellt: *Generell* spielte der Kolonialismus eine retardierende Rolle. Wohlstand und Luxus durch leichte Revenuen auf der Grundlage von Herrschaft errungen, haben noch nie Kapitalismus und Industrie beschleunigt. Wohl haben sie erhabene Kultur, Adel oder aristokratische Gesinnung gebracht. Letztere sind aber auf Genuß und Boden und nicht auf Industrie aus und begünstigen deshalb eine dem Projekt des Kapitalismus nicht förderliche Staatsentwicklung.[70] Englands besonderer Weg wird noch ausgeführt.

Seit dem Hochmittelalter, den Kreuzzügen im 11.-13. Jahrhundert war das europäische Sozialsystem expansiv. Diese Expansion beschleunigte sich seit der Entdeckung der Neuen Welt und des Seeweges nach Indien, aber hauptsächlich geographisch, anfänglich weniger in bezug auf die Kolonialbevölkerung. Der Reichtum, der durch die Kolonien nach Europa strömte, wird gewöhnlich als eine zentrale oder zumindest wichtige Stütze bei der Entfaltung des Kapitalismus gesehen, insofern als seine Bedeutung für die ursprüngliche Akkumulation hervorgehoben wird.[71] Eine solche einseitige Sichtweise bedarf einiger Korrekturen. Die koloniale Expansion war zwar für die mit der kapitalistischen Entwicklung kompatible Umgestaltung des Staates in *einem* Falle von einiger Bedeutung. Aber der Konnex, der normalerweise in einer primitiven Kausalitätsdeutung unterstellt wird, ist nicht stimmig. Vielmehr dürfte dahinter ein komplexer Prozeß stehen. Es geht im folgenden wohlgemerkt um die Bedeutung des Kolonialismus für das Zentrum, nicht für die Entwicklung der Peripherie.

Zunächst einmal muß festgehalten werden, daß die Kolonialisierung gemessen an der unterjochten Bevölkerung bis 1750 vergleichsweise sehr gering blieb, obwohl riesige Gebiete unter europäische Kontrolle gerieten. In Relation zur Bevölkerung Europas betrug diejenige in den europäischen Kolonien im Jahre 1700 schätzungsweise 11 % und im Jahre 1750 14 %.[72] Danach kam es dann zu einem steilen Anstieg, der ungebrochen bis in die erste Hälfte unseres Jahrhunderts andauerte, als die Kolonialbevölkerung 100 % - und bezieht man die Halbkolonie China ein sogar 200 % - der europäischen Bevölkerung einschließlich Rußlands ausmachte. Trotz der Entkolonisierung in Nord- und Südamerika stieg nach 1800 diese Verhältniszahl, weil bevölkerungsreiche Gebiete wie Indien neu angegliedert wurden. Eine wichtige Schlußfolgerung daraus ist, daß die an Bevölkerungszahlen meßbare Bedeutung der europäischen Kolonialisierung nicht der industriellen Revolution voranging, sondern sich parallel dazu bis in unser Jahrhundert entwickelte.

Kann aber nicht dennoch die frühe, wenngleich bedeutungsmäßig geringe Kolonialisierung der *erleichternde* Grund für die industrielle Revolution gewesen sein? Dagegen spricht einiges. Wäre die Kolonialisierung *der* begünstigende Faktor gewesen, dann müßte man konsequenterweise erwarten, daß die industrielle Revolution auf der *iberischen Halbinsel* und nicht in *England* ausgebrochen wäre. Bevölkerungsmäßig war nämlich das Kolonialreich der Portugiesen und Spanier zusammen zu Beginn des 18. Jahrhunderts zehnmal so groß wie jenes der Engländer. 1720 lebten im britischen Kolonialreich ca. eine Mio. Menschen, unter den Portugiesen und Spaniern in den Kolonien mehr als 10 Mio.[73] Von der einen Million in den britischen Kolonien lebte nahezu die Hälfte in Nordamerika, und zwar zu einem erheblichen Teil als Siedlerkolonisten ziemlich autark.

Warum entwickelten sich dennoch Industrialisierung und Kolonialismus parallel, so daß das spätere Weltreich der Briten das der Spanier und Portugiesen bei weitem überflügelte? Die Antwort liegt wohl in den beiden ursprünglich widersprüchlichen Logiken Kapitalismus und Staat, die in ihrer historischen Fusion die Spitzen der kolonialen Expansion hervorbrachten. Dieser Entwicklungspfad war im Gegensatz zur französischen Entwicklung nicht-revolutionär.

Staatsbildung im Europa der Neuzeit war das *Projekt* der Weltreichsgründung, angetrieben durch die »Tributlogik«. Die herrschende Klasse im Weltreichsprojekt, typischerweise aristokratischen Charakters, ist an Tribut, also Abschöpfung interessiert, weiter an Ämtern in der staatlichen Administration und im Militär. Dagegen ist die reine kapitalistische Logik an Märkten und Gewinn orientiert (»Profitlogik«). Es geht allenfalls um die Sicherung und Kontrolle der Medien des Weltaustausches (Meer, strategische Meerengen, Schutz von Märkten an zentralen Orten und um die Eindämmung der Seeräuberei). Die Kontrolle ganzer Landmassen und Bevölkerungen ist dieser Logik schon aus Kostengründen fremd.[74]

Faktisch dürfte die territorial orientierte Kolonisierung entweder die kapitalistischen Zentren aristokratisiert haben, wie im Falle von Venedig (spätestens mit der Terra ferma), oder die aristokratischen Elemente der Zentren der Kolonialreiche gestärkt und somit die Entfaltung der kapitalistischen Logik gehemmt haben, wie im Falle von Spanien und Portugal. Bei ihnen war die koloniale Expansion eine Unternehmung der Kronen. Das Industrie- und Handelskapital wurde dadurch langfristig weder wirtschaftlich noch politisch gestärkt. Hollands Kolonialexpansion war zumindest anfänglich vergleichsweise wenig territorial orientiert, sie zielte primär auf die Beherrschung der Meere als Medien des Welthandels. Durch die koloniale Ausbeutung wurde die dort *vorher* an die Macht gelangte kapitalistische Bürgerklasse gestärkt, die sich in einem fast ständigen Kampf mit den großen absolutistischen Territorialherrschaften in Europa befand. Vielleicht hätte sich diese kapitalistische Herrschaftsklasse im weiteren Verlauf auch stärker aristokratisiert. Aber die Machtbasis Hollands war zu klein, um die Territorien langfristig verteidigen und sich auf dem Kontinent militärisch alleine behaupten zu können. Hollands Bürgerklasse vollzog vielmehr eine gewisse Fusion mit der aufstrebenden neuen Weltmacht England.

Der Fall Englands zeigt aber in anderer Weise die große Bedeutung der kolonialen Expansion für die kapitalistische Entwicklung und die nicht revolutionäre Umbildung der sie stützenden Staatsstruktur.[75] Diese Bedeutung liegt nach meiner Einschätzung nicht so wesentlich, wie normalerweise angenommen wird, in der die Akkumulation beschleunigenden Wirkung. Englands koloniale Expansion ermöglichte die Kooperation zwischen dem bürgerlichen Kapital und der agrarkapitalistisch gesinnten Gentry. Die Allianz zwischen diesen beiden Blöcken war die Grundlage des englischen Staates nach der Glorious Revolution in Form eines oligarchischen Parlamentarismus.[76] Als Juniorpartner zu Hause konnte sich das bürgerliche Kapital auch auf die expandierenden Chancen im Weltreich auf Seebasis verlegen. Weiter darf der Umstand nicht außer Betracht fallen, daß der Reichtum, der aus den Kolonien nach England strömte, dort weniger eine Aristokratisierung, die die Entfaltung der kapitalistischen Logik gehemmt hätte, stützte, denn die Landwirtschaft war bereits *vorher* kapitalistisch durchorganisiert. Schließlich hatte das weltwirtschaftlich orientierte englische Kapital im englischen Staat auch eine solide territoriale Stütze, die den Schutz der wirtschaftlichen Chancen gegenüber dem Hauptrivalen Frankreich sichern konnte.

Englands Kolonialexpansion hatte sicherlich auch eine beträchtliche territoriale Komponente. Sie bestand nämlich nicht bloß aus der Beherrschung der See und zentraler Landpunkte. Nachdem das *erste Empire* im amerikanischen Unabhängigkeitskrieg verlorengegangen war, wurde später die territoriale Komponente mit dem *zweiten Empire* (mit Indien als neuem Kronjuwel) eher stärker, trotz der sich im Slogan »indirect rule« ausdrückenden Ideologie. Die Bedeutung der territorialen, tributären Komponente zeigte sich besonders drastisch im Boom des Sklavenhandels Ende des 18. Jahrhunderts. Bezeichnend ist dabei der Aufstieg Liverpools zu *dem* Welthafen, bevor dann 1833 nach dem Verbot des Sklavenhandels der bis heute anhaltende Niedergang einsetzte. Ist es nun Zufall, daß die englische industrielle Revolution auf der Nahtstelle von erstem und zweitem Empire sich beschleunigte? Wohl kaum.

Der spätestens um 1750 erkennbare Siegeszug der Logik des Kapitals erzwingt für eine erfolgreiche Weiterentfaltung zweierlei. Einmal, daß der Tribut, den die Kapitalistenklasse in Form von Absteuerung zu entrichten hat, tief gehalten wird, und zweitens, daß diese Abschöpfung des Staates zudem hauptsächlich zur Stützung der profitablen Kapitalverwertung eingesetzt wird. Daraus ergibt sich strukturell eine Entmachtung der alten, aristokratischen Staatsklasse, deren Einkommensgrundlage der Tribut und deren Ämtergrundlage die staatliche Herrschaft über möglichst weite Gebiete ist. Die koloniale Expansion erhöhte nun die Tributmasse bei gleichzeitig moderat gehaltener Absteuerung im Zentrum. Sie favorisierte mithin einen vergleichsweise harmonischen, nicht-revolutionären Übergang der Macht von der alten zur neuen Elite,[77] freilich zulasten der politisch-militärisch schwächeren Gebiete auf der Welt. Kurzum: Der Kolonialismus kann so als die historisch-*funktionale* Begleiterscheinung des Siegeszuges der kapitalistischen Logik *im Zentrum* gedeutet werden. Diese Hypothese hebt die Bedeutung des Kolonialismus für die *politische* Entwicklung hervor und nicht, wie üblich, für die *ökonomische*.

Die Tributmasse infolge der Vergrößerung der Kolonialreiche machte es möglich, daß die alte Elite der sich im Zentrum durchsetzenden neuen Wirtschaftslogik nicht allzuviel Widerstände entgegenbrachte. Diese Widerstände waren in England sowieso am schwächsten und die dahintersteckenden Kräfte wurden abermals geschwächt, als mit dem amerikanischen Befreiungskrieg das Kronjuwel aus dem ersten Empire herausgebrochen wurde. In der ersten Kolonialkrise Englands (1776) ist möglicherweise ein bisher zu wenig mit Aufmerksamkeit bedachter, förderlicher Faktor für die englische industrielle Revolution zu sehen, die sich nach 1776 beschleunigte. Der Agrarkapitalismus hatte in England einen kapitalistischen Arbeitsmarkt und einen für die Zeit bemerkenswert liberalen und integrierten nationalen Markt geschaffen. Die koloniale Expansion hatte das Großbürgertum gestärkt und auch die Finanzverfügbarkeit erhöht. Die gesellschaftlichen Eliten waren verschwägert und dort, wo sie adelig waren, zumeist kapitalistisch gesinnt. Nordamerika - neben der Karibik (Jamaika) - die große Quelle leichter Revenuen von außen, war bis auf Kanada verloren. Kurzum, die Konstellation war reif für das neue Projekt: die Kapitalisierung bisher handwerklicher Produktion auf der Grundlage von neuen Energiequellen und Kraftmaschinen.

Die Rivalin Albions und die Ausweitung des Projektes

Während die industrielle Revolution in England schon auf vollen Touren läuft, ist Napoleon mit seinem territorialen Projekt beschäftigt - Frankreich verliert damit endgültig den Anschluß an den verhaßten Rivalen Albion. Frankreich, die Verkörperung des Territorialprinzips par excellence in der Neuzeit (nationaler Merkantilismus), hat nie eine kapitalistische Führung aufbauen können, weil die kapitalistische Logik nicht territorial ist und nur wenige Allianzformen von Staat und kapitalistischer Logik wettbewerbsfähig sind. Das merkantilistische Projekt hatte trotz des formalen Programms auch nie einen homogenen internen Markt hervorgebracht.[78]

Frankreich war der Prototyp der nationalistischen Komponente der Staatsbildung in Europa, des bürokratischen, staatsdirigistischen Projektes als höchste Entfaltung des absolutistischen Staates in Europa. Aber Frankreich konnte England im wirtschaftlichen und militärischen Wettkampf nicht einholen, geschweige denn überholen. Frankreichs militärische Überlegenheit im Felde konnte wegen Englands Insellage nicht ausgespielt werden. Napoleons Kontinentalsperre steckte noch einmal alle Energie in das territoriale Projekt.[79]

Im Gegensatz zur herkömmlichen Geschichtsschreibung wird die Französische Revolution weniger als Beginn der modernen Staatsentwicklung denn als Ergebnis des verlorenen Wettkampfs gegen England gesehen. Frankreichs Revolution führte ein neues Element in die europäische Staatsentwicklung ein: die gleichen Rechte für jedermann, freilich nicht für die Frauen. In der französischen Revolutionsverfassung ist die Fortsetzung des englischen Staatsvertragsprojektes klar erkennbar, wenn auch der Einfluß über Nordamerika vermittelt war. So wirkt etwa Thomas Paine sowohl an der Verfassung der amerikanischen Bill of Rights als auch der französischen Menschenrechtsdeklaration mit. Thomas Jefferson, der Schöpfer der Virginia Bill of Rights und der Declaration of Independence (1776), hat sich sicher geschmeichelt gefühlt, als er sich in der Verfassung der französischen Republik wiedererkannte.

Die explosive Mischung, die durch den Einbezug der französischen Nationalismuskomponente in die weitere Staatsbildung entstand, war erkennbar an der Massenmobilisierung, die Hollands und Englands Revolutionen gerade nicht kennzeichnete. Diese Massenmobilisierung versetzte Europa in Erstaunen und demonstrierte ihre Wucht zuerst bei den Verteidigungskämpfen der Revolution und kurz darauf, als die populistische Diktatur Napoleons Europa überrannte. Diese Machtquelle der Massenmobilisierung wies der weiteren Staatsentwicklung im Verlauf des 19. Jahrhunderts die Richtung. Die alten europäischen Gegensätze verschmolzen zu einem neuen Ganzen mit den beiden Hauptkomponenten Liberalismus und Nationalismus.[80]

Das *vorletzte* Element dieser Verschmelzung war die Gewährung des freien Marktes durch die Territorialstaaten und die allmähliche Partizipation aller mit den gleichen Rechten am Staat, was freilich noch sehr lange nur auf die Männer beschränkt blieb. Die gesetzliche Einführung der *Gewerbefreiheit* war 1860 in Westeuropa praktisch abgeschlossen, womit sich ein wesentliches Element des modernen Staates im Zentrum generalisierte. Englands diesbezügliche Führungsrolle im 18. Jahrhundert wurde erwähnt, gründete zunächst aber auf Gewohnheitsrecht und wurde dann

11 Die verschlungenen Wege der Staatsentwicklung • 305

1813 mehr fixiert. Die Diffusionskurve wird in Schaubild 11.3 ersichtlich. Sie wird allerdings durch die Restaurationsperiode deutlich unterbrochen.

Schaubild 11.3
Einführung in Westeuropa von: Gewerbefreiheit und Koalitionsrecht; die Gründung von gewerkschaftlichen Dachverbänden und Arbeiterparteien.

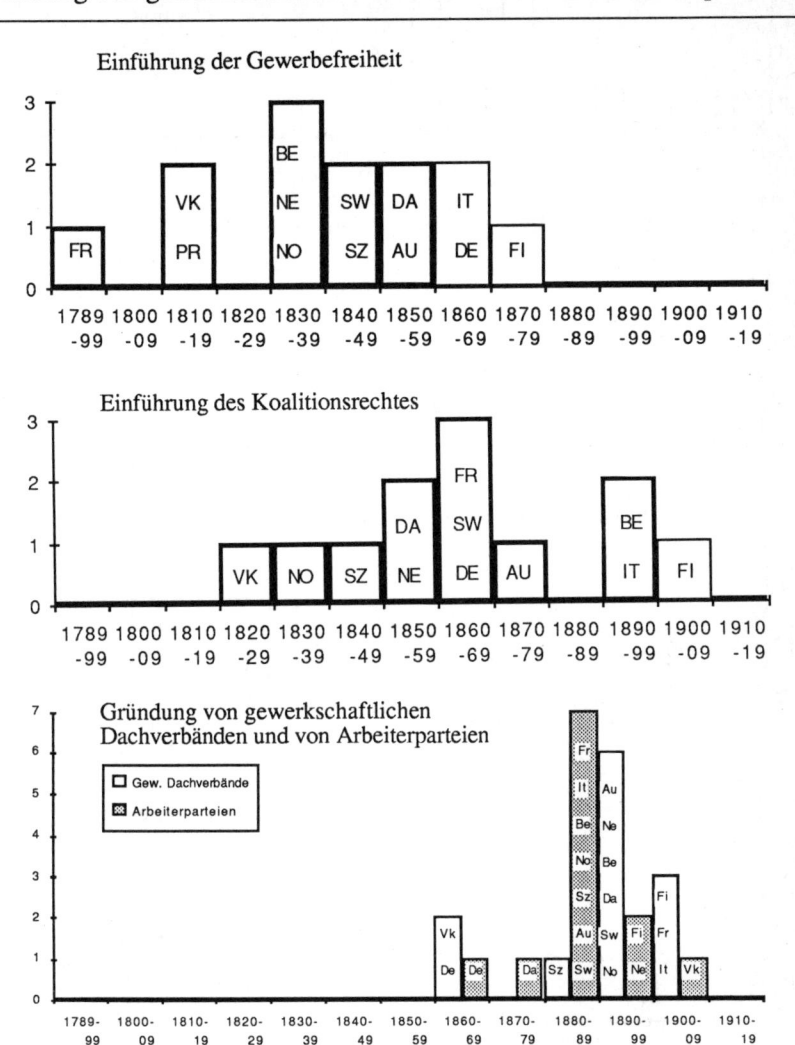

Einführung der Gewerbefreiheit

Zeitraum	Länder
1789-99	FR
1800-09	VK, PR
1810-19	BE, NE, NO
1820-29	SW, SZ
1830-39	DA, AU
1840-49	IT, DE
1850-59	FI

Einführung des Koalitionsrechtes

Zeitraum	Länder
1810-19	VK
1820-29	NO
1830-39	SZ
1840-49	DA, NE
1850-59	FR, SW, DE
1860-69	AU
1880-89	BE, IT
1890-99	FI

Gründung von gewerkschaftlichen Dachverbänden und von Arbeiterparteien

☐ Gew. Dachverbände
▨ Arbeiterparteien

Zeitraum	Dachverbände	Arbeiterparteien
1860-69	Vk	De
1870-79	De	
1880-89	Da, Sz, Sw, No, Au, Be, No, It, Fr	
1890-99	Sw, Fi, Ne	
1900-09	Fi, Fr, It	
1910-19	Vk	

Quelle: Jens Alber, a.a.O. (Anm. 4), S. 39.

Schaubild 11.4
Die Ausdehung des Wahlrechtes in Westeuropa, Periodisierung der Gesetze

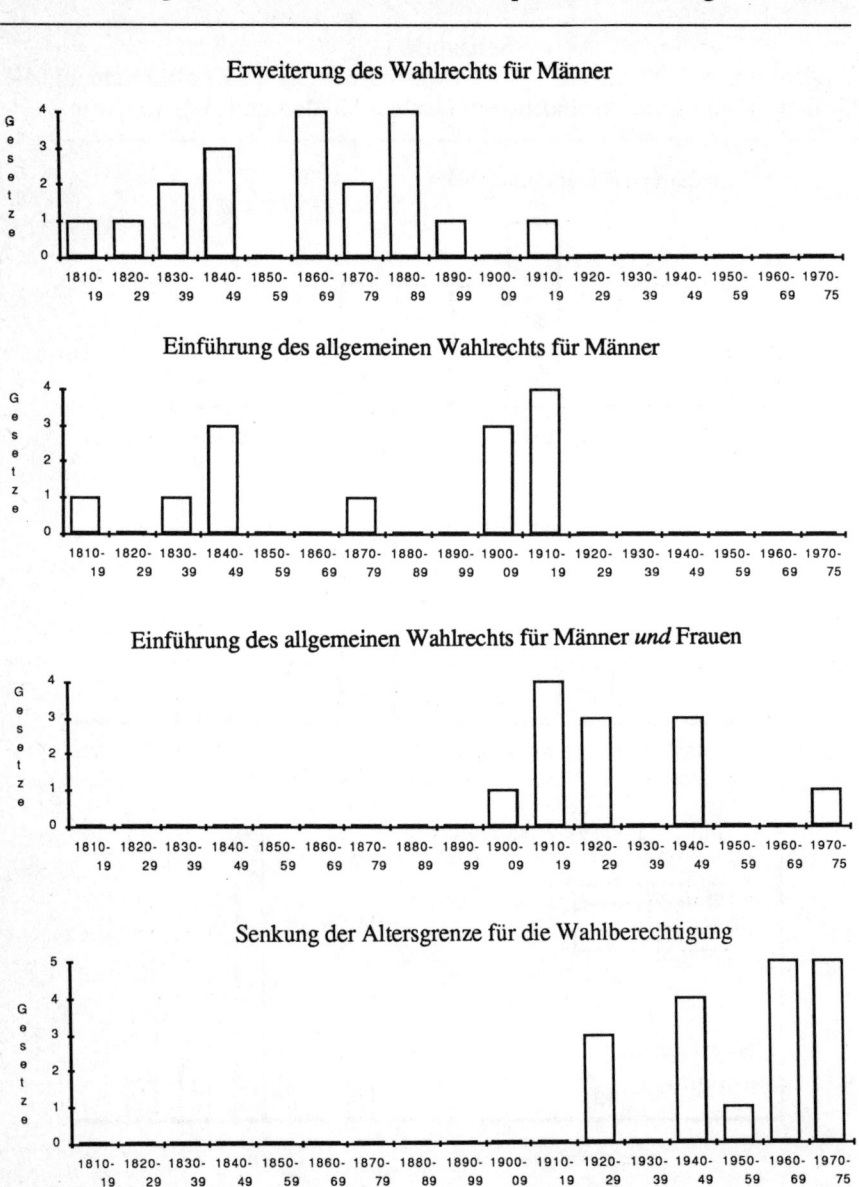

Erweiterung des Wahlrechts für Männer

Einführung des allgemeinen Wahlrechts für Männer

Einführung des allgemeinen Wahlrechts für Männer *und* Frauen

Senkung der Altersgrenze für die Wahlberechtigung

Quelle: Peter Flora und Mitarbeiter, a.a.O. (Anm. 81).

Weitere Elemente der Institutionalisierung der Massenmobilisierung folgten, so die Einführung des Koalitionsrechtes, die Gründung von gewerkschaftlichen Dachverbänden, die Gründung von Arbeiterparteien, entscheidende *Wahlrechtsausdehnungen* (siehe Schaubild 11.4),[81] die allgemeine Schulpflicht (vgl. Kap. 10) und die Durchsetzung einer erweiterten Verantwortlichkeit der Regierung gegenüber dem Parlament - alles Prozesse in der zweiten Hälfte des 19. Jahrhunderts.

Diese Demokratisierungen wurden sicherlich auch wesentlich von »unten« her erkämpft. Aber ein solcher Druck von unten ist eine notwendige und keine hinreichende Bedingung. Ebenso wichtig war, daß mit Frankreichs Revolution ein Konkurrenzdruck da war, der diese internen Kämpfe aussichtsreich werden ließ. Die Furcht der nationalstaatlichen Eliten, im internationalen Wettbewerb zurückzufallen, schuf in der Folge eine Situation, in der diese Eliten zu Konzessionen bereit waren. Von diesem Grundtatbestand des Wettbewerbs hat im Endresultat nicht nur die Kapitalentfaltung profitiert, sondern auch die Arbeiterbewegung und die Entfaltung der Massendemokratie.

Die Entwicklung zum Wohlfahrtsstaat

Die *abschließenden Elemente* des modernen Staates, der umverteilende Wohlfahrtsstaat und der Staatsinterventionismus, haben sich nicht gradlinig aus dem Demokratisierungsprojekt im 19. Jahrhundert entwickelt.[82] Wie bei der obligatorischen Massenbildung (vgl. Kap. 10) setzten nicht jene Länder die Standards, bei denen etwa die politische Demokratisierung früh eingeführt und am weitesten fortgeschritten war. Politische Volksrechte und wohlfahrtsstaatliche waren gegen Ende des vorigen Jahrhunderts eher in gewissem Umfang *Substitute* bei der Legitimitätsbeschaffung des Staates. Das Deutsche Reich setzte bei den Sozialversicherungen die neuen Standards durch Fürst Bismarcks Sozialgesetzgebung (1883, 1884 und 1889), in einem Jahrzehnt, als es anderswo typischerweise zu einer Verbreiterung der politischen Massenpartizipation kam. Im Vergleich dazu blieben die volle politische Partizipation und die parlamentarische Regierungsverantwortung im Deutschen Reich zurück und wurden erst nach der Revolution in der Weimarer Republik erreicht.

Führend bei der Ausweitung der politischen Partizipation für die Männer und/oder der vollen parlamentarischen Regierungsverantwortung waren Länder wie England, die Schweiz, Frankreich, die Niederlande, Belgien - alles Fälle, die erst Anfang unseres Jahrhunderts, teilweise noch später Sozialversicherungssysteme im Umfange des Innovators einführten.[83] Aber mit der Innovation Deutschlands waren die Standards gesetzt, und die substitutiv größere politische Partizipation der Nachzügler beim Ausbau des Wohlfahrtsstaates erzwang über die Parlamente bald ein

Nachziehen, das nach Jens Alber[84] bis zum ersten Weltkrieg schon nennenswert fortgeschritten war.

In der Zwischenkriegszeit erfolgte der Ausbau des Wohlfahrtsstaates, vorangetrieben durch das politische Kräfteverhältnis. Dort, wo die Linksparteien ihren Stimmenanteil kräftig erhöhten, wurden nach Jens Albers Untersuchungen die sozialen Sicherungssysteme mehr ausgebaut. In den zwanziger und dreißiger Jahren erhielt der Wohlfahrtsstaat zudem eine wichtige wissenschaftliche Stütze durch John M. Keynes. Wir sind darauf in Kapitel 6 näher eingegangen.

Deutschland, der institutionelle Innovator bei den Sozialversicherungen, hatte diese bereits zurückliegende Pioniertat in der Weimarer Verfassung dann auf einen neuen Begriff gebracht: Die technokratische Metapher der *Versicherung* wurde durch *Wohlfahrtsstaat* ersetzt. Der neue Begriff setzte sich aber erst in den vierziger Jahren, ausgehend von England, allgemein durch.[85] Das neue Element des Staates in diesem Jahrhundert hatte freilich Winston Churchill bereits 1906 treffend charakterisiert, als er – beim Vergleich mit den Sozialsystemen des Deutschen Reiches – von der Notwendigkeit einer »averaging machinery« sprach.[86]

Tabelle 11.1
Die Entwicklung der Sozialversicherungsausgaben für Unfall-, Renten-, Kranken- und Arbeitslosenversicherung in Westeuropa

Jahr	Aufwand in Prozent des Bruttoinlandproduktes, 1930 bis 1974						
	1930	1950	1955	1960	1965	1970	1974
Fallzahl	10	13	13	13	13	12	13
Mittelwert	2,8 %	4,9 %	5,8 %	6,9 %	8,6 %	10,7 %	13,0 %
Standardabweichung	2,1	1,5	1,4	1,5	1,5	2,0	2,6
Variationskoeffizient (V)	0,75	0,31	0,24	0,22	0,17	0,19	0,19

Quelle: Nach Daten von Jens Alber, a.a.O. (Anm. 4), S. 60.

Nach dem zweiten Weltkrieg erfolgte dann ein rapider Ausbau des Wohlfahrtsstaates in der westlichen Gesellschaft des Zentrums. Die Programme wuchsen unabhängig von der Stärke der Arbeiterparteien. Die Länder, die vorher zu den Nachzüglern gehört hatten, holten auf, und die Unterschiede zwischen den westeuropäischen Staaten, die Jens Alber detailliert untersucht hat, verringerten sich beträchtlich. Die Länder näherten sich einer vollständigen Ausdehnung ihrer Sicherungsprogramme, »wobei neben Erwerbstätigen zunehmend auch nichtberufstätige Kategorien und Randgruppen in die Versicherungspflicht einbezogen wurden. Subventioniert freiwillige Systeme sind fast überall zugunsten obligatorischer Programme verschwunden, die häufig als Volksversicherung die gesamte Wohnbevölkerung erfassen.«[87] Für Westeuropa beobachtet Jens Alber eine ausgeprägte Konvergenz in der *Ausgestaltung* der Sozialversicherungen, meint aber, daß die Länder bezüglich des für die Sozialversicherung verausgabten Teils ihrer gesamten Wirtschaftsleistung nicht ähnlicher geworden sei. Hier interpretiert Jens Alber aber seine Daten nicht korrekt[88], wie die Reanalyse in Tabelle 11.1 zeigt.

Konvergenz, nämlich die Entwicklung von *unterschiedlichen* Ausgangspunkten auf eine *gemeinsame Form* hin, prägte nicht nur den Ausbau des Wohlfahrtsstaates in den letzten Jahrzehnten, sondern war typisch für das lange und konfliktive europäische Staatsbildungsprojekt. Mit der letzten Stufe sind wir somit wieder zum Schema von Stein Rokkan gelangt, der den vollausgebauten westlichen Staat so charakterisierte. Die Legitimitätsbeschaffung für den gegenwärtigen Kapitalismus durch die staatliche Aktivität wird dabei in den Vordergrund gerückt. Wir haben weiter vorne in diesem Kapitel auf die weltmarktinduzierte Notwendigkeit von Solidarität stiftenden Umverteilungen im Materiellen hingewiesen. Die Umverteilungsfunktion, die bereits in Schaubild 11.2 auf S. 286 zum Ausdruck kam, ist aber nicht in allen Phasen der Karriere des letzten Gesellschaftsmodells *gleich wichtig* gewesen. Wachstum und Umverteilung sind in gewissem Umfang Substitute bei der Beschaffung von Legitimität. Im langen Wirtschaftsaufschwung ist die Legitimitätsbeschaffung durch Wachstum nicht knapp, und deshalb kann die Umverteilungsfunktion relativ sparsam ausgestaltet bleiben. Wenn sich das Modell und die wirtschaftliche Expansion sättigen, nimmt die Wichtigkeit der Umverteilung zu, noch mehr, wenn danach das Gesellschaftsmodell in die Krise kommt.

Tabelle 11.2
Reales Wachstum des Bruttosozialproduktes pro Kopf als Korrelat der Expansion der Staatsquote, 1950-1977

Periode	*Durchschnitt für 21 Länder*		*Korrelation auf Länderebene*
	Staatsquotenzunahme pro Jahr	Wirtschaftswachstum	Reales Wachstum des BSP p.K. korreliert mit der Staatsquotenzunahme
1950-1960	0,4 %	hoch	r= .41
1960-1975	0,6 %	hoch bis mittel	r= -.07
1974-1977	1,0 %	tief	r= -.72

Quelle: berechnet nach Ergebnissen von Manfred Schmidt, a.a.O. (Anm. 14), S. 135, 141. Es handelt sich um unsere 18 westlichen Länder und zusätzlich um Island, Israel und Luxemburg.

Die Ergebnisse in Tabelle 11.2 weisen auf, daß die Expansion der Staatsquote im Aufschwung vergleichsweise tief lag, im Hoch nur leicht stieg, dann im Abschwung aber am höchsten war. Länder, bei denen das Wirtschaftswachstum im Abschwung am tiefsten lag, mußten zwecks Legitimitätserhaltung die Tätigkeit des Staates quantitativ am meisten ausdehnen. Die damit verbundenen *Umverteilungswirkungen* werden erkennbar, wenn man alle Transferausgaben des Staates für die 18 westlichen Länder über die Zeit vergleicht. Sie betragen in Prozent des Bruttoinlandproduktes 1960: 11,6 %, 1973: 8,2 % und 1980: 15,3 %.[89] Die durchschnittliche jährliche Steigerung beträgt zwischen 1960 und 1973 nur 0,26 %, zwischen 1973 und 1980 hingegen 0,53 %.

Schlußbemerkung. Die wichtige neue Komponente des modernen Staates als Wohlfahrtsstaat ist, daß sich seine Maßnahmen nicht nur auf Gleichheit im Sinne der Rechtsgleichheit und der Chancengleichheit beschränken, sondern sich darüber hinaus auch auf Gleichheit im Ergebnis ausgedehnt haben durch seine Umverteilungsanstrengungen. Diese Betrachtungsweise soll und will den Staat keineswegs idealisieren. Wir haben schon zu Beginn auf seine Widersprüchlichkeit hingewiesen.

Auch darf nicht verschwiegen werden, daß die umverteilenden Wirkungen des Staates nicht nur den sozial Schwachen zugute kommen. Seine Markteingriffe können auch bestimmte Gruppen begünstigen. Staatliche Interventionen zugunsten stark interessierter kleiner Gruppen sind schwer zu verhindern, wenn die Geschädigten eine große Gruppe darstellen, auf die der Schaden diffus verteilt ist. Denn für jeden einzelnen von ihnen mag dann die Frage nur von untergeordnetem Interesse sein und daher kaum den Auschlag geben für die Stimmabgabe bei Wahlen.[90] Beispiele für solche Umverteilungen zugunsten von kleinen Gruppen gibt es zuhauf. Auch in der Massendemokratie ist deshalb der Staat nicht nur der große Gleichmacher und der Gewährleister eines »freien« Markts; er ist auch der Ungleichmacher durch eben diese Gewährleistung einerseits *und* anderseits wiederum durch Eingriffe in den »freien« Markt zugunsten der wenigen und zulasten der vielen, insbesondere der *Konsumenten.*

Anmerkungen

1 Bei der Überarbeitung habe ich aus den zahlreichen Kommentaren und Anregungen von *Michael Nollert* großen Nutzen ziehen können, der mir auch bei der Komplettierung des wissenschaftlichen Apparates zur Hand ging. Ebenfalls dankbar würdigen möchte ich die Hilfe von *Kurt Imhof, Gaetano Romano* und *Manuel Eisner.*

2 Diese Metapher ist insofern problematisch, als damit eine Trennung von Staat und Gesellschaft suggeriert wird. Die Gegenannahme dazu wäre, daß der Staat ein Element der Gesellschaft ist.
3 Max Weber, *Wirtschaft und Gesellschaft*, Tübingen: Mohr, 5. Aufl. 1972, S. 815.
4 Jens Alber, *Vom Armenhaus zum Wohlfahrtsstaat*, Frankfurt und New York: Campus, 1982, S. 76 f.
5 Vgl. Jens Alber, a.a.O. Die marxistische Variante betont die Sicherung der Kapitalakkumulation und die staatlichen Reparaturversuche ihrer negativen Folgen. Demgegenüber hebt die pluralistische Variante bei der Erklärung die Reaktion auf neue Lebensformen bzw. Probleme im Rahmen der Modernisierung bei Funktionsverlust traditioneller Sicherungssysteme hervor.
6 Eine ältere Arbeit, in der dieser Aspekt berücksichtigt wird, ist die von Otto Hintze, *Staat und Verfassung*, Band 1, Göttingen: Vandenhoeck & Ruprecht, 1964. Ein jüngerer Beitrag dazu ist: Charles Tilly, »War Making and State Making as Organized Crime«, in Peter B. Evans, Dietrich Rueschemeyer, Theda Skocpol (Hg.), *Bringing the State Back In*, Cambridge: Cambridge University Press, 1985, S. 169 f.
7 Es wird davon ausgegangen, daß sich langfristig nur Gemeinschaften mit nicht bloß ideologischer Gleichheit im Ergebnis etablieren können. Faschistische »Gemeinschaften«, die auf Ungleichheit im Ergebnis beruhen (Deutschland, Italien und Japan in der Zwischenkriegszeit), bleiben auf Dauer ohne Erfolg. Vgl. dazu Kapitel 14.
8 Jens Alber, a.a.O.
9 Andere theoretische Ansätze relativieren eher die Bedeutung der traditionellen Links-Rechts-Dimension an und für sich. So wird angenommen, daß der »class cleavage« einerseits nur eine, wenn auch zu gewissen Phasen und an gewissen Orten dominante Konfliktlinie ist. Andererseits wird postuliert, daß der moderne Staat auch durch ethnische, religiöse und ökologische Konfliktlinien mitgeprägt ist. Vgl. Seymour M. Lipset , *Political Man: The Social Bases of Politics* (revised edition), Baltimore: Johns Hopkins University Press, 1981. Oder Frank Parkin, *Marxism and Class Theory - A Bourgeois Critique*, New York: Columbia University Press, 1979. Oder Karl W. Brand, *Neue soziale Bewegungen - Entstehung, Funktion und Perspektive neuer Protestpotentiale*, Opladen: Westdeutscher Verlag, 1982. Sowie Ronald Inglehart, »Traditionelle politische Trennungslinien und die Entwicklung der neuen Politik in westlichen Gesellschaften«, *Politische Vierteljahresschrift*, 24, 1983, S. 139 ff.
10 Vgl. dazu auch Kapitel 14.
11 Dieses Interpretationsmuster ist in erster Linie durch die faschistischen Modelle, die Nationalismus und Ungleichheit kombinieren, bedingt. Als prominentes Beispiel für eine linke Solidarisierung im Rahmen einer nationalen Großgruppe kann das schwedische »Volksheim«-Modell der dreißiger Jahre angeführt werden (Kap. 6).
12 Die »Staatsquote« ist als Indikator allerdings nicht unumstritten. Vgl. dazu Karl Littmann, *Definition und Entwicklung der Staatsquote*, Göttingen: Otto Schwartz, 1975.
13 Zahlen nach John Boli-Bennett, »Global Integration and the Universal Increase of State Dominance, 1910-1970«, in Albert Bergesen (Hg.), *Studies of the Modern World-System*, New York: Academic Press, 1980, S. 78.
14 Zahlen für unsere 18 Länder nach Volker Bornschier und Peter Heintz (Hg.), *Compendium of Data for World System Analysis*, Zürich: Soziologisches Institut (Sondernummer des *Bulletins*), 1979. Sowie: Manfred Schmidt, *Wohlfahrtsstaatliche Politik unter bürgerlichen und sozialdemokratischen Regierungen. Ein internationaler Vergleich*, Frankfurt und New York: Campus, 1982, S. 135.
15 Nach OECD, »The Role of the Public Sector. Causes and Consequences of the Growth of Government«, *OECD Economic Studies*, Nr. 4, Frühjahr 1985, Spezialausgabe, S. 29. Die Quelle gibt Meßwerte für 17 von unseren 18 Ländern an (Angabe für Neuseeland fehlt). Weitere, hier nicht berücksichtigte Daten finden sich in den Arbeiten von G. Warren Nutter, *Growth of Government in the West*, Washington D.C.: American Enterprise Institute for Public Research, 1978. Und

Jürgen Kohl, *Staatsausgaben in Westeuropa - Analysen zur langfristigen Entwicklung der öffentlichen Finanzen,* Frankfurt und New York: Campus, 1985.
16 Die Zahlen in konstanten US-Dollar stammen aus John Boli-Benett, a.a.O., S. 97. Zu laufenden Dollars sind die Angeben zu finden in *Monthly Bulletin of Statistics* der Vereinten Nationen.
17 1910: 54 % (N=23), 1920: 56 % (N=23), 1930: 49 % (N=25), 1938: 25 % (N=28), 1950: 48 % (N=58), 1960: 44,5 % (N=107), 1970: 48 % (N=110), 1973: 51,5 % (N=109). Quellen: Volker Bornschier und Peter Heintz, *Compendium of Data...,* a.a.O. Für die Angaben bis 1950, John Boli-Bennett, a.a.O., S. 99.
18 1960: 49 %, 1970: 53 % und 1973: 55 %. Quelle: Bornschier und Heintz, a.a.O.
19 John Boli-Bennett, a.a.O. Es handelt sich um eine multiple Regression in einem gepoolten Sample. Die Gesamterklärung der Varianz der Staatsquoten über die Zeit und die verschiedenen Länder beträgt 24 %.
20 Die Korrelation beträgt r=.57 für 21 Länder, neben unseren 18 Ländern sind noch Island, Luxemburg und Israel in seinem Sample. Vgl. Manfred Schmidt, a.a.O.
21 David R. Cameron, »The Expansion of the Public Economy: A Comparative Analysis«, *American Political Science Review,* 72 (4), 1978, S. 1243-1261.
22 Manfred Schmidt, a.a.O., S. 93; und ebenso: David R. Cameron, a.a.O., S. 1260.
23 In einer multiplen Regression der Ausdehung der Staatsquote 1960-75 findet Cameron, a.a.O., S. 1254, einen Betawert für die Außenhandelsquote (1960) von .58, für die Variable der sozialistischen Wählerbasis der Regierung im Zeitraum 1960-75 liegt der zusätzliche Erklärungsbeitrag mit einem Betawert von .34 deutlich tiefer. Alle anderen getesteten Variablen spielen keine nennenswerte Rolle.
24 B. Guy Peters, »The Limits of the Welfare State«, in Norman J. Vig und Steven E. Schier (Hg.), *Political Economy in Western Democracies,* New York und London: Holmes & Meier, 1985, S. 93. Der Anteil beträgt im Jahre 1981 56 % (N=19, unsere 18 Länder und Luxemburg).
25 Duane H. Swank und Alexander Hicks, »The Determinants and Redistributive Impact of State Welfare Spending in Advanced Capitalist Democracies, 1960-1980«, in Norman J. Vig und Steven E. Schier (Hg.), a.a.O. (Anm. 24), S. 134.
26 Nach Daten in Bornschier und Heintz, a.a.O., S. 88 f, 104 f, Schmidt, a.a.O., S. 135; Duane H. Swank und Alexander Hicks, a.a.O., S. 134. Die direkte Korrelation zwischen Außenhandelsquote und Umverteilung ist mit r=.56 viel schwächer. Wegen der kleinen Fallzahl und der Schiefe der Verteilungen wurden die Beziehungen ebenfalls mit Rangkorrelationskoeffizienten getestet. Die Ergebnisse sind numerisch praktisch identisch. Angesichts der Ergebnisse von David R. Cameron und der geringen Fallzahl wurde auf die Berücksichtigung der politischen Konstellation verzichtet.
27 Vgl. dazu auch den Uebersichtsartikel von George M. Thomas und John W. Meyer, »The Expansion of the State«, *Annual Review of Sociology,* 10, 1984, S. 461-82. Die Sammelbände: Charles Tilly (Hg.), *The Formation of National States in Western Europe,* Princeton (N.J.): Princeton University Press, 1975. Peter B. Evans, Dietrich Rueschemeyer, Theda Skocpol (Hg.), *Bringing the State Back In,* Cambridge: Cambridge University Press, 1985. Gregor Mc Lellan, David Held, Stuart Hall (Hg.), *The Idea of Modern State,* Milton Keynes - Philadelphia: Open University Press, 1984. James Anderson (Hg.), *The Rise of the Modern State,* Atlantic Highlands, N.J.: Humanities Press International, 1986.
28 Charles Tilly, a.a.O., S. 27. Vgl. zum Monopolisierungsmechanismus auch Norbert Elias, *Über den Prozeß der Zivilisation,* 2. Band: »Wandlungen der Gesellschaft« (Drittes Kapitel im zweiten Teil). Bern: Francke, 1969, 2. Auflage. Seitenidentische Neuauflage, Frankfurt: Suhrkamp, 1976.
29 Vgl. auch Marc Bloch, *Die Feudalgesellschaft,* Frankfurt: Propyläen, 1982.
30 Charles Tilly, a.a.O., S. 632 f. Zur Staatsbildung vgl. weiter: Norbert Elias, a.a.O. Vgl. auch Richard van Dülmen, *Entstehung des frühneuzeitlichen Europa 1550-1648,* Frankfurt: Fischer Taschenbuch *Weltgeschichte 10,* 1982, insb. S. 321 ff.

11 Die verschlungenen Wege der Staatsentwicklung • 313

31 Vgl. dazu Charles Tilly, a.a.O., S. 66 ff; Stein Rokkan, »Dimensions of State Formation and Nation-Building«, S. 562-600 in: Charles Tilly, a.a.O.
32 Charles Tilly, a.a.O., S. 37.
33 Max Weber, a.a.O., S. 815. Die Diskussion weiterer Ansätze wird in Kapitel 14 wieder aufgenommen.
34 Max Weber, a.a.O., S. 819 f.
35 Vgl. Hans Mühlestein, *Die verhüllten Götter. Neue Genesis der italienischen Renaissance*, Wien, München, Basel: Verlag Kurt Desch, 1957.
36 Hans Mühlestein, a.a.O., S. 384.
37 Interessant wäre in diesem Zusammenhang eine detailliertere Überprüfung der These von der kapitalismusfördernden Wirkung »protestantischer Ethik« bei Max Weber. Immerhin kovariieren die Entfaltung von Kapitalismus und Protestantismus z.B. in den Niederlanden, England, der Schweiz und Frankreich (Hugenotten).
38 Nach Mühlestein sind die Langobarden von Hause aus ketzerische Arianer, die dann bogomilisch missioniert wurden.
39 Vgl. Jean Gimpel, *La révolution industrielle du Moyen Age*, Paris: Edition du Seuil, 1975. (Dt. 1980: *Die industrielle Revolution des Mittelalters*, Zürich: Artemis.) Ebenso zum Mühlenwesen: Fernand Braudel, *Cilivisation matérielle, économie et capitalisme, XVe-XVIIIe siècle*, Paris: Librairie Armand Collin Colin, 1979. Dt.: *Sozialgeschichte des 15.-18. Jahrhunderts. Der Alltag*, München: Kindler, 1985.
40 Zur Bedeutung sozialmoralischer Regelungen vgl. Kapitel 5.
41 Vgl. dazu bes. die Staatstheorie von Thomas Hobbes und Norbert Elias, a.a.O.
42 Vgl. zur Entstehung und Entwicklung des Absolutismus die Arbeit von Perry Anderson, *Lineages of the Absolutist State*, London: New Left Books, 1974. Er sieht den Absolutismus eher als Übergangsstadium zwischen Feudalismus und Kapitalismus.
43 Vgl. dazu auch James S. Coleman, der in Kapitel 2 gewürdigt wurde.
44 Vgl. zu Nationalismus und Liberalismus auch: Robert Solo, »The Formation and Transformation of States«, in W. Ladd Hollist und F. LaMond Tullis (Hg.), *An International Political Economy*, Boulder: Westview Press, 1985, insb. S. 75-78.
45 Fernand Braudel, a.a.O., S. 563.
46 Z.B. Charles Tilly, a.a.O., Stein Rokkan, a.a.O.
47 Charles Tilly, a.a.O., S. 15.
48 Vgl. z.B. Albert Bergesen, »Cycles of War in the Reproduction of the World-Economy«, in Paul M. Johnson und William R. Thompson (Hg.), *Rhythms in Politics and Economics*, New York: Praeger, 1985, S. 320. Sowie: Jack S. Levy, *War in the Modern Great Power System*, Lexington: University of Kentucky Press, 1983. Ebenso: Joshua S. Goldstein, »Kondratieff Waves as War Cycles«, *International Studies Quarterly*, 29, 1985, S. 411-444.
49 Gerhard Ritter, *Die Neugestaltung Deutschlands und Europas im 16. Jahrhundert*, Berlin, 1950. Lizenzausgabe, Ullstein (Frankfurt und Berlin), 1967, S. 21.
50 An dieser Stelle wäre noch zu überprüfen, inwiefern die Schweizer Orte ebenfalls gestärkt aus dem Dreißigjährigen Krieg hervorgegangen sind. Abgesehen von der ungünstigen Binnenlage lassen sich doch etwelche Ähnlichkeiten zu Holland erkennen, z.B. die Weltmarktorientierung, Favorisierung des Freihandels, Konfession, Rolle des Patriziats und die Kommerzialisierung des Militärwesens.
51 Perry Anderson, Vorabzug von: *State Formation in the World-System*, Chapter 11: *The Bourgeois Revolutions*, Bericht an die Stiftung Weltgesellschaft (Zürich), 1986.
52 Immanuel Wallerstein, »Dutch Hegemony in the World-Economy«, Kap. 2 in *The Modern World-System II. Mercantilism and the Consolidation of the European World-Economy, 1600-1750*, New York: Academic Press, 1980.
53 Frederic C. Lane, *Venice, A Maritime Republic*, Baltimore: The Johns Hopkins University Press, 1973.
54 Gerhard Ritter, a.a.O.
55 Erwähnt bei Hans Mühlestein, a.a.O., S. 68.

56 Perry Anderson, Vorabzug von *The Bourgeois Revolutions*, a.a.O.
57 Gerhard Ritter, a.a.O., S. 354.
58 Bd. I: *Vom Zeitalter der Entdeckungen bis zum Beginn des Imperialismus*, Göttingen: Vandenhoeck & Ruprecht, 1972.
59 Eine alternative Erklärung bietet William H. McNeill, *Krieg und Macht - Militär, Wirtschaft und Gesellschaft vom Altertum bis heute*, München: C.H. Beck, 1984, S. 118 f. (Originalausgabe 1982: *The Pursuit of Power*, Chicago: University of Chicago Press.) Er nimmt einen starken Zusammenhang zwischen wirtschaftlicher und militärischer Effizienz an und argumentiert, daß die vollständige Rationalisierung des Heereswesens (Drill und effiziente Bedienung der Waffen) eine wichtige Ursache des Erfolges der Niederländer gegen die personelle Übermacht Spaniens gewesen sei.
60 Eine berühmte Schilderung der Begleitumstände der »Einhegungen« (enclosures) findet sich im ersten Buch von Thomas Morus, *Utopia*, das 1516 in Löwen herausgegeben wurde. Eine besondere Bedeutung für die politische Entwicklung Englands mißt auch Barrington Moore, (*Soziale Ursprünge von Diktatur und Demokratie*, Frankfurt: Suhrkamp, 1974, S. 27 f), den Einhegungen bei.
61 Auf die Besonderheit des englischen Adels ist hinzuweisen. Aristokratie im engeren Sinne waren im englischen Verständnis nur die Peers, d.h. diejenigen, die im House of Lords Einsitz nehmen konnten, und aus diesem Grunde auf die Zahl 300 beschränkt waren. Die Gentry oder der »niedere Adel« war sowohl rechtlich wie auch faktisch keine klar abgegrenzte Gruppe. Sie bestand aus den titellosen Sprößlingen des Hochadels und den zu Landbesitz gelangten Bürgerlichen. Die Offenheit des niederen Adels war im Hochmittelalter allgemein verbreitet, hielt sich aber nur in England, um dort die Voraussetzung für eine besonderes Klassenamalgam zu werden. Zum »gentlemanly capitalism« vgl. P. J. Cain und A. G. Hopkins, n. Anm.
62 Perry Anderson, Vorabzug von: *The Bourgeois Revolutions*, a.a.O. Vgl. auch P. J. Cain und A. G. Hopkins, »Gentlemanly Capitalism and British Expansion Overseas. I. The Old Colonial System, 1688-1850«, *Economic History Review*, 2nd ser. XXXIX (4), 1986, S. 501-525. Dort insbesondere S. 503 f. Sie haben für diesen Typ der Entwicklung den Begriff »gentlemanly capitalism« geprägt.
63 David S. Landes, »The Industrial Revolution in Britain«, Kap. 2 in *The Unbound Prometheus*, Cambridge: Cambridge University Press, 1969.
64 Es ist darauf hinzuweisen, daß England nicht das Parlament erfunden hat, sondern daß dort parlamentarische Formen *überlebten* und sich mit *neuen* Inhalten füllten.
65 John Locke, *Two Treatises of Government (Zwei Abhandlungen über die Regierung*, hg. von Walter Euchner, Frankfurt: Europäische Verlagsanstalt, 1967).
66 Solche kühnen Gedanken hatten freilich Vorläufer in der republikanischen Bewegung der italienischen Städte. Marsiglio von Padua (1275-1342) ist als einer der ersten Formulierer des politischen Freiheitsbegriffs zu nennen. Vgl. Quentin Skinner, *The Foundations of Modern Political Thought. Volume 1: The Renaissance*, Cambridge: Cambridge University Press, zuerst 1978, bes. S. 18 u. 41. Zur ersten Menschenrechtsdeklaration in Florenz, 1289, vgl, auch Kap. 2, S. 39.
67 Norbert H. Schneeloch, *Aktionäre der Westindischen Compagnie von 1674*, Bd. 12 der *Beiträge zur Wirtschaftsgeschichte*, hg. von H. Kellenbenz und J. Schneider. Stuttgart: In Kommission bei Klett-Cotta, 1982.
68 Vgl. Larry Neal, »The Integration and Efficiency of the London and Amsterdam Stock Markets in the Eighteenth Century«, *Journal of Economic History*, 47 (1), 1987, S. 97-115.
69 Hans Joachim Störig, *Kleine Weltgeschichte der Philosophie*, Stuttgart: Kohlhammer, 1957 (zitiert nach der Lizenzausgabe bei Bertelsmann, 1961, S. 411 f.).
70 Dementsprechend hat sich der Kolonialismus für Portugal und Spanien letztlich auch nicht ausgezahlt. Vgl. Jorge Ignacio Domínguez, *Insurrection or Loyalty. The Breakdown of the Spanish American Empire*, Cambridge: Harvard University Press, 1980.

11 Die verschlungenen Wege der Staatsentwicklung • 315

71 Vgl. dazu: William Ross Johnston, *Great Britain, Great Empire. An Evaluation of the British Imperial Experience*, St. Lucia: University of Queensland Press, 1981. Peggy Korn Liss, *Atlantic Empires. The Network of Trade and Revolution, 1713 - 1826*, Baltimore: The Johns Hopkins University Press, 1983. Hartmut Elsenhans, *Nord-Süd-Beziehungen*, Stuttgart: Kohlhammer, 1984.
72 Paul Bairoch, »Historical Roots of Economic Underdevelopment: Myths and Realities«, in Wolfgang Mommsen und Jürgen Osterhammel (Hg.), *Imperialism and After*, London: Allen & Unwin, 1986, S. 197.
73 Paul Bairoch, a.a.O., S. 212.
74 Möglich war das zu annehmbaren Kosten auch nur mittels Agrarkapitalismus auf Sklavenbasis in Übersee. Dies wirft aber den Kapitalismus entwicklungsgeschichtlich gleichsam zurück.
75 Vgl. dazu auch William Ross Johnston, a.a.O., und Peggy Korn Liss, a.a.O. Sowie die bereits zitierten Autoren: P. J. Cain und A. G. Hopkins, *Gentlemanly Capitalism and British Expansion Overseas*, a.a.O., insbesondere S. 510 ff.
76 Perry Anderson, Vorabzug von: *The Bourgeois Revolutions*, a.a.O.
77 Vgl. hierzu auch P. J. Cain und A. G. Hopkins, *Gentlemanly Capitalism and British Expansion Overseas*, a.a.O., S. 515. Im Falle Englands ist die *Kontinuität* besonders deutlich. Sie führen aus: "Cheap government (Hervorhebung V.B.) and freer trade were not policies thrust upon a declining aristocracy by rising industrial capitalists following the defeat of France. The deep cuts in public expenditure after 1815, the return to gold in 1819, the tariff reductions of the 1820s, and the progressive withdrawal of the state from direct participation in the economic process were all initiated by the gentlemanly élite."
78 Perry Anderson (Vorabzug), a.a.O.
79 Wir deuten hier also »Merkantilismus« als die versuchte Nachzügler-Strategie in Kombination mit dem territorialen Projekt, die von *Gegenzentren* verfolgt wird. Hitler-Deutschland und die Stalin-UdSSR wären nach meiner Einschätzung jüngere historische Fallbeispiele.
80 Vgl. dazu Patrick O'Brien und Caglar Keyder, *Economic Growth in Britain and France 1780 - 1914. Two Paths to the Twentieth Century*, London: Allen & Unwin, 1978.
81 Periodisierung der Gesetze nach: Peter Flora und Mitarbeiter, *State, Economy, and Society in Western Europe 1815-1975*, Vol. 1, Frankfurt, London, Chicago: Campus/Macmillan/St. James, 1983.
82 Eine Darstellung der historischen Entwicklungen zum Wohlfahrtsstaat findet sich bei: Douglas E. Ashford, *The Emergence of the Welfare State*, New York: Basil Blackwell, 1986.
83 Jens Alber, a.a.O., S. 28 und 39.
84 Jens Alber, a.a.O., S. 197.
85 Peter Flora und Arnold J. Heidenheimer (Hg.), *The Development of Welfare States in Europe and America*, New Brunswick/London: Transaction Books, 1981, S. 18 f.
86 Peter Flora und Arnold Heidenheimer, a.a.O., S. 18.
87 Jens Alber, a.a.O., S. 197.
88 Er verwendet die Standardabweichung als Indikator und schließt daraus auf wachsende Unterschiede zwischen den Ländern seit den fünfziger Jahren. Die Standardabweichung muß aber auf den sich ändernden Mittelwert bezogen werden (Variationskoeffizient), um Konvergenz oder Divergenz gültig beurteilen zu können.
89 Duane H. Swank und Alexander Hicks, a.a.O., S. 116.
90 Das wird von George J. Stigler hervorgehoben. Vgl. die Laudatio von Carl Friedrich von Weizsäcker (in der *Neuen Zürcher Zeitung*, 1982) anläßlich der Verleihung des Nobelpreises für Wirtschaftswissenschaften an George J. Stigler.

IV
PROZESSE DER KONVERGENZ

Bisher haben wir die Gesamtentwicklung der westlichen Gesellschaft betrachtet. Obschon wir zwischendurch auch immer wieder auf Varianten der sozialen Ausgestaltung eingegangen sind, so fehlt doch eine systematische Untersuchung der Unterschiede zwischen den westlichen Ländern des Zentrums. Die hier entfaltete Theorie sagt einen schmalen Spielraum voraus, weil sich im Weltmaßstab nur jenes Modell durchsetzen kann, das Legitimität jeweils historisch optimiert und damit den Bereich umreißt, in dem in einer Epoche die konfliktiven Prinzipien in institutionellen Ausgestaltungen zusammengefügt werden können. Deshalb ist Konvergenz der postulierte Prozeß, der sich von einem Gesellschaftsmodell zum nächsten noch verstärken sollte.

Als Begründung für diese theoretische Voraussage weisen wir auf die Bedeutung der Legitimität als Wettbewerbsressource im Weltmilieu hin. Je mehr sich die Machtverteilungen vor dem Hintergrund der Werte Effizienz- und Gleichheitsstreben rechtfertigen lassen, desto größer ist die Zustimmung der Bürger zu einer bestimmten Ordnung. Zustimmung kann freilich durch Zwang ersetzt werden. Dies ist aber bei Strafe des längerfristigen Zurückfallens eines sozialen Arrangements nur begrenzt möglich. Der Grund dafür lag bisher im Weltmarkt für Protektion. Obwohl unvollkommen, sorgte dieser dafür, daß jene gesellschaftlichen Lösungen, die die Prinzipien der westlichen Gesellschaft mit größerem Erfolg hinsichtlich der Legitimitätsschöpfung verankerten, längerfristig obenauf schwangen.

Zunächst beschäftigen wir uns in *Kapitel 12*, zu Beginn des letzten Teils des Buches, mit einer systematischen Untersuchung des Ausgestaltungsspielraums im keynesianischen Gesellschaftsmodell. Verschiedene Aspekte der bereits behandelten institutionellen Ordnungen und der sozialen Schichtung sowie Mobilität kommen hier noch einmal in komparativer Sicht zur Sprache. In unserem quantitativen Material sind nicht alle 18 Länder der westlichen Gesellschaft genügend repräsentiert. Dies gilt auch für Japan, ein sehr bevölkerungsreiches Land, das erst neuerdings zum »Westen« gestoßen ist.

Deshalb widmen wir Japan - dem ersten nicht-westlichen Land, das Zentrumsstatus erlangt hat - besondere Aufmerksamkeit in *Kapitel 13*, in dem wir auch verschiedene qualitative Informationen und Materialien heranziehen können. Das Nachkriegsjapan ist ein strenger Test der Theorie, da diese besagt, daß der spektakuläre japanische Erfolg die Folge einer vergleichsweise höheren internen Legitimität war, die daher rührte, daß die Prinzipien vollumfänglicher in der Sozialstruktur verankert wurden.

Im Anschluß daran legen wir unsere Theorie im einzelnen dar. Sie will erklären, warum Konvergenz zu erwarten ist und der Spielraum der sozialen Ausgestaltung in Gesellschaftsmodellen, wenngleich vorhanden, doch gering ist. In *Kapitel 14*, das den Weltmarkt für Protektion hervorhebt und an das Kapitel 11 über die Staatsentwicklung und die Entfaltung des Kapitalismus anschließt, begründen wir, warum eine hohe interne Legitimität längerfristig ein Geschäft war, das sich gerade auch in Form von wirtschaftlichem Erfolg auszahlte. Ob die Erklärung den Erfahrungen standhält, prüfen wir anschließend in *Kapitel 15* mit einer komparativen Analyse aller unserer 18 westlichen Länder über die Nachkriegsära.

Die Ergebnisse in Teil IV des Buches erscheinen uns bedeutsam für die gesellschaftliche Evolution, die vor dem Hintergrund unseres Ansatzes nicht mechanisch-deterministisch gesehen wird. Die *Prinzipien* und die *soziale Form des Außenraums* (Typ: Weltwirtschaft) sind die entscheidenden Größen. Erstere haben wir außerhistorisch verankert (Kapitel 2). Letztere ist aber historisch (Kapitel 14). Strukturell ähnliche Systeme wie das Weltsystem der Neuzeit sind in der Geschichte immer wieder entstanden, aber auch wieder vergangen. Diese Überlegungen beschäftigen uns auch noch im Nachwort, in dem wir die zukünftige Entwicklungen kurz thematisieren werden.

12 Konvergenz im Westen?

Argumente für Konvergenz

Konvergenz beinhaltet mehr als bloße Ähnlichkeit. Sie bedeutet nämlich eine *Bewegung* von unterschiedlichen Positionen hin auf mehr Gemeinsamkeit.[1] Es ist nicht spontan einsichtig, warum es *trotz* geschichtlicher, kultureller und politischer Variation auf der Welt zu Konvergenz kommen sollte. Wir begründen unsere Konvergenzerwartung nun gerade nicht jenseits der kulturellen und politischen Ebene. Die in den Institutionen aktualisierte Kultur eines Gesellschafts*modells*, das den technologischen Stil und das politökonomische Regimes verzahnt, beschränkt den Spielraum der sozialen Ausgestaltungen unter der Bedingung, daß - wie bereits im Eingangskapitel angesprochen - die *Legitimität* einer Ordnung ein Wettbewerbsvorteil im umfassenden, vielstaatlichen Weltsystem ist. Und die Legitimität ist davon abhängig, inwieweit die Machtverteilung mit den Werten des Effizienzstrebens (Selbstentfaltung, Freiheit und wirtschaftliche Effizienz) und des Gleichheitsanspruchs vereinbar ist.

Man muß allerdings die *Rahmenbedingungen* klar herausarbeiten, unter denen dieser über Wettbewerb vermittelte Prozeß sich entfaltet. Diese soziale Form des Außenraums - ein spezifischer Zusammenhang zwischen Weltwirtschaft und Staatensystem - wird später in Kapitel 14 noch auszuführen sein. Weiter muß man die Konvergenzerwartung zeitlich und räumlich präzis einschränken. Unterschiede *zwischen* Subformationen der Weltsozialstruktur bestehen auch über die Zeit fort, nämlich zwischen der westlichen, liberalen Gesellschaft des Zentrums, der merkantilistisch-autoritären des Gegenzentrums, der abhängigen Gesellschaft der teilverwestlichten Semiperipherie und den Gesellschaften der Peripherie. Das schränkt die soziale Konvergenz im Weltrahmen ein.

Innerhalb der westlichen Gesellschaft des Zentrums wird aber Konvergenz in Richtung auf sehr ähnliche Ausgestaltungen der Sozialstruktur erwartet. Im zeitlichen Ablauf wiederum unterscheidet sich die westliche Gesellschaft hingegen nicht unerheblich. Das liegt an der Aufeinanderfolge der Gesellschaftsmodelle, die in Teil II dieses Buches Gegenstand der Untersuchung war.

Unter den Konvergenzargumenten, die unabhängig von kulturellen und politischen Kräften als Triebfedern argumentieren, finden wir eine marxistische und eine pluralistische Variante. Beim vulgär-marxistischen Argument erfolgen die Ausgestaltungen der sozialen Institutionen in Abhängigkeit von der ökonomischen Struktur. Kultur und Politik haben keine Eigenständigkeit. Die pluralistische Variante des Arguments hebt die »Logik« der Industrialisierung hervor.[2] Danach haben moderne Technologie und eine differenzierte Wirtschaft einen Standardisierungseffekt, woneben Kultur und Politik wiederum keine Eigenständigkeit besitzen.

Die *vulgär-marxistische Position* stützt sich vor allem auf eine Stelle bei Karl Marx. Im Vorwort *Zur Kritik der politischen Ökonomie*, das im Jahre 1859 erschien, schreibt Karl Marx über den Leitfaden seiner Studien[3]: »In der gesellschaftlichen Produktion ihres Lebens gehen die Menschen bestimmte, notwendige, von ihrem Willen unabhängige Verhältnisse ein, Produktionsverhältnisse, die einer bestimmten Entwicklungsstufe ihrer materiellen Produktivkräfte entsprechen. Die Gesamtheit dieser Produktionsverhältnisse bildet die ökonomische Struktur der Gesellschaft, die reale Basis, worauf sich ein juristischer und politischer Überbau erhebt, und welcher bestimmte gesellschaftliche Bewußtseinsformen entsprechen. Die Produktionsweise des materiellen Lebens bedingt den sozialen, politischen und geistigen Lebensprozeß überhaupt. Es ist nicht das Bewußtsein der Menschen, das ihr Sein, sondern umgekehrt ihre gesellschaftliches Sein, das ihr Bewußtsein bestimmt.«

In ihrem Werk *Industrialism and Industrial Man* beschreiben Clark Kerr und seine Mitautoren den Industrialismus - stichwortartig wiedergegeben - folgendermaßen:[4]
(1) Die Notwendigkeit einer weiten Palette von Fähigkeiten und professioneller Kompetenz, breit gestreut unter der arbeitenden Bevölkerung, verbunden mit einem *Bildungssystem*, das funktional auf diese Fähigkeiten und Kompetenzen bezogen ist. (2) Die Bedeutung von *formalen Organisationen,* die die Menschen durch elaborierte Netzwerke von Regeln zueinander in Beziehung setzen. (3) Die große Rolle der Regierung, die sich notwendigerweise ergibt, und zwar in bezug auf weite Tätigkeitsgebiete und Umfang der *Staatstätigkeit*. (4) Die Tatsache, daß das industrielle System *Mobilität und eine offene Gesellschaft* bedingt, also eine leistungskonforme Besetzung von Positionen im Gegensatz zu einer nach zugeschriebenen Kriterien.

Die Autoren der »Logik des Industrialismus« fahren dann fort, indem sie sich über Wertekonsens und Kultur äußern[5]: »Die Industriegesellschaft entwickelt, wie jede andere, einen bestimmten Konsensus, der Individuen und Gruppen miteinander verbindet und der einen gemeinsamen Bestand an Ideen, Wertvorstellungen und -urteilen zu einem zusammenhängenden Ganzen schmiedet. Es muß einen solchen Konsensus geben, damit die

Industriegesellschaft funktionieren kann. Verschiedene Formen der industriellen Gesellschaft mögen zwar einige besondere ideologische Merkmale hervorbringen, aber alle Industriegesellschaften haben einige gemeinsame Werte.«

Gegen beide Argumentationsfiguren läßt sich leicht einwenden, daß das soziale System, *in* dem wirtschaftliche Entwicklung stattfindet, nicht richtig in den Griff gelangt. Es ist nämlich mit Kapitalismus nicht falsch, aber *ungenügend* beschrieben. Das besondere historische System, das sich in Europa mit der Neuzeit entfaltet, stellt ein Weltmilieu von wirtschaftlichem und wirtschaftlich motiviertem Wettbewerb bei einer dezentralen Machtverteilung dar. Dieses Weltmilieu ist zwar von direkter kultureller Regelung entfesselt, weist aber mit dem Effizienzstreben und dem Gleichheitsanspruch zwei mächtige kulturelle Fundamente auf, die im Individualismus, Universalismus, Rationalismus und Pragmatismus, dem kulturellen Muster der Moderne, wurzeln.

Karl Marx rückt bei der Entfaltung der Produktivkräfte zwar den kapitalistischen Prozeß, den dieses Weltmilieu ermöglicht, in den Vordergrund. Aber das diesen Prozeß vorwärtstreibende Klassenkampfmodell berücksichtigt noch zu wenig, daß Kapitalismus *kein* nationales Phänomen ist. Vielmehr sind nicht nur Kämpfe zwischen Klassen (und Klassenfraktionen) um die Kontrolle einzelner Staatsapparate, sondern auch Wettbewerbe und Kämpfe zwischen Staaten Teil der politökonomischen Dynamik in diesem dezentralen Weltmilieu. Und dem Argument der »Logik« der Industrialisierung ist vorzuhalten, daß sich kapitalistische Entwicklung und Industrialisierung nicht als naturwüchsiger Prozeß an allen Orten in Europa »ergeben« haben.[6] Vielmehr war das ein wechselvoller, manchmal auch bedrängter Prozeß, der in seinen jeweils führenden Formen gleichsam im Zickzack-Kurs durch Europa lief, der in Kapitel 11 bereits Thema war.

Beide angesprochenen Argumentationsfiguren, Marxismus und nichtmarxistische »Logik des Industrialismus«, können trotz ihrer erheblichen Unterschiede als Teil eines umfassenderen Theoriestroms, nämlich der Modernisierungstheorie, gedeutet werden, die die hauptsächlichen Argumente für gesellschaftliche Konvergenz bereitstellt und in den fünfziger und sechziger Jahren eine große Blüte erlebte.[7] Dieser Nachweis fällt nicht schwer. Bei Karl Marx ist im Vorwort zum *Kapital* der folgende Kernsatz zu finden: »Das industriell entwickeltere Land zeigt dem minder entwickelten nur das Bild der eigenen Zukunft.«[8] Bei den erwähnten Autoren der »Logik des Industrialismus« findet sich ein entsprechender Hinweis auf der ersten Seite ihres Werkes: »In diesem Band bezieht sich Industrialisierung auf einen Prozeß des Übergangs von der traditionalen Gesellschaft hin zum Industrialismus. Letzterer ist eine Abstraktion, ein Endziel (limit), auf das hin der Prozeß der Industrialisierung zielt.«[9]

Dennoch erlaubt die Modernisierungstheorie auch andere Formulierungen als die des Marxismus und der »Logik des Industrialismus«. Das gemeinsame Grundmuster ist folgendermaßen umschrieben. Die Modernisierungstheorie unterstellt eine Dimension von Modernität, auf der alle Gesellschaften aufgereiht werden können. Gesellschaften an einem Punkt des Kontinuums neigen dazu, bestimmte soziale und kulturelle Muster zu teilen. Konvergenz ergibt sich durch eine nachholende Entwicklung, eine »Verwestlichung«. Die Perspektive der Modernisierungsforschung ist auf die nachholende Entwicklung im Weltsystem der Nachkriegszeit ausgerichtet. Warum sich der Westen zu dieser »Vorbildsfunktion« entwickelt hat, bleibt unklar.

Die Rahmenbedingungen der gesellschaftlichen Entwicklung werden in diesem Theoriestrang insgesamt kaum behandelt. Immerhin brauchen im Gegensatz zum marxistischen Argument und dem der »Logik des Industrialismus« die kulturellen Aspekte nicht zu kurz zu kommen. Aber die Unterscheidung zwischen *Entwicklung* als wirtschaftlichem und *Modernisierung* als sozialem Prozeß bleibt verschwommen und mithin problematisch. Man könnte einmal argumentieren, daß die wirtschaftliche Entwicklung die soziale Modernisierung bedingt oder bewirkt. Dann gelangen wir zur gleichen These wie die »Logik des Industrialismus«.

Man kann Modernität aber auch als ein individuelles Merkmal auffassen. Soziale Bewegungen von »modernisierten« Akteuren könnten dann auch Institutionen schaffen, die der wirtschaftlichen Entwicklungsrealität vorauslaufen oder nicht daran angepaßt sind. Aber eine Frage bleibt dadurch unbeantwortet. Was ist »Modernität«? Ist das die erfolgte Übernahme von kulturellen Mustern, die sich an bestimmten Orten *erfolgreicher* Entwicklung früh durchgesetzt haben, also historisch akzidentiell - oder ist es gleichsam das Ziel und der Sinn der Geschichte, der logische Endpunkt gesellschaftlicher Entwicklung?

Hier bietet sich aus unserer Sicht folgendes an: Vorne haben wir bereits die Elemente der »Modernität« aus anthropologischen Grundkonstanten abgeleitet. Die Entfaltung dieser Elemente wäre aber an die Art der Organisation der Gesellschaft gebunden. Gesellschaften, die die anthropologisch verankerten Grundwerte der »Moderne« mehr in den Aufbau ihrer Sozialstruktur eingebracht hätten, würden dann für die Menschen eine spontane Vorbildfunktion erhalten. Sie wären ein Referenzpunkt in einer bestimmten historischen Epoche.

Argumentiert man so, dann stellt sich ein Problem. Nur jene Gesellschaften können in bestimmten historischen Phasen Vorbildfunktion gewinnen, die im Weltwettbewerb nicht nur überlebensfähig sind, sondern gleichsam obenauf schwingen. Das setzt aber voraus, daß die Gewährleistung der anthropologisch verankerten Grundwerte einen Wettbewerbsvorteil bietet. Somit kehren wir zur Ausgangsthese zurück, die besagt, daß die Legitimität einer sozialen Ordnung eine Wettbewerbsressource im Evolutionsgeschehen ist. Eine solche Sichtweise stößt sicherlich auf einige Kritik, die im Einzelfall mit berechtigten Gegenbeispielen argumentieren kann. Aber sie hat den Vorteil, einige wesentliche, ansonsten schwer erklärbare Phänomene im gesellschaftlichen Evolutionsgeschehen zu erklären. Wir kommen in Kapitel 14 darauf zurück.

Zuvor betrachten wir verschiedene Aspekte der Ausformung der westlichen Sozialstruktur in der Nachkriegszeit, um zu prüfen, ob die *Gemeinsamkeiten* überwiegen, die unsere historische Konvergenzthese postuliert. Der Fall Japans nach dem Krieg wird anschließend deshalb breiter behandelt, weil er das bislang einzige Beispiel für ein nichtwestliches Industrieland ist. Das fordert die Frage heraus, ob auch in diesem Fall die gleichen Prinzipien mit ähnlichem Resultat bei der Ausgestaltung der Sozialstruktur am Werk sind wie im atlantischen Westen.

Ähnlichkeiten und Unterschiede: Institutionelle Ausgestaltungen

Anhand von empirischen Befunden zu verschiedenen Aspekten der Sozialstruktur wollen wir prüfen, ob Ähnlichkeiten oder Unterschiede bei den Ausgestaltungen im Westen überwiegen. Unser Material betrifft das *keynesianische Gesellschaftsmodell* und schwergewichtig die Periode der frühen siebziger Jahre, als das Modell voll entfaltet war. Zuerst wenden wir uns den sozialen Institutionen und dann dem Schichtungs- und Mobilitätsregime zu. Am Schluß werden wir die verschiedenen Befunde noch einmal kurz zusammenfassend beurteilen.

Staat

Sozialversicherungen. Der Ausbau der Sozialversicherungen war ein Markstein beim Aufbau des modernen Wohlfahrtsstaates. Sie waren die *differentia specifica* des letzten Gesellschaftsmodells. Wir haben schon weiter vorne die Daten von Jens Alber zum Ausbau der Sozialversicherung in Westeuropa erwähnt.[10] Mit Blick auf die Ausgaben für die Programme der sozialen Sicherung, wie auch bei ihrer Ausgestaltung, ist Konvergenz ganz eindeutig. Beim Anteil des Sozialproduktes, den die 13 westeuropäischen Länder für die Renten-, Kranken-, Unfall- und Arbeitslosenversicherungen aufwenden, ist eine sprunghafte Angleichung bei wachsenden Ausgaben zwischen 1930 und 1950 auszumachen. Wir verwenden den Variationskoeffizienten (Symbol: V) als Maß für Konvergenz, der sich aus dem Verhältnis von der Standardabweichung der verschiedenen Länder zum gesamten Mittelwert berechnet. Dieser Variationskoeffizient sinkt um mehr als die Hälfte, nämlich von 0,75 im Jahre 1930 auf 0,31 im Jahre 1950. Eine ähnliche sprunghafte Angleichung beobachten wir im gleichen Zeitraum beim Einschluß von immer weiteren Bevölkerungskreisen in die sozialen Sicherungsnetze (V von 0,44 auf 0,26).

Nach 1950 ist weiterhin Konvergenz bei der Ausgestaltung wie bei den Ausgaben für die Sozialversicherungen auszumachen. Die Angleichung bei den Ausgaben erreicht bis 1965, um den Höhepunkt des Gesellschaftsmodells, ihre größte Ausprägung (V=0,17) und verbleibt danach bis zum Ende der Meßreihe 1974 auf diesem Niveau (0,19). Die Angleichung bei der durch die Sozialversicherungen erfaßten Erwerbsbevölkerung erreicht ebenfalls nach 1965 ein Maximum an Ähnlichkeit (1965: 0,08 und 1975: 0,07). 1975 sind im Durchschnitt der 13 westeuropäischen Länder mehr als vier Fünftel der Bevölkerung in die sozialen Sicherungsnetze eingegliedert. Auch nachher geht der Ausbau weiter, so wird z.B. in der Schweiz die obligatorische Arbeitslosenversicherung 1976 eingeführt.

Duane Swank und Alexander Hicks haben ähnliche Daten für alle unsere 18 westlichen Länder zusammengetragen.[11] Sie betreffen die öffentlichen Transferausgaben für Pensionen, Arbeitslosenunterstützung, für Unfall und Krankheit, Familienunterstützung, Sozialhilfe und ähnliches. Im Jahre 1960 wendeten die 18 Länder im Durchschnitt 8,2 % ihres Bruttoinlandproduktes dafür auf, 1973 waren es 11,6 % und die Ziffer stieg bis 1980 auf 15,3 %. Die entsprechenden Variations-Koeffizienten betragen 0,32, 0,36 und 0,35. Wir können daran ablesen, daß die Unterschiede im gesamten Westen größer sind als in Westeuropa alleine. Ein Grund dafür ist, daß die Staatsquote im Vergleich aller westlichen Länder mehr Unterschiede aufweist als in Westeuropa.

Beziehen wir die Sozialausgaben des Staates (Gesundheit, Bildung und Einkommenssicherung) auf seine gesamten Ausgaben, so werden wieder große Ähnlichkeiten offensichtlich. B. Guy Peters[12] hat die Sozialausgaben des Staates als Anteil aller staatlichen Ausgaben im Jahr 1981 für 19 westliche Länder zusammengetragen. Der Anteil beträgt im Schnitt 56 % und der Variationskoeffizient ist mit 0,11 gering, was eine große Ähnlichkeit zwischen Ländern indiziert.

Umfang und Ausdehnung der öffentlichen Ökonomie (Staatsquote).
Über das Jahrhundert beobachteten wir einen Trend zunehmender Staatsquoten, auf den bereits weiter vorne hingewiesen worden ist.[13] Bis 1920 ist der Anstieg steil, stagniert dann zwischen 1920 und 1938, um bis 1970 wieder steil anzusteigen. In der OECD-Welt nimmt die durchschnittliche Staatsquote (Ausgaben) von 1960 bis 1982 von 26 % auf 47 % zu.[14]

Die Angaben zur Staatsquote, die Manfred Schmidt für den Zeitraum 1950 bis 1975 zusammengestellt hat,[15] können auf Konvergenz hin

324 • *Westliche Gesellschaft im Wandel*

untersucht werden. Von 1950 bis 1960 ermittele ich eine Abnahme des Variationskoeffizienten von 0,19 auf 0,13. Danach steigt er bis 1975 wieder auf 0,21. Die seit 1960 größer gewordenen Unterschiede zwischen den Ländern sind Folge von durch die Verknüpfung mit dem Weltmarkt induzierten Imperativen. Schon David Cameron hat auf die zentrale Erklärung der Weltmarktverflechtung für die Ausdehnung der Staatsquote hingewiesen.[16] Auch Manfred Schmidt hat die zentrale Rolle dieser von außen indizierten Ausdehnung der öffentlichen Ökonomie bestätigt. Deswegen weisen die sich nach 1960 unterschiedlich entwickelnden Staatsquoten auf die Notwendigkeit hin, in der Spätphase des Gesellschaftsmodells die Legitimität durch Umverteilung zu sichern, dies umso mehr, wenn ein Land intensiv in den Welthandel eingebunden ist (vgl. Kap.11).

Die Ähnlichkeiten bei der Staatsausgestaltung dürfen nicht über die Tatsache hinwegtäuschen, daß im Westen ein größerer Spielraum in der Ausgestaltung des politökonomischen Regimes im letzten Gesellschaftsmodell bestand. Darauf wurde weiter vorne in Kapitel 6 hingewiesen. Der Spielraum lag zwischen einem sozialdemokratischen Konsensus und einem keynesianischen Klassenkompromiß; und die typischen Klammern wurden nicht überall gleich geglückt ausgebildet, was sich z.B. am Typ der Labour-Politik erweist.

In allen Ländern des Westens ist das politökonomische Regime nach der Wende von den sechziger zu den siebziger Jahren einem beginnenden Auflösungsprozeß unterworfen gewesen. Allerdings kam es später nicht überall zu einer eigentlichen Zersetzung, wie in Großbritannien und in den Vereinigten Staaten - mit dem Monetarismus bzw. den »Reaganomics«. Mithin gibt es im langen Abschwung, der historischen Phase vor einem Neuanfang eher ein größeres Auseinanderlaufen der Entwicklungen. Dies ist aber beschränkt auf diese Karriereetappe von Modellen und nicht etwa Zeichen von genereller Divergenz.

Gesetzesproduktion. Bei der Betrachtung der Staatsausgestaltung dürfen Hinweise auf die Rechtsentwicklung nicht fehlen, denn der Staat beansprucht die höchste Autorität bei der Rechtsschöpfung. Als Beispiel dient die Reform des Eherechts, weil hieran exemplarisch die weitere Verankerung der grundlegenden Prinzipien der Sozialstruktur sichtbar gemacht werden kann. Nach Angaben von W. A. Stoffel sind die Revisionen des Eherechts in Westeuropa in Tabelle 12.1 zusammengestellt.[17]

In nahezu allen westeuropäischen Staaten wurde das Eherecht revidiert, mit zeitlichem Schwerpunkt um die frühen 70er Jahre. Der Typ der Reform am Ende der Entfaltungsphase des Modells wurde Gerechtigkeitsreform im Hoch genannt. Was neben der Tatsache auffällt, daß die Reform international gesehen keine isolierte Bewegung darstellt, sind einerseits die gleichen Prinzipien und ihre auffallend ähnliche rechtliche Ausgestaltung.

W. A. Stoffel weist auf folgendes hin: Das Prinzip der Reformen besteht in der Gleichberechtigung beider Ehegatten und im Schutz der Gemeinschaft gegen außen durch Maßnahmen, die beide gleich betreffen. Bei den Innenbeziehungen der Ehe ist hervorzuheben, daß die eheliche Treue und Beistandspflicht in allen Gesetzen beibehalten wurde, aber als eine gegenseitige Pflicht ausgestaltet. Die Aufteilung von Berufs- und Hausarbeit wird nicht mehr von Gesetzes wegen vorgeschrieben, sondern der Verständigung unter den Ehegatten überlassen. Die mögliche Patt-Situation nehmen die neuen Gesetze hin (Eingriffsmöglichkeiten des Richters sind zumeist auf Regelungen des Getrenntlebens und die Wahrung des Wohls der Kinder beschränkt). Auch bei der Bestimmung des ehelichen Wohnsitzes gilt Gleichberechtigung, lediglich in Holland gibt der Mann im Streitfall den Ausschlag (in drei Fällen kann im Streitfall der Richter angerufen werden - rein theoretisch auch im vierten Fall: Frankreich). Bei der Ehe als wirtschaftlicher Gemeinschaft (Güterstandsregelungen) und der Regelung der Außenbeziehungen wie auch bei der Wahl des Familiennamens sind große Gemeinsamkeiten bei den reformierten Gesetzen festzustellen.[18]

Tabelle 12.1
Revision des Eherechts

Niederlande	1956-1969
Luxemburg	1972-1974
Frankreich	1965-1975
Italien	1975
BR-Deutschland	1957-1976
Schweden	1973-1976
Belgien	1976
Österreich	1975-1978
Schweiz	1957-1985
Großbritannien	ohne Zeitangabe

Weitere Fälle: Portugal 1977 (nach der Diktatur und Revolution), Spanien 1981 (nach der Diktatur), Griechenland 1985 (nach der Diktatur).

Quelle: W.A. Stoffel, a.a.O. (Anm. 17)

Bildungsinstitutionen

Weltweit beansprucht der Staat Verantwortung für die Administrierung der Bildungsinstitutionen. Das ist der Grund, warum wir die Bildungsinstitutionen im Rahmen der Ausgestaltung des Staates als eines komplexen Gefüges der öffentlichen Sphäre behandeln. Auf die besondere Rolle der Ausgestaltung der formalen Bildung in den drei letzten Gesellschaftsmodellen wurde in Kapitel 10 eingegangen. Dies betraf vor allem den

wachsenden legitimatorischen Gehalt, die Öffnung und die besondere Verknüpfung der Bildung mit den übrigen Bereichen der Gesellschaft.
Entwicklungen in Richtung auf Konvergenz sind von Alex Inkeles und Larry Sirowy detailliert untersucht worden.[19] Sie unterscheiden nicht Subformationen in unserm Sinne, sondern untersuchen alle Länder. Aber ihre Aussagen über »reiche Länder«, »fortgeschrittene Länder« oder »Westeuropa« können als Anhaltspunkte dienen für die westliche Gesellschaft des Zentrums. Ihre Arbeit legt ein differenziertes Raster an und präsentiert Daten für die ideellen, rechtlichen und strukturellen Rahmenbedingungen des Erziehungswesens, für die Bildungsausgaben, für die Einschulungsraten auf verschiedenen Stufen, die Durchschnittsgröße der Klassen, die allgemeine Ausbildung auf mittlerer Schulstufe, die Erziehungsideale, die gleichen Bildungschancen für beide Geschlechter und für den Zutritt zur Hochschule in Abhängigkeit von der Herkunft.

In all diesen Bereichen sind Fortschritte in dem Sinne zu beobachten, daß die Prinzipien der modernen Sozialstruktur mehr im Schulsystem verankert werden. Hier geht es nicht darum, wie unterschiedlich weit diese Fortschritte in einzelnen Bereichen gediehen sind, sondern um Konvergenz, die besonders für die westliche Gesellschaft gilt. Alex Inkeles und Larry Sirowy verwenden auch den Variationskoeffizienten als Maß für die Beurteilung von Konvergenz. Im folgenden zitieren wir die wesentliche Schlußfolgerung der Autoren aus ihrem umfangreichen Material: »Die überwältigende Fülle der empirischen Evidenz - sowohl qualitativer wie quantitativer Art - besagt, daß die Tendenz der nationalen Bildungssysteme, auf gemeinsame Muster und Verfahrensweisen zu konvergieren, verbreitet wie profund ist und sich häufig noch beschleunigt. Eine solche Konvergenz äußert sich auf allen Stufen des Bildungssystems und beeinflußt in der Tat jeden Aspekt dieses Systems.«[20]

Formale Organisation

Formale Organisationen finden wir in allen Bereichen der modernen Gesellschaft, in der staatlichen Verwaltung, bei den Verbänden und natürlich bei den Wirtschaftsunternehmen. Letztere sind ohne Zweifel der Hauptbereich, in dem sie sich manifestieren. Denken wir an die Millionen von Wirtschaftsunternehmen in der westlichen Gesellschaft, so lädt das sicherlich zunächst nicht zu einer Generalisierung über ihre Aufbauprinzipien ein. Aber die riesige Zahl täuscht. Das wirtschaftliche Geschehen ist stark auf eine vergleichsweise kleine Zahl von Konzernen konzentriert. Man kann grob schätzen, daß ungefähr 1500 Konzerne in der westlichen Gesellschaft rund 50 % der gesamten Wertschöpfung hervorbringen. Ländervergleichende Studien über Unternehmen sind nicht so zahlreich, wie es die vergleichsweise kleine Zahl der führenden Konzerne eigentlich nahelegen könnte. Immerhin liegt ein solcher systematischer Vergleichsversuch mit der Arbeit von Cornelis Lammers und David Hickson[21] sowie der von David Hickson und Mitarbeitern vor.[22]

Organisationsstrukturen. Ein einflußreiches Paradigma der vergleichenden Organisationsforschung geht von den Kontext- oder situativen Faktoren aus. Die Forschung hierzu ist von Michael Wollnik[23] sowie Herbert Kubicek und Alfred Kieser[24] zusammengefaßt worden. Organisatorische Strukturmerkmale, wie die Zahl der hierarchischen Niveaus, Spezialisierung zwischen Funktionsbereichen und Arbeitsrollen, Standardisierung von Arbeitsabläufen und die Dezentralisierung von Entscheidungen, sind in zahlreichen Studien als eng abhängig von den situativen Variablen ermittelt worden. Dabei kommen der Organisationsgröße (gemessen an der Zahl der Mitglieder) und der Technologie (z.B. Grad der Integration und der Automatisierung von Arbeitsabläufen) die zentrale und bestimmende Rolle zu. Wenn immer man einen systematischen Ländervergleich unternommen hat, so haben sich die Organisationsstrukturen als sehr ähnlich erwiesen.[25] Unterschiede, die man festzustellen glaubt, erweisen sich bei näherer Hinsicht als wahrscheinlich durch beschränkte Samplevergleichbarkeit bedingt.[26]

Kontrolle in Organisationen. Mit der subjektiven Methode der Ermittlungen der Verteilung der Kontrolle in Organisationen, der sogenannten »control graph« Methode von Arnold Tannenbaum, sind verschiedene vergleichende Studien durchgeführt worden.[27] Sie lassen sich wie folgt zusammenfassen: Die Verteilung der Kontrolle in Organisationen folgt einem universellen Muster hierarchischer Abstufung. Die Kontrollgraph-Methode unterscheidet das Gesamtvolumen an Kontrolle in Organisationen, die Steilheit des Abfalls der Kontrolle von der Spitze zur Basis und die Diskrepanz zwischen idealer und faktischer Verteilung der Kontrolle.

Je partizipativer eine Organisation, desto geringer die Steilheit der Kontrollverteilung, aber eine Abstufung bleibt bestehen. Die ideale und die aktuelle Verteilung der Kontrolle liegen immer weit auseinander. Dies weist darauf hin, daß die Hierarchie universell Legitimationsprobleme schafft. Weiter sind Kriterien der Effektivität von Organisationen (Befriedigung, Moral oder Loyalität von Mitgliedern, Produktivität, Effizienz und Profitabilität von Organisationen) in Studien häufig positiv mit dem *Gesamtvolumen* an Kontrolle in Organisationen assoziiert. Dagegen besteht keine generelle Beziehung zwischen Steilheit der Kontrollverteilung und Effektivität.[28] Formale Organisation als Instrument zur Erlangung von Effizienz impliziert mithin einen Anstieg des Gesamtvolumens an Kontrolle, nicht aber unbedingt eine bestimmte Form der Verteilung dieser Kontrolle.

Technologische Stile. Ländervergleichende Studien von formaler Organisation erfordern eine Berücksichtigung der Diffusion des technologischen Stils und seiner spezifischen Ausgestaltung nach Wirtschaftsbranchen. Der technologische Stil erzeugt ein bestimmtes Muster der Hierarchie, Arbeitsteilung und Dezentralisierung, das zwar größenabhängig, ansonsten aber universell ist. Zwischen technologischen Stilen unterscheiden sich aber diese größenabhängigen Muster der Organisationsstruktur, worauf schon in Kapitel 4 (Schaub. 4.1, S. 115) hingewiesen wurde: Die größenabhängige administrative Komponente (kaufmännische und technische Angestellte) im Verhältnis zu den Produktionsarbeiten unterscheidet sich für Meßzeitpunkte zwischen 1907 und 1933 deutlich von der zwischen 1950 und 1970 (deutsches Material). Durch den Wandel des technologischen Stils in unserem Jahrhundert hat zwar das Gesamtvolumen der Kontrolle in Organisationen zugenommen, während aber die Kontrollkurve insgesamt weniger steil abfallend geworden ist.

Für die vergleichende Organisationsforschung bedeutet dies, daß empirisch ermittelte Länderunterschiede nicht vorschnell auf Spezifika von nationaler Kultur zurückgeführt werden dürfen. Es gilt zunächst einmal den technologischen Stil zu kontrollieren. Einige Länder sind Vorreiter, andere eher Nachzügler bei der Diffusion. Dann muß die Größen- und Branchenkomposition beim Vergleich kontrolliert werden, denn die Ausformung des technologischen Stils ist größenabhängig und auch branchenspezifisch. Schließlich muß kontrolliert werden, ob es sich um selbständige oder konzernabhängige Unternehmen handelt. Studien, die so rigoros kontrollierend vorgehen, fehlen. Dennoch haben die zahlreichen vergleichenden Studien zu Strukturmerkmalen von Organisationen zahlreiche Muster aufgewiesen, die innerhalb eines technologischen Stils als universell im Westen gelten müssen. Unsere Schlußfolgerung beim bisherigen Forschungsstand ist deshalb, daß die Ähnlichkeiten bei der Ausgestaltung formaler Organisation groß sind.

Ähnlichkeiten und Unterschiede: Schichtung und Mobilität

Die Gründe für die Prominenz der Schichtungs- und intergenerationellen Mobilitätsforschung liegen in den Legitimationsproblemen von sozialen Ungleichheiten. Forschungen dazu können als Lackmus-Probe verstanden werden, inwieweit der ideologische Anspruch der westlichen Gesellschaft bei der Verteilung von sozialen Chancen tatsächlich eingelöst wird. Es geht dabei einerseits um den Grad der Ungleichheit der Positionsstruktur

(Schichtungsforschung) und andererseits um die Chancengleichheit bei der Besetzung im Generationenwechsel (vertikale Mobilität).

Zuerst wollen wir uns der intergenerationellen Massenmobilität zuwenden. Dies betrifft die Berufsmobilität über den gesamten Bereich der Berufsklassifikationen. Dann wird es um die intergenerationellen Mobilitätschancen in die oberen Bereiche der Schichtung und um Methodenartefakte beim Vergleich von unterschiedlich weit gefaßten oberen Schichten gehen. Im Anschluß daran werden die Statusverteilungen und ihre Verknüpfungen in der Schichtung Gegenstand sein.

Massenmobilität

Die Untersuchung der Massenmobilität zwischen den Generationen betraf seit jeher hauptsächlich die Berufsmobilität. Von Anfang an war damit das Problem gestellt, den berufsstrukturellen Wandel und die »eigentliche« Offenheit der Gesellschaft gegeneinander abzugrenzen. Die Lösung dieses Problems muß als gescheitert betrachtet werden.

Die gesamte beobachtete Mobilität zwischen der Berufsklassifikation der Kinder (zumeist wurden nur Söhne betrachtet) und der Eltern (praktisch ausnahmslos Väter) wird üblicherweise in Komponenten zerlegt, in die *»reine« Mobilität* (die auch Zirkulations- oder Austauschmobilität oder soziale Fluidität genannt wird) und in die *strukturelle Mobilität*. Letztere ergibt sich aus den unterschiedlichen Häufigkeiten von Vätern und Kindern in den einzelnen betrachteten Berufsklassifikationen (die Randverteilungen sind unterschiedlich). Man spricht in diesem Zusammenhang von der strukturellen Mobilität auch als »erzwungener« Mobilität, ein unglücklicher Begriff, wenn es darum gehen soll, Mobilität als Legitimierungsquelle zu begreifen. Mehr Chancengleichheit kann nämlich auch durch eine Vermehrung von Chancen entstehen.

Leider repräsentiert die strukturelle Mobilität, wie wir sie aus intergenerationellen Mobilitätsmatrizen ermitteln können, *nicht* den berufsstrukturellen Wandel. Letzterer beeinflußt zwar die »strukturelle« Mobilität, repräsentiert sie aber nicht. Dieses unlösbare Problem hat man nicht selten dadurch zu überwinden getrachtet, daß man die strukturelle oder erzwungene Mobilität in den Matrizen des intergenerationellen Übergangs gleichsam als Störgröße ausklammert, um allein die »reine« Mobilität näher zu betrachten. Dadurch entsteht natürlich ein Irrealis in der Fragestellung: Wie ungleich *wären* die Chancen verteilt gewesen, wenn es keine strukturelle Mobilität gegeben *hätte*.

Der berufsstrukturelle Wandel ist aber eine bedeutende Quelle der gesamten Mobilitätschancen, auch wenn wir diese Komponente mit den üblichen Verfahren im Moment nicht befriedigend vergleichbar untersuchen können. Dieses Problem ist deshalb von besonderer Schärfe, weil sich dieser berufsstrukturelle Wandel nicht gleichmäßig über die Zeit vollzieht und die verschiedenen Länder nicht zeitgleich erfaßt.[29] Der Wandel ist nämlich einerseits abhängig von der diskontinuierlichen Ausbreitung des technologischen Stils in der Zeit (vgl. Kapitel 4), andererseits werden die Vorreiter bei der Ausbreitung von technologischen Stilen erheblich früher vom Wandel erfaßt als die Masse der Nachfolger, und bei den Nachzüglern ist der Wandel noch zu verzeichnen, wenn er in anderen Ländern schon weitgehend zum Abschluß gekommen ist.

Dadurch wird die Realisierung des Ausmaßes der Mobilität im Generationenwechsel zu einer Größe, die viel mehr und diskontinuierlicher variiert, als es Maße der »reinen« Mobilität nahelegen. Das ist sozial bedeutsam für die unterschiedliche Legitimierung der Sozialstruktur, selbst wenn die reine Mobilität konstant ist. Die industriellen Vorreiter haben so ursprüngliche Vorteile, die sie aber früher verlieren als die übrigen Länder. Und Nachzügler kommen auch dann noch in den Genuß der zusätzlichen Legitimierung, wenn diese Quelle bei den übrigen schon versiegt ist.

Die These und neuere Befunde. Aufgrund ihrer These der funktionellen Notwendigkeit der Offenheit in der industriellen Gesellschaft und ihrer ländervergleichenden Untersuchungen schlugen Seymour M. Lipset und Hans Zetterberg in den fünfziger Jahren die seither unter dem Begriff der Lipset-Zetterberg-These in die Literatur eingegangene Hypothese vor: » ... das Gesamtmuster der sozialen Mobilität erweist sich als sehr ähnlich in der industriellen Gesellschaft der verschiedenen westlichen Länder.«[30]

Diese These ließ sich aber in dieser Form nicht halten. Die folgenden Untersuchungen wiesen für die »strukturelle« Mobilität - erzwungen durch unterschiedliche Berufskreisgrößen zwischen Vätern und Kindern - nicht unerhebliche Unterschiede auf. Dagegen erwies sich die »reine« Mobilität im Ländervergleich bemerkenswert ähnlich. Diese Befundlage führte zur ebenfalls in die Literatur eingegangenen FJH-Revision (Featherman, Jones, Hauser).[31] Die Revision schlägt vor, daß die »reine« Mobilität (oder auch Zirkulations-, Austauschmobilität oder soziale Fluidität genannt) gleich sei, nicht aber die strukturelle, die als durch historisch und kulturell bedingte Unterschiede in den Berufsstrukturen verursacht gesehen wird.

In der neueren Forschung stehen sich zwei, angeblich empirisch gestützte Schlußfolgerungen diametral gegenüber.[32] Da der technische Apparat im Verlauf der Mobilitätsforschung immer komplizierter geworden ist, kann sich der Nichtspezialist kaum noch ein unabhängiges Urteil bilden. Wir werden deshalb etwas näher auf die verschiedenen Befunde einzugehen haben.

Die Schlußfolgerung von Anthony Heath aufgrund seiner Untersuchung von acht westlichen Ländern muß heute als Außenseitermeinung gelten: »Wohl die Hauptlektion, die diese internationalen Vergleiche erteilen, besagt, daß wir nicht von der ›westlichen, kapitalistischen Gesellschaft‹ sprechen sollten, als stelle diese einen einzigen undifferenzierten Typ dar. Die Hauptschlußfolgerung unserer Analyse ist, daß besondere Unterschiede sogar zwischen kapitalistischen Gesellschaften wie den USA, Westdeutschland, Japan und Schweden bestehen, die sich auf vergleichbarem Niveau der wirtschaftlichen Entwicklung befinden. Ob diese Unterschiede geringer werden, können wir nicht sagen. Der technologische Funktionalismus kann immer die Versprechung der ausgleichenden Gerechtigkeit dadurch herausschieben, daß er die vorhergesagte Konvergenz in die weite Zukunft verlagert. In der Zwischenzeit leben wir aber in einer Welt, in der soziale und kulturelle Variationen fortbestehen.«[33]

Die entgegengesetzte Position erhält heute die größte empirische Stütze und bedient sich einer ausgefeilten Methodik.[34] Die Schlußfolgerungen besagen, daß die Unterschiede im beruflichen Mobilitätsregime zwischen entwickelten westlichen Industrieländern vergleichsweise unbedeutend sind vor dem Hintergrund der gemeinsamen Merkmale. Eine sehr detaillierte und äußerst umsichtig angelegte Studie, die England, Frankreich und Schweden vergleicht, haben Robert Erikson, John Goldthorpe und Lucienne Portocarero vorgelegt.[35] Die Autoren benutzen eine siebenfach gegliederte Berufsklassifikation und untersuchen die »reine« Mobilität, die sie soziale Fluidität nennen. Sie finden gewisse Länderunterschiede, so eine etwas größere soziale Offenheit in Schweden, aber die Gemeinsamkeit im Mobilitätsregime ist bemerkenswert. In ihren eigenen Worten: »Im Ländervergleich überwiegt das gemeinsame Element ganz klar gegenüber den Unterschieden.«[36] Die eigentliche Konvergenzthese beurteilen die drei Autoren aber skeptischer. Trotz geringer Unterschiede im Querschnitt meinen sie in ihren Daten kaum Hinweise auf einen Trend zur Angleichung über die Zeit feststellen zu können.[37] Freilich müssen sie hier ihre Aussagen auf den nicht unproblematischen Kohortenvergleich stützen, wobei Alters- und Periodeneffekte vermischt werden.

Die Schlußfolgerung eines gemeinsamen beruflichen Massenmobilitätsregimes mit einem gewissen, aber *geringen* nationalen Spielraum bei der Ausgestaltung, wäre sicher verfrüht, da sie sich nur auf die Fälle Schweden, Frankreich und England stützen kann. David Grusky und Robert Hauser haben eine ähnliche Untersuchung für 16 Länder durchgeführt, unter denen sich auch neun befinden, die zur westlichen Gesellschaft, wie wir sie abgrenzen, gehören.[38] Sie kommen zu einer eindeutigen Schlußfolgerung, die die FJH-Revision stützt: Die strukturelle Mobilität unterscheidet sich erheblich zwischen den Ländern, aber die reine Mobilität (Fluidität) ist bemerkenswert ähnlich. Ihre Schlußfolgerung lautet: »Die Resultate (...) implizieren Konvergenz zwischen den industrialisierten Ländern in unserem Sample. (...) Mobilitätsregimes sind weitestgehend gleich in allen komplexen Gesellschaften, unabhängig von der wirtschaftlichen Entwicklung.«[39]

Eine mögliche Einschränkung liegt in der Tatsache, daß David Grusky und Robert Hauser nur eine dreifachgegliederte Berufsklassifikation bei ihrem umfassenden Ländervergleich benutzen konnten.[40] Kann man die Ähnlichkeit, die wir zwischen England, Frankreich und Schweden unter Verwendung einer fein gegliederten Berufsklassifikation beobachten, wirklich auf den gesamten Westen übertragen? Oder andersherum: Wie sähe das Ergebnis von Grusky und Hauser beim Vergleich von neun Industrieländern aus, wenn sie feiner gegliederte Berufskategorien verwendet hätten. Diese Frage gilt es noch zu beantworten.

In Tabelle 12.2 wird für sechs Länder der westlichen Gesellschaft Mittelwert und Variationskoeffizient für die intergenerationelle Berufsmobilität angegeben.[41] Die Berufsmobilität in der Matrix der Väter und Kinder wird untergliedert nach gesamter betrachteter Mobilität, sowie nach den Komponenten: strukturelle und »reine« Mobilität.[42] Die Berufsklassifikation wird unterschiedlich gegliedert: dreifache, fünffache und elffache Gliederung, um zu prüfen, wie sich die Unterschiede zwischen Ländern in Abhängigkeit von der Feinheit der Berufsklassifikation verändern.

Sechs Länder im Zeitraum 1973-75 sind in Tabelle 12.2 eingeschlossen: Bundesrepublik Deutschland, Finnland, Niederlande, Österreich, Schweiz und die Vereinigten Staaten. Folgende Befunde sind erkennbar. Die gesamte Mobilität nimmt mit der Feinheit der Berufsklassifikation zu, ein nicht unerwartetes Ergebnis. Dies gilt aber ausschließlich für die »reine« Mobilität, während die strukturelle Komponente von der Zahl der Berufskategorien unabhängig ist.

Die Unterschiede zwischen den sechs Ländern sind bei der gesamten Mobilität vergleichsweise gering, mit einem Variationskoeffizienten von rund 0,10. Die Unterschiede sind erheblich größer bei der strukturellen Mobilität als bei der »reinen« Mobilität. Während die Unterschiede bei der strukturellen Mobilität zwischen den Ländern unabhängig von der Zahl der ausgesonderten Berufsklassen ist (V um 0,20), nehmen die Unterschiede bei der »reinen« Mobilität merklich ab (von V=0,14 auf V=0,05).

Dieser Befund stützt einerseits die FJH-Revision der These zur beruflichen Mobilität in der westlichen Gesellschaft. Andererseits können wir nun sagen, daß die geringen Unterschiede, die Grusky und Hauser beim Mobilitätsregime gefunden haben, nochmals unbedeutender geworden wären, hätten sie eine feinere Berufsklassifikation verwendet.

Schließlich weist die Tabelle 12.2 auf, daß berufliche Mobilität im Generationenwechsel nicht die Ausnahme, sondern die Regel ist. Selbst bei einer so groben, nur dreifachen Klassifikation der Berufe war jede zweite Person in der westlichen Gesellschaft zwischen den Berufsklassen mobil im

Vergleich zu ihren Vätern. Legt man elf Berufskreise zugrunde, so sind drei von vier Personen mobil gewesen. Die Unterschiede zwischen den Ländern sind, wie bereits hervorgehoben, gering. Immerhin sei erwähnt, daß im Vergleich unserer sechs Länder die Vereinigten Staaten die Spitzenposition bei der intergenerationellen Mobilität einnehmen. Wir heben das hier deshalb hervor, weil wir weiter hinten Japan mit den Vereinigten Staaten vergleichen.

Tabelle 12.2
Prozentzahl der Mobilen bei unterschiedlich feiner Berufsklassifikation: Mittelwerte für sechs westliche Länder und der Variationskoeffizient

	Berufsklassifikation		
	dreifach untergliedert	fünffach untergliedert	elffach untergliedert
Gesamte Mobilität			
Mittelwert für sechs Länder	49,6	61,7	74,5
Variationskoeffizient für Länderunterschiede	V=0,10	V=0,09	V=0,10
Strukturelle Mobilität			
Mittelwert	25,4	22,8	29,4
Variationskoeffizient	V=0,21	V=0,18	V=0,19
»Reine« Mobilität			
Mittelwert	24,0	38,8	45,2
Variationskoeffizient	V=0,14	V=0,08	V=0,05

Quelle: berechnet nach Daten vom Zentralarchiv, a.a.O. (Anm. 41).

Die Befunde zur beruflichen Massenmobilität zeigen, daß die westliche Gesellschaft im Höhepunkt des keynesianischen Modells (zu Beginn der siebziger Jahre) eine »offene« Gesellschaft in dem Sinne war, daß die Mehrheit intergenerationell mobil war. Die Unterschiede zwischen Ländern sind gering. Selbstverständlich muß darauf hingewiesen werden, daß die Mobilität über kürzere soziale Distanzen viel verbreiteter ist als die über längere.

Mobilität in die oberen Schichten

Die berufliche Mobilität im breiten Bereich der Schichtung mag zwischen Ländern sehr ähnlich sein, aber vielleicht gibt es Unterschiede beim Zugang zu den oberen Schichten im Generationenwechsel. Die Daten, die Anthony Heath für acht westliche Länder zusammengestellt hat, scheinen dies nahezulegen, und seine so konträre Folgerung über die Länderunterschiede beim Mobilitätsregime rührt zweifellos zum Gutteil daher.[43]

Anthony Heath untersucht für acht Länder die relativen Chancen, intergenerationell in die oberen Bereiche der Berufsschichtung aufzusteigen. Die oberen Schichten nennt er fälschlicherweise »Elite«, denn in den verschiedenen Studien sind immerhin bis zu 31 % der Befragten so klassifiziert. Die Maße sind die relativen Chancen (oder *odds ratios*), einerseits von Kindern, deren Väter bereits in Berufskreisen der Zielkategorie tätig waren, im Vergleich zu Kindern, deren Väter manuell tätig waren; andererseits die gleichen relativen Chancen gegenüber Kindern mit Vätern aus andern nichtmanuellen Berufen, die nicht zur ausgegliederten oberen Schicht gehören.

In der Tat *scheinen* sich die relativen Chancen zwischen den Ländern dramatisch zu unterscheiden. Gleichzeitig weist aber die in den verschiedenen Studien ausgegliederte obere Berufsschicht eine Spannweite zwischen 1,5 bis 31,2 % der Samplefälle auf. Anthony Heath hat dies zwar auch erkannt, aber nicht genügend kontrolliert.

Wir schlagen eine theoretisch begründete und schärfere Kontrolle des Einflusses der Größe des oberen Berufskreises vor. Die relativen Chancen sind eine inverse Funktion der Größe des Berufskreises, in den die Mobilität erfolgt. Die Begründung ist zweifach. Einmal ist Mobilität über kürzere Distanzen aufgrund bekannter Regularitäten viel wahrscheinlicher als über längere. Weiter ist die Möglichkeit einer hochrangigen Berufsgruppe, ihre soziale Macht durch Abschließung exklusiv zu halten (verstärkte Berufsvererbung) u.a. umso größer, je kleiner diese Gruppen sind.

Die mittlere soziale Distanz ist umso größer, je kleiner der Anteil der ausgegliederten oberen Berufsschicht. Und die Abschließungsmöglichkeit wächst, wenn die ausgegliederte obere Berufsschicht relativ klein ist. Deshalb sollte eine *hyperboloide Funktion* in der Lage sein, diese Zusammenhänge zwischen den relativen Chancen des Berufsaufstiegs und der Größe der betrachteten Zielkategorie in der Gesamtverteilung zu beschreiben. Ein solcher Zusammenhang wird in Schaubild 12.1 erkennbar. Dort haben wir die Ergebnisse von Anthony Heath graphisch dargestellt. Wir haben in der linken Darstellung noch Fälle aus eigenen Berechnungen mit unseren Materialien hinzugefügt, um den unteren Ast der hyperboloiden Funktion besser zu belegen. Die Beobachtungen von Heath streuen über den Zeitraum 1965 bis 1973. Ein zeitlicher Ausreißer ist Italien (1963), und wir haben uns die Freiheit genommen, diesen Fall für eine der beiden Darstellungen zu rekodieren.[44]

Das Schaubild 12.1 weist auf, daß die relativen Chancen des Zugangs zu einer hohen Berufsschicht eine deutlich hyperboloide Funktion der Größe der ausgegliederten Zielschicht ist. Die Fälle liegen alle nahe um die hyperboloide Kurve. Eine weitere Kontrolle von Unvergleichbarkeiten brächte sie wohl noch näher heran. Wiederum sollen kleinere Unterschiede zwischen Ländern nicht geleugnet werden.

Schaubild 12.1
Zugangschancen zu den höheren Schichten in Abhängigkeit von der Anlage der Untersuchung

Relative Chancen (odds ratio) als eine inverse Funktion der relativen Größe der ausgegliederten oberen Schichten

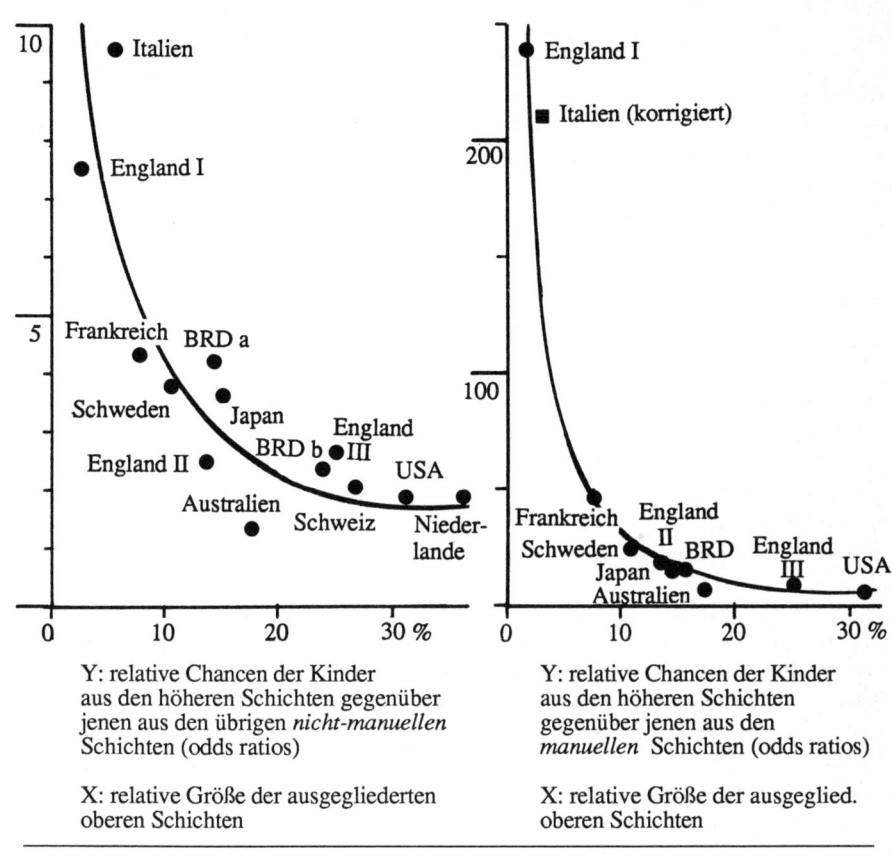

Y: relative Chancen der Kinder aus den höheren Schichten gegenüber jenen aus den übrigen *nicht-manuellen* Schichten (odds ratios)

X: relative Größe der ausgegliederten oberen Schichten

Y: relative Chancen der Kinder aus den höheren Schichten gegenüber jenen aus den *manuellen* Schichten (odds ratios)

X: relative Größe der ausgeglied. oberen Schichten

Quellen: Anthony Heath, a.a.O. (Anm. 33), und eigene Berechnungen.

Der zweite Teil des Schaubildes betrifft die relativen Chancen der Arbeiterkinder. Entsprechend der größeren sozialen Distanz ist der Zutritt von Kindern aus dem Arbeitermilieu sehr viel geringer als der von Kindern aus den nichtmanuellen Schichten. Immer haben die Kinder der

Väter aus der Zielkategorie selbst viel größere Chancen, auch wieder dorthin zu gelangen. Und diese Chancenungleichheit wird sehr groß, wenn die Zielkategorie sehr klein wird.

Mit andern Worten: Die Offenheit im oberen Bereich der westlichen Gesellschaft ist viel geringer, als die Ergebnisse über die verbreitete Massenmobilität es nahelegen. Dieser Befund ist bekannt. Was wir hinzufügen, ist, daß dies ein generelles Merkmal der westlichen Gesellschaft ist. Die zunächst dramatisch anmutenden Länderunterschiede lassen sich auf allgemeine Gesetzmäßigkeiten zurückführen. Wesentliche Unterschiede zu behaupten, hieße, die Aussagen auf Methodenartefakte abzustützen.

Auch die Eliterekrutierung (im engeren Sinne) ist in der westlichen Gesellschaft durch eine Öffnung gegenüber den mittleren und unteren Schichten gekennzeichnet.[45] Auch wenn es um die relativen Chancen von Kindern mit tiefer sozialer Herkunft schlecht bestellt ist, in die obersten Positionen der Gesellschaft zu rücken, so hat die Rekrutierung der Elite aus mittleren und unteren Schichten doch wohl erhebliche Konsequenzen für ihr soziales Selbstverständnis: Eine Mehrheit entstammt nämlich nicht den oberen Schichten.

Statusverteilungen und Statusverknüpfungen

An anderer Stelle habe ich das Schichtungsmuster für ein zusammengelegtes Sample der westlichen Gesellschaft im Höhepunkt des keynesianischen Gesellschaftsmodells eingehend untersucht.[46] Im Sample waren sechs Länder eingeschlossen (BRD, Finnland, Niederlande, Österreich, die Schweiz und die Vereinigten Staaten), für einige Analysen konnte auch Material für Italien herangezogen werden. Die Auswahl deckt somit 60 % der Bevölkerung der westlichen Gesellschaft des Zentrums ab.

Statusverteilungen. Die Tabelle 12.3 gibt Auskunft über die geringen Unterschiede beim durchschnittlichen Status und bei der Ungleichverteilung von Status zwischen sechs Ländern in unserem zusammengelegten Sample.[47] Bei der formalen Bildung und dem Berufsprestige sind die Unterschiede zwischen den Ländern sowohl bei der durchschnittlichen Höhe wie auch bei der Ungleichverteilung von Status sehr gering. Das wird an den Variationskoeffizienten ersichtlich, die zwischen 0,02 und 0,07 liegen (vgl. Tabelle 12.3).

Bei der formalen Autorität am Arbeitsplatz ergeben sich auf dem ersten Blick größere Länderunterschiede. Berücksichtigt man aber die Tatsache, daß Frauen je nach Land einen sehr unterschiedlichen Teil der Kernstatusgruppe (vollzeit ökonomisch Aktive) ausmachen, so können wir für die Männer allein eine große Ähnlichkeit nachweisen (Tabelle 12.3). Dennoch weicht Finnland immer noch sichtbar ab. Wir schlagen dafür einen Samplefehler als Erklärung vor. Mit all den in Anm. 47 erwähnten Eingrenzungen macht das Sample der finnischen Männer nur noch 304 Personen aus. Davon haben nur rund ein Drittel überhaupt formale Autorität (ca. 100 Personen). Bei solchen Größenordnungen sind Samplefehler gerade bei einer solch empfindlichen, weil ungleich verteilten Variable leicht möglich.

Tabelle 12.3
Ähnlichkeiten zwischen Statusverteilungen in sechs westlichen Ländern

	Formale Bildung		Berufs- prestige		Formale Autorität		Monatliches Nettoeinkommen	
	M	V	M	V	M	V	M	V
Durchschnitt für sechs Länder	16,0	0,16	41,7	0,31	0,45	1,62	(695)	0,53
Variations- koeffizienten	0,024	0,063	0,071	0,046	0,143	0,178	(0,455)	0,220
Nur Männer *)			(.)	(.)	1,46	0,143	(.)	0,49 0,189
Nur Männer und ohne Finnland †)			(.)	(.)	1,38	0,051	(.)	(.)
Nur Männer und ohne USA ‡)			(.)	(.)			(.)	0,46 0,149

*) Frauen werden bei formaler Autorität und beim Einkommen diskriminiert (vgl. Schaubild 12.2). Da der Anteil der Frauen in den einzelnen Länderstichproben unterschiedlich ist, muß dies kontrolliert werden.
†) Im Falle von Finnland liegt vermutlich ein Stichprobenfehler bei Fällen mit formaler Autorität vor. Der Ausschluß Finnlands verringert die Unterschiede bei der Verteilung der formalen Autorität zwischen Ländern erheblich.
‡) Die Einkommensinformation bezieht sich bei den US-amerikanischen Fällen auf das Bruttoeinkommen, während es sonst netto Sozialabgaben und Steuern ist. Schließt man die USA aus, so werden allerdings die verbleibenden Länderunterschiede nicht nennenswert geringer. Diese Restunterschiede reflektieren die unterschiedliche Umverteilungsintensität, die weiter vorne behandelt wurde.

Quellen der Grunddaten: Zentralarchiv, a.a.O. (Anm. 41), Indikatoren: Volker Bornschier, a.a.O. (Anm. 46).

Das disponible Monatseinkommen weist zunächst sehr große Unterschiede auf. Das mittlere Einkommen zwischen den Ländern unterscheidet sich fast ebenso stark wie die Einkommen innerhalb eines Landes. Dies reflektiert natürlich die bekannten Unterschiede, die wir auch beim Bruttosozialprodukt pro Kopf finden. Die Angaben in lokalen Währungen hatten wir in US-Dollar zu Marktwechselkursen umgerechnet, die natürlich die Kaufkraftunterschiede nicht berücksichtigen. Da die Einkommensunterschiede zwischen den Ländern nicht zur Erklärung anstanden, hatten wir für unsere Untersuchungen diese zuvor aus den Daten für das zusammengelegte Sample entfernt. Aber auch die Unterschiede in der Ungleichverteilung des Einkommens sind nennenswert (V=0,22). Selbst wenn man nur die Männer vergleicht, so nehmen sie nicht markant ab.

Das Einkommen ist in den Vereinigten Staaten am ungleichsten verteilt.[48] Schließt man die USA deshalb aus, so bleiben immer noch größere Unterschiede bei der Ungleichverteilung des Einkommens bestehen. Der Grund dafür liegt in den Unterschieden bei der staatlichen Umverteilung, die selbst wiederum wesentlich von der Höhe der Staatsquote abhängig sind. Wir folgern, daß das Ausmaß der Legitimitätsbeschaffung der Gesellschaft durch staatliche Umverteilung Unterschiede zwischen den Ländern aufweist. Die wird aber erklärt durch die unterschiedliche Einbindung in den Weltmarkt und nicht primär durch die interne Machtkonstellation. Entsprechende Untersuchungen haben wir in Kapitel 11 bereits vorgelegt (vgl. Schaubild 11.2 auf S. 284).

Statusverknüpfungen. Ein um die formale Autorität am Arbeitsplatz erweitertes Pfadmodell für die westliche Gesellschaft zu Beginn der siebziger Jahre habe ich an anderer Stelle formuliert und empirisch für ein zusammengelegtes Sample der erwähnten Länder geschätzt.[49] Die Ergebnisse für die Kerngruppe der vollzeit ökonomisch Aktiven wird in Schaubild 12.2 noch einmal aufgeführt. Italien als siebtes Land ist nicht in das präsentierte Sample eingeschlossen, folgt aber - soweit Daten vorhanden - dem Gesamtmuster.

Die soziale Herkunft spielt bei der Statusverteilung in der westlichen Gesellschaft keine zentrale Rolle, jedenfalls dann nicht, wenn man die gesamte Schichtung in der Kernstatusgruppe betrachtet. Ein substantieller Effekt der Herkunft ist nur von der Bildung der Väter auf die Bildung der Befragten zu beobachten. Weder die formale Autorität der Väter noch ihr Berufsprestige begünstigen nennenswert die spätere Position der Kinder in der Schichtung.

Beim Schichtungsregime der westlichen Gesellschaft fällt auf, daß die Komponenten der formale Qualifikation (erreichte Schulstufe und das Prestige des Berufes, für den man sich qualifiziert hat) untereinander vergleichsweise eng verknüpft sind, weiter daß formale Qualifikation und die formale Autorität am Arbeitsplatz aber nur höchst locker verknüpft sind. Von den erheblichen Unterschieden bei der formalen Autorität können mit formaler Qualifikation und den noch unerheblicheren Herkunftseffekten nur 15 % erkärt werden. Wir bringen dies mit einer gewissen Unabhängigkeit der Statusverteilung durch formale Organisationen in der westlichen Gesellschaft und mit der Segmentierung der Arbeitsplatzstrukturen in der dualen Wirtschaft in Zusammenhang.

Schaubild 12.2
Pfadmodell für die Statusverknüpfung in der westlichen Gesellschaft, zusammengelegtes Sample aus sechs westlichen Ländern, 1973-75

Vollzeit ökonomisch aktive Männer und Frauen im Alter von 25 und mehr Jahren. Die Zahl der Beobachtungen mit kompletten Daten beträgt zwischen 2790 und 2908 Fällen. Die Schlußschätzung des Modells berücksichtigt nur die signifikanten Prädiktoren.

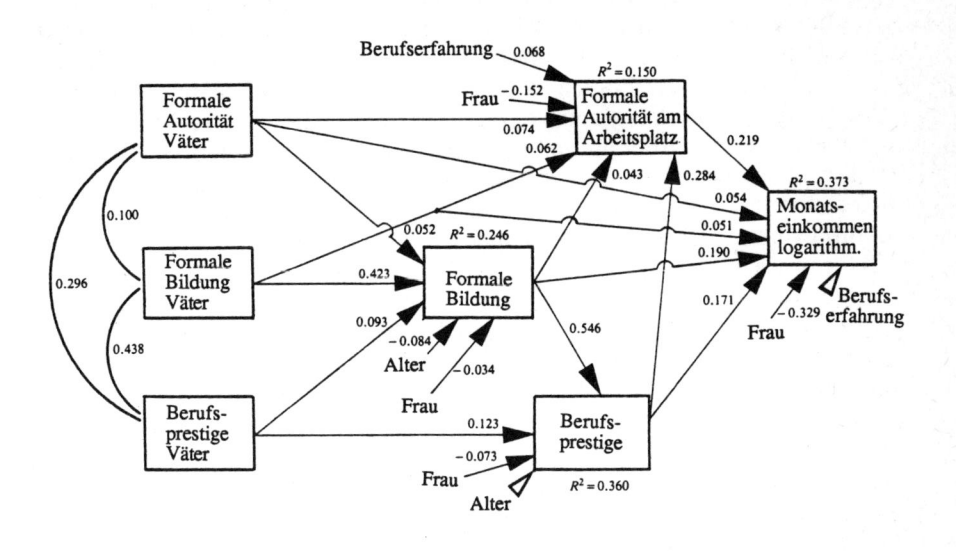

[Pfaddiagramm mit folgenden Variablen und Pfadkoeffizienten:
- Formale Autorität Väter
- Formale Bildung Väter
- Berufsprestige Väter
- Berufserfahrung (0.068)
- Frau (−0.152, 0.074, 0.062)
- Formale Autorität am Arbeitsplatz ($R^2 = 0.150$), Pfad 0.219
- Formale Bildung ($R^2 = 0.246$), Pfade 0.052, 0.423, 0.093, −0.084, 0.546, 0.043
- Alter (−0.034)
- Berufsprestige ($R^2 = 0.360$), Pfade 0.123, −0.073
- Monatseinkommen logarithm. ($R^2 = 0.373$), Pfade 0.284, 0.054, 0.051, 0.190, 0.171, −0.329 Berufserfahrung Frau
- Korrelationen: 0.296, 0.100, 0.438]

Quelle: Volker Bornschier, »Social Stratification ...«, a.a.O. (Anm. 46).

Man könnte einwenden, daß unsere Variable formale Autorität am Arbeitsplatz nichts Wirkliches mißt, da sie so merkwürdig isoliert im Modell steht. Dies wäre aber ein Fehlschluß, denn die Autorität am Arbeitsplatz ist der gewichtigste einzelne Prädiktor des Einkommens. Allerdings steht die Einkommen erzeugende Kraft der formalen Bildung und des Berufsprestiges im Schichtungsregime derjenigen der formalen Autorität nicht weit nach. In der Kerngruppe der westlichen Gesellschaft sind vier unabhängige und bedeutsame Prädiktoren der Einkommensdifferentiale aufgrund unserer Ergebnisse zu ermitteln: die formale Autorität am Arbeitsplatz, die erreichte Schulbildung, das Berufsprestige und das Geschlecht. Insgesamt ist nach dem Alter von 25 Jahren das Einkommen nicht mehr abhängig von der Länge der Berufserfahrung. Wir werden später noch darauf eingehen, daß hier aber Länderunterschiede bestehen, und zwar spielt die Berufserfahrung zumindest in den Vereinigten Staaten und in Japan eine Rolle.

Die zentrale Größe im Schichtungssystem ist die formale Bildung. Sie verbindet die Generationen am meisten und spielt für den erreichten Berufsstatus wie für das Einkommen eine gewichtige Rolle. Auch für die Einkommensverteilung spielt die Bildung eine bedeutsamere Rolle, als aus den *direkten* Effekten hervorgeht, womit die Bildung neben dem Geschlecht zur wichtigsten Variable bei der Einkommensverteilung wird.

Die Schichtung in der westlichen Gesellschaft weist nach den Ergebnissen in Schaubild 12.2 eine erhebliche Diskriminierung nach Geschlecht auf. Die Nachteile der Frauen sind allerdings nicht in allen Bereichen der Schichtung gleich. Vergleichsweise gering sind die Unterschiede nach Geschlecht bei der Bildung und beim Berufsprestige,[50] erheblich aber bei der formalen Autorität am Arbeitsplatz und nochmals gewichtiger beim Einkommen. Hier ist das Geschlecht überhaupt die wichtigste Variable, allerdings unmittelbar gefolgt von der Bildung, wenn man deren indirekte Effekte mitberücksichtigt. Die Diskrimination der Frauen bei der Einkommensverteilung ist natürlich kein neuer Befund. Die bisher umfangreichste Studie von Donald Treiman und Patricia Roos in neun westlichen Ländern weist sie ebenfalls auf.[51] Wenngleich diese Einkommensdiskrimination im Westen ein durchgängiges Phänomen ist, so bestehen doch Unterschiede zwischen Europa, den USA und Japan. In den USA ist sie nämlich größer und wahrscheinlich auch in Japan (vgl. Kap. 13).

Insgesamt ergibt sich in der westlichen Gesellschaft 1973-75 das Bild einer nur sehr locker strukturierten sozialen Schichtung, obwohl die einzelnen Statusverteilungen in der Schichtung teilweise auch eine sehr erhebliche Ungleichheit aufweisen (vgl. Tab. 12.2 und Tab. 10.3 auf S. 258 in Kap. 10). Insbesondere fällt die im allgemeinen nur sehr geringe »Vererbung« der sozialen Positionen auf. Natürlich wird man in Teilbereichen der Schichtung andere Schlußfolgerungen ziehen müssen, hier geht es aber nur um die Grundtendenz im allgemeinen Schichtungsregime.

Unterschiede zwischen Ländern. Im Anschluß an die sehr kurze Präsentation des durchschnittlichen Musters für die westliche Gesellschaft stellt sich die hier interessierende Frage: Gibt es Länderunterschiede, und wie sehen sie aus? Unterschiede zwischen den Ländern kann man erforschen, wenn man die einzelnen Länder als (dichotome) Variablen einführt, um zu prüfen, ob wir länderspezifische Verknüpfungsregeln ermitteln können. In Tabelle 12.4 führen wir die Erklärung der Modellvariablen ohne und mit länderspezifischen Effekten für sechs unserer sieben Sampleländer auf.

Der Erklärungszuwachs, den wir in Tabelle 12.4 mit den verschiedenen länderspezifischen Effekten erhalten, liegt zwischen 2,1 und 2,6 %

der beobachteten Varianz. Dieser Zuwachs ist im statistischen Sinne zwar signifikant, aber nicht substantiell bedeutsam. Nehmen wir das monatliche disponible Einkommen als Beispiel. Nur vier Variablen (Geschlecht, formale Autorität, formale Bildung und Berufsprestige) erklären 36,1 % der gemessenen Einkommensdifferentiale. Zwei weitere Hintergrundsvariablen (formale Autorität des Vaters und seine formale Bildung) erklären zusätzlich nur 1,2 %. Und weitere neun länderspezifische Effekte bringen nur einen Erklärungsgewinn von insgesamt 2,6 %.

Tabelle 12.4
Die Bedeutung von Länderunterschieden bei der Statusverknüpfung, sechs westliche Länder

	Erklärung der gemessenen Unterschiede (Varianzerklärung)		
	Ohne länderspezifische Effekte	Mit länderspezifischen Effekten	Erklärungsgewinn
Monatliches Einkommen (log.)	37,4 %	40,0 %	2,6 %
Formale Autorität am Arbeitsplatz	15,7 %	17,8 %	2,1 %
Berufsstatus (Prestige)	36,0 %	38,4 %	2,4 %
Formale Bildung	24,9 %	27,3 %	2,4 %

Quelle: Volker Bornschier, »Social Stratification ...«, a.a.O. (Anm. 46).

Beziehen wir Italien als siebtes Land dort ein, wo es es nach der Datenlage möglich ist (Bildungs- und Berufsmodell), so nimmt die Bedeutung der länderspezifischen Interaktionen im Gesamtmodell sogar noch leicht ab. Die Schlußfolgerung daraus lautet, daß wir bei Einbezug von mehr Ländern wohl kaum auf mehr länderspezifische Unterschiede stoßen würden. Jedenfalls spricht der Fall Italien dagegen, daß dann das gemeinsame Element beim Statusverknüpfungsregime ab- und das länderspezifische zunimmt.

Welche Länderunterschiede bestehen? Beim Einkommensmodell ist Finnland in einigen Hinsichten eine Abweichung. Substantiell ist dies aber nur bei der Verknüpfung von formaler Autorität mit dem Einkommen: Eine Stufe mehr formale Autorität auf unserer Skala bedeutet - alles andere gleich - nur 7 % mehr Einkommen in Finnland, während es bei den übrigen

Ländern 20 % mehr sind. Die plausibelste Erklärung für Finnlands Abweichung ist ein Stichprobenfehler bei den Fällen mit höherer formaler Autorität.[52]

Die Einkommensdiskrimination der Frauen ist in den Vereinigten Staaten größer als in den europäischen Ländern des Samples. Bei mittlerer Bildung unterschieden sich Männer und Frauen in den USA um den Faktor 2 bei ihrem Einkommen, in Europa um den Faktor 1,4. Bereits Donald Treiman und Patricia Roos hatten auf ähnliche Befunde hingewiesen.[53] Eine mögliche Erklärung liegt im stärkeren Ausmaß der dualen Struktur der Wirtschaft der USA (segmentierte Arbeitsmärkte). Frauen arbeiten häufiger im Peripheriebereich der Wirtschaft, und so könnte sich der Unterschied zu Europa bei der Einkommensdiskrimination erklären.

Die Verknüpfung von Bildung, Beruf und Autorität weist Unterschiede folgender Art auf. Unsere Sampleländer verteilen sich auf zwei Muster, die schematisch folgendermaßen dargestellt werden können (Doppelpfeil indiziert stärkere Verknüpfung, *überbetont*):

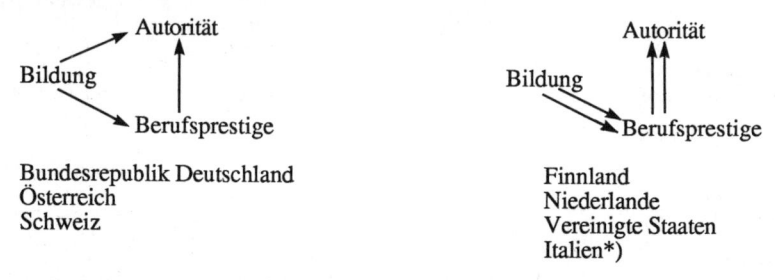

```
           Autorität                          Autorität
         ↗    ↑                             ↗   ⇈
Bildung                          Bildung
         ↘                                   ↘
           Berufsprestige                      Berufsprestige
```

Bundesrepublik Deutschland   Finnland
Österreich   Niederlande
Schweiz   Vereinigte Staaten
                                     Italien*)

*) Nur beim Bildungs- und Berufsmodell eingeschlossen.

Im einen Fall ist das formale Bildungssystem weniger auf die berufliche Sphäre bezogen und schafft auch unabhängig vom Berufsprestige Zugang zu formaler Autorität am Arbeitsplatz. Im anderen Fall ist die Verknüpfung von Bildung und Berufsprestige enger, und nur so ergibt sich eine Verknüpfung mit Autorität. Wir schlagen vor, diesen Unterschied mit verschiedenen Bildungstraditionen zu erklären, die die institutionelle Ausgestaltung noch immer beeinflussen: Einmal das Humboldtsche Bildungsideal, das mehr Betonung auf Bildung als einem eigenständigen Wert legt, und ferner demgegenüber eine pragmatischere Einstellung zur Funktion der Bildung, die Bildung enger auf das Berufssystem bezieht.

In der stärker durch das Humboldtsche Ideal beeinflußten Tradition schafft »Bildung« offensichtlich Zugang zu Autorität am Arbeitsplatz auch jenseits von seiner berufsspezifischen Relevanz (Beispiele wären die BRD, Österreich und die Schweiz, vgl. oben). Trifft diese Deutung der aufgewiesenen Unterschiede zu, so hätten wir in unseren Materialien ein eher seltenes Beispiel dafür gefunden, daß unterschiedliche kulturelle Traditionen in ihrer eigenständigen Beeinflussung von grundlegenden Aspekten der Sozialstruktur im modernen Westen noch deutlich sichtbar nachwirken. Zum Schluß soll noch auf die Unterschiede beim herkunftsbedingten Zugang zur formalen Bildung eingegangen werden. Diese bestehen zwischen den Vereinigten Staaten und Europa. In den USA ist der herkunftsbedingte Unterschied beim Schulbesuch eindeutig geringer als in Europa. Unterscheiden sich in den USA die Väter z.B. auf unserer Skala der höchsten erreichten Schulstufe um 10 Bildungsjahre, so liegen ihre Kinder im Durchschnitt nur um 3 Bildungsjahre auseinander. Demgegenüber liegen in Europa die Kinder aber im Durchschnitt um sechs Bildungsjahre auseinander.[54] Anders ausgedrückt heißt dies: Die Bildungsschichtung reproduziert sich in Europa im Generationenwechsel stärker als in den Vereinigten Staaten.

Die europäischen Fälle und diejenigen aus den USA in unserem Sample der westlichen Gesellschaft unterschieden sich im Höhepunkt des keynesianischen Gesellschaftsmodells folgendermaßen. In Europa sind die Herkunftseffekte bei der Statuszuteilung gewichtiger als in den USA. Der größeren Chancengleichheit im Generationenwechsel in den Vereinigten Staaten (Bildungs- und Berufsmobilität) steht die Tatsache gegenüber, daß die Spannweite der sozialen Lagen und der Einkommen in den USA größer ist als in Europa und Frauen einkommensmäßig mehr diskriminiert werden. Demgegenüber sind gewisse Unterschiede bei der Verknüpfung von Bildung, Beruf und Autorität am Arbeitsplatz nicht deckungsgleich mit der atlantischen Grenze, wir finden sie auch innerhalb Europas.

Schlußfolgerung

Insgesamt haben wir beim Durchgang der verschiedenen Bereiche der Sozialstruktur bemerkenswerte Ähnlichkeiten der Ausgestaltung in verschiedenen Ländern der westlichen Gesellschaft aufgewiesen. Politische und kulturelle Variationen existieren zweifellos, aber der begrenzte Spielraum ihrer Wirkungen läßt die Gemeinsamkeiten umso deutlicher hervortreten. Zur gleichen Folgerung gelangt Hartmut Kaelble auf der Grundlage seines reichhaltigen Materials.[55]

Die Beurteilung von Ähnlichkeiten und Unterschieden ist immer auch abhängig von der Toleranzbreite dessen, was wir als ähnlich bezeichnen wollen. Natürlich gibt es Unterschiede im Westen, und wir werden weiter hinten noch zu untersuchen haben, welche Konsequenzen sie für die Nachkriegsentwicklung hatten. Aber gemessen an den beträchtlichen Unterschieden zwischen nachfolgenden Gesellschaftsmodellen sind die

Variationen innerhalb eines Modells im Westen doch zu relativieren - auch gemessen an dem in historischen Phasen nicht unbeträchtlichen Spielraum der Antworten auf den Zerfall eines Gesellschaftsmodells, wie wir das für die frühen dreißiger Jahre in Kapitel 6 eingehender untersucht haben.

Bisher haben wir im vorliegenden Kapitel schwergewichtig europäisches und nordamerikanisches Material herangezogen. Eine eingehendere Behandlung Japans steht noch aus, bevor wir uns der Frage widmen, welche Kräfte bewerkstelligen, daß der Spielraum bei den Ausgestaltungen der Sozialstruktur in einem Gesellschaftsmodell vergleichsweise gering bleibt.

Anmerkungen

1 Alex Inkeles, »Convergence and Divergence in Industrial Society«, in Mustafa O. Allir, Burkart Holzner und Zdenek Suda (Hg.), *Direction of Change: Modernization Theory, Research, and Realities*, Boulder, Col.: Westview Press, 1981.
2 Am expliziertesten bei Clark Kerr, J.T. Dunlop, F.H. Harbison und C.A. Myers, *Industrialism and Industrial Man. The Problem of Labor and Management in Economic Growth*, Cambridge, Mass.: Harvard University Press, 1960. Vgl. dazu auch die Diskussion bei John H. Goldthorpe, »Social Stratification in Industrial Society«, in Reinhard Bendix und Seymour M. Lipset (Hg.), *Class, Status and Power*, London: Routledge & Kegan, 1967.
3 Karl Marx, *Zur Kritik der politischen Ökonomie*, Berlin: Dietz Verlag, 1974, S. 15, (Zuerst 1859 erschienen.), MEW Bd. 13, S. 8.
4 Clark Kerr und Mitautoren, a.a.O., S. 34-41.
5 Clark Kerr und Mitautoren, a.a.O., S. 42. Die Übersetzung stammt von mir.
6 Clark Kerr und Mitautoren, a.a.O., S., S. 28, betonen: "Industrialization rather than capitalism", und führen das wie folgt aus: "This volume is concerned with the industrialization process rather than with the ›Process of Capitalist Production‹ which was the subtitle to Marx's *Capital*. It is not the process of capitalist production but rather industrialization in many guises which is of contemporary interest."
7 Die Literatur im Rahmen der Modernisierungstheorie ist sehr umfangreich. Hier beschränken wir uns darauf, *einige* Autoren zu nennen: David Apter, Reinhard Bendix, Karl W. Deutsch, Shmuel N. Eisenstadt, Peter Flora, Peter Heintz, Irving L. Horowitz, Alex Inkeles, Daniel Lerner, Neil J. Smelser, Wolfgang Zapf.
8 Karl Marx, *Das Kapital*, Band I. Berlin: Dietz Verlag, 1972, S. 12. (Zuerst 1867 erschienen.)
9 Clark Kerr und Mitautoren, a.a.O., S. 1. Die Übersetzung stammt von mir.
10 Jens Alber, *Vom Armenhaus zum Wohlfahrtsstaat*, Frankfurt und New York: Campus, 1982, S. 60. Vgl. auch Kap. 11, Tabelle 11.1.
11 Duane H. Swank und Alexander Hicks, »The Determinants and Redistributive Impact of State Welfare Spending in Advanced Capitalist Democracies«, in Norman J. Vig und Steven E. Schier (Hg.), *Political Economy in Western Democracies*, New York und London: Holmes & Meier, 1985, S. 116.
12 B. Guy Peters, »The Limits of the Welfare State«, in Norman J. Vig und Steven E. Schier (Hg.), *Political Economy in Western Democracies*, New York und London: Holmes & Meier, 1985, S. 93.

13 Vgl. Kapitel 11. Sowie: John Boli-Bennett, »Global Integration and Universal Increase of State Dominance, 1910-1970«, in Albert Bergesen (Hg.), *Studies of the Modern World System*, New York: Academic Press, 1980, S. 78.
14 OECD, »The Role of the Public Sector. Causes and Consequences of the Growth of Government«, *OECD Economic Studies*, Nr. 4, 1985, Spezialausgabe, S. 29.
15 Manfred G. Schmidt, *Wohlfahrtsstaatliche Politik unter bürgerlichen und sozialdemokratischen Regierungen. Ein internationaler Vergleich*, Frankfurt und New York: Campus, 1982, S. 135.
16 David R. Cameron, »The Expansion of the Public Economy: A Comparative Analysis«, *American Political Science Review*, 72 (4), 1978, S. 1256.
17 W.A. Stoffel (Schweizerisches Institut für Rechtsvergleichung, Lausanne), »Die Eherechtsreformen im Ausland«, *Neue Zürcher Zeitung*, Nr. 205, vom 5.9.1985, S. 35. Nach Stoffel hat die Reformbewegung in Osteuropa etwas früher eingesetzt. Der Beginn der Reform in der Schweiz ist von mir hinzugefügt worden. Von 1957-1962 gehörte Dr. Lotti Ruckstuhl-Thalmessinger einer Studienkommission an, die den ersten Entwurf für ein neues Eherecht ausarbeitete. Die Verhältnisse in Großbritannien sind wegen der Common Law Tradition nicht ganz vergleichbar, ähnliches gilt auch für die USA.
18 Nach W.A. Stoffel, 1985, a.a.O., S. 34.
19 Alex Inkeles und Larry Sirowy, »Convergent and Divergent Trends in National Educational Systems«, *Social Forces*, 62 (2), 1983, S. 303-333.
20 Alex Inkeles und Larry Sirowy, a.a.O., S. 303. Übersetzung von mir.
21 Cornelis J. Lammers und David J. Hickson (Hg.), *Organizations Alike and Unlike. International and Interinstitutional Studies in the Sociology of Organizations*, London: Routledge & Kegan, 1979.
22 David Hickson und Mitautoren, »The Culture-free Context of Organization Structure. A Tri-national Comparison«, *Sociology*, 8, 1974, S. 59-80.
23 Michael Wollnik, »Einflußgrößen der Organisation«, Kolonnen 599-607 in: Erwin Grochla (Hg.), *Handwörterbuch der Organisation*, Stuttgart: Poeschel, 1980, 2. revidierte Auflage.
24 Herbert Kubicek und Alfred Kieser, »Vergleichende Organisationsforschung«, Kolonnen 1533-1557 in: Erwin Grochla (Hg.), *Handwörterbuch der Organisation*, Stuttgart: Poeschel, 1980, 2. revidierte Auflage.
25 Vgl. z.B. David Hickson und Mitarbeiter, a.a.O.
26 Ein Beispiel dafür ist die Studie von: John Child und Alfred Kieser, »Organization and Managerial Roles in British and West German Companies: An Examination of the Culture-Free Thesis«, S. 250-271 in: Cornelis J. Lammers und David J. Hickson, a.a.O.
27 Arnold Tannenbaum und Robert A. Cooke, »Organizational Control. A Review of Studies Employing the Control Graph Method«, S. 183-210 in: Cornelis J. Lammers und David J. Hickson (Hg.), a.a.O.
28 Arnold Tannenbaum und Robert A. Cooke, a.a.O.
29 Vgl. Volker Bornschier, »Arbeitsteilung, strukturelle Mobilität und Klassenbildung. Eine theoretische Perspektive für die Mobilitätsforschung«, *Zeitschrift für Soziologie*, 10 (2), 1981, S. 117-132.
30 Seymour Martin Lipset und Hans L. Zetterberg in: Seymour M. Lipset und Reinhard Bendix, *Social Mobility in Industrial Society*, Berkeley and Los Angeles: University of California Press, 1967, S. 13. Zuerst 1959 erschienen.
31 David L. Featherman, F. Lancaster Jones und Robert M. Hauser, »Assumption of Mobility Research in the United States: The Case of Occupational Status«, *Social Science Research*, 4, 1975, S. 329-360.
32 Eine mittlere Position nimmt die Schlußfolgerung von McKee McClendon ein. Vgl. McKee McClendon, »Structural and Exchange Components of Occupational Mobility: A Cross-National Analysis«, *The Sociological Quarterly*, 21, 1980, S. 493-509.

33 Anthony Heath, *Social Mobility*, Großbritannien:Fontana Paperbacks, 1981, S. 222. Die Übersetzung stammt von mir.
34 Interaktionen in den Mobilitätsmatrizen mit sogenannt log-linearen Verfahren.
35 Robert Erikson, John H. Goldthorpe und Lucienne Portocarero, »Social Fluidity in Industrial Nations: England, France, and Sweden«, *The British Journal of Sociology*, 33 (1), 1982, S. 1-34.
36 Ebenda, S. 12. Die Übersetzung ist von mir.
37 Robert Erikson, John H. Goldthorpe und Lucienne Portocarero, »Intergenerational Class Mobility and the Convergence Thesis: England, France and Sweden«, *The British Journal of Sociology*, 34 (3), 1983, S. 303-343.
38 David B. Grusky und Robert M. Hauser, »Comparative Social Mobility Revisited: Models of Convergence and Divergence in 16 Countries«, *American Sociological Review*, 49 (1), 1984, S. 19-38. Bei den neun westlichen Ländern handelt es sich um: Australien, Belgien, Bundesrepublik Deutschland, Dänemark, Finnland, Frankreich, Norwegen, Schweden und die Vereinigten Staaten.
39 David B. Grusky und Robert M. Hauser, a.a.O., S. 26. Übersetzung von mir.
40 Landwirtschaftliche, manuelle und nicht-manuelle Berufe.
41 Die Fallzahlen ergeben sich aus repräsentativen Stichproben mit folgendem Filter: alle ökonomisch Aktiven (also Männer und Frauen) ohne Alterseinschränkung. Die Berufsklassifikation ist immer die gleiche, und die Surveys weisen nur eine geringe zeitliche Unterschiedlichkeit auf (1973-1975). Quelle ist: Zentralarchiv für empirische Sozialforschung (Universität zu Köln), *Political Action. An Eight-Nation Study*, Köln: Zentralarchiv-Study-No. 0765, 1979.
42 Die Gesamtmobilität wird folgendermaßen berechnet: Fälle außerhalb der Hauptdiagonale der intergenerationellen Matrix als Prozentanteil aller Fälle. Sie umfaßt Auf- und Abstieg. Die strukturelle Mobilität wird aus den absoluten Differenzen aller entsprechenden Zeilen- und Kolonnensummen, dividiert durch die doppelte Gesamtbeobachtungszahl, ermittelt. Die »reine« Mobilität ist die Gesamtmobilität abzüglich der strukturellen Mobilität.
43 Anthony Heath, a.a.O.
44 Eine Korrektur wurde möglich durch Informationen über die starke zeitliche Veränderung der relativen Chancen beim Zugang zur Hochschule (nach *OECD, Education, Inequality and Life Chances*, Vol. 1, Paris: OECD, 1975, S. 168). Die Details des Vorgehens würden hier zu weit führen. Immerhin ist die Korrektur erheblich. Heath gibt einen Wert von 582 (relative Chancen gegenüber Arbeiterkindern) an, während wir den Wert 210 vorschlagen, um der starken Zeitabweichung der italienischen Beobachtungen Rechnung zu tragen, die sonst die starken Veränderungen im Zutritt der Arbeiterkinder zur Hochschule und mithin zu höheren Berufen unterschlüge.
45 Auf zwei Elitestudien für die Bundesrepublik und Großbritannien kann hingewiesen werden. Vgl. für die BRD: Karl Martin Bolte und Stefan Hradil, *Soziale Ungleichheit zu der Bundesrepublik Deutschland*, Opladen: Leske & Buderich, 1984, S. 186. Daten nach: R. Wildenmann u.a., *Führungsschicht in der Bundesrepublik Deutschland 1981* (Tabellenband), Mannheim, 1982. Für England vgl. Anthony Heath, a.a.O., S. 63, 66.
46 Volker Bornschier, »Social Stratification in Six Western Countries. The General Pattern and Some Differences«, *Social Science Information*, 25 (4), 1986, S. 798-824. Dort insbesondere S. 811 ff.
47 Vollzeit ökonomisch aktive Bevölkerung im Alter von 25 und mehr Jahren. Die Daten entstammen repräsentativen Surveys (Zentralarchiv, a.a.O.). Es handelt sich um folgende Länder, in Klammern die Fallzahl nach den oben beschriebenen Filtern: BRDeutschland (821), Finnland (529), Niederlande (374), Österreich (554), Schweiz (487), Vereinigte Staaten (648). Die Daten beziehen sich je nach Survey auf die Jahre 1973 bis 1975. Formale Bildung (fünfstufige Skala der höchsten erreichten Bildungsabschlüsse mit den Werten 14, 15, 17, 19, 24); Berufsstatus (Berufsprestige

12 Konvergenz im Westen? • 347

nach der internationalen Skala von Donald J. Treiman); formale Autorität am Arbeitsplatz (Schätzung für die Zahl der hierarchischen Niveaus unterhalb der befragten Person); monatliches Nettoeinkommen (das verfügbare Einkommen in US-Dollar umgerechnet und von der 10- bis 18stufigen Orginalskala in eine Intervallskala transformiert). Für jede Länderverteilung werden Mittelwerte (M) und die Standardabweichungen im Verhältnis dazu: Variationskoeffizienten (V) berechnet und sodann deren Unterschiede zwischen den sechs Ländern untersucht.

48 V=0,73 gegenüber 0,53 im Durchschnitt aller sechs Länder.
49 Volker Bornschier, »Social Stratification in Six Western Countries ...«, a.a.O. Für die Schweiz wurde ein sehr ähnliches Modell geschätzt, vgl. Volker Bornschier, »Zur sozialen Schichtung in der Schweiz«, *Schweizerische Zeitschrift für Soziologie*, 10 (3), 1984, S. 647-688. Es handelt sich um erweiterte Blau-Duncan-Modelle.
50 Bei Einschluß des italienischen Materials sind diese Effekte des Geschlechts bei der Bildung nicht mehr signifikant und beim Berufsprestige etwas tiefer.
51 Donald J. Treiman und Patricia Roos, »Sex and Earnings in Industrial Society: A Nine-Nation Comparison«, *American Journal of Sociology*, 89, 1983, S. 612-650.
52 Vgl dazu die eingehende Prüfung und Begründung in Volker Bornschier, »Social Stratification ...«, a.a.O., S. 816.
53 Donald J. Treiman und Patricia Roos, a.a.O., S. 613.
54 Der große Unterschied verringert sich etwas durch einen Herkunftseffekt in den USA, der in Europa in unserem Material nicht bedeutsam ist: In den USA hatten die Kinder von Vätern mit formaler Autorität im Durchschnitt ungefähr ein Bildungsjahr mehr erreicht als die anderen.
55 Hartmut Kaelble, *Auf dem Weg zu einer europäischen Gesellschaft. Eine Sozialgeschichte Westeuropas 1880-1980*, München: Beck, 1987. Insbesondere für Westeuropa beobachtet Hartmut Kaelble eine starke Konvergenz (ebenda, S. 157 f). Seine Arbeit wurde erst zugänglich, als dieses Manuskript bereits abgeschlossen war.

13 Japan: Im »Westen« was Neues?

Ist Japan ein Sonderfall?

Diese Fragestellung ist im Rahmen der Konvergenzthese insofern wichtig, als Japan bisher die einzige nicht-westliche Gesellschaft ist, die Zentrumsstatus erlangt hat. Daneben ist die Frage auch praktisch-politisch relevant für die Zukunft der westlichen Gesellschaft. Japan ist nicht etwa der wirtschaftliche »Wunderknabe« des Nachkriegsmodelles gewesen, weil es *weniger* auf die Gewährleistung des Gleichheitsanspruches in der Sozialstruktur gesetzt hat.

Die Frage, die sich stellt, ist, ob Japan im Nachkriegsmodell den Kompromiß im magischen Dreieck Macht, Effizienz und Gleichheit anders als im alten Westen löste. Die Antwort, die ich darauf vorschlage, lautet: Nein und Ja. In der japanischen Sozialstruktur der Nachkriegszeit wird der Gleichheitsanspruch wohl insgesamt mehr als im atlantischen Westen realisiert, und Japan nutzte dies als Effizienzressource, weswegen es den übrigen Westen auch wirtschaftlich einholte.

Wenn sich auch nicht die Realisierung der modernen Prinzipien in der Sozialstruktur im allgemeinen unterscheidet, so gibt es doch Besonderheiten bei den institutionellen Ausgestaltungen. So gesehen stellt das moderne Japan eine Variante bei der Ausgestaltung der westlichen Prinzipien dar. Japan ist dabei weder ein Ideal noch ein Endpunkt der westlichen Entwicklung, sondern eben nur eine Variante, die freilich im Nachkriegsmodell eine vergleichsweise sehr hohe Legitimierung der japanischen Gesellschaft ermöglichte. Darin lag der Erfolg.

Es wird manchmal gesagt, Japan sollte eher als Teil des Fernen Westens als des Fernen Ostens angesehen werden, da es so viel mit dem Westen gemeinsam habe.[1] Geographisch liegt Japan sowohl im Osten wie im Westen. Das ist von der Blickrichtung abhängig. Kulturell liegt der Ursprung im Osten, und es stellt sich die Frage nach dem Einfluß der »traditionalen« Kultur. Die Tatsache, daß gewisse institutionelle Ausgestaltungen mit vorgegebenen kulturellen Beständen in Japan *vereinbar* sind, darf einen nicht dazu veranlassen, sie etwa als »traditional« oder »vorindustriell« anzusehen. Entsprechung und Kausalität sind nämlich verschiedene Dinge. Wesentliche Gründe für die institutionellen Ausgestaltungen liegen im modernen Japan selbst, sind die Frucht bewußter Anstrengungen und nicht etwa durch kulturelle Vorbestände determiniert.[2] Überhaupt scheint die Betonung von kultureller Kontinuität in Teilen der Literatur den gewaltigen Bruch in der japanischen Geschichte infolge des verlorenen Krieges in Asien zu vernachlässigen.

Das Senioritätsprinzip und das System der lebenslangen Anstellung werden in der Literatur häufig als Beispiele für kulturelle Kontinuität angeführt. Das Senioritätsprinzip wird von Takeyoshi Kawashima[3] mit dem konfuzianisch beeinflußten traditionellen Familiensystem in Beziehung gesetzt. Als Prinzip ist es aber interkulturell so weit verbreitet, daß die kulturelle Genealogie nicht hilfreich ist bei der Erklärung, warum die Senioritätsregeln im modernen Japan so wichtig sind.

Ein gutes Beispiel für die Tatsache, daß Korrelation nicht notwendig Kausalität beinhaltet, liefert die von Großkonzernen im modernen Japan praktizierte Sozialtechnologie der lebenslangen Anstellung der Mitarbeiter. Die viel beachtete Studie von James Abegglen[4] schlug vor, die Praxis der Lebensanstellung als Kontinuität von traditionalen Sozialbeziehungen zu deuten. Die neuere Forschung ist diesbezüglich skeptischer geworden. Schon Chie Nakane[5] weist zwar auf die enge strukturelle und ideologische Verbindung des Anstellungssystems mit der Organisationsform des traditionalen Haushalts hin, betont aber gleichzeitig, daß die Hinwendung zur lebenslangen Anstellung in der Zwischenkriegszeit durch die bürokratische Struktur der Großkonzerne gefördert wurde und die haushaltsähnliche Funktion der Fabrik z.T. auf staatlichen Befehl hin im Rahmen der Kriegswirtschaft entstanden war, um dann als ursprünglich wesentlich vom Management eingeführte Praxis durch die Gewerkschaftsbewegung (zumeist reine Betriebsgewerkschaften) der Nachkriegszeit zur Vollendung gebracht zu werden.[6]

Auch Robert Cole hat in seiner detaillierten Studie gezeigt, daß die lebenslange Anstellung keinesfalls eine Folge hergebrachter Sozialbedingungen ist, sondern erst in unserem Jahrhundert entstand, ausgelöst durch das Bestreben der Großkonzerne, die Fluktuationsrate unter ihrer Belegschaft zu vermindern.[7] Diese Rate lag in Japan traditionell keineswegs tief, was Koji Taira mit Zahlen belegt hat.[8] Zu Beginn des Jahrhunderts lag der Stellenwechsel zwischen Firmen bei zehn Prozent im Monat. In der Zwischenkriegszeit sank sie auf fünf Prozent und lag in den fünfziger Jahren unter zwei Prozent.[9]

Das Grundmuster der permanenten Anstellungspraxis ist der Tendenz nach bei allen Großkonzernen vorzufinden.[10] Japan ist diesbezüglich kein Sonderfall. Die Tatsache, daß diese Praxis im Falle Japans stärker als im atlantischen Westen ist, kann auch damit in Zusammenhang gebracht werden, daß der wirtschaftliche Dualismus, nämlich die Spaltung zwischen der Masse der Kleinen und den wirtschaftlich gewichtigen Großkonzernen in Japan besonders groß ist, worauf zurückzukommen sein wird. Auch der Hinweis auf die »traditionelle« Arbeitsethik als Grund für den wirtschaftlichen Erfolg Japans dürfte ein Mythos sein. Robert Cole geht sogar noch weiter: Der Hinweis auf Arbeitsfleiß sei mehr ein Bekenntnis der Ignoranz als eine Erklärung. Denn Produktivitätsfortschritte werden durch ein reichlich komplexes Zusammenspiel von Technologie, Arbeit, Management, Arbeitsorganisation und Sozialstruktur hervorgebracht, eben nicht etwa *allein* durch Arbeitsethik als ein individuelles Merkmal.[11] Man kann sogar soweit gehen und sagen, daß die Hinwendung zur Arbeit im modernen Japan ein Produkt eben dieser modernen Gesellschaft ist und keineswegs die vorindustrielle Gesellschaft beschreibt oder von dort herrührt.

Die Zäsur durch die Besetzung und das neue Japan

Den Bruch in der modernen japanischen Geschichte durch den verlorenen Krieg in Asien und die anschließende Besetzung durch die alliierten Mächte von 1945-1951, faktisch durch die Amerikaner unter General Douglas MacArthur[12], kann man sich nicht drastisch genug vorstellen. Tadashi Fukutake spricht von der Niederlage 1945 als einer »Wasserscheide« für die gesellschaftliche Entwicklung Japans.[13] Diese Zäsur hatte wohl eine ähnliche Konsequenz für Japan wie die Französische Revolution für einen Großteil des atlantischen Westens. Während bei der Französischen Revolution nur ein indirekter Einfluß der USA (über die durch Jefferson beeinflußte Revolutionsverfassung) erkennbar ist, war es im Falle Japans die USA als Besatzungsmacht, welche die Gesellschaft von Grund auf umgestaltete. Sie etablierte ein demokratisches System nach angelsächsischem Vorbild; 1947 entstand eine neue Verfassung und 1948 das revidierte japanische Zivilgesetzbuch.

Markant war die durch die Besetzungsmacht erzwungene Säkularisierung der Gesellschaft. In Japan war der Buddhismus (über China kommend mit Elementen des Konfuzianismus und des Taoismus angereichert) mit dem Schintoismus verschmolzen. Während der Buddhismus eine universalistische Weltreligion darstellt, steht im Schintoismus ein partikularer Schöpfungsmythos des japanischen Volkes im Vordergrund. Aus dem Mythos wird Geschichte dadurch, daß der Tenno (Kaiser) genealogisch auf göttlichen Ursprung zurückgeführt wird.

Der Einfluß des Schintoismus hatte in der japanischen Kultur zwei Konsequenzen, einmal brachte er eine diesseitige und pragmatische

Orientierung hervor, die der Buddhismus mit seiner spirituellen Orientierung nicht hat.[14] Dann brachte der Schintoismus im Gegensatz zum Buddhismus, der keine transzendentale Gottheit kennt, eine göttliche Gestalt in Personifizierung des Tennos hervor. Diese Fusion von Religion mit Japan als Volk und dem Staat - repräsentiert durch den Tenno - führte zu einem eigentlichen Staatskult, der Ahnenverehrung und Vaterlandsliebe ideologisch und rassistisch überhöhte.

Nach dem zweiten Weltkrieg ist auf alliierten Befehl die Trennung von Schinto und Staat durchgeführt worden. Der wichtigste Punkt der neuen Verfassung nach angelsächsischem Muster ist die Umwandlung der quasi theokratisch-absoluten in eine konstitutionelle Monarchie. Der Tenno Kaiser Hirohito verkündete selbst in der Neujahrsansprache 1946 auf Druck der Amerikaner den Kern der neuen Verfassung: Der japanische Herrscher sei nicht mehr von göttlicher Natur. Der Kaiser ist nach der neuen Verfassung nur noch das Symbol des Staates und der Einheit des Volkes; er leitet seine Stellung aus dem Willen des Volkes ab, bei dem die souveräne Macht liegt.[15] Für viele Japaner bricht nach dieser Erklärung eine Welt zusammen. Bis dahin bildeten Religion, Gesellschaft und Staat eine untrennbare Einheit. Das gesamte Weltbild gerät ins Wanken.[16] Eine Welle von Selbstmorden von Menschen, die keinen Sinn mehr im Leben sehen, beginnt und begleitet die gesamte Nachkriegsumstellung bis zum Höhepunkt der Selbstmordrate um das Jahr 1955 (vgl. Kapitel 7).

Neben dieser durch die Besatzungsmacht erzwungenen Säkularisierung und der neuen demokratischen Verfassung erlebt Japan von 1945 bis 1951, dem Ende der Besatzungszeit, eine große Säuberungswelle, die Armee und Industrie erfaßt. Kriegsverbrecher werden verurteilt, die großen Konzerne der Vorkriegszeit zerschlagen und eine Agrarreform durchgeführt, die das Land gleichmäßiger aufteilt. Ähnlich wie Deutschland erlebt Japan eine Stunde Null und steht vor großen wirtschaftlichen Problemen: 1,8 Millionen Kriegstote, enorme Kriegsschäden und eine nahezu völlig vernichtete Industrie sind die Bilanz. Hinzu kommen sechs Millionen Rückwanderer, die integriert werden müssen.

Machtverteilung

Den Wandel der Machtverteilung durch die Zäsur behandelt Kazuko Tsurumi an einer Stelle anhand von drei monopolistischen Eliten.[17] Die *gunbatsu* (die militärische Clique) wird faktisch durch die Besatzungsarmee aufgelöst und theoretisch durch die neue Verfassung abgeschafft. Die *zaibatsu* (die finanzielle Clique) wird durch die Besatzungsmacht aufgelöst und zwar mit einer Reihe von antimonopolistischen Maßnahmen. Die »neue zaibatsu« (nach Kazuko Tsurumi) der Nachkriegszeit unterscheidet sich in verschiedenen Hinsichten von der alten, bei der die familiären Beziehungen der kontrollierenden Familie den Konzern nach geschlossenen, partikularistischen Kriterien zusammenhielten. Bei der »neuen zaibatsu« kommt es zu einer Trennung von Eigentum und Verfügungsmacht. Das Management wird aufgrund von Leistungskriterien und nicht von familiären Bindungen bestellt. Die eigentlichen Holding-Gesellschaften sind abgeschafft und die Aktien vergleichsweise breit im Publikum gestreut. Anstelle der Holding-Gesellschaft bei der alten *zaibatsu* übernehmen nun die Banken die Finanzierung der Konzerne der »neuen zaibatsu.« Die *gakubatsu* (die akademische Elite) übersteht zwar den gesellschaftlichen Umwälzungsprozeß unmittelbar nach dem Krieg zunächst unbeschadet (nach Kazuko Tsurumi), aber die enorme Ausweitung der Hochschulbildung und die stark vergrößerte Chancengleichheit beim Zugang zur höheren Bildung demokratisierten auch diese Elite im Nachkriegsjapan. Mehr dazu weiter unten.

Die Umwälzungen in der japanischen Gesellschaft bewirken eine radikale Vermögensumverteilung, einerseits durch eine Landreform und andererseits durch die Entmachtung der »alten zaibatsu«. Zusammen mit einer starken Progression bei der Besteuerung und einer im westlichen Vergleich wohl sehr restriktiven Erbschaftssteuer wird die Konzentration von Vermögen in *privater* Hand gering gehalten.[18]

Der vergleichsweise geringen Konzentration wirtschaftlicher Macht in *Privathänden* steht allerdings eine Machtballung auf der Ebene der Korporationen gegenüber, wie sie in der westlichen Gesellschaft allgemein üblich ist (vgl. Kapitel 8). Vermutlich dürfte aber die Spaltung zwischen einer vergleichsweise geringen persönlichen Machtkonzentration und einer großen korporativen Machtkonzentration größer sein als im alten Westen. Die persönliche Machtkonzentration dürfte in Japan geringer, die korporative hingegen eher größer sein.

Nach Tadashi Fukutake kontrollieren z.B. die zehn größten Finanzkonzerne über 80 Prozent des Geldmarktes. Und in etlichen Grundstoffindustrien kontrollieren die drei größten Konzerne um die Hälfte des Geschäfts.[19] Solche Verhältnisse stellen aber im Westen kaum Besonderheiten dar. Bemerkenswerter ist der Hinweis von Harold Kerbo und John McKinstry, daß sich heute ganze 70 % des Aktienvermögens in den Händen von Institutionen, hauptsächlich Banken befinden, während der Rest aber sehr weit im Publikum gestreut ist.[20] In den USA z.B. befinden sich dagegen zwar nur 45 % der Aktien in den Händen von institutionellen Anlegern,[21] aber die übrigen Aktien in privater Hand sind stärker konzentriert als in Japan.[22]

Ein hervorstechendes Merkmal Japans liegt mithin sicherlich in der sehr starken Machtschichtung auf der Ebene der Organisationen. Der Kernbereich der Wirtschaft, nämlich das korporative Segment, umfaßt ca. 30 % der Beschäftigten. Hier und nur hier gilt übrigens Japans bekannt gewordene Sozialtechnologie der Lebensanstellung der Belegschaft. Aber die stark duale Struktur ist keine Ausnahme im Westen. Die Segmentierung der Wirtschaft nach Macht und nach Qualität der Arbeitsplätze ist auch in andern Ländern des Westens erheblich und insbesondere in den Vereinigten Staaten wohl von ähnlichem Ausmaß wie in Japan.[23] Die Besonderheit Japans liegt eher in dem Umstand, daß durch die duale Struktur die gesamte Einkommensverteilung nicht ähnlich ungünstig beeinflußt wird wie in den USA.

Die Tatsache, daß die Wirtschaftsunternehmen in Japan nach Macht, Einfluß und Ressourcen enorm geschichtet sind, ohne daß im Aggregat eine ähnlich große Einkommensungleichheit die Folge ist, wie etwa in den Vereinigten Staaten, erscheint auf den ersten Blick paradox. Aber es führt uns zu einem Kern der besonderen Funktionsweise der japanischen Sozialstruktur. Der Schlüssel zum Verständnis liegt in einer anderen Koppelung von sozialem Rang und materieller Belohnung, auf die wir zurückkommen.

Effizienzstreben

Eine Besonderheit Japans liegt in der *sozialen* Einbettung des Effizienzstrebens. Die Tradition der individualistischen Entfaltung - Freiheit im Sinne von selbstgesetzten Lebensentwürfen[24] - ist gegenüber der Gruppenorientierung vergleichsweise schwach ausgeprägt. Der westliche Begriff »Freiheit« kann nach Takeshi Ishida nicht exakt ins Japanische übersetzt werden, weil das entsprechende Konzept in der Kultur fehlt.[25] Allerdings folgt die Gruppenbildung nicht ausgeprägt zugeschriebenen Merkmalen, vielmehr steht sie in einem »grundsätzlichen Gegensatz zu einer Gruppe, die ausschließlich auf dem Prinzip von Abstammung und Verwandtschaft beruht.«[26] Durch solche zweckgerichteten und nicht durch Geburt zugeschriebenen Gruppen, zu denen insbesondere auch die Firmen gehören und die untereinander in Konkurrenz stehen, wird der Gruppenrahmen (Mitgliedschaft) stärker betont als der Status innerhalb der Gruppe.[27]

Der Ort des Effizienzstrebens ist in Japan weniger das Individuum als die Gruppe, und das Wohl der Gruppe wird als Garant für den Erfolg des einzelnen gesehen. Die Gemeinschaftsorientierung und das ausgeprägte Harmoniestreben innerhalb von Gruppen mit den vielen Ritualen, die das Gemeinschaftsgefühl stärken sollen, sind die Vehikel des Effizienzstrebens.[28] Typisch für das japanische Effizienzstreben sind sich ständig wiederholende Abstimmungsprozesse in Gruppen, bis sich ein Ergebnis einstellt, mit dem sich die Gruppe identifizieren kann und bei dem niemand das Gesicht verliert. Dieses Spezifikum führt trotz des intensiven Wettbewerbs zwischen Gruppen zu einem tiefen Niveau an sozialem Konflikt, das die Beobachter erstaunt.[29]

Japaner investieren ausgesprochen stark in soziale Macht, d.h. in Geflechte von gegenseitigen Beziehungen, auf die die Mitglieder einer

Gruppe zurückgreifen können (vgl. Kapitel 2). Ein wichtiges Beispiel für solche Gruppenprozesse, die zwar außerhalb der Arbeitssphäre stattfinden, aber letztlich auf den Arbeitsprozeß bezogen sind, stellt das informelle Netz unter Arbeitskollegen, einschließlich der Vorgesetzten, nach der Arbeit, das »tsukiai«, dar.[30] Diese besondere Ausgestaltung des Effizienzstrebens, nämlich die Betonung der sozialen Macht auch im Freizeitverhalten - die Gruppe als Versicherungssystem -, kommt auch den Arbeitsprozessen zugute. Diese können das dadurch gestärkte Gemeinschaftsgefühl für den korporativen Geist der Firma nutzen.

Die Umsetzung des Effizienzstrebens in Gruppenprozesse, in die sich Individuen einbringen, und das dadurch geschaffene Harmoniestreben kommt auch gesamtgesellschaftlich in der Rechtspraxis zum Ausdruck. Nach Robert Smith ist Aussöhnung das zentrale Konzept und das häufig in der japanischen Gerichtspraxis angewendete Verfahren. Dabei geht es weniger um Rechthaben als um Aussöhnung.[31]

Gleichheitsstreben

In allen Gesellschaften beobachten wir eine gewisse Entsprechung zwischen dem sozialen Rang im Sinne der Wertschätzung und der materiellen Belohnung. Eine solche Entsprechung schließt aber nicht die unterschiedliche Gewichtung der Rangdifferenzierung und der materiellen Belohnungsunterschiede in der Ungleichheitsstruktur einer Gesellschaft aus. Gerade vor dem Hintergrund des mächtigen Gleichheitsanspruches in der modernen Gesellschaft können in der Sozialstruktur entweder mehr die Rangunterschiede oder mehr die materiellen Belohnungsunterschiede eingeebnet werden. Beides ist in gewissem Maß substitutiv. Es sind dies mit andern Worten die funktionalen Äquivalente, die dem Gleichheitsanspruch entgegenkommen und dennoch das Differenzierungsbestreben der Menschen in Gesellschaft zulassen.

In bezug auf solche funktionalen Äquivalente bei der Ausgestaltung der Sozialstruktur vor dem Hintergrund des Wertes der Gleichheit können wir Unterschiede zwischen dem alten Westen und Japan ausmachen. Im Falle Japans existiert eine klare und anerkannte Hierarchie von sozialem Rang, auf die sogleich näher einzugehen sein wird. Entsprechend tiefer können die materiellen Belohnungsunterschiede sein.

Im alten Westen und insbesondere in den USA werden soziale Rangunterschiede im Sinne von *Vorrechten* kulturell stark abgelehnt. Entsprechend größer sind kompensatorisch die materiellen Belohnungsunterschiede. Die Ablehnung von sozialem Rang auf der symbolisch-ideologischen Ebene tritt in der Alltagskultur der USA besonders eindrücklich zutage. Die Betonung der Gleichheit ist hier auf der symbolischen Ebene stark. Auch im Arbeitszusammenhang sagt man sehr bald Jim oder

Joe zueinander, obwohl das auf der Realebene nichts ausrichtet, dort ist dennoch Jim der Chef und Joe der Untergebene. Die bloße Kompensation von Rang und materieller Differenzierung, also das funktional äquivalente Entgegenkommen beim Gleichheitsanspruch, würde bedeuten, daß die Legitmierung durch dieses Entweder-oder ungefähr gleich bliebe. Die Besonderheit und der *Vorsprung* bei der Legitimitätsbeschaffung in der japanischen Sozialstruktur liegen nun darin, daß die Rangdifferenzierung dennoch weitgehend zugänglich, also nicht fest zugeschrieben ist. Dadurch ist die Gewährleistung des Gleichheitsanspruches in Japan dem in der westlichen Gesellschaft nicht nur ebenbürtig, sondern überlegen. Die materiellen Unterschiede sind einmal geringer, worauf zurückzukommen sein wird, und die klaren Rangunterschiede auf der symbolischen Ebene sind nicht zugeschrieben, sondern Rang ist auch erwerbbar.

Rang in Japan. Die Ungleichheit auf der symbolischen Ebene des Ranges, ist in Japan stark ausgeprägt. Die Betonung und Allgegenwärtigkeit von sozialem Rang ist nach Beobachtern viel stärker als im übrigen Westen.[32] Diese ausgeprägte Statusbetonung findet auch einen symbolischen Ausdruck in der japanischen Sprache, die besondere Ausdrücke kennt für die Anrede von Höher-, Gleich- und Tieferrangigen.[33] In Japan fühlen sich fremde Gesprächspartner höchst unwohl, solange ihr rangmäßiges Verhältnis zueinander nicht geklärt ist. Deshalb kommt dem Austausch von Visitenkarten in Japan eine wichtige Bedeutung zu. »Durch den Austausch von Visitenkarten können beide Seiten ermessen, wie sie sich hinsichtlich ihrer relativen Rangordnung gegenseitig und in bezug auf die Gesellschaft einzuordnen haben.«[34]

Alles in Japan ist so klar rangmäßig gegliedert, die Universitäten, die staatlichen Verwaltungen, die Konzerne, die Berufe und natürlich die Stellung in der Hierarchie am Arbeitsplatz. Besonders ausgeprägt ist die Rangschichtung nach Alter, nach der Seniorität. Das gilt gleichermassen für Organisationen wie für Individuen. Die *Seniorität* als Rangkriterium schafft legitimen Zugang zu gesellschaftlichen Belohnungen.[35] Eine solche Betonung von Rangunterschieden wird in der westlichen Gesellschaft von der dominanten Kultur eher abgelehnt, als ein Merkmal der *alten* Gesellschaft betrachtet, das dem Gleichheitsanspruch zuwiderläuft.

Das Besondere der aktuellen japanischen Rangbetonung liegt nun aber gerade darin, daß sie sich nicht mit »aristokratischen« Elementen verbindet und auf besondere Weise selbst mit dem Gleichheitsanspruch vereinbar ist. Dadurch wird eine Legitimierung trotz der Existenz von ausgeprägten Rangdifferenzierungen in der japanischen Gesellschaft möglich. Die japanische Betonung von Rang verbindet in bemerkenswerter Weise ein individuelles Leistungsprinzip (Meritokratie) mit einem zugeschriebenen

Moment, dem Alter. Das *Alter* als Grundlage von Rangdifferenzierung kann aber als vergleichsweise gerecht gelten, da alle älter werden und somit zu Status gelangen. Mit der Bindung von Vorrechten an das *Alter* hat die japanische Gesellschaft eine verblüffend einfache und wirkungsvolle Legitimationsquelle: Chancengleichheit in einem *garantiert* zeitlichen Sinne.

Das individuelle Leistungsprinzip wird über den Schulerfolg gesteuert und ist an zwei Schaltstellen in der Karriere eines Japaners sehr stark ausgeprägt. Die eine Stelle betrifft den Zugang zu den verschiedenen, rangmäßig abgestuften Schulen und Universitäten. Mit rund 800 Hochschulen hat Japan eine im Vergleich enorme Dichte an Universitäten. Ein landesweit gleich geregeltes Aufnahmeprüfungsverfahren für die öffentlichen Oberschulen, bei dem ausschließlich die akademische Leistung bei der Prüfung zählt, regelt, in welche Oberschule und damit indirekt auf welche Universität ein Kandidat später gelangen kann. Die Besten in den Prüfungen gelangen auf die besten (ranghöchsten) Schulen und später auf die besten Universitäten, die für Kaderstellen unabdingbar sind. Dieser Karriereweg beeinflußt dann die Chancen für die zweite Stelle der Selektion. Nur die besten Schulen und Universitäten verschaffen Zugang zu den begehrtesten Arbeitsplätzen bei den Konzernen oder in der staatlichen Verwaltung. Diese Arbeitgeber wenden ihrerseits abermals ein selektives Prüfungsverfahren an, wenn sie ihre zukünftigen Mitarbeiter mit Lebensanstellung von den besten Universitäten rekrutieren.

Ein Teil der Literatur - insbesondere die Presse - hebt den Leistungsstreß und die »Prüfungshölle« in diesem kompetitiven Bildungsweg stark hervor, dessen Selektivität nicht selten schon in der Vorschule beginnt und die Eltern auch von guten Schülern zur Bezahlung von Nachhilfestunden neben der Schule zwingt.[36] Es ist nun aber gerade nicht so, daß die japanische Gesellschaft durch ein kontinuierliches System von meritokratischem Statuswettbewerb gekennzeichnet ist. Weniger bekannt ist nämlich die Tatsache, daß die übrige Karriere gerade nicht durch ständigen Wettbewerb bestimmt wird, vielmehr durch kollektive Solidaritäten von Alterskohorten in Schulen wie in Firmen, wenn erst einmal die Schaltstellen passiert sind.

Ist jemand einmal auf einer bestimmten Oberschule aufgenommen worden, so besteht sie/er auch nahezu automatisch die Schlußprüfung, d.h. alle erreichen das Klassenziel. Nach Ulrich Teichler beträgt die Erfolgsquote auf den japanischen Oberschulen nahezu 90 Prozent.[37] Ist erst einmal der Zugang zu den Organisationen geschafft, so folgt die Karriere rigid der *Senioritätsregel*. Zusammen mit der Alterskohorte rückt man vor. Dadurch ist in der Regel keiner einem Gleichaltrigen unterstellt, schon gar nicht einem Jüngeren. So kollidieren Rang auf der Grundlage von Seniorität und Stellung in der Hierarchie der Arbeitsplätze nur selten. Mit 55 Jahren erreicht man in der Regel das Pensionierungsalter. Nur wenige werden von der Organisationsleitung ausgesucht, um die höchsten Stellen in der Hierarchie als Senioren einzunehmen. Auch auf den höchsten Hierarchiestufen wird dadurch die Regel nicht durchbrochen, daß Vorgesetzte immer auch einen höheren, allgemein anerkannten sozialen Rang neben der Stellung in der Hierarchie der Arbeitsplätze einnehmen. Sie sind *älter*. Dadurch erwächst der Hierarchie in Japan eine Legitimität über die Altersschichtung, die in den übrigen westlichen Gesellschaften in der Regel viel prekärer bleibt.

Zur Struktur der realen Ungleichheiten

Im folgenden werden Ergebnisse für Japan im Vergleich mit anderen bevölkerungsreichen Ländern der westlichen Gesellschaft zusammengestellt. Tabelle 13.1 gibt einige Informationen über Japan im Vergleich zu den USA, der Bundesrepublik Deutschland, Großbritannien, Italien und Frankreich.[38]

Tabelle 13.1
Japan im Vergleich mit bevölkerungsreichen Ländern des Westens:
Grunddaten

	Bevölkerung 1980 in Mio. (gerundet) 1980	Volkswirtschaftliche Wertschöpfung pro Kopf, ausgedrückt in % des ungewichteten Durchschnitts für alle 18 westlichen Länder 1950		Exportquote, d.h. Exporte in % des BIP 1980	Staatsquote, Ausgaben des Staates in % des Bruttoinlandproduktes (BIP)			
					Staatsquote im Durchschnitt '50, '60, und 1977	Staatsquote 1978-82	Staatsquote für Verteidigung 1978-82	soziale Sicherheit 1978-82
			1980					
Japan	117	23 %	84 %	12,5	23,0	30	0,9	7,3
USA	228	219 %	108 %	8,5	28,5	32	5,2	10,2
BRD	62	65 %	115 %	23,9	35,5	45	2,9	19,6
Großbrit.	56	102 %	80 %	20,6	37,0	40	4,7	12,1
Italien	57	41 %	60 %	19,6	31,5	43	1,9	15,6
Frankreich	54	92 %	105 %	17,0	37,0	45	3,5	18,7

Quellen vgl. Anm. 38.

Die Bevölkerung Japans lag 1980 ungefähr bei der Hälfte derjenigen der USA und doppelt so hoch wie die der großen westeuropäischen Länder. Während die volkswirtschaftliche Wertschöpfung pro Kopf in Japan 1950 nur bei 23 Prozent des Durchschnitts aller 18 westlichen Länder lag, wurde 1980 fast der Durchschnitt erreicht (84 %). Dahinter verbirgt sich der rasante wirtschaftliche Aufholprozeß Japans. Die Exportquote Japans lag

1980 etwas höher als die der USA, aber viel tiefer als in den europäischen Vergleichsländern. Daraus wird ersichtlich, daß der wirtschaftliche Erfolg Japans weniger als im Falle von Westeuropa nur durch externe Wachstumseffekte gedeutet werden kann. Die Staatsquote Japans lag in der Nachkriegsära immer am unteren Ende der Skala im Westen. Zumindestens qualitativ spielte deshalb die Rolle des Staates eher eine untergeordnete Rolle.

Die Offenheit der japanischen Gesellschaft zwischen den Generationen ist im Vergleich sehr groß, und zwar in bezug auf die Berufsmobilität und in bezug auf die Bildungschancen. Tabelle 13.2 weist eine vergleichsweise geringe Zuschreibung der sozialen Position im Generationswechsel auf (vgl. soziale Mobilität). Schon im vorangegangenen Kapitel lagen die Ergebnisse für die berufliche Mobilität im Falle Japans eher über den Werten für die westlichen Gesellschaften (vgl. Schaubild 12.1 im vorigen Kapitel). Weiter zeigt die Tabelle 13.2, daß Japan im Vergleich die geringste Ungleichheit bei der Einkommensverteilung aufweist.[39] Das gilt selbst, wenn man das »egalitäre« Schweden in den Vergleich einbezieht (dort ist freilich die Ungleichheit der Einkommensverteilung erst nach massiven staatlichen Umverteilungen tief, vgl. Anm. zu Tabelle 13.2). Auf die Einkommensverteilung in Japan wird weiter unten zurückzukommen sein.

Tabelle 13.2
Japan im Vergleich mit anderen bevölkerungsreichen Ländern des Westens: Verteilung und Mobilität

	Einkommensverteilung der Haushalte um 1970			Bildungsverteilung			Soziale Mobilität
	Gini-Koeffizient der Ungleichheit *vor* Steuern u. staatl. Transfers	Gini-Koeffizient der Ungleichheit *nach* Steuern u. staatl. Transfers	Einkommen der oberen 20% im Verhältnis zu dem der ärmsten 20%	Gini-Koeff. für Bildung, gemessen in Jahren für 30-34jährige beiderlei Geschlechts	Durchschnittl. Bildungsjahre pro Kopf in der Bevölk. über 15 J. Die oberen 40%	Durchschnittl. Bildungsjahre pro Kopf in der Bevölk. über 15 J. Die unteren 40%	Assoziationsindex zwischen dem Berufsstatus des Vaters und dem der Kinder im oberen Bereich der Schichtung †)
Japan	0,365*)	0,318	5:1	0,11	12,6	7,4	3,3 (11,7)
USA	0,446	0,383	12:1	0,13	13,5	7,4	3,3 (16,0)
BRD	0,404	0,389	7:1	0,13	11,0	7,3	11,1 (4,6)
Großbrit.	0,418	0,324	7,5:1	0,08	11,2	8,7	6,0 (7,5)
Italien	0,434*)	0,404	6,5:1	0,29	8,4	2,6	5,7 (8,5)
Frankreich	0,462	0,422	9:1	0,14	11,2	7,1	3,9 (6,6)

*) Geschätzt. †) Der Wert »1« entspräche perfekter Mobilität. Je höher die Werte, desto abhängiger ist der Status von dem der Väter. In Klammern sind die Prozentanteile der in der Studie ausgegrenzten oberen Schicht angegeben.

Quellen vgl. Anm. 39.

Die Ergebnisse von Ken'ichi Tominaga und Asushi Naoi für den Vergleich zwischen Tokio und Chicago weisen eher eine größere intergenerationelle Offenheit im Sample von Tokio (1967) als im Sample von Chicago (1969) auf. Der Einfluß des sozioökonomischen Herkunftsstatus auf den Statuserwerb liegt also in Tokio selbst etwas tiefer als in Chicago. In Tabelle 13.3 haben wir zusätzlich Vergleichszahlen für unser Standardsample aus den sechs westlichen Ländern hinzugefügt. Dieser Vergleich zeigt, daß der Einfluß des Herkunftsstatus in Chicago immer etwas geringer ist als im Gesamtsample für die westliche Gesellschaft, und in Tokio abermals etwas tiefer liegt als in Chicago.[40]

Tabelle 13.3
Der Vergleich der sozialen Mobilität in Tokio, Chicago und in einem zusammengelegten Sample aus sechs westlichen Ländern

	Die Herkunftseffekte		
	Tokio 1967	Chicago 1969	Sechs westliche Länder 1973-75
Korrelationen (r)			
Bildung des Vaters/ Bildung der Kinder	0,40	0,43	0,47
Berufsprestige des Vaters/ Berufsprestige der Kinder	0,27	0,26	0,28
Geamterklärung (R^2) im Pfadmodell			
Bildungsstatus der Kinder	0,21	0,22	0,25
Berufsprestige der Kinder*	0,31	0,35	0,36

*) Einschließlich der Beeinflussung durch ihren Bildungsstatus

Quellen vgl. Anm. 40.

Die Bildung ist in Japan vergleichsweise wenig ungleich verteilt und das durchschnittliche Bildungsniveau hoch (vgl. Tabelle 13.2). Auch ist zu bemerken, daß der Zugang zur höheren Bildung im Nachkriegsjapan vergleichsweise wenig von der Herkunft abhängig ist. Der Zugang ist also etwas meritokratischer als im atlantischen Westen. Die relativen Chancen für Arbeiterkinder, die Universität zu besuchen, sind nach Zahlen der OECD im Jahre 1960 etwas weniger ungünstig als im Durchschnitt des Westens.[41]

Selbst die Elite-Universitäten sind in Japan bemerkenswert offen für Kinder mit tiefem Herkunftsstatus. Die ranghöchste Universität des Landes, die Tokio-Universität, ist ein Beispiel. Nach Angaben von Harold Kerbo und John McKinstry kommen in den siebziger Jahren 35 Prozent der Studenten aus Familien, die zu den obersten 20 Prozent der Einkommensbezieher gehören, und 14 Prozent aus Familien der untersten 20 Prozent der Einkommensbezieher.[42] Eine solche vergleichsweise geringe Herkunftsbedingtheit des Zugangs zur Elite-Universität, so meinen Kerbo und McKinstry, könne sicherlich nicht für Harvard aufgewiesen werden. Die Zahlen von William Cummings weisen für die privaten Universitäten weniger günstige Verhältnisse auf, da die Studiengebühren viel höher liegen.[43] Generell gehören die Privat-Universitäten aber nicht zu den ranghöchsten.[44] Weiter deuten die Zahlen von William Cummings an, daß sich zwischen 1961 bis 1976 die Chancen der Kinder aus den tiefen Einkommensschichten, auf die staatlichen Landes-Universitäten zu gelangen, etwas verschlechtert haben. Aber noch 1976 fällt die vergleichsweise sehr geringe Rekrutierung nach sozioökonomischer Herkunft auf.

In seiner detaillierten Studie über *Hochschule und Gesellschaft in Japan* kommt Ulrich Teichler zu folgender Beurteilung: Das Bildungssystem wurde nach dem Krieg in Japan neu konzipiert, um die Chancenungleichheit im Hinblick auf den Bildungserfolg zu verringern. »Tatsächlich lassen die verfügbaren empirischen Daten erkennen, daß eine Verringerung der Ungleichheit stattgefunden hat. Heute scheint die Ungleichheit der Bildungschancen in Japan nicht nur weitaus geringer zu sein als in der Bundesrepublik Deutschland, sondern auch weniger ausgeprägt als in fast allen anderen Ländern.«[45]

Einkommensunterschiede. Bemerkenswert sind die vergleichsweise geringen Einkommensunterschiede im modernen Japan. Die Statistiken über die Einkommensverteilung im zeitlichen und Ländervergleich sind nicht einfach zu vergleichen. Verschiedene Forscher sind mit unterschiedlichen Daten jedoch zur übereinstimmenden Schlußfolgerung gelangt, daß Japan nach dem Weltkrieg die wohl egalitärste Einkommensverteilung der westlichen Länder aufweist.[46] Die eigene Zusammenstellung von Daten für die personelle Einkommensverteilung der Haushalte in Tabelle 13.2 (weiter vorne) weist ebenfalls auf, daß Japan 1970 am unteren Ende des westlichen Spektrums bei der Ungleichverteilung des Einkommens liegt. Das gilt für Gesamtverteilungsmaße (Gini-Index) vor und nach Umverteilungen durch die öffentliche Ökonomie wie auch für das Verhältnis des Einkommens der obersten 20 Prozent der Haushalte zu dem der untersten 20 Prozent. Nach diesen Zahlen ist die Einkommensverteilung in Japan selbst noch gleicher als im »egalitären« Schweden, das *nach* massiven Umverteilungen allerdings eine ähnliche Verteilung wie in Japan aufweist.

Die vergleichsweise geringe Einkommensungleichheit in der japanischen Gesamtgesellschaft ist gar nicht so selbstverständlich, vielmehr zunächst ein Paradox. Wie erwähnt, sind die Wirtschaftsunternehmen in

Japan enorm geschichtet, ebenso die Durchschnittseinkommen nach Firmengröße. Wie kann dennoch dann die gesamte Ungleichheit so gering sein? Als Erklärung haben wir eine gewisse Substitution von Rang und Entgelt vorgeschlagen. Die durchschnittlichen Löhne und Gehälter unterscheiden sich zwar zwischen dem Kernbereich der Großkonzerne und der Masse der übrigen Unternehmen, aber die Unterschiede *innerhalb* der Konzerne sind in Japan sehr viel kleiner als im übrigen Westen. So verdienen beispielsweise die höchsten Manager in Japans Automobilindustrie siebenmal soviel wie die Normalarbeiter in der Werkhalle. Bei den US-Automobilkonzernen lauten dagegen die Vergleichszahlen 36:1.[47]

Die Bildungs- und Einkommensverteilung sind in Japan nach den behandelten Ergebnissen vergleichsweise ausgeglichen, und die intergenerationelle Offenheit der Statusstruktur ist hoch. Zudem existiert in Japan eine vergleichsweise große horizontale Offenheit des Schichtungssystems, d.h. die verschiedenen Subnenner der Schichtung sind nur höchst locker gekoppelt. Noch weniger als im atlantischen Westen impliziert mithin ein Status alle übrigen in der japanischen Gesellschaft. In Tabelle 13.4 sind die entsprechenden Ergebnisse für die Verknüpfung von Bildung, Berufsprestige und Einkommen in Japan und im zusammengelegten Sample der westlichen Gesellschaft aufgeführt.[48]

Tabelle 13.4
Horizontale Geschlossenheit des Schichtungssystems
gemessen an der Statuskonsistenz

	Gemeinsame Varianz (r^2) zwischen Subnennern der Schichtung	
	Japan 1975	Sechs andere westliche Länder 1973-75
Bildung/Berufsprestige	.18	.35
Bildung/Einkommen	.05	.17
Berufsprestige/Einkommen	.11	.19

Quellen vgl. Anm. 48.

Die bemerkenswert tiefe Korrelation des Bildungsstatus mit den übrigen Status - trotz der großen Bedeutung der Bildung in der japanischen Gesellschaft - kommt dadurch zustande, daß die begehrtesten Arbeitsplätze in Japan zwar die ranghöchsten Schul- und Universitätsabschlüsse voraussetzen, daß aber die Einkommenszuteilung entscheidend von der Länge der Betriebszugehörigkeit, also von der Seniorität abhängt, die Zugang zur Hierarchie der Arbeitsplätze verschafft.

Bei all den erwähnten Ausgestaltungen der Sozialstruktur, die für Japan einen Vorteil anzeigen, fällt aber auf, daß die Stellung der Frau in Japan, gemessen an westlichen Standards, schlechter ist.[49] Auch im Falle der Frauen in den USA haben wir eine stärkere Diskrimination im Berufsleben (bei der Einkommenszuteilung) als in westeuropäischen Ländern aufweisen können.

Schlußfolgerung

Japan hat eine Realisierung des Gleichheitsanspruches in der Nachkriegszeit erreicht, die in gewisser Hinsicht als führend unter den Ländern des Zentrums bezeichnet werden muß. Bei all unseren Vergleichen - außer bei der Stellung der Frau - schnitt Japan günstiger ab. Die besondere, auf die Gruppe bezogene Ausgestaltung des Effizienzstrebens stärkt zudem die Unternehmen.

Wir dürfen deshalb mit Grund vermuten, daß die Legitimität der japanischen Nachkriegsgesellschaft gesamthaft auch *ohne* größere umverteilende Aktivitäten des Staates höher lag als im alten Westen. Wenn Legitimität eine Effizienzressource im Weltwettbewerb ist - so die Theorie -, weil sie die Motivation der Bevölkerung hebt und die ineffizienten Kontrollkosten senkt, dann müßte die kollektive Effizienzentfaltung in Japan größer gewesen sein als im alten Westen. Das ist auch ohne Zweifel so gewesen. In Tabelle 13.1 weiter vorne wurde folgendes aufgewiesen: 1950 betrug Japans volkswirtschaftliche Wertschöpfung pro Kopf 251 US-Dollar (in Preisen und Dollar von 1964). Das waren nur 23 % des Durchschnittswertes der 18 westlichen Länder. 1980 betrug sie 9025 US-Dollar (in Preisen und Dollar von 1979-81), nämlich 84 % des Durchschnittswertes für alle 18 westlichen Länder.

Es stellt sich die Frage, ob auch empirische Evidenz für das Zwischenglied der Argumentationskette vorhanden ist: Legitimität infolge der Realisierung des Gleichheitsanspruches und des Effizienzstrebens bewirkt eine Temperierung des Konfliktniveaus in der Gesellschaft, was einhergeht mit mehr Motivation und geringeren staatlichen Kontrollkosten. In Tabelle 13.5 kann empirisch aufgewiesen werden, daß Japan im Vergleich mit den anderen großen Ländern des Westens weniger politischen Konflikt in der Nachkriegsära aufwies.[50] Das Konfliktniveau lag in den Vereinigten Staaten am höchsten, weniger hoch in den großen Ländern Westeuropas und am tiefsten in Japan.

Die Legitimierung der japanischen Gesellschaft wird in der Nachkriegsära - auch gemessen am politischen Konfliktniveau - als vergleichsweise hoch ermittelt. Eine solche Legitimierung kann aber unterschiedlich viel kosten. Im Nachkriegsmodell schöpft der Staat generell einen erheblichen Teil des Sozialproduktes ab, nicht zuletzt zum Zwecke der Legitimierung der Gesellschaft, so insbesondere für umverteilende sozialstaatliche Maßnahmen und Aufwendungen für das Bildungssystem.

Tabelle 13.5
Politischer Konflikt 1948-1977,
Japan im Vergleich mit bevölkerungsreichen Ländern des Westens

	Zahl der Ereignisse, 1948-77					Gewaltsame Konfliktaustragung (civil violence) 1961-63, gewichteter Index
	Politische Streiks	Protestdemonstration.	Aufruhr (riots)	Bewaffnete Angriffe	Sanktionen der Regierung	
Japan	37	225	195	67	319	3
USA	154	2184	861	1059	1342	15
Bundesrepublik	22	300	143	157	1010	10,5
Großbritannien	142	691	372	3931	986	13
Italien	173	230	444	544	465	19,5
Frankreich	154	378	207	827	636	15

Quellen vgl. Anm. 50.

Der Saldo der Konkurrenzvorteile im Weltsystem ergibt sich aus der erreichten Legitimierung und den dafür notwendigen Aufwendungen des Staates, die alternativen, privaten Verwendungszwecken entzogen werden. Auch bei diesem Vergleich schnitt Japan in der Nachkriegsära sehr günstig ab. Die Staatsquoten sind in Tabelle 13.1 weiter vorne angegeben. Die Legitimität war in Japan hoch, und die Staatsquote lag am tiefsten. In Europa war die Legitimität auch recht hoch, aber ebenso die Staatsquote. In den Vereinigten Staaten war die Legitimität hingegen nach 1957 beschränkt (vgl. Kap. 7 und 15). Auch wenn gleichzeitig die Staatsquote in den USA tief lag, so ist damit doch im Vergleich zu Japan und nicht ganz so kraß im Vergleich zu Westeuropa ein Nachteil der USA verbunden.

Wir schließen diese Fallstudie mit dem Hinweis, daß Japan *keinen* Sonderfall im Rahmen der westlichen Sozialstruktur darstellt. Die gleichen strukturbildenden Prinzipien sind auch in Japan klar erkennbar. Zwar weisen die Ausgestaltungen in der Sozialstruktur einige Besonderheiten auf - stärkere Betonung von Rang auf der Grundlage von Seniorität und Bildungserwerb, ausgeprägtere duale Struktur in der Wirtschaft mit sozialen Leistungen auf der Ebene der Großkonzerne -, die aber als Varianten oder funktional äquivalente Lösungen angesehen werden können.

Der Erfolg Japans bei der nachholenden Entwicklung darf nicht unbesehen mit Führerschaft in einem zukünftigen Gesellschaftsmodell gleichgesetzt werden. Die Frage der Legitimitätsbeschaffung stellt sich nach dem Ende eines jeden Gesellschaftsmodells neu. So lehrt das Fallbeispiel Japan im wesentlichen zunächst nur, daß vor dem Erfolg eine Optimierung der Legitimität steht. Darüber hinaus ist das Fallbeispiel aus dem letzten Gesellschaftsmodell ein Beweis dafür, daß die erreichte Legitimitätsbeschaffung auch ohne überbordende quantitative Rolle des Staates hoch sein kann, dann nämlich, wenn die Offenheit der Gesellschaft und die primäre Gleichheit größer ist, so daß die »sekundären Reparaturanstrengungen« des Staates in Schranken gehalten werden können. Die sozialen Innovationen, um das für ein zukünftiges Gesellschaftsmodell zu leisten, stehen noch an, und damit ist auch die Frage nach den komparativen Wettbewerbsvorteilen für die Zukunft noch offen.

Anmerkungen

1 Takeshi Ishida (University of Tokyo), *Japanese Society*, New York: Random House, 1971.
2 Jon P. Alston, »Japan as Number One? Social Problems of the Next Decades«, *Futures*, 15 (5), Oktober 1983, S. 342-356. Dort S. 344.
3 Takeyoshi Kawashima, *Die japanische Gesellschaft. Familismus als Organisationsprinzip*, München: Minerva Publikationen, 1985. Japanische Originalausgabe 1974.
4 James C. Abegglen, *The Japanese Factory*, Glencoe, Ill.: Free Press, 1958.
5 Chie Nakane, *Japanese Society*, Berkeley: University of California Press, 1970. Dt. Übersetzung: *Die Struktur der japanischen Gesellschaft*, Frankfurt: Suhrkamp, 1985.
6 Chie Nakane, a.a.O., dt. Ausgabe, S. 32-34.
7 Robert E. Cole, *Work, Mobility and Participation. A Comparative Study of American and Japanese Industry*, Berkeley: University of California Press, 1980, S. 11.
8 Koji Taira, »Characteristics of Japanese Labor Markets«, *Economic Development and Cultural Change*, 10, 1962, S. 150-168.
9 Koji Taira, a.a.O., S. 160.
10 Vgl. auch Volker Bornschier, *Wachstum, Konzentration und Multinationalisierung von Industrieunternehmen*, Frauenfeld und Stuttgart: Huber, 1976, Teil II, Kap. 4.
11 Robert E. Cole, a.a.O., S. 225.
12 Justin Williams, Sr., *Japan's Political Revolution under MacArthur, A Participant's Account*, Athens: Univ. of Georgia Press, 1979.
13 Tadashi Fukutake, *The Japanese Social Structure. Its Evolution in the Modern Century* (aus dem Japanischen übersetzt und mit einem Vorwort von Ronald P. Dore), Tokio: University of Tokyo Press, 1982, S. 4.
14 Takeshi Ishida, a.a.O., S. 40 f.
15 Justin Williams, Sr., a.a.O., S. 20. Bodo Harenberg (Hg.), *Band 3 der Chronik-Edition (Chronik der Menschheit)*, Dortmund: Chronik Verlag, 1984, S. 975.
16 Nach Bodo Harenberg, a.a.O. Vgl. auch weiter unten: Kazuku Tsurumi, 1970, S. 183 ff (»The Eclipse of the Emperor System«).
17 Kazuko Tsurumi, *Social Change and the Individual. Japan before and after Defeat in World War II*, Princeton: Princeton University Press, 1970, S. 195-197.

18 Quellen: Ken'ichi Tominaga und Toshio Tomoeda, »Trends of Status Inconsistency and their Significance in Japanese Society, 1955-1975«, in Hermann Strasser und Robert W. Hodge (Hg.), *Status Inconsistency in Modern Societies* (Proceedings of a Working Conference of the International Sociological Association, Research Committee on Social Stratification), Duisburg: Verlag Sozialwissenschaftliche Kooperative, 1986. Harold R. Kerbo und John A. McKinstry, »The Implications of Modern Japan for Western Theories of Social Stratification: Some Preliminary Observations«, Paper presented to the Research Committee on Social Stratification of the International Sociological Association, Rom, April 1986. Takeshi Ishida, 1971, a.a.O., S. 26 ff.
19 Tadashi Fukutake, *Japanese Society Today* (aus dem Japanischen), Tokio: Tokyo University Press, 1974, S. 81 f.
20 Harold R. Kerbo und John A. McKinstry, a.a.O. S. 6. Sie stützen sich dabei auf den japanischen *National Survey of the Distribution of Stock Shares* aus dem Jahre 1980.
21 Private Mitteilung von Harold Kerbo.
22 Harold R. Kerbo und John A. McKintry, a.a.O.
23 Zur dualen Struktur in der Wirtschaft und zu segmentierten Arbeitsmärkten vgl. Volker Bornschier, *Wachstum, Konzentration* ..., a.a.O., S. 307. Derselbe, »Segmentierung der Unternehmen in der Wirtschaft und personelle Einkommensverteilung«, *Schweizerische Zeitschrift für Soziologie,* 8 (3), 1982, S. 519-539. Andrea Boltho, *Japan. An Economic Survey,* London: Oxford University Press, 1975, S. 26-28. Tadashi Fukutake, a.a.O., S. 82 f.
24 Takeshi Ishida, a.a.O., S. 15.
25 Ebenda, S. 7.
26 Chie Nakane, a.a.O., S. 20.
27 Chie Nakane, a.a.O., S. 121 ff.
28 Robert J. Smith, *Japanese Society. Tradition, Self, and the Social Order,* Cambridge: Cambridge University Press, 1983, S. 49 f.
29 Z.B. Ellis S. Krauss, Thomas P. Rohlen, Patricia G. Steinhoff (Hg.), *Conflict in Japan,* Honolulu: University of Hawaii Press, 1984, insbesondere S. 377 ff.
30 Robert J. Smith, a.a.O., S. 65 f. Robert E. Cole, a.a.O., S. 231.
31 Robert J. Smith, a.a.O., S. 40.
32 Vgl. Chie Nakane, a.a.O., S. 43-62, Robert J. Smith, a.a.O., S. 77-83, Harold R. Kerbo und John A.McKinstry, a.a.O.
33 Chie Nakane, a.a.O., Robert J. Smith, a.a.O.
34 Chie Nakane, a.a.O., S. 49 f.
35 Chie Nakane, a.a.O., S. 29, Jon P. Alston, a.a.O., S. 344 f, Ken'ichi Tominaga und Toshio Tamoeda, a.a.O., sowie zahlreiche weitere Belege in der Literatur.
36 Vgl. Takeshi Ishida, a.a.O., S. 44 f.
37 Ulrich Teichler, *Hochschule und Gesellschaft in Japan. Bd. I: Geschichte und Struktur des japanischen Hochschulwesens,* Stuttgart: Klett, 1975, S. 198.
38 Quellen für die Staatsquote: OECD, *The Role of the Public Sector,* OECD Economic Studies, Special issue, No. 4, Frühling 1985. Sonst: Volker Bornschier und Peter Heintz (Hg.), *Compendium of Data for World System Analysis,* Zürich: Bulletin des Soziologischen Institutes der Universität Zürich, Spezialnummer 1979; und die Aktualisierung von Georg Müller in Zusammenarbeit mit Volker Bornschier, i.V.
39 Quellen für die Einkommensverteilung der Haushalte: Duane H. Swank und Alexander Hicks, a.a.O. (Anm. 25 zu Kap. 11), S. 134. Die Angaben mit: *), sind von den Autoren geschätzt. Das Verhältnis obere 20 % zu untere 20 % wurde aufgrund eigener Daten aus dem Projekt ›Einkommensverteilung in komparativer Sicht‹ berechnet. Zum *Vergleich* das »egalitäre« Schweden: .471 vor und .303 nach, sowie 6:1. Quelle für die Bildungsverteilungen: OECD, *Education, Inequality and Life Chances,* Paris: OECD, 1975, S. 41, 44. Die Angaben für Japan, USA und die BRD beziehen sich auf das Jahr 1970, für Frankreich auf 1968 und für die beiden übrigen Fälle auf 1961. Quelle für die soziale Mobilität: OECD, a.a.O., S. 22 (Die Zahlen

gehen auf S. M. Miller zurück und beziehen sich auf die fünfziger Jahre). Die Vergleichbarkeit ist eingeschränkt, weil die obere Schicht unterschiedlich weit gefaßt ist (vgl. dazu auch das Kapitel 12).
40 Quellen für Tokio und Chicago: Ken'ichi Tominaga in Zusammenarbeit mit Atsushi Naoi, »A Comparative Analysis of Social Mobility: Tokyo and Chicago«, S. 201-231, in: W. Wesolowski, K. M. Slomczynski, B.W. Mach (Hg.), *Social Mobility in Comparative Perspective,* (I.S.A., Research Committee on Social Stratification), Warschau: Polnische Akademie der Wissenschaften, 1978. Sechs westliche Länder: USA, BRD, Niederlande, Österreich, Schweiz, Finnland; Quellen vgl. Kap. 12.
41 OECD, a.a.O., S. 168. Verglichen werden die relativen Chancen der Kinder von Managern und Professionellen im Vergleich zu denen der Arbeiter, die Universität zu erreichen. 1960 ergibt sich für westliche Länder ein Durchschnitt von 36:1, die Vergleichszahl liegt in Japan bei 30:1.
42 Harold R. Kerbo und John A. McKinstry, a.a.O., S. 5, die Ezra Vogel (*Japan As Number One: Lessons for America,* Harvard University Press, 1979) zitieren.
43 William K. Cummings, *Education and Equality in Japan,* Princeton: Princeton University Press, 1980, S. 226.
44 Vgl. Ulrich Treichler, a.a.O., S. 177.
45 Ulrich Teichler, a.a.O., S. 200.
46 Quellen: Andrea Boltho, a.a.O., S.165-167. Richard O. Wada, *Impact of Economic Growth on the Size Distribution of Income: The Postwar Experience of Japan,* Genf: ILO, World Employment Programme Research Working Paper 37, Dez. 1975, insbesondere S. 149 f. Weiter: A. Ono und T. Watanabe, »Changes in Income Inequality in the Japanese Economy«, S. 363-390 in: H. Patrick (Hg.), *Japanese Industrialization and its Social Consequences,* Berkeley: University of California Press, 1976. Weitere Quellen bei William K. Cummings, a.a.O., S. 256 f.
47 Dieses wie weitere Beispiele finden sich bei Harold R. Kerbo und John A. McKinstry, a.a.O., S. 6. Sie stützen sich dabei auf: Shukan Toyo Keizai Deeta Fiaru, Tokio: Toyo Keizai Shinposha, 1982 (Weekly East Asia Data File; Personal Management of Wages and Salaries).
48 Quelle für Japan: Ken'ichi Tominaga und Toshio Tomoeda, a.a.O., S. 354 (Tab. 1). Quelle für die sechs westlichen Länder: vgl. weiter vorne und Kap. 12.
49 Literatur: Dorothy Robins-Mowry, *The Hidden Sun: Women of Modern Japan,* Boulders, Co.: Westview Press, 1983. Gebhard Hielscher (Hg.), *Die Frau in Japan,* Berlin: Schmidt, 2. Aufl. 1984.
50 Quellen: Zahl der Ereignisse 1948-1977 nach Charles L. Taylor und David A. Jodice, *World Handbook of Political and Social Indicators,* Third Edition, Vol. II, New Haven und London: Yale University Press, 1983. Magnitude of Civil Violence: gewichtet nach Dauer, Umfang der beteiligten Bevölkerung und Intensität des Konfliktes, nach Ted Gurr und Charles Ruttenberg (Quelle hier: Volker Bornschier und Peter Heintz, a.a.O.).

14 Das Geschäft mit der Gewalt und der Legitimität

Warum wir trotz aller Unvollkommenheiten
dennoch nicht ganz an der Welt verzweifeln müssen.[1]

Die empirisch aufgewiesene Konvergenz und der geringe Spielraum bei der sozialen Ausgestaltung der nationalen Gesellschaftsmodelle erfordern eine Erklärung.[2] Die Soziologie bietet dafür den Begriff der sozialen Kontrolle an, womit freilich ein Sanktionsapparat verbunden sein muß, der Abweichungen bestraft und Konformität mit bestimmten historischen Gesellschaftsmodellen belohnt. Einen solchen Sanktionsapparat im Weltsystem zu vermuten, scheint zunächst gar nicht naheliegend, ist dieses doch gerade durch den Umstand ausgezeichnet, daß kein Gewaltmonopol existiert, vielmehr nur zahlreiche konkurrierende und territorial begrenzte Gewaltmonopole. Worin besteht dann der Sanktionsapparat?

Die Antwort, die hier vorgeschlagen wird, lautet: im *Weltmarkt für Protektion*. Vor diesem Hintergrund sollte der ansonsten etwas merkwürdige Titel dieses Kapitels gelesen werden. Sprechen wir von *Geschäft*, so meinen wir ein gewinnbringendes Verhalten auf Märkten. Warum sollten dann aber Gewalt und Legitimität ein Geschäft werden können? Das ist der Fall, wenn sie verwendet werden, um ein nutzenstiftendes Gut herzustellen, das auf einem Markt angeboten und nachgefragt wird.

Die Fragestellung in diesem Kapitel interessiert mich sodann vor dem Hintergrund der in diesem Buch vorgeschlagenen Theorie, die von den drei Kräften Machtstreben, Effizienzstreben und Gleichheitsanspruch ausgeht. Diese drei sozialen Kräfte, die jeweils in unterschiedlich historischem Gewande institutionell eingekleidet sind und durch verschiedene soziale Akteure verkörpert werden, vertragen sich nicht gut. Sie können jeweils nur in Kompromissen verträglich gemacht werden. Warum hat sich im langen historischen Wandel nicht eine Kraft durchgesetzt? Man denkt sofort an die Macht als den wahrscheinlichen Überlebenskandidaten im sozialen Evolutionsprozeß. Warum sind aber Gleichheitsanspruch und Effizienzstreben, die Zentralwerte der Moderne, nicht verschwunden, von einer unbarmherzigen Sozialselektion auf unabsehbare Zeit stillgestellt? Nichts Ähnliches ist nämlich im Zentrum des Weltgeschehens über die Jahrhunderte geschehen. Im Gegenteil. Sieht man von den erratischen Schwankungen ab, so sind die Ideale der Aufklärung in der modernen

Sozialstruktur mehr verkörpert als vor Jahrhunderten. Woran liegt das? Wir sind gewöhnt, den Zivilisationsprozeß als einen Aufstieg oder einen Entfaltungsprozeß zu sehen, aber was sind die Bedingungen, die diese Entfaltung hervorbringen? Die Antwort, die hier vorgeschlagen wird, besagt, daß die jeweils historisch mögliche - wenn auch nicht maximale - Verankerung der Zentralwerte der Moderne in der Sozialstruktur auch ein Geschäft war, weil sie komparative Vorteile verschaffte.

Komparative Vorteile müssen vor dem Hintergrund des Weltmilieus des ökonomischen und ökonomisch motivierten Wettbewerbs gesehen werden. Damit ist der weitere Anknüpfungspunkt benannt, nämlich das Verhältnis von Staat und Kapitalismus. Dieses Verhältnis spricht den Aufbau, die Logik und die Prozesse in dem alle einzelnen Länder umfassenden Sozialsystem an. Unter dem Namen »Weltsystemanalyse« ist dieses schon ältere Problem wieder im Gegenwartsdiskurs der Sozialwissenschaften aufgetaucht. Diesen interessanten und wichtigen Theoriestrang hier bibliograpisch zu dokumentieren, ist nicht die Absicht.[3] Grundlegend ist vielmehr das z.B. von Niels Steensgard vor einiger Zeit wieder in Erinnerung gerufene, wichtige Problem, nämlich die Koinzidenz von zwei einzigartigen historischen Phänomenen: Die Entstehung des modernen Staates und die Entfaltung des Kapitalismus.[4]

Über das Verhältnis von modernem Staat und Kapitalismus ist seit langem und recht unterschiedlich gedacht worden.[5] Zunächst sind die älteren Vorstellungen zu nennen, die das eine durch das andere einseitig beeinflußt sehen. Die Vorstellung, daß staatliches Handeln oder Nichthandeln die wirtschaftliche Entfaltung beeinflusse, ist interessanterweise den Merkantilisten wie den Liberalen gemeinsam - letztere prominent vertreten durch den Gründungsvater der modernen Wirtschaftswissenschaft: Adam Smith, wenngleich sich natürlich die Empfehlungen, was der Staat tun solle bzw. zu unterlassen habe, diametral unterschieden bei den merkantilistischen Empfehlungen im Rahmen des absolutistischen Staatsprojektes und bei den liberalen Empfehlungen im Rahmen der weltwirtschaftlich orientierten Staatsprojekte, zuerst in Nord-Holland und dann in England. Eine umgekehrte, einseitige Kausalität ist für die Position des orthodoxen Marxismus typisch. Die wirtschaftliche Entfaltung der Produktivkräfte bringt den Staat hervor, den es braucht, so die materialistische Geschichtsauffassung, die dann den Staat im Kapitalismus als den idealen Gesamtkapitalisten sieht, der das vollbringt, was sowieso notwendig ist: die Sicherung der Kapitalverwertung und die Aufrechterhaltung der Klassenherrschaft. Schließlich ist noch die Position von Joseph Schumpeter zu erwähnen, der zwischen Nationalstaat und Kapitalismus einen inneren Gegensatz bei den grundlegenden Orientierungen sah. Das eine auf die ganze Welt als Bühne bezogen und das andere an territoriale und partikuläre Orientierungen und Interessen gebunden.[6]

14 Das Geschäft mit der Gewalt und der Legitimität • 369

Mit einer anderen Linie der Deutung des Verhältnisses von Staat und Kapitalismus sind Namen wie Max Weber, Otto Hintze und Werner Sombart verbunden. Werner Sombart hob die gemeinsame geistige Wurzel sowohl des Kapitalismus wie auch des modernen Staates hervor.[7] Der gleiche »Geist« schuf nach Sombart am Ende des Mittelalters den Kapitalismus, den neuen Staat, die neue Religion und Wissenschaft sowie Technik.[8] Nach seiner Sichtweise kann allerdings trotz der zahlreichen gegenseitigen Beeinflussungen und Wechselwirkungen nicht davon gesprochen werden, daß eines von beiden bloß eine Funktion des anderen sei.[9]

Max Weber ist vorher zu einer Neukonzeptualisierung von Staat und Kapitalismus gelangt, der sich auch Otto Hintze anschloß. Auch die Richtung der Weltsystemanalyse, wie sie von Immanuel Wallerstein[10] oder Christopher Chase-Dunn[11] repräsentiert werden, knüpfen implizit eng daran an. Die frühe Sichtweise von Max Weber finden wir heute am Anfang seiner Staatssoziologie.[12] In der Neuzeit sind danach Staat und Kapitalismus wechselseitig aufeinander bezogen worden, und zwar vermittelt durch die Tatsache des fehlenden Gewaltmonopols, nämlich durch die Beweglichkeit des Kapitals zwischen den verschiedenen, territorialen Gewaltmonopolen. Bei Strafe des Zurückfallens im Weltwettkampf wurde dadurch dem Staat eine neue Logik aufgezwungen. Dieser Prozeß war also, wie wir es ausdrücken, marktvermittelt. Doch mehr dazu weiter unten.

Diese Sichtweise, wonach die beiden Prozesse: Staatsausformung und Entfaltung des Kapitalismus, wie es Otto Hintze einmal ausgedrückt hat, so »unauflöslich zusammenhängen, daß sie nur zwei besondere Seiten oder Aspekte einer und derselben historischen Entwicklung darstellen«,[13] ist infolge des frühen Todes von Max Weber unausgeführt und von ihm unausgeschöpft geblieben.

Frederic Lane, ein Forscher über die Geschichte Venedigs und des Levantehandels, hat Jahrzehnte später begonnen, diese Vorstellung einer wechselseitigen Bedingung von Staat und Kapitalismus theoretisch und empirisch mehr auszufüllen. In seinem Essayband *Profits from Power* stellt er ganz zu Anfang die seine Forschungen leitende Frage: »Warum prosperierten bestimmte Gruppen von Handelskapitalisten an einigen Orten zu bestimmten Zeiten mehr als andere? Warum jene Venedigs mehr als die Genuas?«[14] Als Antwort schlägt Frederic Lane das Protektionsrenten-Theorem vor. Der Begriff der Protektion wird im folgenden weder im Sinne einer seiner Alltagsbedeutungen (Favorismus, Nepotismus) noch auf die Kürzelsprache der Wirtschaftspolitik (Zölle oder Handelshemmnisse beim grenzüberschreitenden Verkehr) verkürzt, sondern bezeichnet Schutz als ein *kollektives*, wenngleich *territorial gebundenes* Gut. Protektion als soziale Schutzfunktion wird an bestimmten Orten und zu bestimmten Zeiten besser hergestellt. Im Vergleich zu den schlechteren »Standorten« genießen die Akteure mit besseren Standorten Vorteile - Extra-Einkommen oder eine Rente, die ihre Kapitalakkumulation schneller voranbringt.[15] Damit ist die von Max Weber eingeführte Verzahnung von Staatsentwicklung und Entfaltung des Kapitalismus angesprochen. Nicht nur die Kapitalentfaltung profitiert davon. Langfristig sind jene Regierungen die stärksten, die eine mäßige Abschöpfung (Tribut oder Steuer) mit effizienter Protektion verbinden, die der Kapitalbildung und der Innovation förderlich ist.[16]

Was im folgenden im Vordergrund steht, sind vier Erweiterungen des Protektionsrenten-Theorems:[17]
1. Einmal wird der *Weltmarkt* für Protektion eingeführt.
2. Dann werden *zwei substitutive Produktionsfaktoren* für Protektion eingeführt, nämlich Gewalt und Legitimität.
3. Weiter wird der Protektion *innerhalb eines staatlichen Territoriums* neben der Protektion im Weltsystem mehr Aufmerksamkeit geschenkt.
4. Schließlich besteht eine letzte, in diesem Buch allerdings nicht ausgeführte Erweiterung im Konzept der *globalen Protektion*.
Bei der vierten Erweiterung werden nicht nur Unterschiede zwischen Staaten als »Standorten« betrachtet, sondern das Zusammenwirken verschiedener Gewaltmonopole bei der Herstellung des kollektiven Gutes globale Protektion. Offensichtlich schwankt die geglückte Herstellung dieses Weltgutes beim Vergleich von verschiedenen Zeitperioden, so auch in der Nachkriegsära, und bewirkt dadurch die Schwankungen der Weltproduktion mit.[18]

Protektion und ihre Herstellung

Produktion, Handel und Finanztransaktionen sind nicht sozial voraussetzungslos. Sie brauchen u.a. »Schutz« oder *Protektion*. Eigentumsrechte müssen anerkannt und Menschen motiviert oder gezwungen werden, in Austausch zu treten. Protektion ist keineswegs ein nebensächlicher Produktionsfaktor, sondern ein ebenso bedeutender wie Arbeit, Wissen, Verfügung über Organisation, Finanzmittel und Kredit.[19] Eine gegebene Kombination von Technik, Arbeit und Kapital ist umso produktiver, je größer der Schutz und je tiefer seine Kosten. Wie wichtig Protektion für wirtschaftliches, aber auch jegliches andere soziale Handeln ist, wird uns drastisch in Extremfällen offenbar, wenn Schutz gar nicht mehr gewährleistet ist und die Produktion zusammenbricht. Kriegerische Ereignisse sind Beispiele. Protektion ist ein kollektives Gut, das zwar verschiedenen ökonomischen Akteuren an einem bestimmten Ort zur Verfügung steht. Aber sie ist kein freies Gut wie z.B. die Luft; vielmehr muß sie hergestellt werden. Wenn Protektion hergestellt werden muß, dann stellt sich die Frage nach den Produktionsfaktoren.

Der erwähnte Frederic Lane hat uns wieder einmal daran erinnert, daß wir den Gegenstandsbereich des Erwerbsstrebens nicht in einer Weise einengen dürfen, daß die Analyse von Gewalt ausgeschlossen bleibt.[20] Max Weber hat sich dem ein halbes Jahrhundert früher bei der Bestimmung des Begriffs des Wirtschaftens zwar genähert, um dann aber wieder das »reine Wirtschaften« als formell friedlich vom sogenannten nur »wirtschaftlich motivierten« Handeln abzugrenzen, das u.a. am Erwerb orientiert ist, aber aktuelle Gewaltsamkeit als Mittel verwendet.[21] Gewaltsamkeit kann uns aber durchaus friedlich in Form von »Legalität« entgegentreten, nämlich als Gesetzes- oder Verordnungsinterventionen, die letztlich aber immer angedrohte, d.h. latente Gewaltsamkeit als Reservedeckung brauchen. Zwar ist Interventionsmacht im engeren Sinne nicht wirtschaftlich in ihrer Grundlage, aber ihre Konsequenz ist allemal wirtschaftlich bedeutsam.

Lane geht mithin schon im Ansatz in einem wichtigen Punkt weiter als Weber. Er schlägt vor, daß Gewalt zumindest in einigen Fällen eine produktive Tätigkeit darstellen kann, wenn dadurch nämlich ein spezifisches, nutzenstiftendes Gut hergestellt wird, nämlich Protektion. Lane meint aber, daß die Konsumenten von Protektion in der Regel keinen Einfluß auf die Qualität und auf den Preis dieses Gutes Protektion hätten. Dies, weil der Gewalt verwendende und Gewalt kontrollierende Betrieb[22] ein natürliches Monopol sei, zumindest auf dem Lande.[23] Diese Aussage ist in dieser Form freilich nicht haltbar. Das moderne Weltsystem ist gerade durch die es charakterisierende Tatsache gekennzeichnet, daß ein den gesamten Rahmen des wirtschaftlichen Geschehens umgreifendes Gewaltmonopol nie existiert hat. Auf bedeutsame Konsequenzen dieser Strukturbesonderheit hat unter den soziologischen Klassikern Max Weber zuerst hingewiesen, und Christopher Chase-Dunn hat dies neuerlich wieder herausgearbeitet.[24]

Das moderne Weltsystem weist die folgende strukturelle Bedeutsamkeit auf: Innerhalb des gesamten wirtschaftlichen Geschehens existieren verschiedene, und zwar begrenzte Gewaltmonopole und mithin Anbieter von Protektion. Durch diese kennzeichnende Struktur entsteht ein *Weltmarkt für Protektion*, sofern andere Produktionsfaktoren zwischen den territorialen Gewaltmonopolen mobil sein können. Das ist in unterschiedlichem Ausmaß und mit Beschränkungen seit Anbeginn im modernen Weltsystem der Fall gewesen. Insbesondere waren bedeutende Teile des Kapitals und der Unternehmer transnational orientiert und häufig auch mobil. Und Migration über staatliche Genzen hinweg war seit jeher nicht zu vernachlässigen.

Man kann natürlich auch von einem Weltmarkt für Protektion sprechen, wenn dieser unvollkommen ist. Der vollkommene Markt ist ein theoretisches Konstrukt, ein in der Wirklichkeit nicht vorkommender Grenzfall, unvollkommene Märkte sind die Regel. Doch gilt es den Charakter der Unvollkommenheit näher zu umreißen. Einmal ist das auf dem Weltmarkt angebotene Gut Protektion *nicht homogen*; aber die nach Qualität differenzierten Güter können in Grenzen substituiert werden. Zum zweiten ist der Markt *monopolistisch* organisiert. Der Staat als Anbieter von Protektion hat ein großes »aquisitorisches Potential«[25] gegenüber seinen »Kunden«, das freilich erheblich strukturell und nicht nur durch die individuellen Präferenzen bedingt ist.

Da für die Nachfrager mit dem Wechsel des Anbieters von Protektion höhere Kosten verbunden sind (Migrations-, Transferkosten und u.U. Verlust des ökonomischen und sozialen Kapitals sowie Entwertung des kulturellen), haben die Staaten einen größeren Spielraum beim Preis und bei der Qualität der angebotenen Protektion. Weiter herrscht eine erhebliche Angebotskonzentration im Weltmarkt für Protektion. Die wenigen Großen, gemessen am Weltmarktvolumen, die Oligopolisten, können einmal eine Marktführerschaft ausspielen. Die kleinen Anbieter passen sich dann möglicherweise an, weil sie nicht befürchten müssen, ihre »Kunden« an die Konkurrenz zu verlieren, wenn diese keine besseren Konditionen anbietet.

Ferner können große Anbieter das Verhalten der übrigen auch direkt beeeinflussen, indem sie zwischenstaatlichen Druck bis hin zur Intervention(sdrohung) einsetzen. Schließlich können auch Kooperation und Kartelle zwischen Anbietern entstehen, die versuchen, den Weltmarkt zu ordnen. Internationale Regimes (vgl. auch Kap. 5) wie z.B. das GATT im Rahmen der Bretton Woods-Vereinbarungen sind Beispiele. Eine Form der konzertierten Aktion in Teilen des Marktes ist etwa die westliche Allianz im Rahmen des Nachkriegsmodells.

Der Weltmarkt für Protektion ist also ein unvollkommener Markt mit heterogener, monopolistischer Konkurrenz sowie Marktabsprachen, wie wir das auch auf anderen Märkten finden. Seit Jahrhunderten ist dieser oligopolistisch organisiert, mit nicht zu vernachlässigenden territorialen Monopolbestrebungen, die u.a. daran erkennbar sind, wenn es darum geht, die Kapitalflüsse und die Bewegungsfreiheit der Menschen im gesamten Weltwirtschaftsraum zu unterbinden.

In diesem Weltmarkt ist das Gewalt verwendende und Gewalt kontrollierende Geschäft zu einem kontinuierlichen Betrieb ausgestaltet worden, den wir mit dem Begriff »Staat« zu benennen pflegen. Schon Frederic Lane, wie vorher Otto Hintze,[26] unterscheidet zwei Typen von Unternehmungen, politische und wirtschaftliche. Der Staat ist nur *ein* Akteurtyp in diesem Markt. Die Produzenten von Gütern und Dienstleistungen für den Endverbrauch sind andere Akteure, die die staatliche Protektion als Eingangsleistung für ihr tägliches Tun nachfragen.

Schließlich ist der von Frederic Lane nicht einbezogene dritte Akteur zu nennen, nämlich die Bevölkerung, die Protektion nachfragt und dem Staat Steuern zahlen muß. Sie präferiert eine Protektion, die ihr Sicherheit, Gerechtigkeit und freie Entfaltung sowie Mitsprache in öffentlichen Belangen garantiert. Ein staatliches Gewaltmonopol ist umso legitimer, je mehr es diese - letztlich anthropologisch fundierten - Forderungen zuläßt. Die Qualität ihrer Arbeit, einschließlich der darin zum Ausdruck kommenden Motivation, die sie einem der beiden Arbeitgeber, politische und wirtschaftliche Unternehmungen, anbietet, hängt auch wesentlich von der Qualität der Protektion ab, die sie genießt. Die Nachfrager können die Qualität und den Preis der Eingangsleistung *Protektion* umso eher auswählen, je (potentiell) mobiler sie geographisch im Rahmen der Weltwirtschaft sind. Dadurch stehen die Produzenten von Protektion untereinander in einem Konkurrenzverhältnis. Wir schlagen also vor, daß die Einheit des wirtschaftlichen und wirtschaftlich motivierten Handelns im Weltsystem in der Existenz des Weltmarktes für Protektion gründet.

Wenngleich Produzenten und Konsumenten von Protektion in einem umfassenden Weltmarkt eingebunden sind, in dem das Verhalten durch Erwerbsstreben gekennzeichnet ist, so weisen ihre Verhaltensprogramme im Ursprung und im Kern auch noch aktuell beachtenswerte Unterschiede auf, die sich in der *Tributlogik* gegenüber der *Profitlogik* ausdrücken. Tribut mit den archaischen Wurzeln in Raub und Plünderung tritt uns institutionalisiert in Form von Schutzgebühren entgegen, und in seiner modernen Form als Steuer. Diese Linie des Erwerbsstrebens ist insofern seinem Charakter nach dem Profitstreben verschieden, als die Mittel, worauf Tribut in seinen verschiedenen historischen Manifestationen schlußendlich direkt, wenngleich verdeckt gründet, Gewaltmittel sind.

In den Worten von Max Weber wäre Tribut das Ziel und Ergebnis von *wirtschaftlich motiviertem* Handeln, während Profit das Ziel und Ergebnis von *wirtschaftlichem* Handeln wäre. Da aber wirtschaftliches Handeln immer auf Schutz angewiesen ist, existiert *kein* reines wirtschaftliches Handeln in der Wirklichkeit. Wirtschaften ist mithin immer auch ein Geflecht zusammen mit wirtschaftlich motiviertem Handeln. Dieser Tatbestand ergibt den klassischen Gegenstandsbereich der politischen Ökonomie. Freilich, die politische Ökonomie hat trotz ihrer großen Tradition bisher wenig die verschiedenen Produktionsfunktionen von Protektion und die Organisationsweise des Marktes für Protektion untersucht. Zum Weltmarkt für Protektion haben wir einige Ausführungen gemacht.

Der zweite neue Beitrag in diesem Kapitel betrifft die Produktionsfunktion für Protektion. Als Produktionsfaktoren für Schutz berücksichtigen wir nicht nur Gewalt, sondern auch Legitimität. Diese beiden Produktionsfaktoren für Schutz, Gewalt und Legitimität, sind *in Grenzen* substituierbar, d.h. die gleiche Menge an Schutz kann entweder mit mehr auf Gewalt beruhendem Zwang oder mit mehr Legitimität einer sozialen Ordnung erzeugt werden. Was aber beeinflußt den tatsächlichen Faktormix, der bei der Produktion eingesetzt wird? Dies sind die relativen Kosten der Produktionsfaktoren sowie die nachgefragte Qualität des Produktes Protektion. *Beides* ist wichtig, denn Schutz ist - wie viele Güter - nicht homogen. Dies gilt es zu berücksichtigen, denn es mag z.B. kostengünstiger sein, Jeeps zu produzieren, was solange belanglos bleibt, wie auf dem Markt hauptsächlich Personenwagen nachgefragt werden. Auf der Produktionsseite ergibt der substitutive Einsatz von Gewalt und Legitimität gleichsam gleiche Mengen an Schutz, sogenannte Isoquanten. Nun gilt es darüber hinaus, die Präferenzen bei den Konsumenten näher zu umreißen.

Einige Argumente müssen an dieser Stelle eingeführt werden, die die soziale Verankerung der Präferenzen der drei Akteurgruppen auf dem Weltmarkt für Protektion betreffen. Staatliche Herrschaftsklassen als Anbieter von Protektion haben ihre eigenen Präferenzen. Legitimität als Quelle von Protektion beschneidet ihre Macht und damit ihre Tributquellen. Die Demokratisierung entschärft, beseitigt aber nicht diese Interessen der staatlichen Herrschaftsklassen. Diese sind aber folgendem Druck ausgesetzt. Wirtschaftsunternehmen verlangen effektive Protektion zu tiefen Kosten. Und die (angedrohte) »Kapitalflucht« übt einen Druck auf die staatliche Herrschaftsklassen aus, Protektion zu Kostenpreisen bereitzustellen, wodurch sie auf den Luxuskonsum aus Mitteln der Tributabschöpfung verzichten müssen. Dadurch wird eine Teil der Einkommen generierenden Kraft des Staates schlußendlich von Luxuskonsum und Investitionen in das ständig von abnehmendem Grenznutzen bedrohte Geschäft mit der Gewalt in Protektionsrenten der Kapitalisten umgewandelt.

Bei den Nachfragern von Protektion behandeln wir zunächst die Masse der durch je verschiedene Mitgliedschaften fraktionierten Staatsbürger. Die Bevölkerung präferiert eine Protektion, die in ihren Augen eine Ordnung von höherer Legitimität beinhaltet und die die Absteuerung tief hält. Gegen ein illegitimes staatliches Gewaltmonopol können Staatsbürger Widerstand ausüben, der eine breite Palette von Formen annehmen kann: 1. politisch-militärischer Kampf gegen ein illegitimes Regime, 2. politischer Protest gegen Regierungen und die Abwahl von Amtsträgern, 3. Verweigerung und Rückzug (bis hin zur Emigration) als mehr sublime Kampfform. Der Widerstand der Staatsbürger gegen ein illegitimes Regime erhöht die Kosten durch vermehrte Kontrolle und Repression, und damit die Kosten der politischen Unternehmung »Staat«, ohne den Umfang und die Qualität der Protektion zu verbessern.

Verweigerung und Rückzug erscheinen auf dem ersten Blick als wenig spektakuläre Reaktionen der Bevölkerungen, deren längerfristige Wirkung aber keinesfalls unterschätzt werden sollte. Sie gehören wohl zu den letztlich sehr scharfen Waffen, über die Bevölkerungen verfügen, jedenfalls längerfristig und unter Bedingungen eines kompetitiven Weltmilieus. Verweigerung und Rückzug beeinträchtigen die Produktivität, denn die Zustimmung zu einer gesellschaftlichen Ordnung ist eine wichtige Quelle der Motivation, auch für den Arbeitseinsatz. Auch in rein ökonomischen Größen dürfen solche Verluste schwerer wiegen als z.b. die durch Streiks verloren gegangenen Arbeitstage.

Wirtschaftliche Unternehmungen als Nachfrager von Protektion sind deshalb zumindest indirekt ebenfalls nicht indifferent. Sie präferieren natürlich zunächst tiefe Kosten für die Protektion. Dann sind sie schon rein wettbewerbsbedingt an motivierten und loyalen Arbeitskräften interessiert.[27] Wenn ein Staat den Widerstand in der Bevölkerung mit erhöhten Kosten für Zwangsmaßnahmen brechen muß, so erleiden die wirtschaftlichen Unternehmungen *zwei* Nachteile. Zum einen können sie nicht mehr generell auf motivierte Arbeitskräfte zurückgreifen *und* müssen zum anderen letztlich mehr für die Protektion bezahlen. Natürlich kann man unter solch ungünstigen Bedingungen dennoch kapitalistisch produzieren, wie wir aufgrund zahlreicher Beispiele wissen. Aber solche unproduktiven sozialen Arrangements sind weder in der Lage, Zentrumsstatus in der industriellen Welthierarchie zu behaupten noch zu erlangen.

Die Grundthese in diesem Kapitel ist einfach, wenngleich die Vermittlungsschritte indirekt sind: Auf dem Weltmarkt für Protektion wird ausreichender Schutz von hoher Qualität zu tiefen Kosten präferiert. In unserer Terminologie ist die Qualität von Protektion höher, wenn sie sich mehr auf Legitimität abstützt. Wenn sich das nicht überall und zu allen Zeiten und nicht ohne Einbrüche durchgesetzt hat, so liegt das an den erwähnten Marktunvollkommenheiten, die den Weltmarkt in der Vergangenheit wie in der Gegenwart zweifellos prägen. Die Unvollkommenheiten bewirken, daß sich die benannte Nachfragepräferenz nicht an allen Orten gleichmäßig und auch teilweise nur sehr verzögert durchsetzt. Gerade dadurch entstehen aber auch Protektionsrenten, d.h. komparative Vorteile bestimmter Standorte.

Dennoch, die Marktkräfte sind *langfristig* mächtig und drängen zu Konvergenz. Und dies aus dem bereits angesprochenen, einfachen Grund. Die Produzenten, die ausreichenden Schutz von hoher Qualität und zu tiefen Kosten beziehen können, prosperieren, ebenso die Länder, die sie beherbergen. Die durch bevorzugte Standorte begünstigten Produzenten akkumulieren unter sonst gleichen Umständen ihr Kapital schneller. Nicht nur ist ihre Kapitalakkumulation größer, gleichzeitig sind auch die Löhne höher, die sie zahlen können oder die man ihnen abhandeln kann.

Als Zwischenergebnis halte ich als Antwort auf meine Frage: »Warum hat sich das Machtprinzip nicht auf Kosten von Effizienzstreben und Gleichheitsanspruch durchgesetzt?« zwei Punkte fest.
1. Die Existenz eines Weltmarktes mit seiner Wettbewerbslogik hat über die Jahrhunderte bewirkt, daß das wirtschaftliche Effizienzstreben nie dauerhaft ohne Stütze blieb.
2. Die marktvermittelte Qualitätsanforderung an die Protektion als Eingangsfaktor einer kostengünstigeren kapitalistischen Produktion bewirkte, daß Gleichheitsanspruch und Freiheitsforderung keine historischen Episoden blieben, sondern immer wieder eine Stütze fanden, weil die Legitimität von der Gewährleistung dieser Forderungen abhängt. Und die Legitimität ist, wie erwähnt, ein Produktionsfaktor für Protektion von guter Qualität.

Die Protektionskurve

Für die formale Behandlung der Protektionskurve gilt es vorgängig, die beiden Konzepte Gewalt und Legitimität zu definieren. Damit kommen wir auch zu Überlegungen, die den verstärkten Einbezug der Protektion *innerhalb* eines Territoriums betreffen, nämlich die dritte Erweiterung des Theorems. Diesen Blickwinkel hat die Formulierung des Theorems bei Frederic Lane zwar nicht ausgeschlossen, aber auch nicht erschlossen.[28]

Unter *Gewalt* subsumiere ich alle effektiven oder angedrohten Handlungen (Gewaltandrohung), die darauf abzielen, andere zu einem bestimmten Handeln oder seiner Unterlassung zu *zwingen*, und bei denen die Bedrohung der körperlichen Unversehrtheit, der Einschränkung der Bewegungsfreiheit, der Verfügungsfreiheit über Sachen und der Ausdrucksfreiheit die Zwangsmittel sind. Schutz vor der Gewaltanwendung anderer, nämlich Verteidigung ist damit ebenso Gewalt wie ein Angriff. Im ersteren Falle erscheint aber Gewalt als »legal«, eventuell auch »legitim«, nämlich im Sinne eines Selbstverteidigungsrechtes. Das wesentliche Merkmal des modernen Staates ist, daß er das Monopol legaler Gewaltschöpfung und -anwendung durch die Legislative und Exekutive einerseits beansprucht und andererseits durch die von ihm kontrollierten Vollzugsorgane, Polizei und Militär, auch weitgehend innehat. Betrachten wir Gewalt als einen Produktionsfaktor für Protektion, so kommen insbesondere historisch betrachtet nicht nur Staaten im modernen Sinne oder zwischenstaatliche Assoziationen als Erzeuger und Kontrolleure von Gewalt in Frage. Selbst noch in der modernen Welt gibt es konkurrierende Unternehmen, wie z.B. die Camorra. Im folgenden wird aber von staatlich erzeugter und kontrollierter Gewalt gesprochen.

Insofern Gewalt auf der Grundlage von Gesetzen ausgeübt wird, sprechen wir von Rechtsstaat. Rechtsstaat ist nicht deckungsgleich mit Demokratie, vielmehr wurde er historisch früher eingeführt, zumindest früher als die moderne Form der Massendemokratie. Dezentrale Entscheidungsbildung und Wahlverfahren sind historisch immer wieder aufgetaucht und auch der Kodifizierung des Rechts im Sinne des Rechtsstaates vorausgegangen, wenngleich diese Formen der kollektiven Willensbildung nicht Demokratie im modernen Sinne verkörperten.

Unabhängig davon, wie Gesetze zustandekommen, herrscht in der Regel Streit darüber, ob die Recht*sanwendung* rechtens und verhältnismäßig ist. Damit beschäftigen sich die Gerichte, und ihre Unabhängigkeit ist eine zentrale moderne Demokratieforderung. Gewalt, die sich auf Gesetze *beruft,* ist deshalb nicht automatisch auch »legal« und - unabhängig davon und noch wichtiger - nicht automatisch auch »legitim«, selbst wenn sie legal wäre. Auch die legalste Gewalt bleibt im letzten Kern Gewalt, womit gesagt wäre, daß keine Gesellschaft *völlig* ohne Gewalt auskommt.[29]

Unter *Legitimität* verstehen wir in einer Bevölkerung den Grad der Anerkennung von und der Zustimmung zu Regeln des sozialen Handelns und zu den Handlungsresultaten. Eine perfekte Legitimität wäre gegeben, wenn Konsens über Werte, Normen und die Funktionsweise von Institutionen mit den entsprechenden Handlungsresultaten vorläge. Der Staat kann überaus mächtig sein bei der Monopolisierung von Gewalt, aber viel weniger *direkt* kann er die Legitimität beeinflussen.

Zwischen Legalität und Legitimität bestehen zwar Zusammenhänge, die aber auch unter Bedingungen moderner Demokratie nicht perfekt zu sein brauchen und es in der Regel auch nicht sind. Die fehlende Deckungsgleichheit beider Begriffe kommt schon semantisch zum Ausdruck. »Legal« heißt gesetzlich im Sinne von *positivem Recht,* »legitim« im Sinne von *anerkannt.* Selbst wenn die Zustimmung zu dem, was legal ist, auf Mehrheiten gründet, können Legalität und Legitimität beträchtlich auseinanderfallen. Z.B. kann eine erhebliche Minderheit (eventuell sogar eine Mehrheit z.B. bei indirekter Demokratie oder bei geringer Wahlbeteiligung im Falle von direkter Demokratie) eine gesetzliche Regelung nicht als legitim ansehen, obwohl Legalität gegeben ist. Nur im Falle von *Konsens* werden Legalität und Legitimität deckungsgleich. In der Regel wird Konsens aber nie vollständig und kaum von Dauer sein, so daß selbst bei breitem Basiskonsens zumindest Gewalt im Sinne der Überwachung von Regeln und Gesetzen vorgesehen werden muß.[30]

Wir halten fest, daß auch die legitimste Gesellschaft nicht völlig auf Gewalt verzichten kann. Ein gewisses Minimum an Gewaltmitteln ist unabdingbar, was sich in Schaubild 14.1 in der horizontalen Asymptote niederschlägt. Auf den anderen Seite kann auch die Gewaltanwendung nicht völlig auf die Zustimmung, zumindest von Teilen der Gesellschaft verzichten. Mindestens die mit dem Vollzug der Gewaltanwendung oder Androhung derselben Betrauten - und nicht nur die daraus intentional Nutzen Ziehenden - müssen diesem ihrem Tun zustimmen, also kooptiert werden. Mit anderen Worten: Auch bei maximaler Gewaltanwendung kann die Legitimität in der Bevölkerung nicht auf Null sinken, was in Schaubild 14.1 mit Hilfe der vertikalen Asymptote ausgedrückt wird.

Die vorangegangenen Überlegungen haben Konsequenzen für die Substituierbarkeit von Gewalt und Legitimität. Beide sind mithin nicht perfekt, sondern nur in Grenzen substituierbar. Diese Substitutionsmöglichkeit besteht nur innerhalb des durch die Asymptoten eingegrenzten Bereiches im Koordinatenfeld von Gewalt und Legitimität. Dies wird in Schaubild 14.1 dargestellt, wobei eine Substitutionselastizität von -1 unterstellt wird.

Schaubild 14.1
Die Protektionskurve

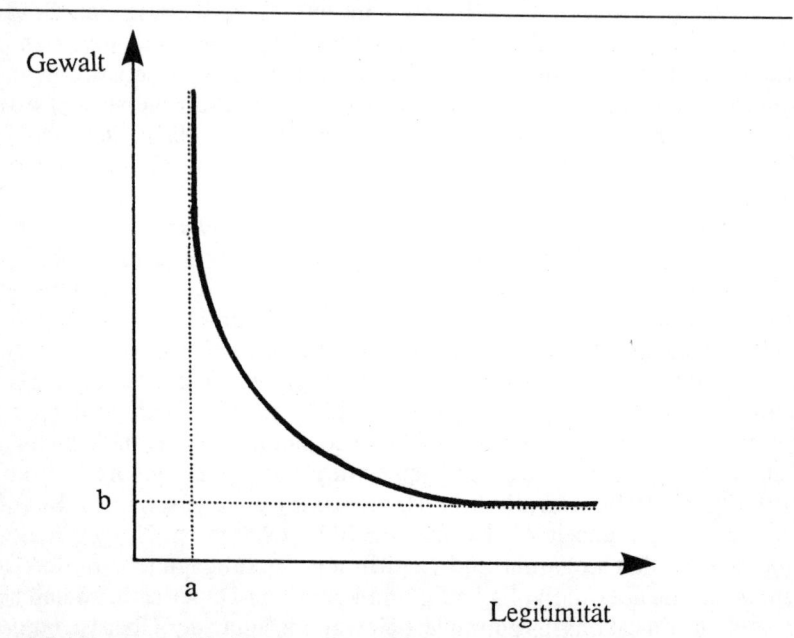

a Minimum an Legitimität, das unumgänglich ist (Asymptote)
b Minimum an Gewalt, auch bei höchster Legitimität vorhanden (Asymptote)

Die analytischen Dimensionen von Protektion. Man mag einwenden, daß zahlreiche Größen in das Produkt »Protektion« eingehen. Mit den beiden Produktionsfaktoren »Gewalt« und »Legitimität« schlage ich somit nur die abstraktesten Dimensionen vor. Sie sind konzeptuell unabhängig (äußerer Zwang einerseits und innere Zustimmung zu einer Ordnung andererseits), aber in Grenzen substituierbar, ähnlich wie Kapital und

14 Das Geschäft mit der Gewalt und der Legitimität • 379

Arbeit. Auf der konkreten Ebene sind die Produktionsfaktoren der Protektion zahlreich und historisch variabel. Ich nenne sie auf dieser Ebene Sozialtechnologien bei der Organisation und dem Einsatz von Zwang sowie für die Erzeugung von innerer Zustimmung. Ein Beispiel für ein Bündel solcher Sozialtechnologien ist mit dem Wohlfahrtsstaat gegeben, der bereits behandelt wurde.

Wir unterscheiden drei analytische Dimensionen in der Darstellung mit den Koordinaten Gewalt und Legitimität: die Menge der Protektion, die Qualität der Protektion und den Preis der Protektion. Je höher der Preis, desto mehr Kosten fallen bei den Konsumenten von Protektion an.

Die Menge der Protektion. Gelangen von beiden Faktoren mehr Mengen zum Einsatz oder wird der Einsatz eines Faktors erhöht ohne Reduktion des anderen, so verlassen wir die Protektionskurve und gelangen zu einer anderen Protektionskurve auf höherem Niveau. Dies wird in Schaubild 14.2 schematisch dargestellt. Wir sind somit in der Lage, Fälle je nach ihrer Lage auf verschiedenen Niveaus der Protektion zu unterscheiden.

Schaubild 14.2
Analytische Dimensionen von Protektion
im Legitimität/Gewalt-Quadranten

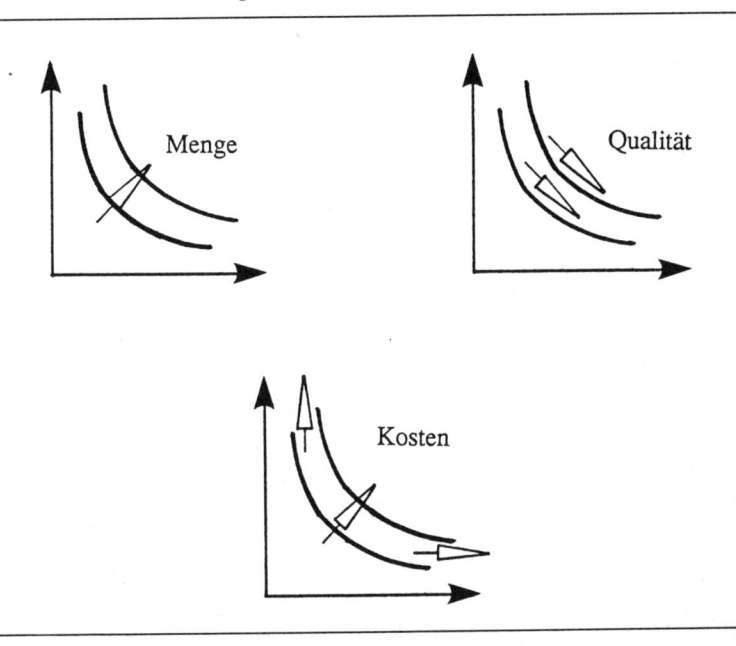

Die Kosten der Protektion. Bei *konstanten* Sozialtechnologien nehmen die Kosten mit der Menge an Protektion, die erzeugt wird, zu. Weiter nehmen die Kosten auf den jeweiligen Kurven zu, aber nur in den nahezu asymptotischen Teilen der Kurve, und zwar in beide Richtungen. Dies folgern wir unter Anwendung des Ertragsgesetzes: »Das ›Ertragsgesetz‹ drückt aus, daß der Ertrag (hier: Produktmenge), der vom kombinierten Einsatz mehrerer Faktoren abhängt, nicht proportional zur Mengenveränderung nur eines dieser Faktoren (bei Konstanz der Einsatzmengen der anderen) zu- oder abnimmt.«[31]

Die gleiche Menge der Protektion von einer gegebenen Qualität kann unterschiedlich viel Kosten für die Konsumenten beinhalten. Günstigere Kosten drücken eine höhere Protektionseffizienz aus, die sich bei den Konsumenten in Form einer Protektionsrente niederschlägt. Eine höhere Protektions*effizienz* kann im wesentlichen Folge von drei Umständen sein: Entweder kommt eine überlegene Sozialtechnologie zur Anwendung und/oder es liegt ein besonders sparsamer Umgang mit Mitteln vor und/oder die Hersteller von Protektion stellen ihr Produkt zu Kostenpreisen zur Verfügung. Historisch betrachtet haben sich sowohl die Sozialtechnologien verändert als auch die typische Form des Protektionsbetriebs. Die staatskontrollierende Klasse - häufig adeliger Herkunft - oder die Prinzen, die den Staat anfänglich wie ein Familienunternehmen führten, mußten den professionellen Managern weichen, wodurch Protektion mehr zu Kostenpreisen auf den Markt gelangte.

Die Qualität der Protektion. Wandern wir auf jeder Protektionskurve in Richtung von substitutivem Mehreinsatz an Legitimität, so »verbessert« sich nach unserer Sprachregelung die Qualität der Protektion (siehe Schaubild 14.2), weil eine gleiche Menge an Protektion mehr innere Zustimmung zu einer Ordnung und mithin ein höheres Niveau an Motivation beinhaltet, wenn sie mit höherer Legitimität erzeugt wird. Die verschiedenen Protektionskurven stellen zwar Orte mit gleichen Mengen an Protektion dar (sogenannte Isoquanten), aber Protektion ist kein homogenes Gut. Deshalb sind - wie bereits ausgeführt - die Isoquanten von den Konsumenten her gesehen *keine* Indifferenzkurven.

Langfristig, so wurde bereits vorne behauptet, setzen sich die Nachfrager durch, die ein Produkt von hoher Qualität wünschen oder einsehen, daß sie damit besser fahren, oder als Eingangsgröße aus Gründen der Konkurrenz einzusetzen gezwungen sind. Dies erscheint zunächst eine sehr gewagte Hypothese zu sein, gegen die zahlreiche empirische Einwände zu sprechen scheinen. Nehmen wir nur zwei krasse Beispiele solcher im Einzelfall begründeten Einwände, nämlich die Zwangsarbeit von Kriegsgefangenen in deutschen Fabriken während des zweiten Weltkriegs in Osteuropa und das Apartheid-Regime in Südafrika. Beide Beispiele zeigen, daß u.U. Zwang von dominanten Akteuren präferiert wird, weil er ihnen höhere Gewinne ermöglicht.

Beide krassen Beispiele - und viele andere, auch weniger krasse Beispiele wären zu nennen - sprechen dennoch nicht gegen die Hypothese einer *langfristig erfolgreicheren* Entwicklung von solchen sozialen Arrangements, die auf Gewalt mehr verzichten und eine höhere Legitimität erstreben. Zu erklären ist nämlich, warum die Weltproduktion nicht mehrheitlich mit Zwangsarbeit stattfindet und warum nicht Apartheid-Regimes vorherrschen. Über die Jahrhunderte wäre doch ein allmähliches Ausbreiten solcher Formen der sozialen Kontrolle durchaus nicht unplausibel. Aber das ist kontrafaktisch, besonders vor dem Hintergrund der langfristigen Geschichte der westlichen Gesellschaft des Zentrums.

Die langfristig erfolgreichen sozialen Arrangements zeichneten sich vielmehr dadurch aus, daß sie unter den jeweiligen historischen Alternativen jene präferierten, die mehr Legitimität beinhalteten. Nur *deshalb* waren sie langfristig erfolgreich und für eine Zeit überlegen. Die relativ freiere Lohnarbeit z.B. war seit jeher für die Zentren des wirtschaftlichen Weltgeschehens typisch. Das gilt auch, wenn man an die Anfänge der Neuzeit und z.B. an Venedig und die Generalstaaten Nord-Hollands denkt.

Die Anforderung an die Qualität der Protektion ist zudem mit den verschiedenen Stufen der industriellen Revolution gestiegen. Die technisch und organisationell ständig komplexer gewordenen Formen der Produktion und Verteilung sowie die Skalenerträge bei Massenproduktion begünstigten eine höhere Qualitätsanforderung an die Protektion. Diese Nachfragepräferenz ist mithin langfristig weder eine Frage von individuellen noch von Klassenpräferenzen. Die Produzenten und Konsumenten von Protektion, die gegen diesen (wegen zyklischer Überlagerungen nicht immer gut sichtbaren) Strom der Entwicklung schwimmen, können keine Plätze im Zentrum des Weltgeschehens erobern oder halten.

Das Problem in historischer Sicht

Historisch betrachtet hat die westliche Gesellschaft des Zentrums insgesamt eine bemerkenswerte Bewegung auf der Protektionskurve vollzogen. Gewalt ist durch Legitimität substituiert worden, im historischen Vergleich in erheblichem Umfang. Aber dieser Prozeß war weder geradlinig noch in verschiedenen Ländern gleichförmig (vgl. Kap. 11).

In der ersten Phase der Neuzeit, nämlich bis in die Anfänge des 19. Jahrhunderts, ist »Staat« in Europa zunächst einmal *unähnlicher* geworden; und diese Polarisierung ist von einem dramatischen Konzentrationsprozeß begleitet gewesen, von ungefähr 500 auf 25 Staatsgebilde.[32] Das *absolu-*

tistische Staatsprojekt versuchter *Weltreichs*gründung beinhaltete eine Bewegung auf der Protektionskurve in Richtung auf mehr Gewalt, während die dezentralen Sozialsysteme vom Typ *Weltwirtschaft* - mit den historisch bedeutsamen Vororten Venedig, Hanse, Nord-Holland, später England und den USA - tiefer auf der Protektionskurve in Richtung auf mehr Legitimität ihren Platz suchten. Daß die moderne Ausgestaltung des staatlichen Gewaltmonopols im Zentrum der Welt mehr auf diesen zweiten Traditionsstrang zurückgeht - auch reaktiv, wenn man an die Französische Revolution *gegen Albion* (England) denkt -, ist kein historischer Zufall, nicht die Frucht des Schlachtenglücks bei einzelnen militärischen Treffen. Das *erweiterte* Protektionsrententheorem schlägt eine Erklärung dafür vor, warum Lagen auf der Protektionskurve in Richtung auf verbesserte Qualität im Wettbewerb langfristig überlegen bleiben mußten.

Zu Beginn der Neuzeit begannen Unternehmen zu prosperieren, die sich stark in den Methoden, nicht aber beim Ziel der Reichtumsgewinnung unterschieden. Die eine Methode in institutionalisierter Form war die Tributabschöpfung, letztlich auf Gewalt nach innen und militärische Eroberung nach außen gründend (auch »Fusionen« durch Heiratspolitik waren üblich); die andere bestand in der Profitansammlung aufgrund von ausgenutzten Marktchancen.

Bei den absolutistischen Projekten - Spanien-Habsburg und Frankreich sind hier die für eine Weile historisch prominenten Beispiele - dominierte die Tributlogik. Die Profitlogik hingegen dominierte in den dezentralen Weltwirtschaftsprojekten. Es wäre verzerrend, den zweiten Typ als gegenüber dem ersten friedlich und nur den ersten als kriegerisch und gewaltsam zu bezeichnen. Auch Venedig, das frühe Beispiel des zweiten Typs, war andauernd in kriegerische Handlungen verwickelt, so auch insbesondere mit dem Erzrivalen Genua - der immerhin kein absolutistischer Antipode war -, und Venedig erlangte eine große Fertigkeit bei der militärischen Organisation seiner Handelskonvois.

Die arbeitsteilige Symbiose der zwei Arten von Unternehmungen mit ihren unterschiedlichen Traditionen, wie sie uns heute im modernen, nationalen Territorialstaat entgegentritt, - die einen Unternehmungen, die Protektion herstellen und Regierungen genannt werden, und die anderen Unternehmungen, die Güter und Dienste herstellen und zwischen Orten bewegen und die Regierungen für die Protektion bezahlen -, hat sich erst allmählich und nicht kontinuierlich herausgebildet. Fernhändler versorgten sich anfänglich selbst mit Protektion und bildeten dafür nicht selten eine Art Kooperative, den Urtyp des minimalen Staates. Regierungen der sich bildenden Territorialstaaten, damals Prinzen, handelten zum Zwecke der Profiterzielung für ihre Familienunternehmen (l'état c'est moi) und legten den Grundstein für den Merkantilismus. Die fehlende eindeutige Spezialisierung bei den Unternehmungen trat anfänglich besonders bei der europäischen Überseexpansion zutage.³³ Die großen Handelskompanien (chartered companies) waren Konglomerate von militärischen, industriellen und Handelsunternehmen. Prinzen, wie König Heinrich von Portugal, handelten wie später die Staatshandelsländer. Der Löwenanteil der Einnahmen aus dem Gewürzhandel mit dem Osten ging in seine Kasse, woraus er auch für die Protektion der Seewege nach Indien und die dortigen Handelsplätze zahlen mußte.³⁴

Wie aber kam es beim später weltweit dominanten europäischen Staatstyp zur Unterordnung der Staatsraison unter die Profitlogik, so daß die erwähnte arbeitsteilige Symbiose entstand und vermehrt Protektion zu Kostenpreisen und in verbesserter Qualität angeboten wurde? Wie das Gewaltmonopol als Tributquelle auf einem Territorium organisiert wird, sich entfaltet, und wie die politische und wirtschaftliche Macht verteilt ist, das wird üblicherweise als abhängig von der wirtschaftlichen Entwicklung und internen Kämpfen um die Macht gesehen.³⁵ Das ist zu einseitig und reicht nicht aus. Die Geschichte der Staatsentwicklung ist nicht nur eine Geschichte der *internen* Kämpfe als bewegende Kraft, sondern wird stark geprägt vom Wettbewerb *zwischen* territorialen Gewaltmonopolen, was freilich interne Kämpfe induziert oder die Länge der Spieße der dortigen Kontrahenten wesentlich mitbestimmt.³⁶

Doch zurück zur Frage. Das Gewaltmonopol ist territorial und die Welt endlich. Deshalb ähnelt der Wettbewerb um Tributquellen einem Nullsummenspiel: Der eine gewinnt, was der andere verliert, Spiele vom Typ *Monopoly*. Darin steckt der Antrieb zu Weltreichsgründungsversuchen: Die Ausdehnung der Tributmasse auf das Maximum, die Welt, ein Reich, in dem die Sonne nicht untergeht oder das dem Sonnenkönig gehört. Die *Versuche* der Weltreichsgründungen treiben allerdings die Protektionskosten ins Unermeßliche. Der Finanzbedarf für die Armeen ist enorm und die Rüstungsspirale unter den Kontrahenten bewirkt eine Verschwendung von möglichem Wohlstand. Die riesige finanzielle Zerrüttung und die wirtschaftliche Agonie, die Karl der V. und Ludwig der XIV. zurückließen, sind Beispiele. Erstaunlich bleibt, wie trotz dieser klaren Beispiele die Versuche der Weltreichsgründung die Neuzeit bis in unser Jahrhundert wie ein roter Faden durchziehen.

Bei der zweiten Linie des Wettbewerbs dominiert die Profitlogik. Der Wettbewerb besteht darin, die Kosten für die Protektion in ein Verhältnis zu bringen zum Produkt und die Qualität dieses Produktes zu verbessern. Historisch ist diese Strategie in den Gesellschaftsvertragskonzepten der Neuzeit zu erkennen. Sie bemüht sich, die Kosten der territorialen Gewalt und der internationalen Ordnung durch substitutiv stärkeren Einsatz von Konsens unter Kontrolle zu halten. Dies erscheint vernünftig; und nicht von ungefähr tauchen diese Weltordungsvorstellungen zuerst mit der europäischen Aufklärung, die im Humanismus verwurzelt ist, wieder auf (vgl.

Kap. 11). Wie aber setzt sich die Vernunft durch, will man nicht auf Hegels Weltgeist setzen? Wird die erwähnte Kostensenkung durch Ordnung in Form von vergleichsweise tieferem Tribut (Steuer) an die Konsumenten weitergegeben, so entstehen, wie wir schon ausgeführt haben, Wettbewerbsvorteile bei der Akkumulation, die Kapitalentfaltung und die Innovationen haben freieren Lauf.

Historisch ist dieser Prozeß am Leben erhalten und angeregt worden durch die ungebrochene Kontinuität der Weltwirtschaften, die hauptsächlich in maritimen Randlagen sich den Versuchen von Weltreichsgründungen erfolgreich widersetzen konnten, und zwar nicht *nur* wegen dieser Nische oder infolge von Schlachtenglück, sondern *auch*, weil sie *wirtschaftlich* immer klar überlegen waren. Sie wurden von Eliten dominiert, die bei allen immer wieder wirksam gewesenen Tendenzen der Aristokratisierung primär an Profit und nicht an Tribut interessiert waren. Die beschriebene wirtschaftliche Logik *und* die ungebrochene Existenz dieser Gesellschaften in der Neuzeit - Venedig, Hanse, Nord-Holland, England, um die Vororte bis zur Schwelle unseres Jahrhunderts zu nennen - haben dem europäischen Staatensystem insgesamt mit der Zeit eine neue Logik aufgezwungen. Max Weber ist der erste gewesen, der dies klar angesprochen, freilich nicht mehr ausgeführt hat.[37]

Dieser Weltmarkt für Protektion ist nichts weniger als *die* strukturelle Besonderheit des umfassenden sozialen Systems der Neuzeit. Die vorangegangenen Ausführungen beinhalten damit eine Erklärung für das wichtige Phänomen der Neuzeit, die Koinzidenz des Aufstiegs des modernen Staates und der Entfaltung des Kapitalismus. Beide Phänomene gehören wie begründet zusammen, sie sind marktvermittelte Komplemente. Kapitalismus kann nicht ohne Protektion existieren, aber er entfaltet sich nur dann beschleunigt, wenn der Tribut für Protektion im Sinne einer kapitalistischen Logik investiert und nicht von parasitären Eliten konsumiert wird.

Die Wege freilich, auf denen die beiden angesprochenen Logiken zu einer Symbiose im Zentrum zusammenfanden, sind verschlungener als die funktionalistisch anmutenden Ausführungen von Max Weber glauben machen. Sein Modell beschreibt das Endresultat, weniger den Weg dahin. Einer Phase der Konvergenz und der allmählichen Verschmelzung, die im 19. Jahrhundert begannen, gingen Jahrhunderte der Opposition voraus: Die Systeme Nord-Hollands und Englands auf der einen Seite und die absolutistischen Projekte Spanien-Habsburgs und Frankreichs auf der anderen sind die wichtigen historischen Exponenten und Beispiele für eine weitere Strukturbesonderheit des modernen Weltsystems: die Opposition zwischen Zentrum und Gegenzentrum - ein Merkmal mit offensichtlichen Parallelen zur Gegenwart: USA - UdSSR.[38]

Folgerungen

Die hier dargestellte Sichtweise verwendet Überlegungen, die schon bei den verschiedenen zitierten Forschern Max Weber, Otto Hintze, Frederic Lane und Christopher Chase-Dunn zu finden sind. Wichtige neue Punkte treten aber hinzu; dies betrifft den Weltmarkt für Protektion sowie das Konzept der Legitimität im Zusammenhang mit der Protektion und schließlich den Einbezug der Protektion im Binnenraum des staatlichen Gewaltmonopols. Darüber hinaus sind einige Akzente anders gesetzt, und einige neue Einsichten werden vorgeschlagen.

1. Die Protektion wird durch eine Produktionsfunktion dargestellt, bei der Gewalt nur ein Faktor ist. Der andere substitutive Faktor ist die Legitimität, nicht im Sinne von »falschem Bewußtsein«, sondern gemessen daran, inwieweit die Prinzipien der Effizienz und der Gleichheit in der Ausgestaltung der Sozialstruktur faktisch verankert sind. Wir betonen mit anderen Worten die Qualität der Protektion und sehen darin, daß Protektion von guter Qualität ein Geschäft war und ist, den Grund, daß die Leitwerte der Moderne im sozialen Evolutionsgeschehen überlebt haben.

2. Die Fusion von Tribut- und Profitlogik bei der Herausbildung des modernen westlichen Staates ist kein kontinuierlicher und geradliniger Prozeß gewesen, sondern ein konfliktiver, der zunächst in die erwähnte Polarisierung Zentrum-Gegenzentrum mündete: Weltwirtschaft versus absolutistisches Staatsprojekt, letzteres verbunden mit Merkantilismus. Erst mit der englischen industriellen Revolution wird die kapitalistische Logik hegemonial, weil die Effizienzsprünge in der Industrie den Ländern des Gegenzentrums keine andere Wahl offenließen als weiteres Zurückfallen oder Anpassung an die Sozialstruktur des Vorreiters in der Weltwirtschaft. Um 1830 erleben wir mit dem Liberalisierungsprojekt eine erste institutionelle Anpassungswelle.[39] Die Verbreiterung der demokratischen und liberalen Bewegungen profitierte mithin ebenfalls von der neuen, hegemonialen Logik.

3. Eine neue Sichtweise auf das Problem des Kolonialismus ist durch die hier vertretene Position ebenfalls möglich. Auf das Problem des Kolonialismus für die Staatsentwicklung im Zentrum sind wir bereits in Kapitel 11 *(Exkurs: Die äußere Expansion* auf S. 300 ff) eingegangen. Einige Punkte können wie folgt wiederholt werden. Geht man von der Zahl der Kolonien aus, so gab es zwei Kolonialisierungswellen, eine mit Höhepunkt um 1750 und eine kurz vor 1900.[40] Nimmt man die Bevölkerung in den Kolonien und die relative Größe dieser im Vergleich zur Bevölkerung des Zentrums (einschließlich Gegenzentrum), so spielte der Kolonialismus vor 1750 eine sehr bescheidene Rolle.[41] Erst ab 1750, dann verstärkt in den ersten Jahrzehnten des 19. Jahrhunderts kommt es zu einem dramatischen, exponentiellen Anstieg des Kolonialismus nach diesem

Indikator. War 1720 England mit rund einer Million Kolonialbevölkerung geradezu ein Zwerg gegenüber Spanien-Portugal mit 10 Millionen,[42] so kehrte sich das bis 1820 völlig um. Mit anderen Worten, die Bedeutung des Kolonialismus ging der industriellen Revolution nicht voraus, sondern entwickelte sich parallel dazu. Wie kann man das erklären? Die Durchsetzung der kapitalistischen Logik verknappte im Zentrum die Tributquellen, weil Protektion zunehmend zu Kostenpreisen geliefert werden mußte. Eine nicht-revolutionäre Machtübernahme durch die neuen Kapitalinteressen wurde begünstigt, wenn nicht dadurch überhaupt ermöglicht, daß in der Peripherie kompensatorisch neue Tributquellen für die alte staatstragende Elite geschaffen wurden.[43]

4. Der Staat in der *Peripherie* kann - strukturell bedingt - normalerweise nicht die gleiche Legitimität erlangen wie der im Zentrum. Die Kosten für die Legitimierung sind hoch und den peripheren Ländern fehlen Ressourcen dafür. Aufgrund des historisch und strukturell entstandenen Entwicklungsgefälles werden deshalb normalerweise nur Minderheiten der Bevölkerung diskriminationslos in die moderne Sozialstruktur eingebunden. Die Protektion durch den Staat in der Peripherie gründet mithin notwendigerweise mehr auf Gewalt, und die Gesellschaft ist insgesamt normalerweise viel weniger legitim.[44] Die reichen Länder genießen dadurch einen Vorteil.

5. Die Zeitkomponente darf nicht außer acht gelassen werden. Natürlich gab und gibt es totalitäre Regimes, die kurzfristig wirtschaftlichen Erfolg hatten. Sie können sich bei unserer Sicht langfristig nicht halten, weil ihnen erstens aufgrund der Prinzipien des Effizienz- und Gleichheitsstrebens Opposition erwächst und weil sie zweitens im kompetitiven Weltmilieu längerfristig unterlegen bleiben, eben auch wirtschaftlich.

Die Struktur des sozialen Systems vom Typ *Weltwirtschaft* begünstigt mithin die Entwicklung von *Zentrumsstaaten*, bei denen die Tributlogik der Profitlogik *untergeordnet* ist. Dadurch wird auch eine Optimierung von Konsens und Legitimität wie begründet favorisiert, jeweils freilich im Rahmen der historischen Bedingungen. Dazu zählen z.B. die Möglichkeiten, Bevölkerungen im Rahmen eines technologischen Stils mit seinen typischen Arbeitsplatz- und Einkommensverteilungen diskriminationslos zu integrieren, und dazu gehören z.B. auch Legitimitäts*anforderungen*, die von der Mobilisierung von Bevölkerungen abhängen.[45] Die bisher letzte Station einer solchen Optimierung stellt das Bündel an Sozialtechnologien dar, das *Wohlfahrtsstaat* genannt wird und wodurch erstmals eine Mehrheit der Bevölkerung in das Gesellschaftsmodell eingebunden wurde. Im Verhältnis von Wirtschaft und Staat kam es zu einer Koordination, die durchaus in Richtung eines aufgeklärten Merkantilismus ging, der durch einen Verlust an *internationalem* Konsens seinen aufgeklärten Charakter freilich leicht verliert, was in der Abschwungsphase seit Anfang der siebziger Jahre zunehmend offenkundig wurde.

Anmerkungen

1 Soweit mein Motto. Die Gegenthesen dürften bekannt sein. In seinem Essay »Die Moderne auf der Anklagebank« hat Leszek Kolakowski eine griffig auf den Nenner gebracht: »Es mag ein paar Optimisten geben, die schnell populär werden und ein begieriges Publikum finden. Unter den Intellektuellen lacht man über sie. Wir ziehen es vor, schwarzzusehen.« (*Neue Zürcher Zeitung*, 1986, Nr. 194, S. 66).
2 Dieses Kapitel war ursprünglich mit dem nachfolgenden zusammengefaßt. Verschiedenen Lesern des Entwurfes bin ich dankbar für ihre kritischen Kommentare, so *Hanspeter Stamm, Manuel Eisner, Christian Suter, Georg Kohler, Heinrich Zwicky* und *Heinz Buhofer*. Dank aussprechen möchte ich auch der Diskussionsrunde anläßlich der Jahrestagung der International Studies Association in Washington 1987, insbesondere *Pat McGowan* für seine stimulierenden und detaillierten Kommentare; Dank ebenfalls für die Anregungen anläßlich meiner Vorträge an der Johns Hopkins University, besonders an *Christopher K. Chase-Dunn, Alejandro Portes* und *Melvin L. Kohn*. Nicht vergessen zu danken möchte ich auch für die Kommentare von *Alex Inkeles* und *Giorgio Gagliani*, sie betrafen zwar Konferenzpapiere zu Kapitel 12, aber darüber hinausgehend auch Probleme der Konzeptualisierung des Weltsystems. Schließlich möchte ich die Hilfe von *Michael Nollert* bei der revidierten Fassung von Kapitel 14 und 15 dankbar erwähnen.
3 Zur Weltsystemanalyse vgl. mein Stichwort »Weltsystem« in *Pipers Wörterbuch zur Politik*, Bd. 5: *Internationale Beziehungen*, München: Piper, 1984, S. 535-541.
4 Niels Steensgard, »Violence and the Rise of Capitalism: Frederic Lane's Theory of Protection and Tribute«, *Review*, V (2), Herbst 1981, S. 247-273. Dort S. 272.
5 Vgl. dazu Kapitel 11 und auch Otto Hintze, »Wirtschaft und Politik im Zeitalter des modernen Kapitalismus«, zuerst 1929, wieder abgedruckt in Otto Hintze, *Staat und Verfassung*, Bd. II: *Gesammelte Abhandlungen zur Soziologie, Politik und Theorie der Geschichte*, herausgegeben und eingeleitet von Gerhard Östereich. Göttingen: Vandenhoeck & Ruprecht, 2., erweiterte Auflage, 1964. Dort S. 429.
6 Joseph A. Schumpeter, »Zur Soziologie der Imperialismen«, *Archiv für Sozialwissenschaft und Sozialpolitik*, 46, 1918/19, S. 1-39 und 275-310. Vgl. dazu auch meinen Ansatz in Kapitel 11.
7 Werner Sombart, *Der moderne Kapitalismus*, drei Bände in sechs Halbbänden, 2. Auflage, München und Leipzig: Duncker und Humblot, 1928.
8 Vgl. dazu auch Otto Hintze, a.a.O., S. 430.
9 Diese Position hat viel später Theda Skocpol in ihrer Wallerstein-Kritik wieder formuliert, vgl. Theda Skocpol, »Wallerstein's World Capitalist System: A Theoretical and Historical Critique«, *American Journal of Sociology*, 82, 1977, S. 1075-1090.
10 Immanuel Wallerstein in verschiedenen Schriften, u.a.: *The Capitalist World Economy*, Cambridge: University of Cambridge Press, 1979. Sowie: *The Politics of the World Economies. The States, the Movements and the Civilizations*, Cambridge: Cambridge University Press, 1984.
11 Christopher Chase-Dunn, »Interstate System and Capitalist World Economy. One Logic or Two?«, *International Studies Quarterly*, 25 (1), 1981, S. 19-42. Derselbe: *Global Formation: Structures of the World-Economy*, New York: Basil Blackwell, i.D.

12 Vgl. die Darstellung und Würdigung der einschlägigen Passage Max Webers durch meine Überschrift zu Kapitel 11: *Die verschlungenen Wege.* Die Passage (vgl. Kap. 11, S. 289) wurde zuerst veröffentlicht in: Max Weber, *Wirtschaftsgeschichte. Abriß der universalen Sozial- und Wirtschaftsgeschichte,* Leipzig: Duncker und Humblot, 1932, posthum von S. Hellmann und M. Palyi nach Vorlesungen von Max Weber in München herausgegeben, 3. Auflage 1958, dort 4. Kap., Paragraph 8, S. 289-300. Später von J. Winckelmann der 5. Aufl. von Max Weber, *Wirtschaft und Gesellschaft* (Tübingen: Mohr, 1972) hinzugefügt. Dort auf S. 815.

13 Otto Hintze, a.a.O., S. 452.

14 Frederic C. Lane, *Profits from Power: Readings in Protection and Violence-Controlling Enterprises,* Albany: State University of New York Press, 1979. Zitat dort auf S. 1, meine Übersetzung.

15 An einer Stelle formuliert Frederic C. Lane, a.a.O., S. 75, dies folgendermaßen: "(I)magine a case of various enterprises competing in the same market and having the same costs except that they pay different costs of protection. The sale price of their product will be high enough to cover the highest protection cost, namely that of the marginal producer whose offering is needed to satisfy the demand. The profits of the enterprises enjoying lower protection costs will include the difference between their protection costs and that of the marginal competitor. *This difference I will call a protection rent.* Just as differences in the fertility of land result in rents to owners of more fertile fields, so differences in the ease of securing protection results in returns to enterprises which enjoy cheaper protection (...)" (Hervorhebung von mir).

16 So auch die Formulierung bei Niels Steensgaard, a.a.O., S. 271.

17 Diese nicht unerheblichen Erweiterungen stellen insgesamt wohl etwas Neues dar. Der Kern aber geht auf Frederic Lane zurück, was mit der Formulierung *Erweiterung* gewürdigt werden soll.

18 Da dies das Thema der westlichen Gesellschaft und damit dieses Buches überschreitet, soll es späteren Veröffentlichungen vorbehalten sein. Vgl. Abschnitt »Die wirtschaftliche Wachstumskurve im Zentrum 1932-1982« in Kapitel 6. Eine erste Thematisierung dessen und der damit mitverursachten langen Wellen der Weltkonjunktur findet sich in dem Konferenzpapier: Volker Bornschier, »World Social Structure in the Long Economic Wave«, Vortrag und Papier anläßlich der Jahresversammlung der International Studies Association, Washington, D.C., 5.-9. März 1985.

19 Darauf hat früh auch schon Otto Hintze, a.a.O., S. 431, im Zusammenhang mit dem »Erfolg« der Unternehmer hingewiesen.

20 Frederic C. Lane, a.a.O., S. 51.

21 Max Weber, 1972, a.a.O., S. 31.

22 Frederic C. Lane spricht von » violence-using, violence-controlling industry«.

23 Frederic C. Lane, a.a.O., S. 51.

24 Christopher Chase-Dunn, 1981, a.a.O., S. 29, bringt es treffend auf die Kurzformel: "In the competitive state system it has been impossible for any single state to monopolize the entire world market, and to maintain hegemony indefinitely."

25 Der sogenannte reaktionsfreie Raum auf der Preis-Absatz-Funktion bei Erich Gutenberg, *Grundlagen der Betriebswirtschaftslehre,* Band 2, *Der Absatz,* Berlin, 1963.

26 Otto Hintze, a.a.O., S. 431.

27 Nebenbei sei erwähnt, daß es sicherlich naiv wäre, den Arbeitgebern generell eine Präferenz tiefer Löhne zu unterstellen. Primär sind sie an profitablem Wachstum interessiert, und das mag leichter zu erzielen sein, wenn sie qualitativ hochstehende Produktionsfaktoren - und darunter auch Arbeitskraft - beschäftigen können, die ihren Preis wert sind.

28 Seine Beispiele stammen eher aus dem Bereich des Schutzes im Außenraum (z.B. Geleitschutz der venezianischen Handelsflotte) oder im Rahmen der Zollpolitik im engeren Sinne. Zum letzteren ein Beispiel: "The simplest illustration of such a

protection rent is provided by enterprises competing under a tariff differential. For example, Hawaiian sugar was admitted to the United States free of duty from 1876 to 1890 while to meet the American demand much sugar was being imported from Cuba or Java. These full duty imports were the marginal supply and fixed the price. The Hawaiian producers received a protection rent of two cents a pound." (Frederic C. Lane, a.a.O., S. 25.)
29 Das ist bereits von Ralf Dahrendorf in seiner Antrittsvorlesung (Univ. Tübingen) thematisiert worden: »Über den Ursprung der Ungleichheit unter den Menschen«, *Recht und Staat*, Heft 232, 1961. Wieder abgedruckt in: Ralf Dahrendorf, *Pfade aus Utopia. Arbeiten zur Theorie und Methode der Soziologie*, München: Piper, 1967.
30 Vgl. dazu auch Johann Galtung, *Strukturelle Gewalt*, Reinbek: Rowohlt, 1975.
31 Andreas Paulsen, *Allgemeine Volkswirtschaftslehre*, 4 Bde. Berlin: de Gruyter & Co., 1968. Dort Bd. II, S. 77.
32 Zur Quelle (Charles Tilly, a.a.O, S. 15) siehe Kapitel 11, Anm. 27 auf S. 312.
33 Vgl. Frederic C. Lane, a.a.O., S. 2.
34 Ebenda, S. 17.
35 Vgl. u.a. die modernisierungstheoretischen Ansätze von Seymour Martin Lipset, *Political Man. The Social Bases of Politics,* London: Heinemann, 1960. Und Gerhard E. Lenski, *Power and Privilege. A Theory of Social Stratification,* New York: McGraw-Hill, 1966 (dt. *Macht und Privileg,* Frankfurt: Suhrkamp, 1977). Bei den Marxisten stehen die Produktionsweise und die Entfaltung der Produktivkräfte bzw. die Klassenkämpfe im Vordergrund.
36 Vgl. meine Sichtweise der Französischen Revolution in Kapitel 11.
37 Max Weber, 1972, a.a.O., S. 815. Vgl. das Zitat in Kapitel 11, S. 289.
38 Bei der Beschreibung der Makrostruktur des Weltsystems wird in der Literatur nur auf ein Zentrum-Peripherie-Schema abgestellt, wobei in der Regel noch die Kategorie der Semiperipherie dazwischengeschoben wird. *Zentrum-Gegenzentrum* wird hier als eine Erweiterung des Schemas vorgeschlagen.
39 Vgl. dazu auch Kapitel 5.
40 Albert Bergesen und Ronald Schoenberg, »Long Waves of Colonial Expansion and Contraction«, S. 231-277 in Albert Bergesen (Hg.), *Studies of the Modern World System,* New York: Academic Press, 1980.
41 Paul Bairoch, »Historical Roots of Economic Underdevelopment: Myths and Realities«, S. 191-224 in: Wolfgang J. Mommsen und Jürgen Osterhammel (Hg.), *Imperialism and After. Continuities and Discontinuities,* London: Allen & Unwin, 1986.
42 Paul Bairoch, a.a.O.
43 Dieses Argument besagt nicht, daß die Kapitalistenklasse nicht von der Erweiterung der Peripherie profitiert hätte, sondern nur, daß ihre Akkumulationschancen nach der industriellen Revolution nicht primär darauf beruhten und sie auch nicht jene war, die die territoriale Kolonisierungspolitik im 19. Jahrhundert forcierte. Eine ähnliche Sichtweise hat Joseph A. Schumpeter (a.a.O.) vertreten. Eine neuere Arbeit hierzu ist die von P. J. Cain und A. G. Hopkins, »Gentlemanly Capitalism and British Expansion Overseas. I. The Old Colonial System, 1688-1850«, *Economic History Review,* 2nd ser., XXXIX (4), 1986, S. 501-525.
44 Das muß hier sehr kurz und unausgeführt stehenbleiben, meine geplante Arbeit *Soziologie des Weltsystems* soll das mehr ausführen.
45 Dieser Punkt wird vor allem von Heinrich Zwicky hervorgehoben. Vgl. Heinrich Zwicky und Peter Heintz, »Soziale Ungleichheit, Legitimationsanforderung und Konflikt«, *Zeitschrift für Soziologie,* 11 (3), 1981, S. 268 ff.

15 Komparative Vorteile in der Nachkriegsära

In dem soeben beschriebenen, kompetitiven Weltmilieu[1] gibt es *Aufstieg* wie *Abstieg*[2], auch innerhalb des Zentrums, was hier Thema ist.[3] Ein Aufstieg im Zentrum liegt begründet in der größeren Effizienz von solchen nationalen Arrangements im Weltwettbewerb. Der Abstieg einer führenden Gesellschaft, der *Hegemonie*, wird hervorgebracht durch Imitation und eventuell Verbesserung des sozialen Arrangements, worauf die ursprünglichen Vorteile beruhten - die internen Protektionsrenten, die der Standort der führenden Gesellschaft ermöglichte.

Der Abstieg wird kurzfristig scheinbar aufgehalten - längerfristig aber beschleunigt - durch *externe* Protektionsrenten der Hegemonialmacht. Hegemonien können definitionsgemäß eine Weltordnung schaffen, die sie begünstigt. Das aktuelle Beispiel sind die Vereinigten Staaten, die federführend bei der neuen Weltordnung waren. Ein Markstein dieser Ordnung waren die Bretton Woods-Vereinbarungen, durch die u. a. der US-Dollar zur Weltwährung erhoben wurde. Wenn auch der Dollar bis 1971 formell an das Gold gebunden blieb, so liegt darin ein absolutes historisches Novum, daß nämlich das durch die Hegemonie geschaffene »Papiergeld« Weltzahlungsmittel wird.[4] Die Begünstigung der Hegemonien durch die Weltordnung, die sie installieren, hat längerfristig nachteilige Folgen für sie, denn sie bewirkt, daß intern weniger Legitimität optimiert werden muß. Im Abstieg tauschen die Hegemonien ihre ursprünglich günstige Position gegen eine ungünstigere ein, und sie verwenden mehr Gewalt, was sich auch aus ihrer zunehmend angefochtenen Weltordnung ergibt. Aufsteiger liegen hingegen sehr günstig auf der Protektionskurve. Sie weisen ein hohes Niveau an Protektion von guter Qualität auf. Diese Situation wird noch verbessert, wenn sie wenig Kosten für die Aufrechterhaltung der Weltordnung aufbringen, so z.B. Kriegsverlierer, die als Mitglieder mit beschränkter Haftung kooptiert werden und denen die Souveränität oder die Bewaffung beschnitten ist. Die aktuellen Fälle sind die Bundesrepublik Deutschland und Japan.

Will das Protektionsrenten-Theorem allgemeine Gültigkeit in sozialen Systemen vom Typ *Weltwirtschaft* beanspruchen, dann darf es nicht nur in der Lage sein, die Vorteile Venedigs im Levantehandel insbesondere gegenüber seinem Erzrivalen Genua zu erklären, woran Frederic Lane wohl insbesondere sein theoretisches Konzept schärfte. Unsere Behandlung der Staatsentwicklung (vgl. Kap. 11) über lange historische Perioden ist zu kursorisch geblieben, um das erweiterte Theorem eindeutig stützen zu können. Das Theorem müßte z.B. auch in der Lage sein, in operationalisierter Form den Aufstieg Japans nach dem Kriege und den mittlerweile allgemein beachteten Niedergang der Vereinigten Staaten seit den sechziger Jahren zu erklären. Mehr noch, diese großen Bewegungen im Zentrum nach dem Kriege sind gut sichtbar und auch ohne großen Aufwand an Belegen wohl unbestritten. Kann aber unser erweitertes Theorem auch die kleineren Bewegungen miterklären und sichtbar machen? Weiter hinten untersuche ich deshalb alle 18 Länder der westlichen Gesellschaft des Zentrums über einen Zeitraum von dreißig Jahren. Zuvor jedoch zu den drei Teilregionen Japan, den Vereinigten Staaten und Westeuropa.

Die folgenden Verhältnisse und Bewegungen sind in der Nachkriegsära im Zentrum zu beobachten. *Japan,* ein Verlierer des zweiten Weltkrieges, steigt wirtschaftlich markant auf, insbesondere seit den sechziger Jahren. Dies äußert sich an einer höheren Kapitalakkumulation und einer größeren Exporteffizienz. Einen wichtigen Grund dafür sehen wir darin, daß Japan nach dem verlorenen Krieg gegen die etablierte Hegemonialmacht USA und mit deren anfänglicher Anleitung eine Variante der modernen westlichen Sozialstruktur realisiert hat, die eine hohe Legitimität zu beinhaltet. Dadurch entstand eine Protektionsrente für Akteure mit Standort in Japan. Infolge der protektionistischen japanischen Politik gegenüber Auslandskapital wurden diese Vorteile bisher hauptsächlich von japanischen Firmen umgemünzt und nur wenig durch internationale Kapitalbewegungen verbreitert.

Japan ist kein Sonderfall, wie wir in Kapitel 13 gezeigt haben. Es realisierte nach dem Krieg nur die zeitgemäßen Ausgestaltungen westlicher Traditionen, verankerte dabei aber in einigen Punkten die Prinzipien der Effizienz und Gleichheit *mehr* in der Sozialstruktur als dies im atlantischen Westen der Fall war. Die größere Legitimität wird teilweise durch die im Vergleich zu Europa etwas anderen Sozialtechnologien ermöglicht. Anders als in Europa sind in Japan nämlich z.B. die teuren sekundären »Reparaturanstrengungen« des Staates weniger nötig, da die sozialen Verhältnisse in einigen wichtigen Punkten bereits eine höhere Legitimität vor den Eingriffen des Staates ermöglichen.

Die *Vereinigten Staaten* mit sehr hoher Legitimität bis in die fünfziger Jahre hinein haben wirtschaftlich seit den sechziger Jahren ihre Führungsposition verloren. Die empirischen Belege für diesen Abstieg sind zahlreich. Ihr Anteil am Weltsozialprodukt ist drastisch gesunken, ebenso der Anteil am Welthandel. Bei den führenden Weltindustriekonzernen waren bis Ende der fünfziger Jahre die amerikanischen Konzerne nahezu unter sich, danach sind europäische, aber auch japanische Firmen massiv in das Spitzenfeld vorgerückt (vgl. Schaubild 8.2 auf S. 211).[5] Die Konkurrenzfähigkeit der amerikanischen Industrie hat erheblichen Schaden erlitten.

Die Mängel bei der Leistungsfähigkeit der amerikanischen Industrie äußerten sich auch in einem beinahe astronomisch gestiegenen Außenhandelsdefizit. Weiter vorne wurde kurz darauf hingewiesen, was diese Entwicklung beschleunigt hat. Die ursprüngliche Begünstigung Amerikas durch die Weltordnung, die es schuf, ist in ein Nachteil umgeschlagen. Dennoch kann der reichere Teil der USA immer noch einen Lebensstil pflegen, der nicht allein intern erarbeitet werden muß. Deshalb müssen die gewichtigen wirtschaftlichen Interessen in den USA nicht so sehr darauf achten, eine ebenso legitime Gesellschaft zu erhalten wie z.B. Eliten in Japan, einem Aufsteiger. Dies beschleunigt die Spirale abwärts, wenn nicht die Weichen neu gestellt werden.

Westeuropa hat insgesamt mit dem ausgebauten Wohlfahrtsstaat - in der Form, wie man ihn meistens diskutiert, ein eigentliches europäisches Produkt - eine Lösung etabliert, die eine vergleichsweise hohe Legitimität gewährleistet, aber auch vergleichsweise teuer ist. Insgesamt hat Europa die wirtschaftliche Vorkriegsstellung nicht nur wiedererlangt, sondern auch konsolidieren können. Für eine Zeit schien die Bundesrepublik Deutschland dem Rest Europas wirtschaftlich davonzulaufen. Aber dieser Spurt konnte anders als im Falle Japans nicht durchgehalten werden.

Eine zukunftsgerichtete Lösung für Europa wäre, eine vergleichbare oder noch höhere Legitimität als die in Japan erreichte anzustreben, die billiger wäre als die gegenwärtige Lösung des Wohlfahrtsstaates. Um es ganz deutlich zu betonen: Nicht die Begrenzung des Gleichheitsanspruches - wie es der Neokonservatismus sieht - ist die Lösung, sondern *mehr* Gleichheit im Rahmen einer weniger bürokratischen Form des Wohlfahrtsstaates.[6] Damit müßte ein weiterer Ausbau der Gewährleistung der Chancengleichheit verbunden sein, mehr primäre Gleichheit bei der Einkommensverteilung und eine breitere Vermögensverteilung. Aus all diesen Dingen kann nämlich Japan Vorteile ziehen, wodurch die Staatsquote, die auf Reparaturanstrengungen des Staates entfällt, deutlich tiefer ist.

Unsere Sichtweise von Auf- und Abstieg im Zentrum hebt die Legitimität als eine wichtige Wettbewerbsressource hervor. Mit den nachfolgenden Untersuchungen für die Nachkriegsära können wir zeigen, daß jene Länder, die ihren Platz in Richtung höherer Qualität der internen Protektion suchten, die also eine legitimere soziale Ordnung aufwiesen, besser abschnitten.

Ein Ansatz zur Messung: Gewalt und Legitimität

Für eine eingehende Untersuchung der Nachkriegsära müssen wir Operationalisierungen unserer Begriffe vornehmen und empirische Indikatoren bestimmen. Unsere Daten beschreiben den Zeitraum der Jahre 1948 bis 1977.[7]

Zuvor muß aber noch etwas zur externen Protektion gesagt werden, die wir im folgenden beiseite lassen, um die dritte Erweiterung des Protektionsrenten-Theorems, nämlich die interne Protektion mehr zu elaborieren. *Externe* Protektion faßt jene Massnahmen von Staatsapparaten zusammen, die die Chancen von Staatsbürgern im Außenraum oder durch Steuerung des grenzüberschreitenden Verkehrs im Binnenraum beeinflussen. Diese externe Protektion kann mehr nationalistisch-monopolistisch oder mehr universalistisch-egalitär sein, letzteres z.B. in Form von zwischenstaatlichen Vereinbarungen (oder Regimes, vgl. Kap. 5), die die Vorteile des kollektiven Handelns von Staaten auf alle ähnlich verteilen.

Wenn wir im folgenden die externe Protektion beiseite lassen, nehmen wir implizit an, daß sie für alle Länder der westlichen Gesellschaft in der Nachkriegsära *homogen* war. Wie weit ist das gerechtfertigt? Die Vereinigten Staaten haben als Hegemonialmacht die Nachkriegsordnung geprägt und deswegen auch die schon angesprochenen Vorteile genossen. Aber sie haben dafür auch höhere Kosten etwa in Form von Militärausgaben gehabt. Der Saldo ist ohne weitere Untersuchungen nicht klar und müßte auch die angesprochene Vernachlässigung der internen Protektion einbeziehen.

Ansonsten war das Nachkriegsregime zwischen den westlichen Staaten in der Nachkriegszeit bis Mitte der siebziger Jahre durch Liberalisierung des Güter-, Kapital- und Geldverkehrs und durch das Prinzip der Nichtdiskrimination (Meistbegünstigungsklausel im GATT) gekennzeichnet. Wichtige Ausnahmen betrafen einmal den Agrarsektor, dann die Gründung der Europäischen Gemeinschaft, die gegen die Prinzipien des GATT verstößt, weil innerhalb des erweiterten Binnenmarktes »EG-Inländer« Vorteile genießen, von denen »EG-Ausländer« ausgeschlossen bleiben. Aber die Existenz von Transnationalen Unternehmen hat diese Vorteile für EG-Inländer in gewissem Umfang verbreitert. Seit 1957 strömten US-Konzerne in die EG, später japanische. Schließlich hat Japan schon allein aufgrund der Sprachbarrieren, dann aber verstärkt durch versteckte Handelshemmnisse Protektionsvorteile gegenüber den anderen Staaten genossen, die im Außenraum noch durch die ausgeklügelten, staatlich unterstützten Handelsoffensiven (durch das MITI) akzentuiert wurden.

Überblickt man diese Besonderheiten für die drei Regionen: Nordamerika, Westeuropa und Japan, so erscheinen die Unterschiede bei der externen Protektion nicht so gewichtig, daß die Annahme der Homogenität im zu behandelnden Zeitraum unhaltbar erschiene. Immerhin könnten die kleineren Länder des Westens, wenn sie nicht der EG angehören oder mit ihr assoziiert sind, gewisse Nachteile bei der externen Protektion gehabt haben.

Westliche Gesellschaft des Zentrums. Dieser Begriff wirft nur in Grenzfällen Probleme auf. Es handelt sich um die Subformation der Weltsozialstruktur, deren Länder sich in ihren verschiedenen Bereichen der Wirtschaft durch eine hohe Kapitalentfaltung und wirtschaftliche Effizienz auszeichnen *und* die eine politische Machtverteilung aufweisen, die Robert Dahl *Polyarchie* nennt.[8] Es gehören in der Nachkriegsära jene Länder dazu, die im Weltvergleich eine hohe wirtschaftliche Wertschöpfung pro Kopf ihrer Bevölkerung und eine stabile Demokratie aufwiesen. Das sind die eindeutigen 18 Fälle, die im nachfolgenden Schaubild 15.1 aufgeführt sind.[9]

Gewalt und Legitimität zu operationalisieren, bedingt einige Schwierigkeiten, dennoch haben wir es gewagt, *Indikatoren* dafür zu suchen. Dafür wurden nicht die vermuteten Gewaltmittel oder Quellen von Legitimität, sondern *Manifestationen* herangezogen. Grundlage sind politische Ereignisse über die gesamten dreißig Jahre zwischen 1948 bis 1977. Veränderungen innerhalb dieser Periode werden auch kurz betrachtet. Die langfristigen Hypothesen, die vorher formuliert worden sind, rechtfertigen nicht nur, sondern erfordern die Betrachtung von längeren Zeiträumen.

Gewaltindikator. Staatliche Gewalt messen wir anhand der Häufigkeit von Regierungssanktionen gegen politische Opposition. Die ursprüngliche Meßeinheit ist dabei das Ereignis (Sanktion), das klar spezifiziert ist und Gewalt im vorher definierten Sinne beinhaltet (Kap. 14). Für unseren Zweck wird nicht zwischen legaler und illegaler Gewalt unterschieden, denn das ist nicht selten umstritten. Die Quelle der Ereignisse von Regierungssanktionen im Zeitraum 1948 bis 1977 ist das Datenhandbuch von Charles Taylor und David Jodice.[10] Diese Daten wurden inhaltsanalytisch aus den Medien gewonnen, und ihre Qualität ist unter Fachleuten unbestritten. Die Häufigkeit solcher Sanktionen erstaunt. Die Quelle führt insgesamt 5658 Ereignisse über die dreißig Jahre in den 18 Ländern auf. Dies sind Sanktionen gegen eingebildete, perzipierte oder faktische Bedrohung der politischen Ordnung und der Regierung - kriminelle Akte gehören freilich nicht dazu.[11]

Alle Ereignisse von Regierungssanktionen stellen *manifeste* Gewalt im vorher definierten Sinne dar (Kapitel 14). Die latente Gewalt, die in den Gesetzen des Rechtsstaates und in seinem grundsätzlichen Willen steckt, diesen zu schützen, ist nicht eingeschlossen und wird hier im Rahmen der Demokratien einmal vorläufig als Konstante betrachtet. Unser Gewaltindikator (siehe Formel 1) ist abhängig von der manifesten (y) und der latenten Gewalt (k).

Formel 1 Gewaltindikator
Logarithmus von G (log G)
$G = y + k$
y: Ereignisse von Regierungssanktionen, 1948-77
k: wird hier konstant, und zwar eins gesetzt.

Da jedes Land nur einen Staatsapparat hat, gibt es keinen plausiblen Grund für eine Gewichtung des Gewaltindikators nach der Bevölkerungsgröße der Länder.[12] Deshalb verwenden wir die absolute Zahl der Ereignisse, freilich logarithmiert. Die logarithmische Transformation wird mit der Normtheorie begründet. In der modernen pluralistischen Demokratie gilt die Norm, daß staatliche Gewalt nur sparsam und in Notfällen einzusetzen ist. Deshalb ist das Gesetz der Wirkungsfortpflanzung anzuwenden: Eine Norm wird umso leichter verletzt, je mehr sie bereits vorher durchlöchert wurde. Das legt eine Logarithmierung unserer Daten nahe. Es sei aber darauf hingewiesen, daß die Logarithmierung zwar die graphische Darstellung, nicht aber die Reihenfolge der Höhe der Meßwerte beeinflußt, auf die wir, wie noch zu begründen sein wird, bei den zentralen Thesenprüfungen abstellen.

Legitimitätsindikator. Die Grundlage sind hier die Manifestationen von Dissens.[13] Wir wählen außerparlamentarische Ereignisse von politischem Dissens, nämlich Ereignisse von *politischen Streiks, Demonstrationen* gegen die Regierung und die Ordnung und *Aufruhr* (riots).[14] Zwischen formell friedlichen Demonstrationen und solchen, die in ihrem Verlauf gewalttätig werden, besteht in der Wirklichkeit keine klare Trennung, zumindest häufig nicht von den Intentionen der Teilnehmer her. Zufälle mögen nicht selten einen Umschlag bewirken. Wiederum ist die Quelle für die Ereignisse im Zeitraum 1948-1977 das Datenhandbuch von Charles Taylor und David Jodice.[15] Diese Quelle führt für die 18 Länder im Zeitraum insgesamt 825 Ereignisse von politischen Streiks auf, 4489 Demonstrationen und 2428 Ereignisse von Aufruhr (riots), insgesamt 7742 Ereignisse. Für die Länder gilt generell ein komplementäres Verhältnis zwischen den Kategorien der Ereignisse: Sind die einen häufig, so sind es auch die anderen.[16]

Anders als beim Gewaltindikator gibt es beim Legitimitätsindikator ein theoretisches Maximum. Mehr als die gesamte Bevölkerung kann einer Ordnung nicht zustimmen (absoluter Konsens). Aber protestiert man nicht, so stimmt man noch nicht notwendigerweise zu; möglicherweise handelt es sich nur um Duldung oder Rückzug. Diese Überlegung geht zwar schon in unsere Formel, nicht aber in die tatsächliche Operationalisierung ein.

Formel 2 Legitimitätsindikator
$$L = 100 / (1+x) + c$$
x: Ereignisse von Dissens im Zeitraum 1948-77 pro Million Einwohner[17]
c: Konstante, die für die Analysen hier null gesetzt wird.[18]

Hatten wir im Falle der Regierungssanktionen keinen Grund, die Ereignisse nach dem Umfang der Bevölkerung zu gewichten, so besteht ein solcher im Falle von Dissens. Die Gruppen, die Dissens öffentlich artikulieren, mögen zwar eine große Spannweite bei der Zahl ihrer Mitglieder und Teilnahme aufweisen, aber sie erreichen selten Größen von mehr als einigen Tausend Mitgliedern. Dies liegt an der sozialen Tatsache, daß Primärgruppen nicht beliebig groß werden können, ohne an Effektivität drastisch einzubüßen. Die gleiche Zahl an Ereignissen hat deshalb in bevölkerungsmäßig großen Ländern ein ganz anderes Gewicht, wenn wir daraus auf die Verfassung in der gesamten Bevölkerung schließen wollen, als in kleineren. Deshalb verwenden wir die Zahl der Ereignisse pro Million Einwohner, um diesen Unterschied einzufangen. Wir wählen mit der aufgeführten Formel 2 einen Indikator, der ein theoretisches Maximum hat und bei extrem häufigen Ereignissen von Dissens pro Million Einwohner gegen null strebt. Der Wert 100 ist in der Formel 2 eine anschauliche Proportionalitätskonstante, die nur einen Einfluß auf die Skala hat.

Probleme der Indikatoren. Unsere Indikatoren sind, wie üblich, nicht ohne Probleme, denn wir verwenden Indikatoren für schwer meßbare oder nicht direkt meßbare Tatbestände. Auf ein *mögliches* Problem sei hingewiesen. Die Ereignisdaten, die wir der Quelle entnehmen, sind ungewichtet. Die einen dürften aber zweifellos von größerem Gewicht sein und/oder mehr Bevölkerungen berühren als die anderen oder länger dauern und schon von daher intensiver sein. Und die einen Regierungssanktionen mögen gravierender sein als die anderen. Obwohl die Abgrenzung der Ereignisse in der Quelle eindeutig und die Verkodungsvalidität sehr befriedigend ist, liegt darin ein Verzerrungseffekt der Schätzungen für die einzelnen Länder. Zwei Gründe veranlassen uns jedoch, eine solche Verzerrungsmöglichkeit als gering, weil nicht systematisch einzuschätzen. Einmal berücksichtigen wir insgesamt 13.400 Ereignisse und weisen darauf hin, daß sich bei großen Fallzahlen Ereignisse von unterschiedlichem Gewicht zufällig verteilen dürften und kaum eine Quelle von systematischen Verzerrungen der Schätzungen für die Länder darstellen. Weiter können wir im Verlauf der Analysen unsere Daten mit einem nach Umfang der Beteiligten, der Dauer und der Intensität von Ereignissen gewichteten Index validieren, der allerdings nur für den Zeitraum 1961-63 vorliegt. Diese Validierung des Legitimitätsindikators stand am Anfang unserer Analysen und wird weiter hinten auf S. 404 und in Anm. 31 behandelt.

Gegen die *ungewichtete* Verwendung der Ereignisse von Regierungssanktionen bei der Konstruktion des Gewaltindikators mögen Einwände bestehen. Man kann u.a. folgendes geltend machen. Wenn Regierungen bei der Verwendung von Gewalt nur auf Ereignisse von Opposition reagierten und solche in bevölkerungsmäßig großen Ländern deshalb zahlreicher sind, weil die Dissens artikulierenden Gruppen eine gewisse obere Größengrenze haben, dann *könnten* sich in großen Ländern höhere Werte auf unserem Gewaltindikator als statistische Implikation ergeben. Auch wenn wir weiter unten empirisch ein eher höheres Gewaltniveau in großen Ländern finden, so machen wir doch geltend, daß dies *keine* statistische Implikation ist. Die Begründung hierfür ist eine Validierung unseres Gewaltindikators mit der Dichte an Sicherheitskräften (vgl. S. 405).

Ergebnisse

Das Muster der Meßpunkte für interne Protektion

In Schaubild 15.1 werden die Meßpunkte im Koordinatenfeld Gewalt und Legitimität präsentiert.[19] Diesen Punkteschwarm zu interpretieren, ist nun eine Frage der theoretischen Interpretation. Wir suchen, Hyperbeln mit Asymptoten zu bestimmen, so wie sie in Schaubild 14.1 im vorigen Kapitel eingeführt sind, die aber, wie leicht einsehbar ist, in ihrer Lage von den Annahmen über die Asymptoten abhängen. Symmetrische Hyperbeln gehen davon aus, daß die Asymptoten gleich sind. Dies könnte man in Schaubild 15.1 *unterstellen*, ist aber aufgrund der Punkteverteilung und folgender Überlegung nicht ratsam.

Nehmen wir an, daß mit steigendem Protektionsniveau ein gewisses Maß an Gewalt entäußerlicht, d.h. nicht bloß von Personen internalisiert, sondern institutionalisiert werden muß, während der minimale Anteil der Bevölkerung, die bei der Gewaltausübung beteiligt werden muß, theoretisch vergleichsweise kleiner sein dürfte, dann sind die in Schaubild 15.1 durch Linien gekennzeichnete Protektionsniveaus plausibel.

Definiert man also Hyperbeln, die ein gemeinsames Lot auf ihre Brennpunkte haben, wobei dieses noch zudem ungefähr durch den Mittelpunkt der Meßwerte für Gewalt und Legitimität geht und im empirisch beobachteten Minimum des Gewaltindikators seinen Ursprung hat, dann gelangt man zu den Niveaulinien der Protektion, wie sie in Schaubild 15.1 eingezeichnet sind. Nur jene Niveaulinien, die empirisch besetzt sind, werden dabei graphisch angedeutet, und zwar ungefähr im empirisch realisierten Bereich.[20]

Schaubild 15.1
Protektion in operationalisierter Form:
Das empirische Muster für die 18 westlichen Länder, 1948-1977

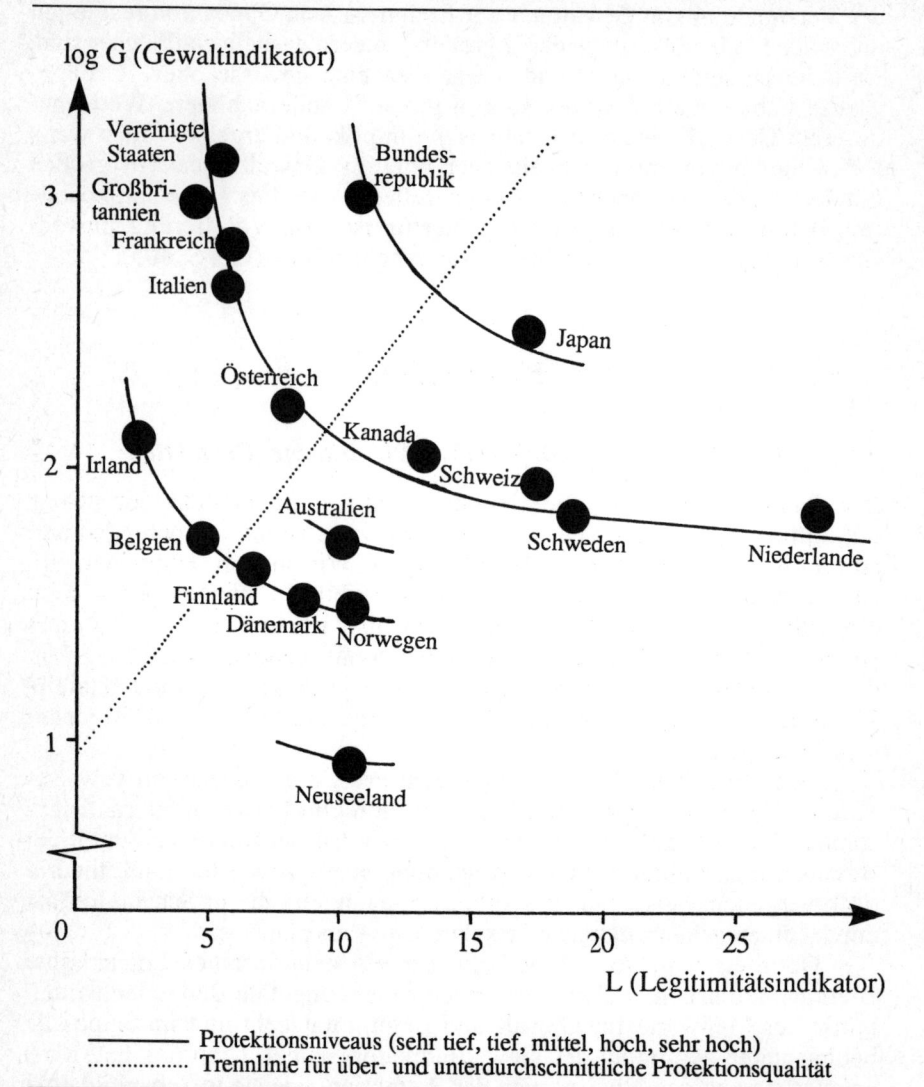

[Streudiagramm: log G (Gewaltindikator) gegen L (Legitimitätsindikator)]

Länder eingetragen: Vereinigte Staaten, Großbritannien, Frankreich, Italien, Bundesrepublik, Japan, Österreich, Kanada, Schweiz, Irland, Australien, Schweden, Niederlande, Belgien, Finnland, Dänemark, Norwegen, Neuseeland.

———— Protektionsniveaus (sehr tief, tief, mittel, hoch, sehr hoch)
·········· Trennlinie für über- und unterdurchschnittliche Protektionsqualität

Die Niveaulinien der Protektion. Nur zwei mit einigermaßen häufiger Besetzung versehene Niveaulinien sind in Schaubild 15.1 auszumachen. Daneben gibt es solche mit einem oder zwei Fällen. Auf sehr tiefem Niveau von Protektion finden wir nur einen Fall, nämlich Neuseeland, auf tiefem Niveau die Fälle: Irland, Belgien, Finnland, Dänemark und Norwegen; auf mittlerem Niveau liegt nur Australien. Diese drei Niveaulinien werden wir für einige nachfolgende Analysen zusammenfassen und das sie charakterisierende Niveau an Protektion als *tief* bezeichnen. Auf hohem Niveau liegen die meisten Fälle, nämlich: die Vereinigten Staaten, Großbritannien, Frankreich, Italien, Österreich, Kanada, die Schweiz, Schweden und die Niederlande. Ein sehr hohes Niveau realisieren die Bundesrepublik und Japan. Das hohe und sehr hohe Niveau fassen wir für einige Analysen zusammen und bezeichnen es als *hoch*.

Qualität der Protektion. Das erwähnte Lot trennt 10 Fälle mit übervon 8 Fällen mit unterdurchschnittlicher Qualität der Protektion. Unsere 18 Fälle teilen sich mithin wie folgt auf, *überdurchschnittlich*: Japan, Niederlande, Schweden, Schweiz, Kanada, Australien, Norwegen, Dänemark, Finnland und Neuseeland, *unterdurchschnittlich:* Bundesrepubik Deutschland, Österreich, Italien, Frankreich, Großbritannien, Vereinigte Staaten, Belgien und Irland. Bei dieser Zweiteilung, wobei sich natürlich die Fälle innerhalb der Gruppen, in Schaubild 15.1 erkennbar, graduell teilweise beträchtlich unterscheiden, sind Belgien, Finnland und Österreich Grenzfälle. Aber nach einer Detailansicht ihrer Ereignisse über die dreißig Jahre erscheint die Zuordnung vertretbar. Wir unterscheiden für einige der späteren Analysen zu Begleiterscheinungen nur tiefes und hohes Niveaus sowie unter- und überdurchschnittliche Qualität der Protektion, letztere durch das soeben eingeführte Lot unterteilt.

Die zeitliche Veränderung der Lage im Protektionsfeld

An dieser Stelle ist der Hinweis wichtig, daß sich die Ereignisse von Regierungssanktionen und von Dissens in den 18 Ländern nicht kontinuierlich über die Zeit verteilen. Unsere Fälle »bewegen« sich im Zeitraum 1948-77 in dem Protektionsquadranten. Um die Veränderungen sichtbar zu machen, wählen wir sechs Fünfjahresperioden in diesem Zeitraum. In Schaubild 15.2 werden die jeweiligen Lagen in Fünfjahresperioden angegeben und mit Richtungsangabe verbunden, damit die Bewegung in der Zeit sichtbar wird.[21] Die Meßpunkte für eine Fünfjahresperiode in Schaubild 15.2 geben an, wie die Lage über die gesamte Zeitspanne 1948-77 gewesen *wäre*, wenn die Häufigkeit der Ereignisse in der markierten Fünfjahresperiode über alle weiteren Zeitabschnitte die gleiche gewesen wäre.

Sieht man von den abweichenden Fällen USA und Großbritannien ab, so können die Länder im Aggregat[22] durch einen Konfliktzyklus beschrieben werden, der in Kapitel 7 eingehend behandelt wurde. Wir beobachten, daß nach 1948-52 das hohe Niveau an Gewalt ab- und die Legitimität zunimmt, und zwar bis zur Periode 1963-67, freilich nicht ganz ohne einen kleineren Rückschlag, dem Zwischenhoch an Konflikt von 1958-62.[23] Ab 1968 sinkt die Legitimität, und die Gewalt nimmt wieder etwas zu. Bis 1977 ist eine weitere Zunahme der Gewalt erkennbar, aber die Legitimität erholt sich wieder etwas. Insgesamt bewegt sich die westliche Gesellschaft im Zeitraum 1948-77 um die Niveaulinie hoher Protektion, geht erst in Richtung zunehmender Qualität, dann wieder abnehmender Qualität. Bis 1977 bleibt jedoch die Qualitätsverbesserung im Vergleich zum Beginn des Nachkriegszyklus erhalten.

Schaubild 15.2
Die Veränderung der Lage im Protektionsquadranten für sechs Fünfjahresperioden von 1948-1977

Alle westlichen Länder aggregiert, aber ohne Vereinigte Staaten und Großbritannien

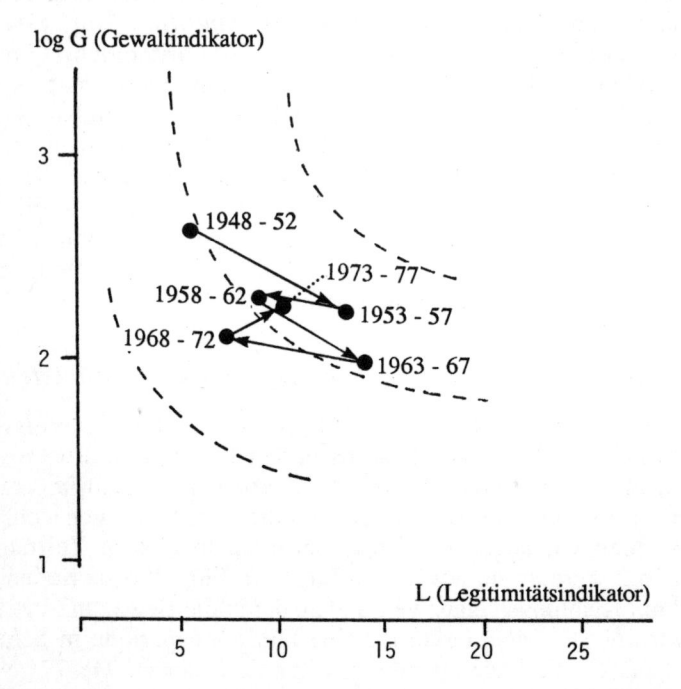

Bemerkung: Die gestrichelten Linien entsprechen den Hauptniveaulinien in Schaub. 15.1

Keine Regel ohne Ausnahme! Die absteigende Hegemonialmacht USA, und die ehemalige Großbritannien, sind bedeutende Ausnahmen. Die USA waren 1948-52 (und schon etwas abnehmend: 1953-57) durch ein internes Protektionsniveau von sehr guter Qualität gekennzeichnet, das höher lag als jedes über die gesamte Periode beobachtete Protektionsniveau. Die späten fünfziger und frühen sechziger Jahre beendeten nach unseren Daten diese vorteilhafte Lage. Die USA wechselten sprunghaft auf ein viel tieferes Protektionsniveau von sehr viel schlechterer Qualität. Bis 1977 ist eine kleine Erholung erkennbar, aber die goldenen Zeiten scheinen vorbei zu sein.

Schaubild 15.2 Fortsetzung

Vereinigte Staaten (oberer Teil) und *Großbritannien* (unterer Teil)

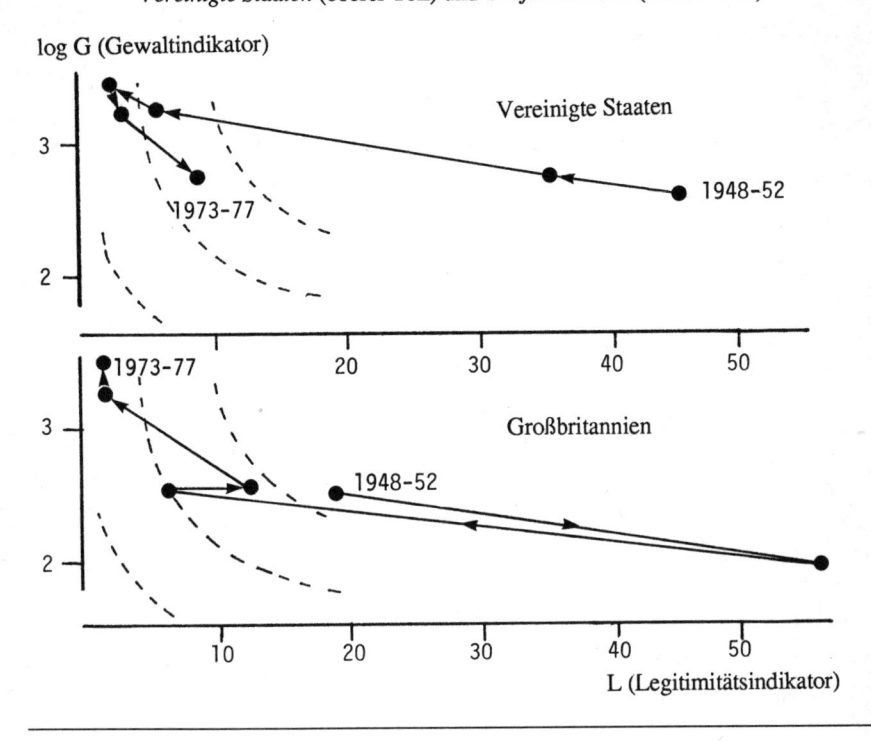

[Diagramm: log G (Gewaltindikator) vs. L (Legitimitätsindikator), Vereinigte Staaten 1948-52 bis 1973-77]

[Diagramm: log G (Gewaltindikator) vs. L (Legitimitätsindikator), Großbritannien 1948-52 bis 1973-77]

Großbritannien, die Hegemonialmacht vor den Vereinigten Staaten, hat mittlerweile ein drastischeres Schicksal erlebt als die USA. Aber zumindest unmittelbar nach dem Krieg war die Lage im Protektionsmuster nicht ungünstig. Nach einer kurzen, weiteren Qualitätsverbesserung (1953-57), ging es praktisch ungebrochen in Richtung tieferer Protektion mit wachsendem substitutiven Einsatz von mehr Gewalt. Der Nordirlandkonflikt steht dabei wohl stellvertretend für den Verlust des »Hinterlandes« der abgetretenen Kolonialmacht.

Zwei Aufsteiger - von den Alliierten nach dem Kriege in ein demokratisches Korsett gesteckt - nämlich die Bundesrepublik Deutschland und Japan, weichen ebenfalls vom typischen Muster ab, freilich in einem anderen Sinne als die vorher erwähnten Absteiger. Japan kann trotz gewisser Zwischeneinbrüche das sehr hohe Protektionsniveau seit 1948 halten und die Qualität *per saldo* markant verbessern. 1973-77 liegt Japan trotz Weltwirtschaftskrise in einem sehr günstigen Protektionsbereich, ungefähr dort, wo sich ein Vierteljahrhundert früher die Vereinigten Staaten befanden, damals auf dem Höhepunkt ihrer Hegemonie. Für die Bundesrepublik Deutschland gilt ähnliches wie für Japan, aber viel weniger ausgeprägt nach 1962.

Schaubild 15.2 Fortsetzung

Japan (oberer Teil) und die *Bundesrepublik Deutschland* (unterer Teil)

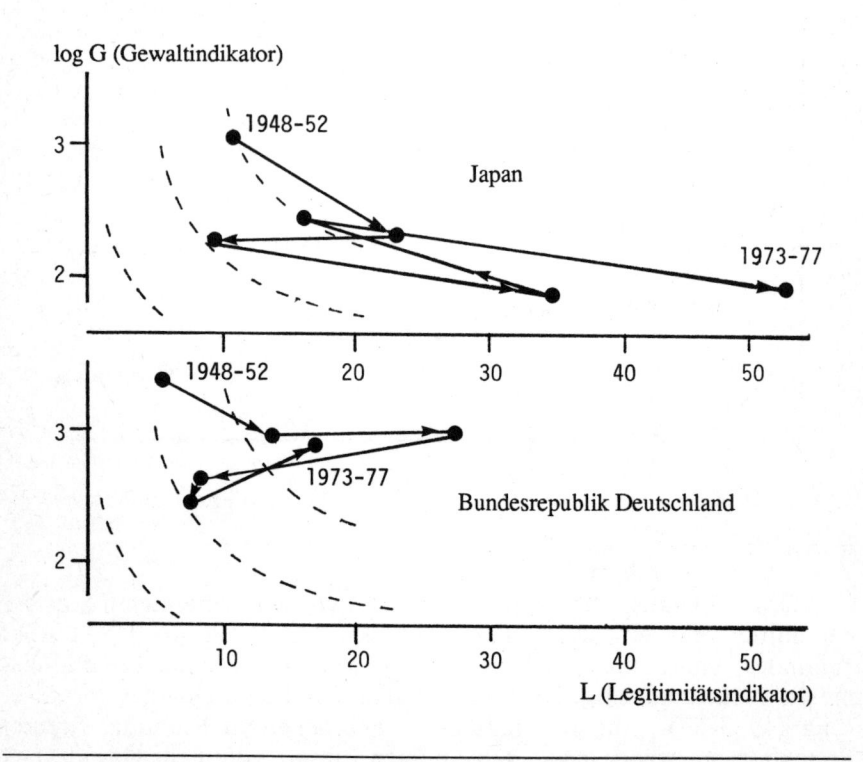

Die in Schaubild 15.2 dargestellten Veränderungen geben wir als Hintergrundsinformation. Sie soll uns auch daran erinnern, daß die Lage im Quadranten der Protektion kein Geschenk des Himmels oder ein konstantes Merkmal einer Kultur ist. Vielmehr ist sie die Frucht bewußter Anstrengungen oder geduldeter Unterlassungen. Der Fall Japans zeigt aktuell, wie interne Protektion im allgemeinen und Arbeitsmotivation im besonderen »gemanagt« werden und nicht schon als Geschenk in die kulturelle Wiege gelegt wurden. Die seit Max Weber immer wieder auftauchenden These der besonderen Eignung von bestimmten Kulturen für die Übernahme und Entfaltung des Kapitalismus ist deshalb nur sehr kritisch zu würdigen: Vielleicht sind es erleichternde Faktoren, aber doch wohl keine hinreichenden Bedingungen.

Die bedeutenden Bewegungen sind erwähnt worden. Im folgenden wenden wir uns der Untersuchung über den gesamten Zeitraum 1948-1977 und damit den langfristigen Hypothesen zu.

Die Kosten der Protektion

Wenn Protektion ein unterschiedliches Niveau und eine unterschiedliche Qualität aufweisen kann, dann interessieren die Kosten, die die Konsumenten der Protektion - Unternehmen wie Staatsbürger - dafür aufzubringen haben. Nur unter Berücksichtigung der Kosten lassen sich Vor- und Nachteile und damit die Protektionsrenten für bestimmte Lagen genauer beurteilen.»Kosten der Protektion« ist als Begriff schneller eingeführt als operationalisiert. Was sind die »Kosten« der Sicherheit für unser modernes Leben? Sie mögen dem einen billig erscheinen und dem anderen als viel zu hoch. Aber selbst eine solche Standortgebundenheit braucht eine Operationalisierung. Versuchen wir es deshalb zuerst mit dem Geld, das Staaten als Schöpfer von Protektion uns wie Kunstpersonen, den Korporationen, als Preis für ihre Dienstleistungen abverlangen.

Dafür sind die Durchschnitte der Ausgaben des Staates bezogen auf die gesamte Wertschöpfung in einem Land herangezogen worden, und zwar die Durchschnitte für die Staatsausgabenquoten der Jahre 1950, 1960 und 1977 - eine vertretbare Schätzung für die Verhältnisse über die gesamte Periode 1948-77.[24] Der Staat kann natürlich mehr ausgeben als er einnimmt - ein Tatbestand, der in der Nachkriegszeit erst ab 1960 Bedeutung erlangt. Er kann Kredite aufnehmen und zu ihrer Finanzierung auch »die Notenpresse in Bewegung setzen« und so Inflation erzeugen, was dann alle zu tragen haben. Bis 1960 schienen Einnahmen und Ausgaben weniger auseinanderzuklaffen, danach schon, weswegen wir die Ausgaben und nicht die Einnahmen betrachten.[25]

Was der Staat, gemessen an der gesamten Wertschöpfung, insgesamt ausgibt, ist beachtlich. Rund ein Drittel des Bruttoinlandproduktes war es über den Zeitraum 1948-1977. Diese Größe steigt insbesondere markant nach 1960 und kommt im ungewichteten Durchschnitt der 18 Länder im

Jahre 1977 auf 43 % zu stehen. Auch nach 1977 geht es weiter: 1982 waren es im Durchschnitt 49 %.[26] Was weniger bekannt zu sein scheint ist dieses: Schon seit Anfang des Jahrhunderts kann ein aufsteigender Trend bei der Staatsquote beobachtet werden (vgl. Kap. 11). Die Zunahme, die auch in der Vergangenheit zyklischen Schwankungen ausgesetzt war, wird kaum so anhalten.[27] Wichtig ist in unserem Zusammenhang die Frage: Zahlt man für verschiedene Lagen im Quadranten der Protektion einen unterschiedlichen Preis, je nach Protektionsniveau und -qualität?

Die Antwort auf die Frage lautet: Nein. Zumindest gibt es im Zeitraum 1948-77 keine klaren Beziehungen zwischen Protektion und Staatsausgaben. Tiefe und hohe Niveaus, solche von unter- und überdurchschnittlicher Protektionsqualität weisen keine nenneswerten Preisunterschiede auf.[28] Dieser Befund ist sehr belangvoll. Er veranlaßt uns zu einer wichtigen Folgerung für die nächsten Analysen: Die Protektionsniveaus und die Protektionsqualität sind kostenneutral gewesen, jedenfalls über den gesamten Zeitraum 1948-1977.[29]

Nach unseren Ergebnissen nimmt mithin die Protektionsrente für die 18 Länder 1948-77 gewöhnlich mit zunehmendem Protektionsniveau und zunehmender Protektionsqualität zu. Nur zwei Fälle weichen stärker sichtbar von der allgemeinen Kostenneutralität der Protektion ab: Australien (unterdurchschnittliche Kosten bei geringer Protektion) und Japan.[30] Japan weist über die Zeitspanne ein sehr hohes Niveau und eine hohe Qualität der Protektion auf, gleichzeitig liegen die Kosten mit Staatsausgaben von 23 % rund 10 Prozentpunkte unter dem Durchschnitt, was eine nochmals größere Protektionsrente indiziert.

Der Hauptbefund aufgrund unserer Kostenuntersuchungen hat für die weiteren Schritte einen großen praktischen Vorteil. Wir können nämlich die Protektionsrente für die 18 Fälle 1948-77 ohne größere Einschränkungen mit höherem Protektionsniveau und höherer Qualität gleichsetzen, womit Vereinfachungen verbunden sind.

Begleiterscheinungen der Protektion

Zunächst einmal kann festgehalten werden, daß wir die Unterschiede bei der Qualität der Protektion (vgl. Schaubild 15.1) auch mit unabhängigen Informationen validieren können. Eine interne Protektion von guter Qualität zeichnet sich auf allen Protektionsniveaus durch die Abwesenheit von nennenswerter Bürgergewalt aus.[31]

— Begleiterscheinungen von unterschiedlichen Niveaus und Qualitäten von Protektion sind verschiedene Sozialtechnologien, die zur Herstellung der Protektion mit unterschiedlichen Gewichten eingesetzt werden. Wir behandeln die Bedeutung der internen Sicherheitskräfte, die Ausprägung des Neokorporatismus, die Verluste durch Streiks sowie das Ausmaß der Einkommensumverteilung durch den Staat.

Die *internen Sicherheitskräfte* sind je nach Lage im Protektionsfeld unterschiedlich zahlreich. Als Indikator verwenden wir die Zahl der Personen, die mit Aufgaben der internen Sicherheit beschäftigt sind, und zwar als Prozentsatz aller Personen im arbeitsfähigen Alter. Die Angaben beziehen sich auf die Zeit 1964-65.[32] Mit dem Protektionsniveau steigt diese Prozentziffer im Durchschnitt von 2,4 % auf 3,1 %. Noch deutlicher steigt die Bedeutung der internen Sicherheitskräfte von über- zu unterdurchschnittlicher Protektionsqualität, nämlich von 2,1 auf 3,6 %. Beide Unterschiede sind statistisch gesichert, und die Unterschiede je nach Qualität der Protektion bleiben auf tiefem wie hohem Niveau der Protektion erhalten. Das unterschiedliche Gewicht der Militärausgaben im Regierungsbudget je nach Lage im Protektionsfeld wollen wir in diesem Zusammenhang nur erwähnen, weil dadurch vornehmlich die hier ausgespart bleibende externe Protektion angesprochen ist.[33]

Der *Neokorporatismus* wird hier als eine Sozialtechnologie angesehen, der bei der Erzeugung von Protektion unterschiedliche Bedeutung zukommen kann. Von liberalem oder Neokorporatismus spricht man bei Vorhandensein einer sozialpartnerschaftlichen Ideologie verbunden mit Kooperation zwischen Staat und Interessenverbänden in einigen Bereichen der Wirtschaft.[34] Die Durchschnittswerte für Neokorporatismus, auf einer dreistufigen Skala von 1-3 gemessen, unterscheiden sich zwar nicht nach dem Protektions*niveau*, wohl aber deutlich und statistisch gesichert nach der Protektions*qualität*. Bei überdurchschnittlicher Qualität stellt sich der Durchschnittswert auf 2,3 gegenüber nur 1,5 bei unterdurchschnittlicher Qualität. Die stärkere Ausprägung von Neokorporatismus bei höherer Protektionsqualität ist auf tiefem wie hohem Protektionsniveau zu beobachten. Dies ist wiederum ein Hinweis dafür, daß Protektion von unterschiedlicher Qualität durch Sozialtechnologien zu erzeugen versucht wird.

Verluste durch Streiks. Die soziale Befriedung mit einer geänderten Produktionstechnologie von Protektion (Wohlfahrtsstaat) ist im Protektionsquadranten unterschiedlich ausgeprägt.[35] Unser Indikator verwendet Ergebnisse von Martin Paldam und Peder Pedersen für die Streikintensität.[36] Die durch Streiks verlorengegangenen Arbeitstage sind von ihnen bereits auf die Wohnbevölkerung bezogen worden, um Ländervergleiche zu ermöglichen. Als Indikator verwenden wir die Zahl der Jahre zwischen 1948 und 1977, in denen die Streikintensität vergleichsweise sehr hoch, nämlich zwischen 10.000 und 100.000 verlorenen Arbeitstagen lag. Ein Indikatorwert von z.B. 18 wie im Falle Kanadas besagt, daß in 18 der 30 Jahre die Verluste durch Streiks vergleichsweise sehr hoch lagen.[37]

Die Indikatorwerte für Verluste durch Streiks im Zeitraum 1948-77 nehmen nach unseren Ergebnissen zwar nicht mit dem Protektionsniveau ab, wohl aber halbieren sie sich im Durchschnitt bei Wechsel von unter- zu überdurchschnittlicher Qualität der Protektion, nämlich von 11,6 auf 5,7.[38] Diese statistisch gesicherte Beziehung gilt auf tiefem wie hohem Protektionsniveau, scheint aber auf hohem ausgeprägter zu sein.

Die *Einkommensumverteilung durch den Staat* ist ebenfalls eine Sozialtechnologie, die unterschiedlich intensiv zur Anwendung gelangt. Mit Eingriffen des Staates in die primäre Einkommensverteilung, nämlich durch Fiskal- und Sozialpolitik (Transfers), wird eine Erhöhung der Legitimität infolge der Milderung der Einkommensunterschiede erstrebt. Unser Indikator für die Umverteilungsintensität ist die Differenz der Gini-Koeffizienzen (als Maße für die gesamte Ungleichheit) vor und nach den Eingriffen des Staates. Die Verteilungen, die hier verglichen werden, sind die personellen Einkommen der Haushalte vor Steuern und Transfers einerseits und nach Steuern und Transfers andererseits. Die Maßzahl gibt die Verhältnisse um 1970 an. Je höher sie ist, desto stärker ist die bewußte Einkommensumverteilung durch Staatstätigkeit.[39]

Beim Vergleich des tiefen und hohen Protektionsniveaus sind keine interpretierbaren Unterschiede beim Ausmaß der Einkommensumverteilung zu erkennen. Aber beim Wechsel von unterdurchschnittlicher zu überdurchschnittlicher Protektionsqualität verdoppelt sich der Indikator für Umverteilung von 0,052 auf 0,105 Gini-Punkte (bei einem Durchschnitts-Gini von rund 0,40). Das ist ein beachtlicher und statistisch gesicherter Unterschied um den Faktor zwei, der auch auf tiefem und hohem Protektionsniveau erkennbar ist. Die Folgerung ist, daß der Einkommensumverteilungspolitik zur Erreichung einer höheren Protektionsqualität ein empirisch klar erkennbares Gewicht zukommt.

Das Geschäft mit der Protektion

Wir haben bisher die Kosten und einige Sozialtechnologien als Begleiterscheinungen von bestimmten Lagen im Protektionsfeld behandelt. Mit Geschäft bezeichnen wir den Nutzen, der sich aus Protektion und aus ihren Unterschieden ergibt. Dies betrifft einmal die Einnahmen der bei öffentlichen Unternehmen Beschäftigten, dann die Protektionsrenten der Konsumenten dieses öffentlichen Gutes.

Verwaltung der öffentlichen Gewalt und Sozialbürokratie. Einmal liegt ein Geschäft für die Mitglieder der Staatsbürokratie in den reichlichen Einkommensquellen, die die Arbeitsplätze bei diesen Riesenunternehmungen zur Herstellung von Protektion bieten. Regierungen und ihre

15 Komparative Vorteile in der Nachkriegsära • 407

Apparate waren seit jeher einträgliche Unternehmungen; Könige, Magistraten, Generäle und Richter, die darin die Spitzenpositionen einnahmen, waren hochbezahlt.[40] Dieses Geschäft hat sich gewandelt. Die typische Verweildauer der Spitzenpolitiker im Amt ist heute eher kurz (4-8 Jahre), und die Einkünfte der Spitzen des Staates sind zwar ansehnlich, reichen aber nicht an die Spitzenbezüge in den obersten Etagen der Großkonzerne heran. Im keynesianischen Gesellschaftsmodell ziehen die mittleren und einfachen Staatsangestellten den Löwenanteil des Nutzens aus der Unternehmung. Sie beziehen vergleichbare Gehälter zu ihren Kollegen in der Wirtschaft, haben zudem sichere Arbeitsplätze sowie die Aussicht, in überschaubaren Karrierebahnen ihr finanziell gut gepolstertes Pensionsalter zu erreichen.

Wir untersuchen die Anzahl der Staatsangestellten in Abhängigkeit von der Protektion. Die verfügbaren Zahlen für 1970, 1975 und 1980 als Prozentanteil an der Gesamtzahl der Beschäftigten sind zu diesem Zweck gemittelt worden.[41] In der westlichen Welt war nach dem Krieg typischerweise jeder Sechste beim Staat angestellt. Der Trend ist, ähnlich wie bei den Kosten der Protektion, nach oben gerichtet, nicht zuletzt auch, weil die Lohnkosten einen großen Teil des Betriebsaufwandes ausmachen. 1982, allerdings schon außerhalb unserer Betrachtungsspanne, ist schon jeder Fünfte beim Staat, jedenfalls im ungewichteten Durchschnitt unserer 18 Länder. Dieser Nutzen, den ein wachsender Teil von Menschen in der modernen Gesellschaft aus dem Protektion herstellenden Betrieb zieht, darf somit als beträchtlich gelten und sollte nicht unterschlagen werden.

Ähnlich wie bei den Kosten der Protektion sind keine Zusammenhänge erkennbar zwischen der Staatsquote an der gesamten Beschäftigung und der Lage im Protektionsfeld. Generell ist das Geschäft für die Staatsangestellten unabhängig davon, welche Menge und Qualität an Protektion ihr Betrieb herstellt.

Kapitalakkumulation. Infolge besserer Protektionsqualität zu günstigen Kosten können Private wie Korporationen mehr akkumulieren. Im Vergleich der Länder sind dies Vor- und Nachteile von »Standorten«, die mithin Protektionsrenten beinhalten. Dies sollte sich äußern in entsprechenden Unterschieden bei der Ersparnisbildung der privaten Haushalte und der Firmen; und Ersparnisse sind die Grundlage für die Kapitalbildung, weswegen der gesamte Kapitalstock entsprechend schneller oder langsamer wachsen sollte. Die Datenbasis, die mir für die Prüfung dieser Erwartungen zur Verfügung steht, ist lückenhaft, aber dennoch lassen sich erste Beziehungen empirisch aufweisen.

Methode. Wir wechseln nun die Methode für die weitere Sichtung der Evidenzen, nämlich von Durchschnittswerten zu prognostizierten Rangplätzen, um diese dann auf ihre Übereinstimmung mit den beobachteten zu untersuchen, mit Hilfe sogenannter Rangkorrelationen (nach Spearman). Der Grund für diesen Wechsel liegt darin, daß wir uns nun mit abhängigen Größen im engeren Sinne, und nicht mehr nur mit Begleiterscheinungen beschäftigen und wir deshalb ein griffigeres statistisches Instrumentarium benötigen.[42] Die *prognostizierten Rangplätze* gewinnen wir mit den folgenden - recht restriktiven - zwei Annahmen. (1) Eine höhere Niveaulinie beinhaltet mehr Protektion als alle Punkte auf einer tieferen. (2) Auf jeder Niveaulinie beinhalten Lagen von besserer Qualität jeweils eine höhere Protektion. Dadurch kann man alle 18 Beobachtungen in eine Rangfolge hinsichtlich der Vorteile bringen, bei der freilich noch die Kosten der Protektion berücksichtigt werden müßten.

Wenn die Preisunterschiede für Protektion nur minimal sind - wie wir aufzeigen konnten -, so daß sie hier vernachlässigt werden können, dann folgt daraus, daß die Unternehmungen und Bevölkerungen in den Standorten mit mehr und besserer Protektion im Zeitraum 1948 bis 1977 eine Protektionsrente bezogen haben.

Ersparnisse der Haushalte und Firmen. Die Ersparnisse der privaten Haushalte einschließlich der Firmen ohne eigene Rechtsperson einerseits sowie die der Korporationen (Unternehmen mit eigener Rechtspersönlichkeit) andererseits wurden für neun Länder von Andrea Boltho ermittelt, nämlich als Prozentwerte des gesamten Bruttosozialproduktes.[43] Diese Kennziffern betreffen die Verhältnisse für die Jahre 1953 bis 1972, also zwanzig Jahre innerhalb unserer dreißigjährigen Periode.

Wir beobachten eine nennenswerte Übereinstimmung zwischen der prognostizierten und der beobachteten Rangreihe bei der Bruttoersparnisbildung bei den privaten Haushalten (einschließlich der einfachen Firmen) wie bei den Großfirmen (Korporationen).[44] Den Zusammenhang solcher Rangreihen drückt man mit dem Rangkorrelations-Koeffizienten *rho* aus (*rho* variiert zwischen -1, perfekte negative Beziehung, über 0, keine Beziehung, und +1, perfekt positive Beziehung). Im Falle der Ersparnisbildung der Haushalte beträgt der Korrelationskoeffizient +.52; bei der Ersparnisbildung der Konzerne liegt er mit +.88 noch deutlich höher. Ob solche Korrelationen eine statistische Aussagekraft besitzen, hängt auch wesentlich von der Zahl der Beobachtungen ab. Obwohl wir nur neun Fälle beobachten, können wir ein gewisses Vertrauen darin setzen, daß der Zusammenhang mit der Ersparnisbildung der Haushalte nicht zufällig ist.[45] Der Zusammenhang mit der Ersparnisbildung der Konzerne ist über einen solchen Restzweifel erhaben.[46]

Wir folgern, daß reichliche Protektion von guter Qualität sich in einer höheren Ersparnisbildung der Haushalte und insbesondere der Konzerne niedergeschlagen hat. Dabei müssen unter solchen Umständen Großfirmen steuerlich gar nicht einmal mit Samthandschuhen angefaßt werden. In

Japan, mit dem bei weitem deutlich höchsten Wert für die korporative Ersparnisbildung, hat der Staat weit überdurchschnittliche Steuereinnahmen aus Gewinnen der Korporationen beziehen können, nämlich doppelt so hohe wie im Durchschnitt der OECD-Länder.[47]

Die Wachstumsrate des Kapitalstocks. Die begünstigende Wirkung einer guten Protektion ist auch bei der Geschwindigkeit der gesamten Kapitalakkumulation sichtbar. Die durchschnittliche jährliche Wachstumsrate des gesamten Kapitalstocks (vor Abschreibungen) im Zeitraum 1952-1972 kann nach Zahlen von Andrea Boltho mit unserer theoretischen Rangfolge in Zusammenhang gebracht werden.[48] Wir verfügen über Meßwerte für nur sechs Länder, eine eher *sehr* schmale empirische Basis. Aber die Rangübereinstimmung für diese sechs Fälle ist *perfekt* (rho = +1). Wir folgern, daß die gesamte wirtschaftliche Akkumulationsgeschwindigkeit auch vom Umfang und von der Qualität der Protektion abhängt.

Wirtschaftliche Effizienz. Die Kapitalakkumulation ist allein kein genügender Hinweis für wirtschaftliche Effizienz. Ein über alle Länder und eine lange Zeitspanne vergleichbares Maß für wirtschaftliche Effizienz zu gewinnen, ist allerdings nicht einfach. Deshalb schlagen wir einen indirekten Indikator vor: die Weltmarktposition über eine längere Zeit, die wir *Exporteffizienz* nennen. Ein komparativer Vorteil infolge von Protektionsrenten hat über die Zeit zur Folge, daß Anteile auf dem Weltmarkt ausgedehnt werden können. Wir messen dies auf dem Niveau der Weltwirtschaft (Exporte), weil dort längerfristig der Wettbewerb am ehesten spielt. Eine solche Indikatorbasis ist z.B. der Steigerung des Bruttosozialproduktes klar überlegen, weil dabei Größen in den »Erfolg« eingehen, die überhaupt nicht oder nur beschränkt Marktpreise besitzen.

Obwohl wir im folgenden den Export betrachten, beziehen wir die komparativen Vorteile auf die interne Protektion: Exporteffizienz spiegelt die intern erzeugten Protektionsrenten wider.

Schaubild 15.3 führt die Anteile am Weltexport einzelner Länder und Ländergruppen der westlichen Gesellschaft in jedem Jahr zwischen 1950 und 1983 auf.[49] Über die Zeit steigt der Anteil Westeuropas und Japans beträchtlich, während er für die USA und Großbritannien sinkt. Die Bundesrepublik und Japan verzeichnen die höchsten Zunahmen. Ab 1973 sinken mit der Ausnahme Japans überall im Zentrum wieder die Anteile am Weltexport. Für rund ein Dutzend Jahre kann das OPEC-Kartell einen größeren Anteil am Weltexport zu Lasten des Zentrums erlangen, den es dann später wieder verlieren soll.

410 • *Westliche Gesellschaft im Wandel*

Schaubild 15.3
Anteile an den gesamten Weltexporten für die Jahre 1950 bis 1983

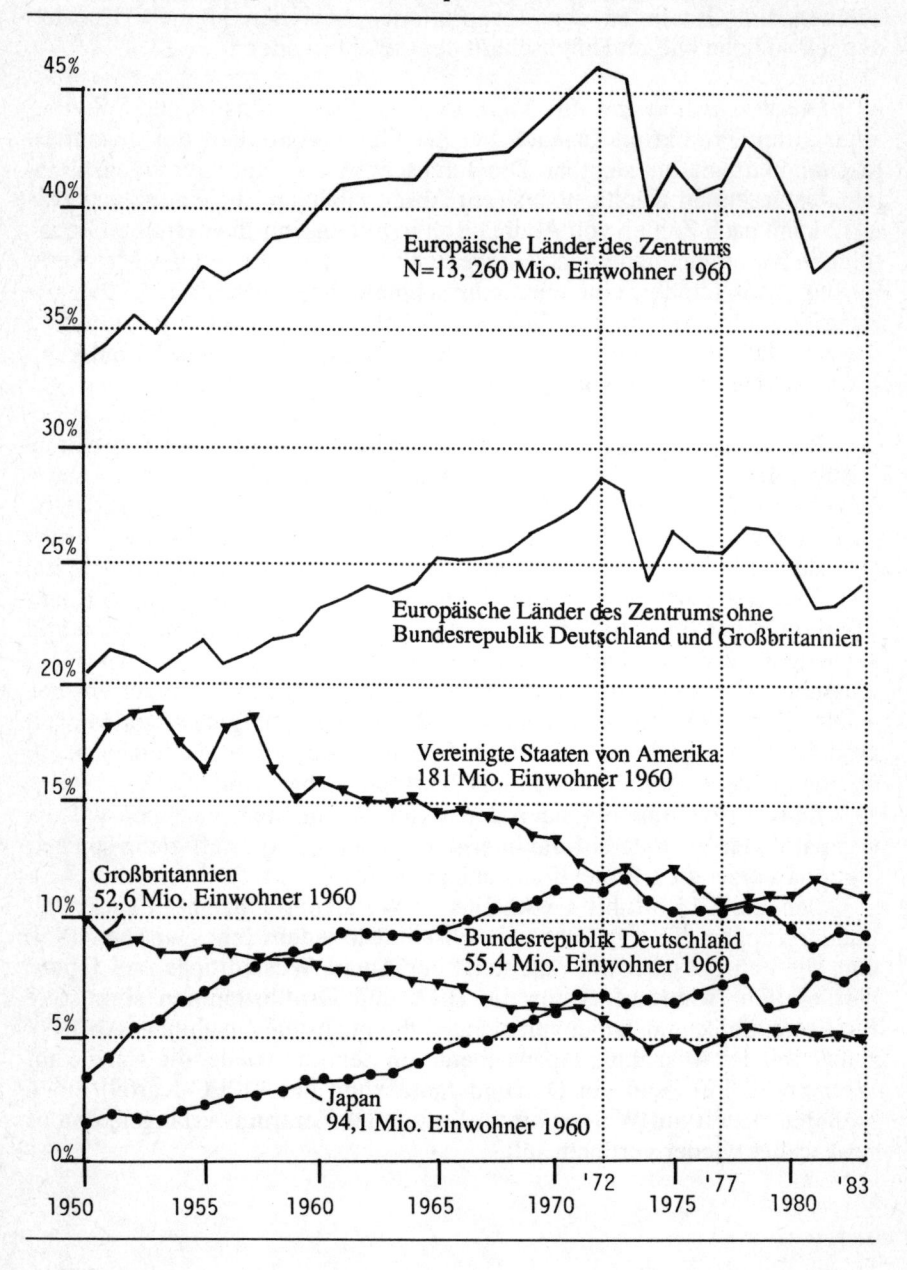

Die Zäsur von 1973 wäre für den Endpunkt einer Meßreihe der Exporteffizienz eigentlich angezeigt, weil danach die unterschiedliche Betroffenheit der Zentrumsländer durch die Wechselkursverschiebungen und die Bewegung der Petroleumpreise schwer zu kontrollierende Verzerrungen bewirken mögen. Z.B. gehört der damalige Weltchampion der Ölförderung, die USA, zum Sample, ferner Länder wie Großbritannien und Norwegen, die neuen Förderländer. Die meisten übrigen Länder sind freilich weitgehend oder ausschließlich Petroleumimporteure. Daß damit aber trotz drastischer Preiserhöhungen nicht notwendigerweise Einbrüche beim Anteil am Weltexport einhergehen müssen, zeigt das Beispiel Japans.

Trotz der möglichen Verzerrungen durch die Preisbewegungen beim Erdöl ab 1973 präsentieren wir dennoch ein Maß für die Exporteffizienz bis 1977, um den gesamten Zeitraum der Messung für die Protektion auch bei der abhängigen Variable abzudecken. Bei Meßwerten für die Exporteffizienz nur bis 1972 erhalten wir noch engere Zusammenhänge zwischen Protektionsrenten und Exporteffizienz. Uns liegt an der Plausibilität des Untersuchungsdesigns mehr als an der Optimierung der Höhe von bestätigenden Koeffizienten.

Exporteffizienz. Ausgangspunkt für den Indiktor sind die Anteile eines Landes am Welttotal der Exporte im Jahre 1950 und 1977. Wenn wir den Prozentanteil eines Landes im Jahre 1950 gleich 100 setzen, dann erhalten wir für 1977 einen Indexwert, den wir den Rohindex oder ungewichteten Index für Exporterfolg nennen.[50]

Die Leichtigkeit, mit der Anteile am Welthandel gehalten oder ausgedehnt werden können, hängt auch wesentlich von den Kosten der Produktion ab. Vorteile infolge von reichlicher Protektion von guter Qualität und zu tiefen Kosten sind wichtig, aber u.a. sind auch Lohnkosten von Belang. Da sich in den fünfziger und noch in den sechziger Jahren die Lohnkosten zwischen den 18 Ländern teilweise erheblich unterschieden, haben wir diesem Umstand Rechnung getragen und einen gewichteten Index der Exporteffizienz berechnet.[51]

Nach der Gewichtung des Exporterfolges können wir seine Rangfolge bis 1977 erwartungsgemäß viel besser mit unserer Rangfolge der Protektionsrente voraussagen, weil wir damit eine Grobkontrolle anderer relevanter Kostenunterschiede vorgenommen haben.[52] Die aufgrund der Protektionsrente prognostizierten Rangplätze für den Exporterfolg und die beobachteten Rangplätze sind in Schaubild 15.4 in den Protektionsquadranten eingefügt. Die Korrelation beträgt *rho* = +.82.[53] Aber auch ohne Gewichtung bleibt der Zusammenhang zwischen günstiger Protektion und Exporterfolg gut sichtbar und statistisch gesichert, *rho* = .49.[54]

Schaubild 15.4
Die Rangplätze für die Protektionsrente und die gewichtete Exporteffizienz im Protektionsquadranten

Erste Rangzahl: komparativer Vorteil bei der internen Protektion 1948-77, zweite Rangzahl: gewichtete Exporteffizienz 1950-77.

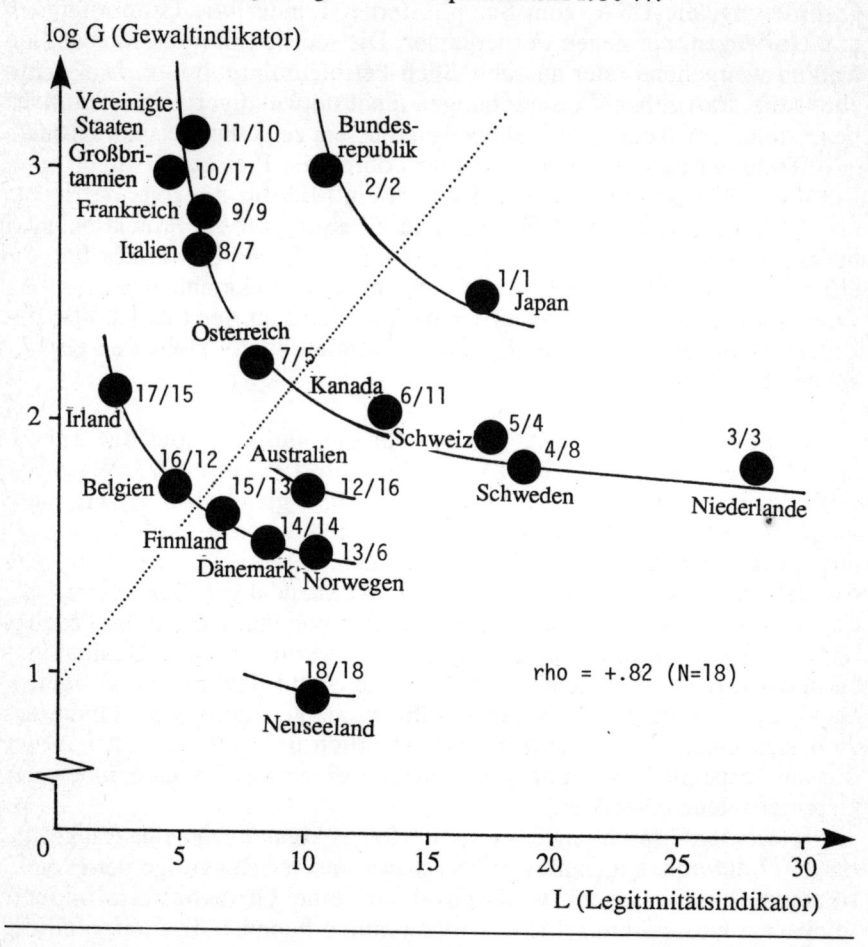

[Streudiagramm: log G (Gewaltindikator) vs. L (Legitimitätsindikator)

Datenpunkte (Land: erste/zweite Rangzahl):
- Vereinigte Staaten: 11/10
- Großbritannien: 10/17
- Frankreich: 9/9
- Italien: 8/7
- Bundesrepublik: 2/2
- Japan: 1/1
- Österreich: 7/5
- Kanada: 6/11
- Schweiz: 5/4
- Schweden: 4/8
- Niederlande: 3/3
- Irland: 17/15
- Belgien: 16/12
- Australien: 15/13
- Finnland: 14/14
- Dänemark: 12/16
- Norwegen: 13/6
- Neuseeland: 18/18

rho = +.82 (N=18)]

Dennoch fallen in Schaubild 15.4 einige klare Mißerfolge bei der Voraussage der gewichteten Exporteffizienz auf, die im Falle Norwegens und Großbritanniens erwähnenswert groß sind (Differenz von sieben Rangplätzen). Norwegens tatsächlicher Exporterfolg war größer als der vorausgesagte. Dies dürfte die Folge von Zufallsgewinnen infolge der Bewegung der Erdölpreise nach 1973 sein (Renten im Windschatten des

OPEC-Kartells). Für das bevölkerungsarme Land, das aber ein nenneswerter Erdölexporteur auf dem Weltmarkt ist, dürften die höheren Ölpreise den Wert der Exporte stark erhöht haben. Dafür spricht, daß der Fehler der Voraussage von Norwegens Exporterfolg bis 1972 sehr viel kleiner ist. Umgekehrt war Großbritanniens faktischer Exporterfolg geringer als der vorhergesagte. Dies findet eine Erklärung in dem Umstand, daß das britische Kolonialreich zunächst die bereits weiter zurückliegende Abnahme der britischen Exporteffizenz maskiert haben dürfte. Als der leichte Zugang zu den kolonialen Märkten mit der Entkolonialisierung verlorenging, war der Einbruch beim Anteil an den Weltexporten umso drastischer.

Eingedenk der Fehlerquellen und der Probleme der Operationalisierung stellen die hohen Rangkorrelationen für unsere 18 Fälle ein befriedigendes Ergebnis dar, das es nahelegt, die Hypothese weiter zu verfolgen.[55] Soweit die empirischen Analysen zu den auch wirtschaftlich sichtbaren Vorteilen der Protektion von guter Qualität innerhalb des Zentrums in der jüngsten Vergangenheit: eine Analyse im nachhinein. Dann sind wir immer klüger - wenn wir aus Erfahrungen lernen.

Schlußfolgerung

Die längerfristigen Vorteile einer günstigen wirtschaftlichen Protektion finden ihren empirisch erkennbaren Niederschlag in größerer wirtschaftlicher Effizienz im Weltwettbewerb, in der Vergangenheit wie in der Gegenwart. So gesehen waren Gewalt und Legitimität im Endresultat ein Geschäft, das umso besser ausfiel, je mehr man sich beim ersten staatsmännisch klug beschränkte und je weniger man beim zweiten Mühen und Aufwand scheute.[56]

Die Ergebnisse in diesem und dem vorangegangenen Kapitel sind für die Evolutionstheorie bedeutsam. Deswegen sind einige Klärungen angebracht. Der von Charles Darwins Deszendenz- und Selektionstheorie beeinflußte Evolutionismus ist unter dem Begriff des »Sozialdarwinismus« in die gesellschaftswissenschaftliche Diskussion eingebracht worden und zu Recht in Verruf geraten. Herbert Spencer - der Theoretiker eines deterministisch-universalen Evolutionismus - führte den Sozialdarwinismus in die Soziologie ein.[57] Die Vorstellung einer »natürlichen Auslese« (»survival of the fittest and the elimination of the unfit«) findet sich dann auch in Begründungsversuchen für Rassentheorien. Die Dominanz des Prinzips der Macht und ihre Verherrlichung ist schließlich auch in der Sozialphilosophie hervorgetreten, so insbesondere bei Friedrich Nietzsche.[58]

Der Sozialdarwinismus verkennt völlig zwei Besonderheiten menschlicher Existenz in Gesellschaft, die sich weder biologisch ableiten lassen noch mit biologischen Prozessen vergleichbar sind. Einmal die menschliche Freiheit zu wählen, dann die menschliche Solidarität in Gesellschaft, die neben dem Konflikt die verschiedenen Modelle der gesellschaftlichen Entwicklung beschreibt. Aber in diesem typisch menschlich-gesellschaftlichen Rahmen ist natürlich das Problem der »Selektion« nach wie vor für eine Evolutionstheorie aktuell.[59] Die Frage stellt sich dann, was »the fittest« heißt und wie die sozialen Instanzen der Selektion gestaltet sind.

Sieht man das Weltgeschehen dominiert von Wettkampf, so scheint es zunächst naheliegend anzunehmen, das die »stärksten Mächte« langfristig obenauf schwingen. Gewalt im inner- wie zwischenstaatlichen Verkehr könnte fälschlicherweise als beste »Überlebensgarantie« erscheinen. Unsere Sichtweise und die Ergebnisse widersprechen dem. So kann man auch keineswegs die Geschichte des Westens angemessen beschreiben. Darauf wurde bereits hingewiesen. Eine Reihe von Fragen stellen sich nämlich: Warum schwangen denn langfristig die kolossalen absolutistischen Staatsprojekte der Neuzeit - Habsburg-Spanien und Frankreich - nicht obenauf? Warum war denn der Faschismus nicht erfolgreich? Warum ist Zwangsarbeit denn nicht die typische Form bei der Organisation der Produktion? Warum ähneln denn unsere politischen Ordnungen nicht dem Apartheid-Regime? Viele ähnliche Fragen wären zu stellen. Auch wenn man die Historizität als Teil von Ereignissen und Entwicklungen würdigt, die gerade auch Ausdruck der menschlichen Willensfreiheit - von Einzelpersonen wie Gesellschaften - ist, so stellt sich doch die Frage nach dem *Warum*.

Die Antwort auf diese Frage scheint mir naheliegend: »Stärke« im Sinne von Zwang und Gewalt kann im gesellschaftlichen Evolutionsgeschehen eben nicht die *langfristig* erfolgreiche Überlebensressource im kompetitiven Weltmilieu gewesen sein. Stärke gründend auf höherer Legitimität hat vielmehr die auf Zeit erfolgreicheren Gesellschaften an die Spitze getragen. Die These wurde entwickelt, daß Gewalt und Legitimität zwei alternative Weisen darstellen, wie man wichtige Voraussetzungen von Gesellschaft innerhalb und zwischen Staaten schaffen kann. Das Argument geht darüber hinaus, wenn behauptet wird, daß jene sozialen Regelungen obenauf schwingen, die die Schutzfunktion des Sozialen unter Verwendung von mehr Legitimität herstellen.

In dem Argument verbirgt sich auch eine Konvergenzthese für historische Entwicklungen. Vermittelt über den größeren Erfolg im Außenraum setzen sich jene Ausgestaltungen der Sozialstruktur durch, die mehr Legitimität beanspruchen können, weil sie sich besser vor dem Hintergrund der Leitwerte der Moderne rechtfertigen lassen.

Das damit angesprochene evolutionäre Geschehen stellt aber keine lineare Entfaltung dar, denn Modelle der Sozialstruktur entstehen und vergehen. Vor diesem Hintergrund ist der Wandel im Westen inhaltlich nicht Zyklus - die Geschichte als solche wiederholt sich nicht -, sondern Metamorphose, die auch historische Momente im engeren Sinne beinhaltet, nämlich die Wahl zwischen Alternativen des Handelns - beim Individuum wie bei Kollektiven, ohne die es keine menschliche Freiheit gäbe. Aber die Grundkräfte des Geschehens (die widersprüchlichen Prinzipien), die Rahmenbedingung (Weltmarkt für Protektion) und die zyklischen Prozesse von Aufbau und Zerfall (Karriere von Gesellschaftsmodellen), sind beständige Größen. Ändert sich die genannte Rahmenbedingung, so würde - wie schon Max Weber meinte - dieser besondere Typ von Gesellschaft sein historisches Ende finden.

Anmerkungen

1 Dieses Kapitel war ursprünglich Teil des vorangegangenen. Auf die Anmerkungen zu Kapitel 14 wird deshalb auch verwiesen.
2 Mancur Olsons Erklärung für Auf- und Abstieg (institutionelle Sklerose und ungünstige Wachstumseffekte von Verteilungskoalitionen) ist von unserer verschieden (Legitimität als wichtige Wettbewerbsressource). Vgl. Mancur Olson, *The Rise and Decline of Nations. Economic Growth, Stagflation and Social Rigidities*, New Haven und London: Yale University Press, 1982.
3 Das Zentrum hat historisch auch Gegenzentren assimiliert, Frankreich etwa, um ein Beispiel zu nennen. Diese Beziehungen zwischen Zentrum und Gegenzentrum sollen hier aber nicht Gegenstand sein. Vgl. dazu Kapitel 11.
4 Ich möchte die Vorteile hier nicht im einzelnen darlegen, sondern nur darauf hinweisen, wie vorteilhaft es für uns wäre, könnten wir in unserem Keller Papierscheine mit unserem Familienwappen bedrucken, noch »in god we trust« hinzufügen, um dann anschließend damit die Supermärkte leerzukaufen.
5 Vgl. dazu Albert Bergesen und Chintamani Sahoo, »Evidence of Decline of American Hegemony in World Production«, *Review*, VIII (4), Frühling 1985, S. 595-611.
6 Vgl. dazu die Positionen von Joseph Huber, *Die Regenbogengesellschaft*, Frankfurt: S. Fischer, 1985. Und Jürgen Habermas, »Die Krise des Wohlfahrtsstaates und die Erschöpfung utopischer Energie«, in *Die Neue Unübersichtlichkeit*, Frankfurt am Main: Suhrkamp, 1985, S. 141-163.
7 Die folgende Untersuchung ist mit Bedacht in der Präsentation so gehalten, daß nicht nur Fachleute der quantitativen empirischen Methoden die empirischen Evidenzen auf ihre Stichhaltigkeit hin beurteilen können.
8 Robert A. Dahl, *Polyarchy. Participation and Opposition*, New Haven: Yale University Press, 1971.
9 Griechenland, Spanien und Portugal gehören im Zeitraum 1948-1977 nicht dazu. Israel wäre in Betracht zu ziehen, bleibt hier aber unberücksichtigt, weil sich dieses Land nach forcierter Gründung und umgeben von feindseligen Nachbarn seit 1948 in praktisch dauerndem Kriegszustand befindet und weil es insofern ein Sonderfall ist, als über längere Zeit ein Großteil der Bevölkerung nicht im Lande geboren war.

10 Charles L. Taylor und David A. Jodice, *World Handbook of Political and Social Indicators*, Dritte Ausgabe, Band II, New Haven und London: Yale University Press, 1983, S. 61 ff.
11 Vgl. zu diesen Daten auch Kapitel 7, Tabellen 7.1 und 7.2.
12 Vgl. auch *Probleme der Indikatoren* weiter unten.
13 Eine erste Prüfung von Dissens bei den Schlußabstimmungen der nationalen Gesetzgebung hat im Falle der BR-Deutschland und der Schweiz erstaunlich hohe Niveaus von Konsens in verschiedenen Abschnitten unserer Untersuchungsperiode ergeben, so daß wir die Möglichkeit solcher Indikatoren nicht weiter verfolgten.
14 Dieser Index ist seit der Arbeit von Douglas Hibbs, *Mass Political Violence*, New York: Wiley, 1973, in der empirischen Forschung gebräuchlich. Hibbs verweist auf zwei Dimensionen der politischen Konfliktivität, die er mittels Faktoranalyse gewinnt. Der erste Index bzw. Faktor umfaßt die drei nachfolgenden berücksichtigten Indikatoren (collective protest). Der zweite Faktor umfaßt die härteren Formen des Widerstands (political assassinations, armed attacks, deaths from political violence).
15 Charles L. Taylor und David A. Jodice, a.a.O., S. 16 ff. Vgl. hierzu auch Kapitel 7 (Tabellen 7.1. und 7.2), wo diese Daten ebenfalls benutzt worden sind.
16 Vgl. die Faktoranalyse von Douglas Hibbs, a.a.O.
17 Ereignisse von politischen Streiks, Demonstrationen und Aufruhr zusammengenommen. Aus Gründen der Vereinfachung verwenden wir als Gewichtung die leicht verfügbare Bevölkerung für das mittlere Jahr 1960.
18 Es wird jedoch eine Abhängigkeit ungefähr folgender Art angenommen: $c = c^* - z$, wobei c^* den minimalen Einschluß infolge notwendiger Kollaboration bei der Gewaltanwendung und z ein Maß für Apathie und Rückzug in der Bevölkerung darstellen soll.
19 Die Werte für unsere 18 Länder, in der Reihenfolge ihrer komparativen Vorteile bei der Protektion (vgl. weiter hinten), sind folgende (Meßwert für den Legitimitätsindikator/für den Gewaltindikator):
Japan (16,98/2,51), BR-Deutschland (10,64/3,00), Niederlande (27,86/1,88), Schweden (18,62/1,85), Schweiz (17,27/1,99), Kanada (13,37/2,11), Österreich (7,90/2,24), Italien (5,60/2,67), Frankreich (5,82/2,84), Großbritannien (4,18/2,99), Vereinigte Staaten (5,33/3,13), Australien (10,15/1,77), Norwegen (10,44/1,53), Dänemark (8,57/1,57), Finnland (6,85/1,64), Belgien (4,69/1,75), Irland (2,36/2,12), Neuseeland (10,29/0,95).
20 Diese so definierten Niveaulinien können solange nicht als Isoquanten interpretiert werden, als Gewalt und Legitimität nicht auf der gleichen Skala gemessen werden und wir keine Anhaltspunkte für die empirischen Minima für Legitimität und Gewalt haben. Deshalb unterscheiden wir weiter hinten keine Protektionsmengen, sondern Rangplätze der Protektion. Letztere sind in unserer theoretischen Interpretation abhängig vom Niveau *und* von der Qualität der Protektion. Vgl. dazu S. 407 f.
21 Die einzelnen Punkte für ein Land oder eine Ländergruppe werden dabei genauso berechnet wie für die Präsentation in Schaubild 15.1, mit dem einzigen Unterschied, daß wir die Grunddaten, nämlich die Ereignisse jeweils vorher mit sechs multiplizieren, um die Meßpunkte in Fünfjahresperioden mit jenen über dreißig Jahre direkt vergleichbar zu machen.
22 Die Ereignisse von Regierungssanktionen in Fünfjahresperioden werden dabei für dreißig Jahre hochgerechnet, durch die Zahl der aggregierten Länder dividiert und sodann in Formel 1 als y-Werte eingesetzt. Die Zahl der Dissensereignisse in Fünfjahresperioden werden für dreißig Jahre hochgerechnet, durch die aggregierte Bevölkerung der einbezogenen Länder dividiert und in Formel 2 als x-Werte eingesetzt.
23 Vgl. Kapitel 7 zum Zwischenhoch des Konfliktes.
24 Die Daten für 1950 stammen aus Manfred G. Schmidt, *Wohlfahrtsstaatliche Politik unter bürgerlichen und sozialdemokratischen Regierungen. Ein internationaler Vergleich*, Frankfurt und New York: Campus, 1982. Und für die übrigen Zeitpunkte

15 Komparative Vorteile in der Nachkriegsära • 417

aus OECD, »The Role of the Public Sector«, Spezialausgabe von *OECD Economic Studies*, Nr. 4, Frühling 1985.
Die Meßwerte für die durchschnittliche Staatsquote (1950, 1960, 1977) in der Reihenfolge der Qualität und des Niveaus der Protektion sehen folgendermaßen aus: Japan (23,0), BRD (35,5), Niederlande (40,5), Schweden (37,5), Schweiz (30,0), Kanada (31,0), Österreich (36,0), Italien (31,5), Frankreich (37,0), Großbritannien (37,0), Vereinigte Staaten (28,5), Australien (25,0), Norwegen (36,5), Dänemark (31,0), Finnland (32,5), Belgien (33,0), Irland (32,0), Neuseeland (33,0).
25 Vgl. Jürgen Kohl, *Staatsausgaben in Westeuropa - Analysen zur langfristigen Entwicklung der öffentlichen Finanzen*, Frankfurt am Main: Campus, 1985, S. 286 f.
26 Nach OECD, a.a.O.
27 Innovationen bei den Sozialtechnologien und Wandlungen in der Sozialstruktur durch ein neues Gesellschaftsmodell dürften zukünftig die Kosten senken. Vgl. die Mutmaßungen am Ende von Kapitel 5.
28 Die Durchschnittswerte der Staatsquote sind bei tiefem (32,0; N=7) und hohem Protektionsniveau (33,0; N=11) ungefähr gleich, weiter unterscheiden sie sich nicht für Fälle mit unterdurchschnittlicher (34,0; N=8) und überdurchschnittlicher Protektionsqualität (32,0; N=10). Das gleiche gilt bei Konstanthaltung des Protektionsniveaus.
29 Dies widerspricht einer Hypothese in Schaubild 14.2 im vorangegangenen Kapitel. Aber die Hypothese dort bleibt, zumindest was die Kostenzunahme in Richtung der Asymptoten betrifft, nicht ganz ohne Stütze, wenn man den einzigen längeren asymptotischen Ast in Schaubild 15.1 betrachtet. Bei den Fällen Kanada, die Schweiz, Schweden und den Niederlanden ist nämlich eine Zunahme der Staatsausgabenquote in der Reihenfolge festzustellen.
30 Drei weitere, aber geringere Abweichungen sind zu nennen. Die Vereinigten Staaten mit insgesamt einem hohen Niveau, allerdings von schlechter Qualität, weisen Kosten auf, die mit 28,5 % um gut 4 Prozentpunkte unter dem Mittelwert liegen. Die Niederlande haben eine hohe Protektion von sehr guter Qualität. Dieser Vorteil wird etwas ausgeglichen durch die Tatsache, daß die Kosten um 8 Prozentpunkte über dem Mittelwert liegen. Ähnliches kann auch für Schweden gesagt werden (Kosten fünf Prozentpunkte über dem Mittelwert).
31 Die Demonstration der Validität unseres Legitimitätsindikators, der die Qualität der Protektion bestimmt, ist wichtig. Die Bestimmung der Qualität der Protektion über den Zeitraum 1948-77 hat den erwähnten möglichen Mangel, daß Ereignisse von politischen Streiks, Demonstrationen gegen die Regierung und von Aufruhr nur ungewichtet Eingang in den Legitimitätsindikator finden. Für eine viel kürzere Zeitspanne (1961-1963) verfügen wir über einen gewichteten Indikator für »civil violence« von Ted Gurr und Charles Ruttenberg (vgl. Volker Bornschier und Peter Heintz, a.a.O.). Dieser Indikator berücksichtigt gleichgewichtig die Dauer, die Verbreitung (pervasiveness) und die Intensität von Bürgergewalt. Folgende Meßwerte für Bürgergewalt können 1961-63 im Protektionsquadranten beobachtet werden: Japan (3,0), BRD (10,5), Niederlande (0), Schweden (0), Schweiz (0), Kanada (8,5), Österreich (0), Italien (19,5), Frankreich (15,0), Großbritannien (13,0), Vereinigte Staaten (15,0), Australien (0), Norwegen (0), Dänemark (0), Finnland (0), Belgien (45,5), Irland (0), Neuseeland (0).
Die einzelnen Niveaulinien von Protektion für die Zeit von 1948-77 stehen in keinem erkennbaren Zusammenhang mit der Höhe von Bürgergewalt für die Jahre 1961-63. Aber auf jeder Niveaulinie nimmt die Bürgergewalt mit zunehmender Qualität der Protektion ganz deutlich ab. Die Fälle mit unterdurchschnittlicher Protektionsqualität weisen mehr als zehnmal so hohe Meßwerte für Bürgergewalt auf als die mit überdurchschnittlicher Qualität, nämlich einen durchschnittlichen Indexwert von 14,8 gegenüber 1,2.

Quelle: Volker Bornschier und Peter Heintz (Hg.), »Data Compendium for World System Analysis«, Zürich: *Bulletin des Soziologischen Instituts der Universität Zürich*, Sondernummer, März 1979, S. 275-77.
32 Quelle: Volker Bornschier und Peter Heintz, a.a.O., S. 273 f. Die Meßwerte für die internen Sicherheitskräfte 1964-65 sehen folgendermaßen aus:
Japan (2,3), BRD (3,6), Niederlande (2,3), Schweden (2,0), Schweiz (2,1), Kanada ({0,6}), Österreich (keine Angabe), Italien (4,6), Frankreich (4,7), Großbritannien (2,7), Vereinigte Staaten (3,5), Australien (keine Angabe), Norwegen (2,0), Dänemark (2,1), Finnland (keine Angabe), Belgien (2,1), Irland (4,0), Neuseeland (1,7). Bemerkung: Der Ausreißerwert für Kanada wurde wegen eines möglichen Datenfehlers nicht bei der Mittelwertsberechnung berücksichtigt.
33 Quelle der Daten für 1960: Volker Bornschier und Peter Heintz, a.a.O., S. 283 f.
34 Vgl. dazu Kapitel 5. Die Quelle für die hier verwendete Operationalisierung ist Manfred G. Schmidt, »The Welfare State and the Economy in Periods of Economic Crisis: A Comparative Study of Twenty-Three OECD Nations«, in Norman J. Vig und Steven E. Schier (Hg.), *Political Economy in Western Democracies*, New York und London: Holmes & Meier, 1985, S. 152 (Appendix 7.1). Dabei werden die Fälle nach schwach ausgeprägtem (1), mittel ausgeprägtem (2) und stark ausgeprägtem (3) Neokorporatismus untergliedert. Die Meßwerte sehen wie folgt aus: Japan (3), BRD (2), Niederlande (2), Schweden (3), Schweiz (3), Kanada (1), Österreich (3), Italien (1), Frankreich (1), Großbritannien (1), USA (1), Australien (2), Norwegen (3), Dänemark (2), Finnland (2), Belgien (2), Irland (1), Neuseeland (2).
35 Beim Legitimitätsindikator wurden auch Streikereignisse eingeschlossen. Es handelte sich dabei aber um klar abgegrenzte politische Streiks, die ein bestimmtes Handeln oder eine Unterlassung des Handelns der Regierung erzwingen wollten. Hier geht es dagegen um rein wirtschaftlich motivierte Streiks, die Löhne, Arbeitszeit und Arbeitsbedingungen betreffen.
36 Martin Paldam und Peder Pedersen, »The Large Pattern of Industrial Conflict. A Comparative Study of 18 Countries, 1919-1979«, *International Journal of Social Economics*, 11 (5), 1984, S. 3-28.
37 Die Meßwerte für Verluste durch Streiks (1948-77) sehen folgendermaßen aus: Japan (1), BRD (0), Niederlande (1), Schweden (1), Schweiz (0), Kanada (18), Österreich (0), Italien (26), Frankreich (9), Großbritannien (10), Vereinigten Staaten (26), Australien (17), Norwegen (2), Dänemark (3), Finnland (9), Belgien (9), Irland (13), Neuseeland (5).
38 Von dieser statistisch gesicherten Beziehung weichen folgende Fälle merklich ab: Kanada und Australien mit mehr Verlusten und die Bundesrepublik Deutschland und Österreich mit weniger Verlusten infolge von Streiks.
39 Die Angaben liegen für 13 Fälle unseres Samples vor und entstammen der Arbeit von Duane H. Swank und Alexander Hicks, »The Determinants and Distributional Impacts of State Welfare Spending in the Advanced Capitalist Democracies, 1960-1980«, in Norman J. Vig und Steven E. Schier (Hg.), *Political Economy in Western Democracies*, New York und London: Holmes & Meier, 1985, S. 134. Die Umverteilung um 1970 durch Staatstätigkeit weist folgende Beobachtungen auf (in Gini-Indexpunkten, höhere Werte indizieren mehr Umverteilung):
Japan (0,048), BRD (0,015), Niederlande (0,148), Schweden (0,172), Schweiz (k.A.), Kanada (0,070), Österreich (k.A.), Italien (0,030), Frankreich (0,040), Großbritannien (0,094), Vereinigte Staaten (0.063), Australien (0,080), Norwegen (0,097), Dänemark (k.A.), Finnland (0,117), Belgien (k.A.), Irland (0,068), Neuseeland (k.A.).
40 Vgl. Frederic C. Lane, *Profits from Power. Readings in Protection Rent and Violence-Controlling Enterprises*, Albany: State University of New York Press, 1979, S. 2. Lane erinnert uns nicht zuletzt an erfolgreiche Generäle wie John Churchill (der spätere Earl of Marlborough) oder die Admiräle aus der Familie Doria

in Genua. Die Vermögen, die dagegen Handelskapitalisten anhäufen konnten, waren zu gewissen Zeiten im Vergleich dazu bescheiden.
41 Die Quelle ist OECD, a.a.O., S. 63. Die Meßwerte für Staatsangestellte als Prozent der Gesamtbeschäftigung sehen wie folgt aus:
Japan (6,3), BRD (13,3), Niederlande (13,5), Schweden (25,6), Schweiz (9,2), Kanada (19,5), Österreich (16,1), Italien (13,6), Frankreich (14,6), Großbritannien (20,1), Vereinigte Staaten (17,6), Australien (Erhebungsgrundlage nicht vergleichbar), Norwegen (19,2), Dänemark (23,0), Finnland (14,9), Belgien (16,1), Irland (13,0), Neuseeland (18,8).
42 Wenn wir im folgenden nur Rangplätze betrachten, so verschenken wir eigentlich Informationen, denn Unterschiede zwischen Rangplätzen können im einen Fall größer als im anderen sein. Grund für die Beschränkung ist, daß unsere Maße für die Protektion vorläufig erst nur auf dem Niveau von Rangplätzen verwendet werden sollten. Dies, weil die numerische Höhe des operationalisierten Produktes Protektion von Annahmen über die Minima für Gewalt und Legitimität abhängt. In Schaubild 15.1 ist erkennbar, daß das empirische Minimum an Gewalt offensichtlich nicht Null ist, sondern sich um den Wert Eins bewegt. Beim Minimum an Legitimität dürfte es sich ähnlich verhalten, ist aber in Schaubild 15.1 nicht zu erkennen, da die minimale Legitimität, die auch bei häufigen Ereignissen von Dissens vorhanden ist, mit Null vorläufig konstant gesetzt worden ist, denn wir haben noch keinen geeigneten Indikator dafür finden können.
43 Andrea Boltho, *Japan. An Economic Survey*, London: Oxford University Press, 1975, S. 84. Dort finden sich die technischen Details.
44 Die prognostizierte Reihenfolge von hohen zu tiefen Protektionsrenten sieht für die neun Fälle mit Daten für die Ersparnisse folgendermaßen aus, wobei die empirischen Meßwerte für die Ersparnisse der Haushalte (in Prozent des BSP, 1953-72) in Klammern stehen: Japan (15,8), BRD (9,6), Niederlande (9,1), Schweiz (12,6), Italien (12,6), Frankreich (10,2), Großbritannien (5,0), USA (8,0), Finnland (10,0). Die Folge der Meßwerte für die Ersparnisse der Konzerne sieht so aus: Japan (13,5), BRD (11,2), Niederlande (12,9), Schweiz (10,2), Italien (9,7), Frankreich (10,4), Großbritannien (8,8), Vereinigte Staaten (7,7), Finnland (9,6).
45 $Rho = +.52$, $df = 7$, $t = 1,613$, Wahrscheinlichkeit des Zufalls unter 10 %.
46 $Rho = +.88$, $df = 7$, $t = 4,895$, Wahrscheinlichkeit des Zufalls rund 0,1 %.
47 OECD, a.a.O., S. 49.
48 Andrea Boltho, a.a.O., S. 11. Unsere theoretische Rangfolge der Protektionsrente und die Zahlen für die Wachstumsrate des Kapitalstocks 1952-72 (in Klammern) für sechs Fälle: Japan (10,1), Bundesrepublik (6,4), Italien (5,8), Frankreich (5,2), Großbritannien (3,8), Vereinigte Staaten (3,6).
49 Die Quellen für die Berechnung der Anteile am Weltexport (zu laufenden US-Dollars) waren: UNCTAD, *Handbook of International Trade and Development Statistics*, New York: United Nations, 1976. Sowie: *Monthly Bulletin of Statistics*, New York: United Nations (Department of International Economic and Social Affairs, Statistical Office), verschiedene Hefte und Jahrgänge.
50 Die Werte für den *ungewichteten Index* der Exporteffizienz 1950-77 sehen in der Reihenfolge der Protektionsrente wie folgt aus:
Japan (529), BRD (318), Niederlande (187), Schweden (92), Schweiz (106), Kanada (77), Österreich (162), Italien (201), Frankreich (113), Großbritannien (51), Vereinigte Staaten (63), Australien (43), Norwegen (121), Dänemark (81), Finnland (105), Belgien (122), Irland (116), Neuseeland (33).
51 Für eine solche Kontrolle, nämlich die Gewichtung des Exporterfolges nach Maßgabe der Lohnkosten - *gewichteter Index* des Exporterfolges genannt -, haben wir eine vereinfachende Lösung gewählt. Eine präzisere Lösung hätte einmal einen sehr viel größeren Aufwand mit sich gebracht, dann wäre die Rangfolge dadurch kaum nennenswert anders gewesen, und schließlich können wir bereits mit dem unge-

wichteten Index die These bestätigen. Die verwendeten Gewichtungsfaktoren stützen sich auf die Länderdifferentiale beim Bruttosozialprodukt pro Kopf im ersten Teil der Betrachtungsperiode. Die verwendeten Gewichte, mit denen der Rohindex des Exporterfolges multipliziert wurde, lauten wie folgt: 0,30 für Japan, Italien und Irland; 0,40 für die Bundesrepublik Deutschland, Finnland, Belgien und Österreich; 0,50 für Großbritannien, Frankreich, Niederlande, Dänemark und Norwegen; 0,65 für Kanada, Australien, Schweden, Schweiz, Neuseeland; 0,80 für die USA.

Die Meßzahlen für die *gewichtete Exporteffizienz* 1950-77 sehen folgendermaßen aus: Japan (159), BRD (127), Niederlande (84), Schweden (60), Schweiz (69), Kanada (50), Österreich (65), Italien (61), Frankreich (57), Großbritannien (26), Vereinigten Staaten (51), Australien (28), Norwegen (61), Dänemark (41), Finnland (42), Belgien (49), Irland (35), Neuseeland (21).

52 Berücksichtigen wir den gewichteten Index der Exporteffizienz nur bis 1972, so ist die Korrelation mit der Protektionsrente noch höher: $rho = .90$.

53 Mit einem t-Wert von 5,5 und einer Irrtumswahrscheinlichkeit von 0,05 %.

54 Mit einem t-Wert von 2,6 und einer Irrtumswahrscheinlichkeit von 1 %.

55 Mit den *einzelnen* Produktionsfaktoren der Protektion können wir den gewichteten Exporterfolg viel weniger gut voraussagen als mit dem Endprodukt »Protektion«. Die Korrelation zwischen dem Gewaltindikator und dem gewichteten Exporterfolg lautet $rho = +.52$, und die entsprechende für den Legitimitätsindikator $rho = +.57$. Um den Erklärungsvorteil von Protektion richtig beurteilen zu können, sei daran erinnert, daß die erklärte Varianz - in diesem Fall der beobachteten Rangplätze - eine Funktion des Quadrates des Korrelationskoeffizienten ist. Protektion steht mit 66 % der Unterschiede beim Exporterfolg in Zusammenhang, die Komponenten des theoretischen Konstruktes Protektion - Gewalt und Legitimität - aber jeweils nur mit 27 bzw. 32 % der Unterschiede.

56 Die *Entfaltung* politökonomischer Regelungssysteme, wie z.B. des Wohlfahrtsstaates, ist nach der hier vertretenen Sichtweise *wachstumsfördernd*, insofern als sie die Legitimität der Gesellschaft erhöhen (vgl. dazu auch Kap. 6). Ergebnisse von Walter Korpi weisen auf, daß die Höhe der Sozialversicherungsausgaben in der Nachkriegszeit dem Wachstum des Einkommens und der Produktivität der 18 westlichen Länder förderlich war. Vgl. Walter Korpi, »Economic Growth and the Welfare State: Leaky Bucket or Irrigation System?«, *European Sociological Review*, 1 (2), 1985, S. 97-118. Daß Japan in Korpis Untersuchung aus dem erwähnten Muster herausfällt, spricht nicht gegen die These, sondern verweist nur auf alternative Quellen der Legitimität, auf die wir in Kap. 13 hingewiesen haben. Eine Übersicht über Positionen, die marktgestaltende Eingriffe generell als wachstumhemmend zu erkennen glauben, findet sich bei Walter Korpi, a.a.O. Vgl. dazu auch Mancur Olson, a.a.O.

57 Herbert Spencer, *Principles of Sociology*, Gekürzte Fassung von Stanislav Andreski herausgegeben. London: Macmillan, 1969, S. XXVI, XXXI.

58 Wolfgang Wieland, »Entwicklung, Evolution«, in Otto Brunner, Werner Conze, Reinhard Koselleck (Hg.), *Geschichtliche Grundbegriffe*, Bd. II. Stuttgart: Klett, 1975, S. 226.

59 Vgl. die Diskussion bei Bernhard Giesen, *Makrosoziologie. Eine evolutionstheoretische Einführung*, Hamburg: Hoffmann & Campe, 1980. Als Vertreter des soziologischen Neoevolutionismus werden u.a. Gerhard E. Lenski, Talcott Parsons, Niklas Luhmann, Jürgen Habermas und Shmuel N. Eisenstadt genannt, s.a. Bernhard Giesen, a.a.O., verschiedene Stellen.

Nachwort

Dieses Buch hat verschiedene Aspekte und Wandlungen der westlichen Gesellschaft behandelt. Es abzuschließen, ist kein Leichtes. Die aufgenommenen Themen bleiben ausbaufähig, die Theorie und Wirklichkeitsbezüge wohl auch strittig, ähnlich wie der Gegenstand, mit dem sich das Buch beschäftigt. Abschließend drängt sich eine Bewertung der Gegenwart auf, zu der hin sich die westliche Gesellschaft entwickelt hat. Weiter stellt sich im Anschluß daran die Frage: Was wird kommen?

In der gegenwärtigen Diskussion überwiegt in zusammenfassenden Einschätzungen ein negativ gewendeter Begriff der »Moderne«, der den Verlust an Bindungen und das Anschwellen der Optionen hervorhebt.[1] Beides eignet sich, wie ich meine, schlecht für eine Kritik der »Moderne«. Der Verlust an Bindungen - und zusätzlich wären noch der Kontrollverlust und das Gefühl der Machtlosigkeit infolge der formalen Organisation zu nennen[2] - mag eine korrekte Diagnose einer bestimmten historischen Periode, der Zerfallsphase eines Gesellschaftsmodells sein, nicht aber eine triftige Beschreibung des Langzeittrends. Die neuen sozialen Bewegungen, die im Anschluß an den Zerfall des Konsens zu blühen beginnen und häufig auch basisdemokratische Züge aufweisen - die Umweltbewegung, die Frauen- und Friedensbewegung sind die wichtigsten - stellen einen generellen Verlust an Bindung und Kontrolle sowie fehlendes Engagement für etwas Neues deutlich in Frage, ebenso wie dies die Gesellschaftsmodelle tun, die Menschen - wenn auch nur auf Zeit - binden. Einen generellen Trend zu wachsendem Verlust an Bindungen zu konstatieren, hieße, an einer regelmäßigen Krisenerscheinung gleichsam zu kleben.

Was die Optionen betrifft, so kann man ihr Anwachsen aus meiner Sicht nur als Gewinn verbuchen. Sie machen geradezu den Kern der Möglichkeiten dieses Gesellschaftstyps aus, nämlich individuelle und kollektive Freiheit der Wahl. Optionen für die Zukunft zu besitzen, bedeutet nun gerade nicht, daß wir alles, was wir tun könnten, auch tun sollten oder dürfen. Die aktuellen Probleme der Umwelt zeigen dies eindrücklich. Freiheit ist mithin keine solche, die frei von Moral wäre. Gesellschaftsmodelle sind Moralausformungen, die auf Zeit zu einem Grundkonsens werden.

Von ihrer Anlage her ist die westliche Gesellschaft *utopisch*. Wie wir schon im Vorwort anklingen ließen, gibt es aus ihren inneren Widersprüchen heraus keinen anderen Ausweg als die Rückkehr in die Zukunft. Sie verbindet mithin Utopie und Reform. »Die Zukunft ist die Menge der möglichen Ereignisse. Und möglich ist fast alles, so daß die Zukunft als Auslauf der Phantasien ein endloses Feld abgibt. Die Zukunft ist zugleich auch das Ergebnis der heute existierenden Gegebenheiten und Programme, so daß sie ein ständiger Orientierungs- und Streitpunkt für die Politik der Gegenwart bildet.«[3] Utopie und Reform sind auch tragende Elemente der vorgestellten Theorie des sozialen Wandels, durch sie wird Evolution hervorgebracht.

Der Gesellschaftsstruktur ist ein Modell zugrunde gelegt, aus dem die Implementierungsrichtlinien für eben diese Gesellschaftsstruktur hervorgehen. Für eine Entwicklung im Wandel bedarf es entsprechend eines erneuerten Modells, das wesentliche Veränderungen gegenüber der normativen Grundlage der alten Struktur aufweist, mithin Utopie und Reform verbindet. Die Bewegung der Wirklichkeit läßt sich am besten mit einer *dialektischen Evolutionstheorie* erfassen, die eine spiralförmige Bewegung zwischen Modell und Struktur beschreibt.[4]

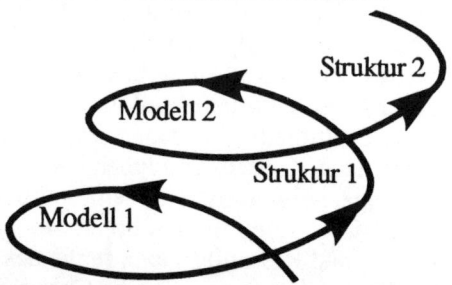

Die Prozesse der dialektischen Spirale, die ihre Kraft aus den widersprüchlichen Prinzipien der Sozialstruktur gewinnt, weisen wiederkehrende Regelmäßigkeiten auf. Das Ergebnis der Spirale bedeutet Evolution. Der Zwilling Utopie und Reform bindet sich einerseits an die Vergangenheit an und befreit sich gleichzeitig von dieser, um in die Zukunft aufzubrechen.

»Moderne« und »westliche« Gesellschaft sind, wie bereits betont, im Buch als hilfreiche Metaphern benutzt worden, die freilich nicht recht treffen, weil sie eben nicht eindeutig sind. Entweder sind sie aus einem zeitlichen oder aus einem räumlichen Koordinatenfeld entlehnt. Im Fluß der Zeit ist aber jede Moderne dazu bestimmt, überholt zu werden. Zudem hat unsere Behandlung Japans gezeigt, daß die Metapher »westlich« ebenfalls an Grenzen stößt. Woran sich die Untersuchungen in diesem Buch heranwagten, ist ein besonderer Typ von Gesellschaft. Die Unzulänglichkeit der Metaphern aus Raum und Zeit bedeutet nun aber nicht, daß dieser

Typ *überall* und *ewig* wäre. In diesem Buch haben wir nur die westliche Gesellschaft des Zentrums zum Gegenstand gehabt. Die übrigen Gesellschaftstypen und ihr Zusammenhang in der Weltsozialstruktur sollen Gegenstand weiterer Abhandlungen sein.
Unseren besonderen Typ von Gesellschaft als ewig zu deuten, verkennt die einfache Tatsache, daß alles endlich ist. Damit stellt sich die Frage nach Anfang und Ende. Eine endlose spiralförmige Bewegung zwischen Modell und Struktur wird es also nicht geben. Wann aber wird sie aufhören? Verschiedentlich im Buch habe ich auf jene die westliche Gesellschaft kennzeichnende Entwicklungen und Strukturmuster hingewiesen, die in ihren Ursprüngen weit zurückliegen. Je genauer man zurückschaut, desto mehr rückt die »frühe Neuzeit« in ihren Anfängen an einigen Orten zumindest in das vor, was wir gewöhnlich Mittelalter nennen. Zu denken ist etwa an die frühe Renaissance, z.B. die der Wissenschaften, und an die Rückverlagerung der kulturellen Macht in das Individuum in verschiedenen Ketzerbewegungen - beides am Anfang des zweiten Jahrtausends, also zeitlich viel früher als das »lange 16. Jahrhundert«, in dem Immanuel Wallerstein die Geburtsstunde des modernen Weltsystems erkennt. Ein neues kulturelles Muster, ein Modell also ging auch diesen soziostrukturellen Ausformungen voran. Daß der Anfang so merkwürdig wenig konkret greifbar scheint, mag auch daran liegen, daß die neue - aus einem neuen Typ von Stadt entspringende - Gesellschaft nicht zeitgleich Europa ergriff, geschweige denn das, was wir heute Westen nennen. Die westliche Gesellschaft hat sich historisch ausgedehnt, und dies nicht erst in unserem Jahrhundert, als Japan hinzutrat.

In Kapitel 2 habe ich auf die Möglichkeit hingewiesen, die Prinzipien, die diesen Typ von Gesellschaft stark prägten, im Kern in der menschlichen Natur zu verankern. Ihre Entfaltung - und ob es überhaupt dazu kommt - ist freilich sehr gebunden an die soziale Form, d.h. die Rahmenbedingungen, die einzelne Gesellschaften dieses Typs überspannen. Unter vergleichbaren Rahmenbedingungen ist das »moderne« oder »westliche« Muster zu sehr verschiedenen Zeiten und an verschiedenen Orten möglich.[5] Dieser besondere Typ von Gesellschaft kann so als eine Potentialität des Sozialen gesehen werden, wenn auch mit historischen Einfärbungen auf verschiedenen Stufen der Entwicklung. Eine komparative Analyse von Weltsystemen könnte hier interessante Befunde zutage fördern.[6] Vielleicht könnten wir Ähnlichkeiten zwischen Sumer, Phönizien, Phasen Griechenlands, Etruriens und der europäischen Neuzeit aufdecken.

Immanuel Wallerstein[7] hat eine zwar kritisierbare, aber nützliche Typologie von grundlegenden Formen sozialer Systeme vorgeschlagen, die er mit Rückgriff auf Karl Polanyi gewonnen hat: *reziproke Minisysteme* (eine vollständige Arbeitsteilung in einem einzigen politischen und kulturellen Rahmen), *redistributive Weltreiche* (eine die Arbeitsteilung umspannende politische Ordnung mit mannigfaltigen kulturellen Subsystemen) und auf Marktaustausch beruhende *Weltwirtschaften* (eine, verschiedene politische und kulturelle Subsysteme umfassende Arbeitsteilung). Immanuel Wallersteins Konzeption des modernen Weltsystems als einer kapitalistischen Weltwirtschaft will zwar nicht besagen, daß nicht politische Ordnung und Kultur auch wichtig wären, aber sie sind zweitrangig. Und zwar werden sie aufgrund einer Definition auf einen weniger bestimmenden Platz verwiesen. Darin liegt eine nicht zu übersehende Beschränkung, die wir in diesem Buch zu vermeiden trachteten. "Capitalist civilization" ist doch wohl mehr als bloß eine "cosmology of 'more' ", wie Immanuel Wallerstein meint. Aber ein solches strukturalistisches Modell sozialer Systeme, das erweitert werden muß, hat den Vorteil, die Einseitigkeit von linearen Entwicklungsmodellen zu überwinden, weil es auf die je systemspezifische Logik als Rahmenbedingung für soziales Handeln und Entwicklung verweist.

Das Weltsystem, in dem die westliche Gesellschaft die Zentrumsposition einnimmt, ist durch die Rahmenbedingung *einer* dominanten Kultur und der vielen verschiedenen Souveräne sowie des Fehlens des Gewaltmonopols gekennzeichnet, was schon früh Max Weber und Otto Hintze thematisierten. Der Weltmarkt für Protektion, der daraus entstand, hat unseren Gesellschaftstyp ausgestaltet. Und wir verdanken dieser Rahmenbedingung viel. Die Modernekritik pflegt dies gerne zu übersehen. Wir haben diesem Gesellschaftstyp aber auch Übel anzulasten. Sie charakterisieren nicht nur ihn, aber eben auch diesen, und zwar nicht nur nebensächlich. Ich meine insbesondere die Weltkriege, die ebenfalls normale Begleiterscheinungen der sozialen Prozesse, den Kämpfen um die Hegemonie in diesem System waren. Nun wird man moralisch nicht jeden Krieg verurteilen wollen, jedenfalls nicht im Rückblick. Es war nämlich moralisch sicher richtig, auf seiten der Alliierten gegen den Hitler-Faschismus und Japans Imperialismus in Asien in den Kampf zu ziehen - wer wollte das bestreiten.

Bemerkenswert ist, daß eine ähnliche Konfrontation wie die der Alliierten gegen die Achsenmächte bei der gegenwärtigen Waffentechnologie keine moralisch mehr zu rechtfertigende wäre, weil sie die Menschheit in einem »nuklearen Winter« auszulöschen drohte. In diesem Wandel liegt ein möglicher Faktor, der der »Moderne« ein Ende bereiten könnte, daß man nämlich nicht mehr so handeln kann, wie es moralisch bisher richtig und verlangt war, weil die Güterabwägung eine andere geworden ist. Auf der einen Seite der Waagschale wiegt nämlich das Überleben der Menschheit. Ein anderer möglicher Faktor des Endes liegt im Umstand, daß wir zukünftig nicht mehr individuell oder in Gruppen - aus Neugier oder Erwerbstrieb heraus - beliebig handeln können, weil Verbote zum Schutz der Humanität im ökologischen »Raumschiff Erde«

dem entgegenstehen. Gleich, ob man das begrüßt oder bedauert, hier interessiert der damit gegebene Systemwechsel. Was die »Moderne« beenden könnte, dürften mithin einerseits ein Weltmonopol an Gewalt zum Zwecke der Bändigung des Gewaltmißbrauches der kleineren Gewalten und andererseits eine verbindliche und zwingende Moral sein, nicht all das zu tun, was denkbar und möglich wäre.

Die Forderung nach Selbstbeschränkung fließt zweifellos aus der Realangst vor dem, was gesellschaftliche Entwicklung angerichtet hat: Menschheit am Rande eines Atomkrieges und Umweltverwüstung. Angst ist aber auch unverkennbar ein die Neuzeit begleitender Topos der Gegenaufklärung. Buße wird verlangt und angeboten für die Sünde durch das vermessene Gottesprojekt der Menschen, das begann, als das neue Weltbild die letzte Souveränität in die Menschen selbst verlagerte. Die Säkularisierung hat aber die Verantwortung vor Gott nicht genügend durch eine neue Verantwortung gegenüber der Menschheit ersetzt.

Die zentralisierte Gewalt und Normen kontrollierende Instanz, die die »Moderne« ablösen könnte, wäre freilich nichts Neues, also keine Post-, sondern eine *Prämoderne*. Denn die sozialen Systeme der Vergangenheit vom Typ Weltreich - obwohl nicht wirklich weltumspannend - funktionierten in ihrem Herrschaftsbereich ähnlich. Wir können also Bedingungen für das Ende dieses besonderen Typs von Gesellschaft nennen, nicht aber die Frage beantworten, *wann* das Ende eintritt.

Die uns Menschen typischen Anworten auf die Situation des Dilemmas sind zweierlei: Einmal könnten wir sie als unausweichlich akzeptieren. Wir müßten dann moralische Entscheidungen treffen. Die Güterabwägung, die dann gefordert ist, müßte im vorliegenden Fall zugunsten der Erhaltung der Humanität ausfallen. Zum zweiten können wir das Dilemma als nicht unausweichlich definieren. Wir können gleichsam in einer Flucht nach vorn innovativ eine neue Ausgestaltung von Institutionen ersinnen, die die Probleme der Gegenwart, die das alte Gesellschaftsmodell nicht mehr bewältigen kann, lösen - wiederum freilich nur auf Zeit. So sollten wir nicht sofort aus jeder Krise - selbst wenn sie so profund wie die heutige ist - die große Wendezeit, einen Systemwechsel bei der sozialen Logik abgeleitet.

Bislang gelangen im Westen innovative Antworten auf die Krisen im Zerfall von Gesellschaftsmodellen - wenngleich mit Zeitverzögerung - in einer Weise, daß die Grundprinzipien in neuen und erneuerten Institutionen sogar mehr entfaltet wurden. Wir können nicht sicher sein, ob das auch für die Zukunft ohne Aufgabe der »Moderne« gelingt. Sicher ist, daß dies heute Herausforderungen im Weltganzen sind. Als Rahmenbedingung muß Weltzerstörung verhindert werden *und* das neu konzipiert werden, was der »Weltmarkt für Protektion« in der Vergangenheit (nur unvollkommen) leistete: dezentrales soziales Lernen, wobei die besseren, weil legitimeren

Lösungen belohnt wurden. Ohne Anspruch auf Vollständigkeit können einige Problemfelder und Lösungsansätze kurz angesprochen werden.

Neuinterpretation des Effizienzstrebens. Die bisherigen Interpretationen auf individueller wie kollektiver Ebene waren ausschließlich anthropozentriert. In einem zukünftigen Gesellschaftsmodell dürfte es zu einem Pakt und neuen Verwertungszusammenhang zwischen Mensch und Natur kommen. Einerseits wird die Natur geschützt und gehegt, wie ein Reservat, und Rücksicht auf natürliche Kreisläufe genommen, daneben wird Natur umgestaltet, in die industriellen Produktionsprozesse auf eine ganz neue Weise einbezogen und als ein *steuerbarer* Produktionsfaktor eingesetzt. Das Stichwort liefert hier die heute bereits in Umrissen erkennbare Gentechnologie. Damit sind Gefahren, aber auch ungeahnte Möglichkeiten verbunden.

Ein neues Verhältnis von Mensch und Maschine ist wahrscheinlich. Immer komplexere menschliche Kommunikationsfähigkeiten werden nötig, um Maschinen zu programmieren und sinnvoll zu nutzen. Andererseits werden weniger Menschen dem Diktat von starren Maschinen im Arbeitsprozeß untergeordnet sein. Insgesamt könnte sich das Verhältnis von Mensch und intelligenteren Maschinen mehr zu einem partnerschaftlich-symbiotischen entwickeln, jedenfalls für einen signifikanten Teil der Menschen. Zumindest im Übergang wird damit aber die Gefahr von »funktionellem Analphabetismus« verbunden sein, die auf eine nötige Umwandlung des Schulsystems verweist. Unter funktionellem Analphabetismus verstehen wir die Unfähigkeit, trotz Pflichtschule an den veränderten Lebensbedingungen teilzunehmen, sie kreativ zu nutzen und ihnen gegenüber Souveränität zu behalten.

Neuinterpretation des Gleichheitsanspruchs. Die Ausdeutungen des Gleichheitsanspruches haben sich im Westen bisher im Feld der Rechts- und Chancengleichheit sowie der Gleichheit im Ergebnis bewegt. Letzteres hat eine Sozialbürokratie hervorgebracht, die auf wachsende Kritik gestoßen ist. Da der Gleichheitsanspruch aber nicht abnimmt, wird eine innovative Neuinterpretation des Gleichheitsanspruches nötig. Eine solche dürfte darin liegen, eine *absolute* Gleichheit als Sockel zu gewähren. Sie bestünde nicht nur in einer Sockelgleichheit in bezug auf die materiellen Bedürfnisse (über ein Grundeinkommen), sondern auch in bezug auf Teilnahme an Kommunikation und Entscheidung. Damit einher ginge eine weitergehende Entkoppelung von Arbeit und Einkommen. Die Neuinterpretation beträfe eine Gewährleistung der Grundbedürfnisse für alle Menschen und zwar unabhängig von am Markt erbrachten Vorleistungen (wie im Versicherungssystem), vielmehr ausgestaltet als Menschenrecht (*qua* Existenz). *Über* dem Sockel von radikaler Grundgleichheit könnte das Prinzip der

Chancengleichheit durch eine echte Liberalisierung neu aufgewertet sowie das Prinzip der Gleichheit im Ergebnis abgewertet werden.

Neugestaltung der formalen Organisation. Der arbeitsteilige Verbund von Routine, Expertise und Kontrolle dürfte sich ändern. Die Routine als gesondertes Element wird mit der neuen Maschinengeneration weitgehend verschwinden. Expertise und Kontrolle werden neu zu einem Geflecht integriert. Die Kristallisation des zukünftigen Stils wird abermals den Teil der Menschen drastisch reduzieren, der für die materielle Produktion nötig ist. Das muß sich keinesfalls dauerhaft in Massenarbeitslosigkeit äußern, da der Betätigung von Menschen keine Grenzen gesetzt sind. Arbeitslosigkeit ist nämlich schon im letzten Modell eine Frage der sozialen Definition und der Art der Verteilung des gesamten Produktes gewesen. Das *Grundeinkommen* (als Sockelgleichheit) dürfte in einem zukünftigen Modell mithelfen, daß jeder ein »Startkapital« für eine sinnvolle Tätigkeit besitzt.

Die Überwindung von Zeit und Distanz durch die Informatik wird die Welt zu einem »globalen Dorf« machen und den zukünftigen technologischen Stil prägen. Auch die Großkonzerne unserer Tage wird das verwandeln. Sie werden zu Weltkonzernen im wahrsten Sinne. Die klassischen Formen des zwischenstaatlichen wirtschaftlichen Engagements (Auslandsdirektinvestitionen und physische Exporte) dürften zugunsten von technologischer, finanzieller und kommerzieller Kooperation von Partnerfirmen in verschiedenen Ländern an Bedeutung verlieren. Solche Weltfirmen werden ganze Produktepaletten weltweit gleichzeitig anbieten. Eine Restituierung der Rechte der Person gegenüber Kunstpersonen (formalen Organisationen) ist allerdings nicht einfach zu erzielen. Kooperationen von natürlichen Personen bieten eine Lösung. Als Interessenvermittler solcher Kooperationen werden Staaten als gegengewichtige Mächte eine neue Rolle gegenüber den Weltkonzernen erhalten.

Neugestaltung der Schule. Eine Erneuerung des Schulsystems wird die Aufgabe der enorm gewachsenen Ansprüche, einen allgemeinen kulturellen Sockel an Wissen im Rahmen der Pflichtschule zu vermitteln, lösen müssen. Das Schulsystem wird darüber hinaus einerseits durchlässiger und andererseits weniger biographisch fixiert, d.h. der in verschiedenen Lebensphasen freiwillig gewählten zusätzlichen Schulung wird eine ebenso große Bedeutung zukommen wie der Einführung von kreativen, kommunikativen und spielerischen Fähigkeiten. Damit können wieder vermehrt Genußelemente in die flexibel gestaltete Schullaufbahn eingebaut werden.

Neugestaltung des Nationalstaates. Das atomare Patt sowie die Bedrohung durch weltweiten Terrorismus, bei der Gruppen auch in den Besitz von atomaren, chemischen und bakteriologischen Waffen gelangen können, wird die Einsicht erzwingen, daß Nationalstaaten auch das territoriale Monopol der Gewalt verloren haben. Zwischenstaatliche Vereinbarungen und überstaatliche politische Organisationen werden zunehmend an der Erzeugung von Protektion beteiligt sein. Der Nationalstaat wird deshalb einerseits einen Funktionsverlust erleiden, was eine Renaissance von kommunalen Formen der öffentlichen Verwaltung ermöglicht, und andererseits zunehmend mit andern kooperieren müssen, was den Mythos seiner Souveränität untergräbt. Damit wird auch der Nationalismus, einer der größten Mythen der Neuzeit - gleichsam eine Form von identitätsstiftender partikularistischer Religion - geschwächt. Einen Funktionswandel erfährt der nun entmythologisierte Staat durch seine Interessenorganisation und -vermittlung in der Staatengemeinschaft. Der Nationalstaat ändert sich dadurch in Richtung auf eine Schutzvereinigung, ähnlich einer gewerkschaftlich-politischen Partei im Weltganzen.

Die Temperierung der Nord-Süd-Gegensätze. Zu einem tragfähigen zukünftigen Gesellschaftsmodell wird gehören, den Graben zwischen Nord und Süd auf der Welt zu verringern, und zwar nicht nur was den Reichtum, sondern auch was die Macht betrifft. Ein sozialliberales Weltwirtschaftsregime mit einer expliziten Vorzugsbehandlung der Länder der Dritten Welt wird dabei ein Baustein sein. Die Ausdehnung einer universalen Mitmenschlichkeit wird wohl auch durch das Eigeninteresse des Nordens gestützt. Das Projekt der Neuregelung der Beziehung von Mensch und Natur ist nämlich nicht ohne grundlegende Verständigung mit dem Süden realisierbar. Die Märkte des Westens sind für die zukünftige Technologie zu klein, weswegen der Ausbau von Massenmärkten in den zahlreichen Schwellenländern auch im ökonomischen Interesse des Nordens liegt. Auch legt die Verschiebung der Bevölkerungsverhältnisse zwischen dem alten Norden und dem Süden eine vermehrte Integration nahe, die eine stabilisierende Mittelschicht schafft. Deshalb wird sich der alte Norden ausdehnen, ähnlich der Süderweiterung der EG, und für den marginalen Rest dürften wohlfahrtsstaatliche Auffangnetze im Weltmaßstab entstehen.

Die Überwindung der Ost-West-Konfrontation. Die Projekte Weltfrieden und Aussöhnung mit der natürlichen Umwelt werden eine Kooperation zwischen Westen und Osten erzwingen, wenn sie erfolgreich sein wollen. Induziert durch den Rückstand des Ostens im Wettstreit der Systeme sind dort einige Wandlungen erkennbar, die zukünftig genügend Gemeinsamkeiten schaffen könnten, so daß ein Basiskonsens möglich wird. Dadurch könnten die beiden Blöcke, die sich heute noch feindlich und bis an die Zähne bewaffnet gegenüberstehen, ihre gegeneinander gerichteten Waffen beiseitelegen und sich eher in Richtung von zwei Großparteien im Weltrahmen entwickeln. Der Pakt zwischen Sozialdemokratie und Kapital in unserem Jahrhundert hat gezeigt, daß eine konfliktive Allianz zwischen ansonsten ideologisch ungleichen Partnern nicht nur durchaus möglich ist, wenn es die Umstände erzwingen, sondern auch unerwartet schnell entstehen kann.

Die beiden zuletzt angesprochenen Quellen von Dissens und der Bedrohung des Weltfriedens weisen auf die Besonderheit einer neuen Aushandlungsrunde um einen erneuerten Gesellschaftsvertrag hin. Die drohende Menschheitsvernichtung durch die modernen Waffen und durch die Umweltkatastrophen machen eines deutlich: Die Wandlungen der ehemals weltbeherrschenden Subformation des Westens werden in Zukunft nicht mehr aus sich selbst heraus und allein bestimmt. Der Westen ist in einem komplexen Weltgefüge von seiner ehemaligen Stellung entthront worden und muß sich partnerschaftlich in die Weltgesellschaft einbinden. Kaum eindringlicher könnte sich eine Weltsystemperspektive für die weitere Forschung wie das Nachdenken über Ordnung im Weltganzen empfehlen.[8]

Anmerkungen

1 Johannes Berger (Hg.), *Die Moderne - Kontinuitäten und Zäsuren*, Göttingen: Schwartz & Co., 1986, S. 10.
2 James S. Coleman, *Power and the Structure of Society*, New York: Norton, 1974, S. 105.
3 Heinz Theisen, *Katastrophenstimmung und freiheitliche Demokratie. Gefährdungen, Grenzen und Möglichkeiten freiheitlicher Politik in den prognostizierten Bedrohungsfeldern unserer Zukunft*, Köln: Verlag Wissenschaft und Politik, 1985, S. 9.
4 Diese Darstellung verdanke ich *Giosua Thöny* aus seiner Aneinandersetzung mit meiner Theorie (Giosua Thöny: *Zur Theorie des sozialen Wandels. Mit besonderer Berücksichtigung neuerer Evolutionsansätze*, Zürich, Mai 1987, unveröffentlicht).
5 Eine transhistorische Analyse über den Zeitraum 540 v. Chr. bis 1900 n. Chr. hat z.B. kausal interpretierbare Beziehungen aufdecken können zwischen der politischen Fragmentierung im europäischen Weltsystem und besonderen Merkmalen der philosophischen Ideensysteme. Vgl. Dean Keith Simonton, »The Sociopolitical Context of Philosophical Beliefs: A Transhistorical Causal Analysis«, *Social Forces*, 54 (2), 1975, S. 513-523.
6 Solche komparativen Forschungen über Weltsysteme haben bereits begonnen. Vgl. Christopher Chase-Dunn, *Rise and Demise*, Manuskript, The Johns Hopkins University, 1986.
7 Volker Bornschier (Buchbesprechung), »Immanuel Wallerstein: The Politics of the World Economy. The States, the Movements and the Civilizations«, *Kölner Zeitschrift für Soziologie und Sozialpsychologie*, 38 (1), 1986, S. 155-157.
8 Dieses Nachwort wurde im Juli 1987 verfaßt. Für die Hilfe bei der Schlußdurchsicht des gesamten Manuskriptes danke ich *Kurt Imhof, Gaetano Romano, Hanspeter Stamm* und - zusätzlich auch für die Mitarbeit am Anhang - *Michael Nollert*.

Anhang

Verzeichnis der Schaubilder, Tabellen und der Übersichten

Schaubilder

3.1 Mittlere jährliche Wachstumsrate der aggregierten Industrieproduktion in verschiedenen Perioden, 1850 bis 1986, 74
4.1 Kaufmännische und technische Angestellte in Prozent der Arbeiter in der Industrie nach Betriebsgrößenklassen, 115
6.1 Phasenverschobene Zyklen der Ausbreitung des technologischen Stils und der Problemlösungskapazität des politökonomischen Regimes sowie die resultierende Wahrscheinlichkeit der wirtschaftlichen Expansion, 144
6.2 Weltindustrieproduktion der marktwirtschaftlichen Länder, Index und jährliche Wachstumsrate 1929-1985, 148
6.3 Index der industriellen Produktion in den Vereinigten Staaten, 1910-1978, und Wachstumsraten 1932-1975, 159
7.1 Konflikt über die Karriere des Gesellschaftsmodells, die theoretischen Erwartungen, 173
7.2 Die graphische Darstellung von Daten aus Tabelle 7.1, 176
7.3 Die stilisierten Fakten der Streikaktivität 1948-1979 in 17 Ländern der westlichen Gesellschaft (ohne USA) und zwei Fallbeispiele, 179
7.4 Jährliche Selbstmordraten 1948-1982 sowie politischer Konflikt und bewaffnete Angriffe, 181
7.5 Die Fallbeispiele Großbritannien, Dänemark, Japan, 183-184
7.6 Konfliktumschwung in den Vereinigten Staaten (1933) und der Schweiz (1937), 187-188
8.1 Die Veränderung der absoluten Konzentration, Vereinigte Staaten 1947 bis 1963 und Bundesrepublik Deutschland 1954 bis 1974, 207
8.2 Die Verteilung der größten 50 industriellen Weltkonzerne nach Leitungssitz, 1956 bis 1986, 211
8.3 Durchschnittliche Monatslöhne nach Unternehmensgröße in der Schweiz, 1979, 215
9.1 Wichtige Faktoren, durch deren Zusammenspiel sich der technologische Stil herausbildet, 228
9.2 Grunddynamik der organisierten Arbeitsteilung, 230
9.3 Die Veränderung der Positionsstruktur bei der Organisationsentwicklung, schematisch, 233
9.4 Die Verteilung der Arbeitnehmer in den Niederlanden über eine siebenstufige Skala der Arbeitsplätze, 1960 und 1977, 236
9.5 Ein einfaches Schema für die Hierarchisierung, 239

Anhang: Verzeichnis der Schaubilder, Tabellen und Übersichten • 431

Fortsetzung Schaubilder

10.1 Die optimale Verknüpfung zwischen Bildung und Einkommen, 261
10.2 Arbeitsteilung und Selektion von Stellenbewerbern, 263
10.3 Die Wellen der Einführung und der Verlängerung der allgemeinen Schulpflicht in Westeuropa, 267
11.1 Staatsentwicklung und Weltmarktexpansion, 1910 bis 1982, 284
11.2 Korrelationen für 13 westliche Länder, 286
11.3 Einführung in Westeuropa von: Gewerbefreiheit und Koalitionsrecht; die Gründung von gewerkschaftlichen Dachverbänden und Arbeiterparteien, 305
11.4 Die Ausdehnung des Wahlrechtes in Westeuropa, Periodisierung der Gesetze, 306
12.1 Zugangschancen zu den höheren Schichten in Abhängigkeit von der Anlage der Untersuchung, 335
12.2 Pfadmodell für die Statusverknüpfung in der westlichen Gesellschaft, zusammengelegtes Sample aus sechs westlichen Ländern, 1973-75, 339
14.1 Die Protektionskurve, 378
14.2 Analytische Dimensionen von Protektion im Legitimität/Gewalt-Quadranten, 379
15.1 Protektion in operationalisierter Form: Das empirische Muster für die 18 westlichen Länder, 1948-1977, 398
15.2 Die Veränderung der Lage im Protektionsquadranten für sechs Fünfjahresperioden von 1948-1977, 400-402
15.3 Anteile an den gesamten Weltexporten für die Jahre 1950 bis 1983, 410
15.4 Die Rangplätze für die Protektionsrente und die gewichtete Exporteffizienz im Protektionsquadranten, 412

Tabellen

3.1 Schätzungen für die relativen Anteile von Ländern und Ländergruppen an der gesamten verarbeitenden Weltindustrieproduktion, 72
4.1 Basisinnnovationen aus verschiedenen Datenquellen, 1900-1974, 97
4.2 Selbständige und Angestellte/Beamte in Prozent aller Arbeitskräfte, 112
4.3 Stufen der Automatisierung bei der Schwefelsäureherstellung, ein Fallbeispiel, 113
6.1 Index der gesamten Industrieproduktion 1928-1948, 161
6.2 Jährliche Wachstumsraten der Industrieproduktion, 1929-1982, 162
7.1 Politischer Konflikt in 17 westlichen Ländern (ohne USA), 175
7.2 Politischer Konflikt in den USA, militarisierte Dispute, in die die USA involviert waren, und Mißerfolg bei der Schlichtung von internationalen Disputen, die vor die UNO gebracht wurden, 190-191
8.1 Grobaufnahme der Schichtung der Wirtschaftsunternehmen in der Schweiz, 1980, 205
8.2 Konzentration des Umsatzes auf die 50 größten Industrieunternehmen in acht westlichen Ländern, um 1970, 205
8.3 Transnationalisierungsgrad der Industrie für 11 Leitungssitzländer, 1966, 209
8.4 Konzentration von finanzieller Macht auf Wirtschaftskonzerne und natürliche Personen am Beispiel der Vereinigten Staaten, 222
10.1 Intergenerationelle Bildungsmobilität für verschiedene Alterskohorten in einem zusammengelegten Sample aus acht westlichen Ländern, 1973-75, 254
10.2 Die Verteilung der höchsten Schulabschlüsse für fünf Alterskohorten aus einem zusammengelegten Sample aus acht westlichen Ländern, 1973-75, 255
10.3 Ungleichheit verschiedener Statusverteilungen, 1973-75, 258
10.4 Die gemeinsame Varianz zwischen Statusvariablen im zusammengelegten Sample der westlichen Gesellschaft, 1973-75, 259
10.5 Die Einführung der Schulpflicht in Westeuropa, 266

Fortsetzung Tabellen

10.6 Durchschnittliche Einschulungsraten für 13 westeuropäische Länder, 1870-1975, 268
11.1 Die Entwicklung der Sozialversicherungsausgaben für Unfall-, Renten-, Kranken- und Arbeitslosenversicherung in Westeuropa, 308
11.2 Reales Wachstum des Bruttosozialproduktes pro Kopf als Korrelat der Expansion der Staatsquote, 1950-1977, 309
12.1 Revisionen des Eherechts, 325
12.2 Prozentzahl der Mobilen bei unterschiedlich feiner Berufsklassifikation: Mittelwerte für sechs westliche Länder und der Variationskoeffizient, 333
12.3 Ähnlichkeiten zwischen Statusverteilungen in sechs westlichen Ländern, 337
12.4 Die Bedeutung von Länderunterschieden bei der Statusverknüpfung, sechs westliche Länder, 341
13.1 Japan im Vergleich mit bevölkerungsreichen Ländern des Westens: Grunddaten, 357
13.2 Japan im Vergleich mit bevölkerungsreichen Ländern des Westens: Verteilung und Mobilität, 358
13.3 Der Vergleich der sozialen Mobilität in Tokio, Chicago und in einem zusammengelegten Sample aus sechs westlichen Ländern, 359
13.4 Horizontale Geschlossenheit des Schichtungssystems gemessen an der Statuskonsistenz, 361
13.5 Politischer Konflikt 1948-1977, Japan im Vergleich mit bevölkerungsreichen Ländern des Westens, 363

Übersichten

1 Typen von Gesellschaften in der Weltsozialstruktur, 10
2 Schema für die Einordnung verschiedener Theorien, 13
5.1 Begründungen und Beeinflussungen von Regelungen, 124
5.2 Beziehungen zwischen dem moralischen und politökonomischen Regime sowie dem technologischen Stil, 126
5.3 Zusammenfassende Darstellung zur Entwicklung des politökonomischen Regimes und des technologischen Stils, 133-136
6.1 Phasen in der Karriere von Gesellschaftsmodellen. Mit einem Datierungsvorschlag ab 1933/1945, 150
8.1 Typische Muster des Auseinanderfallens von persönlichem Eigentum und der Verfügung über Organisationsmacht, 220
11.1 Fadenkreuz politischer Potentiale im Spannungsverhältnis, 282
11.2 Die oppositionellen Gestaltungsprinzipien in der modernen Staatsbildung, 293

Autorenregister

Abegglen, J, 349, 364
Adams, J.L., 84, 160, 166, 167, 192, 194
Alber, J., 138, 278, 305, 308, 309, 311, 315, 322, 344
Alker, H., 191
Allen, M.P., 219, 226
Allir, M.O., 344
Allmendinger, T., 15, 117, 120
Alston, J.P., 364, 365
Anderson, J., 312
Anderson, P., 297, 313, 314, 315
Andreski, S., 420
Apter, D., 344
Arendt, H., 59, 60
Ashford, D.E., 315
Averitt, R., 212, 225

Bahr, F.-M., 120
Bairoch, P., 72, 84, 315, 389
Bales, R., 86
Baron, J.N., 225
Barr, K., 70, 83, 86
Baumann, R., 83
Beck, U., 273, 275, 276
Beenstock, M., 85
Bell, D., 59, 237
Bell, M., 101, 119
Bendix, R., 218, 225, 344, 345
Berend, I., 83, 119
Berger, J., 429
Bergesen, A., 79, 85, 86, 224, 311, 313, 345, 389, 415
Berkowitz, E., 166
Berle, A., 28, 207, 222, 226
Bielby, W.T., 225
Biermann, B., 225
Bieshaar, H., 71, 84
Blau, P., 232, 241, 242, 246, 247, 248
Bleicken, J., 58
Bloch, M., 59, 312
Boli-Bennett, J., 267, 275, 285, 311, 312, 345
Bolte, K.M., 61, 226, 270, 276, 346
Boltho, A., 365, 366, 408, 409, 419
Borchardt, K., 83, 119
Bombach, G., 164, 165, 166
Borner, S., 224
Bornschier, V., 59, 61, 117, 118, 164, 205, 207, 209, 224, 225, 246, 247, 259, 275, 311, 312, 337, 339, 341,

345, 346, 347, 364, 365, 366, 388, 418, 429
Boulding, K., 118
Bourdieu, P., 49, 60, 274, 275
Bousquet, N., 79, 86
Brand, K.W., 196, 311
Braudel, F., 292, 313
Braverman, H., 235, 246, 247
Brenner, H., 68
Bronner, R., 242, 248
Brunner, O., 58, 59, 420
Bürcher, M., 166
Bürgi, J., 119
Buhofer, H., 387
Butterworth, R.L., 199

Cain, P.J., 314, 315, 389
Cameron, D., 285, 312, 324, 345
Chandler, A.D., 28, 92, 118
Chase-Dunn, C., 15, 79, 85, 369, 371, 385, 387, 388, 429
Child, J., 345
Clark, J., 98, 119
Clarke, H., 83
Cleary, M.N., 83
Coakley, J., 139
Cohen, B.J., 137
Cole, R.E., 349, 350, 364, 365
Coleman, J.S., 59, 61, 202, 203, 224, 313, 429
Cooke, R.A., 345
Coombs, L.C., 166
Coombs, R., 78, 85, 101, 102, 106, 119
Conze, W., 58, 59, 420
Cronin, J., 81, 86
Cummings, W. 360, 366

Dahl, R.A., 16, 394, 415
Dahm, G., 120, 224
Dahrendorf, R., 12, 40, 46, 59, 60, 389
Dann, O., 58, 60
Davidsohn, R., 59
Derber, M., 166
Deutsch, K.W., 344
Dipper, C., 41, 58, 59
Domínguez, J.I., 314
Dore, R.P., 364
Downs, A., 91
Drass, K., 80, 86
Duby, G., 58
Dülmen, R. van, 312

Duijn, J. van, 71, 75, 78, 79, 83, 84, 98, 119, 164
Duncan, O.D., 82, 83, 84, 166
Dunkel, A., 139
Dunlop, J.T., 319, 344
Durkheim, E., 12, 67, 168, 198

Eisenstadt, S.N., 15, 344, 420
Eisner, M., 15, 59, 84, 139, 164, 310, 387
Eklund, K., 70, 83
Elias, N., 59, 312, 313
Elsenhans, H., 315
Erikson, R., 331, 346
Ernst, U., 258
Euchner, W., 314
Evans, P.B., 164, 311
Ewijk, C. van, 83
Featherman, D.L., 330, 345
Fedder, J., 83
Fend, H., 274
Fischer, H., 59, 246
Flora, P., 138, 226, 267, 276, 306, 315, 344
Fondin, J., 120
Forrester, J., 79, 84, 85
Freeman, C., 78, 81, 84, 85, 98, 119
Freeman, J.R., 199
Fröbel, F., 86
Fukutake, T., 350, 352, 364, 365

Gabillard, J., 164
Gagliani, G., 15, 234, 247
Gagnebin, C., 225
Galbraith, J.K., 60, 202, 223
Galtung, J., 389
Ganguillet, G., 197
Ganshof, F.L., 59
Gattringer, H., 271, 276
Gelderen, J. van, 83
Giesen, B., 420
Gimpel, J., 58, 100, 114, 119, 120, 313
Gochman, C., 198
Goldstein, J.S., 191, 197, 199, 313
Gollwitzer, W., 296
Gordon, D., 80, 86
Gorz, A., 245, 247
Gossen, H., 245, 248
Günther, H., 58
Gurr, T.R., 196, 197, 366, 417
Gutenberg, E., 388
Goldthorpe, J., 331, 344, 346
Graf, M., 256, 274
Grochla, E., 345

Grusky, D., 331, 332, 346

Haas, E.B., 138, 191, 197
Haber, S., 118
Habermas, J., 137, 415, 420
Haire, M., 117
Hall, S, 312
Haller, M., 120, 224, 275, 276
Hanf, T., 260, 275
Hanke, T., 120
Hannan, M., 85
Harbison, F.H., 319, 344
Hasler, P., 120
Harenberg, B., 166, 364
Hauser, R.M., 330, 331, 332, 345, 346
Heath, A., 330, 333, 334, 335, 346
Heidenheimer, A.J., 226, 315
Heinrichs, J., 86
Heintz, P., 16, 275, 311, 312, 344, 365, 366, 389, 418
Heintz, S., 16
Held, D., 312
Hellmann, S., 388
Helphand, A.I., 83
Henry, H.A., 196
Hibbs, D., 416
Hicks, A., 286, 312, 315, 323, 344, 365, 418
Hickson, D., 327, 345
Hielscher, G., 366
Hill, E., 166
Hintze, O., 311, 369, 372, 385, 387, 388, 424
Hirsch, F., 46, 60, 272, 273, 276
Hobbes, T, 60, 312
Hobbs, G.D., 83
Hobsbawm, E., 86
Hoby, J.-P., 270, 276
Hockey Kaplan, B., 85
Hodge, R., 275, 365
Höffe, O., 196
Hollist, W.L., 313
Holzhey, H., 225
Holzner, B., 344
Hondrich, K.O., 60
Hopkins, A.G. 314, 315, 389
Hopkins, T.K., 79, 85, 86
Horowitz, I.L., 344
Hradil, S., 61, 226, 270, 276, 346
Huber, J., 119, 139, 415
Huijgen, F., 235, 236, 247
Hurrelmann, K., 274

IBRD (Weltbank), 199

Imhof, K., 15, 59, 118, 310, 429
Inglehart, R., 59, 60, 311
Inkeles, A., 253, 274, 326, 344, 345, 387
Ishida, T., 353, 364, 365

Jaun, R., 118
Jenkins, J.C., 196
Jenks, L.H., 118
Jodice, D.A., 191, 197, 366, 394, 395, 416
Johnson, P.M., 313
Johnston, W.R., 315
Jones, F.L., 330, 345
Juglar, C., 70

Kaelble, H., 343, 347
Kawashima, T., 349, 364
Kellenbenz, H., 276, 314
Kende, I., 199
Keohane, R.O., 136, 137, 138
Kerbo, H.R., 13, 16, 222, 226, 352, 359, 360, 365, 366
Kern, H., 112, 113, 120, 232, 235, 247
Kerr, C., 319, 344
Keyder, C., 315
Keynes, J.M., 65, 68, 153, 164
Kieser, A., 327, 345
Kiser, E., 80, 86
Kitchin, J., 70
Klages, H., 59
Kleber, W., 112, 120, 276
Kleinknecht, A., 71, 78, 83, 85, 97, 119
Klippel, D., 58
Knipers, S.K., 83
Kocka, J., 118
König, R., 138
Kohl, J., 312, 417
Kohler, G., 15, 39, 43, 59, 60, 196, 197, 248
Kohn, M.L., 387
Kolakowski, L., 387
Kondratieff, N.D., 70, 83
Kornhauser, W., 246
Korpi, W., 198, 420
Koselleck, R., 58, 59, 60, 420
Krasner, S., 132, 136, 137, 138, 139
Kraus, F., 226
Krauss, E.S., 365
Kreckel, R., 60, 225
Kreye, O., 86
Kriesi, H., 197
Krumme, J., 15, 117
Kubicek, H., 327, 345
Kuznets, S., 65, 69, 70, 83, 97

Anhang: Autorenregister • 435

LaMond Tullis, F., 313
Lammers, C., 327, 345
Lamprecht, M., 256, 274, 275
Landes, D., 103, 119, 297, 314
Landjouw, G.J., 83
Lane, F.C., 313, 369, 371, 372, 373, 376, 385, 388, 389, 391, 418
Lehmbruch, G., 137
Lenski, G.E., 13, 16, 389, 420
Lerner, D., 344
Levy, J.S., 313
Levy, R., 197
Lewin, R., 214, 215, 225
Lipset, S.M., 16, 311, 330, 344, 345, 389
Liss, P.K., 315
Littmann, K., 311
Locke, J., 314
Luhmann, N., 420
Lundgreen, P., 270, 276

Mach, B.W., 366
McClendon, M., 345
McGowan, P., 15, 387
McKinstry, J., 352, 360, 365, 366
McLellan, G., 312
McNeill, W.H., 314
McQuaid, K., 166
Mandel, E., 77, 78, 84
March, J.G., 117 247
Marshall, T., 136, 137
Martinelli, A., 61, 224
Marx, K., 12, 76, 77, 319, 320, 344
May, G., 58
Means, G., 28, 207, 222, 226
Meier, C., 58
Mensch, G., 65, 78, 81, 84, 95, 96, 97, 118, 119, 120
Merton, R., 168, 246
Metz, R., 84
Meulemann, H., 42, 59, 273, 276
Meyer, J.W., 85, 250, 251, 252, 267, 274, 275, 312
Meyer, M.W., 247
Michels, R., 221
Miller, S.M., 366
Mitrany, D., 138
Modelski, G., 79, 83, 85
Mommsen, W., 130, 138, 315, 389
Monsen, R.J., 91
Moore, B., 137, 138, 314
Morus, T, 314
Mühlestein, H., 58, 290, 313
Müller, G., 365

Müller, W., 120, 224, 276
Münch, R., 16, 59
Myers, C.A., 319, 344

Nadworny, M.J., 118
Nakane, C., 349, 364, 365
Namenwirth, Z., 81, 86
Naoi, A., 359, 366
Neal, L., 314
Nelson, B., 58
Nelson, D., 118
Nietzsche, F., 413
Nobel, P., 224
Nollert, M., 15, 136, 196, 198, 310, 387, 429
Nutter, W.G., 311
Nye, J.S., 137

Oberschall, A., 196
O'Brien, P., 315
OECD, 274, 311, 345, 346, 365, 366, 417, 419
Östereich, G., 387
Ogburn, W.F., 64, 65, 68, 82, 83, 84, 160, 166, 167, 192, 194
Olson, M., 198, 415, 420
Ono, A., 366
Osterhammel, J., 315, 389

Paldam, M., 166, 178, 179, 180, 197, 198, 405, 418
Palyi, M., 388
Pareto, V., 68, 83
Parkin, F., 311
Parsons, T., 12, 86, 420
Passeron, J.-C., 274, 275
Patrick, H., 366
Paulsen, A., 389
Pedersen, P.J., 166, 178, 179, 180, 197, 198, 405, 418
Penrose, E., 91, 117, 118
Perez, C., 27, 28, 78, 81, 82, 85, 86, 117, 237, 247
Peters, G., 286, 312, 323, 344
Petzina, D., 83
Pfister, U., 138
Portes, A., 387
Polanyi, K., 423
Portocarero, L., 331, 346
Pryor, F.L., 224, 225

Quadagno, J.S., 166

Raith, W., 59

Ramirez, F.O., 196, 267, 275
Ramser, H.-J., 164, 165
Rawls, J., 43, 137, 138, 196, 197
Ritter, G., 294, 295, 313, 314
Robins-Mowry, D., 366
Robinson, J., 165, 166
Robinson, R.V., 246
Rohlen, T.P., 365
Rokkan, S., 138, 287, 288, 309, 313
Romano, G., 15, 59, 118, 166, 310, 429
Roon, G. van, 83
Roos, P., 340, 342, 347
Rostow, W., 79, 84, 85, 166
Rubinson, R., 85
Rueschemeyer, D., 164, 246, 311, 312
Ruggie, J., 125, 137
Rushing, W., 198
Russett, B., 132, 189, 191, 196, 198
Ruttenberg, C., 366, 417

Sabrosky, A.N., 198
Sahoo, C., 224, 415
Samuelson, P., 79, 85
Sauer, J., 271, 276
Schier, S.E., 312, 344, 418
Schmidt, M.G., 285, 309, 311, 312, 323, 324, 345, 346, 416, 418
Schmitter, P.C., 137
Schmoller, G., 246
Schmugge, B., 197
Schneeloch, H., 314
Schneider, J., 276, 314
Schneider, R., 266, 267, 268, 275
Schoenberg, R., 389
Schoenherr, R., 232, 246, 247
Schröder, W., 85
Schumann, M., 112, 113, 120, 232, 235, 247
Schumpeter, J. A., 65, 69, 70, 71, 76, 77, 83, 84, 90, 96, 97, 98, 244, 368, 387, 389
Scott, J., 225
Screpanti, E., 86
Shalev, M., 198
Shils, E., 86
Short, J., 196
Siegenthaler, H., 15
Siegrist, H.E., 120
Simmel, G., 24, 246
Simonton, D.K., 429
Sirowy, L., 253, 274, 326, 345
Skinner, Q., 314
Skocpol, T., 164, 165, 166, 311, 312, 387

Slomczynski, K.M., 366
Smelser, N.J., 61, 224, 344
Smith, R.J., 354, 365
Soete, L., 84, 98, 119
Solo, R., 313
Solomou, S., 84
Sombart, W., 369, 387
Spahn, H.-P., 165, 166
Spencer, H., 413, 420
Spree, R., 85
Stack, S., 198
Stamm, H., 15, 61, 224, 387, 429
Starbuck, W.H., 117, 240, 247
Statistische
  Quellenwerke der Schweiz, 224, 276
Stavenhagen, G., 164
Steensgard, N., 368, 387, 388
Steinhoff, P.G., 365
Stigler, G., 315
Stokman, F.N., 225
Stockmann, R., 115, 120, 224
Störig, H.J., 82, 299, 314
Stoffel, W.A., 324, 325, 345
Stohl, M., 196
Strange, S., 138
Strasser, H., 13, 16, 275, 365
Suda, Z., 344
Sumner, G., 196
Suter, C., 15, 84, 136, 137, 138, 387
Svåsand, L., 138
Swank, D.H., 286, 312, 315, 323, 344, 365, 418

Taira, K., 349, 364
Tannenbaum, A., 327, 345
Taylor, C.L., 191, 197, 366, 394, 395, 416
Taylor, F.W., 118, 120
Teichler, U., 356, 360, 365, 366
Theisen, H. 429
Thöny, G., 59, 429,
Thomas, G.M., 312
Thomas, D.S., 83
Thompson, W.R., 313
Thurow, L., 263
Tilly, C., 287, 288, 311, 312, 313, 389
Timmermann, M., 164, 165
Tominaga, K., 359, 365, 366
Tomoeda, T., 365, 366
Treiman, D.J., 246, 340, 342, 347
Tsurumi, K., 351, 352, 364

Ultee, W.C., 274
UNCTAD, 419

Vereinte Nationen (UNO), 74, 75, 148, 161 f, 186, 197, 224, 312, 419
Vig, N.J., 312, 344, 418
Vogel, E., 366
Vroey, M. de, 226

Wada, R.O., 366
Wagner, A., 85
Wallensteen, P., 198
Wallerstein, I., 79, 85, 86, 96, 294, 313, 369, 387, 423, 424
Warner, W.L., 248
Watanabe, T., 366
Weber, M., 12, 38, 47, 60, 61, 224, 240, 241, 242, 248, 270, 276, 277, 278, 288, 289, 311, 313, 369, 370, 371, 373, 384, 385, 388, 389, 403, 415, 424
Weber, R.P., 81, 86
Weinberger, O., 118
Weizsäcker, C.F. von, 315
Weir, M., 164, 165, 166
Welzel, H., 59
Wesolowski, W., 366
WHO, 197
Wieland, W., 420
Wildemann, R., 346
Williams, J., 364
Williamson, O.E., 91, 118
Wilson, D., 165
Winckelmann, J., 388
Witte, E., 242, 248
Wittmann, W., 164, 165
Wolff, S. de, 83
Wollnik, M., 327, 345

Young, O.R., 138

Zapf, W., 344
Zeifang, K., 120, 224
Zentralarchiv, 258, 259, 274, 333, 337, 346
Zetterberg, H.L., 330, 345
Ziegler, R., 225
Zimmermann, E., 197
Zwan, A. van der, 83
Zwicky, H., 197, 387, 389

Stichwortregister

Abschließung, 21, 50, 132, 334
Absolutismus, 38, 58, 291, 293, 296-299, 303 f, 313, 368, 382, 385, 414
Agrarkapitalismus, 297, 303
Akkumulationszyklus, 79, 80
Aktiengesellschaft, Aktien, 24, 58, 92, 218 f, 225, 352
Akzeptanzproblem, 227, 232, 243-247
Angestellte s. Mittelklasse
Anomie, 33, 160, 168
Arbeit, 32, 40, 55, 110 f, 156, 216, 243, 245, 370, passim; Arbeiter s. Arbeiterklasse; Arbeitsethik, 350; Arbeitsleid, 231, 243-245; Arbeitsmotivation, 19, 32, 59, 375, 403; Arbeitsplatz, 29, 111, 214, 233-237, 247, 260-263, 272, 338 f, 356 f, 361, 406 f, passim
Arbeiterklasse, 29, 34, 42, 46, 52, 91, 93, 110 f, 114 f, 129, 270 f, 335
Arbeiterparteien, 129, 305, 307 f
Arbeitgeber, 52, 158, 214, 216, 220, 262-264, 272, 349, 356, 373, 388
Arbeitslosigkeit, 28, 35, 68, 111, 154-160, 185, 187, 235, 427,
Arbeitsmarkt, 212-214, 216 f, 263, 272 f, 303, passim
Arbeitsteilung, 26, 93, 96, 135 f, 206, 227-246, 262 f, 270, passim
Arbeitsverschiebung, 228
Aristoteles, 40, 59
Assoziationsindex, 254, 257
Aufklärung, 273 f, 299, 367, 383
Aufschwung, 73-76, 89, 145, 160, 162, 166, passim
Außenhandelsquote, 132, 284-286, 312, 357
Australien, 10, 167, 174, 178, 198, 205, 219, 335, 346, 398 f, 404, 412, 416-420
Auto, 28, 94, 102, 105 f, 114-117, 136
Automatisierung, 101, 106, 113, 136, 233, 235, 237, 241,
Autorität, bürokratische, 241 f; formale, 24, 258 f, 261, 336-343; professionelle, 241 f

Basisinnovation, 27, 30, 31, 35, 77-79, 86, 94-98, 100, 102, 105, 119
Basisinventionen, 96, 119

Basiskonsens, 11, 12, 19, 33-35, 42, 67, 92, 123 f, 127, 129, 143, 149, 151, 155, 298, 319, 377, 421, 428, passim
Beamte s. Bürokraten, Mittelklasse
Belgien, 10, 116, 161, 174, 197 f, 209, 266, 305, 307, 325, 346, 398 f, 412, 416-420
Berufsprestige, 258 f, 336-343, 359, 361
Bildung, Auswahltheorie, 262-264; formale, 11, 22, 25, 27, 32, 44, 46 f, 53, 58, 129 f, 249-275, 277, 319, 325-326, 336-338, 340-343, 352, 356, 358-360, 363, 427, passim; Integration, 252; Legitimation, 249-250, 252-258, 260-264; Legitimationstheorie, 261, 262, 264; Reproduktionsthese, 260; Sozialisation, 250 f; Wandelthese, 260; Zuweisung, 250 f, 268
Bildungsabschluss, 26, 47, 54 f, 255-258, 260 f, 271 f
Bildungsaspiration, 271 f
Bildungsexpansion, 267-269, 271-274
Bildungsverteilung, 255 f, 358, 361,
Biotechnologie, 109, 136
Bürgerkrieg, 131, 133, 138, 172, 177
Bürgertum, 296 f, 301 f
Bürokraten, 217-219, 406 f
Bürokratisierung, 217, 240 f, 244 f, 269, 277
Bretton Woods, 30, 132, 134, 147, 195, 372, 390

CAM, 101, 106
Chancengleichheit, 24-27, 33, 44-47, 54, 152, 250-274, 280, 293, 310, 328-340, 343, 352, 356, 358-360, 392, 426 f
Churchill, Winston, 157, 308
Computer s. Mikroelektronik
Cultural lag, 64 f

Dänemark, 10, 76, 138, 161, 174, 180-185, 197 f, 266, 305, 346, 398 f, 412, 416-420
Demokratie, 10, 52, 129, 143, 154, 160, 189, 198 f, 249, 253, 297 f, 307, 350 f, 374, 377, 394
Depression, 19, 27 f, 29, 36, 73-77, 94, 96-98, 146, passim
Descartes, R., 295
Deutschland, 10, 42, 54, 61, 71 f, 92, 100, 111 f, 115 f, 118, 128-130, 138 f,

Anhang: Stichwortregister • 439

147, 152, 154 f, 157, 161 f, 165, 174, 177, 180, 188, 198, 205, 207, 209, 219, 224, 234, 247, 254, 258, 265 f, 269 f, 276, 289, 294, 305, 307 f, 311, 315, 325, 331 f, 335 f, 342, 346, 351, 357 f, 360, 363, 365 f, 382, 384, 390, 392, 398 f, 402, 410, 412, 416, 420
Diskontinuität, 9, 18, 65, 76, 89, 99, 121, 128-136, 232, passim
Dissens s. Basiskonsens
Dissensphase, 168 f, 172
Dualismus, 212, 244, 350, 363
Duldung, 19, 22, 227, 395
Dynamik sozialer Systeme, 79, 81

Effizienzproblem, 92
Effizienzstreben, 11, 21-24, 26, 30, 33 f, 37, 39-42, 45, 228, 237, 252, 278, 281 f, 320, 353-354, 362, 367, 376, 391, 426, passim
Eherecht, 131, 324, 345
Eigentum, 24, 28, 55 f, 121 f, 204, 212 f, 217-223, 225, 352
Einkommensverteilung, 28 f, 31, 45, 111, 114, 149, 152, 214, 216 f, 219-223, 234, 244 f, 258-261, 286, 336-343, 353-355, 360-362, 365, 392, 405 f
Eisenbahn, 102 f, 135
Elektrifizierung, 102, 104, 135, 269
Elite, 54 f, 61, 124, 223, 264, 274, 303, 307, 334, 336, 351 f, 384
Elitenloyalität, 124
Energieträger, 99, 102-109, 120
England s. Großbritannien
Erdöl s. Petroleum
Ersparnisbildung, 408
Europäische Gemeinschaft (EG), 51, 393, 394, 428
Evolution, 8, 12, 18, 65, 77, 90, 140, 367, 413-415, 422
Expertenklasse, 24 f, 229-233
Expertenmacht, 214, 238, 239
Exporteffizienz, 391, 409-413, 419, 420
Externalisierungsthese, 162, 182, 191

Familienunternehmen, 91 f, 135, 218 f, 226, 380, 382
Faschismus, 29, 151, 154 f, 156, 311, 414, 424; s.a. unter Hitler/NSDAP

Finnland, 10, 76, 128, 130, 139, 161 f, 174, 180, 197 f, 254, 258, 266, 305, 332, 336 f, 341 f, 346, 366, 398 f, 412, 416-420

Fließtechnologie, 78, 101 f, 104 f, 110-114, 135
Florenz, 292, 294, 314
Folkhem, 29, 154 f, 165, 311
Frankreich, 10, 71 f, 116, 129 f, 147, 161, 174, 177, 180, 188, 197 f, 209, 224, 247, 254, 266, 289, 296, 298 f, 302-305, 307, 313, 315, 325, 331 f, 335, 346, 357 f, 363, 365, 382, 384, 398 f,412, 414-420
Französische Revolution, 41, 299, 304, 307, 350, 382, 389
Frauen, 131, 134, 149, 215 f, 255 f, 324 f, 336, 339-342, 362, 421
Freiheit, 40-46, 80, 193, 291, 297, 353, 415, 421; Freiheitsanspruch, 39 f
Freizeit, 42, 116, 152, 243, 354
Frieden, 123 f, 127, 131-134, 140, 151, 280, 429
Friedensabkommen, 29, 156, 186 f
Friedensbewegung, 421
Funktionalismus, 12 f, 125, 278, 279, 319-321, 331

Galilei, Galileo, 295
GATT, 30, 132, 134, 139, 147, 372, 393
Gegenzentrum, 10 f, 18, 72, 75, 152, 162, 319, 384 f, 389
Geld, 57, 277
Genua, 369, 382, 391
Gentechnologie, 426
Gerechtigkeit, 43, 149, 152, 170
Gerechtigkeitsreform, 34, 127, 130 f, 134, 149, 192
Gesellschaftsmodell, 9, 11-13, 18, 20, 63, 67, 126-136, passim; Karriere, 20, 63, 67 f, 140-164, 168-196, passim; historische Phase, 63, 66, 76
Gesellschaftstyp, 8-10
Gesellschaftsvertrag, 20, 29, 36, 123, 127-130, 141, 160, 170, 172, 185-188, passim
Gewalt, 124, 172, 182, 277, 281, 287, 367-386, 391-415, 424 f, 428
Gewaltindikator, 394-397, 416
Gewerkschaften, 51, 54 f, 57, 158 f, 165, 192, 305, 307, 349
Gleichheit im Ergebnis, 280, 282 f, 293, 310, 426 f
Gleichheitsanspruch, 11, 21-27, 33 f, 37, 39, 42-47, 54, 60, 252, 259, 278, 280-282, 320, 348, 354-357, 362, 367, 376, 391 f, 426, passim
Glorious Revolution, 297 f, 302

Gleichwertigkeit, 43-47, 54 passim
Goldstandard, 29, 147, 194 f, 390
Griechenland, 16, 62, 264, 325, 415
Groot, H. de (Grotius), 295, 299
Großbritannien, 10, 29, 44, 71 f, 80, 84, 92, 99 f, 102 f, 116, 128-130, 138 f, 151, 153, 156 f, 161, 165, 174, 177 f, 180, 182 f, 185, 193, 195, 197 f, 205, 209 f, 219, 224, 247, 254, 266, 282, 289, 296-307, 313-315, 324 f, 331 f, 335, 346, 357 f, 363, 368, 382, 384, 384-386, 398-401, 409-413, 416-420,
Grundeinkommen, 44-46, 134, 426 f
Grundstoffe, 99-101
Gruppe der 77, 32, 52
Gut, kollektives, 26, 57, 280, 369 f
Gut, positionales, 251, 268 f, 274

Handelsregime, 132-134
Hansson, Per Albin, 154, 165
Hegemonialzyklus, 79, 82, 133, passim
Hegemonie, 79 f, 86, 125, 132, 138, 157, 189, 192 f, 210, 390 f, 393, 400-402, 424, passim
Heraklit, 62, 65, 82
Herrschaftsklasse, 24 f, 223, 229-234, 374
Hierarchie, 24 f, 229, 231, 234, 237-243, 269, 354-357
Hitler, NSDAP, 29, 152, 154 f, 162, 315
Hobbes, Thomas, 60, 298, 313
Hochschule, 53, 253, 257, 268, 271, 352, 356, 359 f
Humankapital, 230, 260

Individualisierung, 32-35, 47, 116
Individualismus, 22, 37 f, 63, 293, 320, 353
Industrielle Revolution, 99 f, 290, 297, 300, 302 f, 385, 389
Industrieproduktion (Welt), 71-75, 80, 117, 128 f, 145, 147, 162, 370, passim
Industrieproduktion (USA), 159 f, 162, 194, 196
Inkonsistenz, soziale, 168 f, 182, 184
Innovationszyklus, 77 f, 82
Innovatoren, institutionelle, 140, 154-160, 266 f, 308; unternehmerische, 56
Irland, 10, 76, 161, 174, 178, 198, 266, 398 f, 412, 416-420
Island, 10, 309, 312
Israel, 16, 139, 309, 312, 415

Italien, 11, 39, 51, 106, 161, 128, 130, 137, 152, 162, 165, 174, 178 f, 185, 197 f, 209, 218, 224, 254, 266, 289 f, 292, 294 f, 299, 305, 311, 325, 334-336, 338, 341 f, 357 f, 363, 398 f, 412, 416-420

Japan, 9, 11, 20, 72, 117, 128, 138 f, 147, 157, 161-164, 174, 180, 184 f, 188, 197 f, 205, 209 f, 211, 224, 247, 311, 322, 331, 333, 335, 339 f, 344, 348-366, 390 f, 392 f, 398 f, 402-404, 409-412, 417-420, 422-424;
Regierungssanktionen, 184 f;
Selbstmord, 184 f
Jefferson, T., 304, 350
Juglar-Zyklus, 70, 74 f, 79

Kanada, 11, 161 f, 174, 178, 198, 209, 247, 303, 398 f, 405, 412, 416-42
Kant, I., 59, 137
Kapital, 55, 76 f, 370, 429, passim
Kapitalakkumulation, 375, 391, 407-409
Kapitalismus, 18, 71, 77, 277-310, 368-370, 384, 403, 424, passim
Kapitalstock, 409
Kartelle, 31 f, 57, 107, 135, 372
Keynes, J.M., 77, 152, 165 f, 308
Kernbereich, Wirtschaft, 211-214, 216 f, 237, 243, 352
Ketzerbewegung, 289, 423
Keynesianismus, 9, 13, 19, 29, 129, 140, 146, 151-154, 185 f, 195, 322, passim
Kirche, katholische, 37, 53, 290
Kitchin-Zyklus, 70
Klassenkonflikt, 28, 76, 80, 91, 93, 130, 156, 231, 233, 245, 279 f, 320
Klassenpolarisierung, 13, 19
Koalitionsfreiheit, 52, 130, 133, 305, 307
Kolonialismus, 300-303, 383, 385 f, 389, 413
Kondratieff-Zyklus, 70 f, 80-82, 86
Konflikt, 12, 19, 22, 33, 124, 127, 149-151, 168-196, 227, 245, 281, 362 f, passim; Artikulation, 170 f, 177; formell friedlich, 171-173, 363, 395; Formen, 171, 172; gewalttätig, 71, 172 f, 180, 363, 395; Intensität, 169-171, 173; politischen, 174-178, 182-196, 363, 395, 416; politischer Streik, 173-177, 190, 395; Protest, 173, 175, 177, 181-185, 189 f, 192 f, 197, 363, 374, 395; Quellen, 168 f, 173;

Realisierungskonflikt, 169 f, 192;
Regierungssanktionen, 174 f, 185, 189 f, 363, 394, 395-397, 399;
Zwischenhoch, 149-151, 170, 177 f, 192, 400; zwischenstaatlicher Konflikt, 171, 174, 189-191
Konfliktartikulation, Ebenen, 170 f, 173
Konflikttheorie, 12 f, 278 f
Konfliktumschwung, 186 f, 189
Konfliktverarbeitung, 122, 168
Konfliktverschiebung, 170 f, 189 f
Konfliktzyklus, 141, 149-151, 399
Konsens s. Basiskonsens
Konsensphase, 168 f, 172
Konservatismus, 12 f, 33, 35, 81, 154, 157
Konsum, 29, 31, 94 f, 109, 116, 142, 152, 204, 243 f, 274, 374
Kontrollproblem, 91, 93, 227, 237-243
Kontrolltechnologie, 102, 106, 136
Kontrollverteilung, 327
Konvergenz, 279, 283, 309, 318-344, 347 f, 367, 375, 414
Konzentration (Konzerne), 205, 222, 206-208, 210, 217, 269
Konzern, 31, 58, 92 f, 134-136, 204 f, 212 f, 216-219, 222, 326, 349, 351 f, 363, 392, 408, 427, passim
Konzerne, transnationale, 58, 61, 210 f, 213, 277, 393
Korporation, 58, 202-205, 210, 219, 221, 407-409, passim
Kredit, 220, 403
Krieg, 133 f, 138 f, 189; interner, 172 f, 177, 181 f, 190 f
Krise, 30, 35 f, 73-76, 146, 163, passim
Kristallisation, 27, 89, 96-99, 142-144, 159, 246, 427
Kultur, 20 f, 37 f, 42, 49-52, 56, 64, 123, 245, 289 f, 319 f, 328, 342 f, 348 f, 353, 403, 424, passim
Kunst, 41, 52, 53
Kuznets-Zyklus, 70

Lange Welle, 18 f, 33, 62, 65, 68-82, 128-133, passim
Lebensanstellung, 349, 352
Legalität, 371, 376 f, 394
Legitimität, 11 f, 19, 21 f, 25 f, 55, 123 f, 149-151, 168-196, 227, 261, 283, 318, 322, 338, 362-364, 367-386, 390-415, passim
Legitimitätsindikator, 395-397, 416-418
Legitimationsanforderung, 280, 386

Leibniz, G.W., 295
Leistung, 40, 249, 252, 271 f, 356
Liberalismus, 13, 19, 41, 103, 128, 130, 132-134, 143, 147, 152 f, 279, 291, 293, 295 f, 298, 304, 368, 385, 393
Lipset-Zetterberg-These, 330
Locke, J., 298 f
Logik des Industrialismus, 319-321
Luxemburg, 10, 209, 312, 325, 309

Macht, definiert, 47 f; kulturelle, 52-55, 57, 123, 258, 423; soziale, 49-52, 57, 123, 170, 353, 278; wirtschaftliche, 55, 123
Machtelite, pluralistische, 221, 222
Machtkonflikt, geregelt, 12, 169
Machtkonstellation, 63, 122-124, passim
Machtstreben, 11, 21-23, 37, 47-58, 60, 367, 376, passim
Machtverteilung/-unterschiede, 48-55, 126, 168, 223, 230, 269, 291, 351-353, 394
Management, 50, 90 f, 93, 118, 214, 218 f, 231, 238, 242, 248, 349, 352, 380
Manager s. Management
Manager, Einkommen, 219 f
Markt, perfekter, 208, 213, 310, 371 f
Markt- und Gewerbefreiheit, 44, 128, 133, 165, 304 f
Marktmacht, 212, 217
Marx, Karl, 59, 61, 224
Marxismus, 77 f, 278 f, 319-321, 368
Massenbildung, 129, 253, 264-274, 307
Massenloyalität, 124, 265, 267
Mechanisierung, 78, 96, 99-110, 135 f
Medien, 53-55
Mehrwert, 56, 61, 76, 203
Menschenrechte, 39, 193, 292, 304
Merkantilismus, 132, 134, 289, 296-298, 303, 315, 368, 382, 385 f
Metamorphose, 65, 415
Mikroelektronik, 35, 93, 106, 108, 120, 136
Mittelalter, 38, 58, 100 f, 113 f, 264, 278, 289, 290-292, 294, 300, 369, 423
Mittelklasse, Mittelschicht, 25, 28, 34, 46 f, 111 f, 234, 253, 269 f, 276
Mittelschichtskonkurrenz, 269-271
Mobilität, 268 f, 319, 322, 328-336, 343, 346, 358 f; Beruf, 328-336, 343, 358 f; Bildung, 253 f, 256 f, 269 f, 343, 346, 359, 366; »reine«, 256 f,

329-332; strukturelle, 25, 32, 45, 256, 329-332
Moderne, 37, 288, 321, 367 f, 421-425
Modernekritik, 126, 414, 421, 424
Modernisierungstheorie, 320 f
Monetarismus, 140, 146, 324
Monopolisierung, 30 f, 33, 52, 66, 78, 92 f, 210, 213, 270, 272, 287, 372, 377, 381 f
Moral, 51, 123 f, 172, 290, 421
Mord, 160, 167, 186 f
Mühlen, 100, 290

Nationalismus, 51, 265, 279, 283, 291, 293, 298, 303 f, 428
Nationalstaat, 11, 18, 22, 24, 27, 29, 51, 60, 265, 287-289, 368, 427 f
Natur, 39, 100, 426
Naturrecht, 38 f, 43, 57, 293, 299
Neokapitalismus, 153, 156, 165
Neokonservatismus, 195, 392
Neokorporatismus, 27, 29, 122, 129, 137, 141, 151 f, 166, 186, 198, 223, 137, 405, 418
Neuseeland, 11, 76, 161 f, 174, 178, 180, 198, 398 f, 412, 416-420
Neuzeit, 37 f, 44, 53, 65, 277 f, 292, 294, 296, 384, 423, 425, 428, passim
New Deal, 29, 153, 155, 158, 160, 165
Niederlande, 11, 44, 80, 131, 139, 161 f, 174, 177, 180, 198, 209 f, 224, 235 f, 254, 258, 266, 282, 289, 294-299, 301 f, 305, 307, 313 f, 325, 332, 335 f, 342, 346, 366, 368, 381 f, 384, 398 f, 412, 416-420
Nord-Süd, 109 f, 117, Konflikt, 30, 36, 131, 134, 428
Norwegen, 11, 76, 161 f, 165, 174, 180, 197 f, 266, 305, 346, 398 f, 411-413, 416-420

Ölkrise, 30, 146
Österreich, 11, 62, 116, 138 f, 161 f, 174, 178, 180, 182, 197 f, 205, 254, 258, 266, 271, 305, 325, 336, 342, 346, 366, 398 f, 412, 416-420
OPEC, 31 f, 409, 413
Organisation, formale, 11, 22, 24-27, 37, 51, 55, 57 f, 202 f, 223, 237, 319, 326-328, 338, 352, 427, passim
Ost-West-Konflikt, 30, 36, 134, 428

Padua, Marsiglio von, 314
Paine, T., 304

Parmenides, 62, 65
Partizipation, wirtschaftliche, 121, 223; politische, 19, 24, 121, 129, 134, 138, 288, 306 f
Patriziat, 295, 313
Peripherie, 10 f, 18, 72, 292, 318, 386, 389
Peripheriebereich, Wirtschaft, 211-214, 216 f
Person, juristische, 202, 204, 217; künstliche, 58, 202-223, 427; natürliche, 58, 202, 204, 221 f, 427, 243-245
Petracco (Petrarca), F., 299
Petrochemie, 105, 117, 135
Petroleum, 28, 31 f, 105-108, 120, 135, 411-413
Platon, 264
Politische Potentiale, 281 f, 287
Polyarchie s. Demokratie
Portugal, 16, 295, 301, 314, 325, 383, 386, 415
Postmaterialismus, 47
Pragmatismus, 22, 37, 250, 320
Produktinnovation, 31, 35, 98 f
Produktionsfaktoren, 55, 57, 370, 373 f, 378 f, 385
Professionalisierung, 240-242, 244 f, Profitlogik, 373, 382-386
Profitratenzyklus, 77 f, 82
Programmwechsel, 62 f, 65 f, 140
Prosperität, 73-76, 89, 145, passim
Protektion, 9, 23, 57, 280, 367-386, 390-415, 417, 428; Kosten, 370, 374 f, 380, 383 f, 391, 403 f, 417; Menge, 379 f, 397-413, 416; Qualität, 374-376, 380-382, 385, 390-392, 399-413; Protektionskurve, 376-381, 397-415; Protektionsrenten-Theorem, 369 f, 390 f
Protektionismus, 29, 31, 51, 132, 134, 139, 134, 369, 388, 391, 393
Prozeßinnovation, 35, 98-101
Prozeßproduktion, 110, 135

Qualifikation, formale, 25 f, 235, 259, 338
Qualifizierungsprozess, 235, 237
Quanten im sozialen Wandel, 20, 63-67

Rally 'round the flag-Effekt, 189 f, 193
Rangunterschiede, 354-357
Rassismus, 51, 131, 193 f, 351, 413 f
Rationalisierung, 118, 153, 235, 237, 240, 277

Rationalismus, 22, 37, 250, 252, 320
Realisierungskonflikt, 169 f, 192
Recht, 39, 121 f
Rechtsstaat, 376 f, 394
Reformationsbewegung, 37, 290
Regellosigkeit, soziale, 168, 182, 184 f, 196
Regime, politökonomisches, 11, 18, 29, 66, 68, 82, 121-136, 140-164, passim; Entfaltung, 141-144; Etappen, 141-144; Formierung, 141-144; internationales, 121, 125, 137 f, 372; moralisches, 123, 126; Problemlösungsfähigkeit, 140-151, 169 f; Sättigung, 141-144; Zeitverzögerung, 66 f, 143; Zersetzung, 141-144
Religion, 52 f, 250, 350-352, 369, 428
Renaissance, 37, 53, 58, 423
Reproduktionsthese, 260
Rezession, 73-76, 89, 145, 163, passim
Ricardo, David, 295
Roosevelt, Franklin D., 155, 157 f, 192, 194
Rotterdam, Erasmus von, 295, 299
Rousseau, J.-J., 137
Routinearbeiterklasse, 24, 229-234
Routinisierung, 216, 229-235
Russische Revolution, 131
Rußland s. Sowjetunion

Scheininnovation, 94 f
Schule, 11, 22, 25, 53 f, 149, 249-253, 264 f, 356, passim
Schulpflicht, 129, 134, 249-251, 265-268
Schweden, 11, 76, 129, 153-156, 161, 165, 174, 177, 180, 197 f, 205, 209, 224, 266, 305, 325, 331 f, 335, 346, 357, 365, 398 f, 412, 416-420
Schweiz, 11, 29, 108, 118, 129, 153, 155, 165, 167, 172, 174, 178 f, 182, 185-188, 197 f, 204 f, 214 f, 224, 234, 247, 254, 258, 266, 276, 305, 307, 313, 323, 325, 332, 335 f, 342, 346, 366, 398 f, 412, 416-420,
Scientific management, 28, 93, 110
Segmentierung, 211-217
Sektortheorie, 79
Selbständige, 112, 234, 269, 276
Selbstmord, 67 f, 60, 167, 180-187, 351
Selektion, 263, 273, 367, 413 f
Semiperipherie, 10 f, 18, 29, 31 f, 72, 93, 318, 389
Senioritätsprinzip, 349, 355-357, 361 f
Sicherheitsanspruch, 39, 48

Sicherheitskräfte, 404 f
Smith, Adam, 268, 292
Sowjetunion (Rußland), 72, 138 f, 152, 162, 266, 300, 315, 384
Sozialdarwinismus, 413 f
Sozialdemokratie, 130, 154-156, 165, 186, 286, 324, 428
Soziale Bewegung, 34, 42, 154, 171-173, 289 f, 321, 412, 421
Soziale Schichtung, 14, 25, 94, 258-264, 322, 328-336, 361, passim
Sozialer Wandel, 8, 9, 62, 63, passim
Sozialinnovation, 27, 36, 156, 217, 291, 364
Sozialtechnologie, 379 f, 386, 404-406
Sozialversicherungen, 129 f, 134, 157, 197, 280, 307 f, 322 f
Spanien, 16, 29, 282, 296, 301, 314, 325, 382, 384, 414 f
Spinoza, B. de, 295
Staat 21, 23, 26, 50 f, 57 f, 60, 122, 251, 265, 272, 274, 277-310, 322-325, 368 f, 372-386, 391-394, 403-408, passim, s.a. Wohlfahrtsstaat
Staatenwettbewerb, 18, 265, 267, 279, 283, 288-307, 320-322, 367-387, 390-415, passim
Staatsausgaben, 34 f, 92, 284, 357, 404
Staatsbildung, 38, 44, 287-299
Staatsbürgerschaft, 280
Staatsentwicklung, 277-310, 370, 372, 383, 385, 391 f
Staatsquote, 34, 131, 283-285, 287, 309-311, 323 f, 357 f, 363, 392, 403, 404, 407, 417
Staatstätigkeit, 319, 283 f, 286
Stagnation, 78, 163
Statusinkonsistenz, 258-264, 361
Statuskonkurrenz, 271-274
Statusverknüpfung, 338-341, 361
Statusverteilung, 259-262, 336-343
Streiks, 130, 173, 178-180, 375, 405
Strukturzyklus, 69, 75, 82, 98
Supraleiter, 108, 136

Tätigkeit, 40
Taylor, Frederick, 28, 93, 110, 118
Taylorismus, 93, 99, 104 f, 110-112, 114, 118, 135 f, 235
Technik, 64, 113, 227, 232 f, 241, 369 f
Technisierung, 242, 244 f
Technologie, 64, 91, 109, 227 f, 231 f, 237, 327, passim

444 • Westliche Gesellschaft im Wandel

Technologischer Stil, 11, 18, 27, 32, 35 f, 56, 66 f, 78, 81 f, 89-120, 126 f, 135 f, 140-164, 227-246, 270, 290, 328, passim; Etappen, 141-144; Gabelung v. Positionen, 24 f, 229-237; Heterogenisierung, 141-144; Homogenität, 140-151; Kristallisation, 141-144; Sättigung, 141-144; Theorie, 79, 81 f, 89, 117; Verkoppelung, 141-144
Territorialprinzip, 279, 289, 293, 303-307
Terrorismus, 132, 134, 172, 427
Themenzyklus, 81
Theorien, normative, 123 f, 127, 152, 164, 169
Transnationalisierung, 210
Tributlogik, 301, 373, 382-386

Umverteilung, 45-48, 51, 192, 230, 280 f, 287 f, 309 f, 312, 324, 338, 352, 358, 360, 405 f, 418
Ungehorsam, ziviler, 172, 177, 196 f
Universalismus, 22, 37, 51, 320
Unterklasse s. Arbeiterklasse
Unternehmen, Dezentralisierung, 242, 248; Entwicklung, 90 f, 94, 204-211; Expansion, 90, 206; Monatslöhne, 215; Organisationsstruktur, 92, 96, 214, 327; Rekrutierung, 262 f; Unternehmensplan, 92 f, 207
Unternehmer, 56, 90, 220
Unternehmer, kapitalistische, 23, 30 f, 42, 77, 278, 291-293, 371-373, 382; politische, 278, 291-293, 372 f, 382
Utopie, utopisches Moment, 9, 12 f, 39, 126, 422

Venedig, 282, 289, 292, 294 f, 301, 369, 381 f, 384, 388
Verbesserungsinnovation, 30, 94 f,
Vereinigte Staaten von Amerika, 11, 20, 28-32, 51, 71 f, 75 f, 80, 84, 92 f, 102, 105 f, 109-111, 114-116, 118, 129-132, 138 f, 143, 147, 151-159, 161, 163, 165 f, 174, 177 f, 180, 186-199, 205, 207, 209-211, 221, 224, 247, 254, 258, 324, 331-333, 335-340, 342 f, 346 f, 350, 352, 354, 357-359, 361-363, 365 f, 382, 384, 389-393, 398-402, 409-412, 416-420; Interventionen, 193, 199
Vereinte Nationen (UNO), 30, 190 f, 193
Verfügungsmacht, 24, 28, 55 f, 212 f, 217-223, 225, 352

Vermögensverteilung, 221 f, 258 f, 352, 392
Verteilungskonflikt, 35, 45, 47, 169
Verteilungsschlüssel, 203
Vietnamkrieg, 139, 172, 190, 194 f

Wasserkraft, 101, 103
Wasserstoff, Methanol, 107, 120, 136
Watt, James, 100, 103
Weltdeutung, 52, 250-252, 264, 265
Weltkriege, 20, 28 f, 75f, 129, 131 f, 134, 147, 157, 163, 188, 294, 308, 351, 424
Weltmarkt, 11, 18, 22 f, 26 f, 29 f, 57, 94, 121, 125, 280-283, 324, 367, 370-373, 375 f, 426, passim
Weltreich, 30, 38, 287, 289, 297, 301 f, 382-384, 423, 425
Weltsozialstruktur s. Weltsystem
Weltsystem, 9-11, 18, 23 f, 51, 57, 280, 282, 288-289, 295, 318, 363, 367-371, 384, 423 f, 429, passim
Weltwirtschaft, 23, 38, 71, 73, 79, 107, 283, 285 f, 292, 382-386, 424
Werte, 123, passim; Leitwerte, 123 f, 322, 414; Konflikt, 12, 47, 169-172; Wandel, 32-34, 41, 47, 68, 81
westlich, 9, 322, 348, 422 f
Widerstandsrecht, 172
Wilhelm III. von Oranien, 298 f
Willensfreiheit, 39, 42 f
Wirtschaften, 48, 56 f, 371, 373
Wirtschaftswachstum, 67-76, 142-148, 160-164, passim
Wirtschaftszyklus, 67-76, passim
Wissen, 53, 250-252, 264 f, 370
Wissenschaft, 52, 251 f, 264, 369
W-Kurven-Hypothese, 168, 172-196
Wohlfahrtsstaat, 19, 24, 26 f, 34 f, 44, 46, 129 f, 134, 140, 146, 151, 154-157, 192, 274, 280, 288, 307-310, 315, 322 f, 379, 386, 392

Zeitzyklus, 69
Zentrum, 10 f, 18 f, 23, 30 f, 72, 132, 160-164, 174, 308, 375, 381, 384, 386, 389, 394, 423, passim
Zwangskorporatismus, 151 f, 162
Zwischenerholung, 8, 19, 33, 36, 73-76, 89, 98, 139, 145-148, 153 f, 160, 166, 174, 195